亞洲人物史

〔19－20世紀〕

11

GREAT FIGURES *in the* HISTORY *of* ASIA

走出世界大戰的慘禍

世界戦争の惨禍を越えて

編者的話

姜尚中

人之所以對歷史產生興趣，其根本乃是對人的關心。就像《史記》是以〈列傳〉為支柱一般，史家在史書中貫注全心全力的，也是評傳。於是，我們著眼於不論是誰都會自然抱持的好奇心，構想出這套由著名、無名人們的評傳積累而成、進行描述的《亞洲人物史》。作為討論對象的地域，包括了東亞、東南亞、南亞、中亞、西亞，也就是足以用「亞洲」一詞指涉的整體領域。我們集結了在現代亞洲史研究中具代表性的編輯委員，經過數年反覆協議，發掘出各領域的主人翁、副主人翁，以及圍繞在他們身邊人們的關聯性，從而形成充滿魅力的小宇宙。

當我們在選定人物之際，重視的關鍵要素是「交流」。所謂交流，不限於交易、宗教、思想、藝術傳播等和平友好的事物，也包括掠奪、侵略、戰爭等激烈衝突。我們在每一卷中，針對整個地域的人物群進行鉅細靡遺的配置，並以跨越各個小宇宙的方式，將之聯繫起來；從第一卷到最終卷，大致是按照時代順序安排。透過這樣的構成，我們讓一種堪稱與縱觀式地域史迥然相異的「亞洲通史」形象，自然而然地浮現出來。透過這項由承繼東洋史研究深厚基礎的人們合力進行的嘗試，我們期望相異文化圈、言語圈的讀者，都能有共享的一日到來。

序言

重松伸司

二十世紀前半的五十年間是歷史上前所未見的巨大變動期。第一次、第二次世界大戰與被稱為「戰間期」的二十年間，歷經了戰禍和恐慌，在短暫的穩定之後，又是持續的狂熱與混沌。在這個時期，歐亞大陸的勢力結構出現重大變化，亦即二十世紀之前形成的「近世型帝國」不斷走上滅亡之途。俄羅斯帝國、鄂圖曼帝國、大英帝國、中華帝國、「遲來的帝國」大日本帝國都在這段期間衰退、消亡，強國間的霸權對立與建立在該均衡上的世界秩序崩解，「成長與不安的近現代」也於焉降臨。

兩次世界大戰與戰間期發生的變動及影響並不僅止於西歐，亞洲各地也遭波及且被迫面對各種深刻的課題。對亞洲國家而言，課題即是必須建構近現代的「自我」意識與採取主張自我的具體行動。所謂亞洲的國家、集團之「自我」意識即「民族主義」意識，「具體行動」即推翻殖民地統治勢力的民族獨立運動。印度、伊朗對抗英國；印尼對抗荷蘭；越南對抗法國；菲律賓對抗西班牙、美國以及日本；朝鮮與中國對抗日本……民族獨立運動就此展開。殖民宗主國撤退後，亞洲各地成立被稱為「國族國家」的體制，然而「國族國家與民族主義」的理念深處，卻潛伏著不斷邁向近現代的亞洲必須直接面對的根本問題。伴隨著運動的進展，在認知「民族」與「國民」實際樣態時也不斷發生困境。

在日語中幾乎是等義、可混雜使用的「民族」與「國民」，對亞洲的其他人們而言是否為能加以識別，且能認知此詞彙的真實樣貌與概念？又，這些概念是否從亞洲各民族中自然（內發）形成？自民族運動中形塑出來的，特別是在東南亞，有類似班納迪克．安德森（Benedict Anderson）所謂的「官方國族主義」，先不論其內涵是專制或是擬似民主，蘇卡諾（Sukarno）的「指導式民主主義」堪稱代表。

在獨立運動領導者或推手們深入探討「國民」、「國家」的核心之際，開始認知到核心是以語言、宗教、作為抽象概念的鄉土、習慣、愛國心等共通羈絆形成的集合體，但這種被認為是非理性的羈絆存在於「民族」基層的觀點，在第二次世界大戰後遭傑克．海沃德（Jack Hayward）等人嚴厲批評，故而此種觀點可說已遭否定。然而當我們概觀二十世紀後半葉的狀況時，卻可窺見這種觀念不僅在亞洲各國，也在西歐、東歐、非洲、南美各地如喪屍般復活。

所謂的「民族運動」，是把各種各樣的人們以一元化的方式加入「國民」這一框架的過程，但也是一種把國民分化為各種原初集團的過程。民族主義有「語言國族主義」、「（宗教性）基本教義主義」、「區域主義」、「族群主義」，以總稱「宗派主義」的運動形式呈現。其明顯出現於亞洲各民族達成獨立的前後時期，但若論何時萌芽，則早在民族運動發展之中便已經發生。而這些「主義」伴隨暴力而激化，「國族國家」統治者開始以武力實施鎮壓也是在二十世紀後半葉。不過此時期也誕生出一個極為重要的概念，那便是各地、各民族雖在用語及概念上相異，但內實卻一致的「民主主義」的萌芽。「民族主義」是主張和訴求；「民主主義」則是協調和融和。

那麼，本卷出現的國家元首、政治家、經濟家、社會活動家、革命家、思想家、學者、藝術家、出版人、文人等各自擁有不同出身、經歷、業績、評價。他們的共通之處，除去毛澤東等部分領導者之外，泰半都具有前往舊宗主國留學、遊學、視察、逃亡的直接海外經驗，又通過個人的交流或書信習得近現代的知識、資訊、技術、思想等。他們受到理性主義的近現代學知影響，但不必然全盤接受或將之移植至自身國度。他們將所學與亞洲傳統的知識銜接融合，為了讓新的近現代亞洲經驗去蕪存菁而苦戰不已。

在此過程中，他們不得不面對自身所處的強韌「亞洲式共同體」。此部分根據民族、區域或社會背景而有所不同，如家族制度、身分秩序、性別差異、教育、經濟制度、價值觀等等。在這個時代，日本處於亞洲中的一個特殊地位。日本抱持著「大義」，企圖成為亞洲「盟主」，保護亞洲遠離西歐列強的侵略，可是為了實施這種「大義」，日本開始侵略、占領亞洲，呈現出一種二律背反的政策與行動。也可說，這種牴觸讓日本的知識分子被迫進入一種矛盾的狀態。

在日本知識分子的意識中，亞洲僅止於中國、朝鮮、臺灣，對比這個區域更西向的「亞洲世界」認知卻相當模糊。因為涉入印度民族運動，日本的部分右翼思想家與印度領導者有人際交流，即便如此也只是暫時性的，終究見不到與東南亞、南亞、西亞人們的思想交匯。為了確立近現代的自我，知識分子之間開始提問身為主體的自我該如何定位，然而這種設問仍處於「日本共同體」的潛流之中，他們這些知識分子階層不必然與被他們稱為大眾的多數者有大量交集，與琉球或蝦夷等「邊緣的有識之士」也僅是有限的思想交流。此外，例如「民本主義」這種思想早在明治時代已於日本萌芽，但關於讓這種思想在此半世紀中成熟的思想與行動，卻難以從此人物群像中描繪。還有，即便在這個時代女性也絕非少數者，但在「國民」的框架中，女性卻不被承認是「自我表達者」或「社會的參與規劃者」。性別與女性主義的思想與行動遲至二十世紀後半左右才出現在亞洲，不過，二十世紀前半即便人數不多，仍有女性已前衛地察覺社會在性別上的矛盾與不合理。

為了超越、克服近現代之前的舊弊端，亞洲人為了亞洲社會現代化而推動的確立自我取徑也相當多元，如藉由權力進行政治體制改革、通過資本變革產業結構、藉著言論形成民意、實踐革命運動與社會改革運動等等。通過這些努力，對之前的亞洲社會（共同體）進行批判式的檢驗，不斷嘗試質疑「個人與共同體」應有的形式。那麼，這種嘗試在二十世紀前半的五十年間是否已經成功？走過兩次世界大戰的慘禍，之後到來的「現代亞洲」究竟是烏托邦或反烏托邦，亞洲究竟走向哪個方向？在不斷以批判態度回顧二十世紀以前的亞洲社會中，檢視從二十世紀後半起至今日為止的「現代化」成果，關鍵便在這五十年間活躍的人物群像，亦即濃縮在他們的思想與行動之中。

亞洲人物史11
走出世界大戰的慘禍

目次

辛格浩（一九二一—二〇二〇年） 062
金宇中（一九三六—二〇一九年） 066
李源萬（一九〇四—一九九四年） 069
朴泰俊（一九二七—二〇一一年） 072
其他人物 076
安在祐／李熙健／金喆浩／金翰壽／金熙秀／金坪珍／徐甲虎／朴炳憲

第二章　在日朝鮮人前史

水野直樹／樋口雄一／布袋敏博
前　言 085
金天海（一八九八年—？） 088
朴春琴（一八九一—一九七三年） 102
朴烈（一九〇二—一九七四年） 103
金史良（一九一四—一九五一年） 104
金文準（一八九三—一九三六年） 106
鄭泰重（一九〇一—一九五〇年） 108
其他人物 109

金斗鎔／全允弼／韓德銖／金龍濟／曹寧柱／宋性徹／金達壽／
金石範／金時鐘

第三章 京城帝國大學的人們　林慶澤
前　言　125
今西　龍（一八七五—一九三二年）／高橋　亨（一八七八—一九六七年）／
時枝誠記（一九〇〇—一九六七年）／小倉進平（一八八二—一九四四年）／
安倍能成（一八八三—一九六六年）／尾高朝雄（一八九九—一九五六年）／
三宅鹿之助（一八九九—一九八二年）／泉　靖一（一九一五—一九七〇年）　131

第四章 臺北帝國大學與戰後臺灣學知、學緣的繼承
——以岩生成一為核心　周婉窈
前　言　205
岩生成一（一九〇〇—一九八八年）　211

第五章　從中國統一到戰後臺灣　土田哲夫

前　言　250

蔣介石（一八八七—一九七五年）　252

宋氏一族

宋嘉澍（一八六一—一九一八年）／**宋靄齡**（一八八九—一九七三年）／

宋慶齡（一八九三—一九八一年）／**宋美齡**（一八九七?—二〇〇三年）／

宋子文（一八九四—一九七一年）　280

汪精衛（一八八三—一九四四年）　290

張學良（一九〇一—二〇〇一年）　294

蔣經國（一九一〇—一九八八年）　296

其他人物　300

CC系與復興社系／王世杰／戴季陶／胡漢民／馮玉祥／李宗仁／

田中義一／張作霖／近衛文麿／周佛海／史迪威／普萊斯兄弟／

蔣緯國／陳誠／二二八事件的人們／雷震

第六章　自由主義的開拓者，胡適與陳寅恪的生涯　緒形 康

前言　319

胡適（一八九一—一九六二年）　323

陳寅恪（一八九〇—一九六九年）　348

顧頡剛（一八九三—一九八一年）　361

陶行知（一八九一—一九四六年）　362

羅隆基（一八九八—一九六五年）　364

熊十力（一八八五—一九六八年）　366

雷海宗（一九〇二—一九六二年）　368

殷海光（一九一九—一九六九年）　370

其他人物　372

蔡元培／約翰·杜威／哈羅德·拉斯基／陸小曼／林徽音／土田杏村／室伏高信／鈴木大拙／傅斯年／王世杰／余英時

第七章　毀譽參半的超凡革命領袖

石川禎浩

前　言　394

毛澤東（一八九三—一九七六年）　397

劉少奇（一八九八—一九六九年）　421

周恩來（一八九八—一九七六年）　424

四人幫

江　青（一九一四—一九九一年）／張春橋（一九一七—二〇〇五年）／姚文元（一九三一—二〇〇五年）／王洪文（一九三五—一九九二年）　426

郭沫若（一八九二—一九七八年）　428

約瑟夫・史達林（一八七九—一九五三年）　431

愛德加・史諾（一九〇五—一九七二年）　433

馬寅初（一八八二—一九八二年）　436

尼基塔・赫魯雪夫（一八九四—一九七一年）　437

其他人物　439

朱德／林彪／彭德懷／胡喬木／王明／理查・尼克森／亨利・季辛吉／田中角榮

第八章　東南亞的反殖民地鬥爭及國族國家的創建

伊東利勝／中野　聰／菅原由美
玉田芳史／小泉順子／菊池陽子
新谷春乃／左右田直規／今井昭夫

格雷戈里奧・阿格派／安德烈斯・滂尼發秀／埃米利奧・阿奎納多／威廉・塔虎脫／貝尼尼奧・拉莫斯／曼努爾・奎松／何塞・勞雷爾／吳蘇／蘇巴吳基／佐克羅阿米諾托／穆罕默德・哈達／阿卜杜爾・穆伊斯／普拉姆迪亞・阿南達・杜爾／丹龍・拉差努帕親王／拉瑪六世（瓦棲拉兀）／披耶・阿努曼・拉賈敦／佩差拉・拉達納馮／西薩旺・馮／梭發那・富馬／蘇發努馮／山玉成／諾羅敦・施亞努／杜斯木／翁嘉化／陳平／潘佩珠／

潘周楨／一靈／阮太學／黃玉珀

第九章　印度邁向自立之道 重松伸司
——諸名人出現的背景 白田雅之

前　言 530
甘地（一八六九—一九四八年） 534
羅賓德拉納特・泰戈爾（一八六一—一九四一年） 569
穆罕默德・阿里・真納（一八七六—一九四八年） 573
查克拉瓦爾蒂・拉賈戈巴拉查理（一八七八—一九七二年） 578
E・V・拉馬斯瓦米（納伊克爾，一八七九—一九七三年） 582
比姆拉奧・拉姆吉・安貝德卡（一八九一—一九五六年） 586
蘇巴斯・錢德拉・鮑斯（一八九七—一九四五年） 591
其他人物 596
達達拜・納奧羅吉／艾倫・奧克塔維恩・休謨／班金・錢德拉・查特吉／吉爾伯特・艾略特・明托／蘇倫德拉納特・班納吉／羅梅什・錢德・杜特／巴爾・甘格達爾・提拉克／碧平・錢德拉・帕爾／喬治・寇松／

第十一章　二戰前後，其連續與斷絕的象徵

第十三章　大轉換期下的「操觚者」
——以無產階級藝術運動為主　武藤武美　835
前　言　837
中野重治（一九〇二—一九七九年）　854
葉山嘉樹（一八九四—一九四五年）　856
佐多稻子（一九〇四—一九九八年）　859
福本和夫（一八九四—一九八三年）　862
小林多喜二（一九〇三—一九三三年）　864
石堂清倫（一九〇四—二〇〇一年）　867
其他人物
藏原惟人／小林秀雄／室生犀星／宮本百合子／原泉子／千田是也／伊藤信吉

第十四章　在抵抗與協力之間
——「知識分子／編輯」與「另一個京都學派」　落合勝人　877
前　言　879
林達夫（一八九六—一九八四年）

第十五章 帝國主義的膨脹、侵略及失敗

——帝國的文化

晏妮

凡例

＊本書的結構是，首先敘述各章的中心人物，接著針對該人物周遭的重要人物、再來是其他相關人物，分別立項進行敘述。不過，也有不採這種形式構成的例外章節。

＊關於人名和地名等，參照教育部審定歷史教科書及臺灣慣常用法，予以適當檢視和採用。

＊日本、中國的人名、地名，以漢字為準，除此之外的人名及地名，則以當地音之中譯表示。

＊關於外語文獻的翻譯，沒有特別要求的部分，皆依執筆者為準。又，關於日本的古代典籍等，也會依執筆者進行適宜易讀的整理。

＊引文中的執筆者補注，原則上使用括號。

＊年代原則上是用西曆（陽曆）標記。關於月日，在採用西曆之前的東亞地域，也有按照陰曆標示的章節，但除此之外的地域，沒有特別要求的部分，都是以西曆標記。

＊伊斯蘭圈的伊斯蘭曆等，換算成西曆時會橫跨兩年的情況，原則上是在底下用「／」號來連結標記（如「一四〇〇／一年」等）。

＊人物的實歲與虛歲，尊重執筆者的標記。

＊本書包含部分今日視為歧視的用語或表達方式，此為基於史料進行的敘述，在理解人物及時代時係為重要線索，因此原則上不做修改或更換表述方式。敬請讀者理解。

走出世界大戰的慘禍

第一章

韓國財閥

永野慎一郎

前言

韓國曾是典型的落後農業國，經厲行推動工業化，在較短的時間內達成經濟高度成長，並通過持續的經濟發展與政治民主化，在二〇一八年躋身世界第十大經濟國，平均每人GDP（國內生產毛額）超過三萬美元。十九世紀末，朝鮮王國實施鎖國政策，直到近代化的浪潮湧現，終於無法應付國際變化，在日本及歐美列強的壓力下不得不開啟國門，一八七六年締結的《江華條約》成為釜山、仁川等主要港口開港的契機。這些港口受到世界潮流的刺激而急遽變化，開始聚集大量商人與勞工，展開活躍的經濟活動。

一九一〇年通過締結《日韓合併條約》，朝鮮王國宣告滅亡，朝鮮被併入大日本帝國。朝鮮產業原本以農業為主，因日本資本的進出，開始從農業轉換為工業。朝鮮總督府為了確立殖民統治基礎，實施土地調查等產業政策，推動產業轉換。為了達成產業現代化，必須累積資本、學習技術、理解經營技巧等，而變革期也正是新商業誕生的機會。受到文明開化的地主階級與出身官僚者，開始致力活用土地資本增加資產，同時也認識到教育的重要性，於是設立學校或讓子弟們前往海外留學。此外，農村的青年們離開鄉下，移往都會或海外，自此時期起，以留學或求職為目的而渡海前往日本的青年日增。他們之中，許多人利用在日本學習到的知識與經驗，盡力推動祖國的獨立運動與產業發展。

本章將列舉從李氏朝鮮、殖民地時期，直至解放後、經濟高度成長期為止，對韓國輝煌經濟發展做出貢獻的「財閥」創業者們。特別將介紹有日本留學、創業經驗，以習得的技術與積累的資本導入經營技巧，參與打造韓國產業基礎著名的經濟名人們。

金性洙在韓國近現代化中扮演的角色

金性洙為主要人物之一。金性洙出生於李氏朝鮮末期的富裕地主家庭，留學日本，在早稻田大學學習政治經濟學。返國後接手重建經營困難的私立中央學校，設立由民族資本形成的京城紡織株式會社，參與產業振興，並創刊《東亞日報》支援啟蒙活動與獨立運動。之後更設立高麗大學，使其發展為享有盛譽的綜合大學。通過這些作為，為近代朝鮮的教育、產業和言論發展盡力。解放後開始涉足政界，曾任韓民黨黨主席、民主國民黨最高委員，並就任副總統，與李承晚獨裁政權進行抗爭，以在野政治家的身分積極活動。

另一方面，第二次世界大戰期間，當「內鮮一體」政策推動朝鮮人學徒兵的徵兵活動展開時，金性洙曾以總督府官設團體等的幹部身分參與，並於總督府主導的時局演講會擔任講師，在報紙與雜誌上投稿，有協助總督府殖民政策的經歷。

正因如此，金性洙在韓國學界與一般國民之間有著褒貶不一的評價。本章將基於史實針對金性洙的生涯進行考察，重新檢證他對韓國社會的功過。

對韓國經濟發展做出貢獻的「財閥」創業者們

此外，本章也將介紹推動韓國經濟成長的大財閥創業者，如李秉喆（三星集團）、鄭周永（現代集團）、辛格浩（樂天集團）、金宇中（大宇集團）、李源萬（可隆〔KOLON〕集團）及浦項綜合製鐵（今POSCO公司）的創立者朴泰俊。另外也將介紹殖民時期前往日本創業成功，帶著在日本累積的技術與資金，為祖國經濟發展做出貢獻的在日企業家。

金性洙（一八九一—一九五五年）

金性洙的家世

一八九一年十月十一日，金性洙生於韓國全羅道古阜郡富安面仁村里（今全羅北道高敞郡富安面鳳岩里仁村），是地主金暻中的長男。金性洙號仁村，滿兩歲時因身為長孫的伯父金祺中家中沒有繼承者，金性洙成為祺中的養子，祺中家之後也生下一子在洙。祺中家與暻中家在同一塊土地上比鄰而居，性洙幼少期則與親弟弟季洙一同生活。金性洙的祖父金堯莢曾任朝鮮王朝末期的郡守（在道〔約當日本的縣〕之下統管行政單位邑、面的一郡之長）等官職，是一位地方名士。金氏一族是十六世紀知名儒學家金麟厚（一五一〇—一五六〇年）的名門後裔，子孫們一直保有兩班[1]的身分，身為湖南地方[2]的名門，從朝鮮王朝初期以來的四百多年間一直居住於全羅南道長城郡。

朝鮮王朝放棄鎖國政策開國的一八七六年左右，金氏一族不過是小地主，經過堯莢↓祺中、暻中↓性洙、季洙、在洙的三代人不斷擴大土地與資產，在一九一〇年代成為朝鮮屈指可數的大地主。三代人各自發揮長才嶄露頭角，家族合力累積財富，結果便是金氏一族在短期內發展成為大地主。

作為土地資本家的金氏一族

隨著開國而湧現的資本主義經濟浪潮，迫使舊體制的王朝不得不走上崩解，金氏一族敏銳察覺以近現代化為目標的新經濟體制，並抓住了此種時代趨勢下的商業機會。

一八七六年開國成為轉變契機，朝鮮被定位為提供日本以米穀為主的糧食供應基地，日本的土地資本開始進入朝鮮。朝鮮總督府於一九一〇年至一九一八年實施土地調查，形成朝鮮的殖民地地主制度，進入朝鮮的日本人地主激增，資本多集中於韓國知名穀倉地帶的湖南地方。受到日本人收購土地的刺激，金氏一族也在經濟活動上覺醒，致力於擴張土地資本。

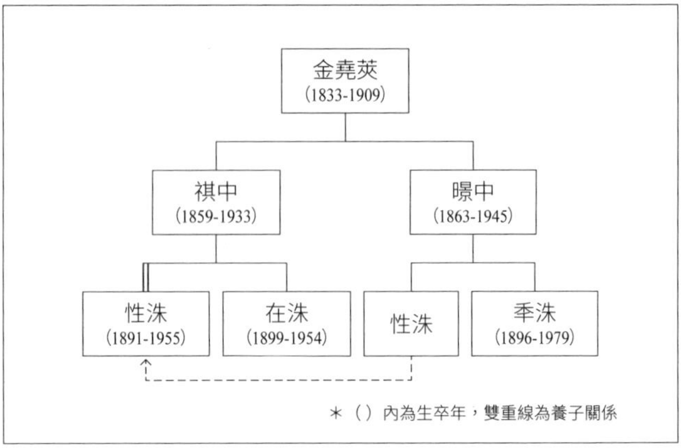

金性洙家譜圖

金堯莢與全羅道古阜郡的當地地主鄭季良之獨生女結婚，因此獲得成為大地主的機會。堯莢婚後離開身為名門的歷代祖先居住地長城郡，移居妻子老家全羅道古阜郡富安面仁村里。移居時岳父轉讓相當多的土地給堯莢，堯莢的妻子在那個傳統男性主義當道的農村社會中，是少數具有商業頭腦、才華洋溢的女性。堯莢與勤儉持家的妻子共同運用獲得的土地資產，努力增購農地。在賢內助的大力幫助下，家中經濟基礎逐步穩固，之後堯莢開始參與政治，擔任掌管地方行政的郡守等官職。

在堯莢夫婦的努力下，擴增了土地與資產，金氏一族一躍成為堅實的地主。讓家族資產更為擴充的是第二代的兩位兒子：祺中、暻中。祺中與暻中皆擔任大韓帝國末期的郡守等地方官職。暻中於一九〇五年，祺中於一九〇七年退出官場，之後一邊從事經濟活動，一邊著手啟蒙活動與普及新式學問。

金氏一族搬遷至富安面仁村里對岸的扶安郡乾先面茁浦，一九〇七年祺中宅移入，父親過世後一九〇九年暻中宅搬入。祺中宅與暻中宅與仁村里相仿，也是同一塊土地上相鄰的宅邸。周邊圍繞著大片適合耕作的水田，對作為地主致力經營土地的金氏一族而言，此地擁有適合經營的良好環境。自古以來茁浦就是朝鮮半島西南部的海岸良港，也是物產集散地，湖南平原上生產的稻米在茁浦港裝載輸往日本。此等地理上的環境也成為日本龐大土地資本進出茁浦的動機。

因茁浦設有日本的憲兵隊及警察署，因此治安良好。祺中與暻中兄弟以茁浦為新據點發展農業經營。因茁浦鄰近國際貿易港群山，高敞地方的稻米遂聚集於茁浦，以小船運至群山，之後再裝載至大船並輸往日本。金氏一族以茁浦為據點在全羅道各地收購土地，擴大農業相關事業。第一次世界大戰時米價漲跌劇烈，一九一五年跌至最低點，到了一九一九年米價急遽上升，這也幫助金氏一族在此時期擴大土地資產。推估兩代人皆任郡守等地方官吏的經歷，對取得土地有相當大的幫助。

當時仍有官吏們一舉躍龍門的「科舉」（選擇文、武官的國家考試）制度，但金堯莢並未參加科舉考試即就任官職。長男祺中參加過「小科」（文科的初級考試）並獲得「進士」資格，但尚不能任官，次男暻中連這一點都沒能達成。即便如此，兩個兒子仍與父親一樣擔任地方官吏的郡守等職務。長男任龍潭（今鎮安郡）、平澤、同福（今和順郡）郡守，次男任珍山（今錦山郡）郡守。父子三人得以擔任郡守等職，除了是名門兩班階級的後代子孫，推測身為新興地主的經濟實力也在私下遊說中起到一些幫助。

一九〇九年堯莢過世時，長男祺中繼承約一百町步、次男暻中約二十町步的土地。不過，兩人既擁有郡守等官職的經歷，又已到四十多歲之齡，大概除了繼承父親土地之外，自身也早有土地資產。根據《時事新報》的調查，一九一一年朝鮮資產超過五十萬日圓的資產家共有一〇一八人，其中朝鮮人有三十二人，而金祺中與金暻中皆名列其中，此時二人都屬於大地主集團。

對新式學問覺醒的金性洙

金性洙十二歲時，與全羅南道昌平（今潭陽郡）名望家族高鼎柱的女兒光錫結婚。岳父高鼎柱奉職於直屬於君王的學術政策研究機構奎章閣直閣，當日本設立統監府推動將朝鮮當作保護國時，高鼎柱辭官返回故鄉昌平並成立昌興義塾，開始從事啟蒙活動。

金性洙從六歲起進入學堂學習漢文，之後為了接受現代教育，在十五歲時遷居妻子的老家昌平，此時養父祺中雖任職同福郡守，不過對高鼎柱的思想產生共鳴，因兩人的交往讓祺中辭去郡守職務，並於一九〇八年在茁浦設立永新學校，作為啟蒙活動的一環，灌注心力培養人才。這也成為全國學校設立運動的一部分。生父暻中擔任完最後的官職——珍山郡守後離開官場返鄉，一邊從事經濟活動，一邊參與啟蒙活動團體，並提供財政上的支援。

對開化思想有所覺醒的高鼎柱，也對兒童教育抱持高度的熱情。當時為了學習真正的西洋學問只能前往海外留學，而為了次男光駿與女婿性洙，高鼎柱特別從京城（大韓帝國的首都稱為漢城，受日本殖民統治後開始改稱京城，解放後再改為首爾）聘來英語教師，開設英語私塾。金性洙在這個私塾中遇到人生中的好友宋鎮禹，宋的父親是私塾創辦者之一，又是高鼎柱摯友，宋鎮禹靠著這層關係進入私塾就讀。高光駿、宋鎮禹、金性洙在這裡共同生活與學習英語。之後高光駿前往上海，金性洙與同鄉的白寬洙一同進入茁浦附近的來蘇寺青蓮庵，之後宋鎮禹也前來，三人在山寺中一同勉勵向學。

一九〇八年春，金性洙進入群山錦湖學校，系統性地學習新式學問。群山是朝鮮半島上屈指可數的開港地，通過進出群山的外國人而知悉世界潮流的金性洙，為了對世界進一步打開眼界，決心前往日本留學。

日本留學——就學於早稻田大學

正在東京大成中學校留學的洪命熹，趁暑假期間回國，隨同被任命為錦山郡守的父親洪範植一同前往任地，途中拜訪友人金暻中。此時金性洙首次與隨父而來的洪命熹見面。金性洙從洪命熹那裡聽到日本開化的狀況，備感興趣。在詳細打聽日本教育制度等相關資訊後，金性洙決心留學日本。但他的祖父、親生父親、養父都不同意他去日本。心意已決的金性洙暗中進行準備，一九〇八年十月，與宋鎮禹一同從群山港出發，在釜山搭乘關釜聯絡船，再從下關乘坐火車抵達東京車站。

金性洙抵達東京後，立即寫信給老家。獲知他前往日本的消息，引起家中一陣騷亂，其中他年輕的妻子更感哀傷，但讀過他的來信後也察覺性洙的決心，只能鼓勵這位十七歲的少年越過玄界灘奔赴世界的勇氣，並祈禱他能獲得成功。

抵達東京的金性洙與宋鎮禹暫居於洪命熹的租屋處，之後進入正則英語學校就讀，一九〇九年四月，插班進入錦誠中學校並開始準備大學入學考試，兩人於次年四月考上早稻田大學預科。一九一〇年是大日本帝國合併韓國的命運之年。宋鎮禹想到祖國眼下的狀況，已無心繼續在日本求學，故先回國。金性洙曾勸宋鎮禹應冷靜思考，不要感情用事，積累實力才是眼下要事，但宋鎮禹仍舊未改歸國決定。

金性洙於一九一一年秋進入早稻田大學政治經濟學科，歸國的宋鎮禹同年帶著金性洙的親弟弟季洙返回東京，並告訴金性洙自己回國之後冷靜下來，思考之後才察覺性洙看得比自己更遠。之後宋鎮禹進入明治大學法學科就讀。當時東京約有四百名朝鮮人學生，他們是肩負祖國將來重任的精英們，彼此間也會進行跨校交流。

金性洙前往日本留學的目的，在於習得新式學問以及結識優秀的朋友。當時在早稻田大學有張德秀（日後為《東亞日報》主筆）、安在鴻（《朝鮮日報》社長、美軍政廳民政長官）、玄相允（高麗大學首任校長）、崔斗善（京城紡織社長、《東亞日報》社長、國務總理）、梁源模（《東亞日報》監察董事）等人；東京帝國大學有朴容喜（《東亞日報》監察董事、京城紡織專務）、金俊淵（法務部長、民眾黨總裁）、俞億兼（美軍政廳文教部長、大韓體育會長）；明治大學有宋鎮禹（《東亞日報》社長）、曹晚植（《朝鮮日報》社長）、金炳魯（大法院長〔最高法官〕）、玄俊鎬（湖南銀行創立者）、趙素昂（大韓民國臨時政府外務部長）；慶應義塾大學有金度演（財務部長官）等等，而為金性洙打開日本留學之途的洪命熹（朝鮮民主主義人民共和國副首相）也在東京。洪命熹回國後，除擔任《東亞日報》編輯局長、《時代日報》社長之外，還撰寫歷史小說《林巨正》在《朝鮮日報》上連載，蔚為一時話題。解放後參與社會主義運動，成為朝鮮文學家同盟中央執行委員長。一九四八年，出席在平壤舉行的南北朝鮮代表聯席會議，之後滯留平壤，並就任朝鮮民主主義人民共和國副首相。

解放後活躍於南北朝鮮各界的年輕精英們同時期皆在東京求學且相互交流。當時的留學生幾乎都是地主或官僚子弟，金性洙無論養父或親生父親都是大地主，故能獲得充足的生活費，也不用擔心學費。大學三年級時，胞弟季洙進入麻布中學校就讀，性洙成為弟弟的家教，指導他學習，之後季洙就讀第三高等學校，接著考上京都帝國大學經濟學科。

在金性洙自早稻田大學畢業之前的一九一三年十月，養父祺中與生父暻中來訪東京。當時適逢早稻田大學舉行創立三十週年紀念活動，性洙帶著兩位父親參觀東京名勝與各式教育機構，二人觀覽後都對日本的物質文明及教育設施感到驚嘆，其中印象特別深刻的是早稻田大學創立紀念活動，包含日本總理大臣在內，歐美各大學的代表、海內外貴賓、教職員、學生等共約一萬人擠滿整個操場，在人多到幾乎無法動彈的狀況下舉行之紀念典禮殊為壯觀。在看臺一隅看見此番光景的朝鮮紳士們感慨特別深切。

金性洙畢業後，表示自己的抱負是想投身教育事業，但看在生父暻中眼裡，性洙此時才二十二歲，還太過年輕。生父雖斥喝兒子剛畢業沒有社會經驗，辦不成什麼事情，但金性洙仍決心要將教育事業當作生涯的志業。

同時，金性洙也受到早稻田大學創立者大隈重信的建學精神影響。大隈重信曾任總理大臣，乃日本代表性的政治家，也是擔任早稻田大學總長（校長）的教育家。他標榜「學問的獨立」，並成立東京專門學校（早稻田大學前身）。早稻田大學在成立之初便是洋溢著在野精神的私立學校之霸，而「學問的獨立」則可說是早稻田大學的「教育宗旨」，也是其基本精神。

金性洙對大隈重信的遠見與勇氣抱持尊敬之意，但對於大隈身為日本政治領導者，卻侵略其祖國並進行殖民地統治的部分也感到反感。不過身為教育家的偉大抱負與推動能力，讓金性洙對大隈的尊敬多於反感。早稻田大學聚集了從日本全國各地而來的年輕人，可說早稻田大學的發展也就等於日本的發展。金性洙思考日本近代化的原動力就在於教育，遂下定決心也要在朝鮮成立如早稻田大學般的教育機構，培養將來能帶領祖國的領導者。

開始教育事業——接手中央學校經營權

一九一四年七月，金性洙自早稻田大學畢業歸國，在生父暻中反對下仍不放棄自己對教育事業的熱情，且信念毋寧變得更加堅定。他把活動據點放在京城，不斷思考如何正式實現教育事業的夢想，與朋友見面聽取意見，並調查教育現場的狀況。當時在京城的近代教育機構有官方成立的學校、基督教團體設立的教會學校，以及由民間有志之士成立的私立學校。不過私立學校因財務困難而難以存續，且以民族教育為目標的私立學校還面臨總督府的歧視性文教政策，財政基礎往往薄弱，也造成設施與教育環境處於較為惡劣的狀態。

在此種情勢下，以中央學會為經營核心的中央學校面臨經營危機，他們對金性洙提出由他接手學校經營權的請求。中央學校發展之所以困頓，除了財政困難外，設立者的學會組成及營運系統太過多元，此也導致無法有效率的經營。對此，金性洙提出條件，若學會相關人士答應完全不插手經營，則他願意接手經營權。

金性洙向養父及生父報告這段期間的原委，請求他們出資協助，但兩位父親的反應卻相當冷淡。因為他們擔心完全沒在大型事業中歷練過，缺乏社會經驗的二十三歲青年無法辦成此事。金性洙則把自己反鎖在房間中以絕食進行抗爭。當時朝鮮人的教育機構中，高等普通學校僅有四所，兩所為公立，兩所為私立，金性洙從為了維持民族學校與對民族教育的強烈使命感出發，持續不斷說服兩位父親。其中養父祺中以真摯態度傾聽兒子的計畫與抱負，最終同意其計畫，並提供二百町步的土地作為營運資金。在這樣情況下，生父暻中也逐漸認同，答應全面性支持他的教育事業。

金性洙以兩位父親，金祺中與金暻中為創立者，向總督府學務局提出接手中央學校的請願書，但總督府當局卻加以刁難不受理文件，使整個計畫陷入困境。此時適逢早稻田大學的永井柳太郎教授與田中穗積教授前來京城，在獲得兩位教授的協助下終於獲得許可。

一九一五年四月，性洙請來擔任《皇城新聞》主筆兼社長的柳瑾擔任校長，任命安在鴻為學監，備齊宋鎮禹、崔斗善、玄相允等留日歸國的先進新銳教師群，自己也擔任普通老師教授英語及經濟學，並專心致志於建設校舍、整備設施、確保師資及周轉經營資金等事宜。接著於一九一七年三月，金性洙親自擔任校長，買入四千三百坪土地作為新校舍用地，占地一百二十坪的紅磚雙層校舍也告竣工，竣工儀式上總督府學務局長關屋貞三郎亦出席表達祝賀之詞。那些質疑這位毫無經驗的青年能否辦成此事，冷眼旁觀的總督府官吏也脫帽致敬，表達佩服之意。

重建面臨廢校的中央學校，待經營基礎穩定後，金性洙辭去擔任一年的校長職務，由宋鎮禹任職校長，崔斗善任學監，自己再次回歸普通教師職務。在學校教育方針上，金性洙特意不強調民族思想教育，完全委由教師們的良知判斷。因為刻意露骨強調民族教育，將會被總督府當局烙上危險人物的印記，學校經營也會出現問題，故為避免此事而採取此種方針。

然而，中央學校自然而然地成為民族教育的據點。一九一九年的三一獨立運動即以此校為運動據點，一九二六年的六一〇萬歲運動也以中央學校的學生為主力。包含一九二九年的光州學生運動在內，成為反日學生運動的根據地。朝鮮獨立運動的重要事件中都有中央學校的相關人士參與。金性洙身為中央學校當局謀議的核心人物，雖然活躍但極力避免走上檯面。因為他徹底嚴守這種做法，才得以讓中央學校延續下來。其結果，也讓民族言論機構及民族企業得以成立，民族教育獲得發展。他並不居功，只在幕後從物質與精神實質支援獨立運動者。

某天，從事獨立運動的青年們造訪金性洙宅邸，向他說明因遭日本警方追捕，想要逃亡國外，並懇請資助逃亡資金。金性洙被他們的真心感動，稍加思考後便站了起來，打開一旁的保險箱說，需要多少都拿去吧，接著便走出房間。青年們從保險箱匆匆拿走金錢後離開。一段時間後，金性洙回到房間內又若無其事地關上保險箱。他深知獨立運動需要金援，願意讓素未謀面的青年們取走金錢，且非親手交付，而是放任他們「竊取」的做法，這種行為並非僅根據當前的狀況下決定，更思考到將來各種可能性後才下的判斷，體現了金性洙高潔的人格與深謀遠慮的考量。

大韓民國政府成立後，成為首屆國會議員的獨立運動者張洪琰，被選任為反民族行為特別調查委員會委員，此為基於《反民族行為處罰法》而成立的委員會。他在檢查朝鮮總督府相關資料中見到有關金性洙的紀錄，其中一則寫道，有名青年潛入金性洙宅邸盜取金錢，驚訝不已的張洪琰自己坦承，那位進入金性洙宅邸盜竊金錢的青年就是自己，這段證詞也證明金性洙把事件偽裝成遭竊，實則提供他們獨立運動的資金。

這段事實傳到國會後，國會議員們紛紛感嘆，金性洙為了教育事業、言論事業、培養民族資本，雖也提供獨立運動資金，但考量到如果支援獨立運動的事實遭到暴露，將危及其他事業的推動，因此深思熟慮後，以遭竊為由欺瞞日本警察，這種憂國且忠誠之心，著實讓人感佩。

進出產業界——接手京城織紐

一九一七年，金性洙接手面臨經營困境的京城織紐株式會社。京城織紐成立於一九一一年，是朝鮮最早的織造公司。他親自接手社長一職後，請來早稻田大學商科畢業後，任職於朝鮮銀行的鮮于全擔任專務，任命東京高等工業學校（東京工業大學的前身）紡織科畢業後，在中央學校任教的李康賢擔任經理。金性洙之所以接手京城織紐，係因在日本受過最新紡織技術教育，且受此專業領域中堪稱國內最頂尖人士的李康賢之託。當時朝鮮的衣物生產多以家庭手紡車為主，在日本製輸入的棉織品主導市場的情況下，當地手工棉布生產成為夕陽產業，面臨停產。為了阻止這種狀況發生，金性洙計畫將重點放在織布生產上，改造整個生產體制。織布量產的體制在朝鮮產業界是一個劃時代的突破。然而，落後的設備無法與日本製織布競爭。對期待不再依靠進口衣料，懷抱應由國產自給自足這一抱負的金性洙而言，成立具備現代設備的紡織公司為當前最急迫的課題。

自古以來，朝鮮在來棉（亞洲棉）相當興盛，原棉甚至輸出到日本。一九〇四年，由日本前往木浦就任領事的若松兔三郎（一八六九－一九五三年），認為木浦地方的氣候風土與其前任地中國沙市酷似，判斷適合栽培棉花，並在木浦高下島嘗試栽培美國品種的陸地棉，獲得成功。在若松領事的呼籲下，政界、官界、財界有志一同者聚集響應，在東京成立日本棉花栽培協會。陸地棉是全世界最廣泛栽植的棉種，但在日本因氣候關係無法栽培。在協會的支持下，朝鮮總督府獎勵棉花耕作，在朝鮮推動、普及陸地棉。從陸地棉栽培的發祥地全羅南道開始，逐漸普及到朝鮮半島全部區域，這也促成了棉產業的發展。隨著陸地棉的普及，發祥地木浦於一九一三年首先成立朝鮮棉花株式會社，之後各地陸續成立棉花相關公司。一九一七年六月，三井財閥在釜山成立朝鮮紡織株式會社，日韓合併後制定了《公司條例》，但公司成立採許可制，故如何獲得總督府的許可成為最大的關卡。

民族企業「京城紡織株式會社」成立

一九一九年八月，金性洙為了成立京城紡織株式會社，向總督府殖產局提出株式會社成立認可申請，營業項目為「織製、紡織及販售棉織物與其相關業務」。設立旨趣書中寫道：「朝鮮需要年額約四千二百萬日圓的棉布，其中二千七百萬日圓依賴進口品，故力圖自給乃朝鮮經濟獨立上的當務之急。」京城紡織株式會社成立的當前目標是製造棉織物，不過根據發展狀況，日後可能擴及整體紡織產業，進而促成朝鮮工業的發展。

然而，公司的成立許可卻不容易取得。不斷重新修改計畫書，堅忍地重提事業計畫書，最後終於取得成立許可。京城紡織株式會社是由朝鮮人成立的紡織公司，在此認知下，人們認為這不是一個人或者少數幾個人所擁有，而是全民族的公司。京城紡織的資本額為一百萬日圓，與三井財閥系統的朝鮮紡織五百萬日圓資本額相較似乎不算高，但對朝鮮人而言，要湊足這樣的金額已屬不易。主要發起人為金祺中、金暻中、金性洙父子三人，首任社長由舊朝鮮王朝的重臣朴泳孝（一八六一—一九三九年）擔任，加上朴容喜擔任專務，以及全國名望人士崔浚、尹相殷、李一雨等作為發起人參與其中。以一股五十日圓的價格發行了兩萬股，金性洙巡迴全國各地說服有志者加入投資，採取作為一個民族企業，所以一般國民皆可認購的公開集股方式。兩萬股中由發起人認領三千七百九十股，剩下的一萬六千二百一十股向一般民眾公開招募。金氏一族共持有三千股，股東總數一百八十八人中，持股不滿五百股的股東有一百八十人，占全體股東的百分之九十六。許多人都是被金性洙的愛國熱情所感動，帶著支援獨立運動的想法而購股成為股東。

一九一九年十月五日，京城紡織株式會社舉行創立大會，選出社長朴泳孝、專務董事朴容喜、董事（經理）李康賢，並由金性洙擔任董事。朴泳孝是哲宗的女婿，曾在李氏朝鮮擔任內務大臣、宮內府大臣等職務，乃當時朝鮮政界的重要人物。朴容喜出身富豪家庭，在大韓帝國時代被選拔為公費留學生，經第一高等學校進入東京帝國大學政治學科就讀、畢業。作為企業的代表，名義上由朴泳孝擔任社長，但實際負責人是金性洙，李康賢與朴容喜則負責實際業務。金性洙二十八歲，李康賢三十一歲，朴容喜三十四歲，等於是由三十歲左右的青年實業家們著手開始經營企業。此三人在同一時期留學日本，在日本的最高學府接受現代教育。他們觀察更早接受西洋文明、展開現代化並達成令人矚目發展成果的日本公司，之後認為自己也能辦到，且心中已理解到教育的重要性，不過學生時代仍先專注於學業。回國後，三人在參與教育事業的同時也關心產業現代化。想要藉由民族資本成立民族企業，希冀發展朝鮮產業的共通抱負，一直隱含在他們的心中。

伴隨京城紡織株式會社的成立，他們推動工廠建設、購入機械設備、締結棉絲購入契約、實施員工技術教育等，不過直到工廠開始生產為止仍花了超過三年以上的時間。在此過程中，為了藉由短期交易獲取利潤而開始期貨的短線交易，卻遇上股價大跌蒙受龐大損失，讓這群經驗不足的年輕經營者們嘗到了失敗的苦果。損失金額達十萬日圓，對草創期的京城紡織而言，這樣的金額已達無法負擔的規模，建設中的新總公司大樓被拿去償還損失而中止建設，公司陷入危急的存亡之秋。

金性洙懇請養父祺中再次出資相助，對此表示理解的養父把土地權狀交給兒子，性洙以此作為擔保向朝鮮殖產銀行融資八萬日圓。京城紡織便在宣稱資金一百萬日圓，支付資金二十五萬日圓的狀態下開始營運。一九二一年十二月，對股東發送第二次支付股金通知書，因經濟不景氣加上在期貨操作上的損失，導致公司信用低落，預期集資十五萬日圓中只籌得七萬日圓。了解公司狀況的金氏一族接手未支付部分，理事會則把未繳納股分以競賣處理的方式，將所有權讓渡給金季洙。從京都帝國大學經濟學科畢業回國的金季洙，也在胞兄性洙的請求下加入經營團隊。

朝鮮最大的現代化民族企業「京城紡織」

一九二二年四月舉辦的京城紡織股東大會上，任命金季洙為常務董事兼總經理。金季洙還被選為京城織紐專務，同時負責兩家公司的經營。一九二三年一月，京城紡織的永登浦工廠竣工，三月由豐田式織機株式會社引進一百部織機開始試營運，四月時終於生產出最初的產品。這段期間他們也派遣技術人員前往豐田式織機學習技術，並錄取國內工業學校畢業生進行人才培養，豐田式織機也派遣熟練的技術員工前來進行技術指導。在試行錯誤中學習，京城紡織的企業活動取得進展，且順利提升產量，生產規模逐漸擴大。

京城紡織創立時，金氏一族的持股高達整體的百分之十五，從公司創立起的最初三年堪稱艱苦時期，在突破經營危機與鞏固經營體制的過程中，許多出資者陸續退出，每逢此種狀況，金氏一族即注入資金收購股票。一九二五年金季洙持有九千二百七十股，金曝中持有一千五百股，金性洙持有一千五十股，金在洙持有五百股，金氏一族持股占總股分的六成以上。創立之初的資本金為一百萬日圓，一九四四年增資到一千五十萬日圓。無論在名義上或實際上都掌握經營權的金氏一族完成追加金額的支付，並籌措貸款，增設設備，締結販賣契約等，展開正式的企業營運。金性洙、季洙兩兄弟與李康賢三人組成經營體制，經驗尚淺的青年實業家們，學習日本的企業經營，以新的想法與熱情支撐公司營運。儘管該公司必須在資金、技術和銷售市場方面與日本財閥系統展開企業競爭，在此嚴苛的條件下，他們採取別具特色的銷售策略來提升產能，即強調自身作為民族企業的特徵，訴求民族情感，請朝鮮人應使用民族企業的產品，同時也配合朝鮮人的喜好進行生產，開發充滿朝鮮意象的商標名，打出以朝鮮人消費者為目標對象的商業戰略。他們特別把銷售重點放在日本企業尚未滲透的北朝鮮地區，在市場上攻城掠地，而平壤、元山地區等北方地區的居民，愛國心尤其強烈。由於平壤是一九二〇年開始的朝鮮物產獎勵運動的發祥地，他們訴諸民族主義的銷售戰略顯然獲得功效，讓銷售業績得以提升。

京城紡織從一九二三年一百臺織布機的規模開始發展，到一九三六年成長為擁有紡機二萬一千六百錘，織機八九六臺的大企業。京城紡織創業時，日系的朝鮮紡織具備紡機一千五百錘，織機五百臺，雙方差距甚大，但一九三六年的朝鮮紡織的成長為紡機三萬九千七百七十六錘，織機一千二百一十四臺，等於京城紡織在十三年之間，紡機部分追上了百分之五十四，織機部分追上了百分之七十四。趁著這股氣勢，京城紡織更將營業據點擴張到中國的東北地方（滿洲）。一九三九年在滿洲設立紡機三萬五千錘、織機一千臺規模的南滿洲紡織會社，滿洲地區有一百二十萬朝鮮人居住，是一個龐大的市場區域。

同時，京城紡織也設立三處原棉工廠與棉織物染色工廠，從棉花到棉線、棉布、染色、加工、縫製，成為綜合性的棉紡織公司，發展成朝鮮最大的現代化民族企業。

民族報《東亞日報》創刊

一九一九年三月一日，在京城由民族代表三十三人發表《朝鮮獨立宣言書》，以此為契機，獨立運動如火燎原，迅速擴展到全國各地。為了應付這波獨立運動，朝鮮總督府把日韓合併以來實施的「武斷政治」[3]統治方針更弦易轍為「文化政治」。新就任的齋藤實（一八五八—一九三六年）總督推出民族融合政策，認可朝鮮人發行民間報紙的方針。

當時朝鮮國內發行的朝鮮語報紙僅有總督府機構報《每日申報》一家，但在三一獨立運動擴展之下，朝鮮人之間廣泛流通著非官方的地下報。在這股知識分子推動民族報刊發行的行動中，以可提供財政支援的金性洙為核心，開始籌備發行報刊。一九一九年十月九日對總督府提出報紙發行的許可申請，次年一月六日，總督府批准《東亞日報》的發行。在十餘件的申請之中，獲得許可的日報僅有《東亞日報》、《朝鮮日報》、《時事新聞》三家。

金性洙的東亞日報社與京城紡織同為股分公司。有鑑於報業營利鮮少，該報特別強調作為民族報業的角色，委請全國十三道的七十八位有志一同者擔任發起人，舉行株式會社東亞日報社發起人大會，會中選出金性洙擔任發起人代表，決定三月一日發行創刊號。大會上也選出主要幹部及董事，由京城紡織社長朴泳孝擔任社長，以梁起鐸、柳瑾為編輯監督，張德秀為編輯主管，李相協為編輯局長等。在董事會議上決定東亞日報社的主旨有三：（一）以作為朝鮮民眾的言論表現機構為責、（二）支持民主主義、（三）提倡文化主義。此三大主旨的「民族主義」、「民主主義」、「文化主義」成為該報一貫的基本方針。

隨後，在七十八名發起人的連署下，向總督府提出成立股分公司的申請，二月六日獲得批准。資本總額一百萬日圓，發行兩萬股，一股設定為五十日圓。兩萬股之中的一萬六千五百股由發起人認購，剩餘股分向一般民眾招募。第一次支付金額為四分之一，即十二萬五十錢日圓，預定以二十五萬日圓作為創業資金。因籌集不到原先預定的資本額，所以對外宣稱資本額改為七十萬日圓，第一次支付金額共十七萬五千日圓，不過實際支付只有十五萬日圓。不足的部分由慎九範出資一萬五千日圓、梁源模出資一萬日圓，終於讓株式會社東亞日報社成立。總股分一萬四千股中，發起人認購九千四百五十四股，公開募集股為四千五百四十六股。

原本預定三月一日發行創刊號，但因資金籌措未足，在金性洙的擔保下以借款籌措，之後於一九二〇年四月一日發行創刊號。《東亞日報》上出現許多批評日本統治與強調朝鮮必須獨立的論調，一般民眾對民族報紙的創刊備感歡欣，報紙也以為民眾發聲自居，論調日益變得激進。對總督府當局而言並不樂見此等事態發展，故報社的許多報導都受到「刪除」、「禁止發行散布」、「停止刊登」等處罰。

總督府雖然標榜文化政治，認可民間發行報紙，承認有限的言論自由，但仍持續啟動統制與監視機制。最初採取比較柔軟的態度，但因三一獨立運動一週年引發萬歲示威，獨立運動有捲土重來之勢，故以一九二〇年四月十五日報紙刊登平壤爆發最激烈的反日示威報導為由，總督府藉機禁止《東亞日報》的銷售與散布。

另一方面，《東亞日報》為了打破以前的老舊思想而刊登宣揚進步新理念的社論，此舉引來保守讀者的反感，甚至出現拒買運動，讓該報在國內處境非常艱難。代表保守層的儒學派領袖們對那些社論表示反彈，要求總督府禁止該報發行。面對這場風暴，社長朴泳孝辭職，金性洙接受幹部們的要求，接任成為第二任社長。除了總督府的壓力外，財政狀況也相當嚴峻，未能收到預定投資的資本，且遲繳訂報費的狀況頻仍，加上因為經濟不景氣，沒有朝鮮企業或公司願意購買廣告，導致幾乎沒有廣告收入。即便如此，《東亞日報》的反骨精神依然強勁。至九月二十五日，總督府以反覆公然刊登反日宣傳為由，對《東亞日報》施以無限期停刊處分。停刊處分的理由之一是，社論中對象徵日本天皇的三神器（鏡、玉、劍）當作偶像崇拜進行批評，另一個理由則是文章舉英國對印度的殖民政策來對照討論日本的政策。

一九二一年一月十日雖然解除停刊處分，但因財政困難，花了超過一個月的時間才得以復刊。金性洙再度巡迴全國向各地有志之士訴求，募集資金，到了二月二十一日，終於讓報紙開始重新發刊。復刊之際，株式會社東亞日報社組成新的發起人會，原先的發起人中有三十三人加入，並有二十二位新發起人。九月十四日，株式會社東亞日報社舉行創立大會，選出十名董事與五名監察員，董事會上選出宋鎮禹擔任第三任社長，張德秀擔任副社長兼主筆。金性洙以董事身分留下，報社經營則完全交給宋鎮禹。

《東亞日報》既以民族主義為主旨，便無法避免與總督府發生衝突的宿命，且不僅面臨財政困境，連朝鮮人社會也發生不同意見，在各種對立勢力之間經營報社並不容易。而實際在財政面上支持《東亞日報》的就是金性洙。當報社面臨危機時，一九二四年十月二十一日金性洙再度擔任社長，在往後三年期間，他以社長身分奮力確保報社營收，為達成財政穩定就必須確保作為收入來源的廣告主，不僅朝鮮國內，也有必要將視野擴大至日本。一九二三年朝鮮國內與日本的廣告比率，國內占百分之六十三點九、日本占百分之三十六點一；一九三一年發生逆轉，國內占百分之三十六點二，日本占百分之六十三點八，反被來自日本的廣告所救。

《東亞日報》在殖民地時代遭遇四次停刊處分，每次停刊後又再度復刊。中日戰爭戰況最激烈的一九四〇年八月十日遭強制廢刊，眾多挫折讓該報走在苦難的歷史上，不過二次大戰結束後的一九四五年十二月一日又重新復刊，今日成為足以代表韓國的報社。

名門私立大學——高麗大學的成立

金性洙的下一個課題便是教育事業。為了實施正式的民族教育，他前往歐美各國視察教育設施，認為有必要理解先進國家的文化。從一九二九年十二月起訪問了英國、義大利、法國、德國、瑞士、瑞典、丹麥、蘇聯、美國等歐美先進國家，也與當地的領袖們交流。二十個月的海外行程，習得的見聞成為他開展教育事業的重大參考。

從海外歸國後，等待他的便是朝鮮的教育現場。回國後，金性洙旋即於一九三一年九月一日就任中央高等普通學校校長。此前的一九二九年十一月三日從全羅南道的光州開始，各地展開抗日學生的抗爭遊行，甚至引發各校聯合停課。一九三〇年十一月中央高等普通學校實施臨時停課並對學生施以懲處，有四十餘名學生遭到退學、二十餘名學生遭無限期停學。校長崔斗善為了對此事態負責而辭職。金性洙此時妥善完成過渡時期校長的職責後，一九三二年四月將職務交還給前校長玄相允。

一九三二年三月，金性洙接手今高麗大學的前身，即普成專門學校的經營，六月四日就任該校第十任校長。普成專門學校是由歷任內藏院卿、軍部大臣、度支部（大藏）大臣等職位的李容翊（一八五四—一九〇七年）於一九〇五年設立，乃朝鮮人最初的高等教育機構。成立之初雖是私立，不過也獲得朝鮮王室的財政支援，後因高宗（朝鮮王朝第二十六代君王，在位期間為一八六三—一九〇七年）退位，普成專門學校不得不自負盈虧，因此陷入深刻的財政困境。普成是一個大型學園，包含小學、中學、專門學校，經營財團在財政困難、經營觸礁後，判斷只有金性洙能以民族學校的立場重建該校，因此財團願意放棄所有權利並將經營權轉移給金性洙，但附加了幾項希望條件：（一）保障當前學校職員地位、（二）不要變更校名、（三）迅速新修校舍。金性洙從一九三五年六月起，除去兩年期間，至一九四六年二月為止一直擔任校長，在接受養父祺中與生父暻中的財力支援下，開始收購廣大校地，建設校舍、行政大樓、圖書館、大講堂、體育館等建築物，打造出現代式的校園環境。

金性洙雖有成立私立大學的構想，但過往他曾認為此事難以實現，即便如此，他仍強烈抱持著想要培育人才的想法。金性洙入主後替換整個經營團隊，組建新的理事會，強化、擴充教授師資等，把原本的專門學校打造成現代式高等教育機構。太平洋戰爭爆發後，日本當局強化對教育機構的掌控，伴隨廢止專門學校法學科及人文學科的方針，普成專門學校於一九四四年四月改名京城拓殖經濟專門學校，朝鮮解放後才改回原本校名。一九四六年八月，普成專門學校獲得美軍政廳認可，升格成為綜合大學，九月十五日，改校名為高麗大學。校園理事會任命玄相允為第一任總長（大學校長），金性洙以主任理事的身分協助校園經營。另外，提供財政支援的性洙弟弟季洙也擔任理事，而在洙則成為監事，進一步鞏固金氏一族的經營團隊。

金性洙就讀早稻田大學時，對該大學創立者大隈重信的教育理念頗感共鳴，認知到教育的重要性，他這種想法也體現在接手經營作為人才培育機構的中央學校及普成專門學校上，協助各校發展。如眾所周知，在高麗大學就學的優秀人才活躍於社會各層面，對韓國的社會、經濟發展做出許多重大的貢獻。

解放後的政治活動——就任副總統

金性洙並不熱中政治活動，但並非完全不參與，而是採取不走上檯面，扮演在背後給同僚們的政治活動提供實質支援的角色。政治上的責任他委由盟友宋鎮禹處理，自己則致力於教育發展。但後來他所信任的宋鎮禹遭人暗殺，右派保守陣營領袖認定，除了金性洙之外，沒有任何人可以領導眾人度過這樣的困境，這也讓他無法拒絕來自周遭的政治性邀約。

作為第二次世界大戰戰後處理的一部分，朝鮮以三十八度線為界陷入分裂狀態，南方由美軍、北方由蘇軍所占領，形成相異的政治體制。建立獨立朝鮮一事，通過《開羅宣言》被委任給同盟國，因判斷為達成朝鮮民族獨立需要準備期間，遂於一九四五年十二月在莫斯科舉辦的美、英、蘇三國外長會議上，決定以五年為期，由四大國（美、英、中、蘇）對朝鮮進行託管統治，稱為《莫斯科協定》。當協定內容傳到朝鮮後，期待立即實現獨立的朝鮮政治家與民眾無法接受，掀起激烈抵抗，然而在蘇聯的授意下左派改而支持託管，左右兩陣營之間出現激烈對立，最終朝鮮託管統治案並未成立。

美軍政時代阿諾德（Archibald V. Arnold）軍政長官任命金性洙擔任諮詢委員會委員，在該委員會上他又被推選為議長。一九四六年一月，因宋鎮禹遭暗殺，金性洙被選為韓民黨首席總務（黨魁），成為他進入政界的契機。一九四八年五月十日，美軍政統治下的朝鮮半島南部舉行總統選舉，而在國會議員選舉中金性洙並未成為候選人，理由是為了讓朝鮮民主黨副黨魁李允榮當選，因此把自己選區的首爾鍾路甲區讓給李允榮，讓他以韓民黨候選人身分參選，之後也順利當選。金性洙日後說明他如此做的真正理由，是基於對朝鮮民主黨黨魁曹晚植的敬意。

選舉的結果由支持李承晚的派系取得多數議席。在制定憲法的過程中，李承晚主張總統制，金性洙主張議員內閣制。金性洙考量，總統制有可能形成獨裁，為了聚合多樣化的民意，應以議員內閣制為宜。結果二人在政治路線上形成對立。

一九四八年五月，新國會召開，以總統制為基礎制定新憲法，李承晚當選首屆總統。八月十五日，大韓民國政府成立，包含國務總理在內，諸閣僚由總統加以任命。大部分的看法都認為將會指名最大在野黨韓民黨黨魁金性洙擔任國務總理，但出乎意料，李承晚並未指名金性洙擔任國務總理，而指定他擔任財務長官，但金性洙並未接受。具有強烈在野精神的金性洙，採取對抗李承晚獨裁政權的態度。

一九四九年二月，在野黨進行重新整編，在野黨聯合的民主國民黨（民國黨）成立，選出金性洙擔任最高委員。金性洙於一九五一年五月十六日由國會選為副總統。當時在總統制下，副總統一職僅為總統不在時得以繼任總統的預備性職位，並無實質權限。因此金性洙並不關心副總統的職位。但周邊勸說不可拒絕國會選出的副總統職位，金性洙因而承諾就任副總統一職。

在政府組織法上，副總統並非國務會議的成員，但在李承晚總統的勸說下，金性洙仍出席國務會議。因李承晚總統鮮少出席國務會議，故大多數時候都由副總統主導會議。

六月四日的慣例每月朝會上，金性洙副總統如此訓示閣僚及中央政府全體公務員。

民主主義與獨裁政治不同，不需要英雄或偶像，只需忠實履行民主主義的方法，加以實現民意。亦即反映民意，集結眾智。為讓主權者的國民意志能率直且自由表現，必須保障言論自由，活躍檢討眾智結晶的政策，具體實現以促進國利民福。如此自能達成國家民主化。（仁村紀念會，《仁村　金性洙傳》。原文為韓語）

六月二十六日李承晚總統於國務會議上做出重大提案。韓戰爆發當初，身為國防部長但犯下重大過失的申性模，此時卻被李承晚任命為駐日代表部的代表，對此金性洙表示反對。總統要求贊成者舉手，但當場只有閣僚舉手。之後，下午由張勉國務總理主持的國務會議上，再度針對此提案表決，表決結果為：贊成四、反對六、棄權一、不參加投票一，否決提案。然而李承晚總統卻表示這不是否決而是通過，顛覆結果，專斷派任申性模擔任駐日代表部的代表。獲知此事的金性洙開始感受到無法與李承晚共事的絕望感。

李承晚以連任為目標組成新黨自由黨，計畫以兩院制與總統直選制為基礎進行修憲。對李承晚這種獨斷暴行感到憤怒的金性洙，於一九五二年五月二十九日辭去副總統職務。辭職理由書在國會的大會上獲得朗讀。其中一部分節錄如下。

我們已經充分體會到總統制的酸楚。特別是此前國會補選與地方選舉所見到的警方鎮壓。在我國所謂總統直選制，便意味著現任總統連任，若他連任，將來的國會將會由他的追隨者組成，之後三連任、四連任，都有可能，因為他有權更改憲法，誰能保證今後會不會出現終身制總統，甚至世襲總統？因此，只要是希望我國實現真正民主主義的國民，應該反對總統直選制，支持內閣責任制（議會內閣制）。（引用處同前）

此時，金性洙因健康狀況不佳，從政界引退後即專心養病，於一九五五年去世並獲得國葬。

關於金性洙的親日反民族論爭

金性洙理想中的政治理念稱為文化國族主義。有見解認為他這種以穩健而漸進的方式推動獨立之運動，即可定義為文化國族主義。M．E．羅賓森、金重洵、吉野耕作等即持此種主張。

擺脫日本的殖民統治是朝鮮民族的夙願。為了達成此一夙願，金性洙努力學習，蓄積能讓民族自立的實力。早稻田大學畢業後歸國，接手中央學校及普成專門學校的經營，重建學校，並將後者發展為綜合大學高麗大學，在他的培養下人才輩出。此外，由民族資本成立的京城紡織株式會社成為產業發展的基礎。《東亞日報》作為替朝鮮民族代言的報紙，反抗日本的殖民地統治，他也是與獨裁政權抗爭的歷史見證人。經營學校、營運紡織公司、發行《東亞日報》等，唯有金氏一族的財政支援方有可能成功。

金氏一族發展為土地資產家，將大部分資產用於經營民族學校、民族企業京城紡織、民族報《東亞日報》等的營運資金，這樣的事實理當被認定為歷史事實。

1891	10月11日	生於全羅北道高敞郡
1893		成為伯父金祺中的養子
1908	10月	留學日本
1909	4月	插班進入錦誠中學校
1910	4月	進入早稻田大學預科
	8月29日	日本、韓國合併
1914	7月	從早稻田大學政治經濟學科畢業
1915	4月27日	接手中央學校經營權
1917	3月30日	就任中央學校校長（—1918年3月）
1919	10月5日	成立京城紡織、擔任董事（—1928年3月28日）
1920	4月1日	發行《東亞日報》創刊號
	7月	就任東亞日報社長（—1921年9月）
1924	10月21日	就任東亞日報社長（—1927年10月22日）
1929	12月3日	視察歐美各國（—1931年9月12日）
1931	9月1日	就任中央高等普通學校校長（—1932年4月）
1932	3月26日	接手普成專門學校經營
	6月4日	就任普成專門學校校長（—1935年5月）
1937	5月26日	就任普成專門學校校長（—1946年2月19日）
1938	6月—8月	國民精神總動員朝鮮聯盟發起人、理事、參事
1940	8月10日	《東亞日報》強制廢刊
	11月	國民總力朝鮮聯盟理事（—1944年）
1941	10月	朝鮮臨戰報國團發起人、監事
1945	8月15日	擺脫日本殖民統治
	10月5日	美軍政諮問委員會議長
	12月1日	《東亞日報》復刊
1946	1月1日	就任東亞日報社長（—1947年2月20日）
	1月7日	被選為韓民黨首席總務
	8月	普成專門學校升格為綜合大學
	9月15日	變更校名為高麗大學
1949	2月10日	組成民主國民黨，被選為最高委員
1951	5月16日	就任副總統（—1952年5月29日）
1955	2月18日	過世

金性洙相關年表

另一方面，金性洙的生涯事蹟中，在日本殖民地時代與日本當局合作，使得部分見解認為他是日本的爪牙，其親日行為乃反民族性的行為。

對於金性洙的親日論爭，始於脫離殖民統治後，因南北分裂導致左右兩陣營壁壘分明之時，左派以進步派系為主，認定右派保守陣營領袖金性洙一九四〇年代的行徑為親日反民族行為。

金性洙的名字被收錄到二〇〇九年由民族問題研究所發行的《親日人名辭典》中，而韓國政府機構的親日反民族行為真相究明委員會在《親日反民族行為真相究明報告書》中說明，該當「日本帝國主義統治機構的主要外圍團體長官或者幹部，對日本帝國主義的殖民地統治及侵略戰爭展現出積極協助行為」（《特別法》第二條第十七號），即判定為親日反民族行為。二〇一七年四月金性洙的曾孫、東亞日報社長金載昊與仁村紀念會對行政自治部長官提訴，請求取消對金性洙親日反民族行為決定的處分訴訟，韓國大法院（最高法院）駁回上訴，仍認定金性洙構成親日行為的該當條件。

被當作他親日行為的證據內容，大概可分為兩種類型。其一，一九三七年以後，擔任朝鮮總督府主辦的時局演講會的講師，協助戰時動員，以及以總督府官方團體或親日團體的幹部身分進行活動。其二，從一九四三年八月起至一九四四年一月為止，向總督府機構報《每日申報》投稿，鼓勵朝鮮人民志願成為學徒兵。根據紀錄，金性洙擔任一九三八年六月發起的國民精神總動員朝鮮聯盟發起人暨理事、一九四〇年十一月組成的國民總力朝鮮聯盟理事、一九四一年八月起的興亞報國團準備委員、同年十月起的朝鮮臨戰報國團監事等職位，且出席一九四二年五月的徵兵制實施感謝祝賀大會等。

關於鼓勵志願學徒兵的投稿，有一九四三年八月五日《每日申報》〈捨棄文弱痼疾助長尚武風氣〉、一九四三年十月十四日《每日申報》〈只有做好萬全準備〉、一九四三年十一月六日《每日申報》〈為大義而死之時，成為皇民的責務重大〉、一九四三年十二月十日《每日申報》〈這個時代的最高光榮——善用光輝的朝鮮青年特權〉、一九四四年一月十九日《京城日報》〈成為忠勇無雙的皇兵〉、一九四四年一月二十二日《每日申報》〈徵兵之期迫近〉等等。

這些無法抹除的形跡成為歷史紀錄，其中被視為親日象徵的文獻以〈為大義而死之時，成為皇民的責務重大〉為題的投稿，係由總督府機構報《每日申報》的記者邀稿，金性洙雖加以拒絕，但記者仍使用他的名義投稿，此為金性洙的演講負責祕書俞鎮午的證言。俞鎮午在朝鮮解放後歷任高麗大學教授、研究所長、總長等，大韓民國成立時，也以憲法起草委員身分參與制定憲法草案，又擔任過第一任法制處長、韓日會談首席代表、新民黨總裁等職位。關注到俞鎮午的證詞，包含《東亞日報》在內的擁護者們，試著對照時代背景與金性洙的文章寫法後，主張該文章並非出自他的手筆，而是獲得總督府授意的記者自行代筆所為。只是，當事者已逝的今日，實在難以確認真相。

如前所述，金性洙為了籌備朝鮮民族獨立自主、培養人才而獻身教育事業，此外也成立紡織公司希冀振興產業，創刊《東亞日報》推動啟蒙運動及獨立運動。這可說是文化民族主義者一以貫之的行動。戰後又以在野政治家身分對抗獨裁政治，為民主主義而奮鬥的政治態度，也值得高度評價。

然而，在殖民地統治下的時代背景中，即便並非自願，但只要有青年因金性洙的演講發言或報紙投稿而被蠱惑進而犧牲，或許還是難以逃脫責任。從而，把金性洙的生涯行跡分成兩部分來評價，一部分是褒揚他為民族所做的活動，另一部分則是批評其錯誤的反民族行為，或許才算適當。

李秉喆（一九一〇—一九八七年）

韓國代表性的財閥三星集團之創業者。李秉喆出生於慶尚南道宜寧郡，號湖巖。幼年時期追隨儒學家的祖父學習漢學，在京城的中東中學校修畢四年，一九二九年留學日本，次年四月進入早稻田大學專門部政治經濟科（今政治經濟學系）就讀，因不習慣一個人生活，加上偏食習慣，導致患上腳氣病，為了療養而退學返鄉，專心休養。

由精米、運輸業出發——從失敗中學習

李秉喆憑藉從父親手中分來的約三十萬坪土地，一九三六年在馬山偕兩名同業者創立「協同精米所」。馬山作為慶南一代的農產品集散地，乃稻米輸往日本的港口。雖然他判斷精米業是具發展潛力的產業，就此展開經商，但開業第一年卻蒙受巨大損失。原因出在他在米價上漲時購入，賣出時卻遇到米價大跌。吸取此次教訓後他反向思考，逢低買進、逢高賣出，如此在精米業上獲得成功，且獲得銀行融資，購入二十臺卡車開始經營運輸業。當時精米業與運輸業因中日戰爭的軍需潮乃成長中的產業，之後他又獲得銀行融資購入土地，著手經營不動產，成為擁有兩百萬坪土地的大地主。但一九三七年因銀行禁止貸款，土地價格暴跌，使其經營陷入困境，被迫進行資產清算，最後手中僅剩土地十萬坪與現金二萬日圓。根據此次失敗，他對開展事業設定如下方針。（一）確切洞察時代潮流、（二）捨棄欲望，冷靜判斷自身的能力與極限、（三）絕對避免靠運氣的投機經營、（四）在鍛鍊直觀能力的同時，也講究

事先預備對策、(五)情勢惡化時,果敢清算,尋找次善對策。

成立「三星商會」——成為三星集團的母體

李秉喆在重新開展新事業前,除踏遍釜山、京城、平壤、新義州、元山等國內主要城市,更前往當時的滿洲、中國大陸的北京、青島、上海等地進行市場調查。據說對於中國商業交易規模之大感到驚訝。調查旅行之後,他思考從事蔬果、乾貨、雜貨等貿易,一九三八年在大邱設立以蔬果為主的貿易公司「三星商會」,同時也涉足釀造業。他任命早稻田大學時代的同學李舜根擔任總經理,並完全授權他經營。李舜根因大學時代參加過學生運動,當時處於無法就職的狀態,李秉喆因信任他而全權委託他經營公司。根據李秉喆的回憶,李舜根對三星商會的迅速成長扮演著極重要的角色。朝鮮解放後,李舜根參加社會主義運動,前往北朝鮮成為農林部長。

一九四五年,因日本戰敗、朝鮮解放,李秉喆也轉變企業理念,以國家獨立為契機,他自覺到一股使命感,即要以國家企業家的身分形成民族資本,提出「企業報國」、「人才第一」、「合理追求」等經營理念。一九四八年,他於首爾創立「三星物產公司」作為新事業,但因一九五〇年韓戰爆發,首爾的財產一夜盡喪。接著一九五一年一月,他在戰爭期間的臨時首都釜山,利用大邱的釀造業儲備之三億日圓資金重建「三星物產株式會社」。

韓國最早的進口替代產業

朝鮮半島自殖民地時代起便有水力發電所，鐵礦、石炭等礦產資源豐富的北方成為重工業基地，南方則成為紡織等部分輕工業及食糧基地。南北分裂後，缺乏資源的韓國需進口原料進行加工，亦即製造業必須蛻變為進口替代產業。在此情況下，李秉喆於一九五三年成立第一製糖，次年成立第一毛織，從商業資本轉變為產業資本。

進口替代產業屬於當時韓國經濟最具發展性的產業範疇。第一毛織作為韓國最初的毛織工廠，以成為具國際競爭力的最新、最好、最大工廠為目標。機械為西德製，附屬機械則由英國、義大利、法國等處購入，組裝性能最佳的設備。當時在西歐先進國家製絲、染色、加工、織布等工程已專門化、分業化。第一毛織則企圖把這些工程統合，形成一貫生產。

成長為全球企業的三星集團

懷抱企業報國經營理念的李秉喆，配合時代變化，一九六〇年代的基礎產業、一九七〇年代的擴大出口與重化學工業、一九八〇年代的先端產業，以企業多角化為目標，在追求革新與創造的同時，也成立關係企業，並通過吸收、合併擴大企業。二〇二一年的現在，三星集團有關係企業五十九家，資產總額達四百五十七點三兆韓圜（約四千零八十三億美元），形成韓國最大的企業集團。年度銷售額二千四百九十億美元的三星電子半導體部門，成長為世界頂級的企業。三星集團擁有電子部門、金融部門、重工業暨建設部門、生命工程部門、服務部門、教育暨醫療部門等，開展多角化經營。

創業者李秉喆在選擇繼承人時，並未選擇長子或次子，而是以能力本位指定三子李健熙。李健熙就讀早稻田大學、美國喬治亞華盛頓大學研究所，回國後歷經關係企業的董事職務，父親死後，於一九八七年繼承父業，成為第二代三星集團會長，同時兼任三星電子會長，使三星電子成長為世界一流的企業。二〇二〇年李健熙死後，他的長男李在鎔先以三星電子副會長領導集團，之後於二〇二二年十月就任三星電子會長。

鄭周永（一九一五—二〇〇一年）

現代集團創業者鄭周永，出生於今日朝鮮民主主義人民共和國江原道通川郡的貧窮農家，號峨山。小學畢業後，在家協助父親務農，但他已察覺僅僅務農缺乏將來發展性，因此兩度逃家，但皆遭父親逮回。第三度逃家終於成功。一九三七年在京城成為經營一家名為京一商會的米穀商。一九四六年成立現代自動車工業社，一九四七年成立現代土建社，一九五〇年一月兩家公司合併，成為現代建設株式會社。

現代建設的成立——靠創意與冒險掌握機會

一九五〇年六月韓戰爆發，隨著戰況變得嚴峻，鄭周永疏散到臨時首都釜山。藉其弟仁永擔任美軍司令部通譯之便，得以承包美軍相關的工程。美國下屆總統艾森豪（Dwight Eisenhower）決定訪韓時，因戰火成為廢墟的首爾市內缺乏適當的住宿設施，美軍決定以朝鮮王朝的宮廷作為住宿場所，並以十五天為限，委託現代建設進行包括沖水馬桶及鍋爐暖氣在內的室內設備裝修。鄭周永帶著員工前往市內的古物商店街，進入無人的古物店找尋鍋爐、管線、洗臉臺、浴缸、西式馬桶等，全數裝上卡車後，在店內貼上日後結帳的單子後返回，在約定時間內完成工程，還被美軍相關人士讚為「現代最棒」（Hyundai number one）。

接著為了聯合國使節祭拜事宜，現代建設承包聯軍軍人墓地建設工程。聯軍陣亡者墓地當時還是一片紅土，鄭周永盡可能召集眾多卡車，買下麥田將麥子的青苗裝車，運至墓地種植，完成墓地的綠化。聯合國使節順利前往陣亡士兵墓地獻花後返回，鬆了一口氣的美軍相關人士感嘆「了不起！好點子！」（Wonderful! Good idea）。

韓國政府從一九六二年開始第一次經濟開發五年計畫，興起一股建設風潮。現代建設參與肥料工廠與水庫建設工程，從美國與西德企業學習施工技術。此外，還參與水力發電廠、火力發電廠、核能發電廠等建設工程，接收來自歐美企業的技術指導。通過這些工程累積技術，提升競爭力，現代建設伴隨著韓國經濟發展而成長。靠著累積的技術與經驗，公司也打進了海外市場，一九六五年承包泰國的高速公路建設，也參與越南的工程。通過這些經驗與自信，終於占據韓國建設業界的有利地位。

現代建設參加沙烏地阿拉伯的杜拜（Jubail）產業港建設國際投標。面對世界最大規模工程與其他世界頂級建設公司競爭，並以最低價格得標。「削減成本」與「縮短工期」成為首要課題。鄭周永思考出將所有器材皆在韓國蔚山的現代造船廠建造，接著藉由大型駁船（平底貨物船）通過菲律賓、東南亞海面，經印度洋直抵波斯灣的異想天開妙計。海上通路的菲律賓海面是世界最大的颱風區域，從蔚山到杜拜之間隔著一萬兩千公里，駁船單程耗費三十五天，為了完成這項運輸作戰，現代造船廠在短時間內打造三艘一萬匹馬力的拖船、三艘一萬五千八百噸級的駁船、三艘五千噸級的駁船，完成了此次運輸。憑著出奇制勝的創意，達成「削減成本」與「縮短工期」的目標。現代建設的施工能力獲得極高評價，之後也在中東、近東獲得許多大型工程。

現代汽車邁向世界級車廠

鄭周永於一九六七年成立現代汽車。與福特簽署汽車組裝技術合約，打算生產廉價的優質小汽車，通過福特的全球銷售網進行出口。最終因與福特方面的意見不符而未能實現夢想。之後改與三菱汽車合作，簽約打造沖壓工廠、鑄模工廠及引擎工廠。此外還與義大利設計專門公司簽署造型與設計合約，委託歐洲最頂尖汽車設計師喬治亞羅（Giorgetto Giugiaro）設計未來型汽車。另外也與英國利蘭（British Leyland Motor Corporation Ltd）等公司締結引擎重要零件的製造技術契約。

一九七六年韓國自主研發的第一個車型Pony發售。搭載三菱轎車引擎的Pony，引發轟動熱賣，此型號乃針對一九七三年第一次石油危機後燃油價格高漲而設計。之後現代汽車投入起亞汽車旗下，在世界主要七大地區擁有汽車生產工廠，成為世界五大車廠之一。

從貧農到成為世界級財閥

克服韓國經濟混亂期的諸多難關，以與生俱來的勇氣與韌性掌握機會採取行動，鄭周永的勇氣與挑戰精神正是他成功的祕訣。不只建設、汽車、造船，他也在電子、商船、水泥、綜合貿易公司、證券、信託投資、石油化學、百貨公司、旅館、報社等各種範疇中拓展事業。

由鄭周永創立、成長起來的現代集團，到一九八〇年代初為止是韓國最大財閥，與三星集團互爭第一，但他過世後，以兒子們爭奪經營權為開端，上一代的現代集團走向分裂，多達十個直系家族集團紛紛獨立，其中主要的集團有「現代集團」、「現代汽車集團」、「現代重工業集團」、「現代百貨集團」等。二〇二一年現代汽車共有五十三家系列公司，資產總額達二百四十六兆韓圓（約二千一百九十七億美元），是僅次於三星的韓國第二大企業集團。現代重工業有三十三家系列公司，資產總額六十三點八兆韓圓（約五百七十億美元），為韓國第九大企業。現代百貨有二十五家系列公司，資產總額十八點三兆韓圓（約一百六十四億美元），位列韓國第二十一位。

辛格浩（一九二二—二〇二〇年）

樂天集團的創業者辛格浩（日本名重光武雄），出生於慶尚南道蔚州郡的農家。自農業學校畢業後，於十九歲前往日本，邊配送牛奶邊進入早稻田高等工學校應用化學科就讀，過著兼顧打工與求學的辛苦學生生活，不過因為他的認真與誠實，受到花光八太郎的賞識，出資五萬日圓投資他創業。雖然辛格浩利用這筆資金創業，但工廠卻在美軍空襲中盡皆燒毀，落得一身借債。不過這次創業也成為他經營企業上的寶貴經驗。

日本樂天的開展

一九四六年從早稻田高等工學校畢業後，辛格浩在東京創立「光特殊化學研究所」，這是一家生產肥皂、髮蠟等的化妝品製造公司。在物資缺乏的時代，產品銷售一飛衝天，創業一年除償還所有借款，還累積了一筆事業資金，接著他轉為從事口香糖的製造與銷售。為了後續進一步的發展，一九四八年他關閉「光特殊化學研究所」，以資本額一百萬日圓創立「株式會社樂天」，開始生產口香糖。樂天（LOTTE）這個名稱，來自歌德《少年維特的煩惱》中女主角夏綠蒂（Charlotte）。當時占領軍帶入的口香糖等同於美國富饒的象徵，讓人們感到憧憬，故在渴望甜味的當時日本人之間獲得極高人氣。即便獲利，辛格浩仍秉持「打造更好商品」的目標，高揭品質第一主義，設立專門工廠，傾注心力提升衛生管理。因為這股良性影響，還促成日本食品衛生法等法規的加強，樂天的信用益發增高，銷售額隨之暴增。他更進一步確切掌握消費者的需求，以新穎創意打開市場銷售活動，促成「泡泡糖」風潮。創業僅四年，樂天即以百分之二十的市占率，成長為日本國內第二的口香糖製造商。辛格浩並不滿足於現狀，以更高的標準投注心力追求提升品質、開發新商品、改革流通方式、革新銷售形式等，改變過往的通路習慣，開拓獨自的銷售管道，採取活用廣播、電視等電子媒體的廣告戰略，附加贈品的行銷手段，不斷挑戰嶄新的銷售方法。

辛格浩接下來挑戰的商品是巧克力。他繼續保持「以顧客為核心的經營」、「以商品為核心的經營」、「以人為核心的經營」等方針，在巧克力生產上，他同樣思考為了生產最高品質的商品便需要最優質的人才，並選擇信任他選出的優秀人才，貫徹用人不疑的方針。

巧克力產品獲得成功後，接著拓展糖果、冰淇淋、餅乾等商品，發展成綜合性點心糖果產業，之後更拓展至外食、休閒、服務業等，成為綜合性生活產業。這些大膽的挑戰都是建立在縝密計算的基礎之上，例如巧克力與冰淇淋等季節性商品，搭配糖果與餅乾等全天候、全季節型商品，調整生產線，致力讓產品成為長銷型商品。最終樂天發展成日本代表性的綜合食品公司。日本樂天為了貢獻社會，還經營了日本職棒中的千葉羅德海洋隊。

韓國樂天的創業

生於韓國的辛格浩不僅以日本企業家的身分獲得成功，還活用在日本積蓄起來的財產與經驗，於祖國韓國進行投資，在各種不同領域開展事業，是一位往返於日本及韓國，對韓國經濟發展做出貢獻的在日韓國人企業家。他在韓國的投資，始於日韓恢復邦交後的一九六七年，在韓國成立樂天製菓。辛格浩憑藉在日本積蓄的豐富資金、技術、經營手法，認為同樣有必要幫助祖國經濟發展，因此從一九七〇年代起正式發展在韓企業。那是日本金融機構中信用額度最高的一筆財產。因為長期在日本生活，對韓國事務並不精通，所以他請來前國務總理劉彰順擔任樂天製菓的會長，將經營交給對方。作為國內最大的點心、飲料食品企業持續發展，確立經營地盤後，便在首爾市中心開設超高級飯店「樂天飯店」，並在鄰接的土地上開張「樂天百貨店」，將事業擴展到物流及觀光產業。除此之外，也出資國營企業的湖南石油化學，收購平和建設（今樂天建設），參與國家基礎建設產業。這些龐大的投資資金都由包含日本樂天在內的大量樂天系列公司共同出資。

從事甜點、飲料、鋁業、建設、石油化學、物流等多角化經營的樂天集團，於一九八〇年代上升到韓國財閥排名第十三位。此時期樂天世界完工，釜山樂天飯店、樂天物產、樂天物流事業本部成立，且還經營韓國職棒球團樂天巨人隊。

人們經常問：「樂天是日本企業嗎？還是韓國企業？」辛格浩是出生於韓國的韓國經營者，在日本獲得成功，之後又在韓國投資獲得成功的企業家，因此實在難以定位。辛格浩，日本名重光武雄，無論日本或韓國，他都將其視為生意上的母國，毋寧應將他視為跨越國境進行買賣的全球性商務人士。他的投資不僅限於日本與韓國，更擴及俄國、中國、印度、印度尼西亞、越南，甚至進入美國市場。

進入二十一世紀後，樂天集團以長期投資為基礎的企業更為成長，二〇〇四年進入韓國財閥排名第五，二〇二一年共有八十六家系列公司，資產總額達一百一十七點八兆韓圓（約一千零五十二億美元），穩占韓國五大財閥的地位。辛格浩過世後，由次子辛東彬成為後繼者。

金宇中（一九三六—二〇一九年）

大宇集團的創業者金宇中，出生於慶尚北道大邱市，就讀京畿中學校及京畿高等學校後，從延世大學經濟學科畢業。一九六〇年起於纖維公司漢城實業就職，一九六七年以五百萬韓圓資本（約一萬八千五百美元），與五位同業者創立大宇實業。缺乏資金的金宇中，以專業經營能力彌補資本不足的狀態下創業，創業之初擔任的職務是貿易部長。而出資五百萬韓圓的都再煥則擔任社長，但之後都再煥撤回資金離開公司，一九七〇年代中期起由金宇中接任社長。金宇中具備銷售人員的高度才能，善於理財。

大宇很早便進入新加坡與印度尼西亞等東南亞市場，累積大量財產，在美國市場也獲得成功。為開拓市場，金宇中訪問美國，歸國途中經過日本，見到三菱人造絲（Mitsubishi Rayon Co., Ltd.）工廠開發的半合成纖維三醋酸纖維，思考利用這種觸感猶如絲綢的纖維製造襯衫並在美國販售，遂與三菱人造絲廠簽下合約，收購除去日本國內需求外的其餘全部產量，此舉看似重大賭注，不過三醋酸纖維製的襯衫確實在美國取得銷售佳績。

結果在韓國國內，大宇因開發新產品的功勞，獲得對美出口的壟斷權，自一九六八年起的三年期間賺取了約六百萬美元。這筆美元資金在一九七一年也被當作為擴大、確保出口貿易配額之數量戰略資金。大宇在韓國財經界浮上檯面的決定性因素，就在於活用對美纖維貿易配額制。一九七一年美國市場準備提出管制纖維進口的戰略，當時金宇中判斷韓國必定會面臨出口管制，為了打造出口業績，向美國傾銷大量纖維產品。之後果然如他所預期，美國政府於一九七一年十月一日發表管制纖維類進口政策，以一九七一年出口業績作為次年出口配額，結果大宇對美國的纖維出口量領先日本、臺灣、香港這些東亞國家及地區。

憑藉出口成為新興財閥的大宇集團

當美國實施進口纖維管制後，韓國國內纖維業界呈現一片榮景，大宇憑藉出口獲利，成為出口財閥。藉由保障收入來源，大宇展開第二階段的躍升，通過收購企業擴大經營領域，一九七〇年代收購及成立大宇建設、大宇證券、大宇電子、大宇重工業、大宇造船、大宇汽車等，跨足金融、電子、重工業等領域，成為新興財閥。金宇中於一九八二年就任大宇集團會長，高揭全球經營的旗幟，展開集團擴張。一九八五年大宇集團以擁有二十五家系列公司成為韓國三大財閥。大宇集團的主要企業大部分並非自行創業，而是通過企業合併（Mergers and Acquisitions，M&A），將其吸收到自己旗下。集團的主要五家公司中，除去株式會社大宇，其餘四家皆為併購後發展的企業。這展現出大宇集團優秀的經營管理能力。

一九八二年金宇中就任大宇集團會長時，宣布將私有財產還原給企業，把所有財產寄贈給財團。此外，他也不讓親人占據集團經營的主要職位，維持以專業經營者為核心的營運體制，可說在以親人為經營核心的韓國財閥中屬於稀少的異類。

一九七〇年代後半，大宇進入蘇丹、利比亞等非洲市場，一九九〇年代收購波蘭、匈牙利、羅馬尼亞等東歐各國的汽車工廠，正式完成全球化經營的態勢。

亞洲金融危機與大宇集團的解體

以五百萬韓圓資本創業的大宇實業，至創業三十一年後的一九九八年，已成為擁有四十一家系列公司及三百九十六家海外法人，在韓國財經界排位第二的企業。由於採取了快速的拓展路線，雖然獲得成長，但同時也增加了負債額。這成為一個隱患，一九九七年面臨亞洲金融危機時，大宇集團因無法對應而不得不拆解。解體之前的一九九八年，大宇出口額為一百八十六億美元，占全國出口總額一千三百二十三億美元的百分之十四，因此大宇的解體對韓國經濟造成巨大的影響。

在IMF管理體制之下，大宇集團公布結構調整方案，把四十一家系列公司縮小為四種行業、十家公司，但仍舊無法挺過危機，一九九九年八月大宇集團解體。金宇中因偽造結算嫌疑遭起訴，不得不展開逃亡海外的生活，二〇〇五年回國，接受八年六個月的徒刑併科罰金一千萬韓圓（依當時匯率約九千八百美元），追繳金額十七兆九千二百五十三億韓圓（約一百七十五億美元）。二〇〇八年一月一日經總統特赦而獲赦免。追繳金額中繳付百分之〇．五，相當於八百八十七億韓圓，其餘十七兆八千餘億韓圓並未繳納。

晚年他提倡「世界這麼大，應該做的事情還很多」，以越南為據點，投入心力培養東南亞年輕人，開啟全球青年事業家（GYBM）培訓課程，在越南、緬甸、印度尼西亞、泰國等地培養出一千多名的青年事業家。

李源萬（一九〇四—一九九四年）

在日本創業

可隆集團創業者李源萬，一九〇四年生於慶尚北道迎日郡的富裕農家。在開化期（約一八八〇—一九一〇年）的潮流中察覺時代變化，二十八歲時單身前往日本，在大阪從賣報開始，歷經製鋁工廠等工作後，以手頭累積的資金，與弟弟源千一起成立廣告用的帽子店「旭工藝」，並喚來長男東燦，三人共同努力把帽子店生意做得相當興隆。二戰期間成為服裝生產工廠，藉戰時特需賺得不少資金，並擴大自身事業。二戰結束後，他將日本的業務委交弟弟，自己返回韓國，成立名為慶北企業的紡織工廠。一九四八年，隨著大韓民國政府成立，實施第一屆國會議員選舉，李源萬也成為候選人，但並未當選。因國會議員之夢沒能達成，他再度前往日本與弟弟會合，弟弟成立的旭紡織因韓戰特需景氣，累積了大量資金。韓戰結束後，源萬與源千兩兄弟考慮從日本購入尼龍絲在韓國販售，遂於日本成立三慶物產、在韓國成立啟明商事，開啟貿易業務。當時貿易業是相當熱門的行業。

可隆的誕生

尼龍既便宜又堅韌，且還容易清洗，這些評價在社會上廣為流傳，讓尼龍相當受歡迎。李源萬不滿足於販賣尼龍絲，更計畫設立尼龍絲加工處理工廠。一九五七年與日本東麗（Toray Industries, Inc.）合作，成立韓國尼龍合辦公司。此即可隆的前身。可龍的公司名稱即取自韓國尼龍（Korea Nylon）的英文名稱節錄。李源萬不甘於僅從事貿易業，更把事業擴大到製造業，而此次事業轉變也成為可隆集團飛躍性成長的契機。

可隆一躍成為韓國尼龍業界的頂尖企業。可隆集團從一九六〇年起致力品質改善，也建設尼龍原絲工廠，取得飛躍性成長。一九六九年成立韓國聚脂纖維公司，並將業務擴展為綜合成纖維製造廠商。可隆集團將事業拓展到化學、素材、生技、建設、休閒、服務、時尚、物流等領域，是穩健開展多角化經營的中堅財閥。一九八〇年代初期在韓國財閥中排名第十四，二〇二一年擁有三十六家系列公司，資產總額十兆三千億韓圓（約九十二億美元），在韓國企業集團中排名第四十位。

可隆集團原本是由源萬、源千、東燦這三位兄弟、父子開展的家族經營公司，後來源萬進入政界成為國會議員，其弟源千於一九七六年取得股權而獨立，其後由長男東燦繼承公司。東燦於一九四四年修畢早稻田大學專門部政治經濟科，與父親一同參與可隆株式會社的創建，一九六八年歷任可隆商事代表，一九七七年就任可隆集團會長。對可隆而言，源萬是生父，而東燦則是撫育其成長的父親。

向朴正熙進言

一九六一年，靠軍事政變掌握政權的朴正熙，為了重建經濟，開始推動經濟開發五年計畫，但因資金籌措困難致使計畫難以推展。朴正熙為了聽取財經界意見，召集財經界領袖。席間，居住在日本的韓國人李源萬提供幾點建議。（一）設立出口專用工業特區、（二）製造並出口假髮、（三）將遍布全國各地的木製電線杆全以水泥製品取代。李源萬基於自己在日本的經驗，於朴正熙面前侃侃而談陳述意見。

農業當然重要。因為人民還處於飢餓，這是沒辦法的事情。但只靠農業並無法幫助我國富強，必須要能與工業發展一同推進。我們的生存之道，在於生產商品販售給外國，如此一來就能賺取美金。

雖說沒有地下資源，但也不用畏縮，日本也同樣是缺乏地下資源的國家，沒有一滴石油，也沒有鐵礦。但日本還是擁有世界第一的煉油廠與製鐵廠。

僅靠農業政策無法讓國民逃離貧困，日本人就是用這樣的腦筋在賺錢。依照我在日本生活的經驗，我國國民絕不比日本人差。

像我這樣的在日同胞眼中看來，全國的山川都是黃金。日本的東洋陶器株式會社（今TOTO）靠著沖水式馬桶席捲全世界，這樣的技術也傳到了我國。陶瓷器就是這種例子，我們也能靠自己的身軀找出能夠銷售的物品。例如女性的長髮。剪下長髮做成假髮，您覺得如何？製作假髮不需要技術與高昂的設備，製作假髮加以販售，一年可以賺得數百萬美金。（在日同胞母國功績調查委員會編，《心向母國的在日同胞百年足跡》。原文為韓語）

李源萬的三項提案皆被朴正熙所接受，並獲得重大成果。一九六七年首爾市永登浦區設置出口產業工業園區「九老工團」。第一批移入該園區者的三分之二，皆為在日韓國人的企業。在日韓國人的企業家們，為了貢獻祖國發展，不僅投入資金，也帶回在日本習得的技術、經營手法等，將其用於九老工團園區。在日企業把電器、電子、化學、肥料、纖維、金屬等高端技術與最新設備都從日本帶回韓國，成為當時韓國最先端的企業設備。韓國最初的工業園區九老工團所生產的商品，到一九八〇年代中期為止，占韓國出口額的百分之十，成為「漢江奇蹟」的先鋒。

朴泰俊（一九二七—二〇一一年）

與朴正熙、安岡正篤的相會

浦項綜合製鐵的創立者朴泰俊，一九二七年出生於慶尚南道東萊郡（今釜山市機張郡），號青巖。六歲時與母親一起渡過玄界灘，前往父親所在的靜岡縣熱海定居。父親在建築工地工作，朴泰俊幼年時代在靜岡縣與長野縣成長，一九四五年進入早稻田大學理工學部機械工學科就讀，但兩年後肄業。朝鮮解放後，進入南朝鮮警備士官學校（陸軍士官學校的前身）就讀，接受短期士官教育後擔任士官，當時認識了教官朴正熙。

一九六一年，朴正熙發起軍事政變，就任國家重建最高會議議長，任命朴泰俊擔任祕書室長兼財政經濟委員會商工擔當最高委員。過渡到民主政府後，當選總統的朴正熙指名朴泰俊擔任總統特使，讓他扮演與日本各界領袖交流的角色。一九六四年，朴泰俊訪問東京，在美國遠東軍總司令部文官朴哲彥的介紹下，前往安岡正篤（一八九九—一九八三年）家宅拜訪。安岡為陽明學大師，是二戰後歷任日本首相的重要顧問，也是對財界與政界的大老最具影響力的人物。安岡歡迎他道，「歡迎朴社長，這就是與來自遠方朋友見面的心情啊」（朴哲彥，《日韓交流　幕後支援的男人——朴哲彥的人生》）。此時與安岡正篤的會面，成為日後解決浦項製鐵所建設問題的契機。隨後，朴泰俊擔任國營企業大韓重石的社長，重建這家原本長期虧損的企業後，接著便朝建設綜合製鐵所推進。

活用對日請求權資金建設浦項製鐵所

建設浦項製鐵所需要龐大的資金，確保財源成為主要課題。在外資調度上，原本希望從特定國家通過國際性企業集團的共同借款進行籌措，也與歐美各國交涉過，但皆因「缺乏經濟性」而遭拒，並未獲得進展。當朴泰俊思考接下來只能向日本求助時，想起對日請求權資金中尚有未使用的金額。對日請求權無償、有償資金的五億美元將於一九六六—一九七五年的十年期間分期支付。這筆請求權資金是以祖先們高貴的犧牲與流血所換取的代價。朴泰俊思考將該筆資金當作經濟自主的基礎，挪用於建設浦項製鐵所。

一九六九年二月，朴泰俊飛往東京訪問安岡，說明原委並請求協助。因對日請求權資金的用途早已決定，挪用需要韓國國內的共識，也需要資金提供者日本政府的同意，此外韓國的浦項製鐵所的建設也必然需要日本鋼鐵業界的理解與協助。安岡認真聆聽朴泰俊的說明後，去電日本鋼鐵聯盟會長暨八幡製鐵（新日鐵的前身）社長稻山嘉寬（一九〇四—一九八七年），告知「現在韓國浦項綜合製鐵的朴泰俊

社長在我的辦公室。他需要你的建議與支援。他有個好構想可以為日韓兩國帶來利益，如果有可能，請思考實現朴社長構想的方案」（李泰煥〔이태환〕，《世界最強的鋼鐵人　朴泰俊》。原文為韓語）。

朴俊泰迅速前往八幡製鐵總公司與稻山社長見面、說明。稻山友好地接待朴，並提供各種建議。朴泰俊回國後，再向朴總統說明自己的構想及日本可能提供的協助，總統對此構想表示理解並暗中推動。關於對日請求權資金的用途，在日韓恢復邦交時兩國之間有協定，變更用途是個困難的問題，不過建設浦項製鐵所乃朴總統推動的重大項目，因此在朴泰俊縝密的計畫與行動下，對日請求權資金得以變更活用，還獲得日本政界、財經界的重要人物提供資金與技術兩方面的協助。而能促成此事，端賴安岡正篤與稻山嘉寬的協助。浦項製鐵所建設事業中使用的對日請求權資金，無償三億美元中使用超過百分之十的三千零八十萬美元，有償的二億美元中使用約百分之四十四的八千八百六十八萬美元。浦項綜合製鐵工廠是使用韓國國民的血債，即對日請求權資金，進行建設的代表性案例。

浦項綜合製鐵成長為龐大企業

一九七三年浦項綜合製鐵啟動，當年年產粗鋼一百零三萬噸，至二〇一九年其生產體制已達年產四千二百九十五萬噸粗鋼，成長為一家在全球五十三個國家擁有生產及銷售網絡的跨國企業。朴泰俊身為社長、會長、名譽會長，是把浦項綜合製鐵推上世界頂級製鐵公司的重要推手。

浦項綜合製鐵在一九九〇年代與新日鐵（今日本製鐵）爭奪世界第一、二位。在世界各地的鋼鐵製造廠通過併購來強化競爭力的潮流中，日本第一位的新日鐵與韓國第一位的浦項綜合製鐵於二〇〇〇年進行戰略合作。二〇〇二年三月浦項綜合製鐵株式會社更名為株式會社POSCO（浦項鋼鐵）。二〇二一年浦項鋼鐵擠入韓國企業集團的前六位，擁有系列公司三十三家，資產總額達八十二兆韓圓（約七百三十二億美元）。在美國經濟雜誌《財星》（*Fortune*）於二〇一八年選出的全球五百大企業中排名第一百八十四位。

進入政界——就任國務總理

朴泰俊自一九八〇年進入政界。在全斗煥政權初期的立法會議擔任第一經濟委員會委員長，就任韓日議員聯盟會長、韓日經濟協會會長。在次年的國會議員選舉中，以民主正義黨（民正黨）比例代表身分當選。一九八八年的國會議員選舉中獲得連任，一九九〇年就任執政黨民正黨代表，而這段期間，他仍繼續擔任浦項綜合製鐵的會長一職。盧泰愚、金泳三、金鍾泌的三黨組成民主自由黨（民自黨）後，朴泰俊就任最高委員，但因與民自黨總統候選人金泳三不合，在金泳三當選總統後，朴泰俊於一九九二年辭去浦項綜合製鐵的會長職務，之後長期旅遊國外。一九九七年五月回國，在國會議員補選中當選，同年十一月就任自民連總裁，成立「DJT聯合」（金大中、金鍾泌、朴泰俊），在三者合作下誕生了金大中政權。朴泰俊擔任金大中政權的國務總理。金大中政權得以出線，有賴於產業化勢力與民主化勢力彼此和解及合作，以及嶺南（慶尚道）與湖南（全羅道）親密合作與互助方得實現。這個結果帶來韓國政治史上第一次執政、在野黨的政權輪替。在韓國政治史上朴泰俊厥功甚偉。

其他人物

安在祜

一九一五—一九九四年。日本有機化學工業創業者。出生於濟州島的在日企業家。日本名安本隆男。十三歲時渡海前往日本。大阪城東商業學校畢業。在大阪合成樹脂化學研究所習得基礎知識，一九三九年成立安本化學工業所，展開合成樹脂加工業。一九四七年公司法人化，成為安本化學工業株式會社，正式開始合成樹脂製造業。二戰結束後，藉銷售合成樹脂成型製品配線器具打下基礎，為使生產部門多元化，一九五〇年變更公司名稱為日本有機化學工業株式會社。一九五二年成立製造塑膠鈕扣的日本鈕工業株式會社，產量占日本國內鈕扣生產的七成。

安在祜為促進祖國經濟發展，一九六七年在韓國京畿道安山成立合成樹脂及其加工品福馬林製造工廠，又在首爾市江西區成立大韓合成化學工業，生產工業用福馬林。堪稱韓國福馬林製造的先端人士，對出口頗有貢獻。此外，他也對出生地濟州島進行大額捐獻，幫助地方發展與提升島民生活。

李熙健

一九一七—二〇一一年。韓國新韓銀行創立者。是出生慶尚北道慶山的在日企業家。日本名平田義夫。二戰後在大阪鶴橋的黑市修理自行車。一九四七年就任鶴橋國際商店街聯盟第一任會長。一九五六年，以就任在日韓國人信用組合大阪興銀理事長為契機，轉而投身金融業，高揭「顧客主義」，並把大阪興銀發展為最大的信用組合。一九六五年日韓恢復邦交後，認為在日韓國人企業家們必須對祖國經濟發展有所幫助，開始摸索進入韓國市場的機會。一九七七年，以李熙健為代表的社團法人在日韓國人本國投資協會暨短資金融會社第一投資金融成立，為新韓銀行的前身打下基礎。一九八二年基於韓國政府的銀行民營化政策，成立由在日韓國人百分之百出資的「新韓銀行」。資本額二百五十億韓圓（約三千五百七十萬美元），韓國第一家完全由民間資本成立的銀行就此誕生。在二十五年之間達成超越一千倍以上的持續成長，躍升成為韓國最大的金融集團。李熙健一直擔任該銀行會長至二〇〇一年，成功扮演了在日投資家代言人的角色。

金喆浩

一九〇五年—一九七三年。起亞（KIA）集團創立者。出生於慶尚北道漆谷郡，十七歲時前往日本。在大阪鐵工所學習技術，二十五歲時創立自行車零件製造工廠——三和製作所。因九一八事變（滿洲事變）後的軍需景氣賺得不少資金，之後回國，一九四四年於首爾南大門路創立京城精工（起亞汽車的前身，三千里自行車的主體公司），進行自行車的修理與組裝。韓國解放後，著手開發國產自行車。為了開發號稱「自行車技術最精華的」輪圈部分，聘來三和製作所時期的同僚和田榮一，完成國產自行車的開發。一九五二年起公司更名為起亞產業株式會社。生產韓國最初的國產自行車，命名為「三千里號」，有意指馳騁整個朝鮮半島的意思。起亞產業很快席捲國內自行車市場，一九六二年起生產兩輪機車，一九六三年起生產輕型三輪貨物車。一九七四年與日本馬自達汽車進行技術合作，生產省油型國民車

Brisa，在創業三十年後成長為汽車製造廠。金喆浩創立的起亞產業，為韓國的自行車及汽車產業發展做出貢獻。

金翰壽

一九二二—一九八二年。韓一合纖集團創立者。出生於慶尚南道金海。一九三五年前往日本，一邊在大阪經營服裝店，一邊在此花商業學校夜間部就讀並畢業。一九四四年帶著積蓄的資金與經營知識回國，在釜山的國際市場進行紡織品的批發買賣。韓戰停戰後，成立布疋進出口公司大耕產業，開始從事貿易業。又為了生產布料，一九五六年成立慶南毛織，屬於將商業資本轉換為產業資本的先驅性企業。通過「K安哥拉羊毛材質」的生產嶄露頭角，與第一毛織一起成為韓國布料業界的佼佼者。一九六四年與日本的旭化成合作，成立韓一合纖，一九六〇年代率先在韓國生產當時被稱為「神祕纖維」的壓克力纖維（Acrylic fibe，也稱腈綸），並對出口做出貢獻。一九八〇年代衝上韓國財閥排名第二十。韓一合纖集團因專注於纖維製造，產業過於單一，且遲於多角化經營，當亞洲金融危機時陷入無法對應的狀況，二〇〇八年被東洋集團併購。

金熙秀

一九二四—二〇一二年。韓國中央大學理事長，是出生慶尚南道馬山的在日企業家。東京電機大學畢業。一九六一年成立樓房租賃業的金井企業株式會社。二十五年間成為在東京銀座擁有二十三棟建築的不動產財閥。金熙秀的經營理念是不看重眼前的利益，而關注將來的發展，基本方針是建設符合顧客喜好的建築。信用第一主義的經營哲學乃其獲得成功的祕訣。一九六六年成立金城管財株式會社，以此為轉變契機，成立五個經營樓房的相關系列公司，形成金井集團。在教育事業方面，一九八八年金熙秀於東京江東區成立學校法人金井學園秀林外語專門學校，就任第一屆理事長。金熙秀知悉韓國私立名門中央大學面臨大量負債陷入經營困境一事，便接手經營權整理負債，他擔任理事長長達二十二年，致力重建中央大學。他投入自身的所有資產，於首爾成立財團法人秀林財團及秀林文化財團，進行文化、藝術領域的人才培養及國際文化交流事業。

金坪珍

一九二六—二〇〇七年。出生濟州島的在日企業家。他從東京上野的肥皂工廠開始，逐步打造其商業基礎。新開業的拉麵店生意繁盛，加上經營的咖啡館也拉出長紅，為他的財務打下基礎。之後他又挑戰新的電玩店，趁著日本經濟高度成長的浪潮擴大自身商務，蓄積資產，之後開始思考如何回饋故鄉。一九六二年他參加日本濟州開發協會的鄉土訪問團，致贈故鄉五百株橘子苗作為訪問團伴手禮，此贈苗運動成為他貢獻故鄉的開端。國家重建最高會議議長朴正熙在訪問濟州島途中，議長希望他能在濟州島建設現代觀光飯店，他迅速允諾，並建設了濟州島最初的觀光飯店。之後他又建設了西歸浦觀光飯店等，為濟州島的觀光開發做出貢獻。此外，他也接手陷於經營困境的濟州女子中學校、高等學校及《濟州日報》的管理等，對濟州島的教育、觀光、媒體界貢獻甚大。濟州島的主要產業為觀光與柑橘產業，這些都是由在日濟州人所提供。

徐甲虎

一九一五—一九七六年。韓國紡織業界的先驅者。出生於慶尚南道蔚州郡的在日企業家。日本名阪本榮一。在大阪的商家習得紡織機技術，二戰結束後收購紡織機，一九四八年成立阪本紡織，一九五〇年成立大阪紡織。因韓戰的特需景氣，工廠獲得急速成長，一九五五年收購常陸紡織形成阪本集團，是支撐二戰後日本經濟復甦的十大紡織廠之一。徐甲虎是一九五〇年代日本代表性的高額所得者，今日的駐日韓國大使館土地（東京都港區南麻布）即是他寄贈給韓國政府的。

一九六三年接受朴正熙總統的委託，於首爾設立邦林紡織，次年於大邱的龜尾工業園區成立潤成紡織。徐甲虎在韓國建立起紡織財閥。一九七四年，就在投入生產之前潤成紡織工廠發生火災，因無法妥善處理導致公司倒閉，徐甲虎不得不從韓國撤退。韓國這場火災事故也影響了阪本集團的業績，集團本身被逼入倒閉的絕境。不過，邦林紡織從日本引進最新的紡織機械與先端技術，仍對韓國紡織產業的基礎發揮貢獻。

朴炳憲

一九二八—二〇一一年。出生慶尚南道咸陽郡，畢業於明治大學法學部。擔任在日本大韓民國民團中央本部團長，以在日社會幹部的身分，率先投資祖國。一九七三年三月，朴炳憲與其兄炳台於九老工團工業園區成立電器、電子零件工廠大星電機，並就任代表理事。這是一家與日本電子公司FUJISOKU及其兄之杉原製作所合辦的公司。不僅導入日本的資金，也同時引進日本的技術與方法，展開生產活動。九老工團是韓國政府最早推動的出口專用工業園區。大星電機從生產電子零件開始，之後也生產旋盤、鍍金、鑄模等，把生產零件進行多元化的拓展。一九八九年成立日本的阿爾派電子（ALPINE Japan）與株式會社大星EL TECH，工廠據點拓展至中國的青島、無錫、天津以及印度尼西亞等地。大星電機與大星EL TECH以生產工業用開關為始，之後擴及電腦周邊器材、汽車零件、導航、音響機器、感應器等，成為生產三千多種產品的綜合零件廠商，朴炳憲也對祖國的產業發展有著重大貢獻。

注釋

1. 譯注：即文、武兩班，主要是高麗國、朝鮮王朝時期的貴族統治階級與學者官吏。
2. 譯注：原全羅道，現在屬於全羅北道與全羅南道。湖南有二說，一指碧骨堤湖以南，另一指湖江（錦江）以南。
3. 譯注：指由軍方專斷的統治方式。

參考文獻

安鍾培，〈京城紡織株式会社の設立と資本調達（京城紡織株式會社的設立與資本籌集）〉，《現代韓國朝鮮研究》七，二〇〇七年
Carter J. Eckert著，小谷まさ代（小谷正待）譯，《日本帝国の申し子（日本帝國的寵兒）》，草思社，二〇〇四年

大東文化大學企業家研究會編，《世界の起業家50人（世界的50位創業家）》，學文社，二〇〇四年

永野慎一郎，《相互依存の日韓経済関係（互相依賴的日韓經濟關係）》，勁草書房，二〇〇八年

永野慎一郎編，《韓国の経済発展と在日韓国企業人の役割（韓國的經濟發展與在日韓國企業人士的角色）》，岩波書店，二〇一〇年

永野慎一郎，《日韓をつなぐ「白い華」綿と塩　明治期外交官・若松兎三郎の生涯（連接日韓的「白花」——棉花與鹽　明治時期外交官若松兔三郎的一生）》，明石書店，二〇一七年

朴哲彦著，水沼啓子譯，《日韓交流　陰で支えた男——朴哲彦の人生（日韓交流　幕後支持的男人——朴哲彦的人生）》，產經新聞ニュースサービス，二〇〇五年

松崎隆司，《ロッテを創った男　重光武雄論（創建樂天的男人　重光武雄論）》，ダイヤモンド社，二〇二〇年

柳町功，《ロッテ創業者　重光武雄の経営——国境を越えたイノベーター（樂天創始人　重光武雄的經營——跨越國境的創新者）》，日本經濟新聞出版，二〇二一年

Robinson, Michael Edson, *Cultural Nationalism in Colonial Korea, 1920-1925*, Seattle: University of Washington Press, 1988.

Yoshino, Kosaku, *Cultural Nationalism in Contemporary Japan: A Sociological Enquiry*, London: Routledge, 1992.

정방（鄭邦）編，《정방90년사（鄭邦90年史）》，정방，二〇〇九年

정방70년편찬위원회（鄭邦70週年編纂委員會），《정방七十年（鄭邦七十年）》，정방，一九八九年

金容燮，〈韓末・日帝下의 地主制（韓末及日帝統治下的地主制度）〉，《韓國史研究》一九，一九七七年

김우중（金宇中），《세계는 넓고 할 일은 많다（世界廣闊，事業無窮）》，북스코프，二〇一八年

金重洵著，柳錫春譯（英↓韓），《문화민족주의자 金性洙（文化民族主義者 金性洙）》，一潮閣，一九九八年
김진경（金振京），〈일제말기 인촌 김성수 친일 논란에 대한 재검토（對日帝末期仁村金性洙親日爭議的再檢討）〉，《歷史學研究》五五，二〇一四年
東亞日報社編，《東亞日報社史》一，東亞日報社，一九七五年
朴炳潤，《財閥과 政治（財閥與政治）》，한국양서，一九八二年
徐丙珇，《政治史의 現場 證言 第一共和國（政治史的現場證言——第一共和國）》，中和出版社，一九八一年
오수열（吳壽烈），〈인촌（仁村）김성수의 생애와 친일행적 논란（仁村金性洙的生平與親日行跡爭議）〉，《서석사회과학논총（瑞石社會科學論叢）》3—2，二〇一〇年
이대환（李大煥），《세계 최고의 철강인 朴泰俊（世界頂尖的鋼鐵人 朴泰俊）》，현암사，二〇〇四年
李秉喆，《湖巖自傳》，中央日報社，一九八六年
이완범（李完範），〈김성수의 식민지 권력에 대한 저항과 협력（金性洙對殖民地權力的抗爭與合作）〉，《한국민족운동사연구（韓國民族運動史研究）》五八，二〇〇九年
仁村紀念會，《仁村 金性洙傳》，仁村紀念會，一九七六年
仁村紀念會，〈인촌 감성수 사상과 일화 금고문을 닫지 않은 뜻（仁村金性洙的思想與逸事——不關金庫門的意義）〉
http://www.inchonmenmorial.co.kr/html/inchon/inchon_story16.html（最終閱覽日：二〇二二年十一月十七日）
장신（張信），〈일제말기 김성수의 친일 행적과 변호론 비판（日帝末期金性洙的親日行跡與辯護論批判）〉，《한국독립운동사연구（韓國獨立運動史研究）》三三，二〇〇九年

제일동포모국공전조사위원회（在日同胞回祖調查委員會）編，《母國을 향한 在日同胞의 100年 足跡（奔向祖國的在日同胞百年足跡）》，제외동포제단，二〇〇八年

鄭周永，《시련은 있어도 실패는 없다（有試煉無失敗）》，현대문화신문사，一九九二年

주익종（朱益鍾），〈확장기와 京城紡織（擴張期與京城紡織）〉，《經濟史學》二九，二〇〇〇年

주익종（朱益鍾），〈京城紡織（株）의 初期経営（京城紡織株式會社的初期經營）〉，《經濟史學》三一，二〇〇一年

주익종（朱益鍾），《대군의 척후——일제하의 경성방직과 김성수·김연수（大軍的先鋒——日帝時期的京城紡織與金性洙、金秊洙）》，푸른역사，二〇〇八年

친일반민족행위진상규명위원회（親日反民族行為真相究明委員會），《친일반민족행위진상규명 보고서（親日反民族行為真相究明報告書）》IV—3，현대문화사，二〇〇九年

한국일보社經濟部（韓國日報社經濟部）編著，《韓國의 50大財閥（韓國的50大財閥）》，經營能率研究所出版部，一九八六年

第二章

在日朝鮮人前史

水野直樹
樋口雄一
布袋敏博

「金天海」由樋口雄一執筆；「金史良」、「金龍濟」、「金達壽」、「金石範」、「金時鐘」由布袋敏博執筆；其餘人物由水野直樹執筆

前言

本章將以金天海為核心，說明一九三〇年代在日朝鮮人運動中的活躍人物。透過金天海的經歷可以得知，要說這些活動體現二戰前、後在日朝鮮人的歷史與運動，也不為過。

一九三〇年代中期，金天海與大阪的金文準等人所嘗試的，是基於當時在日朝鮮人的生活狀況，致力於解決民族問題的活動。這些活動也被日本戰敗後的在日朝鮮人所承繼。在這層意義上，金天海等人

的活動對於在日朝鮮人的歷史而言，具有重要意義。

一九一〇年，從日韓合併前後起，朝鮮人渡海前往日本的人數開始增加，合併前後以留學生占多數，之後赴日勞工的數量也逐漸增加。進入一九二〇年代後，朝鮮因產米增殖計畫等殖民地政策而陷入窮困，農民們為了謀求一職，以及在學校接受日語教育的世代渴求新式知識而渡海前往日本。同時，日本也因第一次世界大戰帶來的榮景，加上關東大地震之後的重建工作需要勞力，接受了這些來自朝鮮的人們。之後到了世界經濟大恐慌時期，為了抑制失業者人數增加，才採取限制朝鮮人渡航日本的措施。

一九一〇年居住在日本的朝鮮人約數千人，之後不斷增加，一九二〇年約四萬人，一九三〇年約四十二萬人，一九四〇年約一百二十四萬人。一九三九年起基於《國家總動員法》，開始對在日本「內地」的朝鮮人勞工實施團體徵召，一九四五年日本戰敗時遭動員人數已超過二百萬人。最初單身前往日本討生活的勞工，日後逐漸組建家庭，家庭成員不斷增加，在日本社會中形成朝鮮人社區，隨之也出現各種各樣的問題。除了職業問題之外，朝鮮人還面臨家人住處、生活所需食材、孩童養育和教育等許多待解決的問題。從一九二〇年代到一九三〇年代，城市地區逐漸形成了朝鮮人的聚居區，但日本人不願將土地與房子租給朝鮮人，許多朝鮮人只能在河灘地或土地所有者不明的地方自行搭建住居，形成聚居地。這些地方雖然被稱為不良住宅地區，但對朝鮮人而言，卻是能確保住居，能相互介紹工作，能取得料理用的食材，能夠經營夜間學校教導孩子們朝鮮語及其他知識等，可以共同解決各種問題的地方。

關於在日朝鮮人的運動，可舉日韓合併前由留學生們進行的文化運動，或者成為一九一九年三一獨立運動先驅的、由留學生發布的獨立宣言（《二八宣言》）等。進入一九二〇年代後，籌組以相互扶助為目的之同鄉團體與以解放勞工為目標的勞工運動，再加上社會主義運動等逐步展開。金天海、金文準就是在這樣的時期渡海到日本。一九二五年，各地方的朝鮮人工會聯合起來成立日本朝鮮勞動總同盟。除此之外，許多的朝鮮人團體（青年團體、女性團體或民族統一戰線組織等）開始關注民族課題並進行活動。在朝鮮國內組成的朝鮮共產黨也設立日本部（後來的日本總局），金天海作為幹部在日本進行活動。

但一九三〇年前後，在這類組織中活動的朝鮮人，許多都加入日本共產黨及其旗下團體，朝鮮人自身的組織活動遂逐漸弱化。

日本共產黨開始崩解的一九三〇年代中期，在日朝鮮人的運動以朝鮮人社群為背景，將重點放在在日朝鮮人的生活權、追求民族權利的活動上，此類活動可見於東京、大阪、京都等地。如大阪的《民眾時報》，東京、橫濱的《朝鮮新聞》等，是以在日社群為受眾的朝鮮語媒體活動，或者在京都籌畫的朝鮮民眾黨組織計畫即屬此類。《民眾時報》在綱領中揭示「報導在日朝鮮人的生活真相和輿論」、「對確立生活權表達擁護與伸張」，並通過刊登在日朝鮮人生活狀態的報導以達成目標。京都的朝鮮民眾黨與《民眾時報》一樣，也提出「擁護、伸張在日本朝鮮人大眾的生活權利」、「廢除所有對在日朝鮮人大眾不合理的制度」等綱領，但因當局的禁止，最終未能實現。

對推動同化在日朝鮮人，欲將他們統合入戰爭體制中的日本當局而言，這些舉動自然必須鎮壓，但仍然可說，此時朝鮮人的行動與一九四五年朝鮮解放後的在日朝鮮人運動存在著關聯性。

與此同時，也有協助日本當局推動朝鮮人「同化」、「臣民化」的人物。當選日本眾議院議員，隸屬相愛會的朴春琴便曾指責過，當局雖然打著同化的旗號，但對朝鮮人的歧視依舊根深柢固。

順帶一提，正如從舉例人物的經歷中可以看出來的，他們之中許多人都沒被「日本（內地）」這個框架限制住。特別是，還有人在一九四五年以後返回朝鮮，活躍於南、北朝鮮，甚至前進中國（今延邊）。例如宋性徹，他是二戰後在日朝鮮人運動的領袖，遭占領軍遣返南朝鮮，之後他又前往北朝鮮。在二十世紀的歷史洪流中，類似這般跨越東亞各地區的行動，當我們嘗試理解在日朝鮮人的歷史時，此為必要的背景知識。

水野直樹

金天海（一八九八年—？）

在靈源寺的修行

金天海，本名金鶴儀。在父親與母親的老家蔚山成長，七至九歲時在書堂學習。從他的戶籍上可以知道他有一位妹妹（金鶴令，一九〇〇年生）。金天海在自傳中寫道，此時他的愛國心已然覺醒。一九一〇年八月，日韓合併。此時金天海十三歲。「人民無分男女老幼，皆哭濕衣襟」，他也悲痛大哭。他回憶少年時代，對當時抵抗日本的人們，以及當時朝鮮社會中日常可見的民眾身影深深銘記於心。

他的父親是一名魚販，生活相當貧困，甚至連借錢才購得的家宅最終也不得不售出。

十六歲時，金天海前往位於智異山的靈源寺修行。當時他思考「進入佛寺既可學習，又可藉佛教尋找是否有拯救祖國的方法」。在此的三年期間，他成為優秀的修行僧，「天海」即此時授予他的戒名。靈源寺保存了許多因逃避總督府鎮壓而來的獨立運動家們帶來的書籍，金天海似乎也頗受這些書籍的影響。然而佛教界也逐漸迎合日本，在此情況下，金天海對續留寺院一事產生質疑，遂返回故鄉。

他在蔚山一邊從事青年團活動，一邊在夜間學校擔任教員，對學員闡述自己在寺中閱讀到的獨立運動思想。

根據戶籍資料，金天海於一九一九年三月七日結婚，此時正值三一獨立運動的最高峰，他的對象是小他一歲的李在今，住在其兄李春雨位於方魚津的家中。金天海也搬到此處同住，兩人生了一個孩子。不過，蔚山地區有大量的日本人湧入，傳來日本發生的米騷動與三一獨立運動情報，讓金天海很難坐視不管。已無法滿足只擔任夜間學校教師的他，決心把雙親與妻小留在故鄉，隻身前往日本。他表示前往日本的理由是為了拓展見識及探悉敵情等，但他也下定決心在朝鮮獨立之前不再返鄉。

一九二二年五月，二十五歲的金天海身著西裝喬裝成日本人搭上渡輪。

當時朝鮮青年們渡海前往日本者，多是出身農村外出賺錢的勞工，或是以求學為目的的留學生、半工半讀學生。類似金天海這種出身都市下層商人的人鮮少，且又以獨立運動為目標，可說與其他人的目的截然不同。他前往日本後，開始接觸到許多在蔚山無法接觸到的具有社會主義思想的人們。

遭遇關東大震災

金天海從下關出發，首先前往大阪，帶著介紹信與朴廣海見面。根據朴廣海的回憶，他們一起走在街頭見識過大阪後，金天海打算前往東京。[1]在東京他寄居在上野的朝鮮人家中，一邊過著在圖書館與日語學校學習的生活，一邊與已在日本展開活動的白武[2]、李憲[3]等朝鮮人社會運動家及團體展開接觸。

金天海通過閱讀這些社會主義者、基督教青年會、留學生團體出版的《學之光》，一年左右的時間便吸收了新的思想。其中也接受了當時許多在日朝鮮人青年熱中的社會主義思想。之後他進入日本大學專門部，自一九二三年四月起開始就學。

同年九月一日發生關東大震災。震災時他居住在本鄉真砂町，此時曾兩度被警察帶走。第一次警察因火災而暫時將他釋放，第二次除了警察之外，還出動配劍的軍隊，在他脖子上套上繩索後帶往本富士警察署。途中，金天海遭地方自衛團以石頭及耙子攻擊而負傷。在本富士署已有許多遭羈押的朝鮮人，其中也有他在蔚山的親戚徐鎮文（表兄弟）。他因為持有用於抽菸的火柴而遭自衛團毆打，渾身是血。[4]

金天海從警署被釋放後，立刻展開震災受害調查。據此調查得知有數千名朝鮮人遭到殺害，還獲知社會主義者也遭殺害。雖然他本身也遭受過日本民眾的暴行，但此時的種種體驗逐漸讓他對日本帝國與掌權者採取強硬態度，培養出終生絕不妥協的戰鬥精神。

他參加了為調查朝鮮人如何被殺害而成立的組織「朝鮮罹災同胞慰問班」，因此遭到警方的監視，據說之後他喬裝成日本人進行調查。經此調查，他意識到遭殺害的大半朝鮮人皆是勞工與貧窮學生，為了保衛他們的權利，金天海放棄在日本大學的學業，專心致力於勞工運動。當時山川均等人雖然主張

「走入大眾」等概念，但如金天海這般以在日朝鮮人知識分子身分走入勞工之間生活，執行實踐性的組織活動者，仍屬少數。

勞工的城鎮，以神奈川作為實踐場域

金天海選擇的實踐場域，並非擁有大量留學生與知識分子的東京，而是居住者泰半為勞工的神奈川縣內。

神奈川縣的橫濱、川崎屬於勞工的城鎮，震災之後各地展開重建工程，此際也需要朝鮮勞工的協助，所需要的大多是土木工人，且不僅橫濱、川崎，朝鮮人也在小田原、箱根等縣內各地勞動。他親自前往朝鮮勞工工作的地點，傾聽他們關於工資拖欠等問題的諮詢。據他回憶，他經常徒步前往厚木、松田町等神奈川縣各地。

金天海最初以勞工運動興盛的橫濱為中心，參加鶴見區潮田地方的朝鮮人聚居區與市內勞工的組織活動。震災次年的一九二四年起，神奈川縣內的朝鮮人勞工團體組成鮮人親交會（川崎）、鶴見親睦會（橫濱）、勞動友合會（足柄上郡），此外橫須賀還組織了兩個團體，橫濱也組織了兩個團體。以這些團體為背景，金天海提議勞動節以「放棄殖民地」作為口號。此外，朝鮮人多半以口頭約定承包工程，但也因此蒙受許多損失，他呼籲廢除這種制度，面對不支付工錢、壓低工資等問題，力促這些團體採用他提出的口號。這些做法也獲得橫濱內的日本人勞工團體贊同。通過參與失業者問題的演講、震災橫濱橫死者追悼集會，以及參加在橫濱車站舉行的蘇聯工會代表雷普希的歡迎會（現存有金天海與雷普希在橫濱車站的合照）等活動，金天海作為勞工運動家的身分，在日本人之間也廣為知悉。

因《治安維持法》而成為被鎮壓對象

另方面，因神奈川縣遭殺害的朝鮮人數目較其他府縣更多，震災之後當局不得不做出對應，但做法卻是隱瞞殺害的事實與對在日朝鮮人加強管理。此時期日本國內成立了《普通選舉法》與《治安維持法》，根據《治安維持法》朝鮮人成為被鎮壓的對象。

一開始縣政府在震災後要求縣內中學以下學生撰寫「內鮮融合」的作文，並成立神奈川內鮮協會作為管理朝鮮人的組織。內鮮協會日後成為協和會，成為針對在日朝鮮人的統制組織，戰爭期間對皇民化、鎮壓與統制、動員勞工等事宜扮演重要的角色。

內鮮協會是一九二六年二月在朝鮮總督指示下，以縣知事為會長而成立的針對朝鮮人的對策組織，且在朝鮮人眾多的大阪、兵庫也出現同樣的組織。內鮮協會的目的在於促進朝鮮人同化，培養願意協助殖民地統治的朝鮮人。

金天海立刻展開反對神奈川縣設立內鮮協會的活動。橫濱的內鮮協會演講因此中止，縣府打算在松田町舉行的集會也無法舉辦。此時在會場進行反對運動的朝鮮人勞工領袖遭到逮捕，他們自白全是依照金天海的指示行動，這也導致金天海於一九二六年底被小田原署逮捕。值得注意的是，據報導，第一次公審有四十多人，第二次公審有三十多位朝鮮人前來旁聽。旁聽者不僅來自小田原附近，還有來自東京、千葉、琦玉等地的朝鮮人們。他們都是從金天海的活動中獲得力量的勞工們。金天海之所以獲得他們的支持，是因為當日本業者拖欠工資而使他們生活陷入困境時，金天海會以工人們的利益為優先進行交涉。此外，當時朝鮮人的土木業工頭與勞工多為同鄉或者親戚，集團規模並不大。為了保障自身勞工利益，以及對抗受日本人歧視的民族憤怒，都讓他們強力支持金天海。他的活動基本上都是傾聽勞工的說法，理解他們的要求，並據此展開運動，這一原則在朝鮮解放之後也未曾改變。金天海的運動並未使用以理論為前提來勸導大眾的方針或做法。

金天海的這種作為在朝鮮人之間被廣為散布。因為他重視親身投入勞工之中的行動，而這正是住在東京的知識分子們所辦不到的。

成為朝鮮共產黨日本總局責任祕書

一九二五年於朝鮮組成的朝鮮共產黨遭日本當局鎮壓，即便如此，仍於一九二七年設立日本支部。根據警方資料，日本支部由朝鮮派遣而來的韓林，[5]責任祕書金漢卿負責經營，[6]一九二八年由金天海接手。他於同年五月入黨，因日本部（日後的日本總局）獲得三十六名左右的黨員，加上紀念日鬥爭（九一抗議關東大震災虐殺朝鮮人活動等）的宣傳活動，各地展開罷工的支援運動。十月二十一日，金天海從橫濱前往東京途中於品川車站遭逮捕，在都內各警察署中遭到拷問。

同時，他的親戚徐鎮文於同年十月二十五日，因昭和天皇即位儀式前的預防羈押而在橫濱遭加賀署逮捕，並在拷問後被殺害。徐鎮文的葬禮以勞工的形式舉行，遺骨被送回故鄉。蔚山當地為他立墓與建紀念碑，此事獲得當時《東亞日報》的報導，將他視為英雄，直到今日仍為他舉行紀念儀式。

判決鬥爭與在秋田監獄的服刑

朝鮮共產黨日本總局的成員們被收監至市之谷監獄，該處也關押許多日本人共產主義者，監獄外還有朝鮮人支援。進行判決鬥爭時，共有二十九名朝鮮人被告參與其中，他們主張釋放政治犯，並在法庭上提出「使用朝鮮語的自由」等民族性訴求，成為此次鬥爭的特色。

審判鬥爭最高峰的一九三〇年，遵從第三國際「一國一黨原則」，朝鮮共產黨日本總局解散，朝鮮人也以日本共產黨員身分進行活動。之後，金天海遵從此一方針，一直以日本共產黨員的身分活動，直到一九五〇年回到共和國（朝鮮民主主義人民共和國）為止，但他在公審中仍主張廢除對朝鮮的殖民地統治、撤回日軍等。

一九三〇年十二月四日，金天海的審理結束，被判決有期徒刑五年（判決前拘役時間折抵五百天）。在監獄外的朝鮮人不知情的情況下，一九三三年十一月深夜，他從上野站被送往嚴寒的秋田監獄。在秋田監獄中他仍試圖建立祕密小組進行鬥爭，但因被搜出他在監獄私下發行的報紙而被送入懲戒房。監獄中還收容朝鮮共產黨事件的李雲洙[7]、朴文秉，以及日本共產黨員山代吉宗[8]。據金天海回憶，山代曾大聲要求從懲戒房釋放金天海，可能和山代也參與監獄內的報紙發行有關。金天海在獄中得知佐野學、鍋山貞親等人轉向（改變政治立場），金天海被帶出朝鮮人單人拘禁房時也被要求轉向。當局以送他滿洲土地為引誘，勸他宣布轉向，但遭他拒絕。據說當時他的健康狀況不佳，甚至無法參加監獄內的勞動工作。

一九三五年十月一日金天海期滿釋放，原本以為不會有人來接他，沒想到在監獄門前有許多朝鮮人歡聲迎接他，甚至備有汽車迎接。這些是居住於秋田的朝鮮人，還有部分來自青森。推測他們大概是從同樣進入秋田監獄，不過先被釋放的李雲洙口中獲知金天海正確的出獄日期。由此可知，金天海廣為人們所知悉。在青森休息一週恢復體力後，金天海動身前往橫濱。

金天海準備重新投入活動，但因未宣言政治轉向，故遭特高警察嚴密監視。他小心翼翼地籌備運動，首次行動在一九三五年十一月初，目的為發行朝鮮語報紙，集會地點在金王容[9]位於「橫濱市中區井土之谷」的居處，參加者有金天海、李雲洙、朴台乙、全允弼及金王容。金斗鎔也參與編輯工作，但具體貢獻尚不明確。

《朝鮮新聞》的發行與再度被捕

今日可見的《朝鮮新聞》僅有創刊號與第二號。創刊號發行於一九三六年二月一日。金天海於二月二日開始前往關西的旅途，在熱海待到二月二十二日，在韓德銖的關照下療養身體，之後轉往名古屋由朴廣海照料生活。順帶一提，朴廣海曾指導三信鐵道爭議的社會運動。這段期間，金天海健康狀況不佳，推測前往大阪接受盲腸手術。他在大阪期間，受到了他的表兄弟李福造照料。又，金天海未能與同一時期在大阪發行朝鮮語報紙《民眾時報》的發行人金文準見面，金文準在一九三六年五月遭警察拷問致死。

《朝鮮新聞》的相關者於一九三六年七月三十一日一同遭到逮捕，金天海也於八月三日在大阪被捕。之後立即被送往東京，在神田錦町署遭羈押八個月，接著又在神田萬世橋警署再度遭羈押八個月接受調查，受到持續嚴厲拷問。根據他的回憶，那是「非常慘虐的拷問」，期間他發高燒，陷入性命垂危的狀態。此次鎮壓甚至波及全國的《朝鮮新聞》讀者，許多人以涉嫌協助共黨目標遭到起訴。此份完全合法的報紙，在此階段被當局處以禁止發行，一如其他朝鮮語的報紙。在日本社會上，這樣的言論鎮壓並未引起任何關注。

此時遭起訴的金天海並未犯下任何罪刑，仍被判處四年徒刑。從他被捕起至接獲判決為止的十六個月，一直在警察署內遭受拷問，之後又被送至膳所監獄（日後的滋賀監獄），關入單人牢房。夏天爬滿蛆蟲，還有蜥蜴、蜈蚣等，環境極不衛生。被關入單人牢房的政治犯只有他一人。服刑期間被迫參拜神社、捐款國防獻金等，也被強制勞動製作草鞋。

貫徹絕不轉向的意志

金天海在膳所監獄服刑完畢，但未獲釋放，這是因為他仍受到專用於思想犯的預防羈押處分。一九四一年三月十日，《治安維持法》修訂後頒布，五月十四日公布《預防羈押所官制條例》。預防羈押所位於東京的豐多摩監獄內，貫徹不轉向志向的金天海即被拘禁於此。

預防羈押所裡收監有堅持信仰不屈的基督教徒、天理教徒、共產主義者、朝鮮人等，全都是長期不願轉向且不放棄活動的人們。日本人共產主義者有德田球一、志賀義雄、山田六左衛門、今村英雄等，朝鮮人則有丁岩右、李白春、金旭日、宋太玉等。他們這些共產黨員屬於勞工運動的活動家，共通之處就是都不願轉向。又，李康勳[10]也從熊本監獄被送來此處，他並非共產主義者，而是在上海活動的民族主義者（或無政府主義者）。

金天海被收監是在李康勳轉來兩個月後的一九四二年九月。此時他身體非常孱弱，幾乎處於無法自理的狀態，但許多日本人都知道金天海的名聲，被收監的人們也都知道這號人物，其中一名被收監者也是在獄中擔任雜役的日本人佐藤彥七，會去金天海的牢房協助他用餐，為他清理身體等，加以照料。佐藤同時還照顧著另一名囚犯山邊健太郎[11]。山邊是一個不太在意自己身體清潔的人，所以佐藤也幫著他打掃房間。不過連這樣的山邊也開始幫忙照料金天海，維持他的基本生活條件。金天海能續命到朝鮮解放為止，大概也是託他們協助之福。一九四五年五月二十五日預防羈押所遭到空襲，金天海等政治犯在六月下旬被轉移至府中監獄。

朝鮮解放與釋放政治犯

對於一九四五年八月十五日，日本人與朝鮮人的態度大不相同。朝鮮人喜於從殖民地統治下「解放」，日本人則悲於「戰敗」。雖然許多日本人接受了戰爭時期的政治、經濟、社會體制，但朝鮮人卻有不同的看法。針對政治犯釋放的問題，朝鮮人表示歡迎，也立即付諸行動。透過外國記者報導得知府中監獄關押著政治犯後，金正洪等二名朝鮮人立即組織「慰問隊」造訪府中，之後更多朝鮮人帶著慰問品拜訪金天海，也有青年帶著小提琴前來演奏，慰問被拘禁者，並在拘禁所舉辦宴會直到深夜。這是在正式解放之前的事情，並沒有看到日本人造訪開宴會的紀錄。

一九四五年十月十日，金天海與德田球一等多位日本人共產黨員一同獲釋。大量朝鮮人前來府中監獄迎接，金天海搭乘大家準備的卡車前往芝田村町的集會場地飛行會館。據稱會場擠入三千人，推測大部分都是朝鮮人。

金天海獲釋五天後的十月十五日，在日本朝鮮人聯盟（朝聯）成立。至次年一月七日為止，除沖繩之外，各府縣已都成立朝聯支部。金天海在朝聯中擔任顧問。同時，日本共產黨於一九四五年十二月一日舉行第四屆大會，會中選出金天海為中央委員。金天海同時隸屬基於一國一黨原則的日本共產黨與群眾團體的朝聯。

戰後，金天海的活動遂沿著朝聯與日本共產黨中央委員的兩條路徑展開。

作為日本共產黨中央委員的朝鮮人部代表

二戰結束之前，金天海是朝鮮共產黨日本總局的負責人，因日本也遵守一國一黨原則，之後他便以日本共產黨員身分度過獄中刑期。他認為，共產主義者無論身在何處，目的都在守護人民利益，與民眾共存，反抗壓迫，因此隸屬日本共產黨也無妨。在日本的朝鮮人是受壓抑的民族，他們的民族訴求也是基於民眾立場的需求與權利。日本戰敗之後，在日本的朝鮮人從帝國主義中獲得解放，他們提出強烈的民主訴求，許多人加入了日本共產黨。如何處理朝鮮人的民族課題是個重大問題，不過站在組織的角度，朝鮮人也以黨員身分活動，日本共產黨的朝鮮人部扮演重要角色，並參與各種運動，而金天海正是他們的核心人物。

同時，朝聯著手協助朝鮮人回國、促進民族教育、發起保障生活權益運動等，此外還支持朝鮮南部

《解放新聞》與《新朝鮮》上。他後來也以朝鮮勞動黨員的身分繼續進行活動，一九六五年參加金恩順（朝鮮民主女性同盟中央委員會副委員長）的葬禮一事也被《勞動新聞》所報導。

之後金天海便消息不明。有一說法認為他歿於一九七一年，但在平壤的幾處革命家墓地都未能發現他的墳墓。

此外，韓國解放後，對前往朝鮮民主主義人民共和國的初期人民委員會、建國準備委員會幹部、在南部活動的左派人士等皆缺乏研究，金天海也是如此。今日即便在金天海的故鄉蔚山，大半的人連他的名字都不知道。

與民眾站在一起

金天海在日本生活時，也站在勞工的第一線與日本人共同行動，獲得眾人深厚的信任。他在第三國際提出「一國一黨原則」之前，便已參加過兩次橫濱勞動節籌備會，參與共同口號與解放殖民地的討論。金天海前往支援日本勞工的爭論，日本人也參加關東大震災的朝鮮人犧牲者追悼集會，促成勞工合作運動。即使遵從第三國際指示成為日本共產黨員後，金天海並未改變以合作為基礎的立場。

金天海從未寫過馬克思主義理論之類的論文，也沒寫過長篇的運動理論。但他說過，重要的是傾聽民眾的說法，彙整他們的要求，採取具體的行動。朝鮮解放後，在得以自由執筆的時期，他留下的文章多半為短文，或者彙整他談話的資料，以及把他來自朝鮮民主主義人民共和國的廣播翻譯成日文的文章。

金天海總是與民眾站在一起，並以此作為行動的起點，這就是他的方針。他在殖民地統治下的朝鮮成長，在帝國主義日本本國內以在日朝鮮人身分奮鬥，在朝鮮民主主義人民共和國參與過韓戰，他是一個擁有寶貴經驗的重要歷史人物。

樋口雄一

朴春琴（一八九一－一九七三年）

政治家。出生慶尚南道梁山。一九〇七年前往日本，在東京等地從事過土木工人、礦工等工作，之後在名古屋參與高麗蔘販售，成為名古屋朝鮮人會會長，也與右翼團體黑龍會的頭山滿相識。

一九二〇年，他在東京以朝鮮人勞工相互扶助為目的成立相救會，次年改名相愛會並擔任副會長（會長李起東），展開主張「日鮮融合」，協助日本當局的活動。關東大震災時，他動員朝鮮工人處理震災犧牲者的遺體。相愛會得到前朝鮮總督府警務局長，當時的警視總監丸山鶴吉等人的後援，在日本的主要都市設立支部，通過勞工廉價集合住宿處為工廠老闆介紹勞工，因為他擔任工廠的監督，因此與朝鮮人的工會屢屢出現對立，引發衝突事件。

朴春琴在一九三二年的國會大選中以東京四區候選人身分當選。身為朝鮮人卻當選眾議院議員者，僅有他一人。一直到一九四二年為止，他擔任過兩屆國會議員，雖然中間曾一度落選，但共計過了九年議員生活，在議會內他要求朝鮮人的參政權與兵役義務，持續要求強化同化政策。同時他也展開活動，積極擁護日本對滿洲、中國的侵略，主張大亞細亞主義、皇道思想，參與右翼運動。

在中日戰爭爆發後，他也傾注力量在朝鮮內推動協助戰爭的活動，除了擔任京城教化團體聯合會、朝鮮臨戰報國團等幹部，當一九四四年成立以建造戰機為目的之朝鮮飛行機工業株式會社後，他也就任董事。一九四五年六月，他在京城（關於「京城」名稱的說明，參照第一章）成立大義黨並擔任黨魁，主張要「破碎」不協助戰爭者，七月二十四日計畫在京城府民館舉行「亞細亞民族憤激大會」，卻因三名朝鮮青年引爆定時炸彈而無法舉行（府民館炸彈事件）。因為他的這些舉動，使他在日本戰敗後成為「親日分子」的頭號人物之一，不僅遭在日本朝鮮人聯盟的追究，一九四九年初更遭韓國的反民族行為特別調查委員會命令出庭應訊，但因他在日本得以逃過未受調查。一九五〇年代以後，他曾擔任過居留民團顧問，還歷任在日中間派分子組織的祖國統一促進協議會代表、日韓文化協會常任顧問等職，最後在東京過世。

水野直樹

朴烈（一九〇二—一九七四年）

無政府主義者、民族運動家。出生於慶尚北道，本名朴準植。就讀京城第二高等普通學校時，正好發生一九一九年的三一獨立運動，他因前往參加而遭退學。這年秋天，他渡海前往日本，進入東京正則英語學校就讀，參加籌組朝鮮人貧苦學生同友會與無政府、社會主義團體黑濤會。一九二二年在信濃川發電所發生虐殺朝鮮人事件，當各種不同立場的人們組成調查委員會時，朴烈也以調查委員身分前往現場調查。金天海也是其中一人，舉行報告會時遭到警方暫時羈押。之後朴烈組成無政府主義立場鮮明的不逞社，編輯發行《太鮮人》、《現社會》[13]雜誌。

日韓合併後，他認識了在朝鮮成長的日本女性金子文子並開始同居，同時也傾力發行雜誌，但關東大震災時與金子一同遭羈押。起初罪名是涉嫌違反《治安警察法》（祕密結社組織），後來又被指控籌畫暗殺皇太子（日後的昭和天皇），以大逆罪起訴。這是日本政府打算透過聲稱存在「不逞鮮人的陰謀計畫」，以正當化、合理化震災時對朝鮮人的虐殺，而給他們安上的罪名。兩人在審判後被判決死刑，之後因恩赦（特赦）減為無期徒刑，但金子在獄中自殺。

一九三五年朴烈在千葉監獄向典獄長提出《恭順上申書》，表明將以「一個大日本帝國忠良臣民」活下去，試圖轉向合作，但仍未被列入假釋對象。日本戰敗後，一九四五年十月二十七日他從秋田監獄獲釋，此時入獄已經過二十二個年頭。因大逆罪入獄者僅有朴烈一人，比因違反《治安維持法》入獄的受刑者慢二十天獲釋。他獲釋後，成為與在日本朝鮮人聯盟立場對立的右派之新朝鮮建設同盟委員長，此同盟成立於一九四六年，後改組為在日本朝鮮居留民團（日後又改名在日本大韓民國居留民團），朴烈擔任團長。他與李承晚總統關係深厚，一九四九年回國成立朴烈獎學會等事業，但韓戰時被帶往北朝鮮，在北朝鮮擔任在北平和統一協議會常務委員。

水野直樹

金史良（一九一四—一九五一年）

小說家，本名金時昌。生於平壤，成長於富裕的家庭，長兄金時明，就讀舊制佐賀高等學校、京都帝國大學，後任朝鮮總督府官僚，歷任江原道、全羅南道等地郡守、理事官。

金史良就讀平壤高等普通學校五年級時，主導驅逐學校教官運動而遭退學，因而放棄原本的美國留學夢，在兄長的協助下進入佐賀高校文科乙類、東京帝國大學德文科就學。從還在朝鮮時便向報紙投稿，進入佐賀高校後也發表過習作。

一九三六年就讀東京帝大時，與佐賀高校時期起就是好友的鶴丸辰雄等人發行同人誌《堤防》，發表最初的作品〈土城廊〉。在學期間參與睦鄰運動，活動內容也反映在作品上。之後成為保高德藏主編的《文藝首都》同人，一九三九年十月號上發表的〈光之中〉（或譯〈走向光明〉、〈在光中〉）成為次年一九四〇年上半期芥川賞的候選作品，讓他一舉成名。在日本的期間，以日文發行了兩本創作集《光之中》（一九四〇年）、《故鄉》（一九四二年），一九四二年回到朝鮮，之後便於《國民文學》、《每日新報》等刊物發表作品。一九四五年五月被派遣去視察「在支」（在中國）朝鮮人士兵時，企圖脫隊前往中國共產黨的根據地延安，途中在太行山與八路軍和朝鮮義勇軍會合並共同行動，之後迎來朝鮮解放。這段經驗給他短暫的人生帶來重大的影響。

朝鮮解放後，作為北朝鮮為數不多的專業文學家，又身為大學講師，金史良展開活躍的文學活動。在一九四六年三月一日《朝鮮新聞》上發表壁報小說〈有點少根筋的孩子〉（うすらとんまな童），這是類似街頭小說[14]的短文，除去詩作，此篇被認為是北朝鮮最早發表的作品。另外，據稱在《文化戰線》第五輯（一九四七年八月）上有長篇紀行《驢馬千里》（一譯《駑馬萬里》）的出版報告，但是否實際刊行仍難以確認。一九四八年一月一日他出版了《風霜 金史良創作集》。他的創作因與當局之間有所矛盾，經常受到批評。在一九四六年九月二十八日舉行的「北朝鮮各道藝術聯盟關係者座談會」上，他舉自身參與八路軍的生活體驗，主張必須打造能一邊與農民、勞工共同勞作，一邊能進行創作活動的環境。但當局希望謳歌民眾因土地改革與實施勞動法令的恩澤，而歡欣於社會主義國家建設成功，雙方在認知上出現無法彌合的分歧。

一九五〇年六月二十五日韓戰爆發後，次日二十六日金史良也以第一次從軍文學家的身分趕赴前線，寫下許多從軍記，標記「一九五〇年九月十七日」的〈同志們！看見海了——於馬山陣地〉是他最後的文章，之後便失去消息。在平壤的祖國解放戰爭參戰烈士墓的墓誌銘上，刻記其過世日期為「一九五一年六月二十三日」。他過世之後，長篇報導集《同志們！看見海了》（一九五一年）與《金史良作品集》（一九五五年）皆在平壤獲得出版。

布袋敏博

金文準（一八九三—一九三六年）

殖民地時期活動於大阪的勞工運動家。成長於濟州島的小商人家庭，濟州公立農業學校畢業後進入水原農林學校，接著中輟前往勸業模範場工作，返鄉後在普通學校擔任教員，同時也參加青年運動。一九二六年渡海前往大阪，成為在日本朝鮮勞動總同盟中央委員，扮演指導在大阪朝鮮人勞工運動的角色，同時也為保障居住於大阪的濟州島出生者生活權而展開活動，還擔任新幹會大阪支會檢查委員長等職。居住在大阪的朝鮮人大多在小規模城鎮工廠工作，金文準組織這些人開展朝鮮工會的活動，獲得居住在大阪的朝鮮人，特別是出生濟州島的信任和支持。

但從一九二九年底起，在日本朝鮮勞動總同盟本部決定把朝鮮人工會併入日本共產黨旗下之日本工會全國協議會（全協）的各產業公會，在大阪也進行整合工作，金文準反對東京中央的全協朝鮮人委員會方針，自行以橡膠工廠勞工為核心，組成日本化學工會大阪支部並加入全協。一九三一年他因涉嫌加入日本共產黨遭檢舉，被判兩年徒刑。金文準在上訴理由書提到，他原本是為了學習法律前往日本，但「目擊勞工之窮乏……不禁燃起同情之念，幡然投身勞工運動」，強調進行勞工運動是為了提升工人們的生活，他主張這並不違反《治安維持法》。

一九三四年二月出獄後，為了提升與守護在日朝鮮人的生活及文化，一九三五年六月他在大阪創刊朝鮮語報紙《民眾時報》。該報綱領在於促進「改善朝鮮民眾的生活與提升文化」，金文準作為代表人，又加上鄭泰重、金敬中等京阪神地區的朝鮮人活動家，以及發行朝鮮報紙《東亞日報》等的大阪支局長，《民眾時報》廣泛討論在日朝鮮人的勞動、生活、教育、文化等諸問題，目標在確立生活權與提升民族文化。然而，金文準因被檢舉時遭受拷問再加上宿疴肺結核，最終於一九三六年五月過世，其遺體由定期往返大阪―濟州島的渡輪君之代丸運回故鄉埋葬。《民眾時報》也在九月推出第二十七號後廢刊。

水野直樹

鄭泰重（一九〇一—一九五〇年）

民族主義、共產主義運動活動家。出生於全羅南道，幼名聖東，日後改名泰重。父親為漢學家，但過著小佃農的生活。幼時在書堂學習，曾在京城的私立中東學校就學過一段期間，一九二三年因參加首爾青年會協助散發傳單而遭到舉發。之後回到故鄉求禮，一面在報社支局工作，一面從事農民運動、青年運動，被選為朝鮮勞農總同盟中央執行委員。一九二六年加入高麗共產青年會（朝鮮共產黨的青年組織），遭到舉發與起訴，因違反《治安維持法》被判處一年徒刑。出獄後在故鄉以新幹會幹部進行活動，在公開場合批評支持日本殖民地統治的郡守，主張朝鮮人的教育應使用朝鮮語，且經濟政策也應服務於朝鮮人民，此舉違反《保安法》遭判處八個月徒刑。

一九三二年左右，他前往京都，在眾多朝鮮人居住的地區經營中藥店，同時為了推動貼近生活的社會運動而組織本地朝鮮人的聯合團體。支援專供朝鮮人子弟使用的育幼院，並對颱風受災戶的朝鮮人提供救援。一九三五年，從一開始便參與大阪金文準等人發行的《民眾日報》，負責經營京都支局。他還組織京都朝鮮人問題協議會，與朝鮮人學生一同發起抗議禁用朝鮮語的活動。一九三七年計畫組成朝鮮民眾黨，綱領為保障在日朝鮮人的生活權與提升文化，主張當局禁用朝鮮語及限制入境等措施屬於違憲。他們以進行合法活動為目標，但因中日戰爭爆發迫使他們不得不放棄。之後他因涉嫌違反《治安維持法》遭到舉發，便轉移至神戶經營中藥店，在日本戰敗之前返回朝鮮。

從殖民地統治中獲得解放後，在故鄉求禮人民委員會與南朝鮮勞動黨的活動相當活躍，鄭泰重也參加這些左翼運動。一九四八年十月，濟州島發生民眾暴動，部分韓國軍隊反對鎮壓這次暴動而發生叛變，這支部隊經求禮往智異山並展開游擊隊活動，鄭泰重遭舉發支援此游擊隊，經軍事審判後被判無期徒刑。韓戰爆發之後，鄭泰重被關押於群山監獄，遭韓國軍警虐殺。

水野直樹

其他人物

金斗鎔

一九〇三年—?。共產主義運動活動家，著述家。出生於咸鏡南道咸興。東京錦城中學畢業後，一九二三年進入第三高等學校，活躍於辯論部，以演講時口齒清晰而聞名。一九二六年進入東京帝國大學美學科，活動於新人會與普羅藝術聯盟，隨著與中野重治等人來往，他組織朝鮮普羅藝術同盟東京支部，擔任機構誌《藝術運動》（後改名《無產者》）的編輯與發行，也執筆評論與創作戲曲。

一九二九年起參與日本朝鮮勞動總同盟（在日勞總），主張應解散偏重民族課題的在日勞總，加入日本工會全國協議會（全協）。在日勞總的中央委員會雖正朝全協朝鮮人委員會改組、解散，但此過程與在大阪的活動家金文準等人產生對立。一九三〇年遭舉發下獄後，一九三五年參與東京的《朝鮮新聞》發行及朝鮮藝術座的戲劇活動，也在《文學評論》等日本雜誌、《朝鮮中央日報》等朝鮮報紙上撰寫許多文學評論。因參與《朝鮮新聞》之嫌遭舉發、起訴，被判一年八個月徒刑。在太平洋戰爭開始後，許多在日朝鮮人旋即被以「非常措施」名義加以拘禁，金斗鎔也被關押入警方的羈押所，此時的職業紀錄為「安詆製造」。

日本戰敗後，他與宋性徹等人組成朝鮮人政治犯釋放聯盟，一九四五年十月十日前往府中監獄迎接從預防羈押中獲釋的金天海等人。金斗鎔也參與組成日本朝鮮人聯盟，以日本共產黨朝鮮人部副部長、《解放新聞》主筆等身分，成為在日朝鮮人運動的理論指導者。他於日本共產黨機構誌《前衛》上撰寫論文，內容主張在日朝鮮人的運動應盡全力協助日本革命。

一九四七年夏，金斗鎔回到北朝鮮，被選為北朝鮮勞動黨中央委員候補，一九四九年參與成為標準版現代史的《朝鮮民族解放鬥爭史》的撰寫，之後歷任外國文出版社局長、博物館與圖書館職員等職。

水野直樹

全允弼

一九〇五—一九七一年。共產主義運動活動家。出生咸鏡北道會寧。根據本人的回憶錄，他曾是活動於滿洲的「洪範圖義兵部隊的喇叭手」，該部隊移動往蘇聯領土時，全允弼因病留在滿洲，之後在金策手下從事抗日活動（推測是參加朝鮮共產黨滿洲總局）。一九二二年遭舉發後逃亡，「偷渡」前往日本。

在東京加入朝鮮工會後，一九三二年加入日本赤色救援會，次年加入日本工會全國協議會旗下的土木建築工會，在神奈川縣活動。一九三五年參與金天海等人發行的《朝鮮新聞》，致力設置中部地方支局，次年遭到舉發與起訴。因違反《治安維持法》被判三年徒刑，一九四一年出獄。在東京《朝鮮新聞》的同事朴台乙、宋性徹等，為全允弼舉行出獄慰勞會兼李雲洙追悼會，眾人組成朝鮮問題時局研究會，開始以獨立運動為目標，此時再次遭到舉發。此次事件由朝鮮的清津地方法院審理，一九三三年「朝鮮共產黨濟州島共產黨青年同盟班」（此處的「班」日文多稱「細胞」[convert cell]，指政黨下的基礎團體、基礎組織或者支部）事件的核心人物姜昌輔被判七年徒刑，此外宋性徹、朴恩哲等日本戰敗後以在日本朝鮮人聯盟幹部身分而活躍的人物也遭到懲處。但對全允弼的判決不明。根據本人的回憶，當時被關押至清津監獄與西大門監獄。

出獄後，一九四五年夏天，全允弼與金日成的派遣員取得聯繫，在間島龍井擔任地下革命組織的負責人，日本戰敗後，他進入延邊地區率領名為龍井別動隊的部隊協助朝鮮人部隊（保安司令官為姜健）。此部隊日後改編入中國共產黨指導的東北民主聯軍吉東分區司令部，全允弼擔任副司令。此外，此時期他也加入中國共產黨。

一九四六年五月全允弼前往北朝鮮，歷任北朝鮮共產黨中央組織委員會財政經理部長等黨政要職，一九七一年六月十九日過世。墓地在平壤郊外的愛國烈士陵，墓碑刻有「反日愛國烈士」字樣。

水野直樹

韓德銖

一九〇七—二〇〇一年。在日朝鮮人活動家、在日本朝鮮人總聯合會（總聯）的前議長。生於慶尚北道。一九二七年渡海前往日本，進入日本大學專門部就讀，一九三一年在東京加入日本工會全國協議會系統下的工會，遭到舉發後逃往靜岡縣，一九三四年參加熱海線隧道工程勞工抗爭，遭舉發、入獄。

一九四五年十月，在日本朝鮮人聯盟（朝聯）成立之際，韓德銖擔任中央常任委員、神奈川縣本部委員長。他與金天海、金斗鎔不同，似乎與日本共產黨沒有太深厚的關係。一九四九年被選為朝鮮民主主義人民共和國成立的祖國統一民主主義戰線中央委員，在朝聯幹部中算是與北朝鮮有密切關係的人物。同年，朝聯解散，他與其他幹部一同被解除公職（公職追放），一九五一年成為繼承朝聯的在日朝鮮統一民主戰線（民戰）中央委員。在民戰期間，他與重視日本共產黨指揮的主流派相抗，站在強調與北朝鮮關係的非主流派立場，主導在日朝鮮人運動的路線轉換，推動組織脫離日本共產黨。一九五五年總聯成立，成為議長團的一員，之後成為唯一的議長率領總聯。他著手朝鮮人返回北朝鮮的歸國運動，也推動籌備民族學校，但在主張金日成乃唯一指導體制上與在日朝鮮人之間產生摩擦。直到二〇〇一年過世為止，他一直擔任議長職務，墳墓位於平壤郊外的愛國烈士陵。

水野直樹

金龍濟

一九〇九—一九九四年。普羅文學詩人。生於忠清北道陰城郡笙極面，號「知村」，創氏名「金村龍濟」。出生在「占地大約四百坪土地」、「後頭還有當時兩千坪左右的家族墓地」（大村益夫，《摯愛的大陸——詩人金龍濟研究》）之家，為家中長男。一九二四年還是小學生時，便在祖父的安排下結婚。就讀清州中學一、二年級（一九二五、一九二六年）時擔任班長，但未經父母同意擅自退學，一九二六年十二月底前往東京。主要原因是父親生意失敗。此後直到一九三七年被強制遣返為止，都在日本生活。

他一邊送報，一邊於一九二九年四月考上中央大學專門部法科，但旋即退學。同人誌《新興詩人》

舉行新人徵文比賽，金龍濟參加並獲獎，於一九三〇年五月號上發表詩作〈鴨綠江〉，次月六月加入該誌同人，開始邁上文學之道。同年底，他因在工作的牧場指導罷工，被羈押二十九天，這是他首次遭舉發。一九三一年八月，金龍濟加入日本無產階級作家聯盟（作同），在伊藤信吉的推薦下，於《NAPF》（全日本無產者藝術聯盟的機構誌）十月號發表代表詩作之一的〈摯愛的大陸〉（愛する大陸よ）。一九三二年一月於作同書記局工作，六月十三日因日本無產階級文化聯盟（KOPF）與作同皆被舉發，金龍濟被判刑三年九個月，服刑後於一九三六年三月十一日從宇都宮監獄出獄。

同年秋，他計畫出版第一本詩集《大陸詩集》，十月二十九日卻因「朝鮮藝術座事件」[16]遭到第四度舉發，使得詩集未能出版。據說，詩集原本還附有中野重治的序文。一九三七年，金龍濟與中野重治的妹妹中野玲子相戀，但旋即被從東京強制遣返。次年一九三八年五月鈴子為了與他一起生活而前往京城，卻得知金龍濟已有妻子，失意返回日本。

這段期間，金濟龍無論在獄中或出獄後都始終拒絕轉向，但此時卻放棄志向，彷彿氣力用盡。一九三八年七月，據說人在福井的鈴子給他寫了一封「重要的書信」，推測金龍濟便是在此時選擇轉向。

一九三九年三月，他在創刊後立即變成轉向者雜誌的《東洋之光》一卷三號上發表詩作〈亞細亞之詩〉與評論文〈戰爭文學之展望〉，之後便開始大量發表戰爭詩、愛國詩、國民詩等。一九四二年發行第一本詩集《亞細亞詩集》（獲得朝鮮總督的「國語文學賞」），一九四三年發行第二本詩集《敘事詩御東征》，一九四四年發行第三本詩集《報導詩帖》，第四本詩集《美麗朝鮮》也完成樣本印刷，但因日本戰敗，全數遭到切碎、燒毀。

朝鮮解放後，金龍濟與文壇保持距離，靠著匿名或不記名形式撰稿餬口。他與繼承安昌浩衣缽的民族主義團體興士團關係匪淺，似乎也從該處取得生活經費。

布袋敏博

曹寧柱

一九一三—一九九六年。社會運動家、政治家。生於慶尚北道。在大邱的嶠南學校就學期間因參加學生運動而遭舉發，之後留學日本，進入立命館大學法學部，被選為京都朝鮮留學生學友會會長。一九三九年與石原莞爾見面，對其東亞聯盟論產生共鳴，勸說立命館、同志社的朝鮮人學生參加東亞聯盟運動。東亞聯盟論並不主張朝鮮獨立，但曹寧柱等人卻希望藉此改善朝鮮的境遇。日本當局為了抑制東亞聯盟運動，一九四二年以違反《治安維持法》舉發、起訴曹寧柱等人。

一九四五年之後，他仍力圖繼續推動東亞聯盟運動，同時也參與在日本朝鮮居留民團（日後改為在日本大韓民國居留民團）的成立，擔任企劃室長、大韓青年團長等職。一九六〇—一九六一年、一九七六—一九七九年兩度擔任民團團長。

水野直樹

宋性徹

一九一三年—？。一九三〇—一九四〇年代活動於日本與朝鮮的共產主義者。生於濟州島。在故鄉從普通學校畢業後前往大阪，一九三〇年左右加入組織朝鮮人勞工的日本化學工會大阪支部，並受同鄉金文準的影響。之後返回濟州島，加入當地成立的共產主義團體濟州革友同盟（或朝鮮共產黨濟州島共產黨青年同盟班）。這個以第四次朝鮮共產黨事件被告姜昌輔為核心的團體，致力於青少年與女性的組織工作，宋性徹在組織內負責招募少年。一九三二年秋遭舉發、起訴。一九三三年二月一審被判一年六個月徒刑，同年六月二審時被判一年六個月徒刑，緩刑四年，之後獲釋。

後來宋性徹前往東京，成為一九三五年十二月發行創刊準備號的朝鮮語報紙《朝鮮新聞》的編輯局員。該報由李雲洙擔任編輯局長、朴台乙任營業局長，宋性徹與金斗鎔擔任編輯局員，一直發行到一九三六年六月的第七期。該報與大阪的《民眾時報》相同，關注與在日朝鮮人生活相關的各種問題（禁止使用朝鮮語、限制渡航「內地」、失業、住宅等問題）。據說金天海「在暗地裡提供幫助」，宋性徹與全允弼巡迴各處朝鮮勞工眾多的食堂，募集訂戶，賺取支援款，據傳也協議與大阪的《民眾時報》合併。報社發展到在各地設立二十個支局，但一九三六年七月，十七名在東京的相關人士遭到舉發，報紙停刊。宋性徹也被舉發，但經過一年的調查後，最終以緩起訴獲釋。

之後，宋性徹再度遭舉發、起訴，東京地方法院判決二年六個月徒刑，一九三九年出獄後，因與朴恩哲等人組織朝鮮問題時局研究會，不久再遭舉發入獄。

日本戰敗後，他與金斗鎔等人組成朝鮮人政治犯釋放聯盟，一九四五年十月十日前往府中監獄迎接遭預防羈押此時獲釋的金天海，以及日本共產黨的德田球一、志賀義雄等人，並在該月成立的在日本朝鮮人聯盟（朝盟）中扮演重要的角色。十二月日本共產黨重建，金天海擔任朝鮮人部部長，宋性徹成為關東地方負責人，次年二月的日共第五屆大會上被選為中央委員候補。據說在朝聯的幹部中，宋性徹屬於非常擅長演講的人物。三月朝聯派遣宋性徹前往首爾、光州，針對在日朝鮮人的狀況進行演講。他與金天海、金正洪一同被選為民主主義民族戰線（民戰）的中央委員候補，再度返回日本從事活動。朝聯建立的生活權擁護委員會於十二月二十日在皇居前廣場舉行生活權擁護大會，宋性徹等十名代表委員被請求前往首相官邸，卻於此時遭到舉發，隨後在聯軍軍法審判，以實施暴力被判刑，一九四七年三月被遣返回南朝鮮。在此之前，德田球一、志賀義雄、金斗鎔等人前往與被收監於府中監獄的宋性徹等人會面，這是宋性徹前去迎接此前收監於此的德田等人一年五個月後的事情。

遣返南朝鮮之後，宋性徹以民戰幹部身分展開積極活動。此外，他與穩健左翼的呂運亨長女呂鸞九結婚，同年七月呂運亨遭暗殺，八月三日舉行國葬，宋性徹以民戰代表的身分朗讀追悼詞。但因民戰旗下的左翼政黨及團體計畫在解放兩週年發起暴動，包含宋性徹在內的許多活動家在十二日遭到舉發。此事件中，李基錫等人被起訴，但宋性徹獲不起訴處分。次年一九四八年四月，宋性徹參加北朝鮮在平壤舉行的全朝鮮諸政黨、社會團體代表者聯席會議，之後就留在北朝鮮。朝鮮民主主義人民共和國成立後，宋性徹成為外交部日本課長，在勞動黨的機構誌《勤勞者》上執筆有關日本的文章。韓戰期間，他擔任駐北京朝鮮大使館參事，日後成為被肅清的對象，遭送往地方農場進行勞動改造。

水野直樹

金達壽

一九一九—一九九七年。小說家、評論家，生於慶尚南道昌原。堪稱在日朝鮮人文學家的嚆矢。十歲時前往日本，一邊從事廢棄物回收，一邊辛苦就學，通過廢棄物中的雜誌而接觸到文學。一九四〇年就讀日本大學專門部藝術科時，在《藝術科》上發表最初作品〈位置〉。他以在日朝鮮人的身分準備發行雜誌，以此作為發表自己作品的舞臺，同時也作為向日本社會進行訴求的方策，日後發行如《季刊三千里》、《季刊青丘》等多份刊物。解放後他旋即展開文學活動，以在《民主朝鮮》上連載〈後裔之街〉為始，精力旺盛地持續發表作品，如《玄海灘》（一九五四年）、《太白山脈》（一九六九年）等。此外，他與魚塘發生關於使用語言的論爭（一九四八年），爭論在日本社會上應以朝鮮語撰寫作品抑或以日語書寫，可惜原文已然散佚，但論爭中提出的問題意識範圍廣大且意義深刻。此外，他在友人金史良過世後發行《新日本文學》特別號（一九五二年）與《金史良作品集》（一九五四年）也具有重要意義，這些工作讓金史良的文學成就在日本社會得以確立地位。另一方面，在朝鮮解放後不久，他積極參與在日朝鮮人運動，因與一九五五年開始的朝鮮總聯發生矛盾，遭到批評後逐漸離開組織。一九七〇年左右起，他開始追求、介紹「日本中的朝鮮文化」，促使日本人認識為古代日本傳來先進文化的渡來人＝朝鮮民族，在日本人修正對朝鮮的看法上扮演重要的角色。創作活動結束於一九八二年的《行基的時代》，但介紹「日本中的朝鮮文化」則成為他終生的志業。作品彙整有《金達壽小說全集》共七冊。

布袋敏博

金石範

一九二五年—。小說家、評論家。雙親出生於濟州島，母親懷孕時離開濟州島，金石範出生在大阪豬飼野地區。少年時期從事過多種工作，半工半讀下完成京都大學文學部美學科的學業。根據他自己撰寫的年譜，從一九四三年到一九四六年間，他屢屢往來於日本與朝鮮間，也前往學校上課。這段經歷為他奠下日後也能以朝鮮語寫作的基礎。一九四八年濟州島發生四三事件後，從偷渡來的叔父口中聽得真相並大感震撼，四三事件也成為他終生追尋的主題。一九五七年他在《文藝首都》八月號與十二月號分別發表了〈看守朴書房〉、〈鴉之死〉。一九六二年在《文化評鑑》五月號發表〈觀德亭〉，之後一九六五年至一九六七年（自製年譜為一九六四至一九六七年）於文藝同（在日朝鮮文學藝術家同盟）的機構誌《文學藝術》上，連載以朝鮮語寫成的長篇〈火山島〉。這部作品成為金石範日後大長篇著作《火山島》的原型，也可說是在日朝鮮人以朝鮮語進行寫作的試金石。

一九六八年夏天，離開總聯組織後，他在日本文壇的活動更加活躍，對於以日語寫作一事也成為他終生思考的主題。一九七〇年九月，在《身而為人》（人間として）第三號上發表〈語言與自由——關於以日語書寫〉。一九七五年二月《季刊三千里》創刊，金石範成為編輯委員。一九七六年二月，在《文學界》上發表、連載〈海嘯〉（日後成為《火山島》第一部）。一九九七年九月，《火山島》第七卷刊行，全七卷至此完結。這段期間中，一九八八年他前往已民主化的韓國，是時隔四十二年濟州島之行（《故國行》，一九九〇年），之後他屢屢被拒絕入境。隨著年齡增長，他的創作欲並未衰退，二〇〇六年撰成《火山島》續篇《地底的太陽》，二〇二〇年發表第三部《來自海底》。目前作品合集有《金石範作品集一—二》（二〇〇五年）、《金石範評論集》一（二〇一九年）。

布袋敏博

金時鐘

一九二九年—。詩人，生於釜山。七歲時被託付給在元山的祖父，中學就讀於光州的學校，返鄉回濟州島時迎來朝鮮的解放。一九四八年四月三日遭遇所謂的「四三事件」。一九四九年偷渡前往日本。

一九五〇年四月加入日本共產黨。一九五一年十月，成立在日朝鮮文化人協會，創刊《朝鮮評論》，一九五三年二月創刊同人誌《杜鵑花》。之後以該雜誌為舞臺正式展開文學活動。金時鐘與一九五五年五月開始的朝鮮總聯發生矛盾，最終在一九六〇年代退出總聯。一九五七年九月，創刊綜合雜誌《青銅》，一九五九年六月成立「鐘琴會」。一九七三年九月，成為兵庫縣立湊川高校的朝鮮語教員，任教到一九八八年為止。

有關詩的創作，一九五五年十二月刊行第一本詩集《地平線》後持續創作，至二〇一〇年二月發行第九本詩集《失去的季節》。一九九一年彙整之前所寫詩稿出版《原野之詩——集成詩集》。評論、隨筆類以一九七五年的《被暴露的與暴露的》為始，至一九八六年五月的《「在日」的夾縫間》為止，創作頗豐。二〇〇一年十一月推出與作家金石範針對「四三事件」的對談集《為何持續一路寫來　為何一直保持沉默》。二〇一五年二月發行回憶錄《活在朝鮮與日本》。二〇〇〇年代還出版兩本翻譯詩集，創作活動領域非常寬廣且多彩，二〇一八年刊行全十二冊的《金時鐘合集》。

布袋敏博

注釋

1. 〈聞書き　朴広海氏労働運動について語る（口述紀錄：朴廣海談勞動運動）〉（收錄於《在日朝鮮人史研究》一九，一九八九年；二〇，一九九〇年）

2. 本名白晚祚。一九〇一年生，出生於慶尚北道大邱。參與成立北星會、一月會。在日朝鮮人初期社會主義運動的指導人。組成金天海也參加的關東大震災迫害調查委員會。朝鮮解放後也於在日本朝鮮人聯盟、在日本大韓民國居留民團中活動。

3. 一八九五年生，出生全羅北道。一九二五年二月，在日本朝鮮勞動總同盟委員長。刊行機構報《朝鮮勞動》。

4. 金天海被收押在富士警察署一事，在朝鮮被《每日申報》報導，可從刊登的警察署內生還者名簿確認，一開頭便記載著金天海的本籍、年齡（二十六歲）與徐鎮文的本籍、年齡（二十一歲）（報紙日期：一九二三年九月二十八日）。另有一則同為富士署名簿的報導，不過日期不同，記載有小說家李光洙，當時身分為學生。

5. 生卒年不詳，出生咸鏡南道咸興。就讀早稻田大學。一九二七年左右在朝鮮共產黨中活動，一九二八年四月起，金漢卿繼承朴洛鐘成為朝鮮共產黨日本總局的責任祕書，再之後由韓林接任責任祕書。金漢卿被逮捕，接著韓林也被逮捕，由金天海接續該職。

6. 一九〇三年生。出生於忠清北道堤川郡鳳陽面美堂里。自普成專門學校輟學，渡海前往日本。一九二五年七月在日本朝鮮勞動總同盟活動，並在《朝鮮日報》、《理論鬥爭》上執筆論文，加入朝鮮共產黨日本總局，致力發展「由經濟鬥爭邁向政治鬥爭」。一九二八年二月，以日本代表身分參加在京城舉行的朝鮮共產黨全國大會。後於八月在大阪遭舉發，與金天海共同展開法庭鬥爭。一九三八年宣布轉向，參加時局對應全鮮思想報國聯盟。朝鮮解放後狀況不明。

7. 一八九九年生。京城的私立中學畢業後，一九二五年前往日本。入讀日本大學社會科後中輟。加入在日本朝鮮勞動總同盟，一九二八年成為東京朝鮮工會委員長，在朝鮮共產黨日本總局時遭舉發。一九三二年八月，被判有期徒刑三年。獲釋後發行朝鮮語報紙《朝鮮新聞》，成為編輯兼發行人，於一九三六年創刊，最盛期發行三千九百份，販賣通路達於日本國內與朝鮮等地。一九三七年七月遭逮捕，一九三八年獲釋，但因獄中遭拷問過度，一九三八年十月過世，年僅三十九歲。

8. 一九〇一年生。出生福島縣石城郡磐崎村，是山巴代的丈夫。明治大學政治經濟科畢業，在磐城礦場工作。四一六事件時遭舉發，一九三一年被收監於秋田監獄。推測他在監獄內發行過報紙，並要求釋放金天海，一九四五年在和歌山監獄中去世。在金天海的自傳紀錄中將他記作「山城」（參照牧原憲夫編，《山巴代獄中手記書簡集》，而立書房，二〇一三年）。

9. 一八九九年生，出生於慶尚南道，普通學校畢業。一九二〇年前往日本，一九三三年七月成為全協土建湘南地區負責人。同年八月左右加入日本共產黨。同年因違反《治安維持法》遭逮捕。獲釋後支持李雲洙刊行《朝鮮新聞》，一九三六年七月三十一日與相關者一同遭到舉發。

10. 一九〇三年生，出生江原道金化郡。畢業於北間島道立師範學校。在上海的大韓民國臨時政府國務總理室工作，之後於滿洲活動，並再度返回上海。一九三三年三月十七日，在上海與白貞基等人計畫暗殺日本公使有吉明一行人，最終失敗，被捕後進入熊本監獄等處服刑。之後又進入東京預防羈押所，一九四五年十月，與金天海一同獲釋，但未與金天海共同行動，曾任新朝鮮建設同盟、在日本朝鮮居留民團副團長等職。

11. 一九〇五年生。日本共產黨員、歷史研究者。山邊主張若排除與朝鮮近代史的關聯則無法討論日本近代史。通過這樣的思想，他認為從朝鮮人金天海身上可以學習到很多，因此加入照料金天海之事。關於此時期的狀況，許多遭羈押者皆有留下紀錄，例如以社會運動史觀點記錄豐多摩（中野）監獄的彙編，《獄中の昭和史——豊多摩刑務所（獄中的昭和史——豐多摩監獄）》，青木書店，一九八六年；土屋祝郎，《予防拘禁所（預防羈押所）》，晚聲社，一九八八年；中塚明，《歴史家山辺健太郎と現代（歷史學家山邊健太郎與現代）》，高文研，二〇一五年等。

12. 一九一〇年生，從貞信女學校中輟。基督教徒。朝鮮解放前結婚生子，帶著孩子進行活動，丈夫早亡。解放後旋即於在日本朝鮮民主女性同盟荒川支部活動。一九四六年三月一日於在日本朝鮮人聯盟大會中設立婦女部並擔任次長。同年十一月二十日，組成在日本朝鮮民主婦女同盟並就任委員長。一九四七年十月十三日任在日本朝鮮民主女性同盟委員長，發行《女盟時報》（一九四七年—？〔尚未尋得〕，日後改名為《朝鮮女性》）。一九六一年搭乘歸國船前往朝鮮民主主義人民共和國，歷任朝鮮民主女性同盟中央委員會副委員長等職。一九六五年九月十五日過世。十七日於平壤舉行盛大葬禮，且《勞動新聞》還報導金天海也以治喪委員之一的身分參加。

13. 譯注：此處以日語「太い」（ふとい，futoi）與「不逞」（ふてい，futei）作為諧音使用。不逞有不順從、不滿之意，當時以「不逞鮮人」作為歧視朝鮮人的叫法，故其出版社也以此為名。

14. 譯注：日文稱「辻小説」，「辻」有街頭之意。要求作家以一枚四百字稿紙撰寫宣揚國策之極短篇作品，先在街頭展示，之後再於報刊刊登。

15. 一九二七年二月在京城成立的民族統一戰線組織。與宗教界、教育界等左派民族主義者，以及社會主義運動、勞工運動、農民運動的活動家等聯手，力圖促進民族團結。在朝鮮內以及日本的大城市（東京、京都、大阪、名古屋）共設有一百四十多處支會，展開反對殖民地統治政策的活動，但之後接受第三國際的路線調整，於一九三一年五月自行解散。

16. 一九三六年十月「二十九日上午五點」（據《東京朝日新聞》，一九三六年十月二十九日晚報），是一次對朝鮮人劇團進行鎮壓、舉發的事件。此時遭舉發的十五人中除金龍濟之外，還有金斗鎔、金三奎、金時昌（金史良）等人。舉發理由是「藉由朝鮮語戲劇企圖統一半島人左翼戰線，展開民族解放運動以及昂揚階級意識」。朝鮮藝術座從東京朝鮮語劇團開始，加盟NAPF（全日本無產者藝術聯盟）旗下的日本無產階級演劇同盟之際改名「三一劇場」，之後演劇同盟解散後又改稱「高麗劇場」。一九三五年五月，改名朝鮮藝術座。

參考文獻

金天海

樋口雄一，《金天海──在日朝鮮人社会運動家の生涯（金天海──在日朝鮮人社會運動家的一生）》，社會評論社，二〇一四年

朴春琴

小熊英二，〈朝鮮生まれの日本人──朝鮮人衆議院議員・朴春琴（出生於朝鮮的日本人──朝鮮籍眾議院議員朴春琴）〉，在日朝鮮人研究會編，《コリアン・マイノリティ研究（韓裔少數族群研究）》一，一九九八年

朴　烈

金一勉，《朴烈》，合同出版，一九七三年

金史良

安宇植，《評伝金史良（評傳金史良）》，草風館，一九八三年

金史良，《金史良全集》全四巻，河出書房新社，一九七三─一九七四年

金文準

金贊汀，《検証・幻の新聞「民衆時報」（檢驗・幻之報紙「民眾時報」）》，三五館，二〇〇一年

鄭泰重

水野直樹，〈鄭泰重の生涯と活動──一九三〇年代京都における活動を中心に（鄭泰重的生涯與活動──以一九三〇年代京都的活動為中心）〉，《在日朝鮮人史研究》五〇，二〇二〇年

金斗鎔

鄭榮桓，〈金斗鎔と「プロレタリア国際主義」（金斗鎔與「無產階級國際主義」）〉，《在日朝鮮人史研究》三三，二〇〇三年

藤石貴代，〈金斗鎔と在日朝鮮人文化運動（金斗鎔與在日朝鮮人的文化運動）〉，布袋敏博等編，《近代朝鮮文学における日本との関連様相（近代朝鮮文學與日本的關聯樣貌）》，綠蔭書房，一九九八年

全允弼

전윤필（全允弼），〈위인의 숭고한 뜻을 동북해방작전의 갈피마다에（偉人崇高的志向在東北解放作戰的每個細節中）〉，《중국동북해방전쟁참가 자들의 회상기（中國東北解放戰爭參與者回憶錄）》一，조선로동당출판사，二〇一一年

金龍濟

大村益夫，《愛する大陸よ——詩人金竜済研究（摯愛的大陸——詩人金龍濟研究）》，大和書房，一九九二年

曹寧柱

松田利彦，《東亜連盟運動と朝鮮・朝鮮人（東亞聯盟運動與朝鮮、朝鮮人）》，有志社，二〇一五年

第三章

京城帝國大學的人們

林慶澤

前言

京城帝國大學（以下簡稱京城帝大）[1]係由朝鮮總督府於一九二四年五月設立的一所日本帝國大學，至日本投降後的一九四五年十月，由美軍政下美國人校長任命教授群，校名變更為「京城大學」為止，存在了二十一年又五個月的時間。

京城帝大乃日本官學中的最高學府之一，同時也是殖民地時代朝鮮唯一的一所大學。京城帝大人才輩出，合計有二千三百多名朝鮮人、日本人高學歷人士，一如字面意義般，這些人被納入帝國日本的精英群，並於日本、朝鮮、滿洲等帝國各地展開活動。又，無論評價是正面抑或負面，京城帝大成為解放後的韓國大學制度的基本模式仍是不爭的事實，京城帝大的活動與韓國現代學問的形成具有深厚關聯。更重要的是，從這所大學畢業的八百餘名韓國人，在解放後的學界及韓國社會的各個領域，維持著壟斷與特權地位，且主導著韓國各方面發展。同時，解放後一部分人也前往北朝鮮參與社會主義國家的建設，這些志在共產主義的知識精英人數並不在少數。

然而，關於京城帝大的研究，至一九九〇年代末為止，無論日韓幾乎皆不得見。這是因為京城帝大被定位成殖民地與現代、朝鮮（韓國）與日本之間，「曖昧交界」處的「殖民地帝國大學」。在韓國，京城帝大被當作「殖民地教育的殘留制度」，成為「清算過往歷史」的對象，故自然被排除在民族教育史的研究範疇之外。因為京城帝大並不被視為「我們」的大學，而是屬於「他們」的大學。

在「統治與抵抗」及「開發與掠奪」的二元對立觀點中，「京城帝大」並未被賦予屬於自身應有的地位。而且，在朝鮮半島南部，殖民地時代的人才遺產與解放後學術界的形成之間，存在緊密而強固的聯繫。正因如此，身為基礎的「京城帝大」，便難以通過批判性的學術研究展開正式的評價。此外，二戰後的日本充斥著一股將戰後「日本」領土限定於列島內部的氣氛。日本學界中許多占據主流的研究者，普遍存在一種把對過去的反省當作某種「藉口」，而將「殖民地統治歷史」排除在整體歷史敘述之外的氛圍。他們不願把「京城帝大」這所短命的大學視為「我們的大學」，想忘卻這段過往。

在此背景下，對於日本人主導的京城帝大學術活動，韓國學界至多在個別的研究中單獨處理，且強烈傾向聚焦於其如何被動員服務於日本帝國的殖民地統治，或者在韓國引入現代學術時殘留下何種痕跡。而在日本，除去「朝鮮史」這種特定關鍵領域外，當引用、提及、評價個別研究成果時，理所當然幾乎都沒意識到該研究者是否是京城帝大的教授。例如，二戰後日本出版了代表當時日本國文學、國語學研究積累成果的正式古典文學彙編《日本古典文學大系》（全一百卷，別卷二卷，岩波書店，一九五七年開始刊行），五名監修者中有三名過去曾任京城帝大的教授職位。然而，此事並未被當作「問題」受到關注。

如此，二戰後的京城帝大，在日本猶如「被遺忘」的帝大，在韓國則被當作必須「清算」的「大學」。那麼，在這所大學中，教授們研究些什麼？教導些什麼？朝鮮人學生又學習了什麼？這便是本章的主題。但在進入主題之前，將先說明京城帝大成立的經過，因為其中包含了京城帝大作為大學的本質要素。

京城帝國大學的設立背景

日本帝國殖民地教育體制的核心法令，有統監府發布的《學校令》（一九〇六年八月—一九一一年八月）與朝鮮總督府先後四次發布的《朝鮮教育令》（一九一一年八月—一九四五年八月）。此政策的基調在於徹底執行同化教育，亦即「朝鮮人的日本人化」。一般而言，十九世紀中葉以降，西方帝國主義巧妙地將「啟蒙主義」與「殖民地主義」結合，企圖以文明與非文明的普遍性敘事框架，將殖民地統治正當化。

與此相對，發展較遲的日本帝國，並不採取這種啟蒙主義方式來正當化殖民地統治，取而代之的，是以日本民族與非日本民族這種特殊差異的結構，賦予殖民地統治的暫時性定位，揭示把本地人民全數改造為日本國民（之後改稱「臣民」）的方式，藉此確保殖民地統治的「正當性」。然而，即便後者指稱的事實有其正確性，仍必須說前者將「西方帝國主義」過度一般化。日後看來，日本在同化政策核心的語言政策上，仍是借鑑了普魯士—德意志帝國在舊波蘭領土徹底施行的日耳曼化＝同化政策，據說馬克斯・韋伯（Max Weber）對此也表示認同。

即便如此，同化主義無疑是日本帝國主義的鮮明特色。此一特點直接反映在殖民地教育政策上。日本一開始便把標準化的日語——亦即藉「國語」普及與推廣普通教育——當作殖民地教育最重要的課題，並避免在殖民地施行高等教育。簡而言之，日本的殖民地教育政策從最初就把重點放在確立以日語教育為主的「普通學校」體制，同時在設立高等教育機構上則採取強調「簡易」與「實用」的教育方針，以殖民地的「時事」與「人民素質」為藉口，在高等教育上採取極為消極的態度。例如官方設立醫專等專門學校當作高等教育來培養人才，此舉即體現出抑制設立「大學」的意圖。

然而，朝鮮人仍對總督府壓制的高等教育政策做出抵抗，一九一九年的三一獨立運動後，循著朝鮮總督府（齋藤實總督）打出「內鮮融合」的「文化統治」方針，以朝鮮人有志之士為核心，展開成立大學的捐款運動。此種行動與當時活躍的美國傳教士，欲藉教育傳教而成立大學的舉動，呈現彼此競爭的狀況。

此行動中值得注目的是一九二〇年一月東京帝國大學教授白鳥庫吉、服部宇之吉、上田萬年、建部遯吾等，為了在朝鮮（京城）及滿洲（旅順或大連）殖民地成立大學，對日本內閣、朝鮮總督府、關東都督府長官提出「建議書」。白鳥乃東洋史學的創立者，服部為儒家哲學研究第一人，日後成為首任京城帝大校長，上田則是語言學家且為國語學的創始者。此三人可說通曉當時朝鮮的學術狀況及關於朝鮮的國際情勢。白鳥等人指出，成立大學的目的在於促成殖民地人民的融合。

不過，更重要的是三一獨立運動對這些學者帶來重大的衝擊感。因此必須比殖民地知識分子與歐美傳教士更先成立「大學」，以挫折朝鮮知識分子主導之充滿民族運動色彩的「成立大學」舉措。由日本成立地位最高的「帝國大學」，藉此對內外宣揚優良的殖民地統治，恐怕這才是最主要的目的。

成立的原委與教育目標

接著說明京城帝大成立的原委。朝鮮總督府在一九二〇年十二月組成「臨時教育調查委員會」（委員長為政務總監水野鍊太郎），討論關於成立大學的相關事宜。經過該委員會的諮詢與審議，一九二二年二月修訂《朝鮮教育令》（敕令第十九號，第二次《朝鮮教育令》），改編學制，新設成立及營運大學的相關條款。此法規定了朝鮮的大學教育與預備教育制度。

關於中等教育的教育年限，日本為十一年，與之相較朝鮮人僅為八年。為此必須延長普通教育的年限，普通學校改為六年、高等普通學校改為五年。承認朝鮮的高等普通學校與日本中學校享有同等學歷。《帝國大學令》更進一步規定，帝國大學入學者必須是舊制高校的畢業生。因朝鮮並無高等學校，故設置兩年制的「預科」作為替代。預科分為文科、理科分別招生。如此，一九二四年京城帝大預科啟動，待預科最初的學生畢業後，一九二六年四月京城帝大正式創校，設有法文學部（法律暨文學部）及醫學部。

當初雖然也預計設立農學部、理學部、工學部，但因經費問題而暫時擱置。之後因一九三〇年代朝鮮工業化進展、一九三一年九一八事變，再加上一九三二年滿洲國成立，帝國對資源豐富的滿洲地區進行工業化的需求日益迫切，之後日本帝國對大陸的侵略正式展開，更促進了朝鮮的軍需工業發展，而培養高度技術實力遂成當務之急，因此一九四一年成立理工學部（早在一九三八年已經成立三年制的預科）。之後，為了強化大學的研究功能，以附屬研究所的形式陸續成立「生藥研究所」（一九三九年）、「高地療養研究所」（一九四二年）、「大陸資源科學研究所」（一九四五年）。

比較一下經常被拿來做對照的京城帝國大學與臺北帝國大學，從最終階段的法文學部（法律、文學）與醫學部講座數來看，京城帝大法文學部講座數為四十九，臺北帝大講座數為二十四；京城帝大醫學部講座數為二十七，臺北帝大講座數為二十四。京城帝大的法文學部講座是臺北帝大的兩倍以上。

今西　龍（一八七五—一九三二年）／高橋　亨（一八七八—一九六七年）／
時枝誠記（一九〇〇—一九六七年）／小倉進平（一八八二—一九四四年）／
安倍能成（一八八三—一九六六年）／尾高朝雄（一八九九—一九五六年）／
三宅鹿之助（一八九九—一九八二年）／泉　靖一（一九一五—一九七〇年）

一、諸位總長（校長）

京城帝大總長——服部宇之吉、志賀潔等五人

共有七位日本人擔任歷屆京城帝大總長。自一九二四年成立預科起至一九二六年開設學部為止的兩年期間，總督府政務總監以「總長董事」身分代理大學總長一職。作為負責大學管理組織與負擔責任的最高監督者，站在殖民地教育及學術體制頂點者，即京城帝大總長。

總長對大學的知識生產與學術活動握有極大權力，可通過自身的高度權威與人際網絡，對殖民地統治施加相當大的影響力。他們毫無例外都出身於東京帝國大學（以下簡稱東京帝大），許多人還有留學歐美經驗，並曾擔任帝大教授。即便未擔任教授職務，也是精明能幹的日本文部省官僚或殖民地行政、法務高級官僚，這群人均屬當時日本的頂級精英集團。京城帝大總長的任免權掌握在朝鮮總督手中，職

制上隸屬於朝鮮總督府，不過總長被指定為「敕任官」（由天皇的敕令任用之官吏）。

京城帝大總長的平均任期約為二年九個月。據稱在全體帝國大學中，總長的平均任期為四年，從此點看來，京城帝大總長的任期相當短。雖然是以短命告終的帝國大學，但存續期間經歷過一九三一年的九一八事變、逐漸升溫加劇的大陸侵略、一九三七年中日戰爭、一九四一年爆發之太平洋戰爭，與日本帝國激盪的年代相重合。出身於東京帝大或京都帝大的教授們，面臨逐漸增強的思想管制，不僅大學自治被威脅，學術自由本身也逐漸遭受剝奪抹殺的時代。總長短暫的任期反映了在這個激盪的時代，殖民地當局介入的強度有多劇烈。

為京城帝大的學術基本方向及人事安排奠定基礎的是第一任總長服部宇之吉。

服部宇之吉（在任期間一九二六年四月一日至一九二七年七月十九日），一八六七年生於福島縣二本松。畢業於帝大文科大學哲學科。一八九九年擔任東京帝大助教授時，文部省命令他前往清國、德國留學。滯留北京期間遭遇義和團事件，與公使西德二郎、中佐柴五郎，以及同為留學生的狩野直喜等，一同體驗過北京城守衛戰，並著有《北京籠城日記》（《北京籠城・北京籠城日記》，平凡社，一九六五年）。[2]在學問方面，服部學習西洋哲學、理則學（邏輯學），受到康德哲學與T・H・格林（Thomas Hill Green）的倫理學影響，以「人格」概念作為理解孔子思想的核心，為儒家開創了現代性的解讀。在德國的期間，日本政府聯繫他詢問是否願意接受清朝京師大學堂（北京大學前身）師範館的外國教師職務，他應允後於一九〇二年就任最高職位的「總教習」，除了從事教學外，也致力於整備剛成立的師範館教育體制。一九〇九年服部回任東京帝大教授，一九一五年獲哈佛大學邀請前往進行一年的儒學授課。一九二四年擔任東京帝大文學部長，一九二六年兼任京城帝大總長。如前所述，服部於一九二〇年與白鳥庫吉等人一同提出「建議書」，提議在殖民地成立帝國大學，即便略去此點，服部宇之吉的經歷，確實也足以擔任第一任京城帝大總長。

服部之後的總長如下。第二任松浦鎮次郎（在任期間一九二七年七月十九日至一九二九年十月九日）是文部省專門學務局長，之後又任文部次官的學務官僚。第三任志賀潔（在任期間一九二九年十月九日至一九三一年十月三十一日），是首位發現赤痢菌（志賀氏菌屬，Shigella）的世界知名醫學家，此前已歷任朝鮮總督府醫院院長、京城醫學專門學校校長。第四任山田三良（在任期間一九三一年十月三十一日至一九三六年一月十六日）是專精國際私法、法哲學的法律學家，任職於東京帝大法學部長時，受服部委託為京城帝大法科選任教授。一九三二年十一月因應九一八事變，成立全校性的研究組織「滿蒙文化研究會」。第五任速水滉（在任期間一九三六年一月十六日至一九四〇年七月六日），出身東京帝大哲學科心理學，是安倍能成[3]的學長兼盟友，也是一位自由主義者。面對總督府的壓迫，雖說欲保衛大學自治的自由，但京城帝大內仍把「滿蒙文化研究會」改為「大陸文化研究會」，增設「大陸文化講座」，對一般民眾擔負起宣傳侵略中國的角色。第六任篠田治策（在任期間一九四〇年七月六日至一九四四年三月二十日），歷任軍方法律顧問、統監府的臨時間島派出所總務課長、農商工部書記官，亦曾任「李王職」[4]的次官及長官。篠田擔任國民總力朝鮮聯盟的顧問，是戰爭期間負責掠奪政策的最高等級領導者，乃典型的殖民地高級法務、行政官僚。第七任山家信次（在任期間一九四四年三月二十日至一九四五年八月十五日），畢業自東京帝大工學部火藥科，一九二二年成為海軍造兵少佐兼東京帝大教授。一九三八年任京城帝大理工學部創設委員，一九四一年任理工學部長，一九四三年擔任代理總長。山家為軍需補給專家，就任總長時公開表示，將「迅速對應戰時體制，強化鍊成學問，預定動員教授團隊增強戰力進行部署」，傾注心力將大學「軍事化」。

京城帝大創設前的東洋史、朝鮮史研究動向

服部宇之吉在就任時的開學典禮訓示上，規範京城帝大須「教導國家所需之學術理論及應用，以鑽研其精深奧義為目標，兼以陶冶人格與涵養國家思想」。接著他進一步說明，「有關日本內地文化的相關問題，許多課題可通過朝鮮的研究帶來啟發」。「當然，朝鮮文化的研究也能影響支那（中國）研究，而日本內地文化的研究，許多也能為朝鮮研究指引明燈。如此，基於與日本內地的關係，拓廣朝鮮研究至各個面向，余深信成為東洋文化研究的權威機構，乃為本大學之使命」。

為理解京城帝大的歷史學，必須先理解兩項前提。其一是關於日本的史學，特別是東洋史的成立；其二是日韓合併後，由總督府推動之朝鮮史的編纂。

在東京帝大、京都帝大裡，東洋史學講座中包含「朝鮮史、朝鮮學」，而京城帝大則將「朝鮮史」、「朝鮮學」作為東洋史學講座之外的獨立講座。服部構思的京城帝大，是將朝鮮史學講座和朝鮮相關研究定義為「日本」與「支那」之間的「文化聯繫」。它是基於朝鮮地緣政治特殊性的「特種」學科群，是為賦予日本獨有之「東洋文化研究」學術權威而設立。從史學來看，即明確表現出將「朝鮮史」定位為日本「國史」與「東洋史」之間橋梁的意圖。

擔任朝鮮史學第一、第二講座的教授分別為今西龍與小田省吾。東洋史學講座由大谷勝真負責，國史學講座於一九二七年起由田保橋潔負責。一九二八年國史學講座與東洋史學講座又各自被分為第一、二講座，一九二八年由金子光介擔任西洋史學講座，之後史學科一直維持七個講座的體制。

朝鮮史、東洋史、「國史」三領域呈現何種相互關係？這正是作為殖民地大學的京城帝大的最大特色。自不待言，日本的東洋史學、朝鮮史學並非由京城帝大創始的學問，在說明京城帝大的東洋史學、朝鮮史學之前，就必須提及建構日本東洋史、朝鮮史基礎的歷史學者。

西歐歷史學傳入日本，始於一八七七年創立之東京大學文學部史學科。但這是將西歐大學的史學科原樣照搬，因此難以吸引學生，課程也隨之廢止。一八八七年，聘請來自德國的史學大家蘭克（Leopold von Ranke）弟子路德維希．里斯（Ludwig Riess），在其指導下，東京帝國大學（前身為東京大學）文科大學重新開啟史學科，一八八九年從史學科中獨立出國史科，並結合從漢學科獨立出來的支那史學科，成立了東洋史學科，加上西洋史學科，一九一〇年形成國史、西洋史、東洋史三學科體制。這些學科均以里斯倡導的嚴格文獻實證主義為基礎，作為現代歷史學邁出步伐。

之所以設立東洋史學科，起因於現代國家急速形成之際，歐美資本主義列強加速向亞洲擴張，在這種背景下，日本產生必須重新定位其與朝鮮、中國等亞洲各國關係的需求。作為現代國家的明治政府，其亞洲政策為：在持續與西歐列強對峙的同時，打破傳統以中國為中心的華夷秩序。在此政治背景中，產生以現代歷史學的方式研究與敘述朝鮮、中國、東北亞歷史的風潮，並從傳統以西洋史研究為中心的外國史中獨立設置東洋史學科，藉此描繪出與西歐「東洋學」相異之「東洋」的動向。因《支那通史》

而聞名的那珂通世之提議，文部省於一八九四年將中等學校的外國史分為西洋史與東洋史進行教學，一八九八年發行桑原鷺藏編寫的教科書《中等東洋史》等書籍。面對中等教育的改革，東京帝大逐漸從過往的「漢學」中蛻變，採用歐美的史學方法論，最終確立了作為現代史學的東洋史學。東京帝大東洋史學的草創期代表人物便是白鳥庫吉。

朝鮮史講座的設立——白鳥庫吉、池內宏

白鳥庫吉是日本東洋史學的創立者。他以西歐實證史學方法論，對日本、中國的古典文獻進行強烈批判，同時成為開展西域、滿鮮等各民族研究的先驅。白鳥生於一八六五年，一九四二年過世。貫穿明治、大正、昭和年代，許多東洋史學者都接受過他的指導。白鳥在千葉中學時受教於那珂通世、三宅米吉，之後進入東京帝大重新成立的「史學科」，成為里斯的首批弟子之一。帝大畢業後，同時成為學習院教授，一九〇四年兼任東京帝國大學教授。早在一九〇六年，他便在京城見過前間恭作等在野的朝鮮學者，見過前間的《韓語通》原稿後強力建議他出版。關於他與學習院的關係，即便一九一一年正式就任東京帝大教授後，仍繼續兼任學習院教職直到一九二一年。一九一四年就任東宮御學問所「御用掛」[5]職務。除了東京帝大之外，白鳥也在學習院的歷史教育中扮演重要角色。在學習院的歷史教育中，他負責最多的是日本史與東洋歷史，東洋史課程早於公立普通中學四年開設，成為學習院的教學特色。改革學習院使其轉變為重視日本史、東洋史教育體制者，乃第四任學習院院長陸軍中將三浦梧樓（擔任院長期間一八八八—一八九二年）。白鳥日後回憶「三浦將軍可說是我國東洋史學的奠基者」。然

而，一八九五年三浦赴任朝鮮擔任特命全權公使，也是殺害閔妃事件的主導人物。這一背景表示，日本的東洋史學從一開始就帶有國權主義色彩。

雖說如此，白鳥仍是一位講究實證主義、文獻批判、合理主義的現代歷史學者與教育者。他率領初期的弟子池內宏[6]、津田左右吉等，於一九〇八年至一九一四年進行滿鮮歷史地理調查，此舉具有劃時代的意義。這一調查以深入的文獻考證為主軸，目標在奠定日本文獻學為基礎的東洋史、東洋學。在調查研究中，滿鐵（南滿洲鐵道株式會社）的調查部委託給白鳥，據說也獲得滿鐵總裁後藤新平的支持。調查在一九一五年移交東京帝大文科大學持續進行，幾乎早期的東洋史學者都參與過此調查。

另一方面，一九〇七年成立的京都帝國大學文科大學東洋史學講座，由首屆校長狩野亨吉聘任活躍於《大阪朝日新聞》與《萬朝報》的新聞工作者內藤湖南，以及出身帝大文科大學漢學科，在歐洲東洋學上造詣深厚的東京高師教授桑原騭藏。京都帝大的東亞史與狩野直喜的支那哲學史、支那語學支那文學，共同打造出被稱為京大支那學的獨特學風。重視清朝考證學、文獻學成果的內藤式學問，雖與白鳥指導之東京帝大呈現不同學風，但二者皆培養出優秀的弟子們，使日本迅速成為世界上屈指可數的東洋史學研究中心之一。

在日本東洋史學被西歐確立為「日本獨有學問」的過程中，「朝鮮史」就成為了從與西方相對立的觀點，分析、實證東洋的研究對象。此處，日本國內的帝大針對該把朝鮮史講座置於「國史學」下或「東洋史學」下而發生論爭。以內藤湖南為中心的京都帝大將朝鮮史置於東洋史學講座，但自一九一三年以降，在今西龍主導下，將朝鮮史課程配置於國史學講座下。東京帝大在一九一四年因白鳥弟子池內宏的努力，在東洋史學科中設置朝鮮史講座，自一九一六年起由池內宏與白鳥庫吉擔任講課。日本學術圈中對朝鮮史的定位不必然一致與穩定，若為了闡述與「國史」的親緣性，即會出現將朝鮮史重新編入「國史」下的做法。

與此相對，當然也存在將朝鮮史「東洋史化」的主張。這是基於重新認知「滿鮮史體系」的「滿鮮一體論」立場，強調大陸勢力對朝鮮的深刻影響。然而，此兩種立場實際上並非相互對立，其關係可謂一面盾牌的兩面，亦即往後形成了近現代日本所謂的「被扭曲的朝鮮史像」。無論何者，一直以來這兩種立場都起到強大影響，但對於朝鮮的固有歷史、朝鮮史的獨特性，甚至忽視了朝鮮對日本歷史與文化的影響。

二、歷史學

朝鮮相關講座

在京城帝大，朝鮮史獨立成為專門講座，使其首度展現與東京帝大、京都帝大等本國帝大的不同之處，讓朝鮮史的地位在於闡明「國史與支那史」、「國史與滿鮮史」的比較與關係，終點逐漸轉移到「支那史」與「滿鮮史」的研究。這一趨勢起因於前述白鳥、池內等人進行的滿鮮歷史地理調查，以此為骨幹將東洋史分為「支那史」與「滿鮮史」並獲得成功之故。負責東洋史的教授們——玉井是博、大谷勝真、鳥山喜一——專精領域為渤海、滿洲、契丹、西域等中華周邊區域的研究。可說他們的意圖明確，打算解構「中華」並加以重組，藉此打造新的「東洋史」。

此外，將比重放在「東洋」的傾向，並不僅限於史學。美術史領域中，對廣開土王陵碑與高句麗古墳壁畫的研究；由「支那哲學」的藤塚鄰進行關於燕行使的研究；由社會學講座的秋葉隆進行「東洋民俗學」研究；小倉進平等進行朝鮮語言學研究；外交史講座的奧平武彥進行的朝鮮開國交涉史研究等，都提供助力在東洋史學講座的外圍創立新的「東洋學」。如此一來，京城帝大具有從古代到近現代的「貫時性」歷史，也有以神話、傳說、語言、巫俗等基底文化為對象，從多元學科面向積累實證研究成果，對打造「東洋史」這一「帝國的學知」做出貢獻。

京城帝大創校之初，朝鮮史學由來自「內地」的今西龍（第一講座）與長期任職總督府學務官吏的小田省吾（第二講座）擔任。一九三二年第一講座的今西過世，第二講座的小田屆齡退休，出現教授空缺問題。之後由考古學的藤田亮策接續今西，小田則以講師身分繼續授課，直到一九三三年後繼的末松保和接任。[7]

「朝鮮史學的開拓者」——今西龍

一八七五年生於岐阜縣池田的今西龍，一九〇三年進入東京帝大研究所，受指導教授坪井九馬三的影響專攻朝鮮史。生於一八五九年的坪井，自東大政治理財學科畢業後，又從該大學理學部化學科畢業，之後為了研習史學，更前往柏林大學、維也納大學等處留學，與里斯等人同為在引進現代性、科學性實證史學上做出貢獻的西洋史學者。他也精通東洋史，從很早便認知到考古學、金石學、歷史地理學等的重要性。逝於一九三六年。

今西於一九〇六年為踏查慶州而前往朝鮮，從考古學研究開始，但之後改為文獻學史料批判，研究檀君神話。一九一三年任京都帝國大學講師，一九一六年成為該大學助教授，一九二二年起的兩年時間留學中國與英國，一九二六年任京城帝大教授，兼任京都帝國大學教授。

今西與朝鮮的深厚關係，始於一九一六年受命擔任《朝鮮半島史》編纂計畫，從此正式參與殖民地朝鮮的歷史編纂工作。一九二二年更進一步加入朝鮮史編纂委員會，留學後的一九二五年加入朝鮮史編修會的《朝鮮史》編纂工作，負責古代史部分。一九二二年以〈檀君考〉為始的五篇關於朝鮮古代史論文，成為首位獲得博士學位專攻朝鮮史的研究者。特別值得一提的是，今西作為東洋史學者，通過學術經驗的深化，基本上把朝鮮史理解為東洋史的一部分。朝鮮史主要研究新羅、百濟史，著作有《朝鮮古史之研究》、《百濟史研究》、《新羅史研究》、《朝鮮史的書籤》等。他也因發現秥蟬縣碑而聞名。

今西被稱為「深愛朝鮮的朝鮮史開拓者」。他以新羅英雄金春秋為兒子命名「春秋」，也是有名的軼事。研究方法上，他堅持以科學式史學為基礎，遵守嚴格史料批評與事實考證，為殖民地朝鮮史學奠定制度基礎與內容骨幹，扮演著核心中樞的角色。初期他的研究對象集中在新羅史，隨著相繼而來的總督府調查工作，最終擴及漢四郡、高句麗、扶余、伽耶等，包括了整個朝鮮古代史。同時他也以古代史為中心貫穿歷史整體，建構一部「通史」性敘述。將朝鮮史以編年體敘述，沿著年代的時間脈絡，配合地理特性、制度史、文化史、對外關係史，打造俯瞰整體歷史的通史，這種嘗試成為今西朝鮮史研究的一大特色。在韓國，今西縝密的實證研究與寬廣的視野獲得極高評價，但另一方面，也有強烈批評指出，今西的朝鮮史研究基本上仍是從當時的歷史狀態，亦即他的研究無法跳脫從被帝國日本合併的「殖民地朝鮮」往前追溯並加以追認的框架。今西的看法是，古代東北亞是個多民族國家持續競爭、興亡盛衰輪替的共同舞臺（Community of nations），此即「日本民族」與「朝鮮民族」合力對抗共同敵人中國（以及北方民族）的場域。這是一種將「現代的狀況」追溯到過往並加以確認的歷史敘述。使得今西的歷史學既有近代實證史學的特質，但也是直接服務於殖民地的歷史學。今西指出北方民族的神話檀君傳說與今日的朝鮮民族並無任何關聯，亦即「檀君神話否定說」，即毫不隱諱展現了其殖民地歷史學的立場。

「還原過去（古代）」——小田省吾

一八七一年生於三重縣的小田省吾，在東京帝大文科大學史學科受教於星野恒、林泰輔、那珂通世等人。他在史學科學習時，深受星野恒的日鮮同祖論、林泰輔基於清朝考證學的朝鮮支那屬邦論影響。東京帝大畢業後任師範學校教師、校長，一九〇八年在統監府時期轉任大韓帝國學部編輯局。一九一〇年日韓合併後，成為朝鮮總督府內務部學務局編輯課長，主導教科書的編纂及實施初等教育政策。同時兼任中樞院編纂課長，實際負責中樞院主導的《朝鮮半島史》編纂業務。一九二一年起兼任古蹟調查課長，負責古蹟調查工作，與關野貞、黑板勝美、鳥居龍藏等人合作，前往發掘樂浪郡與高句麗遺跡。從職業經歷來看，小田更像是學務官僚，而非研究者。一九二四年擔任京城帝大預科部長，待本科開學後成為法文學部史學科教授，負責朝鮮史學第二講座。屆齡退休後，從事多項地方史的編纂與擔任《施政二十五年史》、《施政三十年史》責任編輯，並任李王職的委囑職位參與編纂《高宗、純宗實錄》。

小田認為朝鮮史並非「朝鮮民族的歷史」，而是「朝鮮半島的歷史」，是關於日本將朝鮮納入殖民地版圖的「歷史」，也是韓種族在外來種族統治下成為朝鮮民族的過程歷史。他與白鳥庫吉、今西龍不同，將朝鮮半島明確劃分成「北鮮」與「南鮮」，意圖變更三國時代以前的歷史敘述結構，主張朝鮮史研究的重點便是實現「日鮮融合的結合」，亦即典型的殖民地史觀論者，主張日本對朝鮮的殖民地統治並非「侵略」，而是「還原過去（古代）」。朝鮮王朝是清朝的屬國，因為大韓帝國的能力不足以抵抗西歐列強的侵略，最終不得不接受日本的保護。小田在一九二三年的《李朝政爭略史》中論述黨爭的原因與經過，討論黨派給婚姻與社會帶來的影響。根據小田的說法，朝鮮王朝時期對基督教的迫害也非單純的宗教問題，而是始於「時派」與「僻派」之間的鬥爭，並舉〈黃嗣永帛書〉為證。在他的認知中，朝鮮係因「黨爭」而淪於滅亡。

小田於一九三二年在京城帝大屆齡退休，一九三五年就任淑明女子高等普通學校校長，一九三九年至一九四五年擔任淑明女子專門學校校長。

關於朝鮮的文獻蒐集與保存——藤田亮策

一八九二年生於新潟縣的藤田亮策，一九一五年進入東京帝大醫科大學就讀，但因深度近視轉入文科大學史學科，鑽研考古學。畢業後任職文部省維新史料編纂事務局、宮內省諸陵寮考證課，之後在黑板勝美介紹下成為朝鮮總督府古蹟調查委員，赴任京城。此時的課長為小田省吾。一九二三年以負責文化遺產相關事務的核心機構「總督府博物館」主任身分，負責古蹟調查及寶物、古蹟、名勝、自然紀念物的保存等任務。一九二四年任朝鮮總督府編修官，一九二六年成為京城帝大助教授後，仍舊擔負此職，確立了朝鮮的古蹟調查與保存的學術體系。此外，一九三一年他成立總督府外圍團體「朝鮮古蹟研究會」並擔任幹事。可說京城帝大的「朝鮮考古學科」，是日本人為了獨占朝鮮過往歷史物證而成立的講座。一九三二年小田省吾屆齡退休，加上今西龍教授過世，藤田亮策遂接任京城帝大教授，負責朝鮮史學第一講座的授課。一九四一年至一九四三年擔任法文學部長。

日後藤田曾表示，古蹟調查保存工作是「日本人在半島留下最值得自豪的紀念碑之一」。在論文集《朝鮮考古學研究》中，他提到在探究朝鮮半島固有文化特質的同時，掌握大陸文化如何經朝鮮半島傳至日本，此即朝鮮考古學的使命。藤田主張，所謂的朝鮮半島固有文化實際上是東北亞的原始文化，與大和民族的古代文化非常相似。基於此種主張，藤田從一九三〇年代中期以降，便嘗試將朝鮮與滿洲連結在一起。一九三七年他執筆論文〈從考古學看日鮮滿文化關係〉，此文與日後京城帝大的滿蒙研究有密切相關。儘管如此，藤田的研究仍給解放後的韓國考古學留下不少影響。他把朝鮮半島的有紋土器以德語 **Kamm Keramik** 的日語翻譯「櫛目文土器」加以命名，認為此種土器由歐洲經西伯利亞傳至朝鮮半島，所以他主張朝鮮的史前文化是「北方文化」。在支石墓研究中，他確立支石墓用語與細節名稱，且繼承鳥居龍藏的分類方式，將其分類為「北方式支石墓」與「南方式支石墓」。解放後的韓國，關於土器方面的用語多沿用藤田的學術用語變形後使用，且支石墓的用語也受到他的影響。關於朝鮮的文獻蒐集、保存，即便在今日藤田也獲得極高的評價，地位僅次於今西龍。

日本戰敗後藤田歸國，戰後任東京藝大教授，在東北大、金澤大、慶應義塾大等大學講授考古學與文化財調查保存，培養眾多後進。一九五九年以奈良國立文化財研究所長身分，負責指揮最初的平城宮遺址正式發掘調查。設立日本考古學協會後擔任會長。一九五〇年代以後，成為文化財專門審議會專門委員，積極參與各地的遺跡調查與保存，將全國遺跡完善造冊，作為行政上的基本參考，他一直以身為日本考古學界的指導者而活躍著。

「朝鮮史編修會」的人們與京城帝大朝鮮史學——崔南善與李丙燾

京城帝大的朝鮮史學與總督府的「朝鮮史編修會」參與者有著相當緊密的關聯。「朝鮮史編修會」也可說是一種「上位概念」，通過朝鮮史編修會與京城帝大的人際連結，產生了朝鮮人研究者自身的震檀學會，可謂相當重要。

日韓合併後，朝鮮總督府以同化政策為前提實施「舊慣制度調查事業」。一九一一年鳥居龍藏實施「史料調查」，實際上就是一次民情調查。此調查研究活動與殖民地統治的文化宣傳活動相連，具體的成果體現在一九一六年起的五年計畫，計畫中推動了古蹟調查工作與史書編纂。自一九一一年開始推動的《朝鮮半島史》編纂計畫，在一九一五年業務移交中樞院並正式開始執行。一九一六年隸屬中樞院的朝鮮人與以東京、京都帝大的教授為核心完成了編纂體制，發表〈朝鮮半島史編纂要旨〉。一九一五年朴殷植出版的《韓國痛史》獲得巨大反響，也被認為是促成編纂工作的原因之一。其中總督府明示其目的在於「通過薰陶民心，使朝鮮人成為忠誠的帝國臣民，達成同化朝鮮人的目標」。此編纂工作的編纂主任群包含今西龍、東京帝大古文書學大師黑板勝美、京都帝大的三浦周行等人。一九一八年中樞院內設置編纂課，專門負責《朝鮮半島史》編纂工作，由學務局編輯課長小田省吾兼任課長。

至三一獨立運動後，編纂新《朝鮮史》的必要性重新被提出來了。根據一九二一年齋藤實總督的提議，一九二二年成立「朝鮮史編纂委員會」，至一九二四年為止，《朝鮮半島史》與《朝鮮史》的編纂工作同時進行著。此「朝鮮史編纂委員會」實際上由黑板勝美主導編纂計畫，稻葉岩吉為實際負責人，兼任編纂主任與幹事。稻葉畢業自東京外國語學校清語學科，之後留學北京，進入滿鐵調查部，參與「滿鮮歷史地理調查」。一九三二年在京都帝大以朝鮮史研究取得文學博士學位，一九三七年赴任滿洲建國大學教授。《朝鮮史》的編纂工作特別強調資料蒐集與史料批判，訂定十年計畫，又在資料蒐集過程中發現有必要提高編纂機構的權威，故將計畫擴大為國家層次的修史計畫，打算藉此強調《朝鮮史》的公正度。編纂委員會於一九二五年六月依據敕令改組為「朝鮮史編修會」，成為總督府直轄的獨立官廳。

如此，在殖民地朝鮮打造出支持殖民地主義歷史學的兩個官方機構，即「朝鮮史編修會」與京城帝大。組成朝鮮史編修會的成員包含總督府官吏、大學教授、總督府職員或以囑託（特別聘用，非正式人員）身分任職的朝鮮人們等。參與編修會的大學教授有小田省吾、藤田亮策、今西龍、大谷勝真、末松保和、稻葉岩吉、黑板勝美（末松、稻葉當時為「修史官」身分）。朝鮮人參與者有崔南善、魚允迪、李能和、尹寧求等擔任委員，修史官有洪熹、申奭鎬。此外還有以修史官補身分參與者，即師事今西的李丙燾。

一九三四年，除了朝鮮的歷史學者外，加上金台俊、崔鉉培、孫晉泰等文學家、語學家、民俗學家，共同成立震檀學會，崔南善與李丙燾以發展國學＝朝鮮學為目標展開活動。此為第一個朝鮮人自行成立的學會組織。從史學史角度來看，殖民地時期由朝鮮人進行的歷史研究有三大潮流，即民族史學、實證史學、社會經濟史學，此組織讓前二個領域的人得以匯流。在京城帝大學習朝鮮史，日後在朝鮮民主主義人民共和國歷史學界占據指導地位的金錫亨、朴時亨，也通過此學會在學界嶄露頭角。廣大學者們形成聯合戰線的特徵引起了人們的關注。[8]更重要的是，在京城帝大學習現代方法論的年輕朝鮮人學生也參加此學會，其參與具有重大意義。之後雖也發行機構誌《震檀學報》，但因遭鎮壓，僅發行到第十四號就被迫停刊。朝鮮解放後，震檀學會重新展開活動，但再因韓戰而中斷。日後學會活動傳承至韓國，出版了《韓國史》全七卷（一九六三年）等書籍，並持續活動迄今。

京城帝大史學科教授們對朝鮮史編纂工作帶來直接且重大的影響。特別是在「朝鮮史編修會」籌組過程中，黑板勝美與池內宏等人主張「如果不研究朝鮮史，就無法搞懂日本史」，基於此主張，認定「對朝鮮研究」的必要性。「朝鮮史編修會」到一九三八年為止，刊行編年體的《朝鮮史》本編三十五卷，同時京城帝大從一九三五年起動員「朝鮮史編修會」人員，將移交大學的朝鮮王朝「奎章閣」圖書以《奎章閣叢書》之名進行發行。此處必須關注的人物為小田省吾。小田比起研究活動，在組織學界人士進行編纂活動上更具貢獻。

除「朝鮮史編修會」外，另一個應加以注目的團體是「朝鮮史學會」。此學會成立於一九二三年，在京城帝大成立之前是朝鮮唯一的歷史專門學術組織。由總督府的政務總監擔任總裁，多數成員為官僚。「朝鮮史編修會」負責蒐集資料與發行，「朝鮮史學會」則通過講座與著述負起傳播殖民地史學的任務，具有執行機構的性質。此外，一九二六年由朝鮮史編修會的成員為主，組成「朝鮮史同攷會」，發行學術雜誌《朝鮮史學》至第七號為止。接著一九三〇年「以朝鮮及滿洲為中心，進行遠東文化研究及傳播」為目標，集結京城帝大的教員、畢業生及朝鮮史編修會成員，共同組成「青丘學會」，發行《青丘學叢》（日語雜誌）。據說因為此雜誌的發行，使朝鮮研究的中心轉移至京城。《青丘學叢》結束發行後，此組織串連到吉野作造的「明治文化研究會」系統，又與網羅今村鞆等在野收藏家、書誌研究者的「書物愛好會」產生聯繫。

三、儒　學

朝鮮總督府的儒學政策與京城帝大的朝鮮儒學研究

一八九〇年日本公布《教育敕語》，藉儒家的仁義忠孝，打造以天皇為頂點、融合國體論的教育基本方針。儒學給朝鮮社會帶來巨大影響，對打算統治朝鮮的日本帝國而言，儒學是最應考慮的對象，而明治政府巧妙地將日本儒學與西方文明融合，成功打造出比江戶時代更滲透進日本社會的儒學，基於此種成功經驗，他們在朝鮮殖民地也打算積極利用儒學作為「統治」的工具。

日韓合併後，總督府立即廢止成均館，成立後繼組織「經學院」掌握地方鄉校，藉此根絕抵抗日本殖民地統治的「儒林之儒學思想」，將朝鮮的儒學與融合神道的日本儒學連結，大力推廣普及。揭示文化統治的齋藤實總督，為「確實拉攏（協助統治的）親日人士」，以接受儒學教育的朝鮮上層階級為主，組織親日團體。齋藤實的意圖在於讓朝鮮、日本儒學家相互理解，故而推進日韓儒學交流。不僅聘請當時日本最具影響力的儒學團體「斯文會」人士參與經學院「釋奠大祭」，也積極推動與朝鮮「大東斯文會」、「儒道振興會」等親日儒林團體的交流。一九二三年九月，「斯文會」的總務理事服部宇之吉在經學院以「知天命說」為題進行演講，以此為始，大東斯文會與京城帝大的教授們定期舉行演講會。齋藤實所謂的「文化統治」，便通過培養和組織親日派人脈來推進。

「經學院」成立的目的是「在朝鮮總督的監督下，鑽研經學，促進社會教化」，舉行「釋奠大祭」，招來講師持續舉行授課、演講。經學院與日後成為京城帝大的教員們通過一九一三年創刊出版的《經學院雜誌》及各種演講，建立合作關係。《經學院雜誌》的編輯顧問有小田省吾、高橋亨、太田秀穗，對經學院的活動進行實質性的指導。此雜誌持續宣傳總督府的教學政策直到一九四四年。

一九二九年連任朝鮮總督的齋藤實，在一九三〇年成立明倫學院作為經學院的教育機構。身為斯文會會員的齋藤，在京城帝大設立「漢學」科目，打算由其負責儒學教育，不過此構想並未實現。據說在齋藤構思中，儒學教育的負責人為高橋亨，高橋最終成為明倫學院的講師。一九三一年明倫學院舉辦了「東洋思想講習會」，由高橋與藤塚鄰主講。藤塚一八七九年生於岩手縣前澤，一九〇八年畢業於東京帝大文科大學哲學科，任職京城帝大支那哲學講座教授。他嫻熟清朝的考證學，在京城帝大時通過朴齊家、金正喜等人物，繼續研究清朝文化傳入朝鮮的過程。

明倫學院總裁由經學院大提學的鄭萬朝兼任。鄭是高橋友人，關於朝鮮儒學曾給予大量建言。鄭也是京城帝大講師。

朝鮮儒學研究——高橋亨

在朝鮮設立了「朝鮮語學、朝鮮文學講座」二講座。第一講座「朝鮮文學」由高橋亨負責，第二講座由小倉進平負責。此二講座的設立與「朝鮮史學」相同，不僅展現殖民地朝鮮的帝大特性，還帶有與「帝國」相對應的「文學史」、「語言學」等學科編成的歷史性意義。這些與「朝鮮學」相關的講座，延續了總督府統治下的殖民地政府調查結果。諸如「朝鮮史學」或「朝鮮文學」般的講座教授，必須選任那些基於十五年殖民地統治成果進行研究的學者。一九〇三年起，身為官方教育兼朝鮮研究者的高橋顯然是適任人選。此處簡單記述高橋亨的經歷。

一八七八年高橋亨生於新潟縣。經過舊制四高後，進入東京帝大文科大學漢學科學習。一九〇二年畢業後，擔任玄洋社系統的《九州日報》主筆，一九〇三年接受大韓帝國政府的聘任，成為官立中學校的教師。一九〇五年在日本設立的統監府幣原坦學政參與官之下，兼任教科書編輯的囑託職務。一九〇九年刊行《韓語文典》、一九一〇年刊行《朝鮮之物語集附俚諺》。他更進一步參與朝鮮風俗調查，向寺內正毅建議蒐集朝鮮文獻，獲得採納。一九一一年擔任京城高等普通學校教諭與總督府的宗教調查、圖書調查的囑託。同年，成為普通學校用諺文綴字法制定會議委員，一九一六年任大邱高等普通學校校長。一九一九年提出學位論文〈朝鮮的教化與教政〉，取得文學博士。高橋的調查活動始於一九〇三年，但其實早有基礎。早在一八八〇年代起，鮎貝房之進、淺見倫太郎、前間恭作等日本在野研究者，已積累部分朝鮮學研究成果，研究會活動也非常活躍，高橋便是在這些成果的基礎下，開始了官方的調查研究。

高橋在京城帝大之前的研究領域相當多元，從高橋的博士學位論文〈朝鮮的教化與教政〉可見，他的學術關心集中在「朝鮮的儒學、宗教、文學」。服部宇之吉認可此論文及高橋的經驗，拔擢他擔任京城帝大的創立委員會幹事，開學之際以「朝鮮語學、朝鮮文學第一講座」教授身分赴任。高橋被任命為京城帝大「朝鮮文學」講座教授的意義，在於把此前關於殖民地朝鮮的官方調查工作轉移到學術制度上，而他則扮演此轉移的重要角色。

高橋的朝鮮儒學研究帶有邏輯整合性與敏銳且確實的思想分析，可說是旁人無法企及的朝鮮思想研究嚆矢。

高橋首次發表關於朝鮮儒學思想的研究是〈朝鮮儒學大觀〉（一九一二年，一九二四年改訂）。此論文貫時性地說明朝鮮朱子學學說，亦即所謂的學說史研究。一九二九年發表〈李朝儒學史中主理派主氣派的發達〉，整理朝鮮朱子學史的時期與派別，主張朝鮮朱子學的核心在於四端七情論。同時此論文也是近代朝鮮關於李退溪（李滉）的最初論考。[9]高橋清楚揭示了朝鮮朱子學的基本見解，開創對朝鮮朱子學進行哲學性、分析性的探究，並為此打開劃時代的研究途徑。今日的朝鮮朱子學、儒學研究中依舊保持著「主理派、主氣派、折衷派」的分類，且成為一種標準式的通說。

不過，亦有見解批評這種形式論的分析框架套用於朝鮮「黨爭」的理論基礎，導致他將黨爭與朱子學各派聯繫起來，出現否定朱子學各派的想法，此處展現出高橋論述的侷限性。此外，因李退溪排斥陽明學，導致朝鮮的陽明學派大受打擊，最終也無法翻轉此種狀況。針對朝鮮陽明學，高橋僅發表過〈朝鮮之陽明學派〉一篇論文，而該文主要依循朝鮮史編修會委員李能和的〈朝鮮儒界之陽明學派〉的論點，故評價並不太高。一九三〇年代發起「朝鮮學運動」，探求民族主體性的朝鮮學者們，將朝鮮後期的新儒學命名為「實學」，展開集中性的研究。受此刺激的高橋，也開始探求實學思想，一九三六年發表〈朝鮮學者的土地平分說與共產說〉。他不斷主張這些實學思想家們屬於「經濟學派」，且不承認他們思想的獨創性，強調他們完全照搬中國的思想。一九三九年他更進一步發表〈從王道儒教走向皇道儒教〉，從教學面向展開活動，積極推進大陸侵略與皇民化政策。高橋擔任的職位除京城帝大的教授外，尚有經學院提學、明倫鍊成所所長及朝鮮儒道聯合會副會長。

朝鮮文學研究

高橋授課的另一個主軸是「文學」。在一九二七年的論文〈朝鮮文學研究——朝鮮的小說〉中，他把「詩文、歌謠」的純文學，與「儒學與佛教」般視為傳達朝鮮人思想與信仰的著述，再加上描寫朝鮮人生活與時代樣貌的故事、稗史、小說類，全部定義為廣義的朝鮮文學。但同時也斷言「過往以諺文書寫的作品並非有價值的文學，朝鮮人的文學，徹頭徹尾都以漢文在創作」，將朝鮮語書寫的作品排除於文學之外。高橋在以朝鮮儒學史為核心的思想史中獲得成功，卻在以漢文學為主的朝鮮文學研究上明顯遭遇失敗。

高橋這種以漢文學為中心的「朝鮮文學觀」自然遭受批評。李光洙有段知名的批評，李批評京城帝大在朝鮮文學科使用《擊蒙要訣》當作朝鮮文學的上課用教科書是「異想天開」，文學與文學史是「以文字撰寫的語言藝術及對其之科學研究」，從而主張朝鮮文學乃「以朝鮮語撰寫」的作品。此因日本的文學史受到西歐文學史影響，排除了漢文，僅以國文=日本語文來成立「文學史」，而這樣的認知在朝鮮也被廣為接受之故。李光洙主張理當教導新羅鄉歌、時調、《春香傳》、現代朝鮮作家的作品等。出身京城帝大的金台俊（「支那文學」專業的第三期學生）同意李光洙的批評，並稱「春園（李光洙的號）把我從迷惘中喚醒。」金台俊在學期間於《東亞日報》連載《朝鮮小說史》（日後集結為單行本出版），為俊秀之才，此文實際上也是最早的朝鮮文學史。在畢業的同時也成為經學院的專任研究員，之後成為京城帝大的講師[10]。因高橋擔任經學院提學，此人事雇用顯然為高橋所為，但其經過不明。

一九二九年高橋也隨專攻朝鮮文學的學生們一同前往濟州島調查、採錄民謠。當時「國文學」的學者高木市之助也加入調查。高橋於一九三二年發表〈朝鮮民謠〉，一九三三年開設「朝鮮的歌謠」科目。但對高橋而言，「朝鮮文學研究」至多就是證明朝鮮民族缺乏獨創性的工作罷了。另一方面，專攻「朝鮮文學」的朝鮮人學生們——趙潤濟（第一期學生）、金在喆、李在郁（第二期學生）——分別提出畢業論文〈朝鮮小說之研究〉、〈朝鮮古代演劇之研究〉、〈嶺南民謠之研究〉，對高橋的文學觀提出反駁。他們也是朝鮮最初的朝鮮語文學學術組織「朝鮮語文學會」的主要成員。包含趙潤濟在內的朝鮮人學生，在摸索與高橋的朝鮮文學不同研究取徑時，將朝鮮文學定位在更廣泛的脈絡中，並從中發現自身的「民族性」。他們也修習了「國文學」高木市之助的課程，特別是「國文學特殊講座」，專攻朝鮮文學的上述學生們與金台俊等人皆有出席。高木在課程中以「歷史民謠選」為主題，講讀「記紀歌謠」、《萬葉集》等古代日本詩歌進行授課。高木以此講義為基礎，陸續發表論文，日後彙整為《吉野之鮎》一書。高木在舊制三高時期即立志學習英國文學，很早便熟悉英國的文學理論。在課程中高木也介紹西歐先進的詩學研究，重新把民謠看作民族文化的基礎，開始闡明古詩的歷史及其價值，並認為此觀念應加以推廣傳述。

由李康國[11]、崔容達[12]等朝鮮年輕知識分子創刊之《新興》、《朝鮮語文學會報》中，也展開活躍的朝鮮民謠研究。高橋可能某種程度上也受到此種現代式民謠觀影響，故投入蒐集朝鮮民謠的工作。然而，高橋內心深處仍深植著中國傳統儒學式的「歌謠」觀，即「鄭聲淫佞，佞人殆矣」（《論語．衛靈公》）、「鄭衛之音，亂世之音也」（《禮記．樂記》），認為歌謠可「推察民風，知民政，應作為施政之重大參考」。如果要論「民族性」，應可說是「藉朝鮮民謠掌握民族性，作為施政資料，進而教化朝鮮民族」的「民謠觀」。高橋於一九三二年發表〈朝鮮的民謠〉一文。

高橋在一九二九年制定《諺文綴字法》草案時，加入第二次調查會委員，連續十一年參與朝鮮語正寫法的制定。一九三一年升為高等官一等，一九三九年四月從京城帝大教授職位退休，一九四〇年任名譽教授。同年成為京城私立惠化專門學校校長。之後短暫在山口縣萩市隱居，一九四四年回到京城擔任經學院提學及明倫鍊成所所長。此外，在總督府政務總監支持下，著手建設農士學校，在挑選校地之際迎來二戰結束，他便返回萩市。戰後曾開業給人卜卦算命，一九四九年就任福岡商科大學（日後的福岡大學）教授，重新回到學術界。一九五〇年隨著天理大學設置朝鮮語、朝鮮文學科，他也成為該大學教授。之後以天理大學為據點成立朝鮮學會並擔任副會長，一九六四年成為天理大學名譽教授。

四、語言學、國語學

京城帝大的語言、文學系列講座

京城帝大法文學部的語言、文學系列講座，除朝鮮語學、朝鮮文學為第一講座「朝鮮文學」及第二講座「朝鮮語學」之外，尚有「國語學、國文學」、「支那語學、支那文學」、「外國語學、外國文學」，以五個講座的形式展開授課。「朝鮮語學」由小倉進平負責，國語學、國文學由高木市之助負責，支那語學、支那文學由兒島獻吉郎負責（兒島退職後，由「美學、美術史」的田中豐藏接任，之後再由辛島驍接任）。外國語學、外國文學由英文學的佐藤清負責。到任後不久，高木即在教授會上提議將原本合而為一的「國語學、國文學」拆分為國語學及國文學，後獲得同意。聘任時枝誠記為國語學助教授，並聘請近世文學的麻生磯次擔任國文學助教授。饒富深意的是外國語學、外國文學講座一開始只有英語學、英文學，一九二九年擔任語言學的小林英夫講師到任後，一九三二年成為助教授。小林英夫一九二七年畢業於東京帝大語言學科選科，一九二八年就讀研究生時，將索緒爾（Ferdinand de Saussure）的《普通語言學教程》（*Cours de linguistique générale*）翻譯成日文，這是全世界首次的翻譯。其指導教授金田一京助對小林的評價是：能掌握十多國語言，擁有天才般的語學能力。推薦小林進入京城帝大的是新村出。高木也不僅鑽研國文學，更熟悉英文詩研究的自由主義者，因此推測也給予翻譯索緒爾作品的小林高度評價。加入京城帝大的語言學者有小倉進平，雖屬不同講座但負責「國語」的時枝誠記，小林英夫及日後繼承小倉研究的河野六郎，可說足以代表日本語言學領域的學者皆齊聚於此。

殖民地帝大的「國語」——上田萬年

京城帝大的語言、文學系列講座中，「國語」的問題特別顯著，這自然是因為採取徹底同化主義的日本，在殖民地統治政策中，語言政策位於核心地位，而核心中的核心正是「國語」。此處將先從上田萬年開始談起，因為他與現代日本的「國語」如何確立，有著深厚關聯。

一八六七年，上田萬年生於王政復古前一年的江戶，經府立一中後進入大學預備門就讀，從帝國大學和文科畢業後，一八九〇年前往當時語言學重鎮的德國留學，向卡爾．布魯格曼（Karl Brugmann）等青年文法學派的學者們學習。一八九四年返國，成為帝國大學教授並負責博言學（語言學）講座。前往德國留學的經歷，讓上田的語言觀出現重大轉變，認為對轉變為現代國族國家的日本而言，不可或缺的研究並非日語研究，而是「國語」研究。在上田的努力下，一八九八年東京帝大文科大學內首次設立國語研究室，上田從一九〇五年起直到退休為止一直擔任國語教授。在此期間另兼任文部省專門學務局長、文學院院長、臨時國語調查會會長。

上田把當時歐洲最新的語言學（比較語言學、歷史語言學）學識移植入東京帝大，培養了橋本進吉、小倉進平、伊波普猷、金田一京助等優秀的語言學者，同時在帝國大學內持續提倡國家統合的重中之重，就在於創造出「國語」，並對日語的規範化（正寫法、標準語、文法）產生莫大的影響。上田將「標準語（standard language）」概念首次導入日本。他持續關注作為標準語的語言（口語），認為當時尚未完全定型的「東京話」，可經「人工雕琢」將其確立為「標準語」。在上田門下的藤岡勝二、保科孝一等新進前衛語言學家，把二葉亭四迷等人所倡導的小說革新運動「言文一致」，巧妙地納入「通過標準語確立口語體」的國語政策中。由此，上田提出，國民之間唯有實現「正確地說話，正確地讀寫」，才是國語學的終極目標。國語學不僅是日本語研究，更是把目的放在「設定規範」上的學問，這也必然讓此學問變成包含國語教育、國語政策的實踐性政策學。

在理解日本國語學時還存在一個重要前提。日本語研究的傳統擁有漫長的歷史，現代以前的日語研究，集中體現在德川時代的國學者成就中，出現許多即使稱之為「偉大」也不為過的語言學發現。這些成果直接被明治的日本語學吸收，並形塑出實質形態。以本居宣長為發展頂點的國學日本語研究，有徹底的文獻考證學的支持，作為語言文字學（philology），形成現代語言學Linguistics的初期狀態。然而，國學作為語言學仍存在致命的缺點。儘管在語彙與句子的語言文字學式鑽研中，屢屢可見言之確鑿、綻放光彩的研究，但從整體語言學來看，有種如「言靈」這個詞彙所表現的那樣，帶有神祕色彩，也就是被所謂「神祕化的語言觀」所束縛。被稱為「最後的國學者」山田孝雄即是持此種論述的典型。生於一八七三年的山田，對於上田等人當作國策來推動的「國語」＝日語之規範化、標準化、現代化，他認為該種做法屬於右翼、國粹主義的立場，對此一貫保持批評態度。山田身歿於一九五八年。

然而，即便「國語」在近代國家統合之中擔任要角，但並未直接連結到殖民地的語言政策。為了把殖民地的「同化」與「國語」結合，就必須擴大國語的概念，必須以此為「核心」，來「確立」「語言政策、語言教育」。著手此課題者，係上田的愛徒保科孝一。可以說，「國語」與殖民地朝鮮的關聯，就是從保科孝一開始的。

語言政策的第一人——保科孝一

保科孝一生於一八七二年。出生於山形縣米澤市。一高畢業後進入東京帝大國文學科，師從上田萬年。一八九七年畢業，任職東京帝大助理、講師，一九〇二年任東京高師教授、東京帝大助教授。一九一一年至一九一三年前往德國、法國留學，一九三〇年就任東京文理大學教授。一九四〇年退休，成為該大學名譽教授。他參與上田開始提倡的國語規範化，一八九八年起以文部省囑託職位從事國語調查、國語教科書編輯。之後更成為國語審議會幹事、幹事長、委員等，長期盡心於國語改良工作。二戰之後在限縮漢字與改訂「假名使用法」等國語教育、國語政策上承擔起主導的角色。長年主辦《國語教育》雜誌，留下《語言學大意》、《國語學小史》、《國語學精義》、《新體國語學史》、《國語問題五十年》、《某國語學者的回憶》等多部著作。

身為國語學者，在上田萬年龐大的影響力之下的保科孝一終於遇到一個轉機，那就是一九一一至一九一三年赴歐洲留學。關於保科孝一的國語思想，根據李妍淑的重要論考《「國語」的概念》（一九九六年）。她深入剖析保科孝一的「思想」，李妍淑指出，保科在留學期間，「日韓合併」後朝鮮總督府立即委託保科調查歐洲政治上的國語問題與國語政策。總督府已認知到，在朝鮮統治上國語政策屬於必要且吃緊的課題。接受總督府的委託，保科把關注焦點放在當時德領波森省（Posen，現在波蘭的波茲南〔Poznań〕）。波茲南在十八世紀末遭普魯士、俄羅斯、奧地利三度「波蘭瓜分」後成為普魯士領土。普魯士特別是在俾斯麥時代，徹底執行「日耳曼化」＝同化政策。保科詳細檢討德國對波蘭同化政策的歷史推移，回國後在一九一四年刊行《國語教育及教授之新潮》，介紹歐洲的語言教育。其中特別分出專章詳細討論在被併入德國領土的波茲南，如何對波蘭人進行以同化政策為核心的德語教育。李妍淑指出，保科在該地「彷彿見到日本殖民地教育的範本」。保科不斷強調「標準語教育、直觀教育、鄉土教材、直接教授法」等一連串國語教育法，在日本已證明是有效的「國語」教育，接著應模仿德國同化波蘭人的政策，將該方式推廣於殖民地朝鮮。當然，與德國使用德語相同，在朝鮮實施的所有教育皆以日語進行，亦即教育用的語言必須使用日語。李妍淑認為，保科在「日韓合併」後，似乎已預見日後「所謂『皇民化教育』的樣貌」。這一點的確如此。

但此時保科的論點基本上只停留在語言教育的領域。李妍淑指出，保科轉變態度，針對德國對波蘭的語言政策以更全面性的觀點加以討論，進一步從肯定德國政策變為批評，可見於一九二一年朝鮮總督府的機密文件《德屬時代之波蘭國語政策》。態度轉變的歷史背景之一，是德意志帝國對波蘭的統治因第一次世界大戰德國戰敗而瓦解，之後根據《凡爾賽條約》的「民族自決」「原則」，波蘭於一九一八年成為獨立共和國，一九一九年波茲南也被納入波蘭共和國。對此保科認為「持續一百年的德意志化政策未奏其功，最終還促成波蘭復興」，應將此視為「為政家」深以為戒的重大教訓。李妍淑有如下論述：「保科探究德國在殖民地的語言政策為何失敗，認為最大的原因出在國語政策經常變更，無法勇往邁進之故。」保科所言之「國語政策經常變更」，指的是俾斯麥推行日耳曼化政策之後，突然轉變認可私立的宗教教育領域得以使用波蘭語，之後又加以禁止，德國的政策反覆改變。

李妍淑還指出，保科「態度轉變」的另一個理由是一九一九年撼動朝鮮全境的「三一獨立運動」。保科並未直接提及三一獨立運動，但在《德屬時代之波蘭國語政策》中，他相當重視一九〇六年至一九〇七年在德屬波蘭因完全禁止小學校教導波蘭語的政策導致「學校暴動」，這又與宗教運動連動，導致從「大反德運動」一路擴展成波蘭獨立運動。保科認為此運動係因「貴族、僧侶、報紙」等所謂反德勢力「煽動」無知民眾，李妍淑指出，朝鮮「三一運動」的衝擊感肯定在他「心中」留下「鮮明的記憶」。

保科的主張要點如下。（一）國語與民族間具有緊密關係，因此使被統治者脫離固有語言而與統治者語言建立密切關係，正是國語政策之意義所在。（二）「『消滅民族語言的政策』是無謀的，過度高壓的政策反而會招來民族意識的昂揚，危及殖民地體制本身。因此，殖民地語言政策最『關鍵』之處在於必須『留心』採取『穩健手段』以達到『同化』目的」。（三）國語政策最重要的條件，是一旦確立政策後，絕對不再變更，「樹立堅定不移的方針，一旦據此施行於民，只要未達同化目標，即便歷經數個世紀也斷然不容許變更」。其重點在於一旦實施了以同化為目的的國語政策後，在未達目的之前即便歷經幾個世紀也必須堅毅地絕不讓步、不轉換。此即保科認定理當追求的目標。

此時的歐洲無論德意志第二帝國或俄羅斯帝國皆已消亡，即便如此，保科依然確信「大日本帝國」能持續「數個世紀」的殖民地統治嗎？大概並非如此。此檔案被當作總督府的機密文件刊行，反而可看出保科呈現出來的強烈危機感，才是值得關注之處。

五年之後京城帝大成立法文學部，次年，時枝誠記就任京城帝大國語學講座助教授。

國語學與殖民地朝鮮——時枝誠記

一九〇〇年時枝誠記出生於東京神田。經曉星中學到第六高等學校（岡山），之後就讀東京帝大文學部國文學科，在國語教室直接接受屆齡退休的上田萬年的指導，接著師從接手上田的第二任主任教授橋本進吉。一九二五年畢業，一九二七年任京城帝大助教授，一九三三年升任教授，一九四三年接替橋本進吉，成為東京帝大教授。時枝著有被稱為「時枝文法」的文法書（《日本文法口語篇》、《日本文法文語篇》），其文法論述非常符合日語的特性。作為精練的日語文法著作獲得國語學界、國文學界的高度評價。確立時枝不可動搖地位的，則得益於吉本隆明、柄谷行人等二戰後的代表性評論家們，他們從文學面推崇時枝的國語論。時枝歿於一九六七年。

時枝投身國語學的契機，是他在中學時閱讀了《為了國語》（富山房，一八九五年）收錄〈國語與國家〉的上田演講紀錄。該書在卷首將上田文章中「國語乃皇室之屏藩」，「國語為國民之慈母」當作引言。該文章表達了上田的著名「國語觀」，即「日語乃日本人的精神血液」，「日本的國體，靠此精神血液……維持」。表明了強烈的國家主義立場。京城帝大這所殖民地大學中，國語學講座應是最關鍵的講座之一，接下來將說明時枝的國語學如何對應殖民地朝鮮。

時枝在赴任京城帝大後的一九二七年十二月至一九二九年十月，前往英、德、法、美「遊學」。根據日本戰敗後時枝的回憶與京城帝大學生的回憶，時枝自留學歸國的次年一九三〇年起，致力於《源氏物語》的解讀，並「沉潛」於「中古語言的研究」。二戰之後時枝回憶赴任當時的狀況，他說道：「拜訪高等學校的學長，出身半島的尹泰東氏家宅後，他教導我諺文的讀寫與朝鮮的狀況，我將關於朝鮮問題〔朝鮮的語言問題〕的圖書裝在行李箱中，懷著與其當一個國語學徒，不如成為朝鮮問題研究者的志氣離開東京。」但在一九四三年舉行之京城帝大國語國文學會創立十五週年紀念演講會上，他「說明關於朝鮮的國語問題與我的國語研究之間的關聯，在表達我的學術立場的同時，也需對我在朝鮮國語問題上的怠慢而道歉」。除在此演講中觸及此問題，也在二戰後的一九四七年時枝有如下表述：「朝鮮的語言問題，只要為政者……以內鮮一體作為手段來思考，便必然蘊含了基本性的問題。這個問題超出了今天國語學所能解決的範疇。」

安田敏朗深具說服力的《殖民地中的「國語學」》（一九九七年）中，詳細陳述時枝如何參與國語政策，並論證該政策中包含著時枝的國語論。以下將藉由安田的論考，嘗試說明時枝如何對應朝鮮的國語問題。

時枝對朝鮮的語言問題，亦即國語問題長期保持沉默，但並不意味他把此問題排除在自身研究對象外。他不斷思考此前國語學領域無力解決，也就是保科的語言政策論無法處理的根本性問題。時枝因某事件而一改這種態度，開始發表有關朝鮮國語問題的文章。這是時枝針對該根本性問題得出解答後的事情。促成時枝轉變態度的契機，是南次郎總督與總督府學務局長塩原時三郎推動之惡名昭彰的「皇國臣民化政策」。更具體而言，即是作為皇民化政策的一環推出的朗誦〈皇國臣民誓詞〉問題。京城帝大也被強求朗誦〈皇國臣民誓詞〉。時枝並未留下公開反對此事的紀錄。

但安田根據一些「證詞」與時枝留下的筆記，論證時枝強烈反對此事。一九三九年時枝首次在筆記中寫下：「因〈皇國臣民誓詞〉及建設奉納塔，讓我完全無意留在朝鮮，致力於朝鮮教育的感動也徹底斷絕。」此時的時枝甚至考慮從京城帝大辭職。

到了一九三八年發生一起事件。安倍能成在《文藝春秋》上刊登隨筆〈日人與華人〉，被學務局視為帶有「自由主義且反軍方」思想，要求速水滉總長「妥善處理」，而作為自由主義者的速水對此加以「拒絕」。這導致京城帝大與學務局的對立浮上檯面。以法文學部教授會為核心，全校教授會提出驅逐塩原學務局長決議，但後因部分教授態度軟化導致事態膠著，且教授會也陷入無限期延期。安田認為，比起對殖民地統治方式的反感，實際上校方是對學務局介入「大學自治」做出反彈，這樣的理解方為妥當。但筆者認為此說法尚待商榷。一九三八年當時言論管制有個特徵，即矛頭直接指向大學中的保守自由主義分子。當局大概也意識到安倍的後盾是岩波書局，而在後者的「事件」中，塩原學務局長的目的是透過攻擊安倍能成這一象徵人物，來強力牽制京城帝大教授中殘存的自由主義。

時枝把朝鮮國語問題當作自身國語學課題，開始積極發聲的契機是總督府「皇民化政策」要求朗誦〈皇國臣民誓詞〉的做法。此前時枝對國語政策的態度大致仍遵從保科孝一的教導，「不依靠強制力推動國語化，應通過更長期的努力達成徹底的國語化」。不過時枝認為保科的這個教誨，與其說是國語學的問題，不如說是「政治學」的問題，終究是對如何實踐朝鮮國語政策的回答。所謂的「皇民化」，便是從朝鮮人之中抹除朝鮮語，意味著強制把朝鮮人重新打造為在所有場合下都以日語為母語的「日本人」。塩原時三郎無視保科給總督府的政策建言，依靠「強制力」實行「國語化」。對此，時枝持續思考的是國語學的內在課題，認為國語政策必須從國語學的「原理」來重新定位。時枝既不反對國語化＝同化，也沒採取消極態度，而是「朗誦誓詞」這種強制性的「皇民化政策」，對身為京城帝大「國語」

學講座教授的時枝而言，等於踐踏了他的基本態度與自尊。時枝所言之「原理」即「語言過程說」[13]。時枝經由與總督府編修官森田梧郎[14]的合作，開始積極參與國語問題。

殖民地大學的語言學——小林英夫

作為世界先驅率先將索緒爾的《普通語言學教程》翻譯成日文的，便是前文提及的小林英夫。一九〇三年小林生於東京，一九二二年法政大學畢業，一九二三年至一九二七年於東京帝國大學語言學科選科就學，指導教授為金田一京助。小林在初譯版之後，又著手改譯版，一九四〇年刊行第二版。時枝誠記於一九四一年刊行的《國語學原論》中參照兩個日語版本，對索緒爾的理論展開批評。不太為人所知的是，對小林的改譯提供協助，幾乎逐行加以校正的人就是語言學者龜井孝。我們並不清楚小林是否全盤接受龜井的指導，不過之後龜井對時枝批評索緒爾卻留下如下的「諷刺」文章。

「通過《語言學原論》，索緒爾的學說得以以正確的形式介紹給國語學界，索緒爾的優秀思想很快地在國語學者之間迅速傳播。單憑譯書即可展開對索緒爾的討論（例如，請看看時枝誠記的《國語學原論》吧），這全賴一心一意以良心翻譯的譯者小林之功勞」。龜井在東京帝大國語教室就教於橋本進吉門下，算是時枝的學弟。及早便開始以西歐的語言學真知灼見看穿「國語」意識形態的偏狹並欲加以破除。一九三八年時任國語研究室助理的龜井即以「國語學啊，必須置之死地而後生」為標題，主張根據語言學來推進「日本語學」的必要性。二戰之後，關於時枝利用其語言過程說進行「索緒爾批評」，究竟是起於時枝的誤讀，或是小林的「誤譯」，曾持續引發議論，被稱為「時枝論爭」。一九七〇年代初，因索緒爾研究而獲得全世界認可之丸山圭三郎，主張時枝的索緒爾理解完全偏離，不值得一論，同時也斷言小林面對索緒爾文本在選擇譯語詞彙時亦明確有誤。無法理解索緒爾的時枝，在東京帝大的語言學者、國語學者中毋寧屬於例外。龜井日後曾表示，當時語言學者中最理解索緒爾者，乃時枝的老師、國語學者橋本進吉。龜井與朝鮮語學者河野六郎乃生涯摯友，彼此影響著對方。

小林英夫介紹給日本的二十世紀語言學，並不止於索緒爾。京城帝大在職期間，小林陸續翻譯出版巴利（Charles Bally）、亨利・弗雷（Henri Frei），美學語言的卡爾・瓦斯勒（Karl Vossler），另也部分翻譯布拉格學派（Prague School）的特魯別茨柯伊（Nikolai Trubetzkoy）、哥本哈根學派（Copenhagen School）的葉爾姆斯列夫（Louis Hjelmslev），此外尚譯有房德里耶斯（Joseph Vendryes）、邦弗尼斯特（Émile Benveniste）等結構語言學（Structural Linguistics）學者的作品。小林的這些翻譯業績如後所述，有可能是與就讀京城帝大與東京帝大、具有天才語言學能力的年輕朝鮮人語言學者金壽卿共同合作的成果。

朝鮮語學——小倉進平、前間恭作

一八八二年小倉進平生於仙台。經舊制第二高等學校，一九〇三年進入東京帝大文科大學語言學科。語言學專業的同期同學有橋本進吉、伊波普猷，以及比他小一年級的金田一京助。橋本進吉專攻日本語學（日後的「國語學」），伊波普猷專攻琉球語、金田一京助專攻阿伊努語，而小倉則專攻朝鮮語學，但小倉的論文卻是〈至平安朝末期國語的音韻變遷〉。一九〇六年畢業後，一邊在上田萬年的國語研究室擔任助手，同時也在東京帝大文科研究所致力研究日語音韻史。這段期間小倉向當時任職講師的金澤庄三郎學習朝鮮語。一九〇五年，上田從此前擔任的語言學講座轉為國語教室主任教授，上田在此持續以國語研究為主，同時逐漸實現併置語言學的長年構想。金田一京助回想當時寫道，此前「語言學都是為了日本語的語言學……必須圍繞著日本語，釐清諸國語言與日本語的關係……小倉君是朝鮮語與國語，伊波君是琉球語與國語」，「那個誰是日語跟阿伊努語的關係」。此外，以語言系統論而聞名的服部四郎也表示，「為了釐清日本語的語源，由橋本負責國語，小倉負責朝鮮語，金田一負責阿伊努語，伊波負責琉球語」。安田敏朗引用這些回憶並指出，確立「國語」的過程與日本帝國主義對外擴張時期相重合，為了釐清「國語」的來源而求諸於周邊各種語言。國語教室正式運行的一九〇五年，也是日本簽訂《第二次日韓協約》剝奪大韓帝國外交權並設置統監府的一年。

小倉進平在一九一一年以朝鮮總督府學務局官員身分前往京城赴任。小倉被分配到學務局編輯課，職稱為「屬（官）」，兼任編修書記」。工作內容為「教科用圖書之編修及檢定相關事務」，換言之，即「教科書」的編纂業務。此外，一九一三年他也兼任京城高等普通學校的教諭（教師），之後又兼任京城醫學專門學校教授，教導朝鮮人學生「國語」。之後他忙於《朝鮮語辭典》的工作，除專門語項目之外，包含漢字語、固有語的所有項目都由他負責解說及校閱。安田敏朗仔細追溯此時期總督府在「教科書」編纂與辭典編纂的歷史，嘗試檢證小倉如何參與，但仍尚無法釐清參與的程度。此外，夾著三一獨立運動朝鮮總督府企圖轉變統治政策的時期，小倉如何認知此時朝鮮社會的「變化」，安田也表示「難以釐清」。雖然如此，如同安田也注意到一般，小倉繼續朝鮮的方言調查工作，且致力參與辭典編纂的大量校閲工作，可以推測這也成為小倉正式投身朝鮮語言學的基礎。對小倉而言，此時的課題並非「『國語』與『朝鮮語學』」，而是確立「作為語言學的朝鮮語學」規範。

推測此時期小倉活動的線索，是他與前間恭作的關係。檢視前間恭作與小倉進平書信往返的白井順，特別關注小倉將自己的第一部著作《朝鮮語學史》送給前間，前間回信表達了詳細的回饋一事。表示小倉與前間的認識應該早於《朝鮮語學史》出版的一九二〇年之前。前間恭作是以私費搜羅朝鮮書籍，打造朝鮮書誌學基礎的在野研究者，作為語言文字學者，其對日本朝鮮語學的確立做出重大貢獻[15]。

一八六八年前間恭作生於對馬，母親的家族代代作為朝鮮語通譯，中學時代，他向被招聘到對馬的朝鮮人教師學習朝鮮語，之後於慶應義塾大學學習英學與經濟學[16]，一八九一年以擔任通譯官為目標，成為外務省公費留學生前往京城。推測前間與小倉可能是透過金澤庄三郎的「介紹」而認識的。金澤於一八九八年留學大韓帝國漢城，參加由前間恭作、鮎貝房之進、淺見倫太郎等在野朝鮮學研究者組成之朝鮮學會。小倉在東京帝大向金澤學習朝鮮語的時期，前間出版了《校訂交鄰須知》（與藤波義貫共著，一九〇四年），之後更在白鳥庫吉的推薦下於一九〇九年出版《韓語通》。以《韓語通》的出版為契機，同年前間、鮎貝為核心的學者成立朝鮮語研究會。周時經（一八七六—一九一四年）也參加此研究會。對於前間恭作的這些活動，小倉不可能不知情。日韓合併次年的一九一一年，前間向朝鮮總督府辭職並回國。小倉的赴任是在同年五月，前間離開是在七月，因此小倉與前間有可能見過面。之後，前間到過世的一九四二年為止未再踏上朝鮮的土地，但他已建立蒐集書籍、書誌及學術情報的網絡，因此從未停止過自己的研究活動。一般認為，成為小倉朝鮮語言學基礎的龐大朝鮮書誌學及語言文字學，就是在以前間為中心的這個網絡中習得。前間也精通英語，大量閱讀西歐的文法書與語言學書籍。推測前間也對這位新進的語言學者小倉寄予厚望。一九二九年，金澤庄三郎出版《日鮮同祖論》時，前間提到小倉撰寫的書評，表示「對金澤氏近著的評論實在讓人感到痛快」，並揶揄金澤該書說「語言是我們從母親胎內帶來的，實在是嶄新的論述」。前間與小倉的交流一直持續到前間過世前，根據白井的說明，從他們之間的書信往來可讀出兩位彼此尊敬的學者身姿。

小倉的《朝鮮語學史》是一本關於朝鮮語相關資料的書籍，更是一個基於音韻論，用語言學方法分析朝鮮語的開創性成果，成為往後朝鮮語學的基礎。小倉的語言學分析，具備強大的文獻學實證分析佐證，故有很強的說服力。例如，《朝鮮語學史．三韻通考》的書誌學考證，因有人（岡田希雄）指摘其另有副本，小倉頓感有所不足，立刻重新加以考證，重新發表〈《三韻通考》及《增補三韻通考》〉（收錄於《增訂朝鮮語學史》，刀江書院，一九四〇年）。

小倉在一九二四年至一九二六年外遊歐洲、美國，一九二六年京城帝大的本科授課開始，他也晉升為教授。留學之前已完成《鄉歌及吏讀之研究》的手稿，但正式發表則在一九二九年的《京城帝國大學法文學部紀要》。小倉接著以〈京城帝國大學法文學部研究調查冊子〉的形式發表《安平南北道之方言》、《咸鏡南道及黃海道之方言》，提升了新成立帝大的學術水準。總括小倉的研究，他專注於未開拓的朝鮮語歷史研究，努力鑽研，在同時代語言學研究中展現傑出成果，也推動之後的研究發展。方言研究不僅是探求方言中的古語，更為朝鮮語的歷史重構進行調查與研究。成為古代新羅語研究出發點的

《鄉歌及吏讀之研究》，這一前所未有的研究領域，通過對鄉歌新羅語的全面解讀，闡明了新羅歌謠的全貌，功績甚偉。此研究不止於語言學，可說更將視野拓廣到朝鮮古代史的研究。他的主要著作包括文法史研究《朝鮮語中的謙讓法、尊敬法之助動詞》（一九三八年）、《增訂朝鮮語學史》（一九四〇年）、方言研究成果的集大成遺作《朝鮮語方言之研究》（一九四四年）等，還發表大量其他專著與論文。

小倉在一九三三年擔任京城帝大教授的同時，也兼任東京帝大語言學科主任教授。一九四三年從東京帝大退休。一九四四年過世。在東京帝大教導過的朝鮮人學生有柳應浩[17]、金壽卿等。

世界級中國語學、音韻學者高漢本的弟子——河野六郎

一九一二年河野六郎出生於東京，與前文提及之龜井孝同年。其兄河野與一是精通十三國語言的哲學家、翻譯家，在三高、東北帝大等處教書，同時也在岩波文庫出版大量翻譯作品。弟弟河野六郎在一高時期也被譽為語言天才，除德、法、英、俄語之外，尚修習了希臘語、拉丁語、梵語，且更進一步學習中國語、朝鮮語（根據河野弟子菅野裕臣的回憶，河野也學會希伯來語及阿拉伯語）。河野六郎學生時代讀了瑞典世界級中國語學、音韻學者高漢本（Bernhard Karlgren，一八八九－一九七八年）之《中國音韻學研究》，立志學習音韻學。他寫信給高漢本，高漢本對河野的學識感到驚訝，之後僅通過通信的方式持續他們的師生關係。據說向東洋文庫推薦河野的就是與他從未見過面的高漢本。龜井孝回憶道，一高教授、西洋史學家的父親龜井高孝對他說：「像河野這樣的人去研究語言學也無妨，但你的語學能力還是適合研究國語學吧。」龜井從小即追隨德國人家庭教師學習德語，且進一步習得法語與英

語，若連擁有此番語學能力的龜井也如此回憶，大概不難想像河野的語言天賦是多麼難以企及。

一九三七年河野六郎畢業於東京帝大語言學科，畢業論文是〈玉篇中出現的反切音韻研究〉。一九四〇年在小倉進平的推薦下，前往京城帝大法文學部擔任助理，次年河野成為朝鮮語學講師，一九四二年升任助教授。

河野六郎作為語言學者的出發點，如前所述，即是想把古代以來的中國音韻學以現代的語言學科學理論加以重新檢討。在傳統音韻學中導入新的語言學方法，賦予比較音韻學基礎的人，即是高漢本。河野的畢業論文〈玉篇中出現的反切音韻研究〉可說已達到一個完整作品的程度，是篇具有高度完成性的論文，也讓語言學界感到驚艷。河野研究朝鮮語的字音，之後更進一步鑽研中國語、日本語的字音，進行語言學的比較研究。河野從東京帝大畢業到任職京城帝大助理的期間，獲得小倉以「朝鮮語方言之採集及整理」為題，向日本學術振興會申請的研究資金，在此研究項目下進行朝鮮語的方言調查。該成果的一部分於一九四五年四月在京城獲得出版，書名為《朝鮮方言學試攷——「鋏」語考》。此外，他也著手《蒙語老乞大》的音韻論研究。

京城帝大語言學的終焉——金壽卿

金壽卿一九一八年生於江原道通川郡。四年[18]便從群山中學跳級，於一九三四年進入京城帝大預科就學，這年發生了三宅鹿之助事件[19]。一九三七年金壽卿進入京城帝大法文學部哲學科，向安倍能成學習西洋哲學史，向宮本和吉學習胡塞爾（Edmund Husserl），並在小林英夫的指導下研究語言學。金壽卿的語言學天分很早就獲得肯定。一九四〇年京城帝大畢業，進入東京帝大語言學科研究所，接受小倉進平的指導（小倉退休後，改由以語言系統論知名的服部四郎擔任指導教授）。研究主題為「朝鮮語的比較語言學研究」，一九四四年任京城帝大朝鮮語學研究室的囑託（助理）職位。關於此次「囑託任用」的情況，板垣龍太引用河野六郎的說法，表示菅野裕臣回憶道，「金壽卿氏為了逃脫學徒動員而擔任京城帝大的無給職助理」，板垣認為「這是負有任用囑託責任的河野說出之證詞，因此有可信度」。日本內地因戰況惡化，法文系學生的徵兵延期遭撤銷，實施日本人學徒出陣，在此狀況下，為避免大學中只剩下來自朝鮮、臺灣的「留學生」，又施行由這些「留學生」自行「志願」編入現役軍隊的法令。根據河野的回憶，金壽卿據傳在京城帝大就學時屬於「左翼」，服部四郎在當時也聽過這樣的傳聞。一九三九年朝鮮文學講師金台俊因與左翼的京城同志會有所牽連而遭舉發入獄。因發生如此事件，京城帝大朝鮮語學研究室、朝鮮文學研究室對左翼學生而言自然不安全，除了左翼學生，甚至助理、講師也可能面臨危險。自不待言，朝鮮人學生的「志願」是來自當局「強制性」的勸說。河野在這層意義上也背負責任，河野的決定應該擔負著相當沉重的分量。

河野與金壽卿何時認識，現並無定說。根據小林的回憶，一九三七年左右起，金壽卿開始進出小林的研究室，吸收語言學的知識。這段學習，除在金壽卿留學東京帝大的期間有所中斷外，一直持續到日本戰敗為止。一九四〇年小林出版索緒爾的改譯版之際，提及三名人物「協助將舊譯文改為橫寫」，其中一人便是金壽卿。板垣推測，金壽卿擔負的工作應超過小林的說法。若此推論為真，那麼如前所述，改譯版的實際共譯者龜井孝有可能從小林口中得知金壽卿，而龜井將此訊息傳遞給同樣熟悉最新西歐語言學理論的好友河野，也不足為奇。

根據菅野裕臣記錄的河野回憶，河野不僅提及「逃脫學徒動員」，也論及與金壽卿的關係、金壽卿的為人，以及其他饒富趣味的逸事。

河野撤退回日本時，將所有的藏書與學術文獻都寄放在金壽卿處，只帶著剛完成的《朝鮮方言學試攷》一冊及孩子的尿布與奶瓶，在釜山搭上歸國船隻。當時寄放在金壽卿處的學術文獻中包含未出版的畢業論文〈玉篇中出現的反切音韻研究〉。光復後的混亂加上金壽卿前往北朝鮮、韓戰爆發等狀況下，這些藏書與學術文獻皆下落不明，推估大概已經散佚。韓戰時「疎開」到釜山的首爾大學生安秉禧（朝鮮語學者，首爾大學教授）在舊書店中偶然發現此論文並購入，之後歸還河野，如此才回歸作者手中（收錄於《河野六郎著作集》）。河野與金壽卿相熟，在京城曾一同出版雜誌，河野還在該雜誌上刊登關於《蒙語老乞大》的研究，但據說此雜誌最終仍未能出版。對河野而言，金壽卿並非學生，而是同為朝鮮語研究者的晚輩。菅野論及，河野曾表示，二戰結束後京城帝大時代的學生之一——韓國的梁在淵（梨花女子大教授，文化人類學），與前往北朝鮮的金壽卿，皆分別有寄給他韓國和北朝鮮的學術期刊，可得知二戰後金壽卿與河野仍有聯繫。

板垣龍太在金壽卿的交友範圍內，調查金壽卿可能與共產主義有關聯的人際關係，其中提到一個值得關注的細節，他的舅舅李種植在京城帝大學習經濟學，參與「經濟研究會」，也與反帝同盟有關，是一位馬克思主義者。此外，金壽卿的哲學科前輩，同時期在東京帝大留學的金桂淑也參加「經濟研究會」、閱讀馬克思主義文獻。「經濟研究會」乃三宅鹿之助等人指導的學生團體，金壽卿進入京城帝大預科時正好是一九三四年，亦即發生三宅鹿之助事件之際。金壽卿自年輕時便關注馬克思主義，此點應當無誤。如果說他某種程度上掌握著潛伏各地的共產主義者動向，也不會令人感到驚訝。

光復後，金壽卿立即以「京城大學自治委員會」的一員展開活動，自治委員會提出由自治會組織接管大學並進行重建的方針。此「自治委員會」的成立非常迅速，推測京城帝大內外已經預測日本即將戰敗，所以之前便展開有組織的行動。然而，進駐的美軍學務當局卻一概忽視此種活動，最終此運動遭遇挫折，金壽卿辭去京城大學的職務，之後在併入首爾大學的京城經濟專門學校、京城大學預科、京城師範學校等擔任教職。一九四六年五月加入朝鮮共產黨，恰逢平壤正在籌備、推動成立金日成綜合大學，對金壽卿發出聘書。金壽卿選擇持續進行共產主義革命的北朝鮮、參與成立新的國立大學之途，於一九四六年八月偷渡越過三十八度線。同行者還有已經投靠北朝鮮，曾就讀京城帝大史學科的歷史學者朴時亨與金錫亨。

關於金壽卿之後的研究活動，板垣龍太曾做過詳細調查。直到一九六八年為止，金壽卿任職金日成綜合大學且為北朝鮮語言學的核心人物，之後便無音訊，至一九八〇年代後半金壽卿又重啟研究活動，二〇〇〇年過世。一九七〇至一九八〇年代任職於中央圖書館。作為語言學者，金壽卿根據共時語言學（synchronic linguistics，又稱靜態語言學）與結構語言學方法傾注心力研究現代朝鮮語，因而不得不放棄歷史語言學的研究。在北朝鮮，因韓戰導致包含書籍、文獻在內的各種資料盡失，韓戰之後金壽卿給小林英夫的書信中，委託對方寄來小倉進平及前間恭作的舊作等，大概係因此種狀況。一九八三年，金壽卿居住於加拿大的女兒（次女）金惠英，前往日本東北大學拜訪河野的弟子中村完教授，並在中村的陪同下前去訪問河野。

五、哲學

哲學科的自由主義者——安倍能成

一八八三年安倍能成出生於愛媛縣松山市。經舊制松山中學、第一高等學校畢業後，一九〇六年進入東京帝大文科大學哲學科，一九〇九年畢業。在學期間進入夏目漱石門下，撰寫文藝評論，在哲學科專攻康德，一九一九年翻譯《康德道德哲學原論》（藤原正共譯，岩波書店），另外著有《康德的實踐哲學》（一九二四年）等書籍。一九一四年，岩波書店創業後不久，他將一高時的同學摯友岩波茂雄介紹給夏目漱石，岩波在漱石歿後由安倍等人編輯《漱石全集》並刊行，藉此順利展開經營。同時期安倍也在岩波書店進行《哲學叢書》（一九一五年開始刊行，一九一七年結束）的編輯，該叢書全十二冊，在哲學書籍中取得令人意外的銷售佳績。通過這兩個成功的企劃，原本是新興小出版社的岩波，一舉名聲高漲。特別是《哲學叢書》的出版，是岩波書店作為哲學、思想、學術書籍出版社確立權威的最初一步。

安倍任法政大學教授後，一九二四年被任命為京城帝大法文學部教授，此時一同被任命的速水滉、上野直昭、宮本和吉等，皆為《哲學叢書》的執筆者。十二名執筆者中，有四名前往京城帝大赴任，他們皆在一高、東京帝大哲學科認識彼此。拔擢安倍成為京城帝大教授的是第一任總長服部宇之吉，服部也曾就讀一高、帝大哲學科學習西洋哲學與理則學，以康德哲學的「人格」概念為基礎解釋儒學。據說速水、上野、宮本都是由安倍推薦的。聚集在哲學科的這些學者，大多站在自由主義與人道主義的立場，積極採納西歐最新的學問動態。安倍等人認為，「身為最高水準的大學，在學術上導入最先進的學問，維持學問的普遍性」，帶有某種理想主義的學術方向，且以此為目標努力。

一九二四年安倍以京城帝大預科教授的身分前往歐洲留學，一九二六年隨著本科開學，他負責京城帝大「哲學、哲學史第一講座」。

安倍自然而然地認為，通過出版能促成學術、文化的發展與深化。安倍與岩波書店的關係，對新設帝大確立學術名聲具有重大的意義。有關「京城帝大與出版」，尚有另一位重要人物：法哲學者尾高朝雄。尾高的兄長尾高豐作創立的刀江書院，早已擁有朝鮮相關出版的實際業績，本科開學兩年後的一九二八年旋即刊行《京城法學會論集》，次年起出版其後續刊物《京城帝國大學法文學會論集》（一九三四年以後改名《京城帝國大學法學會論集》）且持續至一九三五年。隨著總督府的言論統治加強，論集的刊行轉移至岩波書店，且將京城帝大論集大幅擴充，分別涵蓋法學、文學與史學領域。以「京城帝國大學文學會論纂」之名，陸續出版《史學論叢》、《語文論叢》、《教育與哲學》、《史學論叢第二》。同時還出版船田享二、尾高朝雄、高木市之助、時枝誠記等個人著作，以及清宮四郎翻譯的凱爾森（Hans Kelsen）《一般國家學》等。安倍被認為是守護京城帝大自由學術主義的代表性學者，而從旁支持他的便是岩波書店。

安倍於一九四〇年九月由京城帝大轉任一高校長。即便在戰爭期間，他仍貫徹自由主義立場，成為受人稱讚的知名校長。當中日戰爭陷入泥淖，他曾向近衛首相進言，勸說早日締結和平，據說到大戰末期，他與重光葵等人取得連繫，彙整戰爭結束的工作案。日本戰敗後的一九四五年十二月，他被勅選為貴族院議員，參與制定《日本國憲法》，一九四六年擔任幣原喜重郎內閣的文部大臣，進行教育改革，並推動戰後日本的民主化進程。他也長期擔任學習院院長，且身為「和平問題談話會」代表者，站在護憲辯論的第一線。日本戰後和平論的源流，可說就在此「和平問題談話會」。其核心主張為日本完全解除武裝與「非武裝中立論」。安倍歿於一九六六年。

六、法學

法學科的教授們

京城帝大的法學科，是包含法律、政治、經濟相關學問的單一學科，畢業生全體授予法學士的學位[20]。一九二七年將政治學科整合入法學科，一九三五年起區分為修習課程第一類（純粹法學、私法學）、第二類（公法學、政治學）與第三類（經濟學）。

法學科整體教授陣容約有三十人，關於主要的教授人選，總長服部宇之吉完全聽任東京帝大法學部長山田三良（第四任京城帝大總長）決定。公法學者包含泉哲、松岡修太郎、清宮四郎，日後有鵜飼信成、祖川武夫等。法哲學者則有專攻國家學的尾高朝雄。除泉哲外，教授群幾乎都畢業於東京帝大法學部。專業領域部分，泉為國際法、清宮為憲法、松岡為憲法及行政法、祖川為國際法。經濟學有四方博、鈴木武雄、山田文雄，財政學有三宅鹿之助，政治學有戶澤鐵彥等人。

此處將提及與殖民地統治法律基礎密切相關的憲法學學者清宮四郎，以及當時在日本尚屬未開拓領域的法哲學、法理學領域權威尾高朝雄。他們是指導韓國第一世代憲法學者、法哲學者的人物。

「知識的雙重結構」——清宮四郎

一八九八年清宮四郎生於埼玉縣浦和（今埼玉市），一高畢業後進入東京帝大法學部。一九二三年畢業後進入內務省就職，但因難以割捨對學問的熱愛，向老師美濃部達吉與山田三良商量後，山田將他推薦給京城帝大。清宮立刻成為京城帝大預科的囑託，以總督府派往日本內地的形式，自一九二四年起在東京帝大法學部研究室接受美濃部達吉的教導。清宮自學生時代起便對殖民地朝鮮抱持關心，並受主張朝鮮自治的吉野作造影響。一九二五年前往歐洲留學，在當時針對法理論引起激烈議論的海德堡大學與維也納大學學習。移往維也納大學是為了參加漢斯．凱爾森（Hans Kelsen）的課程。一九二七年成為京城帝大助教授。清宮與松岡皆為美濃部達吉的弟子，是主張天皇機關說的憲法學者。歿於一九八九年。

關於清宮四郎的研究，憲法學者石川健治發表了一篇劃時代論考〈「京城」的清宮四郎——邁向「外地法序說」之道〉。對清宮從歐洲留學到京城帝大對法理論的思索過程，甚至他生前讀書畫線的方向，皆進行詳細的調查，並與同時代的歐洲法理論開展進行對應論證，闡明其理論思索的深化，盡皆反映於日後《日本國憲法》通說奠基者的清宮四郎憲法論中。

石川將清宮稱為「境界線的思想家」（〈憲法中的「外國」〉收錄於《日本法中的外國法——基本法的比較法考察》）。清宮特別有意識地致力於「私法與公法的界線」、「法制定與法適用的界線」、「立法行為的理論上、事實上、正義上、法內容上的界線」、「前法與後法的界線」、「內地與外地的界線」、「內地人與外地人的界線」、「憲法的時間上、空間上的界線」。清宮憲法學的基礎，全在京城帝大法文學部與包含法哲學者尾高朝雄在內的同事，切磋琢磨後成形。石川描述說：「為了前往帝國邊境……赴任的他們，總督府與他們全數約定可留學三年，在與西伯利亞鐵路直接連結的此地〔京城〕，同事們輪番回國，不斷接收新鮮的歐風，形塑特殊的知識社群。……成為日本開展最前衛學問的場所。」雖說如此，這些身在「邊境」的人們並未能全面享受「學術上的自由」。石川指摘，「『京城學派』的人們在朝鮮半島的首府，作為擁有特權的知識分子，且為各領域為數稀少的專家，都不得不以各自的方式參與『半島』統治，此為不爭的事實，『京城』之地，是不得不把『知識的雙重結構』當作主題，具備殖民地特有情狀的場域」。此言甚是。此處的「京城學派」指法學科的人們，而「知識的雙重結構」，典型即指「帝國憲法」不能及之殖民地，需以「外地法」教導該處的「外地人」學生，此即憲法學者清宮四郎的認知。這對所有在京城帝大中以日語教導日本學問的所有教授而言，應皆共通。然而，此「雙重結構」乃多面體，會因人而異，也會因所依紀律而性質相異。因此毋寧稱之為「知識的多重結構」更妥。石川一方面提醒讀者因「違反《治安維持法》與藏匿犯人罪」而遭舉發的經濟學者三宅鹿之助，與清宮四郎在事件發生後彼此有著半偶然的緣分，一邊觸及清宮的「知識應有樣貌」。三宅一家人被趕出他藏匿犯人的官舍，清宮夫婦前去幫助日夜悲嘆的三宅夫人搬家，之後清宮一家竟被分配入住該官舍。該處的

「大廳」正是三宅挖洞藏匿犯人的「現場」，此事在一九三五年遭大肆報導，也是天皇機關說事件如火如荼之際，石川推測清宮應該也感受到危機，「必須覺悟到」「下一個被趕出去的就是自己（〈窮極之旅〉，收錄於《學問／政府／憲法》）。當時支持美濃部的法學者們極有可能著作漸次遭禁。清宮的危機感來自前一年在京城撰寫的〈違法的後法〉，該篇文章乃支持美濃部達吉的論文，此事經常縈繞他心頭。無論如何，清宮的「知識的雙重結構」面臨的狀況與三宅不同，即便他們都有「危機感」，但放在《治安維持法》來看，雙方的學術思考明顯不同。同樣的狀況也發生在下一小節，尾高朝雄的「知識雙重結構」更是與三宅、清宮截然不同。

建構現象學式的國家學——尾高朝雄

一八九九年，尾高朝雄生於朝鮮的釜山（東萊府）。祖父為明治時期的殖產家尾高惇忠，外祖父為澀澤榮一，其父尾高次郎進入第一銀行任職釜山分行長時，朝雄出生。據說名字中的「朝」即採自朝鮮的「朝」。經一高後進入東京帝大法學部，一九二三年東京帝大畢業，同年進入京都帝大哲學科，師事西田幾多郎，一九二六年三月畢業。一九二八年被任命為京城帝大法文學部助教授，負責政治學、政治史第二講座。同年十一月起，留學歐美三年半，在維也納大學師從漢斯．凱爾森學習國家學，在弗萊堡大學向胡塞爾學習現象學。特別是在閱讀和理解《形式邏輯與超越論邏輯》上直接獲得胡塞爾的徹底指導。在留學期間的一九三〇年升任教授，一九三二年歸任。關於尾高的法哲學——道德主權論，石川健治有詳細的解說（尾高朝雄，《國民主權與天皇制》，講談社學術文庫，二〇一九年）。石川也指出，清宮法理論的形成，與身在京城仍關切歐洲學界動向的尾高朝雄有關，他們彼此切磋琢磨，對清宮具有決定性的影響。尾高在研究胡塞爾的年輕哲學家之間打造一個共享哲學問題的社團，此學者間的緊密國際關係被稱為「尾高專項」。「社會學式現象學」的創始者阿爾弗雷德．舒茨（Alfred Schütz）即是其中一人。尾高則朝著建構「現象學式的國家學」邁進。

尾高歸任後，成為國際上知名的磊落自由主義者，且在朝鮮人學生間也是備受歡迎的教授。然而一九三七年因南次郎總督、學務局長塩原時三郎推動「皇民化政策」讓狀況驟變。根據尾高愛徒，留下詳細尾高授課筆記的李恒寧回憶，尾高「成為激烈的國家主義者、愛國者」。[21]

尾高甚至表示「所謂的內鮮一體，是立足於國體本義的大理念」，「其第一前提，即半島民眾達成完全的皇國臣民化」，「第二前提，是內地人、朝鮮人共同以此理念為目標，協力邁進」，「只有真正具備此二前提」，「方能超越內地人、朝鮮人之別，具體體現一君萬民的國體」（《國體本義與與內鮮一體》）。他還強調「日本乃以天皇中心、君民一體作為國體本義之國家」。尾高的這些說法，是該視為他取自總督府「皇民化政策」的固定文字套路，一時借用的思想，抑或必須視為他基於現象學方法，分析出精巧的「國家」、「社會」、「法」、「政治」、「正義」等基本概念，再基於此概念形成尾高現象學的國家論延伸產物？如果是後者，那顯然從基本就脫離了胡塞爾現象學。因為胡塞爾現象學著眼的是根源性的「經驗世界」、「生活世界」，這與「萬世一系，君民一體之國體」般的論述完全異質。「一君萬民的國體具體體現在半島的天地」，如此的「事實世界」根本不存在。一九四〇年成為學生主事的尾高，「自行理平頭穿陸軍少尉軍裝，站在學生面前勸導大家斷髮」，「或許是為了徹底斷絕直至最後仍抗議斷髮令的朝鮮學生想法，某日……選出八人通告他們無限期停學」。這是他宣稱自己為「隊長」，對朝鮮半島進行「思想戰」的實際表現嗎？朝鮮人學生們私下稱尾高為「軍國主義的走狗」，也拒絕參加尾高的課程。尾高的「知識的雙重結構」變得完全一元化。一九四四年五月，尾高離開京城，轉任東京帝大教授。根據他的回憶，那是令他「不忍離去的朝鮮」，但那樣的「朝鮮」，或許是尾高應當立足的「經驗世界」、「生活世界」。尾高於一九五六年過世。

七、經濟學

撼動京城帝大的三宅鹿之助事件

一九三四年五月二十一日，主講財政學的三宅鹿之助教授，因在京城自宅（官舍）客廳地板下挖洞藏匿逃亡中之共產主義活動家李載裕之嫌而遭逮捕，朝鮮人的助理也遭舉發，這是一起震驚京城帝大、朝鮮總督府的事件。三宅被從自宅帶走，李載裕因躲藏在地洞中而免遭逮捕。遭警方拘捕後，面對警方訊問，三宅堅持兩天拒絕屈服，藉此幫助李載裕脫逃，他計算好時機最後才「自白」。三宅被以「違反《治安維持法》、藏匿犯人罪」起訴。同年十二月判決徒刑三年，收監於西大門監獄，且遭「剝奪職位」。三宅根據自身的學術信念，參與到殖民地朝鮮的共產主義運動。

日本戰敗後，三宅回歸教職，於高崎市立短大（日後的高崎經濟大）、東北學院大等校教導馬克思經濟學，不過對事件幾乎沒有留下任何證詞，僅在一九六六年某座談會上回憶了當時的情況[22]。在此回憶發言中，關於他藏匿的李載裕，令人意外地，三宅竟「完全沒見過這個朝鮮人」，「之後被檢事局的人告知那是名為李載裕（？）的共產黨員……」。此「證詞」與事件當時警方的「紀錄」相異，也與事實不同。關於談到在京城帝大活動的部分，例如他提及「某朝鮮人」委託翻譯〈十二月綱領〉（一九二八年十二月共產國際執行委員會發表〈關於朝鮮問題的決議〉），他們一起閱讀該文，但並未說明該朝鮮人的姓名或時間。此外，他也提到「某位好像是朝鮮人活動家的人」來訪，委託他請託東京的律師布施辰治進行「公審鬥爭」，為此他前往東京，但始終未說明該「好像是活動家的人」是誰。換言之，事件發生三十二年後的這段「回憶」，仍只能看出他欲隱匿自己與朝鮮共產主義運動之間的關係[23]。

另一方面，他對京城帝大的學生則具體指出姓名，表示「每一位都是優秀的學生」，而他與朝鮮共產主義運動的關聯，通過這些學生的姓名也給出了一些暗示。這些「優秀的學生們」是京城帝大二期生崔容達、李康國、朴文圭[24]，以及三宅事件之際與他關係最密切的鄭泰植（六期生）。他們皆為京城帝大的助理。此處將討論三宅鹿之助及接受他教導，成為京城帝大助理的朝鮮人學生活動及日後狀況。可說，在帝國日本學術中樞之一的京城帝大，他們與三宅一同挑戰殖民地帝國大學的內在矛盾與極限。

三宅鹿之助與朝鮮人京城帝大助理——俞鎮午、崔容達、李康國、朴文圭

經濟學講座中，第一講座從最初到停辦為止，皆由朝鮮經濟史研究權威的四方博擔任。四方匯集負責經濟史與社會法的教授，在當地完成了前後共三次朝鮮經濟史的論文集。被評價為對殖民地統治態度消極的良心派教授。不過，也可說四方的貢獻僅只於此。四方基於細密精查的一手資料進行之實證性人

口學研究，之後長期成為朝鮮經濟史的基礎文獻。日本戰敗後，歷任名古屋大學教授、岐阜大學校長等，對日朝友好運動及和平運動盡心致力，但，韓國近年來有指責四方研究的聲音，認為他的研究在朝鮮現代化過程中太過強調日本扮演的角色，正當化了日本的侵略。

在第二講座負責財政學的，即是三宅鹿之助。

一八九九年三宅鹿之助生於大阪，與雙親共同移居臺灣新竹，在新竹就讀小學校，之後進入臺北中學（尾崎秀實比他小兩個年級），之後進入舊制八高，一九二〇年至一九二四年就學於東京帝大經濟學部（畢業時的教授是大內兵衛，助教授為日後成為勞農派馬克思主義的代表人物有澤廣巳，以及同樣日後成為講座派馬克思主義代表的經濟學者山田盛太郎，山田比三宅大兩歲，在經濟學部擔任助理）。據稱三宅在高中時代接觸河上肇的著作並深受感動，因此專攻馬克思經濟學。東京帝大畢業後，任法政大學經濟學部專任講師，之後一九二七年前往京城帝大擔任助教授。雖然他負責課程是財政學，但身為馬克思經濟學者，實際上他開設的是「唯物史觀與馬克思經濟學」的課程。

日本的「馬克思經濟學」，在此時期通過基於精細解釋馬克思主義文獻的方法論，以及嚴密的科學實證性，確立且持續成為給日本社會科學整體打下基礎的學問。此領域的紀念碑式大部頭作品，是由野呂榮太郎、山田盛太郎、平野義太郎、大塚金之助等人編輯，從一九三二年至一九三三年由岩波書店刊行之全七冊《日本資本主義發達史講座》，以及彙整山田在《日本資本主義發達史講座》上執筆的三篇論文，並於一九三四年同由岩波書店刊行之《日本資本主義分析》。山田的《日本資本主義分析》中，將日本資本主義定義為「軍事性半封建之資本主義」，結構性地闡明此為「絕對主義之天皇制權力」的物質基礎。在《日本資本主義發達史講座》中，山田以此結構分析作為基礎，目標在闡明走至帝國主義的日本，其社會、文化整體的歷史開展。《日本資本主義分析》、《日本資本主義發達史講座》與共產國際的〈三二年綱領〉所指示之日本革命方向一致，以科學性、實證性來證明日本共產黨綱領具備實踐性的意義。亦即，與打出「打倒天皇制」、「反對侵略戰爭」口號的共產主義運動直接相連。三宅的活動不限於京城帝大校內的研究，他之所以會以「理論與實踐的統一」為目標，係因一九三三年他接手幾乎陷入毀滅狀態的日本共產黨中央委員長職位，以一九三四年遭警方羈押並在拘留期間身亡的在野研究者野呂榮太郎為終極目標，而「理論與實踐的統一」即是三宅與舊識的日本馬克思學徒們的共同目標。到任京城帝大的三宅，也在被譽為「曠世奇才」的朝鮮人京城帝大學生（一期生，一九二九年任助理）俞鎮午[25]為核心，且獲大學官方認證的學生團體「經濟研究會」上，指導眾人學習馬克思主義。

　　三宅因為在外研究，自一九二九年至一九三一年四月留學德國、法國、英國，後途經美國返國。這段期間，國崎定洞（東京帝大醫學部助教授，一九二七年加入德國共產黨，日後前往莫斯科，一九三七年史達林肅清政敵時被當作「日本間諜」遭槍決）以柏林作為據點進行國際活動，以他為核心組成平野義太郎等人也參加的日本人共產主義者集團，三宅此時也加入此團體。據三宅的「回憶」，當他歸國時檢方已經做好舉發的程序。據說當時安倍能成告知三宅：安倍能成被總督府喚去，要求對三宅做出人物評價，總督府的最高決策（宇垣一成總督）最終決定放過舉發三宅。在日本國內，一九三〇年山田盛太郎、平野義太郎早已因違反《治安維持法》遭舉發，並被東京帝大解職。三宅應該也充分知道危險正在逼近。

在此狀況下，在三宅成為教授後的一九三一年九月，因三宅在外國研究時期的一九三〇年被解散之「經濟研究會」主要成員，俞鎮午、崔容達（一九三一年成為法科助理）、李康國（同上）、朴文圭（同上）等人，成立「朝鮮社會事情研究所」，三宅也參與此些活動。他們的活動與京城帝大學生反帝鬥爭等當時校內外急速擴展的學生、勞工運動相結合，也一直與多個重建朝鮮共產黨的地下活動相關聯。

李康國宛如與三宅輪班，一九三二年前往柏林大學留學，三宅將李介紹給國崎等人的「柏林反帝團體」。李於同年加入德國共產黨，根據對參與國際共產主義運動的日本共產主義者事蹟做過詳盡調查的現代史學家加藤哲郎所述，井上學曾說過，三宅從在外國研究「歸朝」（返回朝鮮）後，仍保持與國崎團體的聯繫，在朝鮮的實踐活動包含組織畢業生、助理、學生，蒐集資料、辦理讀書會、舉行研究會，此些舉措皆向國崎團體報告。井上推測，一九三四年初，李康國即祕密把「第十三次共產國際執委會綱領」送至崔容達、朴文圭，再由崔容達交給三宅，三宅翻譯後，通過鄭泰植再交給朝鮮共產黨重建運動的另一位領導者權榮台。三宅自然讀過〈十二月綱領〉，推估曾與助理、學生們在研究會上詳細檢討過。

國際共產主義運動的文獻在三宅的研究會上如何被檢討，包括成員在內皆未留下具體的紀錄。但觀察野呂榮太郎在〈二七年綱領〉之上完成的《日本資本主義發達史》，山田盛太郎的《日本資本主義分析》與〈三二年綱領〉一致，以及三宅尊敬的河上肇將其翻譯等，將歐洲或蘇維埃聯邦最先端的馬克思主義研究引入日本帝國先端的殖民地帝國大學，此中意義三宅應當十分理解。這些研究活動當然具備學術上的意義，但在實踐上應也具有重要意義。有必要注意的是，在與日本內地的研究動向與實踐活動的關聯上來看，此絕非孤立單獨為之。

不僅如此，崔容達早在一九二九年即以「經濟研究會」進行元山總罷工的調查，將報告書發表於三木清、羽仁五郎等人主編的馬克思主義理論雜誌《在新興科學的旗下》（新興科學社，一九二九年七月號），朴文圭在《京城帝國大學法文學會第一部論集　第六冊　朝鮮社會經濟史研究》（刀江書院，一九三三年）發表〈關於作為農村社會分化起點之土地調查事業〉。一九一〇年起日本帝國主義把朝鮮全境殖民地化，歷經八年實施「土地調查」，藉此鞏固殖民地統治的制度性基礎，朴論文針對此「土地調查事業」的實態進行詳細分析，是首次從理論與實證層面闡明其對朝鮮社會所造成的歷史性意義之著名論文。其中包含規範「事業」性質的歷史性諸條件、「事業」的性格、之後及於農村社會分化的影響等，進行綜合性解析，為劃時代的論文。井上指出，根據警方資料等，一九三二年初崔容達、朴文圭、李康國等京城帝大三位助理負責撰寫的〈朝鮮政治經濟法律制度之報告書〉，有可能通過三宅由李康國送交國崎團體。

民間團體「朝鮮社會事情研究所」成立之際，據稱，最終與他們選擇不同方向的俞鎮午，可能也是在三宅的指點下，於一九三一年與在東京模仿該團體而成立的大原社會問題研究所（當時為財團）等接觸。從京城帝大的背景來看，或許與尾高豐作、尾高朝雄兄弟提供支援，由大塚金之助擔任所長的東京社會科學研究所也有接觸。朝鮮社會事情研究所的活動包含撰寫《朝鮮社會運動史》、各種統計的調查與資料蒐集、提供等，這些活動三宅肯定有所參與。上述包含助理在內的此研究所年輕學徒們，大概促進了三宅鹿之助與朝鮮共產黨重建運動集團的接觸。他們參與朝鮮共產黨重建活動，以打倒帝國主義日本為目標，三宅基於對自身學術的信念而支援他們。一九三三年朝鮮共產黨重建運動的領導者之一李載裕，透過助理鄭泰植居中搓合，與三宅建立聯繫。根據井上的說法，鄭泰植在京城帝大三年級時，受三宅感化成立學生讀書會，又在三宅的介紹下前訪河上肇，一九三四年畢業後成為助理。共產黨重建運動的另一位領導者，通過俄羅斯獲得赤色職工國際（Profintern）派遣的權榮台，也是由鄭泰植介紹給三宅。根據發現〈李載裕偵查報告〉的金炅一說法，一九三三年三宅與李載裕曾數度進行面談。

助理們之後的狀況

遭舉發的三宅鹿之助，在京城地方法院因「違反《治安維持法》、違反《出版法》、藏匿犯人被告事件」遭到「公審」。三宅被舉發一個月後，對預審法官上呈報告書，發誓絕不再實踐馬克思主義，更在預審終結與公審開始之間，二度上呈報告給京城地方法院庭長，請求減輕其刑，且附上一篇「感想錄」。「感想錄」中陳述共產主義運動與天皇制不相容，表明自己將致力把共產主義的信念「轉換」為對日本主義的信念。堪稱「轉向聲明」。不過根據井上的說法，三宅在被捕時，即已決定停止自身的活動。為了幫助李載裕逃亡而延遲「自白」，除已遭舉發的相關人士之外不供出其他人名，上呈報告中也「沒有否定朝鮮民族解放運動的字句，也完全未對自身寄予朝鮮民族的『同情』進行『反省』」，這表現他不僅對藏匿李載裕或因此遭舉發，早就抱持著覺悟。三宅應當熟知日本內地對馬克思主義研究者們的徹底鎮壓。一九三三年，河上肇、大塚金之助便因違反《治安維持法》遭逮捕、下獄。同年，抱病就任陷入毀滅狀態的日本共產黨中央委員長野呂榮太郎，也在一九三四年二月遭特高警察羈押中死亡。三宅事件則發生在此事的三個月後。

三宅於一九三四年十二月被判「徒刑三年，算入羈押六十日」的判決，收監處與羈留時相同，皆為西大門監獄。一九三五年一月他被解職。三宅被捕後，其妻為了勉強餬口度日，於京城開設書店、舊書店，為其提供生活等各方面照料的即是崔容達。崔容達雖遭舉發，但因緩刑而獲釋。

那麼，他們之後成為什麼樣的人物？崔容達、李康國、朴文圭三人在解放後皆成為南朝鮮勞動黨（南勞黨）幹部，在朴憲永的指示下前往北朝鮮。崔容達於一九四八年起草朝鮮民主主義人民共和國的憲法。過往在京城帝大的摯友，一同在普成專門學校任教的俞鎮午，當時則起草大韓民國憲法。崔容達與李康國在金日成的史達林式肅清（給政敵冠上間諜汙名）中被歸為朴憲永一派，於一九五三年被處死刑。朴文圭未遭株連，然詳細理由不明，大概是身為農政專家的卓越才能獲得賞識，因此才得以活命，之後也身居要職。三宅鹿之助歿於一九八二年[26]。

八、文化人類學

探險家、組織者——泉靖一

泉靖一，一九一五年生於東京。一九二七年因父親泉哲就任京城帝大法文學部教授，舉家移居京城。其父泉哲在札幌農學校研究國際法與殖民地政策，著有《殖民地統治論》，是一位自由主義公法學者。泉哲批評日本帝國主義殖民地政策的同化主義，主張應施行以殖民地為本位的文化統治政策，結成聯邦制，最後容許殖民地獨立。自京城帝大退休後，就任「滿鐵」調查部顧問，一九三七年帶著靖一一同前往中國視察。在此旅行中，靖一承繼父親的國際情勢分析觀點，也是他決心成為學者的起點，此點記錄在他的自傳《遙遠的連山》中。一九三八年泉靖一從京城帝大法文學部哲學科（倫理學專業）畢業，一九三八年成為法文學部宗教學及社會學研究室助理，一九三八年至一九四一年，因徵兵隸屬旭川的第七師團。一九四一年役期屆滿退伍後，回歸京城帝大的勤務，成為理工學部助理，於學生課工作。一九四二年成為專任學生主事補，一九四二年至一九四三年，成為海軍省新幾內亞民政府事務囑託，從事當地調查。之後一九四三年成為學生主事，一九四四年任京城帝大陳列館參與囑託、理科教員養成所講師囑託，一九四五年任大陸資源科學研究所事務囑託，同年八月就任京城帝大同研究所的助教授（副教授）。歿於一九七〇年。

以文化人類學者身分進行的「鄂倫春族調查」

泉進入大學後開始正式的登山活動，在京城帝大內成立預科滑雪山岳會與學友會山岳部。一九三五年，在濟州島冬季攀登時失去一位好友，他通過一位當地的薩滿巫師問神，自此也開始對人類學產生關注，前訪以薩滿信仰研究而聞名的宗教學及社會學研究室之秋葉隆，秋葉推薦他閱讀馬淩諾斯基（Bronisław Kasper Malinowski）的《南海舡人》（*Argonauts of the Western Pacific*），閱讀後決心專攻人類學，一九三八年提交畢業論文〈濟州島——其社會人類學研究〉。京城帝大中並無社會人類學、文化人類學等學科，泉接受的人類學訓練，來自與秋葉等教授一同進行田野調查，在實踐中學習，故基礎理論教育不足。一九三六年在秋葉的介紹下，他單獨調查大興安嶺的鄂倫春族，一九三七年與秋葉、赤松智城同行，前往調查滿蒙的薩滿信仰。另外，他也與赤松一同調查赫哲族並出版民族誌。關於鄂倫春族調查，因該族所居地理位置微妙，具有軍事戰略上的價值，故特務機關委託秋葉隆以宣撫工作為名進行調查。特異的調查項目中還包含「使用鴉片」一項。據說泉在調查中拿著特務機關提供的鴉片，當作伴手禮親手送給鄂倫春族。馬淩諾斯基進行特羅布里恩（Trobriand）調查時，也曾給當地居民配發香菸，即便考量在那個人類學調查倫理基準尚不明確的時代，泉的案例仍展現出軍事當地調查與學術調查合為一體的狀態，實際內容與「學術調查」相去甚遠。

一九三八年實施的「蒙疆學術探險隊」之所以能夠組織化，與泉的山岳部活動有密切關係。泉在一九三三年創設的「預科滑雪山岳會」與「學友會山岳部」，見識到以今西錦司為隊長的京都帝大遠征隊自一九三四年十二月至次年一月攀登嚴冬中的白頭山後深受刺激，也計畫攀登中國大陸山岳，並提出調查山岳地帶的構想。山岳部顧問尾高朝雄設法籌措資金，將該探險納入京城帝大大陸文化研究會的業務中。泉在組建大陸文化研究會時也發揮才能，尾高作為泉的後盾至關重要。尾高與泉之父泉哲熟識，從泉靖一孩提時代便相當憐愛他。一九三八年，泉實施內蒙古踏查與以攀登小五台山為目的的學術探險。探險隊於七月二十五日出發，九月十日返回京城。此學術探險成果，在「大陸文化研究會」主辦的報告演講會、報告展覽會上，展示、上映探險隊拍攝的紀錄片「蒙疆瞥見」，進行大肆宣傳。此外更出版京城帝大大陸文化研究會編《蒙疆之自然與文化》，泉在此報告書中撰寫了〈內蒙古紀行〉、〈小五台山登攀記〉、〈內蒙古的民俗〉等文。

一九四一年十二月太平洋戰爭開戰時，已退伍的泉回到京城帝大理工學部的助理職位。一九四二年接受來自太平洋協會的邀約，從事西新幾內亞資源調查隊人類學調查的工作。泉認為這是調查未開化社會的好機會，偕京城帝大醫學部解剖學教室的體質（形質）人類學者鈴木誠積極參與此調查。西新幾內亞資源調查隊並非進行單純的學術調查，而是為了戰爭服務的資源調查，基於總力戰研究所的構想，要讓海軍在西新幾內亞設置基地，為長期戰爭做準備。三百人的設營隊（工兵隊）在同一時期進入當地，加上農業適耕地調查，自日本帶入種子，調查適合當地條件栽培的作物也成為重要課題。泉組織經營「蒙疆學術探險隊」時發揮的才能獲得賞識，所以也擔任此次調查隊的總務，換言之，他是以組織經營專家的身分參加。泉與鈴木在此調查中的研究成果於一九四四年出版為《西新幾內亞的民族》一書[27]。

大陸資源科學研究所

泉退伍後回到「理工學部」時，當時的學部長為海軍造兵（兵工廠）中將山家信次。一九四四年山家就任最後一任的京城帝大總長，山家尋求泉意見時，泉回答「在大學中應附設綜合性調查、研究亞洲自然與文化的機構」，此構想獲得醫學部的今村豐與理工學部的安宅勝贊成，一九四四年研究經費獲批准，決定派遣「第三次蒙疆地帶學術調查隊」。一九四四年七月三十日此調查隊由京城出發，花費一整個月的時間在北京、張家口、大同、厚和、包頭實施調查。此調查隊以資源探查與醫學調查為主軸，調查的成果發表於《京城帝國大學第三次蒙疆學術調查隊報告》（一九四四年）。此報告其實是為了建立新研究所而做出的實際業績。一九四五年六月，「為了探究開發朝鮮、滿洲國、中華民國等大陸諸地域的各種資源」，成立大陸資源科學研究所。之所以緊急決定成立，係因新幾內亞、東南亞的戰況惡化，導致難以確保資源，所以必須盡速探勘北方的資源。研究計畫的主題便是確保朝鮮、大陸的礦物資源。在一九四五年度的研究計畫中，第一部與第二部為理工學部的研究領域，第三部為體質人類學、醫學、更進一步包含人文科學主題，屬於綜合性的部分。泉於一九四五年春跟隨總長前往東京，為公布研究所官制與各方面交涉。六月中旬起在張家口設立基地，將調查隊分為三班進行派遣，七月派遣前往蒙古的調查隊。一九四五年八月八日聽聞蘇軍南下的消息，泉立刻撤回派往蒙疆的調查隊，直至最後仍展現出優秀的組織、指揮手腕。此研究所僅成立兩個月便告結束，不過泉深知如何成立官方研究所與經營方式，戰後仍繼續活用其經驗。泉與梅棹忠夫共同推動國立民族學博物館的成立，原本預定一九七〇年由泉擔任首任館長，但同年他卻因腦出血驟逝。

注釋

1. 有關「京城」的名稱，請參照第一章。
2. 「西德二郎」請參照第八卷第十一章。
3. 譯注：哲學家、教育家、政治家，曾任法政大學教授、京城帝國大學教授、第一高等學校校長、文部大臣等。從二戰前到二戰後皆堅持自由主義思想，不僅批評二戰前的軍國主義，也對二戰後對社會主義過大評價採取批判的態度。
4. 譯注：朝鮮日治時期至盟軍託管時期（一九一一—一九四七年），由日本宮內省管理李王家事務的職位，設於京城府，受朝鮮總督府監督。

5. 譯注：奉內務省等處之命令而負責差事的職位。

6. 池內宏（一八七八—一九五二年）生於東京。祖父為儒學者池內大學。經一高後於一九〇四年畢業於東京帝大文科大學史學科，一九〇八年以降，在白鳥庫吉的指導下，參與「滿鮮歷史地理調查」，致力於朝鮮、滿洲之歷史研究。一九一三年任東京帝大文科大學講師，一九一六年成為助教授，負責新成立的朝鮮史講座，一九二五年升任教授。一九二九年，當利用義和團事件的賠償金成立東方文化學院（服部宇之吉理事長）後，任該學院東京研究所的評議員、理事，培養許多優秀的東洋學者。池內的研究範圍為東北亞，特別是朝鮮、滿洲的歷史，時代則從古代一直到近世。通過明晰的合理主義，嚴密的實證、史料批判，留下優秀的學術業績。著作有《滿鮮史研究》上世編（二冊）、中世編（三冊）、近世編（一冊），其他尚有《文祿慶長之役》、《元寇之新研究》、《朝鮮平安北道義州郡之西部的高麗時代古城址》、《真興王的戊子巡境碑及新羅的東北境》等多數著作，論文有〈鮮初之東北境與女真的關係〉等，多達一百一十六篇。給東洋史學、朝鮮史學界帶來巨大的影響。

7. 末松保和（一九〇四—一九九二年）生於福岡縣。一九二七年畢業於東京帝大文學部國史學科，在黑板勝美的建議下渡海前往朝鮮，在朝鮮總督府朝鮮史編修會擔任修史官，參與《朝鮮史》等書籍之編修工作。一九三三年任京城帝大法文學部講師，一九三五年升任助教授，一九三九年升任教授，負責朝鮮史學第二講座。二戰之後就任學習院教授，在成立學習院東洋文化研究所時扮演核心角色，並使該研究所成為日本朝鮮史研究的中心之一，屬於第二世代的殖民地歷史學者。其評價為：針對從朝鮮古代史、古代日朝關係史到高麗、朝鮮史，通過實證式研究，建構起朝鮮史研究的重要人物之一。一九四四年在京城帝大以「任那歷史」為主題進行授課，歸國後出版《任那興亡史》（一九四九年），其他著作還包括《新羅史的諸問題》等。

8. 宮嶋博史，〈震檀學會〉，《世界大百科事典》，平凡社，一九八八年。宮嶋博史，〈「學界展望」為了「朝鮮土地調查事業」研究的新進展〉，《東洋史研究》三六－二，一九七七年。

9. 關於李退溪的研究，高橋的解釋給之後朝鮮朱子學研究帶來重大影響。關於此部分請參照第七卷第八章川原秀城氏的劃時代論考。

10. 「金台俊」請參照第十卷第三章。

11. 一九〇六年李康國生於京畿道楊州。寶城中學校時與林和同年級。一九二五年因成績優秀進入京城帝大預科學習，一九二七年升入法文學部法學科，一九三〇年畢業。參與出版《新興》雜誌，一九三二年前往柏林大學留學，在三宅鹿之助的介紹下，加入國崎定洞等人組成的「柏林反帝團體」，同年加入德國共產黨。一九三五年歸國，與崔容達等人幫助三宅妻子。在元山與崔容達等人一同組建勞工運動並從事活動，遭舉發下獄。推測獲釋後與崔等人繼續從事地下活動，另外也與呂運亨等進行活動。解放後參與建國準備委員會，同時加入朝鮮共產黨。一九四六年，在朴憲永的指示下前往北朝鮮。一九四八年擔任最高人民會議副議長、商務部長等職。韓戰中擔任朝鮮人民軍醫院院長之閒職，一九五三年因間諜罪遭舉發並處刑。前往北朝鮮後的活動並無詳細資料可考。

12. 一九〇二年崔容達生於江原道，一九二五年畢業於咸興高等普通學校，進入京城帝大預科，一九二七年升入法文學部法學科，與朴文圭、李康國等一同加入由高一年級學長俞鎮午組織的經濟研究會。經濟研究會是研究共產主義理論及殖民地朝鮮現狀的社團，由三宅鹿之助指導。一九二九年以經濟研究會代表身分，被派往元山港灣勞工罷工現場，對活動實際情況進行調查並做出報告。一九三〇年三月，從京城帝大法文學部畢業並留下擔任法文學部司法研究室助理（一九三〇年四月－一九三二年三月），且持續其學業。一九二九年參與由京城帝大法文學部畢業生作為核心的學術雜誌《新興》創刊，投稿論文〈私有財產權之基礎〉。一九三二年四月，在俞鎮午的斡旋下成為普成專門學校（今高麗大學）擔任法科講師（之後成為教授），在普成講授法哲學。在擔任普成教授職位的同時，參與朝鮮共產黨重建運動，也傾力對學生們進行意識改革，許多學生皆因崔容達的感化而成為共產主義者。當李康國從德國留學歸國後，正式參與勞工運動。一九三六年與李舟河、李康國發行《勞動者新聞》，一九三七年於京城成立共產主義祕密結社。之後促成包含元山鐵道局在內各種工廠的赤色工會，一九三八年因「赤色工會元山左翼委員會事件」遭舉發，直到一九四二年出獄。同年獲釋後回到普成組織學生們，一九四四年再度遭舉發。一九四五年八月參與建國準備委員會的成立，旋即就任保安部長，參加朝鮮共產黨重建準備會。九月任建國準備委員會治安部長，被選為朝鮮人民共和國中央常任委員兼代理保安部長。之後前往北朝鮮擔任朝鮮勞動黨政治委員會司法部次長。一九四七年任人民委員會司法局長，一九四八年成為第一期最高人民會議代議員，另也擔任北朝鮮人民委外務局長。一九五三年一月因被指屬於朴憲永集團的成員而遭逮捕、肅清。他起草的朝鮮民主主義人民共和國憲法實行了二十四年，但在一九七二年以「完成社會主義」為由遭廢止。

13. 時枝誠記在〈朝鮮的國語——實踐及研究的諸相〉（《國民文學》三—一，一九四三年）中寫道：「半島人必須捨棄朝鮮語，應完全歸一於國語……把國語當作母語，得過著身為國語常用者的語言生活，朝此目標邁進。」關於女性教育，他表示「若半島人一直保持國語生活的現狀，內鮮人之間當然會有差異……女性的國語教育在半島具有特別重大的意義」，且在〈朝鮮的國語政策及國語教育的將來〉（《日本語》二—八，一九四二年）中提及，「第一，必須考慮對將來成為母親的半島女子進行相關國語教育」時，肯定是站在自身提倡的「語言過程說」進行上述論述。時枝在《國語學原論》中，在國學者本居宣長高徒鈴木朖的學說基礎上，認為文法基礎在於「心理過程之差」，「詞與辭」存在區別，「詞」是表示客體性概念的詞彙，「辭」則被認為無主體的詞彙。從此點出發，所謂的語言，是由「語言主體」表現「思想」，理解的過程正是「語言行為」。換言之，作為「表現與理解」的主體性行為之心理過程即語言，此即「語言過程說」的基本想法。時枝提議以「國語」作為母語替代朝鮮人的「語言主體」。這是比總督府同化政策更為激進的徹底日本人化思想。

14. 無論時枝國語理論有多精緻，只要總督府內沒有實行該理論的人，終會淪於紙上談兵。森田梧郎是適任的總督府編修官，一八九六年生於新潟縣，舊制中學畢業後前往朝鮮，一九一八年擔任公立小學校的訓導。歷任朝鮮各地的小學校教師後，一九二九年進入京城帝大法文學部國語學、國文學專攻的選科，之後進入本科，師事時枝誠記，同時被採用為總督府學務局編輯課囑託，從事教科書的編輯。一九三四年本科畢業，任學務局編修書記，繼續參與教科書編輯。一九三七年被任命為編修官。森田終身尊崇其師時枝，成為時枝國語學的絕對信奉者。他主張「內鮮一體」、「皇民化」的核心，就是讓「國語」滲透到朝鮮人的家庭內部，多次強調這是「恩師時枝誠記教授的教誨」。森田在文部省、總督府主辦的演講會或朝鮮媒體，或是日本內地的報紙、雜誌等，於各種場合中都宛如扮演著國語化問題的宣傳官。時枝並未加以否定或阻止。日本戰敗後，森田返回故鄉新潟縣新發田隱居，一九五〇年過世。

15. 關於前間恭作的研究甚少，僅有白井順的《前間恭作之學問與生涯》（風響社，二〇一五年）提供了一些資料。

16. 譯注：在日本指英語暨英語圈各國之相關學問、文化。

17. 柳應浩（一九一一—一九九四年）生於忠清南道公州。經舊制山形高校後，進入東京帝大語言學科，師事小倉進平。一九三五年畢業，一九三六年左右前往京城，擔任惠化專門學校與京城帝大預科講師。這樣的人事安排出自兼任京城帝大教授的小倉之手，因此小倉肯定對柳應浩的評價很好。解放後，柳應浩在首爾大學文理科語言學系擔任首屆主任教授，韓戰期間前往北朝鮮，一九五五年成為金日成綜合大學語文學部教授。一九五〇年代末遭肅清，一九六〇年代末以擔任金亨稷師範大學英語科教授獲得平反復權，一九九四年過世。前往北朝鮮的經過與如何平反復權的情況皆不明。

18. 譯注：日本舊制中學為五年制，一九一八年（大正七年）《高等學校令》修改之後，直到戰後日本學制改制為止，中學成績優秀者可不修第五年便升學。

19. 譯注：京城帝國大學教授三宅鹿之助將朝鮮人共產主義者藏匿於地板下，因違反《治安維持法》而被問責，並被剝奪教授職位。

20. 一九二九年起到一九四五年初為止，大學部畢業生達兩千三百餘人，推估朝鮮人有八百至八百一十人。法文學部法學科共計有七百一十四位畢業生，但其中朝鮮人除去最後京城大學畢業生四十二人以外，只有三百人。法學科畢業生人數從一九二九年第一期學生起逐年增加。朝鮮人畢業生的學科分布為：法學科百分之三十九點二，醫學部百分之三十七點三，哲、史、文學科百分之二十三點五。大多數的畢業生專業是法學或醫學，就此可看出朝鮮人對出人頭地的觀念與欲獲取安定地位的傾向。京城帝大出身通過「高文行政科」及格者約四十五人。滿洲國的「高文」及格者經確認也有兩人。此外，也有先考入其他學科，畢業後又再次考入法學科之後通過「高文」考試及格的人。「高文司法科」合格者推估約三十人。他們幾乎都成為韓國社會的最上層階級。美軍政占領政策的特徵在於優先維持現狀，而非改革。軍政採用的最重要方針即減少過渡期的混亂與維持秩序。「太平洋美國陸軍總司令部布告第一號」即原樣保留殖民地時代官吏的法源依據。特別在警察與司法界，所謂的「親日派」比重占壓倒性的多數，此種傾向從李承晚政權起，經朴正熙政權，直到第五共和國為止皆一直持續。

21. 一九一五年李恒寧生於忠清南道牙山郡。經京城第二高等普通學校進入京城帝大預科文科，再進入法文學部法學科。在司法大臣懸賞論文〈肇國之精神與法律〉中獲得入選。尾高朝雄對李身為「朝鮮學徒而燃起作為皇國臣民的自覺」開展「國體明徵的法律論」大為激賞。李恒寧在解放後回憶，認為此事乃「應引以為恥的榮譽」。李留下在尾高與清宮四郎課堂上的詳盡課堂筆記。在學期間的一九三九年通過高等文官考試，成為總督府官吏。解放後對於自己的親日反民族相關行為發表真摯的反省文，不斷「懺悔」自己的親日行為可說已達固執程度。歷任東亞大學法學教授、成均館大學法學教授、高麗大學法學教授等職，講授民法與法哲學。後任弘益大學總長。李恒寧乃韓國的法哲學界巨擘。留下《法哲學概論》等獨創的著作。面對法哲學的課題，他認為那是「風土的自然法」與「普遍性的世界史」相互結合，建構出所謂「風土類型論」的法哲學，釐清了東洋的法思想結構。李恒寧雖表示自己的法哲學出發點是尾高朝雄教授的影響，但面對尾高重視「法之安定性」，李恒寧則提出把「正義」置於優先位置，根據自然法強調抵抗權。

22. 〈座談會　暗黑下的日朝人民連帶〉，《朝鮮研究》五三，一九六六年。

23. 關於事件的詳細內容與李載裕的生涯，請參照第十卷第三章「李載裕」條目。

24. 朴文圭（一九〇六—一九七一年），生於慶尚北道慶山郡，是大地主的兒子。大邱高等普通學校畢業之後，一九二五年進入京城帝大預科，一九二七年升上法文學部，加入校內社團「經濟研究會」。在三宅鹿之助的指導下學習馬克思經濟學。一九三〇年三月法文學部畢業後，擔任法文學部經濟研究室助理、法文學部滿蒙文化研究會囑託。在當局強制解散經濟研究會後，與俞鎮午、李康國、崔容達等人成立朝鮮社會事情研究所，從事調查活動。一九三一年四月，推測在三宅的指導下，製作朝鮮政治、經濟情勢報告書提交共產國際。之後在《新興》、《批判》、《大眾公論》等刊物上發表世界經濟與農業經濟相關論文。一九三四年五月因三宅事件遭舉發，獲緩起訴後被釋。加入震檀學會。一九三五年辭去法文學部副手職務，之後進入公司上班，也有傳說在東京帝大以短期研究員等身分工作，但真相不明。解放後，加入建國準備委員會成為企劃部長。一九四五年九月，參與朝鮮民主主義人民共和國建國，擔任中央人民委員會委員及代理財政部長。之後在農業、農民相關問題方面成為黨內負責訂定理論與方針者。後任全國農民組合總聯盟中央準備委員。一九四六年二月，加入民主主義民族戰線，成為土地農業問題委員會與食糧對策委員會的研究委員。此時發表〈農民運動行動綱領〉、〈民主主義與土地改革〉、〈關於平民的土地改革〉等，主張土地無償沒收、無償分配之土地改革具備正當性，主導三十八度線以北的土地改革法制定過程。以後歷任民戰常任委員、宣傳部長兼企劃部次長、民戰事務總長，並同時擔任南朝鮮勞動黨中央委員。一九四七年三月，在朝鮮工會全國評議會主導之罷工中，被美軍政當局視為首謀者加以舉發，一九四八年偕外甥前往北朝鮮，成為第一期最高人民會議代議員。一九五〇年任南半部土地改革指導委員長，一九五二年任農業部長，一九五六年成為朝鮮勞動黨中央委員。之後歷任國家檢閱部長、內務部長、最高人民會議常任委員會書記長、祖國和平統一委員會副委員長等職務。一九七一年十一月過世。

25. 俞鎮午在京城帝大是超群的秀逸人才，但因身為朝鮮人，故無法在京城帝大擔任教授職位。普成專門學校（今高麗大學）提供教授職位邀請俞鎮午任教，他接受邀請，但要求同時聘用他的摯友崔容達，獲得校方同意。在普成專門學校，俞以國家學的基礎知識為根基，講授憲法、行政法、國際法。以身為唯一的朝鮮人公法學教授而聞名。解放後也在京城大學教授憲法學、法哲學、比較政府論。一九四七年九月，加入南朝鮮過渡政府司法府的「朝鮮法典編纂委員會」，於憲法起草分科委員會內活動，接受左派與右派、臨時政府與美軍政多方的委託起草憲法。據說李承晚的大韓獨立促成國民會與韓民黨的金性洙也曾委託過他。俞鎮午構想的憲法基本理念採取政治上的民主主義與社會經濟上的民主主義，思考通過議院內閣制政府、兩院制議會、土地改革、統制經濟秩序等來實現。一方面尊重英美式的自由權絕對原則，一方面也認知到此原則可能反而造成了實質上的不平等。社會基本權概念展現俞鎮午草案的核心是社會經濟式的民主主義。

為了維持社會經濟的共同體，國家應積極介入的生活領域包含教育、勞力工作、勞工運動、社會保障、婚姻與家族等。一九四八年五月草案提出，俞被專門委員會指定參與官方的正式憲法制定。但原本希望的議院內閣制案被改為總統中心制，一九四八年六月二十三日被提上國會正式議程。據說面對遭變更的草案，俞鎮午遺憾地表示「憲法為形成專制國家打開一扇大門」。一九四九年發表《憲法解義》，俞鎮午一貫強烈堅持實施議院內閣制，但因「官僚制度未成熟」、「兩大政黨的無限對立」、「社會理念的兩極化」等要素，最終並未實現。之後他復職高麗大學，一九六六年接受民眾黨提名，成為總統候選人。

26. 關於三宅鹿之助之後的狀況，請參照第十卷第三章「三宅鹿之助」條目。

27. 泉靖一、鈴木誠著，太平洋協會編，《西新幾內亞的民族》，日本評論社，一九四四年。此外，泉在戰後基於此調查的經驗，發表〈西殼椰子生出的文化〉（《民族學研究》一三—四，一九四八年）、〈西部新幾內亞原住民的社會組織〉（《民族學研究》一四—三，一九五〇年）。

參考文獻

安倍能成，《我が生ひ立ち（我的成長）》，岩波書店，一九六六年

石川健治，〈窮極之旅〉，石川健治編，《學問／政治／憲法》，岩波書店，二〇一四年

石川健治，〈「京城」の清宮四郎——「外地法序說」への道（「京城」的清宮四郎——通向「外地法序說」之路）〉，酒井哲哉、松田利彥編，《帝國日本與殖民地大學》，ゆまに書房，二〇一四年

石川健治，〈解說〉，尾高朝雄，《國民主權與天皇制》，講談社學術文庫，二〇一九年

板垣龍太，《北に渡った言語学者——金壽卿 1918-2000（北方的語言學家——金壽卿 1918-2000）》，人文書院，二〇二一年

井上學，〈一九三〇年代日朝共産主義者的邂逅——三宅鹿之助與李載裕〉，加藤哲郎、伊藤晃、井上學編，《社會運動的昭和史》，白順社，二〇〇六年

李庸淑，《「国語」という思想（「國語」的思想）》，岩波書店，一九九六年

小倉進平，《朝鮮語學史》，增訂補注（河野六郎補注），刀江書院，一九六四年

桂島宣弘、長志珠繪、金津日出美、沈熙燦編，《東アジア　遭遇する知と日本（東亞　遭遇的知識與日本）》，文理閣，二〇一九年

龜井孝，〈日本語学のために（為了日本語學）〉，《龜井孝論文集》一，吉川弘文館，一九七一年

菅野裕臣，〈百孫朝鮮語學談義〉，http://www.han-lab.gr.jp/~kanno/

金炅一著，井上學、元吉宏譯，《李載裕とその時代（李載裕與他的時代）》，同時代社，二〇〇六年

金昌祿，〈尾高朝雄與殖民地朝鮮〉，酒井哲哉、松田利彥編，《帝国と高等教育——東アジアの文脈から（帝國與高等教育——從東亞的脈絡出發）》，國際日本文化研究センター，二〇一三年

京城帝國大學，《京城帝國大學一覽》，一九二七—一九四三年

京城帝國大學，《京城帝國大學學報》，一九二七—一九四四年

京城帝國大學創立五十週年紀念誌編輯委員會編，《紺碧遙遠——京城帝國大學創立五十週年紀念誌》，京城帝國大學同窗會，一九七四年

河野六郎，〈故小倉進平博士〉，《河野六郎著作集》三，平凡社，一九八〇年
後藤守彥，《只、意志あらば——植民地朝鮮と連帯した日本人（只要有意志——與殖民地朝鮮團結的日本人）》，日本經濟評論社，二〇一〇年
小林英夫，〈教え子（學生）〉，《小林英夫著作集　第十巻　随想》，みすず書房，一九七七年
酒井哲哉、松田利彥編，《帝國日本與殖民地大學》，ゆまに書房，二〇一四年
坂野徹，〈泉靖一の朝鮮研究——日本人類学にとっての「戦後」朝鮮（泉靖一的朝鮮研究——日本人類學中的「戰後」朝鮮）〉，《日本學》三三，二〇一一年
白井順，〈書簡を通して見た前間恭作と小倉進平の交流（從書信看前間恭作與小倉進平的交流）〉，《東洋文化研究》一五，二〇一三年
白井順，《前間恭作的學問與生涯》，風響社，二〇一五年
時枝誠記，《國語學原論》，岩波書店，一九四一年
永島廣紀，《戦時期朝鮮における「新体制」と京城帝国大学（戰時期朝鮮的新體制與京城帝國大學）》，ゆまに書房，二〇一一年
朴光賢，〈京城帝國大學與「朝鮮學」〉，名古屋大學博士論文，二〇〇三年
平田賢一，〈「研究ノート」日中戦争前夜の植民地朝鮮で流通していた日本語書籍（〈研究筆記〉中日戰爭前夜流通於殖民地朝鮮的日語書籍）〉，《アジア太平洋研究センター年報＝CAPP Report（亞太研究中心年報）》一五，二〇一八年
安田敏朗，《植民地のなかの「国語学」——時枝誠記と京城帝国大学をめぐって（殖民地中的「國語學」——時枝誠記

與京城帝國大學》，三元社，一九九七年
安田敏朗，《「言語」の構築——小倉進平と植民地朝鮮（「語言」的構築——小倉進平與殖民地朝鮮）》，三元社，一九九九年
정근식（鄭根植），《식민권력과 근대지식：경성제국대학연구（殖民權力與現代知識：京城帝國大學研究）》，서울대학교출판문화원，二〇一一年
이충우·최종고（李忠宇、崔鍾高），《다시보는 경성제국대학（重看京城帝國大學）》，푸른사상，二〇一三年
박광헌（朴光憲），〈식민지 제국 대화 의설을 둘러 씬 경합의 양상과 교수진의 유형（關於殖民帝國大學講座設置的競爭樣態及教授群特性）〉，《일본학（青思想）》二八，二〇〇九年
신주백（申柱白）編，《한국 근현대 인문학의 제도화：1910-1959（韓國近現代人文學的制度化：1910-1959）》，혜안，二〇一四年
장세윤（張世潤），〈日帝의 京城帝國大學 설립과 운영（日帝的京城帝國大學設立與運營）〉，《한국독립운동사연구（韓國獨立運動史研究）》六，一九九二年
정선이（鄭善伊），〈경성제국대학의 성격 연구（京城帝國大學性質研究）〉，연세대학교 박사학위논문（延世大學博士學位論文），一九九八年
정준영（鄭埈榮），〈경성제국대학과 식민지 헤게모니（京城帝國大學與殖民地霸權）〉，서울대학교 박사학위논문（京城帝國大學博士學位論文），二〇〇九年
최재철（崔在哲），〈경성（京城）제국대학과 아베 요시시게（安倍能成）、그리고 식민지 도시 경성의 지식인（京城帝國

大學與安倍能成，以及殖民地城市京城的知識分子）〉，《일본연구（日本研究）》四二，二〇〇九年

박광현（朴光鉉），〈경성제국대학 안의 동양사학——학문제도、문화사적 측면에서（京城帝國大學內的東洋史學——從學術制度和文化史的層面）〉，《한국사상과 문화（韓國思想與文化）》三一，二〇〇五年

박광형（朴光炯），〈다카하시 도오루와 경성제대 '조선문학' 강좌（高橋亨與京城帝大的「朝鮮文學」課程）〉，《한국문학（韓國文學）》四〇，二〇〇七年

박광현（朴光鉉），〈경성제대 '조성어학조선문학' 강좌 연구——다카하시 도오루（高橋亨）를 중심으로（京城帝大的「朝鮮語學與朝鮮文學」課程研究——以高橋亨為中心）〉，《동악어문학（東岳語文學）》四一，二〇〇三年

백영서（白永瑞），〈동양사학의 탄생과 쇠퇴（東洋史學的誕生與衰退）〉，《창작과비평（創作與批評）》一二六，二〇〇四年

이준식（李準植），〈일제강점기의 대학제도와 학문체계——경성제대의 조선어문학과를 중심으로（日據時期的大學制度與學術體系——以京城帝大的朝鮮語文學科為中心）〉，《사회와 역사（社會與歷史）》六一，二〇〇二年

정준영（鄭埈榮），《경성제국대학 법문학부와 조선 연구（京城帝國大學法文學部與朝鮮研究）》，사회평론아카데미（社會評論學院），二〇二一年

최혜주（崔惠珠），〈식민사학자 오다 쇼고（小田省吾）의 경성제대 교수 활동과 조선사 인식（殖民史學者小田省吾在京城帝大的教授活動與對朝鮮史的認識）〉，《한국민족운동사연구（韓國民族運動史研究）》一〇八，二〇二一年

김창록（金昌祿），〈오다카 토모오（尾高朝雄）의 법사상——오다카 토모오와 식민지 조선（尾高朝雄的法律思想——尾高朝雄與殖民地朝鮮）〉，《법사학연구（法史學研究）》四六，二〇一二年

김창록（金昌祿），〈오다카 토모오（尾高朝雄）의 법사상Ⅱ——패전 전후 일본의 연속을 변증한 '노모스주권론' 자（尾高朝雄的法律思想Ⅱ——辯證戰敗前後日本連續性的「法律主權論者」）〉，《법사학연구（法史學研究）》四八，二〇一三年

김창록（金昌祿），〈이항녕의 법사상 1——식민지 조선의 법학도（李恒寧的法律思想 1——殖民地朝鮮的法律學徒）〉，《법사학연구（法史學研究）》四九，二〇一四年

김효저（金孝儲），〈경성제대 공법학자들의 빛과 그림자（京城帝大公法學者的光與影）〉，《공법연구（公法研究）》四一—四，二〇一三年

장신（張信），〈일제하 조선에서 법학의 교육과 연구（日治時期朝鮮的法律學教育與研究）〉，《서울과 역사（首爾與歷史）》八五，二〇一三年

한상범（韓相範），〈한국법학계를 지배한 일본법학의 유산（主導韓國法學界的日本法學遺產）〉，《역사비평（歷史批評）》一五，一九九一年

전경수（全京洙），〈이즈미세이이치와 군속인류학（泉靖一與軍屬人類學）〉，서울대학교출판문화원（首爾大學出版文化院），二〇一五年

전경수（全京洙），〈아편과 천황의 식민지/전쟁인류학（鴉片與天皇的殖民地/戰爭人類學）〉，《한국문화인류학（韓國文化人類學）》三八—一，二〇〇五年

對近世初期日本對外關係史和東亞交涉史有興趣，決定申請有岩生成一的臺北帝國大學南洋史學專攻[63]。如前所述，岩生在一九四一年因《南洋日本町之研究》獲得帝國學士院賞，這部分正是張美惠關注的研究領域。

金關丈夫（一八九七—一九八三年）也是戰後留任臺大的教授之一。他是醫學部解剖學第二講座的教授，也是考古學與形質人類學研究者。京都帝國大學醫學部畢業，一九三〇年以〈琉球人之人類學的研究〉獲得該大學的博士學位。一九三四年成為臺北醫學專門學校教授，一九三六年該校改組為臺北帝國大學醫學部後，成為醫學部教授。雖說隸屬醫學部，因其研究領域而與文政學部，特別是土俗學、人種學講座的教員們關係深厚，共同從事研究。土俗學、人種學講座設立於一九二八年臺北帝國大學創立之初，講座教授為在哈佛大學取得學位的文化人類學者移川子之藏。助理為宮本延人，一九四〇年成為講師，一九四三年升任該校南方人文研究所助教授[64]。當時的人類學並未分化成形質人類學與文化人類學，因此研究範圍廣泛，也涵蓋理科領域。人體測量學成為研究人種問題的基礎，因此在醫學部成立之前，宮本還必須負責形質人類學的課程。隨著金關丈夫擔任教授、忽那將愛任助教授，加上森於菟以教授身分加入醫學部，宮本才終於從人體測量的工作解放出來，專注在土俗學、人種學講座等人文科學的研究[65]。金關除形質人類學外，也從事考古學研究，這是他與文政學部關係密切的原因。順帶一提，森於菟為森鷗外的長男，擔任醫學部解剖學第一講座的教授。

金關丈夫活躍於臺灣民俗學與考古學的領域。一九三一年在移川子之藏的主導下成立南方土俗學會，創刊《南方土俗》（一九四〇年改名《南方民族》）。這是臺北帝大跨文政學部、理農學部、醫學部，由關心考古學、人類學的研究者們組成的組織，金關丈夫與森於菟皆參與其中[66]。一九三八年金關與淺井惠倫、宮本延人等一同發掘埔里、烏牛欄、大馬璘的石棺遺跡[67]。一九四四年十二月三十一日與國分直一等一同前往臺東市郊外的卑南社附近進行調查，次年初抵達臺東，但遭遇空襲（來自美軍艦載機的襲擊）。儘管如此，仍持續進行發掘、調查的工作，成果獲得廣泛關注[68]。

金關丈夫在臺灣最為人印象深刻的成就，是前述《民俗臺灣》的創刊。《民俗臺灣》為月刊，一九四一年七月十日創刊起至一九四五年二月一日停刊為止，共發行四十四期[69]。發起人包含金關丈夫共有六人，臺灣人陳紹馨、黃得時亦在其中。因池田敏雄為總督府職員，故未列發起人名單，但實際編輯工作主要由他擔任，他還使用多個筆名撰寫大量文章[70]。《民俗臺灣》的封面上印有「風俗、習慣的研究與介紹」字樣，表達記錄臺灣民俗的旨趣。創刊號載明主要目的為：「一、本誌蒐集記錄臺灣本島及與之相關之各地方民俗資料。二、不僅限民俗，例如鄉土歷史、地理、自然誌等諸方面亦涉獵記載。」[71]創刊號由松山虔三負責攝影，立石鐵臣負責插畫，收錄非常豐富的臺灣圖像資料。

金關丈夫、國分直一、宮本延人在戰後暫時繼續留在臺北帝大，宮本大概在一九四八年十一月回國，金關與國分則於一九四九年八月返回日本[72]。

最後，介紹一下國分直一與馬淵東一。國分是金關丈夫關係緊密的同僚，如不說明國分，便難以解釋戰後「留用」時期，兩人對臺灣考古學界的重大貢獻。國分直一（一九〇八—二〇〇五年）的父親是郵局職員，因調任打狗（高雄），國分直一也在出生後半年隨雙親一同前往臺灣，幾乎可以說是「灣生」。就讀臺北高等學校時，從學長鹿野忠雄處聽得中央山脈高砂族（臺灣原住民的總稱）事蹟，開始對民族學產生興趣。一九三〇年進入京都帝國大學文學部史學科，國史專攻，一九三三年三月畢業後，九月前往臺灣的臺南第一高等女學校赴任。之後國分開始發表論著。一九三九年，移川子之藏、宮本延人、金關丈夫等人南下，於高雄州大湖貝塚進行發掘。國分讀了金關寄來的文獻後，開始關注華南地區的史前時代。一九四一年金關創刊《民俗臺灣》，開始對臺灣南部的平埔族（臺灣原住民中漢化者的總稱）社會產生關心。此年，鹿野忠雄造訪臺灣，前往東南海域的離島紅頭嶼（蘭嶼）調查，這段期間國分有機會與他見面，開拓了對民族考古學的視野。一九四三年國分被招聘為臺北師範學校（今臺北市立大學博愛校區）本科教授[73]。職場從臺南移往臺北後，頻繁造訪臺北帝大的土俗、人種學研究室，與移川子之藏交流，並被獲准使用研究室、標本室的研究資料。他也經常陪同金關丈夫前往田野調查，一九四四年彙整至當時為止的論考，出版了《祀壺之村》[74]。一九四五年一月，如前所述，參與卑南社地區巨石遺跡的發掘調查[75]。

二戰結束後的一九四六年四月，國分被留用為臺北師範學校教員，十月被任命為臺灣省立編譯館的編審（副教授待遇），語言學家淺井惠倫與民俗學者池田敏雄等人也在該編譯館。一九四七年七月國分被聘為國立臺灣大學文學院史學系副教授。土俗、人種學教室在移川子之藏回國後由宮本延人接掌管理，一九四九年中國的考古學者李濟成為「考古人類學教室」主管後，國分便於八月辭去臺灣大學文學院教職並歸國[76]。至此，國分與臺大的關係似乎斷絕，但與金關丈夫相同，他與臺大並未緣盡於此。

馬淵東一（一九〇九—一九八八年）一九二八年進入熊本五高，之後進入東京帝國大學經濟學部，同年轉學至新成立的臺北帝國大學史學科，師事文化人類學者移川子之藏、語言學者小川尚義。

一九三一年畢業，任臺北帝大土俗、人種學教室臨時囑託。參加高砂族的全島調查，一九三五年出版《臺灣高砂族系統所屬研究》（移川、宮本共著），此為首部關於臺灣原住民的民族史著作。一九三七年，在古野清人的推薦下，成為帝國學士院的《高砂族慣習法語彙》編輯工作的臨時囑託。古野評價道，馬淵的目標是站在芮克里夫—布朗（Alfred Reginald Radcliffe-Brown）的結構功能論立場來從事社會人類學研究。在此期間，也繼續進行臺灣現地調查，針對親族名稱、親族組織與咒術、儀禮觀念的關聯性，探究親族的基本結構以深化自己的社會人類學。一九四〇年，與古野一同前往滿鐵東亞經濟調查局任職，負責研究印度尼西亞習慣法。一九四三年成為臺北帝國大學南方人文研究所助教授，並以兼任囑託身分被派往海軍望加錫（Makassar）研究所慣行調查部，因日本敗戰而未能返回臺灣。二戰之後，失去研究領域的馬淵在柳田國男的勸說下，著手研究琉球群島的人類學。一九五三年成為東京都立大學教授，之後任教琉球大學等校，致力培養後進學者。受馬淵影響的人類學者不限學校人數頗多，包括山口昌男等人。一九八八年過世後，分骨埋在臺東池上鄉的共同墓地，建有墓碑。

二、二戰後臺灣與臺灣史研究的關係

二戰前後的這段期間，對臺北帝大教員、學生們發生意想不到的巨大變化，即臺灣由中華民國「接收」，在法理上代替盟軍接收，實質上是軍事占領，可說並非主權轉換。中華民國將臺灣劃分為一個「省」，實施特殊統治。中華民國在臺灣「接收」日本資產時，發生許多問題，此處不深入討論。當時被遣返日本的日本人能攜帶的行李有著嚴格限制，基本上限制只能帶一個行李箱與隨身物品。不難想像，對離開臺灣的臺北帝大教授們而言，此規定等同要他們放棄一輩子積累下來的研究資料。

岩生成一於一九四六年十二月返回日本，如前所述，金關丈夫與宮本延人等留用教授在一九四七年「二二八事件」後仍續留臺灣。以二二八事件為始的三月大屠殺後，臺灣損失非常多年輕精英。二二八事件相關死者人數並不確切，一般認為大概超過一萬人。在這種恐怖統治的氣氛中，留用教師與臺灣人學生們以何種心情繼續在臺大進行教育與學業呢？

一九四五年八月十五日二戰結束後，張美惠返回臺北帝大，十一月十五日以後繼續在國立臺灣大學學習。與張美惠一樣在一九四四年十月入學的女性有林素琴（林こずゑ）。林素琴的父親是林呈祿，為臺灣議會設置請願運動的理論建構者，也是反殖民地運動的著名新聞工作者。林素琴為文政學部哲學科的學生，西洋哲學專攻[77]。張美惠於一九四七年六月畢業，是國立臺灣大學文學院史學系首位畢業生，也是文學院第一期學生中唯一的畢業生。岩生成一於一九四六年十二月歸國，因此張美惠的荷蘭語學習中斷，在桑田六郎指導下重新學習「東西交通史」（交流史）。畢業論文題目為〈關於《東西洋考》中明代中國與暹羅的交流〉，畢業後被聘為助教[78]。

此處先說明成為留用教授的金關丈夫、宮本延人，以及之後加入臺大文學院的國分直一，他們在這個時期如何通過學術研究，對一般社會與政府的展覽會做出何種貢獻？又，如何帶領臺灣人學生，進行考古學的發掘調查？一九四七年十月二十五日，李萬居創刊《公論報》，次年五月十日開設學術專欄「臺灣風土」的連載。因為此專欄專門介紹臺灣的歷史、地理、風俗，因此金關丈夫、宮本延人、國分直一、立石鐵臣等也加入成為主要執筆者[79]。國分直一更進一步與立石鐵臣開設「臺灣原住民族工藝圖譜」專欄，由國分撰寫文章，立石負責繪圖。一九四八年十月二十五日，臺灣省為慶祝臺灣光復節，利用修復後的舊臺灣總督府（二戰中因空襲而受損）及周邊設施舉行大型展覽會。其中，第一會場的風土館第一號室由臺灣大學史學系民族學研究室（一九四九年八月獨立成為考古人類學系，一九八二年改稱人類學系）負責企劃，介紹臺灣原住民的文化。展示品中的大型油畫「先史時代人生活情形復原圖」由金關丈夫與國分直一監修，立石鐵臣製作[80]。此幅油畫今天稱為「臺灣史前時代生活復原圖」，尺寸為寬四百八十三公分、高一百零二公分，描繪原住民的二十五種活動場景。

一九四六年初至一九四九年八月被遣返回日本前的三年期間，金關丈夫與國分直一多次帶領史學系學生何廷瑞、張耀錡、宋文薰、劉斌雄等，進行考古學調查[81]。國分直一針對戰後接受「留用」一事，根據自己的回憶有如下表述。當時的臺灣幾乎沒有人進行先史考古學的研究，自己若能把此前累積下來的研究成果通過授課或論文形式留下，對於長期照顧自己的臺灣「至少也是一種回報」[82]。他在臺大期間進行的授課與發掘調查，的確達成「培養臺灣人研究者」的目標。宋文薰、何廷瑞、劉斌雄皆被培養為二戰後臺灣第一代人類學者和考古學者[83]。特別是宋文薰（一九二四—二〇一六年），成為臺灣最重要的考古學者之一。

此外，我們也不該忘記金關丈夫作為解剖學教授，與森於菟一同在形質人類學領域，給予當時臺灣大學解剖學教室講師蔡錫圭的影響[84]。蔡錫圭（一九二〇—二〇一九年）在日本統治時代於中國的青島醫科學院（今青島醫科大學）就學，一九四四年畢業後續留該校，成為解剖學教室助理。一九四六年五月回臺，十一月進入臺大解剖學科，師從金關丈夫，開始從事人類學研究，同時也協助森於菟的教育活動[85]。森於菟於一九四七年四月返回日本，與蔡錫圭實際一同工作的時間不過半年，稱不上長。森於菟來臺灣時，帶著父親森鷗外的大量遺物與遺稿，返回日本時因牴觸規定而無法帶回。鷗外的遺物數量甚多，森於菟把保管一事委託給他非常信任的原助理蔡錫圭。為了保存與歸還這些遺物，兩人繼續保持聯繫，尚委託杜聰明協助。然而，當時的中華民國政府（在臺灣）針對日本人在臺灣的財產訂有許多規定，因此在歸還上產生許多困難。杜聰明與蔡錫圭多番努力，最終由朝日新聞社出面，在一九五三年九月終於讓森鷗外的大量遺物成功送還[86]。金關丈夫於一九四九年八月歸國，與蔡錫圭共事期間不滿三年，但森於菟與金關丈夫給蔡錫圭帶來非常大的影響。

關於金關丈夫還有一則饒富深意的逸事。其父於一九四三年在臺北過世，金關在其生前取得同意，將遺體用於「環境與骨骼的遺傳性」研究，對父親遺體進行病理解剖製成骨骼標本。二戰之後再度訪臺時，親自將標本帶回。日後他也把自己的遺體提供給九州大學解剖學教室，父子二人的骨骼標本被保管於九州大學的陳列室，提供後進研究[87]。金關也強烈希望自己的子孫能捐出遺體，提供形質遺傳學研究，他的長男與次男也遵從父親的願望捐出遺體。在此過程中，蔡錫圭也為完成金關遺志而提供協助[88]。金關家三世代四個人的骨骼標本，計畫由九州大學綜合研究博物館的專用室進行保管[89]。

金關丈夫與國分直一於一九四九年八月離開臺灣。該年四月，發生臺大學生與臺灣省立師範學院（今國立臺灣師範大學）學生一同遭到逮捕的「四六事件」。五月二十日臺灣發布《戒嚴令》，進入歷史上稱為「白色恐怖」的時代，社會上充滿恐怖氣氛，知識分子與一般人時常無預警地被逮捕，之後音信斷絕，大約半年後遭祕密軍事審判，有些人甚至被依《懲治叛亂條例》第二條第一項遭判處死刑。

金關與國分等留用日本人教授返回日本後，臺大成為由外省人（戰後從大陸移至臺灣的人們）占據大半教授職位的大學。此處為回到張美惠的話題，先將時間回溯到一九四七年。她於此年六月畢業，八月成為史學系助教，認識了同為史學系助教的卜新賢。卜畢業自暨南大學文學院史地（史學、地理學）系，一九四六年四月任華南人文研究所（舊南方人文研究所）助教，一九四七年初轉任史學系助教[90]。同年十二月當他在宿舍被逮捕後，臺大旋即以匪諜罪（共產黨的間諜）為由將他解雇。一九四九年二月出獄，五月與張美惠結婚[91]。

二二八事件之後，臺大的「中國化」進程加速。一九四七年九月起，文學院主導的基礎教育（通識教育）得到強化。為了加深臺灣籍青年對祖國的認同，大學一年級學生不分學部、學科，都必須接受國語、國文（中國語）的強化教育，每週必須參加國語課三小時、國文課五小時。此外，臺灣籍的新生不分學部、學科，都必修「中國近代史」[92]。中國國民黨崇奉的「國父」孫文，其政治學說「三民主義」也從一九四七年起成為臺大全體學生的必修科目[93]。二戰後的臺灣大學，自陳儀就任臺灣省行政長官起，政治便開始進入校園[94]。一九五〇年十二月，中國國民黨知識青年黨部進駐臺大校園[95]，開始在大學校園內制度性地推動「黨國化」。在這種宏觀歷史背景下，臺大史學系（日後改稱歷史學系）無論在研究或教學上，都將重心移往中國史，西洋史更多是以教學為主，研究活動減少[96]。臺北帝大的南洋史學並非完全消失，但也逐漸失去往日盛況。

一九四六年十二月，南洋史學出身的臺灣人陳荊和成為臺大史學系講師。陳荊和（一九一七—

一九九五年）為慶應義塾大學畢業生，越南史專攻。在臺大史學系開授許多課程，也發表了研究成果，一九五〇年升任副教授[97]。接下來我們繼續關注張美惠之後的發展。她是在臺北帝大史學科受過嚴格扎實訓練的學生，「接受桑田六郎、岩生成一、箭內健次、小葉田淳等教授指導，跟隨岩生學習荷蘭語、箭內學習西班牙語，東西交通史專攻」[98]。累積外語學習，加上她自身的努力，發表了許多論文。一九五四年八月升任講師，在最初的學期開授「泰國史」（兩學分）課程[99]。一九五三年他們夫婦獲得西班牙政府提供的獎學金，計畫於一九五四年出國深造。但是臺大未批准她的休職申請，同年十二月她只好辭職。之後因不斷延後出國計畫，導致獎學金停發，辭職後的生活充滿艱辛。即便如此，她仍於一九五六年修畢馬德里大學的博士課程，並於研究機構謀得職位。卜新賢在中華民國大使館工作，一九七三年西班牙與中國建交、與中華民國斷交，之後大使館關閉，夫妻兩人皆陷入失業狀態。次年，他們開始經營餐廳，並持續到一九九四年為止[100]。

一九五八年陳荊和獲得前一年甫成立之越南順化大學（Huế University）的邀請成為訪問教授。他連續兩年向臺大提出休職申請，最終一九六〇年八月因「不續聘」而離職。實際在臺大任教期間為一九四六年十二月起至一九五八年七月為止。在研究方面，陳荊和取得卓越學術成就。赴任臺大不到四年便在一九五〇年八月升為副教授，一九五六年八月升任教授[101]。執筆二戰後臺大歷史的歷史學系李東華故教授（前文學院院長），對二人的學術評價表示：「陳氏與張美惠的先後離職，也是臺北帝大南洋史學與東亞、東南亞水域史研究脈絡的消沉。」[102]此處所說的水域史，是現在稱為海洋史（海域史）的領域。若陳荊和與張美惠續留臺大，恐怕不僅是臺大歷史學系，甚或臺灣學術界都會呈現出不同樣貌。

然而，二戰後的KMT（國民黨）＝ROC（中華民國）的黨國體制施行「去日本化、再中國化」[103]政策，上述情況的發展也不能不說是一種歷史的必然。臺北帝大的南洋史學學術傳承最終無法獲得延續，且持續了約二十五年的空白期（一九五八—一九八四年），之後因曹永和兼任臺大歷史學系的教員，臺北帝大的學術傳統才有幸得以被延續下來。

曹永和（一九二〇—二〇一四年）生於士林，一九三四年進入臺北州立臺北第二中學校就讀，一九三九年三月畢業。在臺灣總督府圖書館自學半年後，十月進入士林信用購買販賣利用組合開始上班。一九四〇年與何斌、蔡滋浬、張鈺、郭琇琮、陳泗治等人組成「士林協志會」，並於次年八月主辦士林文化展，他與潘迺楨一同負責鄉土展的策劃。十二月在《民俗臺灣》介紹士林歷史[104]。如前所述，《民俗臺灣》是由金關丈夫創刊的雜誌。對年輕的曹永和而言，金關丈夫是功成名就的研究者，看到金關時心中備感敬畏。曹永和能與金關丈夫見面，其實與其同鄉同時也是知名文化人楊雲萍（一九〇六—二〇〇〇年）有關。楊是士林的大地主，出生於書香世家，自身也才華洋溢，交友廣泛。通過楊雲萍的引薦，曹永和得以與金關丈夫相識。

根據曹永和回憶，他當時開始在臺灣大學圖書館工作時，大學內有許多軍人監視，靠著身上別著的標誌進行識別，因此學生們也得戴上三角型的標章，否則無法進入大學[105]。充滿求知欲的他開始旁聽桑田六郎教授的課，除了旁聽，只要有時間也會協助桑田教授整理臺大文學院收藏的臺灣資料，因此有許多機會接觸到臺灣資料，並廣泛閱讀臺灣史的相關著作。他認為，日本人回國了，接下來必須由臺灣人自己來進行研究。之後他讀了堀川安市的〈從古文書看臺灣的鹿〉，開始對清代以前的臺灣研究產生興趣[106]。

桑田六郎回日本後，曹永和繼續與桑田保持聯絡，不過他的研究重心逐漸轉移到荷蘭時代的臺灣史研究。依照日本的學術要求，想要研究某國的歷史，就必須習得該國的語言。因為職務上的需要，曹永和自學過德語、法語、西班牙語及荷蘭語等外國語言，其中最重要的是荷蘭語[107]。他開始利用文獻撰寫論文，一九五三年發表〈明代臺灣漁業志略〉，一九五四年發表〈荷蘭與西班牙占據時期的臺灣〉，並將論文寄給桑田六郎與岩生成一，岩生給予高度評價[108]。

岩生成一考慮邀請曹永和加入東洋文庫「聯合國教科文組織十年期研究計畫」（聯合國教科文組織東亞文化中心）[109]。但因曹永和是圖書館職員，並非臺大教員，因此非常難以取得休假出國。一九六四年八月，岩生成一親訪臺灣，在陳奇祿陪伴下，拜訪臺大校長錢思亮與教育部長（相當於文部科學大臣）黃季陸，直接針對讓曹永和參與東洋文庫研究計畫展開談判。最終，曹得以前往日本加入岩生成一的研究團隊，從事為期一年的研究（一九六五年五月至一九六六年四月）。曹到日本時，岩生已經從東京大學退休，轉任法政大學教授。曹留日期間，岩生利用每周四東洋文庫休館日，使用該處會議室指導曹解讀荷蘭語古文書，一起吃過午餐後繼續學習荷蘭語[110]。通過這樣的方式，曹實質上成為岩生的學生，然而曹不單純僅是岩生的私淑弟子，更成為臺北帝大史學科的臺灣史及南洋史學的傳承者。

中村孝志是岩生成一的學生，在天理大學任職教授。一九六四年夏天帶學生訪問臺灣，因此岩生、中村、曹三人有機會見面。他們一同閱讀臺灣省文獻委員會所藏之臺灣總督府文書。但當時臺灣仍處於戒嚴狀態，社會相當封閉。岩生成一的訪臺，對曾接受日本教育、持續孤獨研究的臺灣學者而言，恐怕是具有重大意義的一件事情。在留下的照片中，有一張記錄了岩生、中村、曹，以及王詩琅、王世慶一同在臺灣省文獻委員會的情景[111]。王詩琅（一九〇八―一九八四年）為臺灣作家，日本統治時期參加「臺灣黑色青年聯盟（無政府主義者團體）」，數度入獄。王世慶（一九二八―二〇一一年）從臺北師範學校畢業後，與曹永和一樣，靠努力自學，成為二戰後臺灣史研究的開拓者[112]。

此處需要提及的是，國分直一也是啟發王世慶的日本人教師。王世慶於一九四五年三月進入臺北師範學校，僅僅兩週後，除了校長以外，所有的教師、學生都被徵召入伍。國分直一也收到召集令，被派往宜蘭濁水溪（臺灣東北部蘭陽溪）的雷神部隊。四月，王世慶所屬部隊移防宜蘭，歸屬在國分所在的雷神部隊指揮下。國分為了不讓學生中斷學業，遂蒐集臺灣的先史遺跡與民俗資料編成「陣中講義」，不問場地與時間為學生講課。通過豐富且活潑的教材，加深了王世慶對田野調查的興趣。對十七歲的他而言，國分就是那位開啟他求知欲大門的人。一九八〇年，國分為蒐集資料訪問臺灣，通過學生劉茂源，請求在臺灣省文獻委員會工作的王世慶協助。戰爭期間無法在教室中正常授課的師生，終於可以更加深入的交流。

東洋文庫的研究計畫打開了曹永和的學問之道，他對早期臺灣史與東亞海域史研究傾注心力，最終成為享譽國際的臺灣史研究者。但他只有高級中學畢業（相當於日本的高校畢業）的學歷，也沒在大學任教過，直到一九八四年八月獲得中央研究院三民主義研究所兼任研究員資格前，一直在臺大圖書館工作。臺大歷史學系也終於以該研究員資格，聘他擔任兼任教授，開始講授相關課程。次年，即一九八五年十月，他從臺大圖書館退休，並在臺大歷史學系授課直到二〇一〇年六月為止，當時他已接近九十歲[113]。在臺大歷史學系從事教育的期間長達二十六年，無數學生接受他的指導、受到他的影響，因此他又被譽為「海域史的教父」[114]。

曹永和雖非專任教員，但憑著傑出的海域史研究與充滿韌性的學究精神，成為國立臺灣大學歷史學系兼任教授。可以說，臺大經過很長的空白期，至此終於又重續與臺北帝大南洋史學研究、教學的歷史緣分。近幾十年間，臺大開設東南亞語言學、考古學、歷史學、藝術學及文學領域課程[115]，但關於南洋地區（大約相當於今日的東南亞地區）仍以教學為主，研究仍尚待努力。一個研究、教育機構的前身（臺北帝大）與後身（臺灣大學），之間已歷經了超過九十年的歲月，兩者之間雖然出現重大的斷裂，但也許仍可看出些微的聯繫。

三、戰後日本、臺灣研究者間的深刻緣分

曹永和於一九九八年被選為中華民國中央研究院院士（學術會員），這是首位獲得此殊榮的臺灣史研究者。如前所述，中華民國統治臺灣時，強力推行「去日本化、再中國化」政策。「去日本化」是殖民地脫離宗主國統治後的過程，有必要「去殖民地化」。但對臺灣而言，這一過程是由外來統治集團（KMT／ROC黨國體制）決定如何進行「去日本化」與「再中國化」，使得臺灣在「去殖民地化」的過程中不存在臺灣主體，只有中國的存在。因此，戒嚴時期全臺灣的大學歷史學系中，講授臺灣史課程只有兩處，一是臺大楊雲萍講授的課程，採取隔年開課的方式；另一個是成功大學（臺南市），且課

程名稱特意不使用「臺灣史」，而稱「臺灣省志」[116]。從一九四五年至一九九七年為止，超過半個世紀以上的時間，臺灣中小學生無法從課堂中理解臺灣，學習臺灣的歷史。這是在許多國家無法想像的狀況，其根本原因就在於臺灣並非臺灣人自己的國家。換言之，去殖民地化的過程並無進展，出現的僅是由中華民國進行再次殖民。若不從這個視角觀察戰後臺灣史，許多論點都將無法清晰。

處於歷史的夾縫間，在恐怖與封閉的年代中，我們一路以來見到勤勉自學的臺灣青年，摸索走在臺灣研究的道路上。他們繼承的是日本統治時期，特別是臺北帝大的學術傳統。今日如果想製作臺灣研究的系譜，大概會得到饒富深意的結果。例如，受國分直一啟發的王世慶，也踏上幾乎與曹永和同樣的學術道路。他於一九九三年被聘為中央研究院中山人文社會科學研究所（舊三民主義研究所）兼任研究員，成為曹永和的同事。又憑藉此身分可在大學任教，後來擔任國立中央大學（一九九五—二〇〇一年）與國立臺灣大學（一九九六—二〇〇三年）兼任教授[117]。二人的學問系譜，一個出自岩生成一，一個出自國分直一。當然，他們也受到後來海外研究者的支持與提攜。

如果製作一張跨越一九四五年八月的臺北帝大與臺大的學問系譜圖，一定能得出很有趣的成果。曹永和、王世慶、宋文薰、劉斌雄等人，培養了二戰後臺灣嬰兒潮世代的研究者。

臺灣的歷史認知有相當顯著的斷絕，但近年來已逐漸開始出現變化。臺大圖書館於二〇一〇年接收國分直一所藏之手稿、書信、照片及地圖等資料，設立「國分直一文庫」。二〇一二年金關丈夫的遺族也將其藏書寄贈予臺灣。

以下將接著介紹本章開頭提及的「磯小屋」。它是一個暱稱，正式名稱為臺大舊高等農林學校作業室（磯永吉小屋）。磯永吉（一八八六—一九七二年）生於廣島縣，一九〇八年進入東北帝國大學農科大學預科學習，一九一一年自該大學本科畢業後，仍留在大學繼續從事研究。一九一二年三月至臺灣赴任，以臺灣總督府農事試驗場種藝部技手身分，參與稻米品種改良工作。之後即便數度改變職務，仍專注從事稻米改良。一九二七年被任用為臺灣總督府臺北高等農林學校講師。次年臺北帝國大學成立後，四月一日臺北高等農林學校編入臺北帝大，成為附屬農林專門部。八月，磯永吉以〈臺灣稻的育種學研究〉在北海道帝國大學取得農學博士學位，以臺灣總督府在外研究員的資格前往美國、英國、德國等地留學。回臺灣之後，在臺北帝國大學理農學部擔任農學、熱帶農學第三講座教授，兼任大學附屬農場場長與臺灣總督府中央研究所種藝科科長。一九三二年，以〈臺灣稻的育種學研究〉獲得日本農學會農學賞。這是居住在臺灣的日本人首次獲獎，實為壯舉[118]。

磯永吉在二戰之後續留臺灣，一九五七年六月退休後返回日本，居住臺灣的時間長達四十五年，僅就研究者來看，恐怕是二戰後停留臺灣最久的日本人。由於在開發蓬萊米上扮演重要角色，因而被稱為「蓬萊米之父」，對臺灣農業貢獻巨大。

若說磯永吉在臺灣居住四十五年多是時間最長的人，那麼第二長的可能就是松本巍。他於一九一〇年進入東北帝國大學農科大學預科，一九一六年取得學士學位後，一九二六年被臺灣總督府聘為高等農林學校教授，前往臺灣赴任。經過兩年派遣在外研究之後，一九二八年轉任臺北帝國大學理農學部的植物病理學講座教授，兼任附屬農林專門部教授。二戰之後獲得留用，一九六五年退休後返國。居住在臺灣的期間達三十七年（減去兩年在外研究），歸國後仍請求他協助對付甘蔗白葉病，為此他又重訪臺灣停留超過一年，如包含此時期，他在臺灣合計達三十八年[119]。

磯永吉與松本巍皆擔任臺灣農業與植物病理學領域的實際業務，且交友範圍甚廣，影響力不限於學界。受限於篇幅與筆者專門領域不在此之故，他們的相關研究尚待將來更進一步的發展。

臺北帝國大學當時聘請的教員，聚集了相當優秀的人才，在臺北帝大存續的短短十七年期間，他們進行之以臺灣為主的研究，為這座島嶼留下非常貴重的學術遺產。例如在筆者比較熟悉的領域（語言學），小川尚義與淺井惠倫等人的功績卓著，但因本章重點在於跨越二戰前後，通過人與人之間的實際接觸而形成的學術傳承，故主要聚焦在「留用」教員身上。此外，由於以筆者就學的歷史學系的前身臺北帝國大學史學科為主，因此以對當代臺灣史學界影響深遠的岩生成一為主角，但也必然要提及「無處不在」的金關丈夫。通過這樣的嘗試，挖掘臺北帝國大學與國立臺灣大學之間的學術關聯，衷心希冀藉此串聯起人與人之間跨越國籍與民族的學術緣分。

臺北帝國大學僅存在十七年，但無論在有形或無形上，對之後繼承並走過七十七年歲月的國立臺灣大學而言，還是能見到一直保持相連之處[120]。

（日文翻譯古谷創）

注釋

1. 參照「臺灣大學校園建築變遷互動地圖簡史」。https://www.lib.ntu.edu.tw/gallery/promotions/ntu-history/mdex.html（二〇二一年十月十日閱覽）。
2. 李恒全，〈台北帝国大学成立史に関する一考察（關於臺北帝國大學成立史的研究）〉，《神戶大學發達科學部研究紀要》

一四一一，二〇〇六年。

3.–4. 久保島天麗編，《臺灣大學設立論》，臺北：臺灣大學期成同盟會，一九二〇年。

5.–6. 〈台北帝国大学官制ヲ定ム（臺北帝國大學官制制定）〉，JACAR（アジア歴史資料センター〔亞洲歷史資料中心〕）Ref.A01200577900，公文類聚，第五十二編，昭和三年，第七卷，官職五，官制五（臺灣總督府）（國立公文書館）。

7. 松本巍著，蒯通林譯，《臺北帝國大學沿革史》（手稿本），臺北：國立臺灣大學圖書館特藏臺灣舊籍影本。

8. 一九二三年成立的「朝鮮帝國大學創設委員會」，一如名稱可知，京城帝國大學原本應命名為「朝鮮帝國大學」，但當局認為有被誤解為「朝鮮帝國的大學」之虞，故改名為「京城帝國大學」。天野郁夫，《帝国大学——近代日本のエリート育成装置（帝國大學——近代日本精英培養機構）》，中公新書，二〇一七年。

9. 陳偉智，〈附錄三 伊能嘉矩年譜〉，《伊能嘉矩——臺灣歷史民族誌的展開》，臺北：臺大出版中心，二〇一四年。

10. 李恒全，同前〈台北帝国大学成立史に関する一考察〉。天野郁夫，同前《帝国大学——近代日本のエリート育成装置》。

11. 國立臺灣大學編，《接收臺北帝國大學報告書》，臺北：國立臺灣大學，一九四五年。

12. 同注5。

13. 松本巍，同前《臺北帝國大學沿革史》。

14. 臺北高等學校經過數度改名與改制。（一）一九二二年成立七年制的高等學校「臺灣總督府高等學校」。（二）一九二五年設立三年制的高等科。（三）一九二七年改稱「臺灣總督府臺北高等學校」。一九四一年臺北帝國大學成立大學預科之前，原本預設由臺北高等學校的畢業生進入臺北帝國大學。但他們也能選擇進入日本內地的大學，反之，日本內地的高等學校畢業生也能前往臺灣，選擇進入臺北帝國大學。關於臺北高等學校可參照蔡錦堂，〈日本治臺後半期的「奢侈品」——臺北高等學校與近代臺灣菁英的誕生〉（收錄於徐聖凱，《日治時期臺北高等學校與菁英養成》，臺北：國立臺灣師範大學，二〇一二年）。

15. 〈台北帝国大学官制中ヲ改正ス（臺北帝國大學官制制定）〉JACAR（アジア歴史資料センター〔亞洲歷史資料中心〕）Ref.A01200578100，公文類聚，第五十二編，昭和三年，第七卷，官職五，官制五（臺灣總督府）（國立公文書館）。

16. 引用自松本巍，同前《臺北帝國大學沿革史》。依筆者判斷加入標點調整。

17. 邱景墩、陳昭如，〈戰前日本的帝國大學制度與臺北帝國大學〉，《Academia——臺北帝國大學研究通訊》，臺北：創刊號，一九九六年。

18–19. 〈臺北帝國大學通則〉、〈台北帝国大学官制中ヲ改正ス（臺北帝國大學官制制定）〉JACAR（アジア歴史資料センター〔亞洲歷史資料中心〕）Ref.A01200579000，公文類聚，第五十二編，昭和三年，第七卷，官職五，官制五（臺灣總督府）（國立公文書館）。

20. 「國史學、東洋史學、西洋史學」是從講座內容來分類，與實際名稱不必然一致。例如京都帝國大學的西洋史學講座，實際名稱「史學地理學第一、第三講座」，其實際內容則為西洋史學。京都帝國大學編，《京都帝國大學史》，京都帝國大學，一九四三年。

21. 葉碧苓，〈臺北帝國大學與京城帝國大學史學科之比較（1926-1945）〉，《臺灣史研究》一六—三，二〇〇九年。

22–26. 葉碧苓，〈村上直次郎的臺灣史研究〉，《國史館學術集刊》一七，二〇〇八年。

27. 〈完成年度ニ於ケル講座及其ノ職員配置表（完成年度的講座及其職員配置表）〉、〈台北帝国大学官制中ヲ改正ス（臺

北帝國大學官制制定）〉JACAR（アジア歷史資料センター〔亞洲歷史資料中心〕）Ref.A01200579000，公文類聚，第五十二編，昭和三年，第七卷，官職五，官制五（臺灣總督府）（國立公文書館）。

28. 法政大學史學會編，〈岩生成一先生略年譜、論著目錄〉，《法政史學》二六，一九七四年。

29. 岩生成一的〈長崎代官村山等安の台湾遠征と遣明使（長崎代官村山等安的臺灣遠征與遣明使）〉與〈豊臣秀吉の台湾島招諭計画（豐臣秀吉的臺灣招撫計畫）〉，兩篇都發表在《臺北帝國大學文政學部史學研究年報》一，一九三四年，同七，一九四二年發表。這兩篇文章今日參考價值更為增值。

30. 岩生成一的著作目錄合計多達四十六種。松田吉郎、陳瑜，〈台北帝国大学文政学部南洋史学の成立と展開（臺北帝國大學文政學部南洋史學的成立與發展）〉（收錄於酒井哲哉、松田利彥編，《帝国日本と植民地大学（帝國日本與殖民地大學）》，ゆまに書房，二〇一四年）。

31. 法政大學史學會編，同前〈岩生成一先生略年譜、論著目錄〉。

32. 周婉窈，〈臺北帝國大學南洋史學講座、專攻及其戰後遺緒（1928-1960）〉，《臺大歷史學報》六一，二〇一八年六月中的「表三　臺北帝國大學文政學部史學科畢業生名單（1931-1943）」。

33.–34. 中村孝志著，陳俐甫譯，〈臺北帝大的日子〉，《Academia——臺北帝國大學研究通訊》，臺北：創刊號，一九九六年。

35. 葉碧苓，同前〈臺北帝國大學與京城帝國大學史學科之比較（1926-1945）〉。

36. 歐素瑛，《傳承與創新——戰後初期臺灣大學的再出發（1945-1950）》，臺北：臺灣書房出版，二〇一二年。

37. 法政大學史學會編，同前〈岩生成一先生略年譜、論著目錄〉。

38. 周婉窈，同前〈臺北帝國大學南洋史學講座、專攻及其戰後遺緒（1928-1960）〉中的「表五　1942-1945年臺北帝國大學文政學部南洋史學專攻入學名單」。

39. 永原慶二監修，石上英一等編，《岩波日本史辭典》，岩波書店，一九九九年。

40. 所澤潤採訪紀錄、解說、注解，張寬敏口述，〈聴取り調査：外地の進学体験（II）台湾一師附小、台北高校、台北帝大医学部を経て、台湾大学医学院卒業（訪談調查：外地的升學體驗（II）從臺灣一師附小、臺北高校、臺北帝大醫學部到臺灣大學醫學院畢業）〉，《群馬大學教育學部紀要　人文、社會科學編》四四，一九九五年。

41. 廖述英，〈杜英專欄　臺北帝大總共收過多少個女學生?〉《臺北帝大專欄Taihoku Imperial University》部落格，二〇一八年二月十五日，https://taihokuimperialuniversity.blogspot.com/2018/02/blog-post.html（二〇二二年九月十四日閱覽）。最常被提及的杜淑純（杜純子，臺灣最早的醫學博士杜聰明之女）就是選科生。參照《校史檔案第二類臺北帝國大學文政學部檔案》，「昭和十九年度學生名簿」ntul-uh0203001_0012。

42. 歐素瑛，同前《傳承與創新——戰後初期臺灣大學的再出發（1945-1950）》。

43. 同前《校史檔案第二類臺北帝國大學文政學部檔案》ntul-uh0225000_0063。

44. 一九三九年張棪標在「南支派遣軍調查部」獲得職位進行活動，可說應用了學術上的知識。臺北帝國大學文政學部《〔昭和十四年十一月調〕臺北帝國大學文政學部畢業生名簿》（臺北：國立臺灣大學圖書館特藏臺灣舊籍影本）。關於張棪標在泰國從事商業，參照鍾淑敏、詹素娟、張隆志訪問，吳美慧、謝仕淵、謝奇鋒、蔡峙紀錄，《曹永和院士訪問紀錄》，臺北：中央研究院臺灣史研究所，二〇一〇年。

45. 鍾淑敏等，同前《曹永和院士訪問紀錄》。

46. 黑羽夏彥，〈中村孝志著作目錄〉，《ふぉるもさん・ぷろむなあど（漫步福爾摩沙）》部落格，二〇一六年三月五日，http://formosanpromenade.blog.jp/archives/55993247.html（二〇二一年十月十三日閱覽）。鍾淑敏、許賢瑤，〈中村孝志教授的臺灣史研究（完全版）〉，《天理臺灣學報》二六，二〇一七年。

47. 同前《校史檔案第二類臺北帝國大學文政學部檔案》ntul-uh0218005_0009。

48. 鍾淑敏等，同前〈中村孝志教授的臺灣史研究（完全版）〉。同前《校史檔案第二類臺北帝國大學文政學部檔案》ntul-uh0225000_0126。

49. 中村孝志，〈荷蘭人時代的蕃社戶口表1–3〉，《南方土俗》四—一、三、四，一九三六年、一九三七年、一九三八年。相關資料參照曹永和，〈臺灣荷據時代研究的回顧和展望〉（收錄於《臺灣早期歷史研究續集》，臺北：聯經出版公司，二〇〇〇年）；鍾淑敏等，同前〈中村孝志教授的臺灣史研究（完全版）〉。

50. 中村孝志，〈1647年的臺灣蕃社戶口表〉，《日本文化》三一，一九五一年；中村孝志〈オランダ人の台湾蕃人教育——一六五九年の巡視報告を中心として（荷蘭人在臺灣的原住民教育——以一六五九年的巡視報告為中心）〉，《天理大學學報》四—一，一九五二年。Nakamura, Takashi, "Report of the Visit of Inspection to Formosa in 1659," *Tenri Journal of Religion*, 1, 1955.

51. 同前《校史檔案第二類臺北帝國大學文政學部檔案》ntul-uh0201002_0012。

52. 同前《〔昭和十四年十一月調〕臺北帝國大學文政學部畢業生名簿》。

53. 參照黑羽夏彥，同前〈中村孝志著作目錄〉。

54. 所澤潤，〈台湾人女子最初の帝大生（臺灣第一位女帝大生）〉，《段丘》一九，二〇一五年。

55. 所澤潤等，同前〈聴取り調査：外地の進学体験（II）〉。

56. 《校史檔案第二類臺北帝國大學文政學部檔案》，〈昭和十九年度入學願書文政學部教務係〉從ntul-uh0209000_00044到0046。

57. 同前《校史檔案第二類臺北帝國大學文政學部檔案》，ntul-uh0209000_0043。

58. 所澤潤，同前〈台湾人女子最初の帝大生〉。

59. 長谷川美恵，〈臺灣的家庭生活〉（上、中、下），《民俗臺灣》臺北：二—四，一九四二年；同二—五，一九四二年；同二—六，一九四二年。

60. 長谷川美恵，〈祖母の死をめぐつて（關於祖母的去世）〉，《民俗臺灣》二—一二，一九四二年。

61. 長谷川美恵，〈點心〉，《民俗臺灣》三—三，一九四三年。

62. 張美恵，〈金関丈夫氏と《民俗台湾》と台北帝大と（金關丈夫與《民俗臺灣》及臺北帝大）〉，《日本歴史》五九五，一九九七年。宮崎孝治郎的論文收錄於《臺北帝國大學文政學部政學科研究年報》八，一九四二年（實際刊行日期為一九四三年五月二十五日）。長谷川（張）美惠的文章被引用在一〇六頁。

63. 張美恵，同前〈金関丈夫氏と《民俗台湾》と台北帝大と〉。

64–65. 宮本延人口述，宋文薰、連照美譯編，〈宮本延人先生生平簡歷〉，《我的臺灣紀行》，臺北：南天書局，一九九八年。

66–67. 歐素瑛，《臺北帝國大學與近代臺灣學術的奠定》，臺北：臺灣師大出版社，二〇二〇年。

68. 歐素瑛，同前《傳承與創新——戰後初期臺灣大學的再出發（1945-1950）》。

69. 一九九八年南天書局出版復刻版。其中補回遭當局審查後刪除之池田敏雄〈有応公の霊験（有應公的靈驗）〉、蘇維熊〈性と台湾俚諺に就いて（有關性與臺灣俚諺）〉及未出版的第五卷第二號等，以原來的版本印刷，並以精裝版形式出版。河原功，〈《民俗臺灣》復刻之際〉，《民俗臺灣　五．索引》，臺北：南天書局，一九九八年。

70. 池田麻奈編，〈《民俗臺灣》執筆者別作品一覽〉，同前《民俗臺灣　五．索引》。

71. 《民俗臺灣》一—一，一九四一年。

72. 歐素瑛，同前《傳承與創新——戰後初期臺灣大學的再出發（1945-1950）》。

73. 安溪遊地、平川敬治編，〈國分直一略年譜〉，《遠い空——国分直一、人と学問（遙遠的天空——國分直一的生平與學問）》，海鳥社，二〇〇六年。

74. 陳偉智，〈知識的接收——國分直一與戰後初期的臺灣研究〉，《臺大歷史學報》六一，二〇一八年。

75-76. 安溪遊地等，同前〈國分直一略年譜〉。

77. 《校史檔案第二類臺北帝國大學文政學部檔案》ntul-uh0218017_0087。國立臺灣大學人事檔案〈國立臺灣大學教員履歷表〉073（林素琴）（臺北：國立臺灣大學人事室資料室藏）。

78. 李東華，《光復初期臺大校史研究（1945-1950）》，臺北：國立臺灣大學出版中心，二〇一四年。

79. 李萬居（一九〇一—一九六六年），二戰後臺灣黨外運動重要人物。《公論報》為過往唯一批評政府的報紙。〈臺灣風土〉持續刊行至一九五五年五月三日，共發行一九五期。臺灣人主要執筆者有陳奇祿、楊雲萍、陳紹馨、戴炎輝等。歐素瑛，同前《傳承與創新——戰後初期臺灣大學的再出發（1945-1950）》。

80. 陳偉智，同前〈知識的接收——國分直一與戰後初期的臺灣研究〉。

81. 歐素瑛，同前《傳承與創新——戰後初期臺灣大學的再出發（1945-1950）》。

82. 安溪遊地等，同前《遠い空——国分直一、人と学問》。

83. 陳偉智，同前〈知識的接收——國分直一與戰後初期的臺灣研究〉。

84. 〈永懷師恩——蔡錫圭教授談森於菟教授、金關丈夫教授　演講會〉https://tiprc.cip.gov.tw/blog_wp/?=5653（二〇二一年十月三日閱覽）。

85. 〈蔡錫圭小檔案〉，《臺大校友雙月刊》八三，二〇一二年。

86. 王敏東，〈森鷗外の長子於菟の片影——台湾とのかかわりを中心に（森鷗外的長子於菟的片影——以與臺灣的關係為中心）〉，《日本醫史學雜誌》六三—一，二〇一七年。蔡錫圭口述，盧國賢整理，〈臺灣解剖學發展推手〉，《景福醫訊》二九—八，二〇一二年。森常治，《臺灣的森於菟》，ミヤオビパブリッシング，二〇一三年。

87. 蔡錫圭等，同前〈臺灣解剖學發展推手〉。蔡錫圭，〈體質人類學研究室〉，《臺大校友雙月刊》八三，二〇一二年。

88. 筆者詢問蔡錫圭教授孫女蔡佩穎並確認（二〇二一年十月四日的電子郵件）。

89. 〈3世代で骨ささげる　「弥生人渡来説」唱えた金関丈夫氏ら4人　世界的にも類を見ない標本、遺伝研究の貴重な資料に（3代人捐獻骨骼——提出「彌生人渡來說」的金關丈夫氏等4人，其標本成為世界罕見且遺傳研究的珍貴資料）〉，《西日本新聞》二〇一八年四月二十三日晚報，https://www.nishinippon.co.jp/item/n/410821/（二〇二一年十月十日閱覽）。

90. 《校史檔案第二類臺北帝國大學文政學部檔案》ntul-uh0240000_0005、0008等。國立臺灣大學人事檔案〈國立臺灣大學人員登記表〉014。國立臺灣大學人事檔案〈國立臺灣大學教員履歷表〉075。

91–92. 李東華，同前《光復初期臺大校史研究（1945-1950）》。

93. 《臺灣大學歷年課程表數位典藏》「文學院、史學系」https://web.lib.ntu.edu.tw/course/036-01/036-01-1-1030-00.pdf（二〇二一年十月十三日閱覽）。

94. 李東華，同前《光復初期臺大校史研究（1945-1950）》。

95. 龔怡君，《「外來政權」與本土社會——改造後國民黨政權社會基礎的形成（1950-1969）》，臺北：稻鄉出版社，一九九八年。

96. 關於臺大歷史學系的研究及教育上的特色，參照陳弱水，〈臺大歷史系與現代中國史學傳統〉，《臺大歷史學報》四五，二〇一〇年。

97. 關於陳荊和的生涯及其研究，參照周婉窈，同前〈臺北帝國大學南洋史學講座、專攻及其戰後遺緒（1928-1960）〉。

98. 賴永祥，〈臺灣省通志稿　卷三政事志外事篇—全一冊〉，《賴永祥長老史料庫（Elder John Lai's Archives）》二〇〇四年四月補記，http://www.laijohn.com/works/work6.htm（二〇二一年十月十三日閱覽）。

99. 李東華，同前《光復初期臺大校史研究（1945-1950）》。

100. 關於這段經歷，詳情參照周婉窈，同前〈臺北帝國大學南洋史學講座、專攻及其戰後遺緒（1928-1960）〉。

101–102. 國立臺灣大學人事檔案〈國立臺灣大學教員履歷表〉013：李東華，同前《光復初期臺大校史研究（1945-1950）》。

103. 關於戰後初期中華民國政府在臺灣強力推動的「去日本化、再中國化」政策，參照黃英哲，《「去日本化」「再中國化」——戰後臺灣文化重建（1945-1947）》，臺北：麥田出版，二〇〇七年。

104. 鍾淑敏等，〈大事年表〉，同前《曹永和院士訪問紀錄》。

中村孝志，〈台北帝大のころ（臺北帝大時期）〉，大江志乃夫等編，《岩波講座近代日本と植民地４　統合と支配の論理（岩波講座近代日本與殖民地４　統合與支配的邏輯）》月報五，岩波書店，一九九三年
法政大學史學會編，〈岩生成一先生略年譜、論著目錄〉，《法政史學》二六，一九七四年
松田吉郎、陳瑜，〈台北帝国大学文政学部南洋史学の成立と展開（臺北帝國大學文政學部南洋史學的成立與發展）〉，酒井哲哉、松田利彥編，《帝国日本と植民地大学（帝國日本與殖民地大學）》，ゆまに書房，二〇一四年
森常治，《台湾の森於菟（臺灣的森於菟）》，ミヤオビパブリッシング，二〇一三年
李恒全，〈台北帝国大学成立史に関する一考察（關於臺北帝國大學成立史的研究）〉，《神戸大學發達科學部研究紀要》一四─一，二〇〇六年
磯永吉學會編著，川口愛子、川口四郎、磯百合子原著編，《磯永吉追想錄》，國立臺灣大學磯永吉學會，二〇一九年
歐素瑛，《傳承與創新──戰後初期臺灣大學的再出發（1945-1950）》，臺灣書房出版，二〇一二年
歐素瑛，《臺北帝國大學與近代臺灣學術的奠定》，臺灣師大出版社，二〇二〇年
國立臺灣大學編，《接取臺北帝國大學報告書》，國立臺灣大學，一九四五年
國立臺灣大學編，《國立臺灣大學概況》，國立臺灣大學，一九四七年
蔡錫圭，〈體質人類學研究室〉，《臺大校友雙月刊》八三，二〇一二年
蔡錫圭口述，盧國賢整理，〈臺灣解剖學發展推手〉，《景福醫訊》二九─八，二〇一二年
謝明如，〈臺灣植物病理學的第一人──松本巍與臺灣植物病理學之建立〉，《國立臺灣博物館學刊》六六─三，二〇一三年

周婉窈，〈臺北帝國大學南洋史學講座、專攻及其戰後遺緒（1928-1960）〉，《臺大歷史學報》六一，二〇一八年
張秀蓉編，《臺北帝大的生活——國立臺灣大學創立七十週年校慶特刊》，國立臺灣大學，一九九九年
陳偉智，〈知識的接收——國分直一與戰後初期的臺灣研究〉，《臺大歷史學報》六一，二〇一八年
松本巍著，蒯通林譯，《臺北帝國大學沿革史》（手稿本），國立臺灣大學圖書館特藏臺灣舊籍影本
宮本延人口述，宋文薰、連照美譯編，《我的臺灣紀行》，南天書局，一九九八年
葉碧苓，〈村上直次郎的臺灣史研究〉，《國史館學術集刊》一七，二〇〇八年
李東華，《光復初期臺大校史研究（1945-1950）》，國立臺灣大學出版中心，二〇一四年
《校史檔案第二類臺北帝國大學文政學部檔案》，國立臺灣大學圖書館藏

第五章 從中國統一到戰後臺灣

土田哲夫

前言

蔣介石是二十世紀前半國民黨時代的中國領導人，既是軍人，也是政治家。清末他留學日本學習軍事，參加辛亥革命（一九一一年），在中國國民黨進行北伐期間（一九二六—一九二八年）擔任國民革命軍總司令，迅速崛起，成為國民政府的領導者，推動中國統一與現代化，並在中日戰爭（一九三七—一九四五年）中扮演了重要角色。對於蔣的黨、政統治與軍事集權化，汪精衛、胡漢民等國民黨有力人士或馮玉祥、李宗仁等地方軍閥曾發起反蔣運動（內戰），但蔣成功鎮壓這些反對勢力，確立自身領導地位。蔣的核心權力及其強勢來自於他從北伐以來便掌握強大的中央軍隊，除加強統治國民黨中央組織，更管控政府財政以籌措巨額軍費，加上與宋氏家族的婚姻關係也對他在強化財政力量、政策運作與對外關係上提供了助力。

九一八事變後，日本的擴大侵略與中國共產黨的革命勢力發展，成為國民黨建設現代化國家的挑戰，蔣介石不得不艱辛對應這些狀況。中日戰爭開戰後，他因身為抗戰指揮而提高了威信，又在太平洋戰爭爆發後，廢除中國的不平等條約，參與開羅會議（一九四三年）的對日處理方案，之後中國更成為聯合國安全理事會常任理事國，提升了中國的國際地位。這些成就為今日所謂的「大國中國」奠定了重要基礎。

戰後，蔣介石致力重新統一全國與實施憲政，但在與共產黨的內戰中敗北而遷移臺灣，在臺重整政權對抗中國。一九七〇年代蔣介石過世前後，臺灣在國際上面臨爭奪正統性的危機，蔣經國繼承父親遺業，彈性對應這些狀況，為日後臺灣經濟發展與政治本土化、民主化打下基礎。

本章將回顧以蔣介石為核心的國民黨政權歷史，且一併討論宋氏一族、汪精衛、蔣經國等相關人物。從中不僅能夠了解中國近現代複雜多難及豐富多彩的過程，也能更明確理解現代中國的崛起及臺灣變遷的歷史意義。

蔣介石（一八八七—一九七五年）

對蔣介石的評價與研究

蔣介石作為代表中國的領導者時，同時代的人在政治上對他的評價有分歧。國民黨的官方文獻將他描寫成不世出的偉人，[1]敵對的地方軍閥馮玉祥與共產黨理論家陳伯達則全面否定蔣介石。[2]陳伯達的著作直到一九七〇年代為止，在中國一直有很大的影響力，也塑造了蔣介石的官方評價。戰後日本的中國研究中，也受中國共產黨革命史觀的影響，對蔣介石與國民黨政權的評價較低。但一九七〇年代起，著眼於對日抗戰與經濟建設成果，開始重新評價國民黨政權。[3]一九八〇—一九九〇年代以後，隨著中國「改革開放」的進展與脫離革命化進程，臺灣公開、出版許多與蔣介石相關的檔案，使得中國與日本的中華民國史研究逐漸深入，蔣介石與國民黨研究也獲得顯著進展。特別是史丹佛大學胡佛研究所（Hoover Institution）公開《蔣介石日記》[4]，在全世界的中國研究中掀起「蔣介石研究風潮」，不僅深入探討蔣介石政權及其政策，也對蔣的認識、人際關係，甚至日常生活等都進行詳細的研究。[5]

一、從成長到邁向權力之路

故鄉溪口與少年時代

清末，一八八七年十月三十一日（光緒十三年九月十五日），蔣介石生於浙江省奉化縣溪口鎮的小商人之家。幼名瑞元，學名志清，字介石，之後改名中正。奉化縣位於商業都市寧波的南邊，剡溪流淌山間，溪口鎮則是剡溪沿岸風光明媚的小鎮。據說蔣家祖先在元末（十四世紀）遷居此處並定居下來。蔣家代代從事農業，祖父蔣斯千（字玉表，一八一四－一八九四年）開設玉泰鹽鋪，家境逐漸興盛，成為地方名望人士。父親蔣肇聰（字肅庵，一八四二－一八九五年）繼承鹽鋪買賣，與第一任妻子徐氏育有一子蔣錫侯（字介卿，一八七五－一九三六年）、一女瑞春，與第三任妻子王采玉（一八六四－一九二一年）生育了二子蔣介石、蔣瑞青（早夭）及女兒瑞蓮、瑞菊。母親王采玉出生於附近的嵊縣葛竹。蔣介石七、八歲時，祖父、父親相繼過世，分家之後家中經濟陷入貧困，遭地方的衙役和有錢人家欺侮，甚至家中財產也遭侵奪。不過剛毅的母親王采玉仍勤勉工作，嚴格教育蔣介石。

蔣介石

蔣五歲時進入私塾，接受四書五經等傳統教育，他從小就個性頑固不守規矩，聚集玩伴自己當大將玩戰爭遊戲，是個頑皮的少年。毛思誠曾教過少年時代的蔣，他表示蔣在私塾中玩鬧時雖「狂態不可一世」，但學習、思考時卻相當集中、專心，對周遭的吵鬧皆旁若無聞。[6]一九〇三年起，進入奉化縣城的鳳麓學堂、寧波箭金公學學習，除古典教育之外，也學習新式學問，開始接受新時代、新思想的影響。一九〇五年正月，進入奉化龍津中學堂後，「因受內外潮流之激盪，感痛國族之陵夷，家庭之煢弱」，在校幾個月後便決定出洋，立志革命，且自剪髮辮，導致鄉人駭然。[7]

留學日本

一九〇六年四月，蔣首次渡海前往日本，於東京清華學校學習日語，但因非清政府派遣，故無法進入軍事學校，之後歸國。一九〇七年，進入清朝為培養現代陸軍軍人而創立的直隸省（今河北省）保定的全國陸軍速成學堂，最終通過公費留學考試，一九〇八年前往日本，在振武學校接受陸軍預備教育。這段期間，結識出生浙江的革命家陳其美（一八七八―一九一六年），在其介紹下加入中國同盟會。「大半光陰，皆消耗於奔走革命，聯絡同志」，且醉心於鄒容的《革命軍》（《蔣介石日記》民國六年前事略）。或許因奔走革命運動，或者學力不足，留學期間蔣的成績並不優秀，在振武學校的平均分數六十八分，在清朝派遣的六十二名學生中僅排第五十五名。相比之下，張群（一八八九―一九九〇年）排名第三，分數九十五分；王柏齡（一八八九―一九四二年）排名第五，分數九十三分。[8]一九一〇年十二月，畢業後被分派到新潟縣高田的陸軍第十三師團野戰砲兵對十九聯隊，親身體驗、學習日軍的紀律、絕對服從、團體精神。蔣在日後的回憶與演說中也多次提及高田時期的嚴格軍隊生活，稱讚該處訓練實為中國軍隊教育與國民訓練的模範。同聯隊中還有張群等十六名清朝留學生。

辛亥革命時期　在陳其美手下活動

一九一一年辛亥革命爆發，蔣與張群等人回國，聽從陳其美的指揮，在攻擊位於杭州的浙江巡撫衙門及其他行動中表現傑出。此時期蔣與同在陳其美麾下的幹部張群、黃郛結拜為兄弟，也認識了陳果夫、邵元沖、張人傑（靜江）等人，為之後於國民黨內的活動建立起重要的政治人脈。一九一二年，蔣因涉嫌陶成章暗殺事件[9]，一時避難日本。這段期間，除自學軍事學和國際情勢外，還創刊《軍聲》雜誌，發表〈征蒙作戰芻議〉、〈軍政統一問題〉等論文。

蔣介石（於高田野砲十九聯隊入伍時）

之後，袁世凱[10]破壞共和政體，朝獨裁帝制邁進。一九一三年至一九一六年，蔣在陳其美的指導下積極參與反袁世凱的軍事行動，但皆以失敗告終，逃往日本，蔣趁此時間鑽研軍事學、閱讀王陽明、曾國藩的著作。一九一四年，孫文[11]（一八六六—一九二五年）在東京組織中華革命黨，蔣與陳其美等人一起前往參加。然而，一九一六年五月十八日，引領蔣進行革命運動的陳其美遭暗殺，蔣大受打擊。往後大約七年期間，蔣介石與孫文領導的革命運動關係並不穩定，他也無法找到穩定的職位，過著不安定的日子。有一段時間他在上海與張人傑、陳果夫等從事股票交易，賺取資金，據說也獲得認識上海財經界及「青幫」知名人士的機會。

獲得孫文信任

一九一七年，孫文在廣州設立軍政府並任大元帥，蔣介石向孫文上書北伐軍事作戰計畫。一九一八年春，蔣獲聘並就任為廣東的援閩粵軍（閩為福建，粵為廣東的簡稱）總司令部作戰科主任，參與在廣東及福建的作戰與計畫。但蔣與粵軍總司令陳炯明等廣東派軍人不合，屢感憤慨，終至辭職回上海及返鄉，在孫文等人的懇請下又數度回歸。孫文在一九二〇年十月二十九日寫給蔣的信件中提及，「兄（蔣）之勇敢誠篤與（朱）執信比，而知兵則又過之」，但也指出「兄性剛而嫉俗過甚，故常齟齬難合」，曉諭蔣「然為黨負重大之責任」需忍耐以達成目的[12]。然而，蔣性急又易怒，自尊甚高，與人無法協調的性格，終其一生皆未改變。

一九二一年六月十四日，蔣母去世，孫文請陳果夫代表他參加葬禮，為「蔣母之墓」揮毫。

一九二二年六月十六日，廣東軍將領陳炯明叛變，孫文陷於危難之際，蔣因母喪頭七正在故鄉，聞訊立即趕往廣東，二十九日登上永豐艦謁見孫文，隨從護衛達一個多月，獲得孫文信任。蔣自身也自豪此次功績，寫下《孫大總統廣州蒙難記》，獲得孫文寫序後刊行。

一九二三年一月，孫文派軍隊擊潰陳炯明軍，二月孫文回到廣州重任大元帥。蔣被任命為大本營參謀長，但蔣與粵軍總司令許崇智等人不合，一怒之下再度辭職返鄉。即便如此，孫文仍讚賞蔣的忠誠與軍事才能，依舊給他優厚禮遇。當時孫文打算以蘇聯為模範，重整革命運動、改組國民黨，並計畫打造直屬黨的革命軍，命蔣前訪蘇聯視察。一九二三年八月十六日，蔣介石等「孫逸仙博士代表團」一行從上海出發，九月二日抵達莫斯科，與托洛斯基、季諾維也夫（Zinoviev）等政要見面，視察蘇聯的黨、政、軍及經濟狀況。蔣於十二月十五日返歸上海，寫成報告書。對蘇聯紅軍的視察，為國民黨革命軍建設提供重要借鑑。

一九二四年一月二十日至三十日，中國國民黨第一次全國代表大會（一全大會）在廣州召開，通過「聯蘇、容共、扶助工農」三大政策，為第一次國共合作與國民革命拉開序幕。大會上選出中央執行委員二十四名、候補執委十七名、中央監察委員五名、候補監委五名，共計五十一名，蔣並未名列其中。此時他尚被視為一介軍人，並未被當作黨的領導者。

黃埔軍校校長

蔣在軍事、政治上取得飛躍式進展的契機，係在一九二四年五月被任命為新成立的陸軍軍官學校（像是日本的士官學校，簡稱「黃埔軍校」）校長及粵軍總司令部參謀長。該校於六月開學，目的在通過軍事訓練及革命教育，培養國民黨直轄的革命軍幹部將領。該校教官指揮下的學生軍「教導團」成為最初的「黨軍」，之後在多次戰役中表現傑出。隨著黃埔系軍人在戰爭過程中逐漸晉升，成為中央軍的核心力量，為蔣的權力擴張奠定基礎。作為黃埔軍校教官並輔佐蔣，後來成為蔣親信且被委以重用擔任指揮官的人，包括何應欽（一八九〇—一九八七年，日本陸軍士官學校畢業）、錢大鈞（一八九三—一九八二年，日本陸軍士官學校畢業）、顧祝同（一八九三—一九八七年，保定軍校畢業）、陳誠（一八九八—一九六五年，保定軍校畢業）等，而在畢業生中成為蔣心腹並獲得重用者，如胡宗南（一八九六—一九六二年，第一期）、賀衷寒（一九〇〇—一九七二年，第一期）、鄭介民（一八九七—一九五九年，第二期）等。

國共合作、國民革命

一九二五年三月十二日，孫文於北京過世。同年因五三〇事件（五卅慘案、五卅運動）[13]，國民革命運動氣勢高漲，七月國民政府成立於廣州（主席汪精衛），八月國民革命軍編制為五個軍。國民革命軍各軍中仿效蘇聯紅軍，設立了黨代表及政治部，作為國民黨對軍隊指揮官的監督，並在軍隊內部執行政治工作。但孫文死後，國民黨內部領導權鬥爭激化。八月，左派實權人物廖仲愷遭暗殺，受此事件連累右派的實權人物胡漢民亦失勢，前往外國。如此一來，汪精衛占據黨內最高領導人的地位，蔣協助汪驅逐粵軍總司令許崇智，收編粵軍。此外，蔣積極鎮壓地方勢力對國民政府的反叛，奮力討伐陳炯明，最終平定廣東全境，蔣成為國民黨最高軍事實力者，並在政治上嶄露頭角。

一九二六年一月召開國民黨二全大會，蔣介石首次成為中央執行委員，且被選為中執委常務委員，和汪精衛共同被認定是支撐廣州國民政府的兩大領導者。之後，因三月二十日發生中山艦事件[14]，蔣藉此排除共產黨員，迫使汪精衛出國，蔣就任軍事委員會主席。同年六月就任中央組織部部長，任命陳果夫為代理部長，進一步驅除國民黨組織內的共產黨員。

二、以統一與建設現代國家為目標

北伐與黨內抗爭

一九二六年六月，蔣介石被任命為國民革命軍總司令，七月九日開始北伐。國民革命軍初期的兵力約為十萬，但逐步擊敗擁有更多兵力的北洋軍閥各派軍隊。一九二六年十月攻克武漢，一九二七年三月占領上海、南京。作為不斷取得進展的革命軍總司令，蔣介石勢力迅速擴大，名震海內外。然而，蔣的權力與威信擴大的同時，共產黨及勞農運動也急速發展，二者拮抗，激化國民革命陣營內部的對立。以左派為主導的武漢國民政府在一九二七年三月第二屆三中全會上，要求提高黨的權力，企圖壓制鋒頭正健的蔣之軍、政領導權。與此同時，蔣也加強與黨內元老、上海財界、地方軍人等反共派的聯繫。同年四月十二日，在上海發動清黨，鎮壓共產黨及勞工運動，隨後於四月十八日在南京成立新的國民政府。南京與武漢的對立持續數個月，七月十五日武漢實施反共後，兩方終於統一。八月十三日蔣中正暫時下野，九月二十八日蔣便裝出訪日本，與包含田中義一首相在內的日本各界要人、民間人士會談，爭取對中國國民革命與北伐統一的理解和支持。

與宋美齡結婚

蔣的訪日還有另一個私人目的，即為了取得與宋美齡結婚的許可。當時宋美齡的母親倪桂珍（一八六九—一九三一年）逗留日本，蔣為此事前往拜訪。對蔣而言，與宋美齡結婚除了她本身的魅力之外，宋家的財力、與國父孫文的姻親關係、與留美且通曉財政及經濟的宋子文、孔祥熙（一八八〇—一九六七年）取得姻親關係等，都是有利之處。倪桂珍以信仰基督教為條件，同意蔣與宋美齡結婚。蔣於十一月十日回國，一九二七年十二月一日在上海宋家舉行基督教式婚禮，隨後又在上海市內最豪華的大華飯店（Majestic Hall）舉行華麗的婚禮，邀請蔡元培（前北京大學校長）擔任證婚人。

不過，由於蔣介石已有婚史，關於他與宋美齡的婚姻，在社會上引起各種討論。一九二七年九月二十七日，他在上海《申報》上刊登「蔣中正聲明」，稱「毛氏髮妻，早經仳離，姚陳二妾，本無契約」。宣言清算過往的婚姻、愛人關係。毛氏髮妻指毛福梅（一八八二—一九三九年），一九〇一年與蔣介石結婚，育有長子蔣經國，實際上之後她也繼續居住在溪口蔣家。姚是一九一二年以來的情人姚冶誠（一八八七—一九六六年），為次子蔣緯國的養母。陳是長期與蔣同居於上海、廣州，一般都將其視為蔣夫人的陳潔如（一九〇六—一九七一年），一九二七年八月蔣將她送往美國，之後斷絕關係[15]。

第二次北伐

一九二八年一月，蔣介石回歸國民革命軍總司令。一九二八年四月，以統一全國為目標再度開始北伐。第二次北伐中，國民革命軍由第一（蔣介石，中央軍）、第二（馮玉祥，國民軍）、第三（閻錫山，山西軍）、第四（李宗仁，廣西軍）四個集團軍組成，合計約九十萬兵力，對安國軍（張作霖、奉天派等）發動攻擊，瞄準北京揮軍北上。途中，因日本出兵山東，五月三日雙方在濟南發生衝突，出現大量犧牲者（濟南事件、五三慘案），讓蔣介石大感震驚。蔣憤慨表示「種種暴虐情狀，非人所能出也」（《蔣介石日記》一九二八年五月三日），他感到相當強烈的屈辱，誓言「臥薪嘗膽，雪此奇辱」[16]，之後在日記中專設「雪恥」欄，時刻銘記於心（《蔣介石日記》一九二八年五月六日）。

之後，北伐軍迂迴繞開日軍占領的濟南，繼續揮軍北上，六月八日攻克北京，北洋政府至此潰滅。戰敗的奉天派首領、中華民國陸海軍大元帥張作霖，在乘坐火車由北京返回根據地東北（滿洲）途中，於瀋陽（奉天）郊外的皇姑屯站遭關東軍軍人炸死。繼承張作霖的張學良因日本反對而有所延遲，但仍在十二月二十九日宣布「易幟」（改揭國民黨旗及新國旗），表明服從國民政府。如此一來，全國正式統一。

南京國民政府與建設現代國家

一九二八年十月十日，國民政府宣布由軍政過渡到訓政，蔣就任國民政府主席兼陸海空軍總司令。根據孫文的《建國大綱》，從以全國統一為目標的軍事階段，進入持續訓育國民，在國民黨中央指導監督下，國民政府總攬統治權的「訓政」階段。之後到一九三七年七月中日戰爭開始為止的南京時期，雖然政爭、內戰與對外危機不斷，但國民政府仍在恢復國家主權、經濟建設與國內統一方面獲得一定成果，促進中國的現代化國家建設。特別是《中美關稅條約》（一九二八年七月）、《中日關稅協定》

（一九三〇年五月）的簽署，成功恢復關稅自主權，更於一九三〇年代中期提高關稅以保護國內產業，通過增加收入實現財政安定化，可謂重要成果。

在經濟建設方面，國民政府廢除釐金（通行稅），通過修建公路、鐵路等交通設施，統一國內市場，並保護國內產業與推動進口替代，建設國有煉鋼廠、兵工廠等國防工業，進行資源探勘。此外，一九三三年實施廢兩改元，一改過往複雜又不統一的貨幣制度，一九三五年十一月再次進行幣制改革，建立現代化的貨幣管理制度，強化中央政府對經濟活動的干預能力。在文化建設方面，設立中央研究院，成立廣州中山大學、南京中央大學、武漢大學等國立大學，完善高等教育與研究機構，且通過三民主義教育與提倡新生活運動，力圖普及國民黨意識形態與中華民國的國民意識。

儘管成果尚不完全，但國民政府在推進中國對外自立、對內統一和現代化建設，確實取得一定成效，促進中國現代國家的建設。

集權化與反蔣運動

原本一九二八年的全國統一很大程度上只是一種形式，南京政府中央的實際統治範圍僅限於東南地區，其他地區仍處於強大的地方軍事集團控制之下。為此，蔣於一九二九年一月召開國軍編遣會議，試圖削減全國軍隊人數及軍事集權化，但遭地方軍閥強烈反彈，引發與南京政府的對抗。到了三月國民黨召開三全大會時，蔣介石派試圖壟斷各地方選出的代表席位，引發改組派（汪精衛派）、西山會議派等的強烈抵制。如此一來，一九二九年三月以後，因反對蔣的獨裁與中央集權化，國民黨內的反蔣各派與廣西派、西北軍等地方軍閥聯合展開反蔣運動，爆發激烈內戰。特別是一九三〇年的「中原大戰」中，山西軍、西北軍、廣西軍等反政府軍與蔣介石率領的中央軍，合計共一百萬兵力進行會戰，成為民國成立以來最大規模的內戰，蔣因獲得張學良東北軍的支持而勉強獲勝。接著一九三一年五月，蔣與立法院長胡漢民對立並將其監禁，左右翼反蔣各派集結廣州，成立另一個國民黨中央及國民政府，與南京政府進行對峙。

九一八事變與「安內攘外」

在這種一混亂時局，一九三一年九月十八日關東軍在滿洲展開軍事行動。蔣介石的對應為（一）在東北當地承認張學良的「不抵抗」方針，盡力不擴大衝突；（二）向國際聯盟及列強控訴日本的暴行，期待「通過公理解決」；（三）在國內敦促國民黨各派的和解與團結。十二月十五日，為了重建國民黨統一政權，蔣暫時下野，孫文的長子孫科等廣東派人士前來南京接掌政權。但一九三二年一月底，孫科政權僅維持一個月便倒臺，蔣重回南京。之後至一九三五年為止，黨元老林森任國民政府主席，汪精衛任行政院長負責政務，蔣介石任軍事委員會委員長統籌軍務，展開蔣汪合作體制。

這段期間，國際聯盟數度決議要求日本撤軍，但未見效果。日本擴大占領滿洲，政府內外要求轉變對日政策的聲浪日高。因此，一九三二年一月的上海事變與一九三三年初的長城抗戰，蔣皆投入中央軍進行防禦，但因兵敗不得不簽署停戰協定。蔣介石意識到，這是因為中國分裂與現代化落後，導致無法集中國力作戰。為此他採取「先安內後攘外」（先安定國內之後，再對抗外敵）的戰略，亦即暫時避免與日本直接作戰，以爭取時間，趁此致力國內統一與加強國防力量，為將來決戰做準備。

這段期間已無足以正面對抗南京政府的地方軍事勢力，但中國共產黨在農村山地地區建立根據地，持續武裝鬥爭。一九三〇年七、八月中共一度占領湖南省省會長沙，一九三一年十一月中共於江西省瑞金成立中華蘇維埃共和國臨時中央政府，表明打倒國民黨、推進革命的意志。

為此，一九三〇年起蔣介石展開對共產黨根據地的包圍戰。一九三二年五月，蔣任豫鄂皖（河南、湖北、安徽）三省剿匪總司令，討伐湖北省周邊的中共根據地。平定此地區後，蔣將目標指向中共最大根據地——江西蘇區展開討伐，雖屢嘗苦果，但他仍以經濟封鎖與政治工作持續作戰，一九三四年十一月終於占領瑞金，擊潰江西蘇區。潰散的共軍向西脫逃，進行「長征」，國民黨軍進一步追擊，也進入貴州、四川、甘肅等內陸地區，使中央政府的力量滲透至這些區域。一九三五年春，蔣介石為督戰對共軍的追擊，前往四川內陸視察，切身感受到中國國土廣袤，對將來抗日充滿自信。一九三五年三月四日，蔣在演說中表示「四川應作民族復興之根據地」[17]。實際上，對日抗戰期間，這些被稱為「大後方」的地區，成為國家的重要根基，即使東部沿海地區遭日軍占領，國民黨政權仍能憑據這些地區持續抗戰。

華北危機

但是，一九三五年之後中國面臨日本新一輪的侵略威脅。日軍開始進行「華北分離工作」，試圖在華北地區驅逐國民政府的影響力，並將此區納入日本的勢力範圍。日本對中國提出一系列強硬要求，最終迫使中國方面於六月十日簽署《梅津、何應欽協定》，六月二十七日簽署《土肥原、秦德純協定》。這些屈辱讓蔣介石倍感衝擊，但他認識到當時中國尚未具備足夠的國力與日本正面交戰。因此，他繼續堅持通過忍讓來爭取時間，以強化國力，為將來的抗戰做準備。一九三五年十一月十九日，蔣在國民黨五全大會上表示，「一切枝節問題，當為最大之忍耐」，「以抱定最後犧牲之決心，而為和平做最大之努力，期達奠定國家強大、民族復興之目的」[18]。

然而，日軍的陰謀活動並未停止。一九三五年十一月成立「冀東防共自治委員會」（次月改名「冀東防共自治政府」），打造冀東（河北省東北）親日政權。冀東地區在日軍的支持下，走私橫行，大量的鴉片、嗎啡及日本工業製品流入中國市場，藥物濫用加劇，還對中國民族產業造成重大打擊。中國輿論群情激憤，一九三五年十二月九日在北平（北京）爆發大規模抗日遊行，之後在上海、南京等全國各處發起抗日救國運動。蔣介石亦不得不承認，華北危機日益加劇已達中國忍耐的極限。一九三六年七月十三日，蔣於國民黨五屆二中全會上表示，「中央對外交所抱的最低限度，就是保持領土主權的完整，任何國家要來侵擾我們領土主權，我們絕對不能容忍」[19]。至此，國民政府的「安內攘外」政策開始來到轉折點。

西安事變

原本蔣介石把全國統一於他的領導下，當作對日抗戰的前提條件，故加速討伐因「長征」將據點轉移至陝西省北部的共產黨。然而，被任命討伐中共的東北軍領袖張學良與西北軍領袖楊虎城，因討伐失敗，且受到抗日輿論反對內戰的壓力，以及共產黨勸說影響，要求蔣停止討伐，準備抗日。蔣介石嚴峻拒絕，並為督促討伐親訪西安。一九三六年十二月十二日，張學良與楊虎城拘禁蔣，提出停止內戰、一致抗日、改組南京政府、釋放抗日運動領導者等八項要求。這場西安事變對中國內外造成重大影響，共產國際指示中共派周恩來、南京方面則由宋子文、宋美齡，與張學良等進行交涉，最終於十二月二十五日蔣獲釋並返回南京。之後蔣停止對中共的討伐作戰，改善國共關係。此外，因為他在西安事變中身陷險境，故獲釋後得到廣大輿論支持，被認為是團結中國抗日的關鍵領導人。

三、中日戰爭──苦難、自立與大國化

中日開戰

一九三七年七月七日，在北平西郊的盧溝橋，中日兩軍衝突終於擴大，發展成全面性的中日戰爭。蔣介石將此視為關乎國家主權獨立與危急存亡之問題，堅決決定抗戰。但是七月底北平、天津失守，日軍繼續向南進擊，八月十三日兩軍在上海爆發衝突，陷入激戰，八月十四日國民政府發布「自衛抗戰」聲明。

中國方面利用上海地區的地形與國防工程，動員精銳部隊進行長達數月的激烈防衛戰，但十一月五日日軍由杭州灣登陸後，中國軍隊不得不進行全面性撤退。十一月二十日，國民政府宣布暫時遷都重慶，十二月十三日日軍攻陷南京，造成大量犧牲者。蔣堅決抗戰的意志並未動搖，在南京淪陷後，他對

全國國民發表聲明：「中國持久抗戰，其最後決勝之中心，不但不在南京，抑且不在各大都市，而實寄於全國之鄉村與廣大強固之民心。……我全國同胞，在今日形勢之下，不能徒顧慮一時之勝負，而當徹底認識抗戰到底之意義與堅決抱定最後勝利之信心。」[20]

中日戰爭爆發後，共產黨與各地方勢力協助國民政府，全國「團結抗日」氣氛高漲，四川、廣西等地方軍隊也趕赴前線，積極參與對日抗戰。八月二十二日，國民政府正式宣布將中國共產黨軍編入國軍，九月二十三日，蔣發表談話，承認中共《共赴國難宣言》。如此，第二次國共合作形成。不過之後共產黨無論在軍事上或政治上皆保有獨立性，且持續保持堅強的革命意志。

抗戰開始後，蔣介石除繼續擔任軍事委員長外，也兼任國防最高會議主席（日後的國防最高委員會委員長）。一九三八年三至四月召開的中國國民黨臨時全國代表大會上，蔣被推舉為總裁，成為黨的最高領袖。蔣雖非國家元首，但他作為抗日中國最高領袖的地位已經確立，並在海外被稱為Generalissimo（總統）。一九四三年十月，林森去世後，蔣介石正式擔任國民政府主席，名副其實地成為黨、政、軍的最高領導人。抗日戰爭進一步提高蔣介石的領導地位。

一九三八年十月，武漢、廣州相繼淪陷，中國東部沿海地區遭日本占領，喪失近代產業、財源與貿易路線，蒙受重大打擊。此時中國將據點移往西南部等內陸區域，繼續推進經濟建設與統合。日本面對中國的抵抗，不斷空襲重慶等都市，同時進行軍事壓迫與經濟封鎖，並嘗試提出和平的做法。但蔣介石不信任日本，堅決立場不受動搖。汪精衛，周佛海等尋求對日和平，一九三八年十二月逃出重慶前往河內，一九四〇年三月在日軍占領下的南京成立合作政權。

抗日路線——外交與宣傳

中日戰爭期間，蔣介石的抗日戰略為：利用廣大的國土進行持久抗戰，並採取國際行動，爭取列強援助中國，進行對日制裁，以此對抗日本的侵略。蔣介石寫下他的想法：「制倭之道，在我以毅力與信心堅持到底。即堅忍不拔之志，取得最後勝利。在外則望英美聯合，激起國際干涉，使敵獨霸東亞與克服中國之野心喪失是也。」（《蔣介石日記》一九三八年十一月十一日。）為此，蔣介石除整備補充軍隊，積蓄實力，力圖持久抗戰外，也積極展開國際外交，希冀爭取國際社會支援中國、制裁日本的有利情勢。

戰爭爆發後，中國政府在國際聯盟上強烈非難日本侵略，不斷力求基於聯盟規約制裁日本。其結果，一九三七年十一月在布魯塞爾舉行九國條約會議，針對中日戰爭進行審議，但未能通過集體制裁日本的決議，最終在模糊曖昧的狀況下散會。英國對中日戰爭的態度消極，特別是英國於二次世界大戰開戰後已無暇顧及遠東事務，且一九四〇年七月時還因日本施壓，封鎖了對中國而言非常重要的緬甸、雲南路徑（滇緬公路）三個月，此舉使蔣介石憤慨不已。

中日戰爭初期，唯一實際援助中國的是蘇聯。一九三七年八月二十一日中蘇締結《中蘇互不侵犯條約》後，蘇聯向中國提供總額二億五千萬美元的借款，同時援助大砲、戰機等武器，並派遣志願飛行員與軍事顧問團，積極協助中國抗戰。蔣介石堅信如果日本擴大侵華，即會再度導致日俄大戰，他實際上也如此期待。抗戰開始後，蔣曾請求蘇聯實際援助中國，亦即請求蘇聯參戰，但蘇聯堅拒。隨著第二次世界大戰爆發後，蘇聯對中國的援助也逐漸縮減，最終告停，一九四一年四月十三日甚至違反《中蘇互不侵犯條約》，締結《日蘇中立條約》。對此蔣介石約莫感到氣餒，在日記中逞強寫下：「俄倭協定以後，一般文人皆對時局悲觀，……俄倭妥協乃為一時互欺之物。」（《蔣介石日記》一九四一年四月「本月反省錄」。）

對美外交

如此一來，中國把最後的希望寄託於美國。中日開戰後，美國的羅斯福政權雖然有時會發表譴責日本的聲明，但總體上保持慎重的政策，既未支援中國也未對日本進行貿易制裁。為此，國民政府派出中國知識分子的代表人物胡適（↓第六章）擔任駐美大使，並派遣多方代表向美國各界進行遊說，試圖影響美國的遠東政策朝對中國有利的方向發展。一九三八年二月六日，蔣指示「當引導美國輿論同情，促該政府實施有效制裁手段」，要求國民黨中央宣傳部副部長董顯光加強國際宣傳活動，派遣宣傳要員赴美展開活動。遊說美國支援中國、制裁日本的運動順利開展，加上第二次世界大戰爆發等新國際情勢的變化，羅斯福政權的遠東政策明確轉變方向，偏向支援中國、抑制日本。一九三九年七月二十六日，美國政府通告日本撤銷《日美通商航海條約》，一九四〇年一月二十六日該條約失效後，美國開始對日本實施階段性經濟制裁。一九四〇年三月至十二月，美國還提供中國一億兩千萬美元的借款（其中包含貨幣安定基金五千萬美元）。同年夏天以降，日本向南推進後，開始對日禁運航空用油及廢鐵。一九四一年七月下旬，為了對抗日軍進駐南越，凍結日本在美資金，八月初首次對日全面禁運石油，英國、荷屬東印度也完成對日經濟封鎖。

蔣介石對此狀況感到歡欣，在日記中寫道：「美、英、蘇俄在遠東實力，對倭已完成包圍之勢。故其此後（日本的）作戰目標，必轉移於俄美，而不在中國。……我國危險亦可說脫出大半。」（《蔣介石日記》一九四一年七月十七日。）蔣得知美日談判中的美方最終提案（赫爾備忘錄〔Hull note〕），見到美國對日本的強硬態度後，評價道「全依余之要求提出，與此前妥協態度截然不同」（《蔣介石日記》一九四一年十一月二十七日）。蔣衷心期盼美日對立激化，引爆戰火。

太平洋戰爭爆發

一九四一年十二月八日，日本攻擊珍珠港、馬來半島等地，對美、英宣戰。隨著太平洋戰爭的爆發，中國實現了讓中日戰爭演變為世界大戰的期望，經過四年的孤軍奮鬥，終於與美、英同站在同盟國一方。美日開戰的消息在中國造成輿論歡騰，陪都重慶「街頭人湧，號外飛傳」[21]。同一天，蔣介石召集政府要員商議，決定呼籲美、英、蘇共同對日、德、義宣戰並結成軍事同盟。次日，十二月九日，中國正式對日、德、義宣戰。

美日開戰後，美國正式派遣軍事代表團前往中國，開始提供武器、軍需品援助，也協助編制受美式訓練與配備美式裝備的軍隊。美軍代表史迪威（Joseph Warren Stilwell）陸軍中將除任中國、緬甸、印度戰區美軍司令官外，也兼任盟軍中國戰區（最高司令官為蔣介石）的參謀長。此外，一九四一年夏季起，陳納德（Claire Lee Chennault）率領美國志願航空隊（通稱飛虎隊，Flying Tigers）開始於緬甸、雲南地區活動，一九四二年正式編入美國陸軍航空部隊。

成為「四巨頭」

中國在世界大戰中成為主要同盟國，讓中國得以完成廢除不平等條約與提高國際地位的宿願。一九四一年十二月二十日，蔣介石在日記的「預定」欄中表明收回失地、權益與廢除不平等條約的意圖。「一、各國同盟條約必須附帶政治與經濟條件在內：甲、對英要求其承認西藏、九龍為中國領土之一部；乙、對俄要求其（承認）外蒙、新疆為中國領土之一部；丙、東四省、旅大、南滿（鐵路）要求各國承認為中國領土之一部；丁、凡各租借地及治外法權與各種特權及東交民巷（北京的公使館區域）皆須一律交還中國與取消一切不平等條約」。

一九四二年一月一日，《聯合國共同宣言》（*Declaration by United Nations*）於華盛頓發表，包含美、英、蘇、中在內，共有二十六國參加。關於此宣言，蔣介石聽到羅斯福總統表示「歡迎中國列為四強之一」後感到相當歡喜[22]（《蔣介石日記》一九四二年一月三日）。之後，他在國際政治上開始採取積極的行動。

一九四二年二月，蔣介石夫婦訪問印度，與甘地等印度民族運動領袖及英國印度總督懇談，力促雙方和解。蔣如此提議的背後，除了在戰略上希望作為中國抗戰後方基地的印度能維持穩定外，也帶著對抗日本「大東亞共榮圈」，成為亞洲領袖的強烈意圖。戰爭期間，中國除了印度，也嘗試支援朝鮮、越南、泰國等地的獨立、解放運動。

原本日軍對東南亞的進攻與占領，意在切斷中國對外交通，對中國持續抗戰造成相當大的威脅。為此，中國在一九四二年上半年的緬甸戰役中，首次對海外派軍，與英軍共同作戰，但因受創嚴重而敗

開羅會議（自左起為蔣介石、羅斯福、邱吉爾、宋美齡）

退。蔣介石觀察香港、新加坡淪陷；英國遠東艦隊毀滅；緬甸失守等，對大英帝國的潰敗，加上中國遭受的損害感到憤怒，反英、重視美國的態度益發增強。

一九四二年十月十日「雙十節」，美、英兩國宣布放棄在中國的治外法權。蔣介石相當激動，在日記中寫下：「此為總理革命以來畢生奮鬥最大之目的，而今竟得由我親手達成。衷心快慰，實為平生唯一之幸事。」（《蔣介石日記》一九四二年十月十日之後的上星期反省錄。）一九四三年一月中國與美、英簽訂新條約，基本上廢除了不平等條約。實際上，香港問題在英方的抵抗下並未獲得解決，暫時擱置，但無論如何，新條約廢止了長年的不平等條約，可說達成了復興中國的課題。蔣介石為了誇耀在其領導下，讓中國從被不平等條約壓迫的弱國回復到大國之功績，撰寫了《中國之命運》（一九四三年）。

到了一九四三年十月，中國與美、英、蘇共同發表《莫斯科宣言》（或稱《共同安全宣言》、《四強宣言》），獲得「四強」的地位。同年十一月，蔣介石夫婦前訪開羅，參加與美國總統羅斯福、英國首相邱吉爾的領袖會談，商談對日戰略問題。會後的十二月一日，中、美、英三國發布《開羅宣言》，表明盟國堅持對日作戰直到日本無條件投降為止、戰後日本帝國解體、臺灣與滿洲歸還中國，以及未來實現朝鮮獨立等內容。蔣介石通過與美、英首腦的會談，成為「四巨頭」之一，以中國領導人的身分在國際上獲得極高聲望和威信。

戰爭期間中國的危機

然而，當蔣介石因對外取得成功及獲得名聲而得意的同時，中國國內也爆發出戰爭期間累積下來的各種問題。在日方的封鎖下，大後方的經濟狀態極度惡化，通貨膨脹加劇，社會逐漸陷入不安定狀態。蔣介石在一九四三年春寫下：「前方士氣不振，後方人心弛懈，皆因物價高漲、生活艱難之故。」（《蔣介石日記》一九四三年四月六日。）不得不承認「社會情勢百孔千瘡，……更顯得精疲力竭，一處生亂，則處處牽動，弱點破綻暴露無已，後方岌岌，能不危懍！」（《蔣介石日記》一九四三年四月二十日。）在社會、經濟狀況惡化之下，開始出現批評國民黨獨裁、要求民主化的民主憲政運動。一九四四年中國民主同盟成立，反政府的態度逐漸加強。中國國民黨在一九四五年五月的第六次全國代表大會上，承諾將於戰爭結束後施行憲政，但政府與民間的關係未獲改善。此外，皖南事變（新四軍事件，一九四一年一月）[23]之後，國共關係極度惡化，還發生區域性的武裝衝突。

在此狀況下，一九四四年四月起至次年年初，日軍實施「一號作戰」（日文別稱大陸打通作戰，即豫湘桂會戰）。因長年抗戰而消耗嚴重的中國軍隊節節敗退，日軍進攻至湖南省長沙、衡陽，廣西省桂林、南寧及貴州省的獨山為止，導致部分重慶居民出現避難的混亂局面。儘管日本的進攻到此為止，但

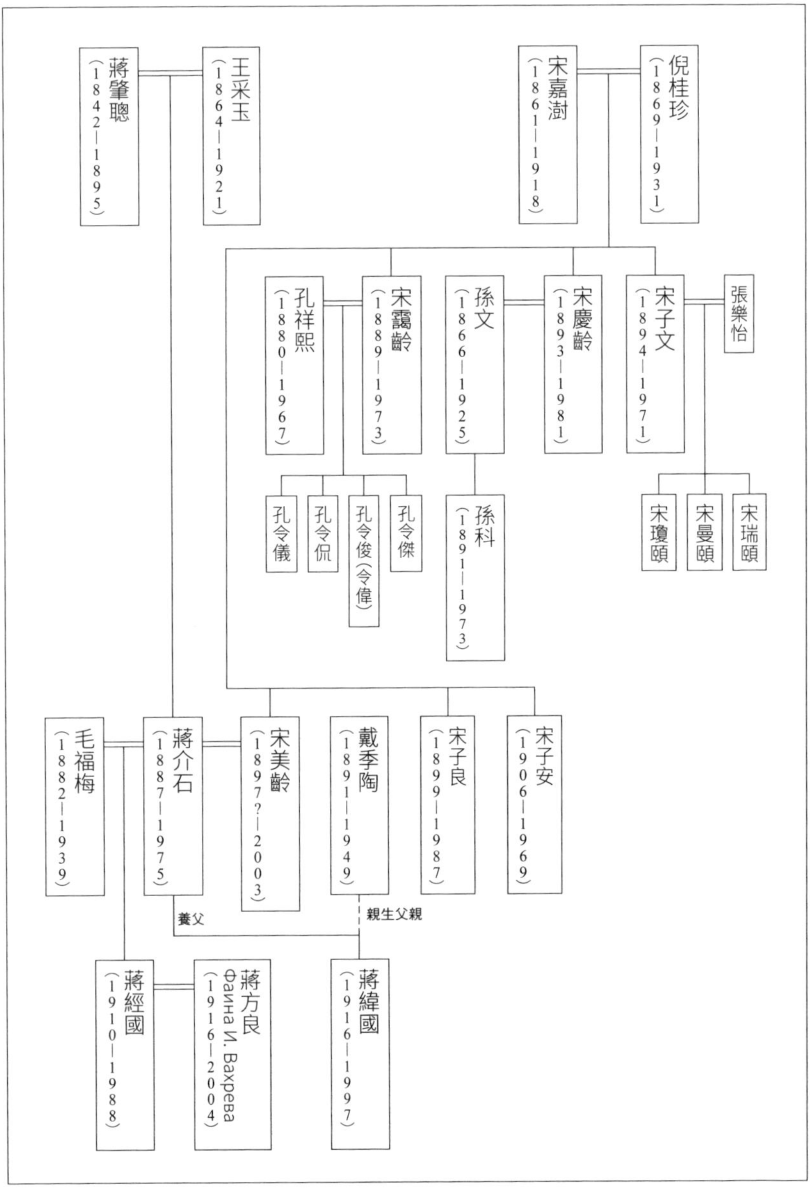
蔣肇聰（1842—1895）
王采玉（1864—1921）
宋嘉澍（1861—1918）
倪桂珍（1869—1931）
孔祥熙（1880—1967）
宋靄齡（1889—1973）
孫文（1866—1925）
宋慶齡（1893—1981）
宋子文（1894—1971）
張樂怡
孔令儀
孔令侃
孔令俊（令偉）
孔令傑
孫科（1891—1973）
宋瓊頤
宋曼頤
宋瑞頤
毛福梅（1882—1939）
蔣介石（1887—1975）
宋美齡（1897?—2003）
戴季陶（1891—1949）
宋子良（1899—1987）
宋子安（1906—1969）
養父
親生父親
蔣經國（1910—1988）
蔣方良 Фаина И. Вахрева（1916—2004）
蔣緯國（1916—1997）

蔣、宋一族家系譜圖

憲政，在香港與李濟深、何香凝等人組成中國國民黨革命委員會，並擔任名譽主席，批評蔣介石。一九四九年八月前往北京，十月一日參加中華人民共和國建國典禮，之後擔任中央人民政府副主席、全國人民代表大會常務委員會副委員長、國家副主席等象徵性職位，對印度、巴基斯坦、印度尼西亞、蘇聯等進行友好訪問，對中國國際交流做出貢獻。對中國共產黨而言，「孫夫人」宋慶齡是把近現代中國革命運動與中共指導下的中華人民共和國聯繫的象徵，對她尊敬、禮遇之外，也做最大限度的利用。一九八一年三月，宋慶齡因白血病臥病在床，五月二十九日過世。臨終前，中國共產黨正式承認她入黨，並授予國家名譽主席的稱號。

宋美齡

蔣介石之妻。宋家三女，生於上海。從小接觸英文與基督教，就讀上海中西女塾後，一九〇八年宋慶齡留學時隨行赴美，居處在兩位姊姊就讀的衛斯里安女子學院附近學習。一九一二年進入該校就學，次年因宋慶齡回國，改往其兄宋子文留學的哈佛大學附近進入威爾斯利學院（Wellesley College，又稱衛斯理學院）就讀，專攻英國文學，成績優異，一九一七年畢業。十歲到二十歲之間在美國的經歷，對她人格、教養產生深厚影響，使她宛如典型的美國女性。她曾表示，「我身上東方的部分只有我的外貌（the only thing Oriental about me is my face）」[29]。回國後，宋美齡在基督教女青年會（YWCA）等機構活動。一九二六年夏季前後接受蔣介石的求婚，在長姊的努力下取得母親同意，一九二七年十二月一日與蔣介石結婚。婚前，蔣介石與之前的婚姻關係劃清界線，之此與宋美齡共度終身。受到宋美齡的感化，蔣開始學習《聖經》，一九三〇年在江長川牧師的主持下受洗，越到晚年信仰越深。一九三〇年代，隨著蔣權力擴大，宋美齡的活動範圍也增大，參與新生活運動、婦女運動等，特別是一九三六年底西安事變時，與其兄宋子文一同前往西安與張學良等人會談，對釋放蔣與事變和平解決做出貢獻。

中日戰爭開戰後，宋美齡以流利的英語撰寫文章、進行廣播演講，積極參與中國的國際宣傳活動，她也致力於孤兒救濟、女性戰時動員、協助組建陳納德率領的美國志願航空隊等。隨著太平洋戰爭爆發，中國成為同盟國成員後，她憑藉流暢的英語能力與社交專長，擔當蔣介石與外國領袖、軍人、外交官交涉時的翻譯與助理。戰爭下大量繁雜的業務，讓宋美齡身心俱疲，甚至在一九四二年十一月前往美國住院接受治療。出院後，她從一九四三年二月十七日至四月四日，除前訪白宮、在美國國會發表演說外，還在全美巡迴演講，通過她的口才與優雅風度，成功在美國輿論中塑造出親美、進行英雄式抗戰之「自由中國」形象。此外，一九四三年開羅會議，她隨蔣介石出席，與美國總統羅斯福、英國首相邱吉爾會談，並在會談中擔任蔣的翻譯，協助推動外交工作。

隨著中日戰爭結束與中美關係淡化，宋美齡的公開活動逐漸減少。但國共內戰末期，當國民黨一方居於劣勢時，宋美齡再度肩負爭取美國援助的任務訪美。一九四八年十二月她抵達華盛頓，與包含杜魯門總統在內的美國高層會談，卻無法改變美國不介入中國內戰的方針。一九五〇年一月，宋美齡離開美國踏上歸途，此時國共內戰已大勢底定，其夫率領的國民黨政權在大陸敗北，退往臺灣。

遷移臺灣後，宋美齡與蔣長居於臺北北郊的士林官邸，除領導反共婦人運動與慈善活動外，還數度訪美，扮演親善大使的角色。一九七五年蔣介石過世，蔣經國繼承權力後，宋美齡移居美國。但一九八六年再度回到臺灣，在蔣經國過世到李登輝就任總統為止的期間，集結黨內保守派，試圖阻止臺灣政治推動民主化、本土化進程，但終告失敗。一九九一年她再次移居美國，之後幾乎不出現在政治舞臺上，深居紐約豪宅中，二〇〇三年十月二十三日過世。她與蔣介石之間沒有子嗣，與她最親密的家人是么弟宋子安與大姊宋靄齡的子女。

宋子文

宋家長男，宋靄齡、宋慶齡之弟，宋美齡之兄。生於上海，就讀上海聖約翰大學（St. John's University），畢業後前往美國哈佛大學攻讀經濟學。一九一五年畢業後，一方面在紐約的銀行從事實際金融業務，一方面也在哥倫比亞大學研讀。一九一七年回國後，在漢冶萍等公司任職。一九二三年四月，孫文任命他擔任中央銀行準備委員，加入國民黨政權。同年十月，任兩廣鹽務稽核所經理，一九二四年八月，就任中央銀行行長。一九二五年七月任廣東省商務廳長，九月任國民政府財政部長。一九二六年一月，在黨二全大會上被選為中央執行委員、中央商民部長。面對財政上長年腐敗與混亂的廣東省，宋子文盡力整頓金融與統一財政，獲得顯著的成果，對廣州國民政府的安定、強化及第一次北伐的軍費供給等做出貢獻。國民政府轉移武漢後，他擔任國民政府常務委員、財政部長等要職，一九二七年三月前往上海並滯留該地。在蔣介石發動反共政變後，國民黨內部持續分裂、抗爭，他努力促進黨內各派和解。一九二八年一月，宋子文回歸擔任國民政府委員兼財政部長，並在蔣介石的第二次北伐提供財政支援。

一九二八年六月北伐完成、全國統一後，宋子文以國民政府財政、經濟負責人的身分，著手統一財政、整理稅制、整頓金融、發行國債等舉措，對充實政府財政與經濟現代化做出貢獻。一九二八年十月回任中央銀行總裁。在關稅相關問題上，宋子文也加入與列強的外交談判，促成一九二八年七月簽訂的《中美關稅條約》、一九三〇年五月的《中日關稅協定》，恢復關稅自主權，得以保護國內產業及增加關稅收入。此外，一九三一年一月，廢止清末以來妨礙全國商品流通的釐金，改為統稅，促進國內統一市場的發達，也有助中央政府增加稅收。

一九三一年底，蔣介石暫時下野時，宋子文也辭去財政部長一職。一九三二年一月底蔣介石再度掌權，宋也隨之回歸，擔任行政院副院長，支持蔣汪合作體制。宋子文對上海及華北的抗戰態度積極，且重視全國和平統一與經濟建設。一九三三年，廢除傳統的秤重貨幣「銀兩」，統一使用政府發行的銀幣「銀元」與銀兌換紙幣，逐漸在全國推行「廢兩改元」，推動金融體系現代化。此外，一九三三年五月至八月，他前往歐美各國訪問，除獲得來自美國的五千萬美元借款（棉麥借款），還在倫敦參加世界經濟會議，也訪問了日內瓦國際聯盟總部等重要機構。但一九三三年十月底宋返國後，因不滿蔣介石為討伐共產黨而要求龐大軍事支出，兩人產生對立，宋辭去財政部長與行政院副院長職位，由孔祥熙接任。之後宋子文暫時淡出國政，但仍以全國經濟委員會副委員長、中國銀行董事長身分，為中國經濟發展而努力。

一九三六年十二月，西安事變時他與宋美齡一同飛往西安，與蔣介石、張學良、周恩來會談，努力促成事變和平解決與蔣的釋放。中日戰爭初期，宋子文主要居於香港，一九四〇年六月前往美國，此後達命令，聯絡美、英、蘇三國，與在華美軍、外交代表協議香港、越南接收相關事宜，埋首政務與軍務毫無餘暇。當天他對上帝獻上祈禱「唯有虔誠感謝上帝賜給我的偉大恩典和智慧」（《蔣介石日記》一九四五年八月十五日）。

對日抗戰勝利後，蔣介石對全國的廣播演講中，要求寬大處置戰敗的日本軍民，在日本也被稱為「以德報怨」寬大方針，特別受到舊日本軍人、保守派的感激[25]。根本上而言，此對日寬大方針，有利於順利接收國內的日軍占領地區，使全國再度統一的意義。九月九日，支那派遣軍總司令官岡村寧次以在中國日軍代表身分簽署投降文書，中國代表陸軍總司令兼參謀總長何應欽接受降書，抗日戰爭終於結束。

摸索戰後重建

歷經中日八年戰爭後，中國呈現分裂且百廢待舉的情況。戰後的首要課題即是恢復和平、統一與復興。戰爭期間蔣介石的國際聲望甚高，但直轄的中央軍因連年激戰耗損甚鉅，地方軍閥如廣西派等勢力卻有所恢復，國民黨內派系鬥爭與貪汙腐敗盛行。戰爭結束時，國民政府軍雖有四百四十萬的兵力，但配備美國裝備的精銳部隊大多集中於西南地區。與此同時，戰爭期間共軍在華北日本占領區的後方擴大勢力，到一九四五年正規軍已超過一百多萬，統治區域人口接近一億，成為一股龐大的勢力[26]。

對日抗戰勝利後，國共雙方圍繞日本占領區的接收、統治及戰後政治主導權出現嚴重對立。國民政府獲得美軍援助，迅速將軍隊與官員送往東部接收主要城市，而共軍則控制蘇聯占領下的東北、內蒙古大部分區域及華北農村部分，與之對峙。一九四五年八月二十九日起，在要求重建戰後和平的輿論壓力及美國的調停下，毛澤東、周恩來等中共代表與蔣介石、張群等國民政府代表在重慶展開談判，雙方於十月十日簽署《雙十協定》。內容中同意應「在蔣主席領導之下，長期合作，堅決避免內戰，建設獨立、自由和富強的新中國」，當及早結束訓政，實施憲政，並為達此目標需召集政治協商會議，承認各黨派的合法地位，同意軍隊必須國家化等[27]。基於此協議，一九四六年一月，包含國共兩黨及第三勢力在內召開政治協商會議，五月舉行還都南京儀式，在戰後復興與實施憲政上似乎開始邁出步伐。一九四六年十一月起召開制憲國民大會，十二月二十五日通過《中華民國憲法》（一九四七年一月一日公布）。一九四八年三月選出蔣介石擔任中華民國總統，李宗仁擔任副總統，同年五月二十日宣誓就任。至此，中華民國由訓政邁向憲政。

國共內戰

然而，中國共產黨與中國民主聯盟二度批評國民大會及國大代表選舉，實際上是在掩護國民黨獨裁，因而拒絕參加，否認新憲法與憲政的正統性。早從一九四六年起，各地已發生國共軍事衝突，最終擴大成全面內戰。政府（國民黨）方面最初占有優勢，甚至一九四七年三月攻占共產黨的「紅都」延安，但因惡性通貨膨脹導致經濟崩潰，社會動盪不安，主要城市掀起反政府運動，國民黨統治逐漸不穩。一九四八年形勢逆轉，獲得現代化裝備且兵力增加的共軍進行猛攻，國民黨軍節節敗退，內亂激化。一九四九年一月二十一日，蔣介石總統引退，由李宗仁代理總統職務，但李宗仁未能與中共達成和平協議，最終前往美國。蔣介石回到溪口老家後，旋即以中國國民黨總裁的名義，重新指揮國民黨殘部，飛往寧波、上海、臺灣、廣州、重慶等地，力圖進行最後的防衛戰，但終究無法逃脫敗退的命運。一九四九年四月二十四日首都南京淪陷，十二月八日中華民國政府遷移臺北，結束了在中國大陸的統治。推估超過一百萬人的國民黨軍士兵、官員等撤退至臺灣。此期間，一九四九年十月一日中國共產黨在北京宣布成立中華人民共和國政府。

戰敗與遷移臺灣

蔣介石在國共內戰末期打算以臺灣作為最後據點。一九四八年十二月，指派陳誠擔任臺灣省政府主席，派遣忠誠的軍隊進駐臺灣，並將中央銀行的儲備黃金及政府重要文書，皆轉移至臺灣。一九五〇年三月，蔣介石在臺北「復行視事」，恢復總統職位。蔣認識到中國國民黨的缺乏效率、腐敗蔓延、派系鬥爭是失敗的重要原因之一。他廢除原來的中央執行委員會與中央監察委員會，設置精簡的中央改造委員會，開始進行改革。

國共內戰期間，美國杜魯門政府於一九四九年八月公布《中國白皮書》，對蔣介石、國民黨政權的失敗採取置之不顧的態度。然而，一九五〇年六月韓戰爆發，給蔣介石帶來起死回生的大好機運。美國宣布臺灣海峽中立化，並派遣第七艦隊巡航臺海。同年十月中國加入韓戰後，美國給予國民黨政權軍事與經濟援助，一九五四年十二月締結《中（臺灣）美共同防禦條約》（*Sino-American Mutual Defense Treaty*），開始承擔防衛臺灣的責任。

親美、標榜自由

蔣介石為了獲得美國支持，大量起用留美派，對外努力打造「自由中國」的形象。例如他於一九四九年十二月任命留美政治家吳國楨（一九〇三—一九八四年），接替陳誠擔任臺灣省政府主席兼保安司令，一九五二年吳被選為國民黨中央常務委員。另外，蔣一九五〇年三月起用留美軍人孫立人（一九〇〇—一九九〇年）擔任陸軍總司令兼保安總司令，一九五二年成為國民黨第七屆中央委員，兼任臺灣衛戍司令。但在美國援助變得穩固後，吳、孫兩人先後遭蔣介石、蔣經國所排擠，一九五三年五月吳國楨辭去省政府主席職務前往美國，之後在美發表批評蔣的言論。一九五四年六月孫立人陸軍總司令一職突遭罷免，降為閒缺參軍長，次年一九五五年因其部下郭廷亮企圖政變未遂而連帶遭調查，孫的參軍長職位亦被免去，且一直遭軟禁直至晚年。

在臺灣的威權體制

依據憲法規定，總統連選得連任一次（任期六年），但蔣介石一九六〇年三連任，且一直保持總統職位直到死去。蔣控制國民黨、政府、軍隊、情報機構，建立起比大陸時期更強大的威權體制。臺灣因獲得美援，一九六〇年代開始社會穩定、經濟持續成長，但蔣介石念茲在茲的是「光復大陸」，因此在實際統治區域的臺灣，維持遠超實際經濟力量的軍隊規模與行政機構，不可否認地妨礙了臺灣的自主發展與人民福祉。

蔣領導下的國民黨政權（中華民國政府），在遷移臺灣後二十餘年，都在聯合國保有代表中國正統政府的地位，為五個常任理事國之一。但一九七一年十月二十五日，聯合國通過第二七五八號決議案，讓中華民國失去中國代表權。接著，一九七二年尼克森（Richard Nixon）總統訪問中國，推動中美和解。日本首相田中角榮訪問中國，實現中日邦交正常化，臺日斷交後臺灣在國際上的地位持續遭到孤立。蔣介石憂憤不已關注此種狀況，日記中寫下「尼丑」（對尼克森的蔑稱）屈服於「毛匪」（對毛澤東的蔑稱）槍口下出賣我政府，只能咒罵尼克森「無恥極矣」（《蔣介石日記》一九七二年三月二十七日、二十八日）。一九七二年三月，蔣介石第五次連任總統，但已高齡且疾病纏身，至七月甚至無法書寫日記。一九七二年八月六日，因交通事故住進臺北榮民總醫院，一九七三年十二月二十二日終於出院，不過此後便將政務委交蔣經國。晚年的蔣對兒子蔣經國的評價頗高，認為「可繼我事業，完成革命也」（《蔣介石日記》一九七二年一月二十五日），「經國對政治與時局早已成熟，其有時還高於我，為慰」（《蔣介石日記》一九七二年七月十二日）。蔣經國身為繼任者，可說獲得父親全面性的信任。

一九七五年四月五日，蔣介石因突發性心臟病逝世於臺北，享年八十七。蔣介石的遺體暫時安置於臺灣西北部桃園的慈湖，在臺北市中心則為其建立「中正紀念堂」。

宋氏一族

宋嘉澍（一八六一—一九一八年）／宋靄齡（一八八九—一九七三年）／宋慶齡（一八九三—一九八一年）／宋美齡（一八九七？—二〇〇三年）／宋子文（一八九四—一九七一年）

宋家在民國時期的中國被譽為第一家庭，家喻戶曉。宋靄齡、宋慶齡、宋美齡三姊妹分別為孔祥熙、孫文、蔣介石的夫人並積極活躍。宋子文則確立了國民政府的財政，也在對美合作上做出貢獻，他的兩個弟弟在商業領域上獲得不小成就。南京政府時期，宋子文與孔祥熙憑藉其經濟管理的知識及經驗，為國民政府的財政穩定及蔣介石的政治、軍事權力強化提供了支持。此外，中日戰爭期間，宋氏一族的國際背景、流利的英語能力以及基督教關係網絡，在對外宣傳與外交活動上扮演重要的角色。

宋氏一族的盛衰與國民黨政權的興亡歷史軌跡一致，不過即便在其鼎盛時期後數十年，因為以「宋氏王朝」為名的傳記故事與電影出現，使得他們當年的活躍事蹟成為傳奇[28]。

宋氏一族如何發展？在國民黨時期如何活動？又如何沒落？此處將從打造宋家發展基礎的宋氏姊妹父親宋嘉澍開始看起。

宋嘉澍

宋嘉澍（字耀如），出生廣東省海南島文昌縣（今海南省文昌市），原名韓教准，家中貧困，前往

宋氏一族（前排左起靄齡、子文、子安、慶齡。後排左起子良、嘉澍、倪桂珍、美齡）

荷屬東印度工作後，一八七八年成為舅父的養子，改名宋嘉澍。之後前往美國波士頓並在養父的茶葉、絲綢店工作，因不滿而逃離。一八七九年受雇於波士頓港的一艘走私取締船，一八八〇年接受洗禮並獲得英文名Charles Jones。一八八二年進入范德比大學（Vanderbilt University）神學院就讀，一八八五年畢業，敘任為南方衛理公會（Wesleyans，又稱循道宗）聖公會傳教士。一八八六年，宋返回中國，在上海從事傳教工作。一八九二年辭去牧師職務，創立美華書館，通過出版中文版《聖經》，累積財富。他在上海除參與企業經營與中國YMCA的創立外，也支持孫文的革命運動。這段期間中，一八八七年與牧師的女兒倪桂珍（珪貞）結婚。倪籍貫為浙江省餘姚縣，出生於上海近郊的川沙（浦東）。母親是明末高官、天主教徒徐光啟的子孫，從上海教會女子學校裨文女塾畢業後，即成為該校教員。二人共育有三男三女，照長幼依序為長女宋靄齡、次女宋慶齡、長男宋子文、三女宋美齡、次男宋子良、三男宋子安。上海的傳教士也經常造訪宋家，是相當西化的基督教家庭。

宋靄齡

一八八九年七月十五日，長女宋靄齡在父親赴任地江蘇省昆山縣出生。之後隨家人遷往上海並在該地成長。一九〇四年五月二十八日，年僅十四歲的靄齡渡海前往美國，在喬治亞州的衛斯里安女子學院（Wesleyan College）就讀，一九一〇年畢業。歸國後，因父親的關係擔任孫文的英文祕書。孫文「二次革命」失敗後前往日本，她與父親也隨行赴日。一九一四年與中華留日基督教青年會（YMCA）總幹事孔祥熙結婚，次年回國。孔祥熙（字庸之）出身山西省太谷縣富豪家，是留美的基督教徒。結婚後，靄齡在山西省參與孔家的實業經營與管理銘賢學校。一九二〇年代後期，孔祥熙開始擔任國民政府財政、金融相關要職，她也移居南京、上海等地。宋靄齡並未出現在政治舞臺上，但中日戰爭期間，與妹妹宋慶齡、宋美齡一同從事抗戰支援與慈善活動。然而，戰爭期間丈夫孔祥熙歷任行政院長、財政部長等要職，卻因經濟政策失敗與貪汙，使得孔家財富遭到輿論強烈抨擊。二戰之後，隨著國民黨在內戰中陷於劣勢時，一九四七年靄齡前往美國定居，一九七三年十月二十日於紐約過世。育有二男二女，皆定居美國。

宋慶齡

孫文夫人，宋家次女，生於上海。就讀中西女塾後，一九〇八年至一九一三年前往美國衛斯里安女子學院就學。畢業後回國，隨後前往日本，接替已結婚的姊姊擔任孫文的英文祕書，雙方關係變得親密。孫文比她大二十六歲，與妻子盧慕貞育有孫科等三名子女。孫文與盧離婚後，一九一五年十月二十五日與慶齡在東京結婚，十一月在梅屋庄吉的宅邸舉行婚宴。結婚後，宋慶齡作為孫文的祕書隨行，並未登上政治舞臺。但孫文過世後（一九二五年三月十二日），國民黨內部權力鬥爭日益激烈，她以孫文夫人的身分被捲入政治世界。一九二六年一月的黨二全大會上獲選為中央執行委員，一九二七年三月被選為武漢的國民政府委員。宋慶齡堅持孫文晚年的聯蘇容共政策，站在國民黨左派立場，對於蔣介石的反共，以及武漢政府最終轉為反共的狀況，以「違背孫文的意志與理想」加以強烈批評，宣布退出國民黨中央。同年九月，經上海前往蘇聯。一九二七年十一月，宋慶齡與鄧演達、陳友仁在莫斯科宣布成立「中國國民黨臨時行動委員會」，參加反帝國主義同盟，被選為名譽主席。一九二九年五月，為參加總理奉安典禮（將孫文遺體從北京移葬南京中山陵的國葬）而歸國參加，但拒絕參與國民黨政權。同年十月再度前往歐洲，直到一九三一年八月為了參加母親葬禮才回國。之後宋慶齡居住於上海租借，參與中國共產黨與共產國際的聯絡事務。一九三二年與蔡元培等人組成中國民權保障同盟，批評國民黨的獨裁與鎮壓行為，要求維護人權，釋放政治犯。中日戰爭爆發後，移居香港，組成保衛中國同盟，致力國際宣傳與取得海外支援。一九四一年十二月香港淪陷前，前往重慶避難。

二戰後移居上海，反對國共內戰，發表聲明反對美國援助國民黨，一九四八年拒絕參與國民黨實施

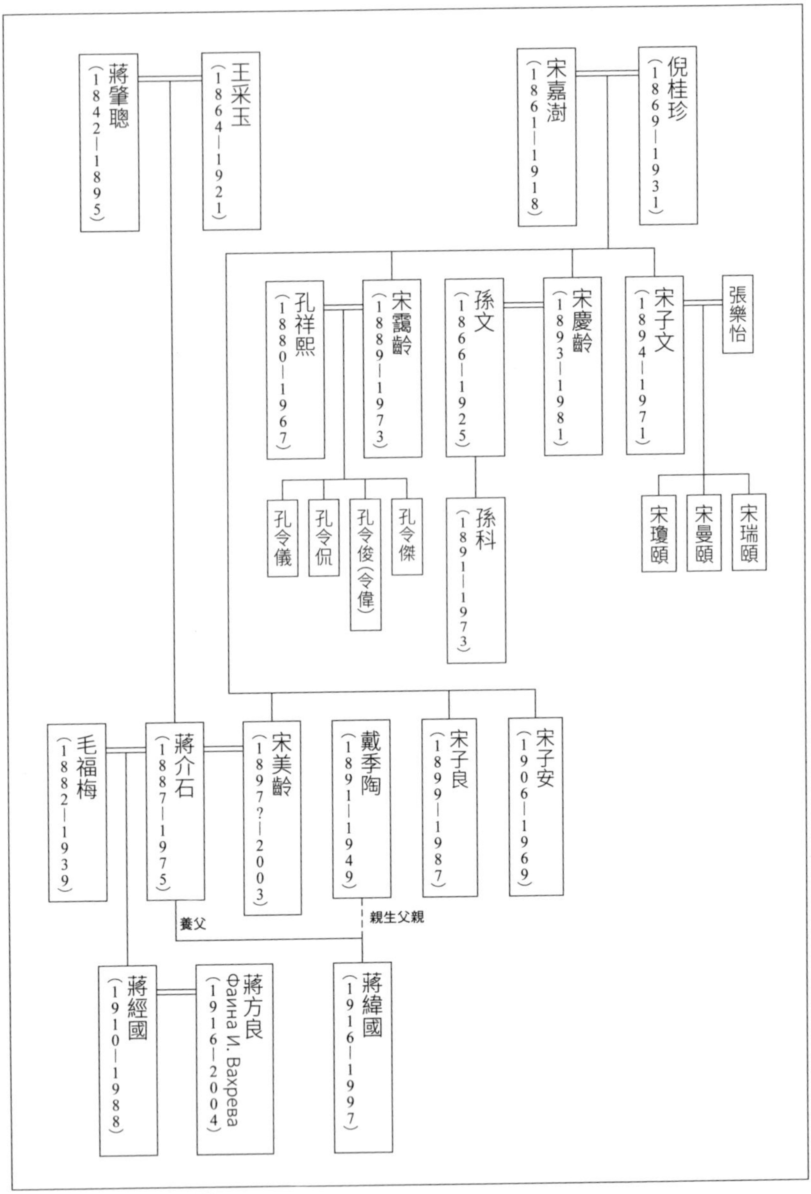
蔣肇聰（1842—1895）
王采玉（1864—1921）
宋嘉澍（1861—1918）
倪桂珍（1869—1931）
孔祥熙（1880—1967）
宋靄齡（1889—1973）
孫文（1866—1925）
宋慶齡（1893—1981）
宋子文（1894—1971）
張樂怡
孔令儀
孔令侃
孔令俊（令偉）
孔令傑
孫科（1891—1973）
宋瓊頤
宋曼頤
宋瑞頤
毛福梅（1882—1939）
蔣介石（1887—1975）
宋美齡（1897?—2003）
戴季陶（1891—1949）
宋子良（1899—1987）
宋子安（1906—1969）
養父
親生父親
蔣經國（1910—1988）
蔣方良 Фаина И. Вахрева（1916—2004）
蔣緯國（1916—1997）

蔣、宋一族家系譜圖

憲政，在香港與李濟深、何香凝等人組成中國國民黨革命委員會，並擔任名譽主席，批評蔣介石。一九四九年八月前往北京，十月一日參加中華人民共和國建國典禮，之後擔任中央人民政府副主席、全國人民代表大會常務委員會副委員長、國家副主席等象徵性職位，對印度、巴基斯坦、印度尼西亞、蘇聯等進行友好訪問，對中國國際交流做出貢獻。對中國共產黨而言，「孫夫人」宋慶齡是把近現代中國革命運動與中共指導下的中華人民共和國聯繫的象徵，對她尊敬、禮遇之外，也做最大限度的利用。一九八一年三月，宋慶齡因白血病臥病在床，五月二十九日過世。臨終前，中國共產黨正式承認她入黨，並授予國家名譽主席的稱號。

宋美齡

蔣介石之妻。宋家三女，生於上海。從小接觸英文與基督教，就讀上海中西女塾後，一九〇八年宋慶齡留學時隨行赴美，居處在兩位姊姊就讀的衛斯里安女子學院附近學習。一九一二年進入該校就學，次年因宋慶齡回國，改往其兄宋子文留學的哈佛大學附近進入威爾斯利學院（Wellesley College，又稱衛斯理學院）就讀，專攻英國文學，成績優異，一九一七年畢業。十歲到二十歲之間在美國的經歷，對她人格、教養產生深厚影響，使她宛如典型的美國女性。她曾表示，「我身上東方的部分只有我的外貌（the only thing Oriental about me is my face）」[29]。回國後，宋美齡在基督教女青年會（YWCA）等機構活動。一九二六年夏季前後接受蔣介石的求婚，在長姊的努力下取得母親同意，一九二七年十二月一日與蔣介石結婚。婚前，蔣介石與之前的婚姻關係劃清界線，之此與宋美齡共度終身。受到宋美齡的感化，蔣開始學習《聖經》，一九三〇年在江長川牧師的主持下受洗，越到晚年信仰越深。一九三〇年代，隨著蔣權力擴大，宋美齡的活動範圍也增大，參與新生活運動、婦女運動等，特別是一九三六年底西安事變時，與其兄宋子文一同前往西安與張學良等人會談，對釋放蔣與事變和平解決做出貢獻。

中日戰爭開戰後，宋美齡以流利的英語撰寫文章、進行廣播演講，積極參與中國的國際宣傳活動，她也致力於孤兒救濟、女性戰時動員、協助組建陳納德率領的美國志願航空隊等。隨著太平洋戰爭爆發，中國成為同盟國成員後，她憑藉流暢的英語能力與社交專長，擔當蔣介石與外國領袖、軍人、外交官交涉時的翻譯與助理。戰爭下大量繁雜的業務，讓宋美齡身心俱疲，甚至在一九四二年十一月前往美國住院接受治療。出院後，她從一九四三年二月十七日至四月四日，除前訪白宮、在美國國會發表演說外，還在全美巡迴演講，通過她的口才與優雅風度，成功在美國輿論中塑造出親美、進行英雄式抗戰之「自由中國」形象。此外，一九四三年開羅會議，她隨蔣介石出席，與美國總統羅斯福、英國首相邱吉爾會談，並在會談中擔任蔣的翻譯，協助推動外交工作。

隨著中日戰爭結束與中美關係淡化，宋美齡的公開活動逐漸減少。但國共內戰末期，當國民黨一方居於劣勢時，宋美齡再度肩負爭取美國援助的任務訪美。一九四八年十二月她抵達華盛頓，與包含杜魯門總統在內的美國高層會談，卻無法改變美國不介入中國內戰的方針。一九五〇年一月，宋美齡離開美國踏上歸途，此時國共內戰已大勢底定，其夫率領的國民黨政權在大陸敗北，退往臺灣。

遷移臺灣後，宋美齡與蔣長居於臺北北郊的士林官邸，除領導反共婦人運動與慈善活動外，還數度訪美，扮演親善大使的角色。一九七五年蔣介石過世，蔣經國繼承權力後，宋美齡移居美國。但一九八六年再度回到臺灣，在蔣經國過世到李登輝就任總統為止的期間，集結黨內保守派，試圖阻止臺灣政治推動民主化、本土化進程，但終告失敗。一九九一年她再次移居美國，之後幾乎不出現在政治舞臺上，深居紐約豪宅中，二〇〇三年十月二十三日過世。她與蔣介石之間沒有子嗣，與她最親密的家人是么弟宋子安與大姊宋靄齡的子女。

宋子文

宋家長男，宋靄齡、宋慶齡之弟，宋美齡之兄。生於上海，就讀上海聖約翰大學（St. John's University），畢業後前往美國哈佛大學攻讀經濟學。一九一五年畢業後，一方面在紐約的銀行從事實際金融業務，一方面也在哥倫比亞大學研讀。一九一七年回國後，在漢冶萍等公司任職。一九二三年四月，孫文任命他擔任中央銀行準備委員，加入國民黨政權。同年十月，任兩廣鹽務稽核所經理，一九二四年八月，就任中央銀行行長。一九二五年七月任廣東省商務廳長，九月任國民政府財政部長。一九二六年一月，在黨二全大會上被選為中央執行委員、中央商民部長。面對財政上長年腐敗與混亂的廣東省，宋子文盡力整頓金融與統一財政，獲得顯著的成果，對廣州國民政府的安定、強化及第一次北伐的軍費供給等做出貢獻。國民政府轉移武漢後，他擔任國民政府常務委員、財政部長等要職，一九二七年三月前往上海並滯留該地。在蔣介石發動反共政變後，國民黨內部持續分裂、抗爭，他努力促進黨內各派和解。一九二八年一月，宋子文回歸擔任國民政府委員兼財政部長，並在蔣介石的第二次北伐提供財政支援。

一九二八年六月北伐完成、全國統一後，宋子文以國民政府財政、經濟負責人的身分，著手統一財政、整理稅制、整頓金融、發行國債等舉措，對充實政府財政與經濟現代化做出貢獻。一九二八年十月回任中央銀行總裁。在關稅相關問題上，宋子文也加入與列強的外交談判，促成一九二八年七月簽訂的《中美關稅條約》、一九三〇年五月的《中日關稅協定》，恢復關稅自主權，得以保護國內產業及增加關稅收入。此外，一九三一年一月，廢止清末以來妨礙全國商品流通的釐金，改為統稅，促進國內統一市場的發達，也有助中央政府增加稅收。

一九三一年底，蔣介石暫時下野時，宋子文也辭去財政部長一職。一九三二年一月底蔣介石再度掌權，宋也隨之回歸，擔任行政院副院長，支持蔣汪合作體制。宋子文對上海及華北的抗戰態度積極，且重視全國和平統一與經濟建設。一九三三年，廢除傳統的秤重貨幣「銀兩」，統一使用政府發行的銀幣「銀元」與銀兌換紙幣，逐漸在全國推行「廢兩改元」，推動金融體系現代化。此外，一九三三年五月至八月，他前往歐美各國訪問，除獲得來自美國的五千萬美元借款（棉麥借款），還在倫敦參加世界經濟會議，也訪問了日內瓦國際聯盟總部等重要機構。但一九三三年十月底宋返國後，因不滿蔣介石為討伐共產黨而要求龐大軍事支出，兩人產生對立，宋辭去財政部長與行政院副院長職位，由孔祥熙接任。之後宋子文暫時淡出國政，但仍以全國經濟委員會副委員長、中國銀行董事長身分，為中國經濟發展而努力。

一九三六年十二月，西安事變時他與宋美齡一同飛往西安，與蔣介石、張學良、周恩來會談，努力促成事變和平解決與蔣的釋放。中日戰爭初期，宋子文主要居於香港，一九四〇年六月前往美國，此後在中國的戰時外交中扮演了重要角色。他作為蔣介石的代表，在白宮、財政部等美國各界積極展開交涉工作，成功獲得借款、購入武器，組建美志願航空隊等。美日開戰後的一九四一年十二月二十七日，宋子文被任命為外交部長，但仍主要在美國活動。一九四二年一月以中國代表身分簽署《聯合國共同宣言》。這段期間，通過宋子文交涉，美國借給中國的款項有：一九四〇年九月的鎢沙借款二千五百萬美元，同年十二月一億美元（其中平準基金五千萬美元），一九四一年四月五千萬美元，開戰之後的一九四二年三月達五億美元。此外，他還於一九四二年六月簽署《中美武器租借協定》，可說成果斐然。

此外，宋子文與美、英兩國交涉，推動廢除包含租界與治外法權等在內的不平等條約，一九四三年一月，與美、英締結新約。一九四五年六月至八月，在莫斯科針對《中蘇友好同盟條約》進行談判（簽署之前由王世杰接替外交部長職務）。自抗戰後期到戰後初期，宋子文在政府內的地位進一步提高。一九四四年十二月，接續孔祥熙請辭行政院長，宋子文就任代理院長，至一九四五年五月正式擔任行政院長。

但中日戰爭結束後，由美國進行調停的國共和平統一遭遇挫折，內戰爆發後，國民黨無法穩定統治區域的經濟。宋子文除了擔任行政院長外，一九四六年六月起還任最高經濟委員會委員長，仍舊無法抑制惡性通貨膨脹，社會經濟一片混亂，遭到ＣＣ系等黨內各派系與輿論猛烈批評。一九四七年三月，宋子文不得不辭去行政院長職位。一九四七年十月，宋就任廣東省長，致力穩定廣東的統治與重建經濟。一九四九年一月，隨著蔣介石下野，宋也辭去省主席職務。同年五月，偕夫人經香港飛往美國。此後一段時間，他與宋美齡一同展開活動爭取美國支援國民黨，但未見效果。後來他便退出政界定居美國，一九七一年四月二十五日去世。

汪精衛（一八八三—一九四四年）

本名兆銘，號精衛，生於廣東省。汪精衛雖以身為戰時親日政權的最高領導而為人所知，但實際上他從辛亥革命到中日戰爭期間為止，一直都有活躍的表現，是國民黨一位重要的領導者，且以演說與詩文的才能聞名。

身為年輕革命派

汪的本籍是浙江，但因父親長期在廣東任職地方官的幕僚，因而定居廣州。他自幼於家塾中學習，展現出超群的才華，一九〇二年在廣東府試中考取第一名秀才。一九〇四年考取官費留學生，與胡漢民、朱執信同船前往日本，於法政大學的清國留學生法政速成科學習，之後進入該校大學部。汪留學日本期間，學習憲法學、民權論等，對反清革命思想感到共鳴。一九〇五年八月，孫文成立中國同盟會，汪擔任評議部部長，還於機構誌《民報》上大談民族論、革命論，批評康有為、梁啟超等人的立憲君主制論。一九〇七年，日本接受清朝要求將孫文驅逐出境，汪追隨孫文輾轉東南亞各地，致力宣傳革命，調度資金、設置同盟會支部等活動。之後，武裝起義接連失敗，見到眾人因鎮壓而意志消沉，汪精衛認為必須重振革命運動，決心模仿俄國民粹派（Narodniks）進行恐怖行動。一九一〇年他在北京企圖暗殺攝政王載灃（宣統帝溥儀的父親），失敗後被捕。但汪因此次激進行動與在獄中的詩作，開始名滿全國，被視為民族英雄，也提高他在政治活動上的威信。

一九一一年辛亥革命爆發後，汪獲釋放，為革命派與袁世凱間的南北和議展開行動。之後與妻陳璧君前往法國，主要從事留法的勤工儉學運動。一九一七年，加入孫文的廣州軍政府，任代理祕書長。一九一九年為巴黎和會前往巴黎，參與反對簽訂的運動，同年底之後返國追隨孫文，在上海、廣州等地展開活動。

身為國民黨的領導者

一九二四年國民黨改組後，汪追隨孫文，積極採取擁護國共合作的態度，成為國民黨左派的中心人物。他起草第一次全國代表大會的各項決議案，擔任黨中央執行委員、宣傳部長。一九二四年冬，隨孫文北上，一九二五年三月孫文臨終時為其起草「遺囑」。孫文死後，汪於一九二五年七月任國民政府主席、軍事委員會主席。八月，歷經廖仲愷暗殺事件與胡漢民赴蘇聯考察，一九二六年一月國民黨二全大會上，汪逐漸鞏固自身在國民黨中的領導地位。然而，一九二六年三月二十日，蔣介石發動中山艦事件，藉機排除中共黨員，也挑戰汪精衛的權威。因為蔣企圖掌握廣東實權，汪憤而離開廣州前往法國。一九二七年初回國，成為國民黨左派、共產黨主導的武漢政府的核心，與蔣介石為首的國民黨右派南京政府對立，但同年七月十五日，武漢政府也實施反共。左右合流後的國民黨依舊持續混亂，蔣介石在一九二八年六月完成北伐，十月實施訓政，企圖在自己的掌控下強化南京國民政府的權力，但對此感到不滿的國民黨左派、舊武漢派的陳公博、顧孟餘等人，十一月於上海組成中國國民黨改組同志會（改組派），批評蔣介石的獨裁與反動，主張黨之改組，並尊汪精衛為領袖。一九二九年三月經國民黨三全大會，蔣介石與黨內各派的對立更顯激化，汪等改組派策動黨地方組織、民眾團體甚至地方軍閥，展開反蔣運動。一九二九年的反蔣運動遭各個擊破，不過在一九三〇年五月至九月，閻錫山、馮玉祥、李宗仁等反蔣運動（中原大戰）中，汪精衛等人在北平舉行國民黨擴大會議，組織反蔣國民政府，標榜反對獨裁與實施民主憲政。但在東北軍的介入下，反蔣聯盟徹底瓦解，之後移往山西省太原，起草《約法》（暫時憲法），草案發表後，汪逃往香港。一九三一年因蔣介石與胡漢民對立，再度發生反蔣運動，汪參加在廣州舉行由反蔣各派合作的國民黨非常會議，並擔任常務委員。這場南京與廣州的對立，一直持續到為了處理九一八事變的「國難」為止，兩陣營於一九三一年底達成和解。

一九三二年一月，汪精衛任行政院長，蔣介石任軍事委員會委員長，自此直到一九三五年為止，國民政府以蔣汪合作的形式進行，這是時隔六年的蔣、汪和解。汪派（舊左派、改組派）的陳公博、顧孟餘也分別擔任部長。自九一八事變起至中日戰爭爆發之間的中日關係不穩定期，國民政府一方面推進國內統一，持續摸索取得外援，對日則繼續採取綏靖政策。但因汪身為行政院長、外交部長（一九三三—一九三五年兼任），成為對日外交的負責人，故遭民族主義輿論嚴厲批評。一九三五年十一月遭槍擊受傷、住院，之後辭職並出國。

對日合作

一九三七年一月汪歸國。七月中日開戰後，蔣介石取得對日抗戰的指揮權，成為黨、軍、政最高領導者。與此相對，汪則被放在沒有實權的副席位。汪悲觀地認為抗戰僅是徒增犧牲，因而與周佛海、陶希聖、高宗武等摸索對日和平手段，推動與日方的祕密交涉。最終結果是一九三八年十二月十八日，汪從重慶逃往昆明，次日十九日再逃往法屬印度支那的河內。他隨後發表聲明，呼應日本首相近衛文麿的第三次聲明。但西南地方的實力派並未如汪期待般呼應他的聲明，重慶政府則於一九三九年一月將其開除國民黨黨籍，更於同年三月派出軍統特務企圖暗殺汪，造成汪之親信曾仲鳴死亡。汪之後與日本推進協議，一九四〇年三月三十日在南京成立標榜「和平反共建國」的國民政府，就任代理主席兼行政院長。該政權預計與日本占領下的中華民國臨時政府（北京）及中華民國維新政府（南京）合併，組成統一的親日政權。但政權內部陳璧君夫人、陳公博等汪派與周佛海派、特務組織、舊臨時政府系、舊維新政府系等之派系對立嚴重，幾乎無法獲得民眾支持，只能統治南京、上海及周邊日軍占領地區。一九四〇年十一月，日本政府通過《日華基本條約》，正式承認汪政權，汪也正式就任國民政府主席。一九四三年一月，汪政權對美、英宣戰，與日本之間簽署歸還租界、取消治外法權協定。同年十一月也參加於東京舉行的大東亞會議。但此時他健康狀況已然不佳，年底於南京接受手術。一九四四年一月以後病情惡化，三月三日被送往日本，於名古屋帝大醫學部附屬醫院住院，再次進行手術，但病情沒有起色。十一月十日因多發性骨髓腫過世。汪死後由陳公博成為代理主席。日本投降後的一九四五年八月十六日南京政府宣告解散。汪的遺體暫時被葬在南京郊外的梅花山，戰後墓地遭國民政府破壞，被挖出遺體加以燒毀。

張學良（一九〇一—二〇〇一年）

張學良出生於遼寧省，為張作霖的長男。一九一九年自東三省陸軍講武學堂畢業，之後成為奉天軍的軍官、指揮官，一九二四年任奉天軍精銳第三軍長。一九二六年起進軍關內（長城以南），先與馮玉祥軍隊作戰，最終指揮奉天軍與國民黨北伐軍激戰。一九二八年六月，奉系軍隊面對北伐軍節節敗退，張作霖退回關外時遭日軍炸死，在此危機中，張學良就任東三省保安總司令，順應國民黨統一中國的時勢，藉此力圖保全舊日在東北的地盤。同時，國民黨方面也認為占領北京與張作霖死亡，已達成北伐階段性目標，期待通過談判達到統一東北。但日本首相田中義一打算將滿洲與中國本土切割，通過利用當地勢力以維護日本權益，強烈反對「南北妥協」。同年七月到十月，張學良聽從日方警告，但最終在十二月二十九日，東北各地更換國民黨旗「青天白日旗」與新國旗「青天白日滿地紅旗」，通電表示信奉三民主義，服從國民政府。這一「東三省易幟」事件，使整個中國正式統一在國民政府之下，但舊奉天派＝東北政權仍保有東三省及熱河省的地盤與勢力。

一九二九年一月，張學良被國民政府任命為東北邊防軍總司令，並終於肅清對手楊宇霆等，強化東北的軍、政權力。東北方面在南京政府初期的不斷內戰中提升自身地位，特別當一九三〇年秋反蔣各派聯合攻擊蔣介石南京政府的中原大戰中，東北軍支持南京政府，並派軍入關，對南京政府的獲勝貢獻甚大。此後，河北、察哈爾等地也被納入東北勢力範圍，張學良晉升為國民政府的陸海空軍副司令。張學良自認為是愛國者，一方面避免直接刺激日本，另一方面圖求東北的自立與現代化。但一九三一年九月十八日九一八事變爆發時，他察覺到中國的分裂與積弱，採取對日不抵抗政策，導致東三省輕易落入日本手中。一九三二年日本關東軍建立「滿洲國」，一九三三年進攻熱河。張學良於二月十八日聲明「誓死保衛熱河，準備反攻」[30]，但省主席湯玉麟卻捲私款逃亡至天津，熱河全境很快落入日本手中。張因此受到來自全國輿論的嚴厲批評，一九三三年三月下野，之後前往海外。

張學良造訪歐洲時，受到法西斯主義的影響，特別讚賞墨索里尼統領下的義大利復興與強盛，認為為了中國統一與抗日，必須擁戴蔣介石作為領導者。一九三四年一月回國後，張被任命為豫鄂皖三省剿匪副司令，負責剿滅華中的共產黨勢力。一九三五年十月被任命為西北剿匪副司令，率東北軍移防西安，與楊虎城率領的西北軍共同討伐陝西省北部的共軍。但一九三五年至一九三六年間，日本的華北分離工作與全國性的抗日救國運動氣勢高漲，在此氣氛下，共產黨得以滲透、說服張學良，加上在討伐共軍作戰中慘敗，張學良等人遂停止討伐共產黨，轉而認為應當全國團結抗日。因此，當蔣介石為了激勵討伐共軍前往西安時，一九三六年十二月十二日張學良與楊虎城軟禁蔣介石，張提出停止內戰、一致抗日、改組南京政府、釋放抗日運動領導人等八項要求，此事件震驚中外。雖然張仍對內戰抱持疑問與擔憂，但在中共的周恩來、南京的宋子文與宋美齡的交涉下，張最終於十二月二十五日釋放蔣，親自將蔣護送回南京。西安事變和平落幕，促成國共兩黨的和解與全國抗日統一戰線形成。但張在南京受到軍事審判，之後五十多年的時間都遭監禁。

一九九〇年時，張在臺北重獲自由，一九九五年移居美國，之後病逝於夏威夷。

蔣經國（一九一〇—一九八八年）

從出生到留學蘇聯為止

蔣經國為蔣介石的長男，蔣第一任妻子毛福梅之子。一九一〇年四月二十七日生於浙江省奉化縣溪口鎮，在家鄉與母親一同生活成長。蔣介石奔走於日本、上海、廣州等地，幾乎都在外地活動，在繁忙的軍務、政務閒暇時仍會寫信給蔣經國，細心指導他的學業。蔣經國在當地學校就讀後移往上海，一九二四年冬自萬竹小學高級部畢業。次年一九二五年春，進入浦東中學，但因參與五三〇運動遭退學，轉學至北京的海外補習學校。適逢蘇聯為培養中國的革命家，成立孫逸仙紀念中國勤勞者大學（莫斯科孫文大學），青年們之間興起留學蘇聯的風潮，他也立志留學蘇聯。八月時前往廣州黃埔造訪父親，得到許可後，十月從上海啟程前往蘇聯。

蘇聯經驗——一九二五—一九三七年

一九二五年十一月，蔣經國進入莫斯科孫文大學。此時他只有十五歲，是最年少的學生之一，但積極學習與參與活動，熱中學生生活，俄語也有長足進步。他的俄文名字為尼古拉・維拉迪米洛維奇・伊利扎洛夫（Nikolai Vladimirovich Elizarov）。在他出發前的一九二五年十月加入國民黨，不過抵達莫斯科後迅速左傾，十二月加入共產主義青年團，與托洛斯基派也相當親近。

一九二六年七月起，國民革命軍的北伐進展讓孫文大學的中國青年們感到振奮，蔣經國也在校內報上發表關於北伐等的中國革命論。然而，一九二七年四月十二日蔣介石的反共政策完全改變了蔣經國的命運，他在集會時發表批判蔣介石的演講，指責父親反革命，是人民的敵人，發表公開信聲明斷絕父子關係（《真理報（*Pravda*）》一九二七年四月二十一日）。

一九二七年蔣經國已完成孫文大學的課程，但不被准許回國。同年進入列寧格勒托爾馬喬夫軍政學院（Lenin Military-Political Academy）接受教育與訓練，一九三〇年五月畢業。之後在莫斯科的科塔那馬電機工廠（Tinama Electrical Plant）與近郊農村努力工作，還曾於國際列寧學校（International Lenin School）學習。一九三二年被分配到葉卡捷琳堡（Yekaterinburg）的烏拉爾機械製造廠第一機械分工廠，一九三四年任分工廠的副廠長兼企業報總編輯。這段期間，一九三二年二月成為蘇聯共產黨員候補，一九三六年十二月成為正式黨員。一九三五年三月與工廠職員芬娜・瓦赫列娃（Faina Ipatyevna Vakhreva，一九一六—二〇〇四年）結婚，十二月長男愛倫（Alan，蔣孝文）誕生。根據蔣經國回國後寫下的回憶，他特別強調在蘇聯時於酷寒中被迫在礦場工作、受到祕密警察監視、被中共駐蘇代表王明執拗地迫害等苦難[31]。儘管他在蘇聯時處境相當困難，他仍是展現了適應環境的能力，勉力完成被派遣的工作與活動，成為地方企業的管理幹部，也組成家庭，靠自身努力成功改善狀況。

因一九三六年十二月的西安事變促成國共兩黨和解，蔣介石也再度確立全國領導者的地位，蘇聯為強化與蔣介石、中國的關係，決定讓蔣經國回國。一九三七年三月二十五日，蔣經國偕妻子與兒子離開莫斯科前往海參崴（Vladivostok），最終經海路於四月十八日抵達上海。

歸國後、大陸時代——一九三七—一九四九年

回國後，蔣經國在杭州與父親相見，接著返回母親居住的老家奉化縣溪口。隨後的幾個月裡，在父親的指示下，於家鄉撰寫蘇聯留學報告書，並要求他學習三民主義與中國古典文化等。中日開戰後的一九三八年一月，蔣經國在南昌擔任江西省政府保安處副處長，一九三九年六月起，在江西省南部任行政督察專員、保安司令等。江西省南部原是共產黨根據地，因戰亂與階級鬥爭而荒廢，蔣經國致力於社會改革、強化治安、訓練青年等，因此聲名大噪。在地方政治上獲得成果後，一九四四年一月蔣經國進入重慶，就任三民主義青年團中央幹部學校教育長，同年十月起，擔任青年軍的政治工作並積極加以推動。通過這段回國後的政治活動經驗，蔣經國也形成日後追隨他的部下集團。

一九四五年六月至八月，蔣經國參加在蘇聯進行的中蘇談判。對日抗戰勝利後的十月，以外交部東北特派員身分與蘇軍交涉。在激烈國共內戰與嚴重通貨膨脹時期，一九四八年八月，他被派往上海擔任經濟管制副督導員，嘗試以強硬手段抑制金融崩潰，雖經奮鬥但成效不彰。在國民黨敗退與內亂紛擾中，一九四九年一月蔣介石宣布引退，蔣經國隨父親返鄉。當蔣介石從上海飛往廣州、重慶、臺北等各地，企圖重整頹勢與指揮撤退臺灣事宜時，蔣經國亦隨行。自幼遠離父親，且在蘇聯逗留十二年的蔣經國，在蔣介石這段挫折與下野時期常伴左右並給予協助，這讓蔣介石對他更加信任與好評。

臺灣統治——一九五〇—一九八八年

國共內戰失敗後，國民黨政權於一九四九年十二月八日將中華民國首都遷往臺北。一九五〇年三月蔣介石回任總統職位，力圖在臺灣重振旗鼓。一九五〇年三月蔣經國就任國防部政治部主任，負責國軍的重新整編與軍中政治工作，並以總統府機要室資料組主任身分，指揮、統籌情報機構，協助鞏固蔣介石的獨裁統治。此外，他也參與中國國民黨的「改造」，一九五二年十月黨七全大會上被選為中央常務委員，還兼任中國青年反共救國團主任、國軍退除役官兵就業輔導會副主任等職位。

一九六五年一月，蔣經國就任國防部長；一九六九年成為行政院副院長，主管財政、經濟政策；一九七二年六月就任行政院長，成為政治的中樞。但一九七〇年代初是臺灣面臨國際局勢惡化的危機時期，一九七一年中國取代臺灣加入聯合國，臺灣退出；一九七二年二月，尼克森訪中達成中美和解；同年九月，中日恢復邦交且臺日斷交。加上此時期國際貨幣體制不穩，又發生石油危機，皆對高度依賴貿易的臺灣經濟造成巨大衝擊。對此，蔣經國通過政治革新與推動經濟建設，積極對應並克服危機。在政治上，啟用年經、高學歷的臺灣人精英進入政府；在經濟上，於一九七三年十一月發表十大建設計畫，採取大規模整備基礎建設、開發工業園區等政策，促進臺灣經濟的進一步發展。

一九七五年蔣介石過世後，蔣經國接任黨主席職位，一九七八年五月二十日就任總統。儘管一九七九年一月中美建交且臺美斷交，一九八〇年一月因《中美共同防禦條約》廢止，臺灣陷入更深的對外危機，但蔣經國通過推行臺灣本土化與推動憲政改革，努力穩定臺灣局勢。一九八一年任命臺灣本省人李登輝擔任省主席，並在一九八四年的總統選舉中，選擇李為副總統。一九八五年公開聲明，今後蔣家人不再出任總統，新任總統應依憲法選出。一九八六年九月，默認在野黨民進黨的成立，廢除「黨禁」。一九八七年七月解除一九四九年以來施行的《戒嚴令》，十一月開放人民赴大陸探親，十二月宣布解除「報禁」。蔣經國陸續推動政治改革，確立漸進式的民主化方向。然而，一九八八年一月一日的元旦祝詞，成為蔣經國最後一次的公開露面，之後他無法執行政務，一月十三日於榮民總醫院過世。蔣經國死後，根據憲法由李登輝副總統升任總統，開始推進臺灣政治的民主化進程。

蔣經國與芬娜（蔣方良）夫人育有孝文、孝武、孝勇三男與一女（孝章），兒子們今日皆已逝世，長女結婚後定居美國。（↓第十二卷第四章「蔣經國」，有對其統治臺灣時期的評述。）

其他人物

一、支持蔣介石權力的人們

CC系與復興社系

一九三〇至一九四〇年代，在中國國民黨忠誠於蔣介石並支持其權力的勢力（擁蔣派）有CC系，軍隊則以復興社系為主。

CC系是一九二〇年代後半以後，由蔣介石的心腹陳果夫（一八九二—一九五一年）、陳立夫（一八九九—二〇〇一年）兄弟掌握的國民黨中央組織部，為加強對全國黨組織控制而形成的黨中央勢力。陳氏兄弟為蔣浙江同鄉、革命運動領導者陳其美的姪子。CC的名稱據說源於陳氏兄弟或中央俱樂部的英文略稱。CC系掌握中央、地方的國民黨組織，特別將勢力滲透入媒體與教育機構。此外也通過黨中央委員會調查統計局（中統）等情報機構，監視與鎮壓共產黨及反政府派人士。因此抗戰期起，即被嚴厲批評為反動派閥、腐敗、混亂的元兇。遷移臺灣後，陳氏兄弟因國民黨改造而被排除於政治中樞之外，CC系勢力也因此衰退。

復興社系在蔣介石直轄的中央軍骨幹之黃埔系（黃埔軍校出身的軍人）中，也屬核心中的核心。一九三二年三月，以該校出身軍人為核心，於南京成立中華民族復興社，蔣介石擔任社長，賀衷寒、劉健群等擔任幹事，在各省市、軍隊中設立組織，進一步還成立三民主義力行社等祕密組織。其目的在於以蔣介石為唯一領袖，團結全黨、全國，實現民族復興，宣傳反共擁蔣的國家主義主張，監視反蔣各黨派，執行對日諜報與抗日活動，其法西斯特質遭到批評，被稱為「藍衣社」。抗戰期間，復興社解散，但力行社滲透入三民主義青年團，戴笠（一八九七—一九四六年）掌管之軍隊情報部門被稱為「軍統」，也協助美國情報機構，執行對日防諜、被占領區諜報工作、鎮壓共產黨與反政府派等，令人們備感恐懼。

王世杰

一八九一—一九八一年。法學家、政治家。出生於湖北，清末在北京的北洋大學就學，民國初年留學英、法，於巴黎大學取得法學博士學位。一九二〇年歸國後，歷經北京大學教員，一九二七年國民政府法制局長，一九二八年海牙的國際司法法庭法官、武漢大學校長等職。一九三三年任教育部長，之後四年期間主掌國民政府的教育行政。中日戰爭開始後，被任命為直屬蔣介石智庫機構的軍事委員會參事室主任，之後歷任國民參政會祕書長、國民黨中央宣傳部長等要職。一九四五年七月任外交部長，參與中蘇談判，戰後成為聯合國大會的中華民國代表、國共談判時的政府代表、國民大會主席團主席，無論在內政外交上都相當活躍。國民黨政權遷移臺灣後，一九五〇年擔任總統府祕書長要職，一九五三年被解職後離開政治圈，一九六二年至一九七〇年擔任中央研究院院長，一九八一年病逝於臺北。

戴季陶

一八九一—一九四九年。是與蔣介石最親近的國民黨要員之一。蔣介石次男（養子）蔣緯國的親生父親。生於四川省，清末留學日本，加入中國同盟會。辛亥革命後成為孫文的祕書，孫文逃亡日本時也隨行在側。五四運動時期醉心社會主義思想，加入馬克思主義研究會，之後脫離。反對國共合作，根據《孫文主義之哲學的基礎》成為黨右派的理論領導者。北伐後的一九二八年至一九四八年，擔任國民政府委員、考試院長，對蔣的權力全力支持。此外，他也是國民黨中最厲害的日本通，一九二四年孫文訪問日本時，擔任「大亞細亞主義演講」的口譯，著有《日本論》（一九二八年），成為中國人日本研究的經典。內戰末期的一九四九年二月十二日，在廣州吞下大量安眠藥過世。

二、蔣介石的對手們

胡漢民

一八八〇—一九三六年。出生於廣東省的國民黨政治家。清末留學日本，加入中國同盟會，在《民報》上奮筆宣傳革命。一九一一年辛亥革命後，任廣東都督、南京臨時大總統祕書長，但因敗給袁世凱而出逃日本。在孫文的廣東政權擔任要職，一九二四年起歷任中央政治會議委員、廣東省長等。孫文過世後，擔任軍政府代理大元帥、國民政府常務委員、外交部長等，被視為孫文的後繼者，但因廖仲愷暗殺事件下野出國。一九二七年蔣介石發動反共政變後，他支持南京方面，一九二八年任國民政府委員、立法院院長，致力於確立法治與研究孫文學說。但之後逐漸與強化獨裁的蔣介石出現對立。一九三一年二月遭蔣監禁於南京郊外，此事造成同年的反蔣運動（內戰）。一九三一年十月獲釋後，胡移居香港，刊行《三民主義月刊》，繼續主張反蔣、抗日的思想。一九三六年五月病逝於廣州。

馮玉祥

一八八二—一九四八年。本籍安徽省，生於河北省。清末加入新軍，一九一一年響應武昌起義發動革命起事。一九一二年以後，歷任北洋軍旅長、陝西督軍、河南督軍等軍職。一九二四年十月，第二次直奉戰爭中發起北京政變，就任國民軍總司令，邀請孫文北上，改變了當時的政治局勢。一九二五年以後接受蘇聯的軍事援助，向國民革命靠攏。一九二六年初因敗給奉天軍而下野，並訪問蘇聯，五月加入國民黨，回國後任國民聯軍總司令。一九二七年五月就任國民革命軍第二集團軍總司令。在國民政府武漢、南京分裂時，支持南京一方，與蘇聯、共產黨斷絕關係。雖對北伐完成有所貢獻，但因反對蔣介石的集權化政策，一九二九—一九三〇年之間，率領麾下西北軍數度與南京方面交戰，終因失敗而下野。九一八事變後，主張積極抗日，並於一九三三年五月組成察哈爾民眾抗日同盟軍。抗日期間主要致力於抗日宣傳與民主運動。戰後的一九四六年九月前往美國，表明反蔣立場。一九四八年一月，擔任成立於香港的中國國民黨革命委員會常務委員、政治委員會主席，遭國民黨開除黨籍。一九四八年九月一日於回國途中因船舶失火而過世。

李宗仁

一八九一—一九六九年。廣西派的領導者。出生於廣西省臨桂（桂林），就讀廣西陸軍小學堂，在學期間加入同盟會。任職地方軍官後，一九二四年起與國民黨合作促成廣西統一，次年達成目標。一九二六年三月，廣西軍被編為國民革命軍第七軍，由李擔任軍長，七月起參加北伐。一九二七年武漢、南京分裂時，支持南京一方，並在武漢政府崩解後，李將廣東、廣西、湖北、湖南納入自身勢力範圍下，就任武漢政治分會主席、第四集團軍總司令。一九二八年，參加第二次北伐。一九二九年三月，廣西派在與南京方面的內戰中徹底敗北，但於一九三〇—一九三一年的反蔣運動中東山再起。一九三二年以後，收復廣西省的地盤。中日戰爭開始後，就任第五戰區司令長官，率廣西軍積極應戰，對台兒莊大捷做出貢獻。戰後一九四八年四月，當選中華民國副總統（總統為蔣介石）。在國民黨軍敗退時，提倡與中共談和。一九四九年一月蔣被迫下野，李出任代理總統，但和平談判受挫，無法挽回敗北局勢，遂以接受治療為由前往美國。一九六五年返回中國，一九六九年病逝於北京。

三、與日本的對決——滿洲問題

田中義一

一八六四—一九二九年。出生於萩（長州）藩，陸軍軍人。陸軍士官學校舊八期及陸軍大學畢業，一九一八年至一九二一年進入原敬內閣，一九二三年在第二次山本權兵衛內閣擔任陸軍大臣。一九二五年退役，成為政友會總裁。一九二七年四月任首相兼任外相，推行對華積極外交，舉行東方會議，採取山東出兵、壓迫張作霖等強硬政策，導致關東軍的失控，使中日關係惡化。在處理張作霖遭炸死的事件上，失去昭和天皇的信任，一九二九年七月內閣總辭，同年九月過世。

田中的外交在國際上被視為過度擴張主義，田中對昭和天皇上奏一份積極外交的文書，被稱為〈田中上奏文〉，一九二九年左右開始流傳。其中除詳述日本的滿蒙政策外，也大力宣揚侵略構想，寫道：「欲征服支那，必先征服滿蒙，欲征服世界，必先征服支那。」其內容字句出現許多錯誤，且未找到日文原件，因此在日本被視為偽造的文書。但自中日戰爭至第二次世界大戰期間，皆被當作日本對外侵略計畫的證據，成為反日宣傳的重要工具。

張作霖

一八七五—一九二八年。北洋軍閥奉天派首領，是蔣介石北伐中最後一位主要對手。張出生於遼寧省海城的貧農之家，長時間加入馬賊集團，在動盪局勢中巧妙擴張武裝勢力。一九一六年成為奉天省督軍兼省長，一九二〇年控制整個東三省，建立奉天派勢力。此外，他多次參與中國內戰，一九二六年組織安國軍稱霸北方，一九二七年六月就任中華民國陸海軍大元帥，控制北京政府，與國民革命軍對峙。一九二八年五月，奉天軍在北伐中節節敗退。六月四日，張自北京利用京奉鐵路返回瀋陽（奉天），途中因關東軍河本大作等策劃炸毀列車而遭炸死。河本等人企圖利用張死後的混亂，由關東軍控制滿洲，藉此解決「滿洲問題」，但奉天方面不理會日方挑釁，加上日本陸軍中央也未批准出兵，使關東軍的計謀無法得逞。

四、中日戰爭

近衛文麿

一八九一—一九四五年。出身於名門近衛公爵家，為五攝家之首。畢業於京都帝大。很早便成為政治界王子，受人歡迎。一九三七年六月，組成第一次近衛內閣。盧溝橋事變後，近衛通過強硬的聲明與派兵致使戰爭規模擴大。又於一九三八年一月十六日發表「爾後不以國民政府為對手」的聲明，封閉了和平解決的可能。一九三八年十一月三日，他發布第二次近衛聲明，主張建立東亞新秩序。同年十二月二十二日，他發表第三次聲明，表明日本的目的在於「善鄰友好、共同防共、經濟合作」，敦促汪精衛等人的和平運動。但重慶方面堅決抗日，導致近衛結束戰爭的企圖無法達成。一九三九年一月，近衛內閣總辭。之後，一九四〇年七月再度組閣，但因日軍進駐越南北部、日德義三國締結同盟，導致美日關係惡化。一九四一年七月，又因日軍進駐越南南部，被美國凍結日本在美資產，並招致全面對日禁運石油的強硬經濟制裁。九月的御前會議上雖決定對美開戰的方針，但近衛既無法阻止開戰的決定，也無法抑制軍部，最終於十月總辭。戰爭結束後的一九四五年十二月，近衛被指名為戰犯嫌疑人，在被逮捕前一晚自殺身亡。

周佛海

一八九七—一九四八年。本籍湖南省沅陵，生於福建省。一九一七年前往日本，進入一高預科，之後於鹿兒島第七高校就學。在日期間接觸社會主義，一九二一年七月，中國共產黨第一次全國代表大會時，以留日學生代表身分參加。一九二二年進入京都帝大經濟學部，一九二四年回國成為國民黨宣傳部祕書兼廣東大學教授，接觸黨內右派，與中共脫離關係。一九二七年蔣介石反共政變後，支持南京一方。一九二八年與戴季陶等創刊《新生命》月刊，發表《三民主義之理論的體系》等著作，獲得蔣的讚許。一九三二年任江蘇省政府委員兼教育廳長，一九三五年就任國民黨民眾訓練部長。一九三七年七月中日開戰後，在蔣麾下任侍從室第二室副主任，一九三八年四月任黨中央代理宣傳部長。但他對抗戰前景感到悲觀，與汪精衛等人摸索和平路線。一九三八年十二月從重慶出逃。一九四〇年三月，汪精衛在南方成立親日政權後，周佛海歷任財政部長、警政部長、行政院副院長、上海市長等要職，主掌對日外交，雖然握有實權，但仍與重慶方面保持祕密聯繫。一九四五年八月日本投降後，周佛海負責維持上海地區的治安，但當重慶政府接收上海後遭拘捕，次年一九四六年十一月，因通敵賣國罪遭判死刑，一九四七年減為無期徒刑。一九四八年二月二十八日病逝於獄中。

史迪威

一八八三—一九四六年。Joseph W. Stilwell. 美國陸軍中著名的中國通。他學習中文後，一九二〇至一九二三年前往北京赴任，一九二六至一九二九年在天津的駐屯美軍服勤，一九三五至一九三九年任駐華公（大）使館武官。美日開戰後，為了美中軍事合作，一九四二年二月史迪威擔任中國、緬甸、印度戰區的美軍司令官，以及盟軍中國戰區參謀長（最高司令官蔣介石）、租借物資供應負責人。他到任後，致力於緬甸防衛戰及反攻作戰。一九四四年中國軍隊面對日軍的「大陸打通」作戰（豫湘桂會戰）時節節敗退，因擔憂重慶政府敗亡，在史迪威的提議下，美國要求把中國全部軍隊的指揮權交給史迪威。蔣介石震怒，要求更換史迪威。同年十月十九日，羅斯福總統解除史迪威職務。此事件導致美軍、美國外交官對蔣及國民黨的態度開始轉為批評，成為美方在戰後內戰期間不再援助國民黨，採取棄之不顧做法的原因之一。

普萊斯兄弟

弗蘭克．普萊斯（Frank Wilson Price，一八九五—一九七四年），中文名為畢范宇，雙親為傳教士，生於中國浙江省，十五歲回美國接受教育，一九二二年自耶魯大學神學院畢業，一九二三年取得哥倫比亞大學碩士學位。同年以美國南部長老會傳教士身分前往中國，長期擔任南京金陵神學院教授。除傳教與進行宗教教育外，也從事周邊農村的調查與組織教會。此外，他與國民黨關係密切，將孫文的《三民主義》翻譯為英文，也與蔣介石夫婦相當熟識，除了在宗教信仰上相同，畢范宇也在對美宣傳上提供建議。畢的弟弟亨利（Harry B. Price，一九〇五—二〇〇二年）也在中國出生、長大，回美國受教育，在耶魯大學取得經濟學碩士。一九三二至一九三七年在北京燕京大學任教。一九三七至一九三八年，畢范宇獲得休假回美期間，與其弟亨利成立「美國反對參與日本侵略委員會」（American Committee for Non-Participation in Japanese Aggression，ACNPJA），促成美國輿論支援中國抗戰、對日本禁運軍需用品，從事對政界進行遊說的社會運動。畢范宇回到中國後，一九三九至一九四五年除擔任遷移到成都的金陵神學院及華西聯合大學教授外，也與在美國的弟弟亨利取得聯繫，將重慶政府的想法傳達給ACNPJA，另擔任國際宣傳處英文出版品的監修，支援中國抗日。亨利擔任ACNPJA局長，是該會活動的中樞人物，接著一九四一至一九四四年擔任中國國防供應公司（China Defense Supplies）會計業務與董事，負責對中軍事援助。戰後繼續長期參與UNRRA（聯合國善後救濟總署，United Nations Relief and Rehabilitation Administration）對中國活動、馬歇爾計畫、支援菲律賓農村等經濟援助政策。戰後，畢范宇仍續留中國，一九四五年成為中華全國基督教聯合會宣教書記。一九四九年共軍占領上海後遭軟禁，一九五二年獲釋後歸國。之後歷任南部長老會主席、紐約協和神學院（Union Theological Seminary）教授等宗教界要職。

五、戰後臺灣

蔣緯國

一九一六—一九九七年。蔣緯國為蔣介石次男（養子）。他是戴季陶與日本人重松金子所生，由蔣介石收養，交由蔣的情人姚冶誠擔任母親角色將其帶大。東吳大學畢業後，一九三六年前往德國留學，慕尼黑陸軍士官學校畢業。第二次世界大戰開戰後，前往美國學習軍事。一九四〇年回國，於國軍中服勤。遷移臺灣後，參與建設裝甲兵團，長期擔任裝甲兵團司令。一九六三年任陸軍指揮參謀大學校長。一九六四年受湖口事件（裝甲兵司令趙志華叛亂未遂）牽連，被免去指揮官職位，轉而研究戰史、戰略，歷任戰爭學院院長、三軍大學校長、聯合後勤總司令等。一九八六年退役後，任國家安全會議祕書長。一九九〇年總統大選時，曾一度受到反李登輝派支持，考慮出馬參選副總統候選人，但最終放棄。晚年以統一派的政治評論家身分活動。一九九七年九月二十二日於臺北病歿。與妻子丘如雪育有一子蔣孝剛（一九六二年出生，居住於美國）。

陳誠

一八九八—一九六五年。陳誠是對蔣介石忠心耿耿且最優秀的將領之一。出生於浙江省，保定軍官學校畢業。粵（廣東）軍第一師軍官，任黃埔軍校教官。陳誠在東征與北伐等戰役中奮戰，深得蔣介石賞識，屢獲晉升。一九三三至一九三四年，在圍剿江西蘇區的作戰中重視政治工作，最終成功平定。中日開戰後，他在上海防衛戰、武漢防衛戰中奮戰。一九三八年一月任軍事委員會政治部部長，同年七月任三民主義青年團中央團部書記長。之後任第一戰區司令長官，一九四三年二月任中國遠征軍司令長官，一九四四年十一月任軍政部長等要職。戰後於一九四六年五月成為參謀總長，一九四七年八月兼任東北行動行轅主任，但因在東北戰敗，一九四八年五月被免職。同年十二月任臺灣省政府主席。一九五〇年三月任行政院長，一九五四年三月任副總統，一九五七年三月被選為國民黨副總裁，地位僅次於蔣。他在臺灣主導土地改革、地方自治、經濟建設等，致力確保國民黨在臺灣的統治。一九六三年以健康理由辭去副總統職位，一九六五年三月五日病逝於臺北。

二二八事件的人們

一九四七年二月二十八日，在臺北因取締私菸造成死傷事件，導致臺灣民眾對以臺灣省行政長官陳儀為首的國民黨政權及其統治爆發不滿，形成臺灣全島的民眾起義。對此，國民黨政權展開殘酷的鎮壓，死者與失蹤者據稱約有一萬八千人至兩萬八千人。此即二二八事件。

因為此事件，殖民地時代培養出來的臺灣人領導階層遭到毀滅性的打擊，遭殺害的臺灣知識分子中，林茂生（一八八七—一九四七年）可謂代表人物之一。林出身於臺南的名門望族，經京都第三高等學校後，畢業於東京帝大哲學科。獲總督府公費前往美國哥倫比亞大學留學，是臺灣人中第一位取得美國博士學位者。返臺後任職臺南高等工業學校教師。戰後任職臺灣大學教授兼文學院代理院長。此外他創刊《民報》，積極撰寫社會評論。他與二二八事件並無直接關聯，但於一九四七年三月十一日遭警方帶走後便音訊全無。根據日後的調查，他被捕後立即遭到處決，據說遺體被遺棄至淡水河。

此外，也有事件後逃往島外繼續從事抵抗的人。其中知名的左派人士有臺灣共產黨創立人謝雪紅（一九〇一—一九七〇年）。二二八事件時，她在臺中指揮民眾起義，鎮壓開始後逃往香港，接著在上海組成臺灣民主自治同盟並擔任主席。一九四九年加入中華人民共和國，期待中國共產黨解放臺灣。但一九五七年以後她遭到批判，文化大革命中受到迫害並傷及身體，最終病歿。

其他尚有右派、獨立派的代表人物廖文毅（一九一〇—一九八六年）。他畢業於同志社中學、南京金陵大學，在美國俄亥俄州立大學取得博士學位。戰後創刊《前鋒》，因批評政府，遭當局怨恨。二二八事件發生時，他在上海但仍遭通緝，之後逃往香港，接著前往日本組成臺灣民主獨立黨，一九五六年成立臺灣共和國臨時政府，就任總統。廖等人的臺灣獨立運動一直持續到一九六五年他放棄運動返回臺灣為止。

二二八事件後，大多數臺灣人在龐大的國家暴力下，不得不選擇沉默與服從。但這種鎮壓反而讓臺灣人民產生反中國的臺灣人認同，在壓抑之中臺灣人意識暗中流動，最終於一九九〇年代之後浮現到社會表面，且獲得進一步發展。

雷震

一八九七—一九七九年。河南省籍，生於浙江省。一九一六年留學日本，畢業於京都帝大，專攻憲法學。一九二六年返國後擔任教員，之後加入國民黨政權，在王世杰手下任國民政府法制局編審、教育部總務司長、國民參政會副祕書長等職。戰後也歷任國民大會副祕書長、行政院政務委員等。一九四九年與胡適、王世杰、杭立武等英美派知識分子、官僚在臺灣創刊《自由中國》雜誌，擔任編輯負責人。原本是當局承認的反共自由主義雜誌，但因主張民主、憲政，開始批評蔣介石的獨裁統治。一九五四年底，雷震在《自由中國》雜誌讀者投書上刊登〈搶救教育危機〉，批評學校裡的黨化教育，因而遭國民黨註銷黨籍。一九五六年十月，《自由中國》出版蔣介石七十大壽「祝壽專號」，集結自由主義的觀點對蔣提出改革建言。一九六〇年，他批評蔣修改憲法獲得總統三連任的做法，進一步主張成立在野黨的必要性，準備組成「中國民主黨」。一九六〇年九月，雷震遭當局逮捕，遭軍事法庭以「包庇匪諜、煽動叛亂」的罪名判處十年徒刑，《自由中國》廢刊。一九七〇年刑期屆滿出獄後，仍不改其自由主義的觀點，執筆回憶錄與提出改革建議，但因健康受損已無法參與政治活動，於一九七九年病逝。

注釋

1. 董顯光，《蔣總統傳》增訂版，中華文化出版事業委員會，一九五二年（初版一九三七年）。日語版：寺島正、奧野正巳譯，《蔣介石》，日本外政學會，一九五五年。
2. 馮玉祥，《我所認識的蔣介石》，文化出版社，一九四九年。日語版：牧田英二譯，《我が義弟蔣介石》，長崎出版，一九七六年。陳伯達，《中國四大家族》，長江出版社，一九四七年。陳伯達，《人民公敵蔣介石》，東北書店，一九四八年。

3. 石島紀之，〈南京政権の経済建設についての一試論（關於南京政權經濟建設的初步探討）〉，《茨城大學人文學部紀要文學科論集》一一，一九七八年。久保亨，《戦間期中国「自立への模索」——関税通貨政策と経済発展（戰間期中國「自立的探索」——關稅貨幣政策與經濟發展）》，東京大學出版會，一九九九年。萩原充，《中国の経済建設と日中関係——対日抗戦への序曲1927-1937年（中國的經濟建設與中日關係——通向抗日戰爭的序曲1927-1937年》，ミネルヴァ書房，二〇〇〇年等。

4. *Chiang Kai-shek Diaries 1917-1972*, Hoover Institution, Stanford University. 毛筆書寫，公開原版的複製照片。

5. 近年的蔣介石研究數量極多，例如可舉以下著作、論文。山田辰雄、松重充浩編著，《蔣介石研究——政治・戦争・日本（蔣介石研究——政治、戰爭、日本）》，東方書店，二〇一三年。家近亮子，《蔣介石の外交戦略と日中戦争（蔣介石的外交戰略與中日戰爭）》，岩波書店，二〇一二年。鹿錫俊，《蔣介石の「国際的解決」戦略：1937-1941（蔣介石的「國際解決」戰略：1937-1941）》，東方書店，二〇一六年。段瑞聰，《蔣介石の戦時外交と戦後構想——1941-1971年（蔣介石的戰時外交與戰後構想——1941-1971年）》，慶應義塾大學出版社，二〇二一年。楊天石，《找尋真實的蔣介石》一—四，三聯書店，二〇〇八—二〇一七年。汪朝光、王奇生、金以林，《天下得失——蔣介石的人生》，山西人民出版社，二〇一二年。劉維開，《蔣中正的一九四九——從下野到復行視事》，時英出版社，二〇〇九年。黃自進，《蔣介石與日本——一部近代中日關係史的縮影》，中央研究院近代史研究所，二〇一二年。呂芳上主編，《蔣中正日記與民國史研究》上、下，世界大同出版，二〇一一年等。

6. 毛思誠編，《民國十五年以前之蔣介石先生》第二編，出版者不明，一九三六年（香港，龍門書店，一九六五年影印）。

7. 毛思誠編，同前《民國十五年以前之蔣介石先生》第三編。

8. 黃自進主編，《蔣中正先生留日學習實錄》，中正文教基金會，二〇〇一年（「振武第十一期畢業生希望兵科一覽表」）。

9. 浙江省的革命派要人陶成章在革命派內部對立下，最終遭暗殺的事件。據說是由蔣下令，陳其美執行。

10. 「袁世凱」請參照第八卷第十三章。

11. 「孫文」請參照第九卷第九章。

12. 毛思誠編，同前《民國十五年以前之蔣介石先生》第六編。

13. 一九二五年五月三十日，上海租界警察向遊行隊伍開槍，造成許多死傷者，就此引發上海、廣州甚至蔓延至全國的激烈民族運動。

14. 一般認為是利用中山艦的動向企圖發動政變，蔣介石出動軍隊鎮壓左派、共產黨的事件。

15. 陳潔如著，加藤正敏譯，《蔣介石に棄てられた女——陳潔如回想録（被蔣介石遺棄的女人——陳潔如回憶錄）》，草思社，一九九六年。

16. 譯注：原文為：「吾人苟能臥薪嘗膽，則雪此奇辱，何有難哉。」

17. 秦孝儀主編，《先總統　蔣公思想言論總集》，一三卷「四川應作復興民族之根據地」，中國國民黨黨史委員會，一九八四年。

18. 秦孝儀主編，同前《先總統　蔣公思想言論總集》，一三卷「對外關係之報告」。

19. 秦孝儀主編，同前《先總統　蔣公思想言論總集》，一四卷「救亡禦侮之步驟與限度」。

20. 秦孝儀主編，同前《先總統 蔣公思想言論總集》，三〇卷「我軍退出南京告全國國民書」。

21. 王子壯，《王子壯日記》（第七冊），中央研究院近代史研究所，二〇〇一年。

22. 譯注：日記原文為：「此言聞之，但有慚徨而已！」

23. 中共系統的新四軍在安徽省南部遭國民政府軍攻擊，受到毀滅性打擊的事件。

24. 蔣要求發布宣言時必須在美國之後先放中國國名，接著才是英國，除此之外完全承認《波茨坦宣言》的內容（《蔣介石日記》一九四五年七月二十六日）。

25. 秦孝儀主編，同前《先總統 蔣公思想言論總集》，三二卷「抗戰勝利告全國軍民及全世界人士書」。

26. 陳永發，《中國共產革命七十年》修訂版，聯經出版公司，二〇〇一年。

27. 中共代表團梅園新村紀念館編，《國共談判文獻資料選輯》，江蘇人民出版社，一九八〇年。

28. Sterling Seagrave 著，田畑光永譯，《宋王朝——中国の富と権力を支配した一族の物語（宋家王朝——掌控中國財富與權力的家族故事）》上、下，サイマル出版會，一九八六年。張婉婷導演，電影《宋家皇朝／The Song Sisters》（日文片名《宋家の三姉妹》），一九九七年。

29. Burbidge, W. F., *Rising China: A Brief History of China and a Biographical Sketch of Generalissimo and Madame Chiang Kai-shek*, Bognor Regis and London: J. Crowther Ltd., 1943.

30. 張有坤等編，《張學良年譜》修訂版，社會科學文獻出版社，二〇〇九年。

31. 蔣經國，《蔣經國先生全集》，第一冊〈我在蘇聯的生活〉，行政院新聞局，一九九一年。

參考文獻

蔣介石

家近亮子，《蔣介石と南京国民政府（蔣介石與南京國民政府）》，慶應義塾大學出版會，二〇〇二年

黃自進，《蔣介石と日本——友と敵のはざまで（蔣介石與日本——友與敵之間）》，武田ランダムハウスジャパン，二〇一一年

産經新聞社（名古屋奎二），《蔣介石秘錄》全一五冊，産經新聞社出版局，一九七五—一九七七年

Taylor, Jay, *The Generalissimo: Chang Kai-shek and the Struggle for Modern China*, Cambridge, Mass.: Havard University Press, 2009.

王正華等編，《蔣中正總統檔案 事略稿本》，國史館，二〇〇三年—

秦孝儀總編纂，《總統 蔣公大事長編初稿》，中正文教基金會，二〇〇二年

李筱峰，《臺灣人應該認識的蔣介石》，玉山社，二〇〇四年

宋氏一族

久保田博子，《宋慶齡——人間愛こそ正義（宋慶齡——人道主義即正義）》，汲古書院，二〇一六年

吳景平，《宋子文評傳》，福建人民出版社，一九九二年

秦孝儀主編，《蔣夫人宋美齡女士與近代中國學術討論集》，中正文教基金會，二〇〇〇年

陳立文，《宋子文與戰時外交》，國史館，一九九一年

林博文，《跨世紀第一夫人宋美齡》，時報文化，二〇〇〇年

汪精衛

小林英夫，《日中戦争と汪兆銘（中日戰爭與汪兆銘）》，吉川弘文館，二〇〇三年

張學良

西村成雄，《張學良》，岩波書店，一九九六年

司馬桑敦，《張學良評傳》，星輝圖書，一九八六年

蔣經國

若林正丈，《蔣経国と李登輝（蔣經國與李登輝）》，岩波書店，一九九七年

江南（劉宜良），《蔣經國傳》，美國論壇報，一九八四年

余敏玲，〈俄國檔案中的留蘇學生蔣經國〉，《中央研究院近代史研究所集刊》第二九期，一九九八年

第六章 自由主義的開拓者，胡適與陳寅恪的生涯

緒形 康

前言

一九四八年十二月十五日下午四點，從多雲的北平南宛機場，一架飛往南京的小型飛機起飛。一九四六年開始的國共內戰以中國共產黨獲勝告終。在此存亡危急之秋，蔣介石（↓第五章）為了在中共控制北平之前將知識分子從古都撤出，開始實施「平津學術教育界人士搶救計畫」。然而，抵達南京後，知識分子的行動卻各不相同。胡適經上海前往美國，陳寅恪從南京前往上海後，拒絕前往香港的邀約，改前往廣州。此二人的歸趨，意外地竟預示了二十世紀中國自由主義錯綜複雜的命運。

二十世紀中國自由主義的核心人物，是由清華學堂（今清華大學）前往美國留學的知識分子組成

的。他們之中許多人在抗戰期間都在西南聯合大學（一九三八－一九四六年，在雲南昆明由逃避戰火的清華大學、北京大學、南開大學聯合成立）任教。他們活躍的一九三〇至一九四〇年代為中國自由主義的全盛期。而這些知識分子的精神領袖，除了自清華學堂前往哥倫比亞大學留學，師事約翰．杜威（John Dewey）的胡適之外，別無他選。

中國自由主義的思想源泉，一如胡適的例子般，來自於美國的實用主義（Pragmatism），其建立在相對自由的價值理念之上。然而，胡適之後的世代，許多人都在摸索如何把自由主義與社會民主主義相調和。徐志摩、儲安平、羅隆基等人皆為倫敦政治經濟學院（London School of Economics and Political Science）教授哈羅德．拉斯基（Harold Joseph Laski）的學生。拉斯基的多元國家論便適應抗日時期國共合作的時代情勢。即使由雷海宗組成被稱為「戰國策」派且被誤解為帶有法西斯主義色彩的自由主義團體，或邏輯實證主義開拓者金岳霖的學生殷海光，加入國民黨ＣＣ系並提倡反共主義。這些動向也未被視為自由主義的墮落或分裂。

但此時期的知識分子把自由主義擴大解釋，他們誤信毛澤東（↓第七章）提出的聯合政府論，也過度忽視最明確反對自由主義的人就是毛澤東本人（一九三七年公開聲稱）。一九四九年共產革命後，雖然容許自由主義者參加聯合政府，但實際上卻遠不如拉斯基描述的理想狀態。一九五七年的反右派鬥爭使聯合政府實際上已然瓦解，中央政府完全由中共黨員控制。一九七八年改革開放以後，這種獨裁體制仍舊穩固如初。

自由主義在中國大陸的崩毀

一九五七年自由主義的衰敗並非無跡可尋。一九四九年革命前夕，胡適的學生傅斯年移居臺灣，並計畫把自由主義者迎來臺灣。毛澤東在得知胡適逃出大陸的一刻，間不容髮立即宣告逃出大陸的胡適等自由主義者們為「戰犯」。一九五〇年韓戰爆發後，留在北京的胡適次男發表文章批評父親，一九五四年起展開批判胡適的宣傳活動。胡適的自由主義集團被迫進行徹底思想改造，繼承胡適哲學的金岳霖、馮友蘭、賀麟等人紛紛屈服，堪稱全面投降。

然而，歷史學家陳寅恪的無言抵抗，充分展現出中國自由主義的強韌生命力與抵抗精神。陳寅恪的抵抗精神除來自杜威與拉斯基主張的普遍性近代思想外，更如其所言「思想在同治、光緒之際（一八六一——一九〇八年）」，淵源於接受普遍性近代的儒家自由主義，以及王國維所言之「獨立之精神，自由之思想」。

何謂儒家自由主義？

二十世紀中國的儒家自由主義有兩個系譜。第一個是以熊十力為創始者的新儒家，他通過佛教的唯識學與西歐哲學概念，嘗試將儒家思想現代化並加以復興。牟宗三、唐君毅、徐復觀等三位儒家自由主義者繼承此派。第二個是源於新文化運動時期，吳宓等人為了對抗胡適等人的《新青年》，而在南京成立機構報《學衡》，推動中國文化復興運動，此派獲得嚴復、王國維、梁啟超等前一個世代的思想家們支持，以歐美近代人文主義與儒家自由主義相結合為目標。陳寅恪的抵抗精神，承繼自此二系譜。陳本身也是《學衡》的主要撰稿人之一。

臺灣與香港的自由主義

一九五七年大陸的自由主義崩毀時，臺灣與香港的自由主義也面臨困境。臺灣自二二八事件（一九四七年）以後，國民黨施加的思想統制全無緩解，香港在殖民地宗主國英國修改殖民地政策後，對共產主義的寬容程度增加，使移居此地的新儒家知識分子對中國文化的危機感進一步加劇。一九五八年，牟宗三、唐君毅、徐復觀、張君勱在香港發表〈為中國文化敬告世界人士宣言〉後，一九六〇年在臺灣象徵自由主義的《自由中國》被禁，自由主義受到另一種形式的迫害，嚴重程度堪比一九五七年的反右派鬥爭。

不過，正是在臺灣自由主義最受壓制的這一時期，國民黨CC系的前反共鬥士殷海光，以真正的自由主義者重新崛起。殷海光的自由主義非設計主義的理性主義，而是以形成自生秩序為目標。這種自由主義也帶有儒家主義的色彩，以熊十力為精神導師，並在最大論敵徐復觀的深厚友情支持下成長。由胡適與陳寅恪形塑的二十世紀中國自由主義，在殷海光的思想中可說找到了融合傳統與現代、東方與西方之間矛盾與衝突的最高完成形態。

中國自由主義與性別議題

二十世紀中國自由主義的另一項成就，便是在嚴厲性別差異與歧視結構中，解放了被壓抑的男女戀愛感情，朝向自由戀愛邁進。一九二六年十月三日，在北京北海公園舉行的徐志摩與陸小曼婚禮，堪稱為推動男女平等關係的劃時代事件。這場婚禮由非常理解徐志摩的胡適擔任主持人，至今仍讓人津津樂道。然而，陸小曼是在有配偶的情況下墜入情網，引起當時的輿論分化為對立的兩派。不幸的是，二人的婚姻以徐志摩飛機失事的悲劇告終。胡適、徐志摩周遭的自由主義者，吸引眾多既充滿才華又擁有理想的女性們（林徽音、凌叔華、浦熙修）。在談論二十世紀中國時，她們是不可忽略的自由主義鬥士。

胡適（一八九一—一九六二年）

一、追求寬容的自由主義

中國思想史上偉大的文獻

胡適生於上海，安徽績溪人。中國自由主義之父。提倡白話（口語）文學，領導五四新文化運動。歷任北京大學教授、中央研究院院長等。一九六二年二月二十四日十八時三十分因心臟病突發逝世於臺北。

胡適自由主義的最終完成點為「寬容的自由主義」。一九五九年三月十二日執筆的〈寬容與自由〉

胡適

一文中有所闡述[1]。殷海光讚之為「中國思想史上近四十年來的一份偉大文獻」[2]。一九五三年起，胡適擔任《自由中國》的發行人，該刊物遭臺灣國民黨當局言論鎮壓，〈寬容與自由〉即是為打開此種危機而撰寫。「我們若想別人容忍諒解我們的見解，我們必須先培養能夠容忍諒解別人見解的度量。至少我們應該自律，決不可『以吾輩所主張者為絕對之是』」。

胡適坦言，自己實際上花了五十年時間，加上遍歷各種思想後，才體悟這一寬容的自由主義。一九〇八年，還是上海中國公學學生的胡適，站在無神論的立場，嚴厲批判《西遊記》、《封神榜》等白話小說中所展現的民間宗教迷信信仰。其論述根據，是西元前一世紀編纂的《禮記．王制》中關於「四誅」的「取締異端思想」，胡適採用其中第四誅「打破迷信」的主張。然而，一九一九年五四運動開始後，北京大學的保守派教師卻反過來利用這個「四誅」議論，撻伐胡適等《新青年》派。

〈王制〉的「四誅」也可以援用來禁止、壓抑新思想、新學術、新信仰、新藝術。胡適在這場與北京大學內那些自稱「正道守護者」、「正人君子」們論戰之後認識到這一點。

迷信信仰與新文獻學

進入一九二〇年代後，胡適不再批判《西遊記》或《封神榜》中的民間宗教，取而代之改為對這些小說作者與文本生成過程進行文獻學探討。在〈紅樓夢考證〉（初稿，一九二一年五月）中，介紹一八一三年「癸酉之變」（發生於直隸與山東的八卦教民眾叛亂）時，曹綸與曹輻昌等滿洲旗人參與起義的資料，他並寫下曹綸據傳是《紅樓夢》作者曹雪芹的後代子孫。但十一月十二日的改訂稿中，他引用一八二〇年盛大士刊行的《靖逆記》，表示上述傳聞乃偽作，並訂正初稿的錯誤[3]。胡適此處引用的史料，之後引起民間宗教史研究者的強烈關心，推動「癸酉之變」的相關研究進展[4]。

胡適對民間宗教的持續關注，最終僅限於對特定人物或文本的考證，並未深入探討民間宗教的內在意義。他在一九〇八年用〈王制〉的「四誅」撲滅異端思想的主張依然存在，這種立場持續了一段時間保持不變。

從社會主義邁向計畫主義

一九二〇年，胡適與另外七人聯名起草了〈爭自由的宣言〉，自此便以基於自由主義的政治理念組成政治團體為目標。一九二一年五月組織「努力會」，十月發表政治綱領〈好政府主義〉。一九二二年五月創刊《努力週報》，五月十三日寫下〈我們的政治主張〉，揭示「憲政的政府」、「公開的政府」、「有計畫的政治」三項政治改革的基本原則[5]。

這一主張旨在批評中國國民黨與共產黨的政治綱領，並推動以「聯省自治」為目標的運動。但此嘗試因一九二三年十月五日曹錕通過大規模賄選當選總統，接著一九二四年十月二十三日馮玉祥發動北京政變導致曹錕失勢而失敗。一九二五年二月，胡適因參加段祺瑞主辦的「善後會議」，給他的聲譽造成重大傷害。胡適傾向社會主義即是從此時期開始。一九二五年徐志摩、張奚若在《晨報副刊》發起「蘇俄問題大討論」，胡適雖未直接投稿，但早在一九二二年九月，他就針對徐志摩留學英國時的恩師哈羅德·拉斯基所崇奉之費邊社會主義撰寫過評論（〈五十年來之世界哲學〉）[6]。在一九二六年六月六日的〈我們對於西洋近代文明的態度〉中，他更進一步表示「十八世紀的新宗教信條是自由、平等、博愛。十九世紀中葉以後的新宗教信條是社會主義」[7]。

一九二六年七月十七日，胡適為了討論義和團賠款的用途而訪英，途中帶著李大釗的介紹信前往莫斯科訪問三天，獲得一次參觀共產革命真實樣態的機會。胡適在該處看到的模樣，是以「好政府主義」為目標的「有計畫的政治」。此時胡適「赤化」的傳聞立刻被傳開來，但胡適的「赤化」在短時間內便告終。十二月三十一日，留學十年後重訪美國時，他見到美國空前的繁榮，汽車產業成長到每五個國民就有一人擁有自家汽車的程度，社會福利政策完善，讓他留下深刻印象。他修正對蘇聯的高度評價，轉而支持美國的漸進式革命，否定列寧的階級鬥爭與暴力革命。一九二七年四月十二日，胡適從西雅圖乘船回國，意外地這一天正是蔣介石在上海發動四一二政變，使一九二四年以來持續合作的國共聯合政權崩解的瞬間。

他避免直接前往上海，四月二十四日抵達橫濱，之後花三個星期參觀箱根、京都、奈良、大阪等地。隨後，由於吳稚暉、蔡元培、張靜江等接近無政府主義的自由主義國民黨要人，積極參與了對共產黨的殘殺，胡適表明支持國民黨。五月十七日，胡適自神戶乘船，二十日抵達上海。

一九二七至一九三〇年，胡適避免參加北京的活動，以上海為據點，與母校中國公學校校長繼續進行言論活動，與徐志摩、羅隆基等組成《新月》社、「平社」，提倡現代史上著名的「人權論爭」，對國民黨的訓政體制及一黨獨裁提出嚴厲批評。

再論〈王制〉

關於〈王制〉的問題再度引發了討論，論述最多之處在《中古思想史長編》第七章〈儒家的有為主義〉第三節，文稿上附有「(民國)十九年八月十八日—十九年八月三十日，改稿」的注釋。[8]對於一九三〇年四月十三日執筆的〈我們走那條路?〉，梁漱溟在《村治》第二期進行反駁，胡適於七月二十九日寄給梁漱溟一封辯解信，但這場爭論還是給〈王制〉議論籠罩上陰影。

在〈我們走那條路?〉中，胡適稱中國面對的真正敵人既非帝國主義，亦非封建主義，而是「貧窮、疾病、愚昧、貪汙、擾亂」五者。[9]但梁漱溟認為胡適舉出的五個敵人，全都是國際性資本帝國主義招致而來，向胡適提出質疑，主張應先打倒生出五個敵人的帝國主義。胡適反駁，帝國主義的潮流理應也湧向鄰國日本，但日本卻只用六十年便成為世界三大強國之一，以此反問，希望梁說明理由。

在《中古思想史長編》中，胡適並未如一九〇八年般，主張以「四誅」為根據來撲滅異端。他認為〈王制〉是「好政府主義」作為政治目標的「有計畫政治」的一個理想範本，那正是秦漢帝國初期構思出來的「理想帝國計畫」。然而，這種有計畫的政治依舊面臨挫折，原因出在當時中國的知識程度與宗教狀態。帝國成立不久時，統治階層的知識水準較高，思想也比較自由，故迷信與禁忌並未盛行。然而，自西元前一四一年武帝時代開始後，「賣繒、屠狗的人成了帝國統治者；看相、術士的女兒、歌伎舞女，也做了皇后、皇太后。他們的迷信與禁忌逐漸成為國家的祭祀制度」。如此，中國進入充滿迷妄的「中古時代」。胡適對民間宗教的不寬容，在與國民黨專制政體持續果敢作戰的這個時期，不僅沒有削弱，還比一九〇八年時更為強烈。因為國民黨一黨獨裁助長權力的迷妄，導致「貧窮、疾病、愚昧、貪汙、擾亂」五項弊病持續存在，也使「有計畫的政治」破綻百出，所以胡適認為不可讓二十世紀的中國退回「中古時代」。梁漱溟的指摘出自胡適對日本現代化的肯定態度，也與他對「有計畫的政治」給予高度評價有著密切關係。

然而，隨著中日戰爭正式爆發，胡適對於侵略國日本的看法也出現一百八十度的轉變。

二、中日的比較現代化論

冀朝鼎這號人物

一九三八年九月，胡適被蔣介石任命為中國駐美大使。他在美國積極展開演講活動，訴求遭受日本侵略的中國慘狀，要求美國更加積極參與遠東政治。

在出任駐美大使之前，一九三八年五月十八日，胡適在紐約的公寓接待了一位名為冀朝鼎的人物。冀在哥倫比亞大學獲得經濟學博士，此時加入美國共產黨，他還是妻子表兄菲利浦．賈菲（Philip Jaffe）

作為發行人兼主編的《美亞雜誌》（*Amerasia*）的重要撰稿人。賈菲後來因一九四五年二月發生的「美亞雜誌間諜事件」而成為唯一的受罰者。冀在這天委託胡適撰寫《轉型中的日本》（*Japan in Transition*）與《西方侵略中國》（*The Invasion of China by the Western World*）二書的書評並投稿給《美亞雜誌》。

冀朝鼎離去後，胡適閱讀留在他公寓的兩本書，特別對李德勒夫婦（Emil Lederer & Emy Lederer-Seidler）所寫的《轉型中的日本》印象深刻。胡適一直閱讀該書到五月十九日凌晨四點，並於六月十九日開始撰寫書評，從上午十點一直寫到午夜十二點，寸步未踏出公寓，一氣呵成。這篇投稿文章題為〈中國和日本的西化〉，表面雖是書評，實則是胡適借用該書書名闡述心中的中日比較現代化論。

忠誠對象的轉換——《菅原傳授手習鑑》與《趙氏孤兒》

曾於福建、上海、北京長期從事傳教活動的休斯（Ernest Richard Hughes），在《西方侵略中國》一書中，使用豐富的資料得出結論，認為十七世紀以來的中國現代化是「與西方觀念及制度『長期接觸』（long exposure）帶來的結果」[10]，胡適認為這樣的看法完全正確。相對地，李德勒夫婦認為日本的現代化是「軍事工業化系統（the militaristic industrial system）」的確立。此系統是由「屬於軍事特權階級的人統籌辦理並加以指揮與控制的，而這個統治階級，恰巧是在德川時代中世封建制度中，經過深刻教養與磨練的」[11]。然而，胡適將李德勒夫婦這段分析的重點導向另一個方向，「正因為德川幕府的日本傳統價值觀得以保存下來，西方的影響才幾乎未對日本人的國家、宗教和社會制度等生存的本質層面產生影響」[12]。

李德勒夫婦實際上是這麼說的。「現代的日本人，與其說把自己當作遵從行政機構權威的『抽象上的公民』，他們更認為自己是與神聖君主直接連接的個人」。這段措辭遭胡適故意忽略。胡適把日本頑強留存的傳統價值觀當作日本現代化不徹底的佐證，強調因為德川時代形成的封建軍事體制，導致日本現代化未能成功引入西洋普世價值。但日本的傳統價值觀之所以能與現代化共存的理由，李德勒夫婦除提及封建軍事制的問題以外，認為還需探究「神聖不可侵犯的君主（天皇）」。日本王權與軍事封建的二元權力結構，打破了以中國為代表的亞洲式大一統（despotism）形式，讓自由主義的發展起到一定程度的效果。但胡適絕對不願承認這樣的事實，因為他認定「德川幕府時代的日本本質上是中國文化的拓殖地」。

胡適對日本二元權力結構缺乏理解而造成的誤讀，可從他解釋《菅原傳授手習鑑》與《趙氏孤兒》兩部日、中戲曲中看出。

《趙氏孤兒》為元雜劇之一。講述春秋時代晉國的家臣集團為守護趙家的孤兒，以程嬰之子代替趙氏孤兒，與公孫杵臼一同被捉而死，而保下趙氏孤兒的程嬰，歷經二十年終於大仇得報。此戲曲在十八世紀經法國伏爾泰改寫，在西洋廣為演出。《菅原傳授手習鑑》是一七四六年在大阪竹本座首次上演的人形淨瑠璃、歌舞伎劇目，胡適在此提及的是知名的「寺小屋」段落。故事中，為了拯救平安朝悲劇宰相菅原道真之子菅秀才，武部源藏砍下剛進私塾拜師的小太郎人頭冒充。松王丸原本是道真轄下的農民，現在侍奉敵方藤原時平，此時由松王丸負責確認此頭顱真偽。松王丸知道這顆人頭正是自己孩子，仍舊假裝那就是菅秀才，之後才告訴源藏事情的真相。

關於這段一直深受日本人歡迎的歌舞伎劇目，李德勒夫婦如此說明。「假如忠貞發生衝突時，寧可犧牲父母、妻子、兒女，來成全對皇帝的忠貞。對一個中國人來說，這種違反家族感情的事是不可想像的。在日本卻是許多悲劇發生的緣由」。但胡適認為此日本戲曲不過是中國戲劇《趙氏孤兒》的翻版，因此胡適認為對國家或民族加以概括化是「危險」的。然而，李德勒夫婦的考察其實準確抓住了重點。日本以君主為頂點，但當政治權力、家族制度等多種複雜場合之間出現「忠誠對象的轉換」（丸山真男），據此產生激烈的內心糾葛，而這正是推動日本政治革命的原動力[13]。這對近代日本君主制與立憲制的拮抗具有相當的重要性，而胡適未注意到此點。

中國的文藝復興

在〈中國和日本的西化〉一文中，胡適把中、日的現代化描繪成完全不同的兩種類型。日本是在確立軍事工業化系統上獲得成功，但在生存本質的層面卻幾乎沒有任何變化；中國則是通過與西洋的「長期接觸」，於觀念與制度上都產生徹底的變化。此種中日比較文化論，是胡適借用其師約翰·杜威自一九一九年四月起在華兩年期間獲得的啟發。杜威在一九一〇年十月於《亞細亞》（*Asia*）發表的〈中國精神的轉換〉[14]、十一月於《文字盤》（*The Dial*）刊登的〈日本的自由主義〉[15]中表達的日本觀，成為胡適議論的根據。

一九三三年暑假期間，胡適在芝加哥大學的「哈斯凱爾（Haskell）講座」，以「中國的文藝復興」為主題，進行六次的連續演講。第一講座「文化對應類型」中，以對外來文化的對應為例，探討中、日現代化過程。此處更是全面採納一九一九年杜威的考察。日本是「集中統治（centralized control）」類型的代表，中國則為「擴散的穿透與滲透（diffused penetration and permeation）」或「擴散同化（diffused assimilation）」類型的代表[16]。

為何中國在接受普世價值之際，能夠比日本更具優勢呢？

一九三一年在杭州舉辦的太平洋問題調查會（Institute of Pacific Relations，後改稱太平洋國際學會）第四屆會議中，胡適發表報告論文〈中國史上的宗教與哲學〉，探討中國傳統價值在「宗教與哲學的相互作用（inter-play between religion and philosophy）」中產生出「人文主義（humanism）」、「理性主義（rationalism）」這種普遍性價值[17]。推動新文化運動的目的，是為了在現代中國重新發現這種中國傳統價值中內在的普遍性。因此，與其說是接受異文化，不如說是「中國的文藝復興」更妥。「哈斯凱爾講座」第三講座中，胡適指出中國文藝復興有四個劃時代的階段：（一）禪宗的誕生、（二）宋代儒家理學的興起、（三）明代戲曲與章回小說的興起、（四）清代考證學的成立。

根據一九三四年十二月胡適前往北京師範大學的演講紀錄〈中國禪學的發展〉[18]。中國歷史上最初的文藝復興是西元七四五年，以洛陽荷澤寺為據點的禪僧神會，攻擊在長安與洛陽盛極一時的神秀派禪宗，並主張師慧能才是達摩的正統繼承者，並展開了確立南宗禪的運動。胡適將神會這場思想革命形容為可比擬於一九二八年國民黨北伐成功的國民革命。宋代興起的第二次儒家理學文藝復興，繼承了禪宗革命的精神，具備從中國思想中抹去印度元素的民族運動性質。

哈斯凱爾講座以後，胡適開始關注並認為，早在禪宗發起文藝復興之前，儒家原始形態中已包含

「自由精神」等普遍價值。他於一九三四年五月發表的大作〈說儒〉[19]，便是在嘗試闡明此觀點。

悲哀的儒學

〈說儒〉的要點，在文章的最初即有簡單的要約。古代中國有殷民族與周民族兩個民族集團。西元前十一世紀的殷周革命，殷民族雖被征服，周民族並未滅絕殷的文化，而是讓他們分散到幾個地區，命令他們保存與傳承其傳統文化。殷遺民面對的現實狀態是悲慘的，他們甘於擔任掌管葬禮與儀式的卑下職位。此亡國遺民集團的宗教便是「儒」。他們「柔遜」的人生觀，濃縮著被征服民族的悲哀。

但是，一如猶太民族在充滿苦難的離散中創造出彌賽亞救贖的預言般，在殷的被殖民地也出現一個聖人復起的「預言」。《孟子．公孫丑下》寫著「五百年必有王者興」，指的便是殷民族間代代傳承的「預言」。孔子便被視為承擔復興亡國民族使命的王者。「儒」，根據他的說法，就是把「柔遜」與「隱忍」當作美德的宗教，改造成「無求生以害仁，有殺身以成仁」的剛毅戰鬥倫理。

「儒」就這樣脫離宗教世界，轉變為鼓吹自由精神的實踐倫理的推動者。因此胡適稱，《新約聖經》批評猶太教的「文士（Scribe，律法學者）」與「法利賽人（Phdrisees）」的狀況並不適用於儒。孔子的風範毋寧讓人想起「文士」。

或許這是近現代之後有關儒家的論述中，最富有深刻洞察的一段文字，胡適如此寫道：「他〔孔子〕雖然在那『吾從周』的口號之下，不知不覺地把他的祖先的三年喪服和許多宗教儀節帶過來，變成那殷周共同文化的一部分了，然而那不過是殷周民族文化結婚的一份陪嫁妝奩而已。他的重大貢獻並不在此，他的心也不在此，他的歷史使命也不在此。」這是因為「他和他的門徒雖然做了那些喪祭典禮的傳人，他們始終不能做民間的宗教領袖」。

如何處理像〈王制〉鎮壓迷信般不寬容民間宗教的問題，是孔子面臨的挑戰。孔子復興的新儒，遇到這樣的難題，在其他地方也被稱之為「知識與職業的衝突」。自此以後，儒便背負者職業倫理與宗教倫理衝突的悲哀而生存下去。那是一九三三年胡適自我讚賞時所說的，但若要稱為「擴散的穿透與滲透」，未免過於簡化，這其實是充滿複雜與動盪的中國文化最真實的樣貌。所謂的儒，並非基督教描述的彌賽亞救世主，而更類似於猶太教的「文士／律法學者」與「法利賽人」。當胡適寫下「民族的結婚」時，他內心痛苦反思的是他自身婚姻生活的歷程。那當中，不再是現代與封建的衝突，而是科學與纏足的對立在激烈交鋒。

三、胡適的性別見解

新時代的女性艾迪絲

一九五九年胡適提倡寬容的自由主義時，清楚寫下這是與康乃爾大學時代恩師之一喬治・林肯・伯爾（George Lincoln Burr）對話時獲得的啟發。胡適在日記中記下一九三八年四月二十四日是最後一次親聆這位恩師的雅教[20]。當時伯爾正在為自己師事的康乃爾第一任校長安德魯・迪克森・懷特（Andrew Dickson White）撰寫傳記。他舉出懷特的代表作《科學與神學間的抗爭》（*Warfare between Science &*

Theology，一八九六年），並認為比起懷特所言之「抗爭（warfare）」，自己更看重「寬容（tolerance）」。他甚至表示，比起「叛逆（rebellion）」，「寬容」更為重要。

不過，最初教導胡適「寬容」意義的人，是比他大六歲的美國女性艾迪絲・克利福德・韋蓮司（Edith Clifford Williams）。胡適就讀康乃爾大學文理學院時，與地質學系教授的女兒，在紐約就讀美術學校的艾迪絲有親密往來。胡適回國後撰寫有關新時代女性形象，許多都從這位艾迪絲的思想與行動獲得啟發。

一九一四年十一月三日，二人針對寬容與自由的優先順序進行討論[21]。艾迪絲認為，當家人的思考與自己的意見乖離時，該採取什麼行動，是「人生中最重要的問題」。作為思考此問題的線索，艾迪絲舉中、日間的「二十一條要求」，並做出如此表示。「日本侵犯中國的中立，中國政府卻不加以拒絕，在外國人看來這是喪失國家主權的表現。如果中國政府以武力加以拒絕，甚至不用提及比利時的例子〔指比利時拒絕德軍通過，成為第一次世界大戰的一個遠因〕，其帶來的損害不可計數，如不拒絕，則損害肯定會發展為數千倍」。胡適對此意見深感震撼。一九一六年六月胡適在國際睦誼會（American Association for International Conciliation）的論文比賽，憑藉擬題之一〈國際關係中是否有替代武力的力量?〉（Is There a Substitute for Force in International Relations?）得獎。對此次獲獎，胡適不忘感謝艾迪絲，表示這是與她「共同思索」下的珍貴產物[22]。

她衝進臥鋪，拉下床簾

從美國回國半年後的一九一七年十二月三十日，胡適在故鄉安徽績溪與大他一歲半的江冬秀舉行婚禮。

江冬秀出身離胡適老家二十公里的旌德縣江村名門望族。此次婚姻是胡適母親在一九〇三年當胡適完成在績溪的學業，前往上海遊學之前為他定下的親事。最初胡適強力抵抗這門婚事，拒絕家人一九〇八年在績溪舉行婚禮的要求，前往上海繼續學業。但一九一〇年九月進入康乃爾大學以後，對美國年輕人的性風俗感到反感，或許是這個原因，他開始對中國傳統婚姻有了正面的評價。

一九一一年四月，胡適首次給冬秀寫信，文中提議她減少幫母親分擔家事的時間，多出來的時間練習識字（冬秀並不識字），以及逐漸放開纏足，練習走路。一九一四年一月二十七日的日記中寫下他在校內演講上力陳，比起“Self-made”的西歐婚姻制度，“Duty-made”的中國婚姻制度更為優秀。因為，「（兩性的認識）基於想像，根於名分者，今為實際之需求，亦往往能長成為真實之愛情」[23]。

一九一七年七月十日，胡適結束長達七年的美國留學，站在上海埠頭的他，當天便寫信給母親，表示希望今年冬天與冬秀結婚，並提出一個最後底線，即他終究無法接受傳統那套與妻子從未見過面便結婚的方式，希望在婚前至少能跟冬秀見上一面。

八月三十日，胡適為了與冬秀見面，時隔十四年重返故鄉績溪。胡適的提議雖然獲得胡家與江家的同意，但胡適一進入江冬秀房間她便躲開，衝進臥鋪拉下床簾避不見面。舅媽想拉冬秀出來見面卻被胡適阻止，次日早上他給冬秀留下一封信，之後便離開故鄉，前往北京大學任教。為何胡適最後放棄他提出的結婚前最低限度的條件，這大概是他忠於自己主張的寬容的自由主義。日後胡適對友人高夢旦如此說道。

「我那時心想，此必非冬秀之過，乃舊家庭與舊習慣之過。我又何必爭此一點最低限度的面子。我若鬧起來，他們固然可以強迫她見我，但我的面子有了，人家的面子何在？」[24]

尼克森總統沒有試圖理解冬秀的用心

五四新文化運動的口號之一，便是鼓吹自由戀愛。胡適身為領導此運動的重要推手，卻沒拒絕與江冬秀的舊式婚姻，引發許多臆測，也無法避免出現許多充滿惡意的中傷。不過，江冬秀絕非全無學識的女性，對於胡適政治哲學的優點，她是理解的。胡適過世後的一九六七年，當時在野的尼克森（Richard Nixon）訪臺時，希望取得胡適在一九五〇年發表的〈史達林策略下的中國〉（China in Stalin's Grand Strategy）抽印本。胡適紀念館針對要贈送尼克森論文抽印本一事請教冬秀的意見。她建議趁此機會新增兩篇胡適的文章，並附上毛子水的序文，而抽印本的標題仍維持〈史達林策略下的中國〉，以此形式贈與尼克森。新增的兩篇文章是英文的〈為何主要戰爭不是在歐洲而是在亞洲作戰〉[25]（一九五一年）與〈不穩定且令人震撼的中國共產主義政權〉[26]（一九五七年）。

但此時尼克森已經開始構思如何改善與中國大陸的關係。江冬秀的熱忱，終究無法改變尼克森四年後以美國總統身分與中國大陸恢復邦交，並與臺灣斷交的決定。

江冬秀不僅理解胡適的政治哲學，當艾迪絲打算寄贈與胡適之間超過百封的往返書信給胡適紀念館時，也是通過冬秀居中聯繫與協調完成的。

《山中日記》以及日記的陰影——胡適與曹誠英

不過，江冬秀對胡適與異性間的交往也並非全然寬容。一九二四年一月，胡適告訴她，他與曹誠英有了孩子，他已經愛上了曹誠英，所以希望能與江冬秀離婚。江冬秀的憤怒異常激烈，拿著菜刀抵著二人當時四歲與二歲的兒子脖子上，吼著要殺了兒子們之後自殺。驚嚇的胡適迅速撤銷離婚的要求，被迫與曹誠英分手，但胡適仍安排讓她進入康乃爾大學農學院就讀。曹誠英取得農學博士學位後，成為復旦大學教授，新中國建立後在瀋陽農學院任教，一九六九年返回故鄉，一直維持單身，一九七三年在上海因肺癌過世。

曹誠英是胡適的同鄉，也出生於安徽績溪。十五歲時，在胡適與江冬秀的婚禮上擔任伴娘。一九二一年，就讀杭州女子師範學校時，曹的同鄉同學想辦一份《安徽旅杭學會報》，身為胡適崇拜者的曹遂寫信給胡適，請求為該報撰寫發刊辭，從此兩人開始交往。解開兩人祕密戀情的關鍵，就在胡適於一九二三年九月起書寫的《山中日記》[27]裡。

所謂的「山中」是指西湖的煙霞堂。從一九二三年四月至十一月，兩人在大學休假期間斷斷續續地在煙霞堂同居。

《山中日記》有三點引人注目。（一）兩個人讀完了莫泊桑的〈遺產〉、〈圖瓦納〉，以及《續俠隱記》到二十二回為止。（二）從九月下旬起，曹誠英開始覺得「身體不適」。（三）從年底到隔年初，胡適開始陷入異常的「煩悶」，最終從一九二四年一月二十七日起，不得不中斷將近一年的日記書寫[28]。

莫泊桑的兩篇小說，一篇是以獲得巨額遺產為條件，要求女兒懷孕與生產的故事，一篇是性無能的圖瓦納被妻子無理要求成功孵化雞蛋（暗指恢復性能力）的故事。《續俠隱記》是三劍客中的一人阿多斯（Athos），從神父住處接回與謝夫勒兹夫人生下的男孩。這些故事都與懷孕、生產的話題有關。九月下旬起，曹誠英開始感到身體不適，可能暗示她處於妊娠的初期狀態。而胡適回到北京後感到的重度「煩悶」，則表現出胡適告知妻子江冬秀，有關曹誠英懷孕後的躊躇模樣。一九二四年一月二十七日以後空白一片的日記，其背後陰影中也可稍微窺見胡適家庭發生前所未有的危機。

「八寶箱」事件始末

一九二四年是胡適精神瀕臨崩潰的一年。到了年底終於度過危機重新振作，此時胡適認識了交通部護路軍副司令王賡的夫人陸小曼。適逢畫家劉海粟從上海到北京訪問胡適，在劉的住處，與胡適、徐志摩閒聊時也談到了陸小曼。對於這位擅於繪畫，精通英語及法語的美女，胡適表示必須見上一面。在一旁陪伴的張歆海邀約下，訪問了陸小曼，結果促成了徐志摩與陸小曼的世紀大戀情。

一九三一年十一月十九日，中國航空「濟南號」在山東省山區墜毀，偉大的詩人徐志摩因此空難而過世。遺孀陸小曼把出版徐志摩遺稿視為自己的使命，但此時出現一個問題，就是一九二五年三月徐志摩前往義大利遊學時，曾把書信與原稿託付給崇拜自己的淩叔華。其中一九二一年的《康橋日記》（《徐志摩日記》）赤裸裸地記錄了徐志摩與前戀人林徽音的關係，以及與林徽音失戀後，他與新戀人陸小曼交往時寫下的日記。這些文件都被保管在這個凌叔華稱之為「八寶箱」的小皮箱中。

林徽音在徐志摩死後，立即想取回紀錄過往祕密的《康橋日記》，但遭凌叔華拒絕，林改向胡適求援。在胡適的請求下，「八寶箱」輾轉交給林徽音，但《康橋日記》前半部的關鍵四頁卻遭撕去。震驚的林徽音再度求助於胡適。

一九三一年十二月二十八日，胡適以罕見的嚴厲口吻命令凌叔華，須將《康橋日記》完整還給林徽音。

> 昨始知你送徽音處的《徐志摩日記》只有一冊半，我想你一定是把那半冊留下做傳記或小說材料了。[29]
>
> 但我細想，這個辦法不很好。其中流弊正多。第一，材料分散，不便研究。第二，一人所藏成為私有祕寶，則余人所藏也有各成為私有祕寶的危險。第三，朋友之中會因此發生意見，實為最大不幸，絕非死友所樂意。第四，你藏有此兩冊日記，一般朋友都知道。我是知道的。（葉）公超與（陶）孟和夫婦皆知道，徽音是你親自告訴她的。所以我上星期編的遺著略目，就注明你處存兩冊日記。昨天有人問我，我就說，「叔華送來了一大包，大概小曼和志摩的日記都在那裡，我還沒打開看」。所以今天寫這封信給你，請你把那兩冊日記交給我，我把這幾冊英文日記全付打字人打成三個副本，將來我可以把一份全的留給你做傳記材料。如此則一切遺留材料都有副本，不怕散失，不怕藏祕，做傳記的人就容易了。[30]

這封長信，比胡適大量的學術論文或政論更加雄辯他所謂「大膽假設，小心求證」的新文化運動綱領。徐志摩法律上的遺族是成為未亡人的陸小曼，因此徐志摩的所有物「八寶箱」首先應當歸還陸小曼，這種法律上的解釋應當成立。但如這封書信中也可見般，從林徽音到把陸小曼介紹給徐志摩的胡適，完全沒有私有物所有權的意識。可以推知，林徽音若取得《康橋日記》，當會燒毀其中紀錄著她最不願被人所知的祕密部分。

實際上，林徽音燒毀了許多一九二一年的信件。胡適亦與她同罪。即便陸小曼懇請胡適提供與徐志摩的書信，以收錄於《徐志摩全集》，胡適最終仍未答應其請求。胡適早已明白，期待相關文獻能夠共享，讓未來撰寫徐志摩傳記或近代中國文學史時的任何人都可查閱，這種「正論」在現實中是行不通的。胡適對凌叔華的要求不僅過分，而且顯然有欠公平，所謂寬容的自由主義，在此不過是胡適利己主義的別稱[31]。

四、自由主義與中國共產主義

胡適的懺悔

寬容的自由主義不意味著中庸。這不僅適用於戀愛的世界，當自由主義陷入危機時，人們也不應該保持寬容。

以上內容是經過一九四九年革命，大陸成為共產國家後的一九五四年三月五日，胡適在臺灣《自由中國》雜誌的歡迎茶會上，對自己在二十八年前〈我們對於西洋近代文明的態度〉一文中寫道：現代社會的新宗教教條就是「社會主義」，進行自我批評[32]。能如上總結胡適的新自由主義，係因第二次世界大戰後的國際情勢產生了激烈變化。

戰後臺灣言論自由的重大發展，很大程度反映於殷海光在《自由中國》上刊登翻譯佛里德里西・海耶克（Friedrich Hayek）的《到奴役之路》（*The Road to Serfdom*）。海耶克在此書中重新定義「自由主義」，認為「一切的計畫經濟都與自由不相容，一切都是違反自由的」。只要社會主義基於計畫經濟，所有的社會主義皆與自由對立。

在戰時經濟中起主導作用的資源委員會，其官員中不乏社會主義者，例如翁文灝與錢昌照等人，他們信奉國家主導的工業計畫，這在戰後形成反美親蘇的潮流。胡適表示，二十八年前他與翁文灝、錢昌照一樣是「計畫主義」的信奉者。通過這樣的陳述懺悔過去的錯誤，其中顯然包含了一九三八年與冀朝鼎的那件事。

接著胡適回顧到，一九四一年七月八日他在密西根大學以〈民主與極權的衝突〉（The Conflict of Ideologies）[33]為題進行演講，這是他自己摸索如何從迷妄中逃出的起點。但這段辯解中有明顯的虛偽成分。胡適演講的主軸，簡要而言在於揭露歐洲極右（德、義）與極左（蘇聯）的社會主義「以國家的強大權力進行社會主義的實驗，此二實驗的結果證明，若不使用奴役與強制收容所、不使用政治犯與強制勞動的懲處、不使用極端的獨裁，都無法維持政權」。然而，在密西根大學演講中，胡適並沒有使用如此強力的字句。

一九四一年七月胡適演講時，正是美、日談判面臨困境之際。美國尚在猶豫是否參與歐洲及亞洲太平洋的戰爭，〈民主與極權的衝突〉將蘇聯的馬克思主義與德、義的法西斯主義統稱為「極權主義」，主張這些意識形態不可能與自由主義達成和解，但他其實希望美國與蘇聯合作，共同迎戰太平洋戰爭[34]。

胡適明確指出，革命將走向獨裁，「自由主義」與「極權主義」不可能和解。這個立場是在日本戰敗後的一九四七年七月二十日的〈兩種根本不同的政黨〉一文中開始表達的。此文是為了配合國民政府公布《戡亂動員令》而強力主張應取締共產黨。俄羅斯的共產黨、義大利的法西斯黨、德國的納粹黨，皆存在嚴密組織、毫無自由的黨員、特務諜報機構，監視人民的言論、思想、行動等，它們在各方面都具備驚人的相似性。這些政黨在「絕對不承認，也不容許反對黨的存在。一切反對力量都被視為反動，必須徹底肅清剷除」[35]的想法上一致。這一年的九月，中國共產黨人民解放軍奉命對國民黨進行總攻擊。

一九四八年「蘇俄論爭」

一九四八年，戰後中國思想界掀起了震動的蘇俄論爭，這是繼一九二五年徐志摩與張奚若展開「蘇俄問題大討論」之後的第二次論爭。此次論爭的起因是周鯁生寄給胡適一篇名為〈歷史要重演嗎？〉的文章，於一九四八年一月十五日送抵胡適手中。

周鯁生曾任王世杰創立的武漢大學政治系主任，當時擔任該校校長。曾就讀英國愛丁堡大學、法國巴黎大學學習法律。周鯁生對冷戰體制讓美國改變對日本占領政策感到疑懼，西方諸國將日本定位成防止蘇聯影響力滲透遠東的防波堤，這種做法有可能如第一次世界大戰後改變對德政策，導致希特勒崛起的歷史，他針對此點表達疑慮之念。胡適立即回信反駁，該信以〈國際形勢裡的兩個問題〉為題，公開發表於二月一日的《中央日報》[36]。

胡適在檢討西方各國打造德國與日本民主化的基本方針後，大致如此說明。（一）民主國家並未完全放棄杜絕德國與日本侵略勢力復活的根本政策。（二）若無法抑制德國與日本侵略勢力復活，西方各國不可能把德國與日本打造成抵禦蘇聯的防波堤。（三）確實必須阻止德國與日本重新武裝及侵略勢力復甦，但這不意味著兩國人民無權享受和平生活。從而，西方各國不得不考慮保存兩國的部分工業生產力，為兩國留下自力復興的餘地。

如此論述完後，胡適開始闡述自己對蘇聯的期待如何變得幻滅的過程。作為世界上擁有最長相連國境的鄰國，我也是期許能與蘇聯友好的其中一人。一九一八年的《布列斯特—立陶夫斯克條約》（*Treaty of Brest-Litovsk*）、一九三九年的《德蘇互不侵犯條約》，確實表現出蘇聯以和平為最優先的態度。但是一九三九年九月以後發生的各種事端，波蘭被瓜分、芬蘭被侵略（冬季戰爭）等，都讓人充分懷疑蘇聯是否願意保持和平態度。一九四一年十二月，我在美國政治學會（American Political Science Association）年度總會上演講〈中國史上追求自由的奮鬥〉，我主張中蘇兩國的邊界問題，能仿照美國與加拿大之間確立國境線的協定。但先前的世界大戰結束前後，接連發生《雅爾達密約》的簽署、中蘇條約的逼訂、整個東三省的再占領，以及鐵幕籠罩了外蒙古、北朝鮮、旅順、大連。

我們且不談中歐與巴爾幹。單看我們中國這兩三年之中從蘇聯手裡吃的虧，受的侵害，——老兄（指周鯁生），我不能不承認這一大堆冷酷的事實，不能不拋棄我二十多年對「新俄」的夢想，不能不說蘇俄已經變成了一個很可怕的侵略勢力。

一九四八年二月二十九日的《中央週刊》上刊登周鯁生〈歷史要重演嗎？〉全文，並徵集十一位有識之士對周鯁生與胡適論爭的意見，合成一本特輯。其中七人支持胡適，二人支持周鯁生，二人持保留態度。莫斯科方面也關注此次論爭，二月十七日莫斯科發來公務電報，對胡適展開強烈批評，指稱他：與其說是中國人，不如說是美國人，在中國文化界喪失威信的他，就任北京大學校長後，便與美國軍官緊密合作，成為美國走狗，諂媚美國帝國主義，扮演為美國對日政策進行辯護的角色。

「陳獨秀的最後見解」

一九四八年十二月十五日，胡適坐上蔣介石為他準備的飛機逃出南京後，一九四九年三月，他把妻子江冬秀送抵臺灣後又返回上海，四月他為了擔任蔣介石政府與華盛頓的溝通橋梁而前往美國。途中，胡適把五四新文化運動時一同奮鬥的盟友陳獨秀於一九四二年過世前撰寫的政論《陳獨秀的見解》（或稱《陳獨秀最後對於民主政治的見解》）彙整成書，並為其寫下序文。[37]胡適的自由主義在與陳獨秀這篇最後政論的對話中，呈現出完整的面貌。根據胡適的說法，領導五四新文化運動的陳獨秀，謳歌破除偶像主義、創設中國共產黨、向中國引入馬克思—列寧主義，但卻因批評史達林（Joseph Stalin）的一國社會主義論，被共產黨批判為托洛斯基分子而遭驅逐，其最終的立場可用以下這段話來概括。

> 現在德俄兩國的國家社會主義（納粹主義）及格別烏（GPU，祕密政治警察）政治，是現代的宗教法庭。此時人類若要前進，必須首先打倒這個比中世紀的宗教法庭還要黑暗的國家社會主義與格別烏的政治。

韓戰戰火中——傑作〈史達林策略下的中國〉

一九五〇年六月二十五日，因北朝鮮軍南下引發韓戰[38]。該年十月，胡適歷經四十天奮戰寫成了重要論文〈史達林策略下的中國〉，發表在美國的《外交季刊》（*Foreign Affairs*）第二十九卷第一期。值得關注的是，胡適在發表前的一九五〇年九月二十四日日記，貼了一張胡適次子胡思杜在北京告發父親的英文報紙剪報。胡適在簡報旁寫下自己的備忘錄[39]。胡適不相信這是兒子自發性地告發父親，肯定是中共強迫所為。而中共之所以這麼做，他推測「此當是共產黨已得我發表長文的消息反應」。胡適的判斷是正確的。因為在胡思杜的告發之後，中共便多次展開對胡適布爾喬亞思想的批判活動。這說明《外交季刊》這篇論文對中共中央造成巨大衝擊。

此篇論文分析一九二四年至一九四九年的二十五年間，中國如何在史達林的大戰略下，一步接著一步屈服於共產主義並走向敗北的歷史[40]。

在這二十五年的歷史中，最初的二十年是蔣介石的獲勝時期。然而，最終導致失敗的根本原因，可以追溯到一九二四年國民黨改組並與中共建立聯合政府的舉措。胡適指出，「這一聯合使中共能有效展開派系活動，順利滲透政府，尤其是軍隊」。

中共勝利的第一次重大轉折是一九三六年的西安事件。史達林命令毛澤東不得殺害蔣介石並進行和平談判。據此，中日戰爭爆發後，紅軍不僅得以延續命脈，更獲得無限擴大的機會。

第二次重大轉折在於一九四五年的《雅爾達密約》。史達林欺騙羅斯福，通過武力鎮壓滿洲、朝鮮，讓紅軍得以接近蘇聯國境，並將其編入蘇聯控制的「基地」中。《雅爾達密約》決定了滿洲與朝鮮半島的命運，也決定了中國全境乃至亞洲全區域的命運。

在此論述基礎上，胡適認為史達林在中國要求國共雙方保持距離，使共產黨勢力成功滲透至「中間勢力」，這是造成一九四九年中共全面勝利的原因。

絕對不可壓抑中國人民「懷疑的自由與表現的自由」傳統

一九六〇年，胡適在其晚年撰寫了〈中國的傳統與未來〉，針對有人質疑一九三三年的〈中國的文藝復興〉（哈斯凱爾講座）描繪的未來藍圖是否「太過樂觀（over-optimistic）」提出回答，嘗試以歷史證明共產主義絕對不可能在中國生根發展。中國擁有堅強的「人文主義」與「理性主義」傳統，這種傳統一直以來涵養著傳統知識分子的懷疑精神與批判精神。早在一九五〇年代，他就在一篇未完成的中國思想研究稿中指出，「世界共產主義主導的軍事征服」，絕對無法壓抑中國人民「懷疑的自由與表現的自由」的傳統[41]。

胡適早年主張應破除民間宗教的迷信與禁忌，批判中華帝國創設後的專制體制迷妄。如今更看重的是中國傳統的「人文主義」與「理性主義」對民間宗教表現出的寬容。這種寬容的自由主義在中日戰爭期間，成為對抗日本的理論，他竭力主張這種理論也將是抵抗共產主義的基本原則。正因為中國人注重寬容，所以無法接受共產主義，且應當拒絕共產主義。〈中國的傳統與未來〉如此總結。「『中國的人文主義與理性主義』傳統，不曾被毀滅，也決不可能被毀滅」。

陳寅恪（一八九〇—一九六九年）

一、近代中國的自由主義宣言——獨立之精神、自由之思想

思想而不自由，毋寧死耳

士之讀書治學，蓋將以脫心志於俗諦之桎梏，真理因得以發揚。思想而不自由，毋寧死耳。斯古今仁聖所同殉之精義，夫豈庸鄙之敢望。先生以一死見其獨立自由之意志，非所論於一人之恩怨、一姓之興亡。嗚呼！樹茲石於講舍，繫哀思而不忘，表哲人之奇節，訴真宰之茫茫。來世不

可知者也。先生之著述，或有時而不章；先生之學說，或有時而可商。惟此獨立之精神、自由之思想，歷千萬祀，與天壤而同久，共三光而永光[42]。

這段文字是一九二七年陳寅恪為紀念清華大學國學研究院的同事王國維投昆明湖自殺後，為他撰寫的紀念碑銘文。真情吐露追求獨立的精神、自由的思想是中國知識分子的使命，如果無法達成，不惜一死。這篇紀念碑銘文與胡適的寬容自由主義，並列為近代中國自由主義的偉大宣言書。然而，和晚年展現出如阿波羅太陽神般寧靜沉著的胡適相比，陳寅恪的文字明顯透露出激昂的迫切感與崇高的節操。此時，陳寅恪三十七歲。

陳寅恪（右）及其家人

陳寅恪生於長沙，江西義寧人。中國中世史的泰斗。至一九四五年喪失視力以前，開拓了被稱為「心史」的感性歷史學。遭受長達四年文化大革命的迫害後，最終於一九六九年十月七日五點三十分，永眠於廣州。

陳寅恪的自由主義宣言帶著激昂的迫切感，這源於近代以來「外來學說」與「原本民族地位」之間衝突與矛盾的經歷[43]。這種狀態被稱為「貳臣精神」。在傳統中國，貳臣是指仕於兩個以上王朝的官僚總稱。他們不是單純的投降者，他們對自己的行為感到自責，不斷祈求自我的救贖，他們的內心呼喊有時會昇華為宗教性的情感。王國維在辛亥革命後無法捨棄對前朝的忠誠，是不願斷髮的「貳臣」之一。陳寅恪關注這種「忠誠對象的轉移」所產生的激昂精神戲碼。胡適不去直視的日本德川思想、也不願看到的內容中，陳寅恪卻視為中國文化的核心。

庾信的貳臣形象

將「貳臣」精神提升為宗教式情感和自由思想追求的人是南梁的庾信。他以南梁使者身分前訪西魏時，南梁滅亡，出於無奈他只能輾轉仕於西魏、北周、隋。其詩文表現出在國家滅亡之際於世間沉浮的悲哀，交雜著拋棄故國的慚愧心念，打造出獨特的貳臣形象。

包含庾信在內的六朝詩人，撰詩時除從「古典」裡引經據典，還加入多層次意義。解讀他們的詩作時，在解讀「古典」之外，尚須參照作者生活年代的紀錄（時事），或可稱之為「今典」，否則將難以正確解釋。一九四一年陳寅恪撰寫關於庾信的論文[44]，即通過參照「今典」，為〈哀江南賦〉的詩文解釋別開新局。

解釋詩句「豈知灞陵夜獵，猶是故時將軍；咸陽布衣，非獨思歸王子」時，陳寅恪提醒讀者應參照《北史》卷七十的〈杜杲傳〉，杜杲以北周外交使節團長身分前訪南陳時，南陳皇帝陳霸先提出將把俘虜的都督元定歸還北周，用以交換被拘留於長安的庾信。但杜杲否決這項提案，指出在對外戰爭中敗北成為俘虜的元定不過是「牛之一毛」，對北周而言不具任何戰略價值。陳寅恪引用此事後，如此下結論。

〈哀江南賦〉致意之點，實在於此。杜杲使陳語錄，必為子山（庾信字子山）直接或間接所知見。若取當時之「今典」，以解釋「王子」之句，則尤深切有味，哀感動人。並可見子山作賦，非徒泛用古典，約略比擬。必更有實事實語，可資印證者在，惜後人之不能盡知爾。

解讀貳臣的精神世界，唯有通過「古典」與「今典」雙重迴路方為可能。而這種解釋的態度並不侷限在學術世界，在經歷了夾雜著一九四九年革命的動盪中國近代史中，只要想追求獨立之精神、自由之思想，這些都可成為對抗權力的理論。

〈對科學院的答覆〉與《論再生緣》

一九二七年陳寅恪撰寫〈清華大學王觀堂先生紀念碑銘〉時，把王國維描寫成抵抗國民黨三民主義，守護獨立之精神、自由之思想的知識分子。之後經過二十六年來到一九五三年十二月一日，面對中國科學院邀請他出任中古史研究所（第二所）所長，他再度推出王國維的學說當作自己的主張，拒絕服從馬克思—列寧主義，不接受就任。

獨立精神和自由意志是必須爭的，且須以生死力爭。正如〈王國維紀念碑〉詞文所示，「思想而不自由，毋寧死耳。斯古今仁聖所同殉之精義，夫豈庸鄙之敢望」。一切都是小事，唯此是大事。碑文中所持之宗旨，至今並未改易。我決不反對現在的政權，在宣統三年（一九一一年）時就在瑞士讀過《資本論》原文。但我認為不能先存馬克思主義的見解，再研究學術。（〈對科學院的答覆〉）[45]

一九五四年二月，在圍繞中古史研究所所長人事爭議告一段落後，陳寅恪完成了《論再生緣》。此文討論清乾隆時代一位薄命女詩人陳瑞生所撰之彈詞小說《再生緣》[46]，其選擇的主題相當出人意表。

寅恪四十年前常讀希臘梵文諸史詩原文，頗怪其文體與彈詞不異。《再生緣》一書，在彈詞體中，所以獨勝者，實由於（陳）端生之自由活潑思想，能運用其對偶韻律之詞語，有以致之也。

通過對《再生緣》的考證，陳寅恪論及如此長篇敘事詩的傑作得以成立，歸因於十八世紀女性作家陳瑞生活潑自由的思想。配合其評語「不顧當世及後來通人之訕笑」來看，《再生緣》的考證可說是針對前一年爆發之中共中央進行思想統治，陳寅恪站在學術立場的自由與抵抗的實踐。

完成《論再生緣》的一九五四年，也是陳寅恪清華大學舊同僚俞平伯的《紅樓夢研究》遭大力批判的年分，接著一場針對胡適及胡適派唯心主義思想的批判運動全面展開。《論再生緣》由陳自費出版，不過僅印刷了一百零五冊。陳寅恪面對批判胡適風潮席捲的情況，低調發表此文，亦屬情理之必然。然而，此文的抽印本由陳寅恪留學柏林大學時期以來的知己章士釗在一九五六年祕密帶往香港。章士釗是中共統一戰線工作的負責人，受命監視與引導香港的思想動向。

一九五八年，年輕時的余英時在哈佛大學讀到由香港轉來的此文抽印本，其內容震撼他的靈魂。他在香港雜誌《人生》十二月號發表自己對此文的感想。但余英時認為《論再生緣》以「關於國家興亡之餘恨」為主題的論斷，卻震驚了中共中央，引發了由周揚與郭沫若主導的一連串批判陳寅恪的潮流。在此背景下，《論再生緣》於一九五九年六月由香港友聯出版社刊行，海外華人學術界讀出內容中暗含對中共通過學術統制破壞中國文化的告發，備感衝擊。

女扮男裝為復興明朝挺身而出

一九五四年陳寅恪完成《論再生緣》，開始執筆他最後的著作《錢柳因緣詩釋證稿》。通過錢謙益與柳如是兩位明末清初人物的愛情故事，探求王朝興替的動盪時期存在何種的獨立之精神與自由之思想。

錢謙益是明末結社活動的核心人物。明朝覆滅之際，任南京南明政權的禮部尚書，但之後脫離南明政權降於大清帝國，以禮部右侍郎身分仕於北京政權。對於他的行為，滿洲貴族幾乎都不抱好感。乾隆在《貳臣傳》的序文中，把錢謙益描寫成中國史上最寡廉鮮恥的貳臣之一。但陳寅恪的看法不同，他通過對錢謙益詩文的仔細爬梳，闡明辭去北京職位返回南方的錢謙益，其實祕密從事復興明朝的運動。而促成他下此決定的重要人物，即是他的側室，女詩人柳如是。

柳如是本名楊愛，號河東君，乃活躍於南京的「秦淮八艷」之一。幼年時，為吳江盛澤縣名妓徐佛收為養女，十四歲成為吳江周道登之妾。十五歲被周家趕出，落難於松江，於該地結識復社、幾社、東林黨等結社知識分子並與之交流，以女扮男裝的姿態（錢稱其身姿為「儒士」或「高僧」），與眾人談論時勢。一六四一年（崇禎十四年）二十三歲時，認識東林黨領袖、常熟錢謙益，居絳雲樓，以詩文結交朋友。一六四四年明朝滅亡之時，她勸錢以身殉國，但錢並未應允，最終投降北京政權。錢最終對自己的行為感到可恥，辭官歸鄉，並在憂悶中過世。柳如是與錢育有一女，錢死後遭錢家族逼迫交出她的私財，柳如是自殺，享年四十六歲。

《錢柳因緣詩釋證稿》完成於一九六四年，為八十五萬字的鉅著。之後標題修改為《柳如是別傳》。同年五月二十九日，學生蔣秉南自上海來廣州拜訪，祝賀陳師的虛歲七十五大壽。對於蔣秉南的來訪，陳寅恪心中帶著一份期許，因為陳在思量挑選後，認為蔣秉南是足以託付整理自身著作的人物。

二、陳寅恪的遺言與自由主義的未來——其「密碼」與「貳臣的文本詮釋學」

「家族史」的「密碼」

在一九六四年五月撰寫的〈贈蔣秉南序〉中，陳寅恪再度吐露自身的學問軌跡便是一貫追求獨立之精神與自由之思想的過程。這是他生前最後表明的自由主義宣言[47]。

這一年，他把自己的書齋命名為「金明館」，將文集稱為《寒柳堂集》。「金明館」為錢謙益的室號，「寒柳」則取自柳如是的傑作〈金明池．詠寒柳〉之作品名。

〈贈蔣秉南序〉的開篇，從錢謙益與柳如是在動盪時代中仍與江西寧都魏禧等九人善交，且討論學術不絕的往事談起。陳寅恪在光緒末年（一九〇〇年代）生活於南京白下路時期，取得他們的文集《易堂九子集》。認為他們在動亂時代中的行為乃「天下之至樂大幸」，陳寅恪作夢也沒想到，一九三一年柳條湖事件後，同樣的命運也降臨到他的身上。但自己對動亂的對應，卻遠不及易堂九子。儘管不曾誇耀自己、逢迎諂媚世間，但追隨往昔賢人足跡、遠離動亂隱居，遵守先哲遺訓並將之傳揚給後世，最終僅是一場未竟之夢。

> 嗚呼！此豈寅恪少時所自待及異日他人所望於寅恪者哉？雖然，歐陽永叔（歐陽脩）少學韓昌黎（韓愈）之文，晚撰《五代史記》，作義兒馮道諸傳，貶斥勢利，尊崇氣節，遂一匡五代之澆漓，返之淳正。故天水一朝（宋朝）之文化，竟為我民族遺留之瑰寶。孰謂空文於治道學術無裨益耶？

陳寅恪的學術著作並非安居於象牙塔內之物。一如余英時所述，在戊戌變法、辛亥革命、中日戰爭、國共內戰等中國前所未有的變動期中，陳的著作隱含著獨立精神與自由思想的「密碼」。這種「密碼」絕非學術從屬於政治，而是給予人們真正挺身於救國事業的線索。這項救國事業中，與陳寅恪的「家族史」有密切關係。陳寅恪的自由思想，正是通過追溯過往的文化傳統，特別是自身家族歷史中，尋求將學術轉換為救國能量的動力。

柳如是的最高傑作〈金明池．詠寒柳〉中有「春日釀成秋日雨。念疇昔日風流，暗傷如許」的字句。陳寅恪推測此詞的創作年代是在崇禎十二年至十三年（一六三九—一六四〇年）。除此之外，他還以明朝遺臣黃周星與陳子龍的詞為線索，指出柳如是描寫的「春日」乃過往在松江幾社議論國難之際，包含陳子龍在內的許多知識分子送給她的情歌，基於這樣的故事（「今典」）進行分析，意外地此詞竟預兆著有如秋日楊柳隨風飄舞的崇禎十二年至十三年危機。陳寅恪的討論尚不止於此，他更進一步解讀詞中的「釀成」一詞所包含的「密碼」。

> 「釀成」者，事理所必致之意，實悲劇中主人翁結局之原則。古代希臘亞力斯多德論悲劇，近年海寧王國維論《紅樓夢》，皆略同此旨。然自河東君（柳如是）本人言之，一為前不知之古人，一為後不見之來者，竟相符會，可謂奇矣！至若瀛海之遠，鄉里之近，地域同異，又可不論矣[48]。

如劉夢溪的分析般，此處所說的悲劇，除象徵明清交替期的國家衰亡，對陳寅恪而言，同時還包含飛越時空，暗示清朝末期政權之沉浮。他的祖父陳寶箴與父親陳三立的命運正是明證。一八九七年陳寶箴與梁啟超、黃遵憲等變法知識分子集結於湖南，鼓吹政治體制的改革。但戊戌變法失敗後，他們只能接受自己政治破產的窘況。陳寶箴在義和團事件中被慈禧賜死。中華民國成立後，陳三立作為清朝遺民，也在一九三七年盧溝橋事變爆發後，為表達抗議，絕食壯烈而亡。《柳如是別傳》通過講述十七世紀的國難故事，隱含著近現代史中陳家悲劇性的「密碼」。

作為開端的客家「棚民」

不僅如此，文中其實還有另一個「密碼」。陳家為江西義寧（今修水縣）人，是清雍正年間的一七三三年從福建上杭移居而來的客家人，而且是最底層的「棚民」出身。直到祖父陳寶箴考中舉人，陳家才得以躋身上流階層。家族的發達史為陳寅恪的中國史觀點——文化凌駕於種族之上，提供穩固論點。中日戰爭時期撰寫的《隋唐制度淵源略論稿》與《唐代政治史述論稿》中，即貫穿著這樣的史觀。

《柳如是別傳》中，陳寅恪也詳細考證黃毓祺事件中拯救錢謙益的「貳臣」佟國器。文中詳述：佟國器出身遼東地區的「夷族」，後因科舉合格提高「漢化」程度，在明朝末期因擔任指揮邊境防衛軍而嶄露頭角。因他是「漢化」的「夷族」，成為滿洲旗人爭取的對象，他最後投降清朝，但他未忘復興明朝的志向，且盡力救助錢謙益。閱讀原文便可理解，佟國器一族的衰亡史，與陳寅恪家族的沉浮狀況如出一轍。

寅恪嘗論北朝胡漢之分在文化而不在種族，論江東少數民族標舉聖人「有教無類」之義，論唐代帝系雖源出北朝文化高門之趙郡李氏，但李虎李淵之先世則為趙郡李氏中偏於武勇、文化不深之一支，論唐代河北藩鎮實是一胡化集團，所以長安政府始終不能收復。今論明清之際佟養性及卜年（佟國器的祖父及父親）事，亦猶斯意[49]。

陳寅恪將「民族興亡」與「家族瑣事」聯繫起來，這在他的遺稿〈寒柳堂記夢未定稿〉中表現的尤其突出。這是他一九六五年夏至一九六六年春之間撰寫的最後作品[50]，原稿共有六章，但在文化大革命的混亂中散佚，之後蔣秉南僅能復原三章。分別是：一、吾家先世中醫之學；二、清際士大夫清流濁流之分野及其興替；六、戊戌政變與先祖先君之關係。幸運的是，在陳家後人與相關人士的努力下，一九八七年六月左右，從中山大學組織部發現一份原稿，並將其歸還給陳家後人。二〇〇一年四月刊行的《寒柳堂集》的〈附〉中，便以〈寒柳堂記夢未定稿（補）〉為篇名，刊載了此一新發現的原稿[51]。

遺著〈寒柳堂記夢未定稿〉

蔣秉南整理的原稿與一九八七年發現的原稿，分別稱為「蔣本」與「新稿本」。「新稿本」是文革期間中山大學造反派逼迫陳寅恪交出原稿時，為避免惹來筆禍而刪減部分後，匆忙提交的版本。

在陳寅恪學生中，專攻近代史者寥寥無幾，以《甲午戰爭前後之晚清政局》取得博士學位的劉適（石泉），憑藉其詳細校勘，使得〈寒柳堂記夢未定稿〉相當程度上呈現出原本的面貌。其中有兩個重要的要點。

（一）一九三七年八月中日戰爭中，因洩漏國家機密遭處死刑的漢奸黃濬，其《花隨人聖盦摭憶》被廣泛引用於此稿中。

（二）在記載清流派領袖張佩綸與陳寶箴之間恩怨匪淺的部分，對同屬清流派且為陳寶箴的上司張之洞，隱約帶有批評之意，而對與張之洞對立的康有為、皮錫瑞等政治體制改革派，則給與善意的評價[52]。

從此處可以清楚讀出陳寅恪想告訴我們的「密碼」。即使用「家族瑣事」追探「民族興亡」時，他嘗試從忠臣與漢奸、清流與濁流、保守與革新等相異價值觀的雙方中，汲取獨立之精神與自由之思想，在這樣的嘗試中奠立了可稱為「貳臣的文本詮釋學」理論。

「天竺為體，華夏為用」——開放自由的詮釋學

華夏民族之文化，歷數千載之演進，造極於趙宋之世。後漸衰微，終必復振。

惟可一言蔽之曰，宋代學術之復興，或新宋學之建立是已。

所謂的宋學，是在日本被稱為朱子學的思想流派。陳寅恪期待的中國文藝復興與胡適相同，皆在宋學復興上，這點可由這篇〈鄧廣銘《宋史職官志考證》序〉[53]中明確見到。但對於宋學如何對抗此前以佛教占優勢的思潮，陳寅恪卻與胡適持完全不同的見解。

胡適的想法是，宋學將佛教視為假想敵。陳寅恪則反對這種狹隘的民族主義，表示「自北宋以後援儒入釋之理學，皆『格義』之流也。佛藏之此方撰述中有所謂融通一類者，亦莫非『格義』之流也」。所謂「格義」，是指使用中國本土的原典解釋梵語、巴利語文獻的方法。「貳臣文本詮釋學」的核心即在此「格義」上[54]。

> 退之（韓愈）首先發現《小戴記》中〈大學〉一篇，闡明其說，抽象之心性與具體之政治社會組織可以融會無礙，即盡量談心說性，兼能濟世安明，雖相反而實相成，天竺為體，華夏為用，退之於此以奠定後來宋代新儒學之基礎，退之固是不世出之人傑，若不受新禪宗之影響，恐亦不克臻此[55]。

陳寅恪認為宋學的本質在於「天竺為體，華夏為用」。這與胡適認為理學成立的目標在克服中世紀佛教（禪宗）之評價明顯相異。「天竺為體，華夏為用」的想法，也與十九世紀以來提倡的「中體西用」，這種以權宜方式度過危機的自我中心式折衷方案不同。

陳寅恪的文藝復興是向他者開放的，唯有此種態度，才能在近現代中國的學術與救國事業上保障獨立之精神與自由之思想。

顧頡剛（一八九三―一九八一年）

字銘堅，號頡剛。江蘇蘇州人。與傅斯年齊名，是胡適在北京大學最初的學生。聽聞胡適提出東周之前不存歷史的宣言備受衝擊，並在章太炎派、黃侃門下學習的學生傅斯年強烈建議下，師事胡適。

胡適交給他校勘清朝史學家姚際恒《古今偽書考》的工作，這段經歷啟發他疑古的態度。他的著眼點在於，比起古代帝王禹的資料，比他更古老的堯、舜相關資料竟然更加新穎。因此他假設這些資料乃隨時代前進，疊加的傳說越多，並將之命名為「古史層累造成說」。基於此方法論，他編纂了《古史辨》，領導有關中國古代史的疑古運動。

但一九二九年胡適與傅斯年力陳將出土文物資料結合至歷史文獻研究的急迫性，並警告不要採取過度極端的疑古態度。顧頡剛對此做出反彈，一九三一年發表〈五德終始說下的政治和歷史〉，提出更加破壞偶像式的歷史看法。他指出，漢帝國利用戰國時代齊國鄒衍提倡之陰陽五行說（水火木金土），以強調統治正當性。但西漢末年王莽策劃政變時，劉歆為協助王莽，把王朝正當性的根據竄改為五德終始說（木火土金水）。通過闡明以上原委，顧頡剛指出許多儒家經典可能是偽作，並質疑該些經典的可信度。

但到了抗日戰爭期間，顧頡剛因憂慮中日戰爭中喪失的領土，轉為研究西北亞地方志的歷史地理學考證。他創刊《禹貢》雜誌，提出「中華民族是一個整體」的觀點，甚至從過往的疑古態度，一百八十度轉變為完全接受古代中國的歷史事實。一九四三年一月二十八日，顧應蔣介石的要求起草《九鼎銘文》。竺可楨在日記中記錄了陳寅恪對此事的態度，即曾經否定禹存在的顧，竟書寫傳說中禹鑄造的鼎的銘文，陳投以懷疑的眼光。

解放後，顧頡剛在復旦大學執教。一九五二年七月，因中共前一年發動的思想改造與三反運動，顧因以下四點受到批判：（一）所謂疑古派的學術虛無主義、（二）與胡適的關係、（三）與國民黨的關聯、（四）解放前對中共的態度。此時他遭最信任的兩個學生童書堂及楊向奎激烈告發。不過一九五四年轉往北京後，在批判胡適的運動中，他反而站在批判陣營的第一線，批評胡適的歷史實證主義。

一九五七年的反右派鬥爭中，他被貼上「右派」標籤，但與梁漱溟、馮友蘭、熊十力並列為中共統一戰線工作中不可或缺的人物，因此對他們的批判有一定程度的節制。文化大革命期間，顧頡剛指導《二十四史》與《資治通鑑》的標點整理大工程並順利完成。他不像熊十力般在文革中慘死，但也不若馮友蘭或梁漱溟能在改革開放時期讓自身豐富的學術再度開花。

陶行知（一八九一—一九四六年）

本名陶文濬，安徽歙縣人。歙縣為舊徽州府的行政中心，位於胡適故鄉績溪的西邊，生日早於胡適兩個月。兩人同為哥倫比亞大學約翰·杜威的學生。但他不贊成一九一六年胡適提倡的白話文學主張，一直書寫不帶標點符號的文言文。

在成為南京高等師範學校教授後，他仍繼續與胡適保持交流。一九二三年九月二十四日，胡適的長子祖望在海淀區跟王奶奶學歌，不理解歌詞的祖望在無意間將其改為北京腔，當時出差寄居胡適宅邸的陶見到此一光景，表示「三歲半的孩子代替哲學博士改文章」。陶日後提倡的「小先生」教育理念便取自此處。一九二三年胡適與曹誠英的戀愛祕密，陶也是知情者。

但當陶親近中共後，胡適便清算與陶的關係。蔣介石於一九三〇年四月八日逮捕在南京郊外經營曉莊師範學校的陶。蔣此時正在與馮玉祥、桂系軍閥進行中原大戰，蔣判斷曉莊師範學校針對英國和記洋行工人遭毆打進行抗議遊行，乃是呼應馮玉祥的反蔣運動。陶成為中共「代理人」的史料，始於他一九三五年就任上海文化救國會的執行委員。但一般推論，陶在一九三〇年的時候便已歸入中共指揮下。一九二六年，西北軍迎來劉伯堅、鄧小平、劉志丹等中共黨員之後，馮玉祥便默認中共的祕密黨員在自己軍隊中的活動。蔣介石在曉莊師範學校的抗議遊行中見到中共的影子，其判斷可謂正確。胡適此時在日記中貼上陶的相關報導，但沒有發表任何評論。

一九三一年，陶從流亡地日本回國，展開繼承曉莊精神的工學團運動，並實施從胡適長子處發想的「小先生」制度，先教育家庭中的兒童，並讓這些兒童再去教育家中不識字者，推展識讀教育。一九三九年陶創立育才學校，通過「生活教育」，在日常生活的各方面打倒日本帝國主義，希望藉此樹立和平互助的新世界。「小先生」、「生活教育」等平民教育理念，也被延安的毛澤東吸取，推動新民主主義教育運動。

一九四六年七月二十五日，陶因突發腦溢血過世，這給中共帶來重大打擊。毛澤東、朱德、周恩來立刻發送弔唁，也在延安舉辦追悼儀式，可見陶的過世對中共的衝擊程度。中共失去了一個與國民黨及第三勢力談判的重要「代理人」。然而，建國後的一九五一年五月開始批判電影《武訓傳》的運動中，毛澤東於第一線親自指揮公開批判陶與其導師約翰·杜威。陶曾在一九四一年對出身乞丐卻終身奉獻兒童教育的武訓故事給予高度評價，陶甚至被人們稱為「活武訓」。但對一九四九年革命成功掌握政權的中共而言，已不再需要這位第三勢力及美國實用主義的「代理人」。

羅隆基（一八九八—一九六五年）

字努生。中國民主同盟的創始人。江西安福人。安福是個小農村，卻誕生出羅隆基、王造時、彭文應三位傑出的政治家。他們皆自清華大學畢業，一九五七年被劃為「右派」遭打倒。

五四運動時，羅身為清華大學「學聯」代表，站在愛國運動的第一線。一九二三年留學美國時，在芝加哥與聞一多、梁實秋等人組織國家主義團體「大江會」。從美國回國途中逗留倫敦，師事哈羅德·拉斯基，對費邊社的社會民主主義產生共鳴，成為與儲安平、費孝通、潘光旦等人齊名的自由主義左派。

一九二八年，羅任上海光華大學政治學教授，並在胡適擔任校長的中國公學任政治經濟系主任。與胡適、徐志摩、梁實秋等人共同經營《新月》雜誌。一九二九年在「人權與約法」的論爭中，提出可稱之為近代中國自由主義的基本綱領。（一）三十五條人權宣言（一九二九年）、（二）對共產主義進行暴力革命與侵害人權進行告發（一九三一年）。其中，羅認為言論自由是人權的核心，為了解放思想，需要的不是統一，而是應當注重自由。他批判國民黨獨裁為「黨天下」的言論，成為一九五七年反右派鬥爭時儲安平提倡「黨天下」論的藍本。

一九三一年，羅擔任《益世報》總編輯，因為在中日戰爭的對日政策上與胡適意見對立，兩人關係惡化。但一九三三年發生羅的暗殺未遂事件時，胡仍為營救羅而四處奔走。一九四五年的中國民主同盟第一屆全國代表大會上，羅宣稱「一個具有獨立性與中立性的民主大集團」的神聖使命，是「使中國成為一個真正的民主國家」。然而，一九四七年民主同盟解散，象徵自由主義大憲章的重挫。

一九五七年五月二十二日，羅在統一戰線部座談會上發言要求平反三反、五反、肅反運動中的受害者，提議由中共、民主黨派、無黨派三者合作組成平反委員會。此舉被批判為右派言論，與章伯鈞的「政治設計院」、儲安平的「黨天下」被合稱三大右派言論，遭到告發，羅被解除包括森林工業部長在內的所有職位。對解除羅職位起到決定性作用的是社論〈文匯報的資產階級方向應當批判〉（《人民日報》七月一日），此文為毛澤東親自起草。文中毛指稱《文匯報》乃右派的代言人，而右派的攻勢來自章伯鈞與羅隆基組成的「章羅同盟」。

《文匯報》此時之所以成為眾矢之的，原因出在羅隆基的情人浦熙修任職該報編輯部。浦熙修是彭德懷的義妹，浦告發羅是「披著羊皮的狼」並與他劃清界線，但她與羅隆基之間的書信全遭沒收，隱私遭徹底曝光，並被趕出《文匯報》。至於羅，周恩來向他提議雖然不許他前往臺灣，但可以讓他去美國或香港，但羅斷然拒絕，一九六五年十二月七日在北京寓所於軟禁中過世。

即便到了改革開放後雖有五十五萬「右派」獲得平反，但包含羅隆基、章伯鈞、儲安平、彭文應、陳仁炳、林希翎在內的六人，至今仍未獲平反。

熊十力（一八八五—一九六八年）

字子真，號漆園、逸翁。後改名「十力」。湖北黃崗人。一九〇二年成為武昌新軍凱字營第三一標士兵。一九〇六年組成黃崗軍學界講學社。參加過辛亥革命與護國戰爭。一九二〇年因梁漱溟的推薦，師事南京支那內學院的歐陽竟無，開始鑽研佛教的唯識宗學問。

一九二二年，蔡元培聘請熊擔任北京大學的特任講師，主講法相學與唯識學。一九二三年授課稿彙整為《唯識學概論》，由北京大學出版會刊行。一九二八年在中央大學進行集中授課時，唐君毅參加了講座。一九三〇年，在浙江圖書館長單不庵的介紹下，開始與馬一浮交流。一九三二年出版《新唯識論》（文言本），由浙江圖書館付梓。

然而，此書雖獲蔡元培、馬一浮的高度評價，但卻遭歐陽竟無學派激烈指責。陳寅恪評述道，熊十力的理論受到柏格森（Henri-Louis Bergson）創造進化論的影響，而歐陽竟無的思想則約當於中世紀西方的經院哲學（Scholasticism）（《吳宓日記》一九三七年六月二十二日條）。同年年底，牟宗三在北京大學參加熊的講座。這段期間，熊也向胡適編輯的《獨立評論》投稿。中日戰爭期間，熊反對胡適提倡的「不抵抗主義」，主張通過自我努力以達成自我救濟，寫下一封多達五千字的憂國書信。這封信由胡適將全文公開（《獨立評論》第五一期，一九三七年五月二十一日），標題為〈熊十力《要在根本處注意》

一文的編者附言〉。

較此更早的一九三四年，熊因《易經》而找到新的啟發，甚至決心從佛經回歸到孔子的六經。但一九三九年因與馬一浮的論爭，改以融合佛教與儒家為目標，展開對《新唯識論》的改訂作業。一九四〇年，他在梁漱溟於四川北碚設立的勉仁書院講學。一九四四年《新唯識論》（語文體）上、中、下三卷由重慶商務印書館刊行。中日戰爭結束後的一九四六年四月，復職北京大學。一九四八年二月，在共軍進攻前逃離北平，於浙江大學授課。但同年十二月淮海戰役中蘇州淪陷，熊深受震動，匆忙南下廣州，逃離中共的統治，並嘗試前往臺灣，但被捲入學生（唐君毅、徐復觀）之間關於稿費的紛爭，失去了逃脫的機會。之後屈就於董必武、葉劍英、林彪、郭沫若組成的統一戰線工作，經廣州、武漢，一九五〇年三月就任北京大學教授，成為唯一一位在家授課的教授，專門講授唯神論。

在建國後的知識分子改造運動中，他自始至終拒絕自我改造。他多次寫信給毛澤東，要求設立哲學研究所，但都遭到忽視。一九五四年十月，離開什剎海後海的四合院居所，遷居上海。《原儒》即遷居上海後的作品，一九五六年由上海龍門聯合書局刊行，是對儒學與儒學史的新詮釋，也是他的代表作。但是，他從《新唯識論》起暗中嘗試思想轉向，將中共的治世比擬為大同社會，充滿對權力的阿諛。陳寅恪將熊比擬為假借託古改制發動戊戌變法的康有為，讓逃往臺灣與香港的新儒家學者大感失望。文化大革命後被軟禁於自宅，受到嚴重迫害。一九六八年絕食，五月二十四日過世。

雷海宗（一九〇二—一九六二年）

字伯倫，河北永清人。父親為基督教中華聖公會牧師。一九二二年畢業於清華學校高等科，一九二七年以研究杜閣（Anne Robert Jacques Turgot）的政治思想取得芝加哥大學博士學位。歷任中央大學、金陵女子大學、武漢大學教授，一九三二年就任清華大學教授。他以綜合史學與同僚陳寅恪的考證史學形成對比而受到注目。

中日戰爭期間，除任西南聯合大學文理學院副院長外，也與林同濟、賀麟等人創刊《戰國策》雜誌，編輯《大公報》副刊《戰國》，開展獨特史觀，主張恢復兵的精神乃復興中國文化的關鍵。雷海宗認為，當文武兼備的貴族階級沒落後，由秦漢帝國確立文人治國體制，稱為「無兵的文化」，人民不再成為士兵而放棄對國家的責任，導致中國文化的墮落與衰退。基於史賓格勒（Oswald Arnold Gottfried Spengler）的文化形態學，他把所有文化視為有機的生命體，歷經誕生、衰退、滅亡的過程，但只有中國文化能以西元三八三年的淝水之戰為界，從「純粹的華夏民族」重生為「胡漢混合梵華同化」的新中國。接著，在經歷盧溝橋事變國難當頭的今日，正是需要結束第二週期的「傳統文化」，創造第三週期「嶄新文化」的大好契機，提倡兵的文化，亦即戰國文化來振興民族精神。

一九四二年，雷在姚從吾、朱家驊的推薦下加入國民黨。一九四三年成為西南聯合大學直屬區的分部委員。一九四六年二月，為抗議《雅爾達密約》，針對東北問題舉辦演講，率領數千名學生進行反蘇抗議。一九四八年，在朱家驊的要求下就任《周論》主編，大量執筆反對中共的政論。一九四八年十二月十五日，人民解放軍進駐海淀區前，胡適與陳寅恪已逃往南京，十六日傅斯年發出「中央研究院人才緊急救援計畫」電報，其中「政治關係」欄裡朱家驊的下一名就是雷海宗。

然而，雷並沒有選擇的時間。一九四八年十二月十八日，中共將雷置於一年的軍事管理之下，剝奪其自由。一九四九年九月二十五日，他與馮友蘭一同被解除清華大學的主任職位。一九五一年，雷參加西北地區的土地革命，對曾遊學的美國激烈批評，揭露梵諦岡的虛偽假面，批判電影《武訓傳》。他的見聞與思想改造歷程收錄於《土地改革與思想改造》（光明日報社）。一九五二年秋，被調到天津的南開大學歷史系，在一九五六年開設一門「物質文明史」課程，並在其中探究褲子的變遷，至今仍被評價為社會史研究的先驅性嘗試。

一九五六年的百花齊放運動中，他曾發言表示，馬克思主義在一八九五年恩格斯過世後發展停滯，應當面對新現象將馬克思主義加以發展。這段發言在一九五七年反右派鬥爭中被扣上反黨言論的帽子，指責他認為一八九五年後的六十二年期間馬克思主義沒有任何發展（《人民日報》四月二十二日），隨後在六月二日，又批評他關於奴隸社會與封建社會沒有多大差異的見解，被批判是對史達林五種社會形態史觀的修正主義。八月十四日，被舉發為右派分子。一九六二年初雖然復職南開大學，但同年十二月二十五日因腎功能障礙引發尿毒症過世。

殷海光（一九一九—一九六九年）

本名福生，湖北黃崗人。二十世紀中國最傑出的自由主義思想家。一九三八年進入西南聯合大學，師事金岳霖學習理則學。以中日戰爭結束為契機，使用筆名海光，在重慶展開激烈的反共主義宣傳。一九四五年十二月，《光明前之黑暗》與《中國共產黨之觀察》二書付梓，在概觀中共「共產國際在華支部」的歷史上，主張中共無論在理論上或實踐上都是鬥爭機器，並非英美普通政黨般的和平組織，而以民主同盟為主的第三勢力，如欲與中共合作，不啻於把自身置於危險中。

一九四六年殷加入國民黨，隸屬宣傳部，成為國民黨機關報《中央日報》主編。在徐復觀的促成下，獲得蔣介石的知遇之恩。一九四八年一月在〈論自由主義者及其任務〉中，回顧國共內戰以來的憲政運動，敲響中國自由主義瀕臨滅亡危機的警鐘。一如俄國革命中可見，自由主義者在革命爆發期被視為「前衛」，但革命成功後往往會遭肅清。他批評第三勢力主張的「中立」並非真的中立，中共根本無意與自由主義者共存的想法，這在《整風文獻》中收錄的毛澤東〈反對自由主義〉裡已昭然若揭。民主同盟高舉「民主」美名，實則為共產黨的傀儡，早晚得面臨遭肅清的命運。不幸的是，這段預言日後也變成了現實。

在中共控制北平後的一九四九年三月，殷海光移往臺灣，繼續擔任《中央日報》編輯。中共將殷指名為「十大文化戰犯」之一，加以通緝。但殷海光逐漸對國民黨的言論統制展開批評，之後被逐出《中央日報》。在臺灣大學哲學系執教的同時，以胡適擔任發行人的《自由中國》為舞臺，摸索一九四九年因革命而遭受挫折的中國自由主義重生之道。在批判對岸赤色恐怖的同時，也批評國民黨以獨裁手段推動「反攻大陸」。其理論根據，就是主張排除所有干涉，以創建自發秩序為目標的海耶克自由主義。

殷從一九五三年九月至一九五四年十月，於《自由中國》上翻譯發表《到奴役之路》（*The Road to Serfdom*）。譯書於一九六五年出版（文星書店出版），不過胡適生前很快關注此文，早在一九五九年提出他自由主義完成型的寬容自由主義時，便以此著作作為重要參考文獻。

一九六〇年雷震遭逮捕，《自由中國》廢刊後，殷海光創刊《文星報》。在與徐復觀針對中國文化的方向性展開激烈爭論中，加深對傳統中國自由主義的省察，在其一九六六年的代表作《中國文化的展望》中，論及儒家自由主義的可能性。該書遭國民黨列為禁書。一九六六年七月被迫辭去臺灣大學職位，一九六七年殷被禁止出國前往哈佛大學進行研究，與訪臺的海耶克會談也遭阻攔。一九六九年九月十六日因胃癌過世。

殷海光生前的最後一篇文章〈五四的隱沒和再現——為五四運動五十週年而作〉中，他如此寫道：「狂熱、幻想、激變、神話、偏執，總不是清明的思維活動的徵象。我們不能說這些東西真的有助理想世界之實現。民主是『社會健康』的產品。『社會健康』回過頭來又可增進民主。二者之間的循環是惡性循環反面的『良性循環』。在這樣的情境裡，人的獨立、尊嚴和存在的價值才能顯現。」

其他人物

一、成為胡適思想指引之星的人們

蔡元培

一八六八—一九四〇年。字鶴卿，又字孑民。浙江紹興人。教育家、哲學家、中國國民黨元老。一九〇一年任胡適就學的上海澄衷學堂校長。一九〇四年組織光復會，一九〇五年與孫文率領的同盟會合併。一九〇七年三十九歲時前往萊比錫大學留學，學習美學與心理學。中華民國成立後，從事教育行政。一九一六年十二月二十六日，被任命為北京大學校長，在校章中揭示自由學風，一九一七年聘陳獨秀任北京大學文科學長，也聘用留美的胡適擔任哲學系教授，為一九一九年五四運動從北京大學率先發起奠定基礎。一九二四年蔡在中國國民黨第一屆全國代表大會中就任中央監察候補委員，一九二七年成為南京國民政府大學院的首任院長，四一二政變時表明支持蔣介石。一九三一年柳條湖事件後，主張抗日及國共合作。一九三二年與宋慶齡、魯迅等人組成中國民權保障同盟。胡適當時非常警戒蘇聯與共產國際對人權運動進行意識形態干涉，但蔡並不看重胡適的意見，導致同盟分裂。一九四〇年三月五日客死於香港。

約翰・杜威

一八五九—一九五二年。美國哲學家。一九〇四年前往哥倫比亞大學任教，一九一五年起成為中國留學生胡適、陶行知的博士指導教授。一九一九年經日本造訪中國時，遭遇五四運動，為此延長原本一個月的訪中計畫，並持續將詳細的見聞記寄回給在故鄉的女兒。從這次經驗，他確信中國的現代化在本質上遠比日本更為徹底。但在胡適擔任中國駐美大使訪美前的一九三七年，杜威因納粹興起，被迫必須修正自己的見解。此時杜威主張，與他者和平共存的實用主義基本原則不該適用於納粹，而必須使用軍事力量將他們的勢力從國際社會中驅逐。胡適任駐美大使期間，持續向美國人民呼籲參與太平洋戰爭，從中國剷除日本法西斯勢力。胡適此種主張、思想，明顯具備杜威的戰鬥式實用主義。胡適愛讀杜威的《哲學的改造》（*Reconstruction in Philosophy*，一九二〇年）、《自由主義與社會行動》（*Liberalism and Social Action*，一九三五年）。

哈羅德・拉斯基

一八九三—一九五〇年。英國的政治哲學家。一九二一年通過費邊社加入工黨，一九三四年訪蘇後，以調和自由主義與列寧主義為目標。他的思想早在一九二二年九月便通過胡適的〈五十年來之世界哲學〉引介至中國。一九二五年《政治學典範》（*A Grammar of Politics*）刊行後，吸引了在倫敦經濟學院向拉基斯學習的徐志摩、張奚若、金岳霖的注意。一九三〇年由中華民國憲法之父、新儒家主要提倡者張君勱全書翻譯，並由上海的商務印書館刊行。之後中國的政治學，便依照拉斯基主張的政治多元主義開展。徐志摩回國後，成為上海光華大學教員，並把學生儲安平送往拉斯基門下求教。一九二〇年代後半，胡適、徐志摩、羅隆基等人在上海與國民黨之間展開人權論爭，其中就帶有濃厚的拉斯基見解。中日戰爭後的一九四七年，杭立武寫下重新詮釋拉斯基思想的《政治典範要義》（上海商務印書館），為與國共兩黨保持距離的中間路線提供理論基礎。

二、胡適與和徐志摩關係密切的女性們

陸小曼

一九〇三—一九六五年。原籍江蘇省常州市。為了逃避太平天國之亂，十九世紀中葉家族移往上海避難。父親留學日本早稻田大學，是中華儲蓄銀行的創設者。九歲移居北京，一九二二年與大她八歲的軍人王賡結婚，一九二五年離婚。一九二四年與徐志摩開始相戀，一九二六年十月兩人結婚。但婚後與戲曲家翁端午發生戀情，並從他處學會吸食鴉片煙。一九三一年十一月十九日，徐志摩因飛機事故過世後，陸小曼在徐志摩的學生趙家璧的協助下，為整理遺稿而奔走。一九三四年在林語堂編輯的《論語》雜誌上，以〈愛眉小札〉為題，連載與徐志摩的魚雁往返。一九四七年編輯、出版《志摩日記》。同年寫下首部長篇小說《皇家飯店》獲得好評。解放後，戒除吸鴉片的惡習，在上海文史研究館獲得一份翻譯工作，且因繪畫才能獲得賞識，在上海美術協會與上海中國畫院當專任講師，另於上海人民政府任參事室參事。一九六五年四月二日，陸小曼於華東醫院過世，臨終前將徐志摩的原稿與遺物全部交給徐的表

弟也是研究者的陳從周。

林徽音

一九〇四—一九五五年。浙江杭州人。原籍福建閩縣（今福州）。父親林長民為梁啟超「研究系」成員，曾任北洋政府司法總長。一九一七年林長民旅居倫敦時，與二十二歲的徐志摩有過若有似無的同性間情書信交換。但一九二〇年冬天，得知獨生女徽音也受到徐志摩的熱烈追求後，林長民在當年十二月懇請徐志摩不要再追求林徽音。林徽音於一九二一年十一月自倫敦回國後，與梁啟超之子梁思成交換婚約，一九二四年起四年間一同遊學美國。梁思成身為建築學權威，在中國近代史上相當知名。不過青年時期的他之所以決心走上建築學之途，正是因為比他更早一步志於建築學的林徽音。林徽音在新中國成立後的一九五三年五月，主張應保存古都北京城牆時，展現出豐富的見識，但卻招來當時的北京市長、胡適的前學生吳晗強烈批評。之後林徽音健康急速惡化，一九五五年四月一日過世。

三、與胡適論爭的日本相關人物

土田杏村

一八九一—一九三四年。大正民主時期為日本導入文化哲學的思想家之一。畫家土田麥僊（一八八七—一九三六年）之弟。一九一四年，在田中王堂的建議下出版《文明思潮與新哲學》，次年一九一五年進入京都帝大哲學科。在西田幾多郎的指導下出版《給文壇的公開狀》。在提交關於新康德派與胡塞爾的畢業論文〈現代哲學序論——認識的現象學考察〉後，一九一九年以《象徵之哲學》為題出版了該論文。同年創立日本文化學院。一九二〇年創刊個人雜誌《文化》，在《馬克思思想與現代思想》（一九二二年）上與河上肇發生論爭。土田對同時代的中國相當關心，拿五四運動的意義與日本近代思想進行比較與議論。一九二六年他在第一書房出版了現代中國思想的專著（《日本支那現代思想研究》）。此書原本是倫敦的出版社（Williams and Norgate）所企劃之系列叢書Library of contemporary thought之一，以英文寫成的作品（Tsuchida, Kyoson, *Contemporary thought of Japan and China*），一九二六年出版的是日文版。這是日本最早從康有為與梁啟超戊戌變法期間言論，來探求以胡適為中心的中國自由主義起源之論述。

室伏高信

一八九二—一九七〇年。大正民主時期受過浪漫主義影響的室伏，一九二三年出版《文明之沒落》（批評社），批評吉野作造的民本主義，揭示以超近代為目標。一九三一年，受到中國村治派實踐活動的強力影響，組成日本村治派同盟。擔任《日本評論》主編的時期，提倡亞細亞主義的「王道」論，轉向法西斯主義，支持日本對中國統治。一九三五年十月，胡適受室伏委託，執筆撰寫改善中日關係的文章，胡適應允並寫下〈敬告日本國民〉，發表於《日本評論》，但室伏卻展開反駁。室伏的這個舉動，也造成一九三六年八月的太平洋問題調查會第六屆會議上，胡適以「一直妨礙中國的自力更生」為由，首次在公開場合批判日本。日本戰敗後，新憲法的民間草案起草時，室伏對戰前日本在中國進行的侵略行為表達激烈的批判，這也表示他對自身中國認識的徹底反省。一九四六年出版的《新民主主義》（第四書房）中，受到毛澤東的深刻影響。

鈴木大拙

一八七〇——一九六六年。向全世界廣為介紹佛教、禪宗思想的佛教學者。一九四九年在夏威夷大學舉辦的第二屆東西哲學家會議上，直接否定胡適由南宗、北宗抗爭史形塑出的禪宗歷史。根據大拙的說法，神會所言之「知」，並非胡適主張的「知識」，而是史賓諾沙哲學中的「直觀知識」。禪宗必須離開胡適構建的「歷史裝置」，「由物自身的內部」進行解釋。當時禪宗的南北之分在「更高一籌的境界」上達成圓融，胡適設想的宗教派閥鬥爭，將在「定慧不二」、「定慧一等」的境界中停止。圍繞著這場論爭，英籍東方學者、漢學家亞瑟·偉利（Arthur Waley）強烈支持自己的好友胡適，但根據《禪思想史研究 第三》（岩波書店，一九八七年）記載的詳細議論來看，大拙的主張具有明顯的優勢。代表作有《禪與日本文化》、《日本的靈性》、《淨土系思想論》等。

四、胡適的戰友們

傅斯年

一八九六—一九五〇年。自孟真。山東聊城人。一九一八年，傅斯年在北京大學求學時師事胡適，與羅家倫一同創立「新潮社」，發行《新潮》月刊。五四運動時負責指揮遊行的進行。大學畢業後前往倫敦大學、柏林大學留學，一九二六年回國，任廣州中山大學教授。一九二八年起，任中央研究院歷史語言研究所所長，創刊《歷史語言研究所集刊》。一九四九年反對共產革命，移居臺灣，就任國立臺灣大學校長。一九四九年五月，執行接回中央研究院以來的友人陳寅恪的行動，但未能成功。一九五〇年因腦溢血急逝。傅斯年是胡適開拓之歷史實證主義的熱烈擁護者，其代表作〈夷夏東西說〉（一九三五年）最能表現其學風。一九三一年發掘城子崖遺跡（山東省），他對當時歐美的東洋學界主流駁斥中國文明西漸說，認為古代中國文明並非如西方所言，由西向東發展，西周征服者花費很長的時間學習被稱為東夷的山東半島先進文化。此觀點給胡適撰寫〈儒說〉時提供重要的啟發。其著作彙整、收錄於傅斯年先生遺著編輯委員會編，陳槃等校訂增補的《傅斯年全集》（聯經出版公司，一九八〇年）。

王世杰

一八九一—一九八一年。字雪艇，湖北崇陽人。就讀倫敦大學後，於巴黎大學取得法學博士學位。回國後任北京大學教授。其授課稿《比較憲法》是中國人撰寫的第一本比較憲法學著作。一九二二年，創刊《現代評論》，胡適經常在該雜誌投稿。約略此時，王世杰加入中國國民黨，歷任要職，此外也擔任武漢大學首屆校長等，在教育行政方面建樹頗多。第二次國共合作期擔任軍事參政官。王認為應推翻一九四五年的《雅爾達密約》，以南京國民政府外交部長身分，前往莫斯科進行外交談判，但失敗。一九四九年與蔣介石一同遷往臺灣，一九五〇年任總統府祕書長，一九六二年任中央研究院院長，兼任中華文化復興運動推行委員會常務委員。中共在一九五四年批判胡適運動之後，為了促使胡適回中國，暗中做了許多祕密運作。《現代評論》雜誌的主要成員王世杰、周鯁生、陳源，在一九四九年以前是武漢大學的同事，他們各自離散在臺灣、大陸、英國，而中共便是試圖透過武漢大學的管道進行奪回胡適的工作。

余英時

一九三〇—二〇二一年。生於天津，原籍安徽潛山。一九五〇年畢業於香港新亞書院（今香港中文大學），指導教授為國學大師錢穆。余英時學問的骨幹中存在著二十世紀新儒家開創之儒家自由主義的真髓。余英時在哈佛大學取得博士學位，長期任教於普林斯頓大學，曾為美國哲學學會院士、中央研究院院士。以嚴厲批評中國大陸政治而聞名，他指出近代知識分子的邊緣化，導致近代中國極左政治思想形成，並在文化大革命達到頂點。他把習近平時代登場的大陸儒家稱為「迫害人的儒家」，而儒家的真實樣貌，必須在「被迫害的儒家」追求之獨立與自由精神的軌跡中追尋。他嘗試把關於胡適、陳寅恪、錢穆、顧頡剛的實證研究以「被迫害的儒家」來加以發掘。著作有《紅樓夢的兩個世界》（聯經出版公司，一九七八年）、《朱熹的歷史世界》（允晨文化，二〇〇三年）、《論天人之際》（聯經出版公司，二〇一四年）、《余英時回憶錄》（允晨文化，二〇一八年）等。

注釋

1. 胡適，〈寬容與自由（容忍與自由）〉，一九五九年三月十二日，原載於《自由中國》第二〇卷第六期（一九五九年三月十六日）。歐陽哲生編，《胡適文集》第一一冊，北京大學出版社，一九九八年。

2. 殷海光，〈胡適論《容忍與自由》讀後〉，原載於《自由中國》第二〇卷第七期（一九五九年四月一日）。林正弘、潘光哲、簡明海主編，《殷海光全集》第一四卷，國立臺灣大學出版中心，二〇一〇年。以下引用亦參照此處。殷海光，〈自序〉，殷海光譯，《到奴役之路》，一九六五年，同前《殷海光全集》第四卷，二〇〇九年。

3. 胡適，〈《紅樓夢》考證（改訂稿）〉，一九二一年十一月十二日，季羨林主編，《胡適全集》第一卷，安徽教育出版社，二〇〇三年。

4. 一九二一年三月撰寫之關於《銷釋真空寶卷》鈔本的考證（〈跋《銷釋真空寶卷》〉，《胡適全集》第一二卷也是關注此主題的重要著作。

《銷釋真空寶卷》鈔本與宋元刻的西夏文藏經一同在寧夏被發現。所謂的寶卷被認為是唐代說唱文學的變文，十六世紀以後發展為宗教說唱文學之文本群，被尼姑庵、寺院、各宗派等用於歌唱與戲劇上。根據胡適的說法，此新發現之文獻寫於吳承恩《西遊記》刊行之後，「至早不得在萬曆中期（約一六〇〇年）以前，也許還要更晚一點」。此外亦有旁證，即一五五五年（嘉靖三十四年）刊行的《清源妙顯聖真君二郎寶卷》，此文體酷似《真空寶卷》，收錄的故事也類似《西遊記》。此考證為批判友人俞平伯認為該書乃出自元代作品而提出。現代的研究認為，《銷釋真空寶卷》是明代源於白蓮教的羅祖教徒的作品。這也表示胡適的考證也在民間宗教史研究上扮演著先驅的角色。

此外，陳寅恪在三月三十日的信件上全面支持胡適的考證，並添加了幾項重要的卓見。（陳寅恪，《書信集》（陳寅恪集），生活．讀書．新知三聯書店，二〇〇一年。）

5. 胡適，〈我們的政治主張〉，一九二二年五月十三日，同前《胡適全集》第二卷。
6. 胡適，〈五十年來之世界哲學〉，一九二二年九月五日，同前《胡適全集》第二卷。
7. 胡適，〈我們對於西洋文明的態度〉，一九二六年六月六日，同前《胡適全集》第三卷。
8. 胡適，《中古思想史長編》，一九三〇年，中國公學油印本，同前《胡適全集》第六卷。
9. 胡適〈我們走那條路?〉，一九三〇年四月十三日，同前《胡適全集》第四卷。
10. Hughes, Ernest Richard, *Invasion of China by the Western World*, New York: Macmillan, 1938.
11. Lederer, Emil, and Emy Lederer-Seidler, *Japan in Transition*, New Haven: Yale University Press, 1938.
12. Hu, Shih, "The Westernization of China and Japan," *Amerasia*, 2（5）, 1938. 同前《胡適全集》第三七卷。
13. 一九六五年丸山真男撰寫的〈日本政治思想史講義〉即探究此問題。「尊王（面對外部危機時，覺醒的民族忠誠之表現）與對藩主忠誠的內心矛盾」，「並非單純把對藩主的忠誠轉換為對天皇的忠誠，可說尊王行動是將藩主＝君主一直當作真正君主的行動密不可分」。「由此可見，因幕藩體制壓制下的傳統武士精神，在危機狀況下由下而上的爆發出來」（丸山真男，《丸山真男講義錄第五冊 日本政治思想史 1965》，東京大學出版會，一九九九年）。
14. Dewey, John, "Transforming the Mild of China," Dewey, John, Boydston, Jo Ann（ed.）, *The Middle Works of John Dewey*,

Vol.11, Carbondale: Southern Illinois University Press, 2008.

15. Dewey, John, "Liberalism in Japan," 同前 *The Middle Works of John Dewey*, Vol.11.

16. Hu, Shih, "I. Types of Cultural Response," Hu, Shih, *The Chinese Renaissance: The Haskell Lectures, 1933*, Chicago: The University of Chicago Press, 1934. 同前《胡適全集》第三七卷。

17. Hu, Shih, "Religion and Philosophy in Chinese History," Sophia H. Chen Zen（陳衡君）(ed.), *Symposium on Chinese Culture*, Shanghai: China Institute of Pacific Relations, 1931. 同前《胡適全集》第三六卷。

18. 胡適，〈中國禪學的發展〉，原載於《師大月刊》第一六期（一九三五年四月三十日），同前《胡適全集》第九卷。

19. 胡適，〈說儒〉，一九三四年五月十九日，同前《胡適全集》第四卷。

20. 胡適，《胡適日記》，一九三八年四月二十四日，同前《胡適全集》第三三卷。

21. 胡適，《留學日記》卷七，二二一，同前《胡適全集》第二七卷。

22. 胡適，《留學日記》卷七，三五，同前《胡適全集》第二七卷。Hu, Shih, "Is There a Substitute for Force in International Relations?," *American International Conciliation: Special Bulletin*, New York: American Association for International Conciliation, 1916.（Prize essay, International Polity Club Competition, awarded June 1916.）同前《胡適全集》第三五卷。

23. 胡適，《留學日記》卷三，三五，同前《胡適全集》第二七卷。

24. 胡適，《胡適日記》，一九二一年八月三十日，同前《胡適全集》第二九卷。

25. Hu, Shih, "Why the Main War Will be Fought in Asia: Not Europe," *U.S. News and World Reports*, 30（3）, January 19, 1951.

26. Hu, Shih, "The Communist Regime in China Is Unstable and Shaky," Speech Delivered by Dr. Hu Shih at The Plenary Meeting

of the Twelfth Regular Session of The General Assembly of the United Nations on September 26, 1957.

27. 胡適，《山中日記》，同前《胡適全集》第三〇卷。

28. 胡適，《山中日記》更詳細的記載如下。

九月十二日　晚上與珮聲（曹誠英的字）下棋。

九月十三日　講了一個莫泊桑的故事。

九月十四日　我講莫泊桑小說《遺產》給她聽。

九月十九日　我講莫泊桑小說《圖瓦納》給她聽。

九月二十一日　早上，與娟（曹誠英）同讀《續俠隱記》第二三回〈阿托士夜遇麗人〉。

九月二十六日　下船。娟身體不好，不能坐船了。我和她同夢旦、行知包了汽車回湖。

十月二十三日　太晚了，娟不能回校，遂和我同回旅館。她昨天病了一天，四餐不能吃飯，今天因為哥哥在此，勉強出來同遊。

十一月三十日　返京。

十二月三十日　慶祝結婚六週年。

一九二四年一月三日　煩悶得很，什麼事也不能做。

一月十五日　這十五日來，煩悶之至，什麼事也不能做。

一月二十七日以後，胡適的日記維持了幾乎一整年的空白。

29. 此處為胡適的誤解，以為《康橋日記》共分二冊，凌叔華未交給林徽音的是前半部的一部分。「八寶箱」中實際收藏的，有包含《康橋日記》在內的《徐志摩日記》三冊（英文），以及《陸小曼日記》兩冊（中文）。

30. 胡適，〈致凌叔華〉（一九三一年十二月二十八日），同前《胡適全集》第二四卷。

31. 在胡適研究中國思想或文學的學術論文中，也很容易便可找出這類恣意的論述。無論是《紅樓夢考證》、《神會和尚傳》，還是蒐集近五十種版本的《水經注》，其學術上許多重要成就，都建立在他擁有特權能接觸到普通人無法接觸的資料。他雖然提出必須大膽假設，但幾乎都沒致力將自身的驗證手法提供到公共論域。一九四八年十二月十五日，他僅帶著一本《紅樓夢》「甲戌本」前往南京，之後前往臺灣，這種行為被中共學者批評為篡奪國寶，也非無的放矢。

32. 胡適，〈從《到奴役之路》說起〉，原載於《自由中國》第一〇卷第六期（一九五四年三月十六日），同前《殷海光全集》第四卷，附錄。

33. Hu, Shih, "The Conflict of Ideologies," *The Annals of the American Academy of Political and Social Science*, Vol.218, Nov. 1941. 同前《胡適全集》第三八卷。

34. 希望美國加入戰爭的不只有胡適。面對納粹的攻勢，不僅英、法的態度趨於強硬，一九四一年蘇聯對納粹的中立政策遭破壞後，蘇聯也認為美國應當參戰。胡適擔任駐美大使期間，潛伏羅斯福政府內被稱為「中國通」（Chian Hands）且同時肩負共產國際及中國共產黨諜報任務的中國專家，嘗試把美國拉入對日戰爭，而胡適在這之中也被要求起到一定的作用。前文舉的冀朝鼎，僅是其中一例。

35. 胡適，〈兩種根本不同的政黨〉，原載於《獨立時論》第一集（一九四八年四月），同前《胡適全集》第二二卷。

36. 胡適，〈國際形勢裡的兩個問題〉（致周鯁生），一九四八年一月二十一日夜，同前《胡適全集》第二五卷。

37. 胡適，〈序言〉（一九四九年四月十四日），陳獨秀遺著，《陳獨秀最後對於民主政治的見解（論文和書信）》（自由中國社叢書之二），自由中國社出版部，一九四九年六月。

38. 胡適反覆強調，韓戰在遠東與共產主義的作戰中扮演的重要角色。一九五三年一月二十一日，從臺灣返回美國時途經日本，當時在NHK錄製了一場題為〈我們的共通敵人〉（"Our Common Enemy"）的十分鐘演講，即是其中一例。其中他談到，韓戰在樹立東亞自由社會上具有四項意義。（一）世界共產主義的戰場非在歐洲，而是在亞洲。（二）在聯合國的旗幟下，對亞洲人民的抵抗表達援助的立場。（三）因中國人民志願軍的參戰，這場在亞洲的戰爭也產生了戰略意義，即是從紅色帝國中救回四億五千萬人民。（四）自由世界被迫擺脫歐洲第一的傳統政策。（江勇振，《國師策士——1932-1962》，「舍我其誰：胡適，第四部」，聯經出版公司，二〇一八年。）

39. 胡適，《胡適日記》，一九五〇年九月二十四日，同前《胡適全集》第三四卷。

40. Hu, Shih, "China in Stalin's Grand Strategy," *Foreign Affairs*, 29（1）, Oct. 1950.

41. Hu, Shih, "The Chinese Tradition and the Future," *Sino-American Conference on Intellectual Cooperation: Report and Proceedings*, University of Washington, July 10-15, 1960. 同前《胡適全集》第三九卷。Hu, Shih, "The Important Role of Doubt in Chinese Though." 同前《胡適全集》第三九卷。

42. 陳寅恪，〈清華大學王觀堂先生紀念碑銘〉，《金明館叢稿二編》（陳寅恪集），生活．讀書．新知三聯書店，二〇〇一年。

43. 陳寅恪，〈馮友蘭中國哲學史下冊審查報告〉，同前《金明館叢稿二編》。

44. 陳寅恪，〈讀哀江南賦〉，《金明館叢稿初編》（陳寅恪集），生活．讀書．新知三聯書店，二〇〇一年。

45. 陳寅恪，〈對科學院的答覆〉，《講義及雜稿》（陳寅恪集），生活．讀書．新知三聯書店，二〇〇二年。

46. 陳寅恪，〈論再生緣〉，《寒柳堂集》（陳寅恪集），生活．讀書．新知三聯書店，二〇〇一年。

47. 陳寅恪，〈贈蔣秉南序〉，同前《寒柳堂集》。

48. 陳寅恪，《柳如是別傳》上（陳寅恪集），生活・讀書・新知三聯書店，二〇〇一年。

49. 陳寅恪，《柳如是別傳》下（陳寅恪集），生活・讀書・新知三聯書店，二〇〇一年。

50. 陳寅恪，〈寒柳堂記夢未定稿〉，同前《寒柳堂集》。

51. 陳寅恪，〈寒柳堂記夢未定稿（補）〉，同前《寒柳堂集》。

52. 陳寅恪的家族沒落，起因於戊戌變法。其祖父與父親因與康有為、梁啟超、黃遵憲的交情而遭朝廷猜忌，被剝奪全部官職，結束政治生命。不過，他們請來梁啟超擔任《湘學報》主筆，參與部分變法運動，也是天下周知的事實。因此，之後張之洞誣告黃遵憲一事，把陳寶箴與陳三立進一步逼入絕境。至於導致陳寅恪家族破滅的人究竟是康有為，抑或張之洞，則難以判斷。

即便如此，陳寅恪談論家族歷史時，完全沒指責張之洞。他把康有為描繪成侷限於儒家不肯向外跨出一步的愚者，卻把張之洞描繪成對西洋文明抱持開放精神的現代主義先驅。然而，這並非陳的本意，這從〈寒柳堂記夢未定稿（補）〉中的記述可以看出他的真意。

實際上，康有為並沒有完全侷限在儒家框架中。康除了把儒家與西洋近代宗教進行比擬，也嘗試在儒家中提取基於民權與平等的革命資源。張之洞只不過是為了擊潰康有為發掘出的民權與平等思想，而表現出守護西洋文明的姿態罷了。真正的現代主義者其實是康有為，而非張之洞。

康有為主張儒家與西洋文明等價，其革命性（破壞性）遠超張之洞的中體西用現狀主義。對現狀主義者來說，張之洞保持「中體」的態度較為穩妥。陳寅恪因為這種低劣的清流策士導致自己家族破滅深以為恥，並極力掩蓋。

我們可以理解，陳寅恪為了保護家族名譽，對張之洞「中體西用」論的愚昧性保持沉默。然而，如果我們把陳寅恪這種苦澀的抉擇囫圇接受，將他視為「中體西用」論的擁護者，那麼我們對中國近現代的真實樣貌，將遭到蒙蔽，無法釐清。

53. 陳寅恪，〈鄧廣銘宋史職官志考證序〉，同前《金明館叢稿二編》。

54. 根據陳寅恪的說法，中國文本解釋學的劃時代革命，在梵文與巴利文翻譯全盛期的東晉時期（三一七—四二〇年）。此時中國發展出「合本」與「格義」兩種詮釋方法。所謂的「合本」，是針對一個文本蒐集多數翻譯書籍進行校勘，針對不同譯詞與文本殘缺進行比較研究。月氏人支謙（二世紀末到三世紀中左右）被視為創始者，不過陳寅恪關注的不只是支謙，更是支愍度（三世紀末至四世紀中期）。

支愍度是般若學派之一的「心無宗」創始者。永嘉之亂（三〇七—三一三年）時，他與康僧淵、康法暢亡命江南，創設「心無宗」。在《世說新語》〈假譎篇第二十七〉中，揶揄支愍度的做法與般若本來的教義無關，僅是為了迎合南方人士的曲學阿世行為。但陳寅恪否定這樣的說法。支愍度的「心無義」學說，源自於對印度佛教原典用「合本」方法解釋時的誤讀。《般若波羅蜜經》的「有心無心」，在梵文中是「有心」與「無心」的對立概念。但在「合本」解釋的過程中，產生了「心無」這個名詞。支愍度的「心無宗」便建立在這種誤讀之上。這種「合本」方法論最終產生出以夾注形式，將解釋嵌入文本的「子注」，進而形成用內典（儒家經典、佛教經典）的概念與邏輯，來解釋梵文、巴利文文獻，也被稱為「格義」（陳寅恪，〈支愍度學說考〉，同前《金明館叢稿初編》）。

55. 陳寅恪，〈論韓愈〉，同前《金明館叢稿初編》。

參考文獻

胡適

植村鷹千代編譯，《抗日論——如何にして抗日戦は準備されたか（抗日論——如何準備抗日戰爭）》，橘書店，一九三七年

Jerome B・Grieder著，佐藤公彥譯，《胡適1891-1962——中国革命の中のリベラリズム（胡適1891-1962——中國革命中的自由主義）》，藤原書店，二〇一八年

胡適，《論對日外交方針》，日華俱樂部，一九三二年

胡適著，矢野仁一監譯，《中国の文芸復興（中國的文藝復興）》，始源社，一九四七年

歐陽哲生編，《胡適文集》全一二卷，北京大學出版社，一九九八年

歐陽哲生選編，《追憶胡適》（歷史的回憶、文化名人解析系列），社會科學文獻出版社，二〇〇〇年

季羨林主編，《胡適全集》全四四卷，安徽教育出版社，二〇〇三年

胡頌平編著，《胡適之先生年譜長編初稿》增補版，全一一冊，聯經出版公司，二〇一五年。校訂版全一〇冊由聯經出版公司於一九九〇年出版。初版全一〇冊亦由聯經出版公司於一九八四年出版

胡適，《胡適手稿》全三〇冊，胡適紀念館，一九六六—一九七〇年

胡適，《胡適作品集》全三七冊，遠流出版公司，一九八六年

耿雲志主編，《胡適遺稿及秘藏書信》全四二冊，黃山書社（出版），新華書店（發行），一九九四年

耿雲志，《胡適研究論稿——The study on Hu Shi》，社會科學文獻出版社，二〇〇七年

耿雲志主編，《胡適年譜——1891-1962》修訂本，福建教育出版社，二〇一二年。原著為中華書局香港分局，一九八六年
江勇振，《璞玉成璧——1891-1917》（舍我其誰：胡適，第一部），聯經出版公司，二〇一一年
江勇振，《日正當中——1917-1927》（舍我其誰：胡適，第二部），聯經出版公司，二〇一三年
江勇振，《為學論政——1927-1932》（舍我其誰：胡適，第三部），聯經出版公司，二〇一八年
江勇振，《國師策士——1932-1962》（舍我其誰：胡適，第四部），聯經出版公司，二〇一八年
周質平，《胡適與韋蓮司——深情五十年》，聯經出版公司，一九九八年
章清，《「胡適派學人群」與現代中國自由主義》（晚清民國學術書系），上海古籍出版社，二〇〇四年
生活·讀書·新知三聯書店編，《胡適思想批判——論文彙編》全八冊，生活·讀書·新知三聯書店，一九五五—一九五六年
曹伯言整理，《胡適日記全集》第二版，全一〇冊，聯經出版公司，二〇一八年。初版為聯經出版公司，二〇〇四年
中國社會科學院近代史研究所中華民國史研究室編，《胡適來往書信選》上中下，中華書局香港分局，一九八三年
張忠棟，《胡適五論》（張忠棟文集一），稻鄉出版社，二〇〇五年。原著為允晨文化，一九八七年
沈衛威，《無地自由——胡適傳》增訂珍藏本，河北人民出版社，二〇一五年。原著為河南大學出版會，一九八八年
沈寂，《胡適政論與近代中國》（商務玖什叢書〇二九），商務印書館（香港），一九九三年
唐德剛著，傳記文學雜誌社編，《胡適雜憶》（傳記文學叢刊四七），傳記文學出版社，一九七九年
潘光哲主編，《胡適時論集》全八冊（胡適全集），中央研究院近代史研究所胡適紀念館，二〇一八年
潘光哲主編，《胡適中文書信集》全五冊（胡適全集），中央研究院近代史研究所胡適紀念館，二〇一八年

北京大學圖書館編，《北京大學圖書館藏胡適未刊書信日記》，清華大學出版社，二〇〇三年

余英時，《重尋胡適歷程——胡適生平與思想再認識》增訂版（院士叢書），中央研究院、聯經出版公司，二〇一四年。初版為中央研究院、聯經出版公司，二〇〇四年

葉青著，二十世紀社編，《胡適批判》上下（二十世紀批判叢書，乙編第一種），辛墾書店，一九三三—一九三四年

羅志田，《再造文明之夢——胡適傳》修訂本，社會科學文獻出版社，二〇一五年。原著為中華書局，二〇〇六年

李伶伶、王一心，《日記的胡適——他和影響了那個時代的他們》，陝西人民出版社，二〇〇七年

梁錫華選註，《胡適秘藏書信選》上下（風雲思潮三七、三八），風雲時代初版，一九九〇年。原著正續編為遠景出版公司，一九八二年

Grieder, Jerome B., *Hu Shih and the Chinese Renaissance*, Cambridge, Massachusetts: Havard University Press, 1970.

Hu, Shih, *China in Stalin's Grand Strategy*（史達林策略下的中國），胡適紀念館，一九六七年

Hu, Shih, *The Reminiscences of Dr. Hu Shih*（Chinese oral history project: East Asian Institute of Columbia University, no.2），New York Times oral history program, Glen Rock, New Jersey: Microfilming Corporation of America, 1975.

陳寅恪

井波陵一等著，京都大學人文科學研究所附屬東亞人文信息研究中心編，《清華の三巨頭（清華的三巨頭）》，京大人文研漢籍研討會三，研文出版，二〇一四年

陸鍵東著，野原康弘等譯，《中国知識人の運命——陳寅恪　最後の二十年（中國知識分子的命運——陳寅恪最後的二十年）》，平凡社，二〇〇一年

蔣天樞撰，《陳寅恪先生編年事輯》增訂本，上海古籍出版社，一九九七年。初版為上海古籍出版社，一九八一年
張求會，《陳寅恪家史》，東方出版社，二〇一九年
張傑、楊燕麗選編，《追憶陳寅恪》，社會科學文獻出版社，一九九九年
張傑、楊燕麗選編，《解析陳寅恪》，社會科學文獻出版社，一九九九年
馮衣北，《陳寅恪晚年詩文及其他——與余英時先生商榷》，花城出版社，一九八六年
卞僧慧纂，卞學洛整理，《陳寅恪先生年譜長編（初稿）》（清華大學國學研究院四大導師年譜長編系列），中華書局，二〇一〇年
余英時，《陳寅恪晚年詩文釋證》二版，東大圖書，二〇一一年。增定新版為東大圖書，一九九八年。初版為時報文化出版公司，一九八四年
余英時、汪榮祖，《陳寅恪研究——反思與展望》，崧博出版公司，二〇一八年
陸鍵東，《陳寅恪的最後貳拾年》，生活．讀書．新知三聯書店，一九九五年
劉夢溪，《陳寅恪論稿》，生活．讀書．新知三聯書店，二〇一八年

胡適、陳寅恪以外的人物

章詒和著，横澤泰夫譯，《嵐を生きた中国知識人——「右派」章伯鈞をめぐる人びと（在風暴中生存的中國知識分子——圍繞「右派」章伯鈞的人們）》，集廣社，二〇〇七年
恒藤恭等編纂，《土田杏村全集》復刻版，全一五卷，日本図書センター，一九八二年。初版為第一書局，一九三五—一九三六年

王文嶺，《陶行知年譜長編》，四川教育出版社，二〇一二年
許紀霖，《中國知識分子十論》，復旦大學出版社，二〇〇三年
虞坤林編，《陸小曼未刊日記墨跡》，山西出版集團、三晉出版社，二〇〇九年
顧頡剛，《顧頡剛日記》全一二卷，聯經出版公司，二〇〇七年
顧頡剛，《顧頡剛全集》全六二冊，中華書局，二〇一〇年
顧潮編著，《顧頡剛年譜》增訂本，中華書局，二〇一一年
高平叔撰著，《蔡元培年譜長編》全四卷，人民教育出版社，一九九八年。初版為人民教育出版社，上中下（一）、下（二），一九九六年
蔡元培著，王世儒編，《蔡元培日記》上下，北京大學出版社，二〇一〇年
謝泳，《逝去的年代——中國自由知識分子的命運》，天地圖書，一九九九年
章詒和，《最後的貴族》完整版，牛津大學出版社，二〇〇四年
張耀傑，《民權保障同盟的暗箱黑幕》（「真相」系列二六），明鏡出版社，二〇〇四年
陳學勇，《林徽音尋真——林徽音生平創作叢考》，中華書局，二〇〇四年
陳從周著，陳子善編，《徐志摩——年譜與評述》，上海書店，二〇〇八年
陶行知，《陶行知全集》全一二卷，四川教育出版社，二〇〇五年
熊十力，《熊十力全集》全八卷，附卷全二卷，湖北教育出版社，二〇〇一年
余英時，《未盡的才情——從《顧頡剛日記》看顧頡剛的內心世界》，聯經出版公司，二〇〇七年

雷海宗，《雷海宗文集》全六卷，天津人民出版社，二〇一六年

李霜青、江勇振、吳寄萍，《熊十力、張君勱、蔣中正》（中國歷代思想家二三），臺灣商務印書館，一九九九年

林正弘、潘光哲、簡明海主編，《殷海光全集》全二一卷，國立臺灣大學出版中心，二〇〇九—二〇一三年

Dewey, John. translated from the Chinese and edited by Rober W. Clopton, Tsuin-Chen Ou, *Lectures in China, 1919-1920*（An East-West Center book）, Honolulu: University Press of Hawaii, 1973.

Wang, Fan-sen, *Fu Ssu-nien: A Life in Chinese History and Politics*（Cambridge Studies in Chinese History, Literature and Institutions）, Cambridge: Cambridge University Press, 2000.

Wang, Jessica Ching-Sze, *John Dewey in China: To Teach and To Learn*（SUNY series in Chinese Philosophy and Culture）, Albany: State University of New Youk Press, 2007.

第七章
毀譽參半的超凡革命領袖

石川禎浩

前言

關於毛澤東，在他生前就有不計其數的傳記與文章被發表。有一個通說是，世界歷史上的政治家、革命家中，至今為止被撰寫最多傳記的人是拿破崙。當然數量無法正確計算，根據西洋歷史學家的說法，至二十世紀為止，傳記、評論共超過二十五萬篇，且這一數字還在持續增加中。[1]

相比之下，如果在東方，毛澤東的名字肯定會被提及。雖根據不同的基準，數字會有所變動，但中國的專家推估，從一九四〇年代起至毛過世為止，中國國內發表的毛澤東相關研究，包含文章、書籍在內大約有一萬兩千篇，之後每年仍繼續以千為單位的速度增加。[2] 如果加上國外的相關研究，目前數字應該已超過十萬篇。雖說還趕不上拿破崙，但也不可忽略，與兩百多年前的拿破崙相較，毛過世還不到半個世紀。

傳記數量之多，這個指標除了展現該人物的非凡魅力之外，同時也表示這個人物的評價尚無定論。如同對歐洲進行大改革成為民眾英雄的拿破崙，稱帝之後的評價變得分歧一樣，對於毛澤東晚年的個人崇拜與極端式的破壞秩序，同樣存在不同觀點。在生前評價變動如此巨大的人，或者更正確地說，評價振幅如此顯著的人物只有毛澤東。有人將他當作神明般來崇奉，也有傳記作家毫不避諱地指出沒有比他更陰險、冷酷且令人畏懼的獨裁者。在古今中外的歷史人物中，毀譽褒貶差異最大的人物之一，可說便是毛澤東。

此外，與評價類似，針對人格或個性，在毛的場合，也有完全相反的論述，讓我們感到困擾。有評價指出他是個喜好辛辣油膩食物的鄉下人，這種氣質至死都未曾改變，相反一方則指出他具備可與歷代文人、詩人比肩的文化素養，是一位士大夫、讀書人。有人評價他是不停追求理想的浪漫主義者、熱情家，另一些人認為在農村指揮游擊戰時的他，是討厭光說不練與嫌惡教條的現實主義者，許多歷史學家認為這是他獲得成功的要因。換言之，讀越多的評傳，他的形象就越混淆，讓人無法掌握其真實面貌。

時代的驕子

然而，對他評價的巨幅震盪，或許可以如此思考，與其說這是毛澤東的個人特徵，不如說是二十世紀中國的劇烈變動，加上共產黨革命的複雜性，都通過毛澤東這位人物具體展現出來。如同所有的歷史人物都是「時代的驕子」般，好的事物、壞的事物都被套在毛澤東身上，他本身背負的就是中國的近現代歷史。在這點上，他到青年時代為止，與其他希望改變近代中國的許多年輕人並無二致。若要說毛與其他人不同之處，就是他以自身體現中國近代，通過革命活動獲得壓倒性的存在感，最終成為中國共產黨（以下視狀況簡稱中共）的象徵，甚至成為中國本身的化身。

一九三六年秋，記者愛德加．史諾（Edgar Parks Snow）採訪毛澤東，聽他親口講述自己的前半生。史諾在《紅星照耀中國》敘述的內容，暗示了這樣的觀點：毛在談一九三〇年前後農村游擊戰與建設革命根據地時，已「超越了『個人歷史』的範疇」，毛並非使用「我」，而是使用「我們」這個詞彙來談論自身。[3]因為對毛而言，他的經歷已逐漸從個人故事轉變成集團奮鬥的紀錄。接受史諾訪談時，毛年過四十，已被視為共產黨的領導人，他的人生逐步與中國共產黨這個革命組織的集團不斷重合，而在之後的四十年裡，他的存在感持續擴大，成為整個中國的象徵。

那麼，毛不得不背負的，而且凝聚在他身上、打造出他矛盾性格的近代中國的巨大波動與複雜性，具體而言又是什麼？本章將結合中國近代以來以各種形式展現的對立與矛盾，如本土與外來、理性與非理性、封閉與開放等，概述毛的生涯。

毛澤東（一八九三—一九七六年）

一、年輕時的毛澤東

毛澤東

毛澤東（字潤之），湖南省湘潭縣韶山人。一八九三年十二月二十六日生，其父毛貽昌、其母文素勤是當地農民，毛為長子，其下尚有兩個弟弟（澤民、澤覃），他們後來與哥哥一樣都成為共產黨員，但在革命活動中喪命。務農的毛家原本生活絕對談不上富裕，但在父親的機智與勤勉下，從貧農成為富農，最後更成為小地主，是當地相當成功的人士。能幹但性急粗暴的父親經常指使小時候的毛打雜或記帳。同時他也學習讀寫，貪婪地閱讀各種書籍，對中國的衰弱感到強烈的危機意識。毛的家鄉距離省會長沙五十公里左右，在辛亥革命的前一年（一九一〇年），長沙爆發大規模的米糧暴動，據說當時毛見到逃難而來的人，為中國的未來感到擔憂。據此可知，雖說生長在農村，但仍是能直接感受到社會動向的地方。

當時的中國據稱有四億人口，其中超過八成都住在農村。毛年幼時的統治政權仍是清朝，因此即便是住在農村的男孩子也可以參加科舉考試，但若真心要投入，需要相當的開銷，因此家人並未讓毛參加為了科考的學堂。除了家境稍微富裕之外，他只是非常普通的農村孩子。這也是為何人們會說，以無產階級（Proletariat）為主體的共產黨革命運動，能扎根於中國的農民革命基礎上獲得成功，正因為毛澤東出身農民家庭。

毛澤東從共產黨最初期起便是黨員，也參加了一九二一年在上海舉行的黨第一屆大會。值得注意的是，當時這場值得紀念的大會共有十三名黨員出席，出身農民家庭者包含毛在內共有六人，其七人則是出身官僚、商人、醫生、私塾老師等知識分子家庭，沒有任何勞工出身的人。此外，出身農村者中，像毛一樣來自擁有一定程度資產的農家者有五人，只有一個人出身佃農，但這個人也是陪著地主家的少爺上學的人，並非真的出身非常貧困的家庭。也就是說，初期共產黨員中並不是因為所謂的階級意識，即在現實生活中遭地主或雇主壓榨，因感受此種矛盾而對社會主義覺醒的人。

身為初期黨員進行的活動

毛澤東通過閱讀各種書籍，知道中國陷於危機之中，並被這種想法驅使。他在一九一〇年離鄉背井進入新式學校，之後適逢辛亥革命爆發，他曾一度投身軍隊，累積從軍經驗。不過革命比意料更快結束，毛也進入在長沙的師範學校，選擇接受高等教育之途。在學期間，他積極參與在湖南的政治運動與新文化運動，一九一七年向新文化運動的代表雜誌《新青年》投稿。同時他也響應浪潮波及湖南的五四運動，學校畢業後前往北京與上海，例如曾在北京大學擔任圖書館的臨時職員，增廣自身見聞。

遊學時期，毛有機會認識共產黨創設者陳獨秀與李大釗，並逐漸傾心於社會主義思想，投身共產黨活動。因為他是中共早期成員，毛澤東的經歷也就與中國共產黨的歷史完全重合。第一屆黨大會召開時，全國黨員僅有五十餘人，由此邁出步伐，一路發展成今日擁有超過九千萬黨員的巨大政黨。其實，前一年（一九二〇年）當他隸屬的少年中國學會進行問卷調查時，毛的回答是以「從事教育工作」作為生涯的志業。或許當時他尋思可以一邊從事教師工作，仍能一邊進行社會改造活動。實際上，毛僅有短暫的教員經驗，之後直到一九七六年去世為止，他都一直是專職從事黨活動的活動家（亦即革命家）。

毛澤東能夠迅速專業從事革命活動，係因剛誕生的中共被上層組織共產國際指派去支援孫文領導的中國國民黨，並採取加入國民黨的方針。換言之，因為當時國民黨在廣東省握有地盤與政權，與中央政府分立，中共選擇與國民黨合作（國共合作），取得國民黨員身分以獲得國民黨內的職務，參與革命活動同時也能維持生活。毛在上海、廣州等處積極從事國民黨的活動，曾歷任數個要職（中央執行委員候補、代理宣傳部長）。因此，國民黨的要人們（如蔣介石〔↓第五章〕、汪精衛〔兆銘〕等）與毛澤東等共產黨幹部們，在一九二〇年代後半雙方對立為止，一直都是同志關係，熟悉彼此面容也知道為人。

一九二五年孫文過世，次年起國民革命軍（總司令為蔣介石）展開北伐，與之呼應的農民運動也興起。毛前去各地實際見到激烈的鬥爭，並從中看出中國革命的能量與可能性。他日後能成為農民革命領導者，其經驗基礎大約是這一時期奠定的。此時他的代表性著作是〈湖南農民運動考察報告〉，內容高度讚揚湖南、湖北農民運動的「過火」行為，並斷言「革命不是請客吃飯……革命是暴動，是一個階級，推翻一個階級暴力的行動」。

以一九二七年為界，國民黨與共產黨的合作關係終於瓦解，一變轉為不共戴天的血腥鬥爭。以蔣介石為代表的國民黨高層，對共產黨聚積太多力量感到警戒，認為要推進由國民黨主導的革命運動，共產黨反而成為阻礙，甚至是一股危險的力量，所以必須解除與共產黨的合作關係，並開始推動中國在軍事上、政治上的統一。到一九二八年國民黨北伐快完成時，共產黨遭到國民黨政權（南京國民政府）徹底驅除、鎮壓，共產黨員將活動場域轉向農村，對國民黨主導的國家建設進行激烈抵抗，同時展開活動建立與國共合作時代完全不同的另一個政權（樹立、擴大蘇維埃政權來打倒既有政權的運動）。其特徵是通過農村軍事鬥爭，藉由武力進行割據，與過往蘇聯型革命模式不同，被稱為中國的農村革命運動，而毛澤東正是這一運動的領導核心。

什麼樣的人成為共產黨員？

在這場農村革命運動（一九二七年起約莫十年期間）中，無論中國共產黨的活動內容與組織形態，或者毛澤東的思考方式都出現重大轉變。一開始，共產黨的核心成員是反對日本二十一條要求及在五四運動中站在第一線引領大眾的知識分子。他們的原動力是必須在持續混亂的中國拯救百姓之傳統士大夫意識，以及在弱肉強食、優勝劣敗的國際競爭中可能會遭淘汰與滅亡的社會演化論式危機意識。他們與此前的中國改革者不同，思考救國方法時，認為必須採用被認為是更先進的社會主義（馬克思主義），並尊崇社會主義思想。正好當時後進專制國家俄羅斯發生十月革命，為社會主義的勝利打開一扇門，也為中國帶來希望。中國的共產主義革命運動，可說是在知識分子主導的激進救國（富國強兵）運動中開展。

今日究竟有多少人讀過馬克思主義的文獻，委實難以斷定，而對過去的人而言，這麼說或許有些可笑，但老實說那些文獻內容確實艱澀難懂。根據毛澤東自身的敘述，他在理解馬克思主義時，獲得重大啟發的是如下三本書：《共產黨宣言》（馬克思、恩格斯）、《艾爾福特綱領》（卡爾．考茨基）、《社會主義史》（托馬斯．柯卡普）。全部都是翻譯版本，前二本是相當著名的文獻，而《社會主義史》是解說各種社會主義理論的書籍，並無法特別引導理解馬克思主義。暫且不論這些書籍如何影響毛的思考脈絡，光是當時的翻譯水準與毛的基礎社會科學知識，這些書籍理應相當晦澀難懂，但至少能讀這種程度書籍（或者打算要讀）的知識分子，才是初期共產黨的成員。

以參加第一屆大會的代表為例，如果看參加者的學歷，大學程度者七人，高等師範程度者包含毛澤東在內有三人，中學（在日本稱為高校）程度一人，剩下的兩人未接受過正規的近現代教育，但也具有參加省級科考的資格（生員）。這些人是所謂的「士大夫」、「士紳」統治階級，或是此階級的預備人才，從總人口比例來看，是不滿百分之一的超級精英。即便如此，想循序漸進學習馬克思主義也並非易事，而且難題還在前方，也就是該如何把馬克思思想介紹給民眾、農民等社會大多數人。特別是被國民黨趕至農村後，共產黨員面臨了一個更為現實的問題，在大多數農民連字都不識的情況下，更別說馬克思主義了，該怎麼辦呢？即便讀了馬克思的書，其中也沒提及這些問題或挑戰，他們卻必須給出現實且有效的回答。

二、邁向共產黨領導者的地位

身為農村革命領導者

以毛澤東為首的中共，選擇了武裝割據的方式，即由武裝集團在國民黨與既存地方勢力所管轄不到的區域擴張勢力範圍，通過土地改革（強迫地主或富農交出財產與土地，重新進行分配）獲得農民的支持，進而建立政權。實踐初期的事例是他們於一九二七年秋發起武裝起義，最後抵達湖南、江西省邊區地帶的井岡山。在武裝起義之前，毛澤東在黨中央的會議上表示「以後要非常注意軍事。須知政權是由槍桿子中取得的」，主張藉由軍事鬥爭來建立政權，並將此付諸實踐。從撼動清朝的白蓮教之亂和太平天國事件等一連串動亂以來，中國農村的治安極度惡化，刀劍武器在地方基層社會廣泛流傳，各種稱不上義賊又不到盜匪程度、本性暴戾的人到處橫行。

在城市地區的勞工運動，不僅未能全面展開，甚至連黨中央組織也陷入難以存續的危機狀況，這益發導致共產黨只能在農村地區尋求生存空間。共產黨活用其武器，也就是組織群眾的力量，巧妙拉攏既存的武裝集團，或者將之殲滅，同時抑制共產黨軍事力量（紅軍），不使其凌駕黨的權力之上，保持黨領導軍的秩序結構。此外，積極策動農村的年輕族群，特別是中等學校程度的青年男女，其中又以來自沒落中的中小地主家庭為主，把這些對政治變化極為敏感的族群納入組織。此外，若面對戰鬥上不利的局面，則極力避免發生戰鬥等。通過不斷地摸索和實踐，共產黨將革命導入廣大農村。能夠把這些策略與農村實際狀況連結，且獲得具體成果的人，正是毛澤東。

以江西省南部為核心持續擴大根據地的共產黨及其麾下紅軍，一九三一年十一月在瑞金成立中華蘇維埃共和國臨時政府，毛澤東就任政府主席。他們的名字逐漸廣為人知，就是從此時期開始，特別是與毛兩人三腳搭配、負責統帥軍隊的朱德，二人合稱朱毛，幾乎成為共產黨、軍的代名詞，席捲華南的偏僻農村。如此，通過以農村為主的活動，共產黨從一開始由城市、知識分子、學生為主的黨組織，逐漸轉變為以農民為主的政黨。只是，共產黨的農村根據地主要散布華南、華中各地，且常因國民黨的軍事討伐而擴縮或移動，因此一九三〇年代前半的黨員總數或黨員職業別等資料，數字僅能大致估算。例如，中華蘇維埃共和國成立前後，今日留下的資料為全國黨員約十萬到三十萬之間，這只是粗略的概數。

不得志的時代與回歸黨領導

通過武裝割據建設革命根據地，即通過毛澤東所謂的農村游擊戰，讓他成為共產黨的代表人物之一，特別在對外方面是最知名的領導者。但當時他作為黨領導，尚缺乏一個決定性的關鍵，那就是身為共黨領導，必須具備理論修養，且須與全世界共產主義運動總部——共產國際有密切接觸。前文介紹毛澤東曾說「革命不是請客吃飯」等，雖然通俗易懂、切中要害，但除此之外就沒有其他深意了。身為領導，需要有更多社會科學方面的深度，如同蘇聯那般，持續引用馬克思或列寧的著作，以高層次的抽象議論，表達中國革命的特質。然而，這種理論和抽象概念只有去莫斯科才能學到。

實際上，對黨內那些從一九二〇年代起前往莫斯科學習俄語及馬克思—列寧主義的年輕人而言，此時出現了他們可以一展長才的狀況。他們帶著在莫斯科鑽研的學問回到中國，披著蘇聯或共產國際的權威外衣而擁有發言權，把毛澤東的做法稱為「狹隘的經驗主義」，紅軍的游擊戰術也被批評為，若面對敵方正面攻擊，將有被殲滅之虞的「逃亡主義」。如此，當共產黨中央因國民黨的鎮壓，從上海轉移至革命根據地後，所謂的「蘇聯留學派」更支持實務派的周恩來，而毛在周恩來等人的排擠下，逐漸遠離黨的中樞。對於這段被冷落的不得志時期，日後毛半開玩笑地回憶道：「我這個菩薩，過去還靈，後頭就不靈了。他們把我這個木菩薩浸到糞坑裡，再拿出來，搞得臭得很。」正是因為使用這種粗俗措辭，理所當然不會被視為真正的理論家。

殖民地式社會中的國外經驗

當時中共的定位是共產國際（Communist International，總部設於莫斯科的國際共產主義組織）的中國支部。此外，依靠自身獲得革命成功，並建立社會主義制度國家的也僅有蘇聯。因此擁有成功模式（體驗）的蘇聯，其權威之大自不待言。事實上，中共早期領導層中許多人具有留學莫斯科的經驗，毛不僅從未到過蘇聯，甚至從未出國，反倒讓他成為一個極為罕見的例子。他首次出國是在一九四九年十二月，以中華人民共和國元首身分前往蘇聯進行官方訪問，此時他已經五十六歲了。

值得一提的是，一九四九年當時，中共所謂最高指導機構的中央政治局委員中，包含毛在內的十三位重要人物，未出過國的僅有毛澤東、彭德懷與彭真三人。不過彭德懷是出身貧農，靠奮鬥爬上來的軍人，彭真曾入獄六年，考量這些情況，毛的缺乏國外經驗益發顯眼。尤其在一九三〇年代前半，沒有去過莫斯科或任何國外生活經歷的人，對於中共精英們來說，缺乏理當具備的經驗，必然得有所覺悟自己會被當作見識狹隘的人。

其實，這種與海外的連結或擁有國際經歷，在二十世紀前半的中國政治社會中，可謂普遍現象。大半的民眾一輩子都沒有在國外生活的經驗，統治者卻往往有國外留學的經歷，其中一些人比起自己母語，更喜歡使用英語或法語等留學地的語言。這類的家族、宗族又形成姻親，逐漸形成統治階級，這種情況在今日的發展中國家依然屢屢可見。不信任自己國家的制度，特別是高等教育與金融機構，把重心放在外國的人們形成上層統治者，此即所謂的殖民地型社會。與此最接近的就是二十世紀前半的中國，例如國民黨的領導者們，他們本身或者其子弟，多半具有留學經驗。知名的「宋家三姊妹」（↓第五章）即是一個典型例子，她們在父母的安排下，自幼前往美國就學，對她們而言，讀書寫字時英文比中文更加流利。

亦即，無論國民黨或共產黨，上層領導階層們大半都認為要改變落伍的中國必須向外國學習，這點雙方並無太大差異。即便有所不同，也不過是究竟把眼光放在歐美先進國家或日本，或者放在革命先進國的蘇聯罷了。因為這種狀況，不具外國經驗的毛遂顯特殊，然而或許也可反過來推測，正因毛不了解外國，所以他不容易興起崇拜外國的念頭，反而培養出屬於自身的獨特革命思想。

總之，毛澤東雖然持續信奉馬克思主義，但他的目光終究朝向中國的本土社會，此點應無庸置疑。

也就是說，在毛的身上渾然濃縮了圍繞中國近代土俗與外來事物並存、民眾與精英世界隔閡的矛盾，與那些從莫斯科歸來的精英們，提出以馬克思主義為基礎的革命運動相較，毛則反映出與他們不同的異質性內涵。

長征與復權

毛澤東失去實權的時期，由周恩來與留蘇派幹部們掌握紅軍的指揮權。他們絕非能力不足，但在蔣介石圍剿共產黨根據地的作戰中，仍舊無法與之匹敵，最終於一九三四年秋天放棄江西省的根據地，展開長距離的移動，也就是所謂的「長征」。途中為了彙整紅軍敗北的責任，一九三五年一月在貴州省遵義舉行黨會議（因地名而稱為遵義會議），會上毛批判了那些排除自己的人，批評其方針，重新掌握領導權，重返中共高層。之後克服許多苦難與危險，帶領長征軍來到陝西省北部，挽救瀕臨滅亡危機的共產黨。通過遵義會議，確立了毛澤東對中共與紅軍的指揮權，之後共產黨便在一貫的正確指導下，邁向革命的勝利。這是中國官方對毛澤東與遵義會議的定型化說明。

然而，其實「長征」出發時有八萬軍、民、黨員，但因戰鬥與逃亡，在一、兩個月期間人數驟減到三分之一程度，是一場悲慘的逃亡行動。雖說通過遵義會議，毛取回軍事層面指揮權，之後也未能發起攻勢。而是設法逃過國民政府的封鎖與追擊，歷經兵員增減，最終逃脫到陝西省北部，這才是接近真實的狀況。途中與從其他根據地率軍而來的張國燾會師，還發生了紅軍將、兵爭奪主導權之事。

不過，從共產黨的決策面來看，長征可說是促成中共自立的重大轉折點。長征之前，中共領導層經常透過無線電與共產國際取得聯繫，但行軍途中失去無線電聯絡手段，使得中共在近一年的時間內，脫離莫斯科的意向，自主做出判斷與下決定，畢竟此時處於前所未有的狀況。遵義會議便是在此種狀況下召開，所以毛澤東晚年很喜歡談論此會議，借用他的敘述口吻就是，通過遵義會議「我這個臭的菩薩，才開始香了起來」。這既不是他人指手畫腳亦非外來權威，而是中共自主決定的領導層，他正是這麼被推舉出來的，這種意識賦予遵義會議特殊的意義。

毛等人的長征最後抵達陝西省北部，不久他們便接到兩項通知。第一，共產國際於一九三五年夏天召開的第七屆大會上，轉變此前把對國民黨鬥爭視為首要任務的路線，為了因應日益增加的日本威脅，改為建立廣泛／廣義抗日統一戰線的方針，戰線中也包含了國民黨。第二，有美國記者詢問是否可以前來採訪。這兩項通知，無論對共產黨或對毛澤東而言，都是重大的轉折點。經由第一項通知，中共得以成為已然是輿論大勢所趨的抗日民族主義的接受及受益者，從而在宣傳工作上占據優勢；通過第二項，又可將第一項的方針轉變向外界充分宣傳。一九三六年夏天，著名記者愛德加．史諾前來採訪。毛給他三個月的時間，准許他在共產黨統治區域進行採訪，也首次對史諾詳述自己的前半生。史諾將這些內容彙整後，於一九三七年後半出版《紅星照耀中國》。在此之前不為外界所知，宛如謎團般的毛澤東，一躍成為全世界關注的革命家。

抗日戰爭與確立黨內領導權

經過一九三六年十二月的西安事變後，隨後一九三七年爆發對日戰爭（抗日戰爭），促使共產黨改善與國民黨的關係（第二次國共合作）。共產黨將自身的根據地與軍隊被國民政府改編為特別行政區與軍隊（八路軍），共同對抗日本的侵略戰爭。毛澤東執筆《持久戰論》，提出與日本進行長期戰爭，同時也立下目標，即與國民黨的合作不要讓己方陷入從屬地位。在黨內則出現不同的聲音，例如一九三七年十一月歸國的蘇聯留學派領袖王明，主張為了抗日這一最大任務，應積極回應國民黨的要求，也有人主張對日抗戰中應採取攻勢，藉此吸引、號召民眾，但毛則主張，對日抗戰不可放棄共產黨的獨立性，也不能犧牲麾下部隊（紅軍改編成八路軍）。

共產國際站在注重統一戰線的立場，與王明同樣要求中共應傾力協助國民黨，進行協同作戰。同時，共產國際也判斷在中共內部毛的指導能力不可或缺，一九三八年針對中共高層領導權這種極為敏感的問題，指示「領導階層應在以毛澤東為首的領導下解決〔各種事宜〕」，明確指名道姓，相當於承認毛的領導地位。這項指示宛如一紙認證，在旋即召開的中共中央委員會總會（一九三八年十月）上，毛首次代表黨中央進行政治報告。在總會報告，帶有明示當前的黨領導者身分，可視為一種「儀式」，進一步穩固毛在黨內的權威。

有如要配合這種權威樹立般，毛在延安（陝西省北部的城鎮，中共中央所在地）與遠道而來的年輕左翼學者們進行積極交流，嘗試建構與領導人身分匹配的理論與歷史觀。被視為毛在理論方面的代表作品如《矛盾論》與《實踐論》等，皆為此時期的產物。此外，對於自己的領導符合馬克思—列寧主義的基本原則一事，他也投注相當精力，要求把此事當作黨的歷史題材確實加以書寫。特別是當抗日戰爭長期化，與國民黨的合作體制出現動搖，加上抗日根據地的軍事、經濟狀況更進一步惡化、陷入困境後，必須把這種危機感轉化為鞏固內部的能量，具體來說就是統一黨員思想、強化組織規律。這是對黨的營運形式、黨員重新審查、進行自我批判為主要內容的作風革新，因此稱為「整風運動」。要求黨員們包含中央幹部在內，回顧自身過往進行自我批判，以成為更優秀的黨員。

在整風運動中，格外注重的是理論能否適應當地條件中國化，將思想消化並加以實踐，而非馬克思主義的教條或理論空談。作為範本的，便是毛澤東的做法及他的思想。對於過往在黨中執牛耳地位的留蘇派（特別是王明），毛批評這些人「言必稱希臘」（說什麼都要拿莫斯科當參照）的做法，認為他們對馬克思主義的理解或許是莫斯科的訓練，但那完全是乖離中國實情的空理。理論家的地位在此完全逆轉，毛澤東才是能將理論修養與中國實情結合的第一人。

蘇聯的陰影

在確立自身領導權的過程中，毛分外用心的是總結黨的歷史，特別把自己定位為「糾正過去錯誤路線，拯救黨的指導者」。當時毛根據的是蘇聯的手法，具體來說就是被稱為史達林主義經典的蘇聯共產黨歷史教本《全聯邦共產黨（布爾什維克）歷史：簡明教程》。這本書的基本立場是把黨與革命的歷史視為正確路線與錯誤路線的鬥爭過程，這正是毛從此書中學習到，且終生持續信奉的思想核心。毛的歷史觀是把中共黨史描寫成發展中出現四次錯誤路線與加以糾正後，取得最終勝利的毛澤東正確路線，黨史就是此二者相互鬥爭的過程。此歷史觀在一九四五年經黨通過後加以採納，其基調則來自史達林模式。換言之，毛一方面批評留蘇派的言必稱蘇聯，但另一方面在革命敘述上，借鑑了過往史達林的模式。毛澤東在革命運動的實踐中，切實融入了中國本土的要素，但在關於社會主義和革命運動的理解層面上，他尚未超越既有模式，建構一個不同於過往的理論形式。

一九四三年三月，由毛、劉少奇、任弼時三人構成的中共中央書記處成立，確立了所有關於書記處經手處理的例行性問題，在討論後毛都具有最終決定權的形式，毛的領導權也獲得制度性的保證。兩個月後，毛得知共產國際解體的消息，至此，毛的領導權成為絕對權威。對日抗戰終於露出勝利曙光的一九四五年，在黨第七屆大會上，黨規通過將「毛澤東思想」訂為黨的指導思想。

這段期間，毛的權威獲得黨幹部、黨員的忠誠支持，逐漸發展到個人崇拜的狀態。例如民謠《東方紅》稱頌毛是「人民的大救星」，與國際革命歌曲《國際歌》的歌詞中「從來就沒有什麼救世主」的理念形成鮮明對比，反映出中國革命對「救世主」的期待。愛德加·史諾描述一九三六年他所見到的毛澤東，指出毛雖受到民眾的尊敬，但「並沒有形成任何英雄崇拜儀式，我從未遇到中國共產黨員稱呼毛澤東為『我們偉大的領導』」。但在不到十年的時間，他已經被崇拜為「救星」。到抗日戰爭結束時，中共黨員人數已增加至一百二十萬。日本戰敗後，共產黨很快地便在與國民黨的內戰中獲勝，並最終於一九四九年建立由共產黨領導的中華人民共和國。

三、成為中國最高領導人

建國之父

一九四九年中華人民共和國成立時，包含城市在內，共產黨尚無全國性經濟營運管理的經驗。此外，雖說黨員人數在內戰期間驟增，但也只有四百五十萬，占總人口的百分之〇．八。即便比國民黨統一全國時（一九二八年），黨員人數占總人口比例百分之〇．一，確實增加許多，但仍顯不足。因此，國家體制中的人事安排也反映此狀況，中央人民政府（主席毛澤東）的六名副主席中，有三名是非共產黨人士，在各省府也有許多例子是由黨外人士擔任最高指導，共產黨員則擔任副指導。或許可視為抗日戰爭與內戰造成經濟破壞、社會混亂，此時重建成為最重要的課題，所以需要廣泛吸納人才，但也顯現出此時並非由共產黨全面主導的管理體制。對於謳歌社會主義建設一事，也採取慎重迴避的態度。

實際上，當毛澤東進駐即將成為首都的北京時，曾以古代科舉制度來比喻，表示「今天是進京趕考的日子」，藉此訓勉同志，若因態度傲慢導致統治失敗，那將是重演過往曾滅亡明朝卻無法建構新體制的農民叛亂英雄「闖王」李自成的戲碼。在已可預見內戰勝利的時期，他便通知黨內，謹慎避免使用共產黨領導人之名，包含他的名字在內，來命名地名或設施名。這就是為何蘇聯有史達林格勒，但中國沒有毛澤東市的原因。毛在共產黨領導人中也是有名的歷史通，因此援引古往今來的事例，勉勵自身與共產黨不要重蹈覆轍。對他而言，為人民建設乃共產主義政黨的當然職責，同時也是身為中國統治者必須經常意識到的規範。

由於過往國民黨統治時，經濟政策失敗與貪汙腐敗等導致民眾怨恨，因此共產黨的統治帶給人民一股清新感，加上蘇聯的援助，似乎一切都將順利乘風開船。然而，此時卻發生了超乎預期的狀況，那便是韓戰爆發（一九五〇年六月）及隨之而來的發展。當發動反擊攻勢的聯合國部隊（主力為美軍）迫近中、朝國境時，中國介入戰事，演變成無法在和平環境中建設國家的狀態。共產黨領導層的大多數人認為，若介入戰事，將在軍事與政治上帶來莫大的風險，因此反對參戰——不得不捨棄金日成與北朝鮮。但毛澤東自始便強力主張介入，雖然過程中也有些猶豫，但最終仍壓下消極論，決定參戰（派遣中國人民志願軍）。中國派兵後成功將聯合國軍隊推回南方，但戰局旋即陷入膠著。建國不久的新政權迅速面臨軍事緊張與隨之而來的財政支出（一九五三年簽署停戰協定），國家被迫處在準戰時體制下營運。

邁向絕對權威的領導人

參戰給中國帶來許多犧牲與負擔，但中國與毛澤東也從中換取到不少事物。通過與美軍互有勝負的作戰，革命中國在國際社會上確立了自身地位，展現出強大的存在感。[4] 毛也成為在國難之際能果斷下決定的領導人，獲得威望。如果對鄰國同志見死不救，接下來可能輪到自己國家被攻擊。毛的決斷其實考慮了各種要素，是一項綜合性的判斷，許多持慎重出兵論的黨內幹部，對自身的利己想法感到可恥，並重新對毛寄予尊敬。克服多重試煉，經常獲得勝利，毛是一位值得信賴的領導人，只要跟著這個人，一定沒問題。此時在最高領導層內部也形成對毛的決策完全信任的共識。在毛澤東身旁協助其執行公務的中央辦公廳楊尚昆與祕書田家英等，在日記中都習慣稱毛為「主」、「主座」、「主公」。若以日語來比喻，大概類似對天皇的敬稱「御上」。隨著時間推移，這種無條件的信任與服從，成為毛澤東明顯展現專橫、決策失誤時卻沒有任何人出面指責的原因之一。

當然，為了回應這種信任與託付，毛也全身心投入工作。他的居所兼辦公室位於北京故宮西鄰，被稱為中南海的圍湖一隅，這裡也是其他領導人的辦公地點。毛在此確認各地、各組織及黨中央各部門上呈的會簽公文（日文稱「稟議書」），對此寫下具體指示，這便是毛執行公務的方式。執行勤務的風格，類似清朝著名的皇帝們（康熙、雍正），若要說有不同之處，便是這些皇帝在日出之前便開始處理政務（朝廷整體都是晨間勤務型），但毛因長年養成的生活形態，已習慣在夜間辦公。重要的政治局會議經常從深夜開始，一直開到隔天，下達指示的公文許多都在凌晨兩、三點發出。日出時分政務處理告一段落，隨即休息，這大概就是毛的日常生活節奏。

當然，毛澤東在白天也有日常公務與會見來訪者，其他的領導層毋寧都習慣白天辦公，因此包含毛澤東在內，中共的領導層幾乎每個人都不得不經常使用安眠藥。此事引發何種事態，此處沒有篇幅進行深入探討，簡要而言，毛周邊的領導階層肯定得經常承受巨大壓力，因為不知毛何時會召見他們。此外，毛對黨的中央委員與政治局委員等高層官僚，皆強烈要求自行撰寫文件與報告，不得委由祕書處理，因此要達到毛要求的水準，對他們而言是相當困難的事情。

逐漸積累的不滿與對社會主義的挑戰

準戰時體制下，無法維持長期的經濟營運，在此情況下，毛與共產黨領導層在對應冷戰體制的國際危機的同時，發現土地改革與清剿反革命勢力的進展意外順利，故可以邁出以社會主義為目標的社會改革步伐。一九五〇年代中葉以後，多次推動了社會主義化的施政措施。但這些政策往往不符實際經濟狀況。文化政策等方面，逐漸強迫知識分子與民眾服膺共產黨的價值觀，要求服從，眾所周知，政策伴隨著各種傾軋。三反五反運動、反右派鬥爭、大躍進政策，以及一九六六年開始的無產階級文化大革命等，每次運動都出現大量的犧牲者。

從今日的視角回顧，這些運動只能說是魯莽、欠缺斟酌的計畫，其詳細過程無論用多少篇幅都難以說明，故此處從略。但須注意的是，這些所謂的「運動」得以連續進行的背後，主要原因在於毛澤東的領導力與無所不在的領袖魅力，其思想滲透帶來社會組織化的效果，對此必須加以介紹。近代之前，公權力無法滲透到基層的村落社會，但在共產黨的統治下，得以前所未有的程度延伸到社會末端，此點相當重要。中共通過戶籍制度，將農村與城市人口嚴格區分開來，並通過工作單位（機構、學校等），作為福利、保障與生活管理的基本單位，人們不可能脫離土地與職場生活。此外，徹底管理從黨員擴大到全體城市居民的個人資訊（檔案），為了宣導情報而普及的有線廣播（街頭的廣播喇叭），加上擴充作為社會統制耳目、手腳的黨員，通過這些一連串的政策，共產黨與毛澤東對全體社會擁有中國史上從未達到的強大統制能力。

只要擁有這樣的力量，敦促民眾遵從，就能改變中國，應當能將這個亞洲新興國家推向足以與鄰國蘇聯比肩的共產主義大國地位。經歷韓戰與史達林的去世，毛對此信念更加堅定。就史達林部分而言，經過一九四九年訪蘇與之後的韓戰，可以看出毛對史達林及蘇聯的看法出現重大變化。蘇聯作為共產主義陣營的盟主，毛自然對其抱持敬意，但蘇聯在東北地方（舊滿洲）的權益卻遲遲未能歸還，以及在韓戰中把中國推到前線面臨美軍的直接攻擊，以保全蘇聯自身利益，面對這樣的史達林，毛越是理解後就越意識到需要摸索不同於蘇聯的道路。

其中最顯著的轉變契機，便是史達林死後，蘇聯領導人赫魯雪夫（Nikita Khrushchev）對史達林的批判。一九五六年蘇聯共產黨第二十屆大會上，赫魯雪夫對史達林生前濫用獨裁權力，無端迫害領導同志們及民眾，發起激烈的批判。雖然這是一份祕密報告，但內容迅速傳遍全世界，給社會主義陣營國家帶來重大衝擊。毛澤東認為報告中的批判有其一定道理，但也強烈批評這種批判方式，造成社會主義國家分裂，損害社會主義的整體形象。之後，蘇聯推動對美宥和（解凍）策略與介入東歐政治，引發中共的不信任感，中蘇對立已經升級到可能發生戰爭的狀態。如此一來，中國被迫對內不依賴蘇聯進行國家建設，對外則站在與美、蘇雙方對立的立場。

肅清反對分子

因為韓戰爆發，中共在建國之初立刻面臨安全保障上的危機。以一九五三年第一次五年計畫啟動為始，中國實際上放棄此前長期準備社會主義建設的漸進方針，加速邁向社會主義的步調。隨著私營經濟部門被全面公有化，被認為是邁向社會主義的轉變。到一九五六年初，各地紛紛舉行「慶祝社會主義改造勝利」的紀念活動。一九五七年第一次五年計畫也超標達成，共產黨的領導階層更加深掌舵國家的自信。

然而，在這種自信的背景下，毛澤東於一九五六年推出「百花齊放、百家爭鳴」，亦即要求對共產黨的缺點自由進行批評的政策，隨著運動逐漸走向批判政府、批評共產黨的方向，毛澤東突然轉變運動定位，表示此次運動的目標原本就是為了引出潛在的反對分子（右派）並加以打擊。毛更進一步把各階層、職業中右派所占比例以具體數字顯示，呼籲對其展開鬥爭。這揭示了毛一方面強調個人主動性，一方面又以統計數字管理群眾的矛盾思維。結果，全國共有多達五十五萬有見識者與知識分子等人才被貼上「右派」標籤，遭社會劃清界線並被清除出社會舞臺，從此再也無人敢對共產黨說出真心話。

共產黨內部也發生同樣的過程。以建設社會主義為目標的乖離現實政策（大躍進，一九五八—一九六〇年），針對鋼鐵等特定生產活動，要求集中投入物力、人力資源，彷彿要競爭自己的忠誠度般，各種虛妄報告橫行，結果帶來災難性的傷害。對此，毛的老戰友彭德懷（時任國防部長）在一九五九年的廬山會議上諫言，引發毛不滿，參加會議的大半共產黨高層只能把彭與支持他的同志當作替罪羔羊犧牲，才讓事態結束。最終，大躍進政策在天災與人禍的雙重作用下，導致超過三千萬人餓死的大慘劇。在黨中央的領導者們認為「主君」不可能犯錯的思考迴路下，每當出現「黨的背叛者」時便對該同志進行撻伐，這種事例可見於一九五四年的「高崗、饒漱石反黨集團」事件與一九六二年的「小說《劉志丹》事件」（習仲勳〔習近平之父，當時任國務院副總理〕失勢）。

文化大革命

這些有欠斟酌的政策造成中國經濟和社會嚴重的損害，為了重建疲弊的中國，地位僅次於毛的國家主席劉少奇推出「調整政策」。但是，毛認為劉的各種政策只是僵化的蘇聯社會主義翻版。對此，毛策劃了一場根本性地革新共產黨組織的運動，那便是一九六六年的無產階級文化大革命（文革）。文革並非只是為了鬥倒政敵劉少奇（毛稱劉為「睡在我們身邊的赫魯雪夫」、「走資本主義道路的當權派」）的狹義權力鬥爭，更是帶有某種將毛的革命思想集大成的面向。他認為，必須把自己一路帶領出來的共產黨這個組織，從根本上做一次徹底的改革。

毛澤東大力推崇群眾運動的方式，並在經濟政策方面思考社會主義推進論，使得黨內領導層中確實有些人支持毛的主張，從這個角度來看，毛不算是孤立的獨裁者。不過，當他覺得該徹底革新黨組織時，幾乎難引起共鳴。一九六六年的大動亂——文化大革命開始時，黨的領導階層幾乎都無法理解其意義，或者說毛正在推進一場無止境的革命，這也是為什麼毛受到國外新左翼勢力崇拜的原因。

文革使中國社會全面失控，共產黨原有的控制力被削弱，社會陷入混亂。即便人民解放軍被期待能重新維持秩序，其背後掌控者也是被視為毛的接班人林彪。不過，林彪與毛的關係破裂，之後因不明原因逃亡國外（且墜機死亡），反而徒增社會的混亂與迷惘。一九七〇年代以後，在停滯的經濟狀況下，文化大革命依舊持續，國內普遍處於毛澤東個人崇拜如火如荼、鋪天蓋地的壓抑氛圍中。毛澤東晚年主導的最後一項重大政策轉向，便是終止與美、蘇對立的局面，改善對美、日關係。一九七一年七月，美國國家安全顧問季辛吉（Henry Kissinger）祕密訪中，次年一九七二年尼克森總統訪中，以及田中角榮首相訪中，實現中日邦交正常化（一九七二年九月）。究極而言，這是在美、蘇兩大國中，判斷何者對中國構成更大的國際威脅，並從中擇一。從中國在國際社會的生存角度來看，這是可理解的選擇，但此前中國憑藉反美、反蘇的立場，而在國際上建立道義性的威望，此後不免受到動搖。

隨文永生

進入一九七〇年代後，毛的健康明顯衰退，此前上報給他的報告或候裁公文，他一直習慣手書指示與意見，但晚年時字跡已顯得混亂，不過他對自己詩作或文章校訂工作卻相當的執著。毛澤東的政治性著作中，重要者皆被收錄在從一九五一年開始刊行的《毛澤東選集》，這部著作印刷發行量以億計。此外，毛的詩作（舊體詩）也被評為一流作品。他生涯創作的詩中以作品形式留下者約有八十首。毛澤東晚年意識到自己的詩作將流傳後世，一九七三年底，遂命隨侍照料他的祕書將自己所有作品列出清單，重複校訂兩次。此時他年高八十，不得不說執念相當強烈。毛對自己的文章與詩作進行詳細校訂，反映出他帶有一種完美主義者的特質，這在理解他性格時相當重要。

例如編纂《毛澤東選集》時，他不僅自行選擇該收錄哪篇作品，且逐篇審閱，添加許多修訂，有些只是添加標點符號或助詞的小修正，有些則是大幅改寫，其中亦有因為毛自身的認知改變，因此配合重寫的內容[5]。有些觀點說他改寫是為了配合自己欲塑造的形象，但從毛的思維來看，毋寧是想留下完美的文章。亦即在留給後世的作品中，如果參雜了錯誤資訊與認知，這是留下文章的人不願意見到的狀況。

在中國有「文章，經國之大業，不朽之盛事」的說法，意思是：優秀的文章乃治國上的重大事業，將永垂不朽。見到毛對自身文章的執著，讓人腦海中立刻浮現這句話。所謂的文章，是與掌管國事直接相關的極其重要事業，其影響遠及將來，反過來說，便是不可以留下對治國而言無用、會引起誤解的文章。正是這種意識驅策他在「定稿」時不斷修訂文章。可以說，文章是代表他一路從事革命運動所形成的思想結晶。那不是單純反映、顯示過去某時期的認知，也必須對將來後世有所幫助。在此思考下，他自信其革命運動、革命思想在自己死後仍能被承繼。詩作的校訂也是如此，他將其視為與自己的革命一樣的「作品」，將會長遠流傳，所以才如此執著校勘。

終於，他的健康日益惡化，一九七五年以後已經難以離開寢室，祕書光是聽他含糊的表達，把他的意思傳達下去，就得花費大量精神。這段期間，針對毛的接班人問題，在文革中竄起、毛的妻子江青等組成的四人幫，因對毛忠誠而獲得高度評價並被拔擢進入中央的華國鋒，再加上與劉少奇一同遭受批鬥但又因實力受肯定而被召回中央的鄧小平等勢力，彼此展開激烈的競爭。在此狀況下，進入一九七六年後，毛看著陪伴自己半個世紀的革命同志周恩來、朱德分別於一月、七月去世。九月九日，這位被稱為偉大領袖的巨人也離開人世。今日他的遺體仍被安置在位於天安門廣場的「毛主席紀念堂」內。

可稱之為夢想的決心與自信

毛澤東究竟要把中國帶向何方？既是俗人又是超人，且到最後為止都保持樸素生活態度的文人、士大夫，這個擁有多重特徵的人物，他的目光最終投向了何方？要推測他的想法相當困難，但此處可試著舉出幾個線索作為回答這個問題的參考。

首先，毛生活的年代是所謂的冷戰時期，即東西意識形態對立的時代，雖說這是眾所周知的事實，但思考時仍不可遺漏。毛面對蘇聯，功過參半、愛恨交加。在毛的後半生，特別是史達林死後，明顯的不再將蘇聯當做中國的範本。毛從史達林那裡，學到了階級鬥爭、路線鬥爭在社會主義革命中不會結束，而且越推動越激化，但他並沒打算把中國打造成類似史達林統治下的蘇聯模樣。反而他意識到有些事情蘇聯無法完成，但中國或許可以達成。那就是把人類從社會主義推上共產主義的階梯，這是無人達成過的偉業。只要自己具備領導能力與組織能力，並且願意一搏，或許此事可以在中國實現。這種近乎夢想般的決心與自信，可能正是驅使他不斷發動「革命」與「運動」的內在動力。

「去見馬克思」，這是世界上共產黨領導人迎向死亡時會使用的表達方式。前往另一個世界，向馬克思報告自己已達成與未達成的事業。晚年的毛也曾經數度說過此語。馬克思與恩格斯在書本上展現通往共產主義的道路，但那只是紙上談兵。列寧實現了社會主義革命，史達林將之打造為強固的體制，但那種體制與共產主義的理想相對照，只是似是而非的替代品。面對這種情況，毛認為，如果自己處理得當，或許可以達成連馬克思、列寧都辦不到的事情——一項人類史上的壯舉。如果不能理解身為馬克思主義者，思考這一可能性時將變得多麼興奮，那就終究無法解釋毛在晚年那些近乎偏執的所為。

問題在於能否順利達成目標。在此關鍵上，毛選擇相信人類的主動性。要理解毛的個性，特別是他的內心世界，可以從他的詩中取得許多線索。例如一九六五年寫的〈水調歌頭．重上井岡山〉結尾寫道「世上無難事，只要肯登攀」。這是在發起文化大革命的前一年，時隔三十八年重訪過往武裝起義時堅守的井岡山而作的詞。年輕的革命家毛澤東，率領著為數不多的殘兵敗將於一九二七年進入井岡山時，有誰能預料到共產黨最終能取得天下呢？對於這樣的懷疑，毛以這句詩回應了。

以天下與歷史為對手，對人生進行鬥爭的態度，以及對這種態度的強力肯定，這是毛的各種詩作中皆可見到的特色，這也是年輕時毛的座右銘「與天奮鬥，其樂無窮；與地奮鬥，其樂無窮；與人奮鬥，其樂無窮」的精神延伸。若以這種觀點來思索，一切都顯得自然而然。這樣的人物，才會奮力邁向人類歷史上從未有人完成的偉業，也就是讓共產主義社會變為現實。面對「為了緩解農民的困境，是否給他們留下自行裁量耕種作物的餘地」這樣的獻策——即便來自理解現實狀況的同志忠言——對他而言，究竟具有多少的意義？

毛澤東半認真地相信，「我要打造的事業，是將刻入人類歷史的偉業」，且堅持貫徹自己的信念。這樣的人物，不論在中國還是全世界，在毛澤東之後便不復得見。他在世界史上留名且始終引發論爭，原因大概就在於此吧。

劉少奇（一八九八—一九六九年）

中國的政治家、中國共產黨的領導人，以在文化大革命中失勢並受到迫害的悲劇性人物而聞名。出生於湖南省寧鄉縣，老家是富裕的農家，距離毛澤東的故鄉僅有不到三十公里的距離。在當地學校就學後，前往上海加入社會主義青年團，一九二一年留學莫斯科，在東方勞動者共產主義大學就學時加入共產黨。次年一九二二年回國，之後在上海、湖南指導勞工運動。如果毛澤東是農村革命的領導人，劉少奇便是共產黨中長期指導勞工運動的人物。在一九二二年安源路礦工人大罷工、粵漢鐵路工人大罷工中嶄露頭角，一九二五年就任全國總工會副委員長，參與五三〇運動與省港大罷工等反英運動，以及國民革命時期在武漢的勞工運動。

國共合作失敗後，在天津、瀋陽（奉天）、哈爾濱等各地負責重建黨支部。毛澤東等共產黨樹立權力的統治區域（革命根據地）被稱為「蘇區」，與此相對，以城市為中心的國民黨統治區域被稱為「白區」。「白區」內的革命活動受到國民黨激烈的鎮壓，共產黨派的工會也處弱勢，因此整體而言不太活躍，與毛的農村革命相比，較少受到關注，而劉少奇依然在這些地區活動。至一九三〇年代初為止，他在上海的中共中央活動，一九三二年前往江西省中央革命根據地，歷任全國總工會蘇區中央執行局委員長等，之後參加毛澤東等人的長征。劉少奇出席了遵義會議，他也是支持毛回歸中央領導地位的重要人物之一。長征之後，為了重建處於崩壞狀態的白區黨組織，劉以中共北方局書記長身分前往天津，推進抗日統一戰線工作。抗日戰爭爆發後，來回於延安與各地的抗日根據地，針對黨的建設與黨員活動方針，發表理論性的著作，這段期間獲得毛澤東的信任。代表著作為〈論共產黨員的修養〉（一九三九年）。

一九四九年中華人民共和國成立時，劉少奇就任中央人民政府副主席、人民革命軍事委員會副主席，被認為是繼承毛澤東的有力人選。相對於毛澤東推動激進的社會主義化政策，劉少奇以階段化、更符合現實的社會主義建設為目標，在大躍進政策失敗後，通過調整政策，讓混亂的民生得以重建，獲得好評。一九五九年曾代替毛就任國家主席，比起毛的激進，許多人認為劉更穩健，但實情並非如此簡單。內戰期間，在山西、綏遠試行的土地改革（一九四七年），因激烈迫害地主，甚至引發當地社會混亂。建國後推行的農業合作化、設立人民公社，所試行的農村改造模式（桃園經驗，一九六三—一九六四年），農業生產量難以成長，劉將原因歸咎於當地幹部舞弊，應通過階級鬥爭進行糾正。

在與毛的關係上，只要禍事不至於蔓延到自己身上，劉會遵從毛，也可說是順著他的發言繼續發展行動。實際上，彭德懷在一九五九年廬山會議上，訴請修正大躍進政策引發毛不滿，當彭遭批判時，劉不僅沒有出手相助，還進一步站到批判的一方，甚至表示「同彭這樣的人，（別說同志間相處，更）難搞成朋友」。

在毛手下處理政務的劉，那種緊張與壓力非同小可，有段軼事便發生在北京中南海劉少奇官邸的寢室，當時他把床腳都鋸掉，讓床墊與沒了腳的床直接放在地上，以防止他從床上跌落受傷。因為劉受失眠所苦，經常服用安眠藥，當時的安眠藥相當強效，有時服用後還沒走到床上便會倒下。夜貓子型的毛澤東經常從半夜開始開會，被叫去的中央領導人生活步調被打亂，最後成為經常性的安眠藥使用者。此外，劉少奇作為一個統治中國的人，抱持著自己的施政有可能損及許多人民生命的壓力感，而在一黨獨裁的政治形態下，便無法再將責任轉嫁他人，也沒有人可以代替這項責任。

一九六六年，毛澤東發動文化大革命，提出打倒的對象是「睡在我們身邊的赫魯雪夫」、「走資本主義道路的當權派」，人們不久便清楚知道這指的就是劉少奇。劉少奇在中南海居所、辦公場所遭到職員與紅衛兵的折磨。面對這些行徑狂亂的年輕人，劉少奇抗議這是對憲法規定的國家主席的侮辱，但全無效果。如此，在惡劣狀況下面臨暴力且無法接受醫療等各種虐待，劉被永久開除黨籍，病死於河南省開封。劉少奇作為曾經被視為地位僅次於毛澤東的第二號領導人物，但在毛澤東的時代，不管是第二號或者第幾號，只要不是第一號人物，該地位就沒有任何保證。劉便是最好的例子。

周恩來（一八九八—一九七六年）

在中華人民共和國長期擔任國務院總理的中國共產黨領導人。出生江蘇淮安縣，就讀天津南開中學，一九一七年至一九一九年留學日本，但無法進入東京高等師範學校、第一高等學校等正規學校，又回天津就讀南開大學。在學期間參加五四運動，一九二〇年前往法國，在該處成立共產黨小組，之後加入中共。一九二四年回國後，在國共合作下的廣州於國民黨政權成立的軍官培養學校擔任政治部副主任，輔助校長蔣介石。他因出色的務實工作能力獲得好評，歷任國民黨、共產黨要職。國民革命時期，參與了一九二七年共產黨主導的上海武裝起義、國共合作失敗後在南昌發起的起義等。在毛澤東領導農村游擊戰擴大革命根據地的時期，周主要負責黨務工作，往返上海與莫斯科指揮地下活動。這段期間也從事黨的組織防衛活動，因此參與過對黨內背叛者的處分與懲罰。當時黨的領導人如瞿秋白、李立三等更替不斷，周自身並不登上最高位，可以說，周擅長的是在各種時期擔任黨領導高層的成員，輔佐最高領導。

一九三一年十二月，由於國民黨鎮壓日趨激烈，危及上海黨中央的存續，周前往毛澤東等人開拓的江西省中央革命根據地。在建設與擴大根據地上，毛扮演非常重要的角色，但當上海的黨中央（周與留蘇派幹部）轉移過來後，他們以自己集團更能體察莫斯科意向的形式，對毛澤東的指導提出各種批判，並逐漸從毛手中剝奪軍事與政治的權力。例如，一九三二年十月，在根據地寧都舉行的黨高層會議上，毛被取消了前線指揮軍事權，要求他從事後方的政府相關活動。該會議上的主導者是留蘇派的領導人，周雖發言表示繼續發揮毛的經驗更妥，但周立刻被其他成員批判，稱他這種態度是「調和主義」。

「調和主義」是纏繞周一生的標籤，也是原本就討厭走極端、製造衝突的周恩來氣質。之後，沒有毛澤東指揮的紅軍，面對國民黨軍的肅清作戰接連敗北，不得不走上「長征」。途中的遵義會議上，毛追究敗北的責任並對此前的領導層進行批判，留蘇派的幹部加以抵抗，但周接受毛的批評。長征的後半段，毛與周開始建立起相互合作的關係。之後周也支持逐漸成為第一號領導人的毛，周則成為一手承擔共產黨對外交涉實際業務的實權者。一九三六年的西安事變中，周在張學良、蔣介石間遊說，以及在抗日戰爭中，主持國共合作，在重慶進行談判等，充分發揮他能掌握均衡的調整能力。

一九四九年中華人民共和國成立後，周恩來就任中央政府的總理（相當於日本的首相），直到過世為止。在高崗、劉少奇、林彪等毛澤東的候補繼任者們，逐一遭毛排除的狀況下，只有周一人始終獲得毛的信任，未曾失勢，因此屢屢被稱為「不倒翁」。無論是大躍進或文革，周基本上都未公開反對毛，同時他高度的務實能力也頗獲毛的肯定，這些都是他成為不倒翁的理由。即便周也完全理解文化大革命的混亂是個錯誤，但他盡可能地限制迫害的範圍，不得已的選擇支持文革，因此被評價為「忍人之所不能忍」的領導人。附帶一提，一九四〇年代確立毛權力的延安整風時期，毛敦促列席的黨最高領導者們針對自己過往的行動進行自我批判，周恩來當時是重點對象。一九四四年，周在眾多幹部面前追溯自己的成長與家庭環境，批判自身的調和主義性格，誓言忠誠於毛澤東思想。到周晚年時，對毛澤東的屈從更加顯著，已經到了覺悟自己可能晚節不保的程度。

一九七二年，周恩來接待田中角榮來訪，促成中日邦交正常化，但同年，周被診斷出膀胱癌，之後接受多次手術，終究未能根治，在四人幫發起包括批林批孔（內含對周的批判）等的各種鬥爭中，周於一九七六年一月病逝。死後骨灰由飛機帶往中國大地拋撒。民眾對周深切懷念，四月清明節時，自動前往天安門廣場聚集、追悼周恩來，結果與欲制止民眾的當局發生衝突，此即第一次天安門事件。

四人幫　江　青（一九一四—一九九一年）／張春橋（一九一七—二〇〇五年）／姚文元（一九三一—二〇〇五年）／王洪文（一九三五—一九九二年）

在文化大革命期間，受毛澤東庇護、拔擢，特別是掌控意識形態、宣傳部門、文化藝術部門等領域的權勢，大肆弄權的四人幫集團。他們原本是以上海為活動中心的黨幹部，文化大革命中伴隨奪權鬥爭與政治混亂，加上毛澤東提拔，進入一九七〇年代後政治地位迅速攀升，成為毛澤東的親信集團，舞弄莫大的權勢。江青於一九三八年與毛結婚，原是女演員。一九五〇年代曾有段時期待在蘇聯療養疾病，沒有出現在政治舞臺前。但一九六〇年代初，開始通過藝術指導逐漸在公開場合露面。姚文元活躍於上海的文藝、宣傳部門，曾撰寫被視為是文革導火線的〈評新編歷史劇《海瑞罷官》〉。張春橋是活躍於《解放日報》（中共上海市委員會的機構報）的左派理論家。王洪文出身紡織工廠的勞工，上海造反派的核心人物，較慢加入上述三人的活動。雖慣稱他們為「四人幫」，但他們自己並不使用此稱呼，一九七四至一九七五年毛澤東警告他們有搞小團體的傾向時，曾說過「你們上海幫……」或「你們四人幫……」，將他們視為一個集團。作為趁文化大革命提升地位的政治集團，在文革初期先與林彪等解放軍勢力競爭，接著一九七一年林彪事件（林彪因暗殺毛的計畫暴露，失敗後逃亡，在蒙古墜機身亡的事件）之後，與周恩來等黨的務實派激烈競爭，試圖爭奪毛的繼任者之位。

從政治地位來看，一九七三年黨第十屆大會上，上述四人全部當選為中央政治局委員，標誌著實際意義上的四人幫正式成形。但因中共有將文革造成的負面影響歸咎於「四人幫」的傾向，因此對於官方或社會指控他們的罪狀，需要進行一定的審慎評估。但可以肯定的是，他們把毛澤東的思想當作金科玉律，只要有所偏離便以激烈言詞加以批判，因此引發許多冤案，仍是不爭的事實。

特別是身為毛澤東夫人，又在藝術活動領域擁有一家之言的前女星江青，其指導下的文革時期藝術形式獨樹一格。其中最有代表性的是一九六三年以後她大力提倡的京劇改革，此前以古典內容為題材的京劇，被改造為帶有革命要素的現代京劇，江青的指導可說具有決定性的意義。如獲官方認證的現代京劇《紅燈記》等八齣戲劇被當作「革命樣板戲」，而除此以外的傳統戲碼實際上都遭禁演，現代京劇處於獨占地位。

與林彪等人背後有人民解放軍這種強大組織支持不同，四人幫主要掌握宣傳、媒體部門，而他們的權威主要依賴毛澤東的支持。所以毛澤東於一九七六年九月過世之後，四人幫的基礎立刻動搖，僅僅一個月後，被毛指名繼任的華國鋒立即下令一舉逮捕。逮捕四人幫獲得已厭倦文革的民眾大力歡迎，文革的所有負面影響都被推給四人幫，特別是利用毛夫人這種特殊立場恣意濫權的江青，故可看出有把問題集中在江青身上的傾向。

如此，一九七七年黨的第十屆三中全會（中央委員會第三屆全體會議）上，決定永久剝奪四人的黨籍。一九八〇年十一月起至次年初，最高人民法院特別法庭下達判決。在電視轉播的法庭上，江青被問以迫害中共幹部與大眾的罪責，但她辯稱這都是忠誠依照毛澤東指示而執行，全面否認加諸於她的罪名，此外她還批評這場審判只是一種政治作秀，屢次出現嘲笑法庭的言行，數度遭勒令退出法庭。至於其他三人，王洪文與姚文元全面承認或部分承認罪名，張春橋則貫徹行使緘默權，對應方式各有不同。江青被判死刑得緩刑，日後被減為無期徒刑，一九九一年在醫療假釋期間自殺。張同樣獲減刑出獄，二〇〇五年病逝。被判處徒刑的王洪文病逝於獄中。同樣判處徒刑的姚文元出獄後於二〇〇五年病逝。

這段期間，中共於一九八一年通過「關於建國以來黨的若干歷史問題的決議」，將文化大革命定性為「由領導者（毛澤東）錯誤發動的，被反黨集團（林彪集團和江青集團）利用，給黨、國家和各族人民帶來嚴重災難的內亂」。亦即，如果發動文革的責任在毛澤東，那麼趁機想奪取最高權力、放任野心胡作非為，造成極端重大災難者，便是林彪及四人幫。

郭沫若（一八九二—一九七八年）

二十世紀中國代表性的文學家、歷史學家、文化人士，以共產黨體制下的文化界重要人物而聞名。

四川省樂山人，出身地主家庭，幼年起便在家塾接受傳統教育，在成都讀完中學，一九一四年留學日本，經第一高等學校預科後進入岡山第六高等學校，之後進入九州帝大醫學部。在學期間，與日後以文學家身分馳名的郁達夫組成創造社，開始文學活動，發表詩集《女神》（一九二一年）、戲曲《王昭君》等。這段期間與日本女性佐藤阿富（佐藤をとみ）同居，二人育有四男一女。一九二三年郭沫若回國後，配合國民革命的進展，撰寫一連串提倡文學與革命結合的評論，倡議革命文學。一九二六年創造社的成員前往國共合作下的廣東，國民革命軍北伐時，以國民革命軍總政治部副主任身分隨軍出征。

一九二七年夏天，國共關係破裂後，共產黨調動自身影響力下的部隊，於同年八月一日展開武裝起義（南昌起義）。郭從過往便是批評蔣介石的急先鋒，遂也參加此次起義，隨後加入中國共產黨。次年，在國民黨追緝下逃往日本（佐藤阿富同行），之後於千葉縣市川在警方的監視下，花費十年專心研究中國古代史。這個時期的代表性成果有《中國古代社會研究》（一九三〇年），以社會科學（馬克思主義）的角度，論及中國古代社會歷經過所謂的原始共產制、奴隸社會制，這些著述奠定其在文化界、學術界穩固的地位。一九三七年中日戰爭爆發後返回中國，就任第二次國共合作成立的軍事委員會政治部第三廳廳長，之後在重慶也擔任國民政府文化工作委員會主任，著手抗日戰爭下的文化宣傳工作。中國自古以來便有優秀人才、知識分子為了推動良政而理所當然任官（學而優則仕）的想法，文學家同時投身政治世界的人所在多有，郭可說也是這樣的一位人物。

其實一九二八年郭亡命日本時已脫離中共黨籍，傳言黨也承認其脫黨，但實際上他的黨籍始終保留。直到一九五八年，他的黨員身分才被公開。黨認為像他這樣的名人，如果以非黨員（無黨派人士）

的身分活動，更有利於推動黨的主張，又可解釋為黨的主張已經滲透到民間社會。其他如宋慶齡（孫文夫人）、楊度（清末以來的文化人士，曾推動袁世凱稱帝活動）等著名人物，也在入黨時被要求以非黨員身分活動。

民國時期的文學、學術、藝術領域受左翼影響甚強，站在中共的立場，自然希望吸納非黨員，但能夠依照黨的意向推動中國輿論的人物。至一九三〇年代為止，魯迅就是這種大人物。魯迅最終並未入黨，但仍是左翼文化陣營的象徵性人物，與共產黨的關係不錯。一九三六年魯迅過世後，中共欲找尋能取代他的進步文化人士，作為魯迅的後繼者，據說黨所期待、認定的人就是郭。另有一說是，一九三八年夏天，中共在周恩來的建議下進行黨內決議，確認以郭沫若為魯迅的後繼者，將他視為中國革命文化界的指導者，並以此為方針，推動文化工作與統一戰線工作。如果確有此事，那麼郭為黨員一事，便益發不可公開。

隨著抗日戰爭的長期化，國民黨與共產黨關係亦惡化中，郭執筆、發表內含批評國民黨反共政策的歷史劇《屈原》（一九四二年），另把過往的古代史研究成果彙編為《十批判書》（一九四五年），奠定了郭在文化界的名聲，也確立了他作為魯迅後繼者的地位。戰後國共內戰中，當共產黨占據優勢時，郭就任中華全國文學藝術界聯合會主席（一九四九年七月）。中華人民共和國成立後，歷任政務院副總理、中國科學院院長等職，發表《蔡文姬》（一九五九年）、《武則天》（一九六〇年）等歷史劇，以及大量發表古代史研究的論文，同時也多次出席和平運動與學術文化交流的國際會議，扮演新中國文化形象的代表人物。

文革之際，他的處身之道也相當符合他長期從政的老練。在許多文學相關者受迫害時，郭及早自我批判，直言自己的著作「應該全部把它燒掉，沒有一點價值」。在文革的狂風暴雨中，郭自然免不了遭受迫害，但他是少數能與毛澤東互通詩、信的文人，這點讓他得以保住黨中央委員與全人代常務委員會副委員長等職位，巧妙渡過文革的激流。在中華人民共和國時期，包含文學在內的文藝活動都必須服務於政治。郭沫若隨著政治變動調整自身立場的處世之道，無論是好是壞，都充分體現了當時文藝的樣貌。

約瑟夫・史達林（一八七九—一九五三年）

蘇聯的獨裁領導人，與毛澤東同稱共產主義的二大巨頭。出生於格魯吉亞（今喬治亞），加入列寧率領的俄國社會民主工黨（布爾什維克）——日後的俄國共產黨，一九一七年成為俄國革命後成立的布爾什維克政權的核心領導人之一。一九二二年成為俄國共產黨書記長，一九二四年列寧去世後，與托洛斯基展開爭奪繼承人之爭（路線鬥爭），獲勝後不僅成為蘇聯的領導人，更成為世界共產主義運動的總指揮，統領共產主義陣營。

與托洛斯基鬥爭時的爭端之一，就是對中國革命的指導是否適當。一九二〇年代起，俄國以各種形式介入中國的革命運動與共產主義運動，史達林的想法基本上是：為了確保蘇聯在遠東的安全，有必要在中國扶持親蘇政權，以減低來自日本的壓力。因此，與其由中國共產黨進行社會主義革命運動，不如以中國國民黨為主成立安定的政權，共產黨則加以協助，算是考量現實的想法。因此，史達林在一九二〇至一九三〇年代對國民黨，尤其是對領導人蔣介石的能力給予高度評價，展現宥和態度。為了達到此一目標，也導致犧牲了中共的活動。

例如，一九二七年蘇聯基於國共合作為前提，向國民黨提供軍事援助，但國民黨蔣介石逐步排擠本應為夥伴的中共，展現出敵對的態度。即使中共領導人陳獨秀或托洛斯基提出警告，史達林仍保持樂觀態度，最終招致蔣介石的反共政變（四月十二日，四一二事件、中國共產黨稱四一二反革命政變，國民政府稱東南清黨）。到了一九三六年十二月西安事變時，面對遭張學良軟禁的蔣介石，在中共領導層內希望處決蔣的聲浪中，史達林卻反對，要求和平解決事態（釋放蔣）。與此相對，史達林對中共的領導者大致評價不高，例如一九二七年國共合作失敗時，他把責任歸咎於中共領導者，在他給親信的書信中，斥責中共如何令他失望。「我對中國共產黨的中央委員會不想要求太多。我深知不能對他們做出過度的要求。但有一個簡單容易的要求。那就是達成共產國際執行委員會的指令」（一九二七年）。

另一方面，史達林式的共產主義模式、歷史觀又給中共、毛澤東帶來重大影響。一九三八年史達林執筆刊行，迅速被翻譯成多國語言的《全聯邦共產黨（布爾什維克）歷史：簡明教程》便是一例。該書以黨內的正邪路線鬥爭記述黨史，其主旨正好契合當時毛澤東制定中共黨史，企圖強調自身領導正當性的意圖，並成為同樣從歷史角度確認毛澤東路線正確的政治文件〈關於若干歷史問題的決議〉（一九四五年）之骨架內容。此外，史達林認為身為一個國家的共產黨領導者，需有與之相稱的著作集，建議毛編纂與出版選集，為此還派遣專家協助其出版。

但是，史達林露骨且只考慮自身利益地介入中國革命運動，逐漸讓毛產生厭惡。第二次世界大戰（抗日戰爭）結束時，中共目標迅速從對日戰爭轉換為社會主義革命。不過，史達林表示反對，因他已與國民黨達成蘇聯在華權益的協議。在國共內戰的最後階段，蘇聯向中共提出與國民黨和解的提議。這些事情日後讓毛以憤恨的口吻表示「史達林不許我們革命」。此外，建國後不久的一九四九年十二月，毛澤東訪問蘇聯，史達林再度要求保留蘇聯在華權益，加上次年韓戰爆發後，蘇聯擔憂與美國發生直接衝突，對介入韓戰相當慎重，但卻敦促中國參戰。來自蘇聯的軍事援助確實幫助中共度過危急關頭，但在償還援助貸款的部分雙方卻產生齟齬。上述這些事情都引發毛的強烈不滿。

儘管如此，毛對史達林的評價，在其去世（一九五三年）以及三年之後赫魯雪夫提出史達林批判後出現了變化。然而，毛並非沿襲赫魯雪夫的批判。前述的《全聯邦共產黨（布爾什維克）歷史：簡明教程》即是一個很好的例子。在蘇聯批判史達林時，因批判該書助長對領導人的不良崇拜，之後該書便絕版，但毛對該書評價甚高，其中文版一直刊行到毛過世為止。這就是所謂蘇聯扔掉的旗幟被中國拾起並繼續高舉的狀況。毛澤東試圖利用書中所提出的史達林式共產主義運動歷史模式，究竟想要達成什麼？想要探求毛澤東所追求的共產主義模式，史達林仍是不可或缺的人物。

愛德加・史諾（一九〇五—一九七二年）

美國新聞工作者，一九三六年進入陝西省北部的共產黨根據地進行採訪，將包含與毛澤東見面在內的報導文學彙整成《紅星照耀中國》而為全球所知。出生於美國密蘇里州堪薩斯市，在密蘇里大學研讀新聞學，之後進入哥倫比亞大學。一九二八年夏，書寫環球遊記，途中逗留上海，之後在中國停留十三年，成為中國及遠東問題的專門記者。在中國以《中國每週評論》記者或倫敦、紐約的新聞特派員身分活動。獲得宋慶齡、魯迅等人的知遇，除了加深對中國的理解，也開始想採訪當時充滿謎團的中共。一九三二年與立志成為新聞工作者的美國女性海倫．福斯特（Helen Foster，筆名尼姆．威爾斯〔Nym Wales〕）結婚，之後與她一同嘗試採訪中國共產黨的活動。

一九三三年移居北京（當時的北平），一方面擔任燕京大學教員，一方面支援學生們的抗日運動，還嘗試與共產黨接觸。一九三五年秋天，由於長征，中共中央把根據地移至陝西省北部。一九三六年七月透過宋慶齡的介紹，獲得中共的採訪許可。他偕同另一位同樣想進入根據地的美國醫師（Shafick George Hatem）潛入陝西省北部的共產黨根據地。史諾在那裡停留了三個月，直到十月為止，獲得了採訪機會。他與毛見面，包含毛的自敘在內，對共產黨根據地的實際狀況進行廣泛報導。一九三七年夏天，他將採訪內容彙整為報導文學《紅星照耀中國》，同年秋天於英國出版，次年初於美國刊行，這部首度對中共的報導文學成為全球暢銷書（中國最初以《西行漫記》為名，於一九三八年初出版）。史諾的妻子尼姆．威爾斯也同行進入根據地，並撰寫了《紅色中國內幕》（中文版書名為《續西行漫記》）。史諾夫婦因此成為廣為人知的中共專題記者。

但是，史諾畢竟不是共產黨員，對蘇聯共產黨的社會主義政策，特別是史達林的獨裁及其影響下的共產國際反法西斯統一戰線等，不必然保持肯定的看法。因此《紅星照耀中國》在歐美一些受共產國際影響下的左翼黨派視為反蘇聯傾向的書籍，蘇聯也只發行了節譯後的俄文譯本。史諾於一九三九年重訪共產黨根據地，至一九四一年回國為止前，走訪中國各地進行報導，推動工業合作社等工會運動。到第二次世界大戰結束為止，更前訪印度、蘇聯等二戰下的世界各地，也為美國總統介紹過中國情勢。

戰後，中國共產黨成立中華人民共和國，先他人一步關注中國動向的史諾，被視為是一位有優秀洞見的記者。但因中國共產主義化，美國國內赤色清洗（Red Purge）激增，被視為親中共的史諾，逐漸陷入苦境，最終史諾在一九五九年移居日內瓦。同時史諾也提出中共的本質是帶有民族主義傾向的共產黨，與蘇聯模式的共產主義運動不同。但這對一九五〇年代欲與蘇聯形成團結體制來建設國家的中共而言，是相當不恰當的主張（有離間中蘇的意圖）。加上蘇聯對史諾評價也不好，一九四九年以後包含《紅星照耀中國》在內的史諾著作都不得在中國發行。

中蘇關係最終走上對立，史諾主張蘇聯與中國不同的見解，受到的批評也日減，到了一九六〇年史諾終於實現時隔二十年的訪中。配合此次訪問，之前被列為禁書的《紅星照耀中國》的中文版《西行漫記》，也得以重新在中國大陸刊行，不過採取奇妙的「內部發行」（與普通圖書分屬不同出版途徑）方式。這是因為從《紅星照耀中國》完成後已經過二十五年，書中出現的人物在政界有所浮沉，加上書中對中共與毛澤東的記述，也與中共官方的歷史敘述有所出入。具有諷刺意味的是，這本曾向全世界傳達毛澤東名號與魅力的先驅性作品，因未符合將毛澤東塑造成永遠正確的領導人之官方歷史觀，導致在中國的人們無法輕易接觸到這本書。之後在文化大革命期間，史諾出版說明《紅星照耀中國》採訪及出版原委的相關著作（如自傳等），隨之將此書做最後的修訂。一九七〇年，史諾生涯中最後一次訪中，並與毛澤東再度會談。之所以能夠成行，也是因為中共高層企圖透過他向尼克森總統傳達改善中美關係的信號，等於此時史諾也被加諸了一個重要的歷史性角色。

馬寅初（一八八二—一九八二年）

從中華民國到中華人民共和國的重要經濟學家、人口學家。生於浙江省紹興，在國內接受西式教育後，一九〇七年前往美國留學，在耶魯大學、哥倫比亞大學研習經濟學，取得博士學位。歸國後的一九一五年起在北京大學任教，聲明支持俄國革命，支援五四學生運動，逐漸被視為一位進步知識分子。之後轉移至上海、浙江的教育機構，也擔任國民政府的立法委員、經濟委員、財政委員等職，以經濟專家身分協助擘劃政策，但也直言不諱批評政權腐敗。

一九四九年以後他留在大陸，擔任全國人民代表大會常務委員等職，協助共產黨的國家治理。一九五三年實施人口調查（總人口約為六億），並在此調查基礎上發表一系列關於人口抑制論（獎勵計畫生育論）的觀點，卻因此遭到激烈的政治迫害。關於人口抑制（計畫生育），一九五〇年代中期起包含毛澤東、劉少奇在內的黨中央領導人已有所認知。一九五七年馬在《人民日報》發表〈新人口論〉也是依照此路線，但次年開始的大躍進政策中因需要大量勞動力，毛開始主張人多是好事，因此在馬擔任校長的北大，馬的〈新人口論〉被批評為阻礙大躍進的消極主張，更進一步批他是布爾喬亞思想的「馬爾薩斯主義」。在持續不斷的政治狂熱中，對他的激烈批判逐漸升級。結果馬被認定是「右派」與「中國的馬爾薩斯」，一九六〇年被迫辭去北京大學校長職務。

之後，馬寅初從第一線退下。文化大革命時期獲得周恩來的庇護，加上已經高齡，並未受到激烈的迫害。文革結束後，一九七八年底的黨十一屆三中全會上，重新評價馬寅初的新人口論，從次年起啟動抑制人口增加政策（即「一胎化政策」），認為他及早認知人口控制的必要性，是具有先見之明的見解。一九七九年，中共決定平反馬寅初，這段期間中國人口已迫近十億。以馬的平反為始，負責對文革之前一連串冤獄或錯誤認定進行糾正的胡耀邦（中央組織部部長），在平反馬的案件時感慨道「當年毛主席要是肯聽馬寅初一句話，中國今天的人口何至於會突破十億大關啊！錯批一個人，增加幾億人」。

一九七九年獲得平反的馬被任命為北京大學名譽校長，一九八一年中國人口學會成立，馬被推戴為名譽會長。

尼基塔・赫魯雪夫（一八九四—一九七一年）

赫魯雪夫是史達林死後繼任的蘇聯政治家。生於煤礦工人的家庭，一九一八年加入俄國共產黨（布爾什維克），從事紅軍政治委員與莫斯科地下鐵建設等工作，功績獲得史達林讚許，一九三〇年代中葉起得以在黨中央工作，一九三九年成為蘇聯共產黨的政治局成員。在德蘇作戰的史達林格勒攻防戰、庫斯克會戰中擔任紅軍部隊的政治委員，獲得戰功。

一九五三年史達林過世後，在黨內鬥爭中獲勝成為後繼者，擔任黨第一書記兼蘇聯部長會議主席。

一九五六年在蘇聯共產黨第二十屆大會上發表祕密報告，提出所謂的「史達林批判」，強烈批評史達林生前的獨裁、個人崇拜、肅清等行徑。因為此前一直被全世界共產主義運動當作偉大領導的人，竟遭後繼者的嚴厲批判，此事迅速傳遍全世界，也帶來重大衝擊。在成為最高領導人之前，赫魯雪夫與中國並無特別交集，但他上任後推動與蘇聯外交上最大敵人美國在內的西方各國改善關係（緩和政策，Détente，或稱融冰、低盪），為東西冷戰的格局帶來重大轉變。

赫魯雪夫的史達林批判與緩和外交，與蘇聯對東歐社會主義國家露骨且壓迫式外交相互交雜，這引起中國及毛澤東的不滿。當時中國從蘇聯獲得鉅額經濟援助以推動社會主義建設，這種關係在中方看來是「對蘇一邊倒」，雙方關係被謳歌為「中蘇友好團結」。但面對欲強化中蘇同盟的赫魯雪夫，中國則高度警戒。無論對於史達林批判的方式或對東歐的態度，赫魯雪夫政權下的蘇聯缺乏統合社會主義陣營的領導力，對兄弟友邦的態度也欠缺考量，毛澤東認為，蘇聯為緩和對美關係，只把其他社會主義國家當作一顆棋子來操弄。

赫魯雪夫提出史達林批判次年的一九五七年，毛澤東為出席社會主義十二國共產黨領導人會議（共產黨和工人黨國際會議）前訪莫斯科，與赫魯雪夫會談，告知幾項忠告與意見後，在世界共產黨領導人聚集的大會上演說，表示「東風壓倒西風」的時代已經來臨。其含義除了表達東西冷戰中東側陣營占據優勢，也暗喻今後將由自己領導的中國在世界共產主義運動中扮演主導的角色，而不再是蘇聯。之後中蘇兩國的兩位領導人鴻溝日深，一九五九年赫魯雪夫訪中成為兩國領導人最後的往來，關係惡化中還曾發生過雙方可能發生全面性戰爭的危機。建國以後，中國接受蘇聯的鉅額經濟援助，在蘇聯標準與蘇聯技術專家的援助下開展社會主義建設，一九六〇年因蘇聯技術專家突然撤離，導致中蘇針對社會主義的道路發生論爭，再經過軍事對峙、緊張關係，中國的國防建設做出重大轉變，改為以蘇聯為最大敵人。這種對立局面即便一九六四年赫魯雪夫失勢後依舊沒有改變。

其他人物

朱德

一八八六—一九七六年。朱德是與毛澤東共同進行農村游擊戰的中國共產黨傳奇軍人。生於四川省儀隴縣，從清末軍人培養學校畢業後，在四川、雲南等地軍隊服役。一九二二年對過去的軍人生活感到不滿，前往歐洲的德國、蘇聯留學，期間加入共產黨。一九二六年返國後加入國民革命軍，經一九二七年南昌起義，次年四月率領殘軍與立足井岡山的毛澤東部隊會合。軍隊被改稱為中國工農革命紅軍第四軍，之後以江西為中心擴大勢力，成為農村根據地的軍事後盾。朱任軍隊司令官，毛任政治委員，兩人也被人們稱為朱毛，成為共產黨軍的代名詞。之後在長征、抗日戰爭中一直擔任紅軍（八路軍）最高司令官。二戰之後旋即爆發國共內戰，朱擔任改名後的人民解放軍總司令，對人民解放軍的獲勝做出重大貢獻。

中華人民共和國成立後，朱德因從紅軍時代至建國為止的軍功彪炳，一九五五年被授予十大元帥之首，但在政治舞臺上卻變得不再突出。因為身為軍事領導者已無施展空間，他的聲名使他擔任許多名譽職位，而且他在黨中央的政務上欠缺政治資質。一九七六年過世前擔任的職位有：中華人民共和國副主席、中共中央副主席、全國人民代表大會常務委員會委員長等。

文化大革命時，過往紅軍時代與毛澤東發生的衝突被當作歷史問題舊事重提，文革推進派的中央領導人們以「軍閥」、「大野心家」等加以誹謗中傷。但由於他的德高望重，所以不至於遭到嚴重迫害。但他晚年厭倦這種政治風波而蟄居，據說他專心栽培蘭花，每天過著有如園藝家的日子。與介紹毛澤東的《紅星照耀中國》相同，朱德的事蹟也有由艾格尼絲．史沫特萊（Agnes Smedley）撰寫的《偉大的道路》（一九五五年）所記錄。

林　彪

一九〇七—一九七一年。中國共產黨的幹部、軍人、政治家。出生湖北省黃岡縣，年輕時在國共合作下的黃埔軍校就學，一九二五年加入中國共產黨，日後參加北伐、南昌起義等，一九二八年進入毛澤東的井岡山根據地。在井岡山時代，與毛澤東一同行動的黨員被稱為井岡山幹部，在黨內備受矚目，林彪也是其中一人。在紅軍中擔任第一軍團長、第四軍軍長等，主要指揮毛的直屬軍隊，於長征、抗日戰爭、國共內戰中屢建戰功。建國後制定的十大元帥中，林彪是最年輕的一位。

中華人民共和國成立後，林彪於一九五五年任中央政治局委員，一九五八年成為黨副主席。次年彭德懷被解除國防部長職位，由林彪繼任，開始在人民解放軍中大力推行毛澤東崇拜。其中最顯著的作為，是為實踐毛澤東思想並加以活用而編纂出版了《毛主席語錄》。在社會主義建設展開大躍進等一連串激進政策並引發悲劇的狀況中，林積極擁護毛澤東，讓文革前後軍隊中的對立勢力羅瑞卿、楊成武失勢。一九六六年林彪就任唯一的黨副主席，且在一九六九年黨第九屆大會上，他在黨章中被確認為「毛澤東同志的親密戰友和接班人」。但之後的事態發展卻相當不可思議。

一九七〇年毛澤東主張廢除國家主席職位，但林彪並不贊成，此舉招來毛的疑心，加上林高唱的毛澤東天才論也讓毛感到不快。因此林覺得遭毛疏遠，一九七一年林彪之子林立果，利用在空軍的人脈企圖暗殺毛澤東（五七一計畫），但計畫被發現而失敗。知悉此事的林彪在九月十三日帶著妻子葉群、兒子立果乘坐政府專機試圖逃往蘇聯，飛行途中在蒙古上空因燃油耗盡，在草原上迫降卻失敗，導致全員喪生。此「林彪事件」疑點甚多，至今依舊真相不明。

彭德懷

一八九八—一九七四年。中國共產黨幹部、軍人，個性就是個純粹的軍人，是少數能夠向毛澤東提出諫言的同志之一。湖南省湘潭縣人，生於貧窮農家，與毛澤東是同鄉，彭德懷老家離毛家不到四十公里。在湖南的地方軍服役後加入中國共產黨，之後成為紅軍部隊長，在多場戰役留下顯眼的戰績。中華人民共和國成立後，韓戰時任人民志願軍總司令，也擔任過國防部長。以直言敢諫知名，一九五〇年代後半大躍進政策時，指出與官方報導不符的嚴重饑饉問題。一九五九年夏天的廬山會議上，對毛澤東直接諫言，引發毛的不快，反被指為「右傾機會主義反黨集團」的首謀。彭被解除國防部長職位並失勢，文化大革命中遭到激烈迫害，之後病死（一九七八年被平反）。彭失勢後於一九六二年六月曾撰寫一封八萬字長篇的辯解書，向毛陳述自己的觀點，請求變更處分，結果導致罪加一等。辯解書內容至今尚未公開。

胡喬木

一九一二—一九九二年。是曾擔任毛澤東祕書的中國共產黨忠實追隨者。江蘇省鹽城人。就讀清華大學、浙江大學。一九三二年加入中共，一九三七年前往延安，一九四一年以後擔任毛澤東祕書，主要負責政治文件的起草與整理、編輯黨史文獻。參與起草過包含一九四五年通過的〈中國共產黨中央委員會關於若干歷史問題的決議〉在內的許多黨文獻。中華人民共和國成立後，任黨中央宣傳部副部長，同時執筆黨的準官方黨史《中國共產黨的三十年》（一九五一年）、編輯《毛澤東選集》，被譽為「中共中央第一枝筆」。

文革中雖遭迫害，但復職後一九七八年任黨中央委員，一九八〇年任中央書記處書記等職，身為黨史領域的權威，主導〈關於建國以來黨的若干歷史問題的決議〉的起草與通過。因為他也精通歷史與文學，成為毛澤東談論詩文的對象，甚至有傳言說毛一部分的詩作或文章其實是由胡所代筆。到晚年為止，他一直是黨的保守派追隨者，身為黨史研究界的核心人物，在黨史研究方面擁有極大發言權。

王明

一九〇四—一九七四年。中國共產黨幹部，留蘇派的重要代表人物。出生安徽省六安，本名陳紹禹。一九二五年加入中國共產黨，前往莫斯科留學，在莫斯科中山大學學習俄語與馬克思主義理論，在該地與其他留學生形成被稱為留蘇派的派系團體。王明受到該大學校長，也是亞洲問題專家的帕維爾．米夫（Pavel Mif）認可其才能，在其庇護下，王向中國指示共產國際和史達林的意向。他在莫斯科時的最大功績，是一九三五年擬定、發表通告中共轉變抗日統一戰線政策的〈八一宣言〉。

一九三七年十一月回國，之後以黨的主要幹部身分進行活動，逐漸與毛發生對立。在毛確立自身領導權的過程中，一九三〇年代前半王被認定是錯誤極左路線的領導人，並遭到批判。中華人民共和國成立後，王明擔任政府法制委員會主任等職，但再三拒絕對過去錯誤自我批判。日後以養病名義前往蘇聯，實際上是逃亡。中蘇對立後，反覆對毛澤東進行嚴厲批判。逝世於莫斯科。

理查．尼克森

一九一三—一九九四年。美國第三十七任總統。面對中國共產黨統治的中華人民共和國，戰後美國一貫採取封鎖政策，支持逃往臺灣的國民政府（中華民國）。加上在韓戰中與中國人民志願軍直接駁火，在之後的越戰中雖沒直接交戰，但對美國而言，與中國仍是敵對關係。在這種政治氣氛中，大膽轉換政策的便是出身共和黨的尼克森。他在一九七一年派遣美國國家安全顧問季辛吉祕密二度訪中進行事前交涉，次年二月以現任美國總統身分初次訪中，與周恩來、毛澤東等人會談。尼克森突然訪中與發表謳歌中美關係正常化的《上海公報》，震驚全世界，使國際政治的格局發生重大轉變。

順帶一提，以此次訪中為題材的歌劇作品《尼克森在中國》（Nixon in China，約翰．庫利奇．亞當斯

〔John Coolidge Adams〕的作品）於一九八七年完成、上演。此劇反映出當時美國人如何看待革命中國，相當有趣。

亨利・季辛吉

一九二三—二〇二三年。美國政治家、外交家。在哈佛大學取得外交史博士學位後，於該大學任教。之後在尼克森政府與福特政府中擔任國家安全顧問、國務卿。尼克森政府時期，為陷入泥淖的越戰打開新局，作為解決國際關係的激烈手段，摸索改善與中國的敵對關係，一九七一年兩度密訪中國進行事前準備，實現次年尼克森總統的閃電訪中。

中國對季辛吉給予天才外交家的高度評價。他是世界政治家中，唯一一位與歷任中國最高領導人（毛澤東、華國鋒、鄧小平、江澤民、胡錦濤、習近平）全數會面者。一九七二年陪同尼克森首次見到毛澤東時，對毛的印象是「展現出非凡的意志與決斷力」。他也回憶一九七五年會面之際，毛對當時局勢的認知是「臺灣只是小問題，全世界才是大問題」。

田中角榮

一九一八—一九九三年。戰後日本政治家，內閣總理大臣。二戰後，日本的外交立場一直跟隨美國腳步，將臺灣的國民政府視為中國的合法代表政權，不承認中華人民共和國。但從佐藤榮作政權末期起，開始摸索對中政策的轉變。在這種氣氛下，一九七二年二月尼克森總統訪中，對中日邦交正常化抱持樂觀看法的田中角榮，在同年七月自民黨總裁選舉中獲勝，就任首相後，迅速於九月率領外務大臣大平正芳等人前往北京訪問，在與周恩來等交涉之後，完成兩國建交。在與北京交涉時，關於日本和蔣介石政權締結的條約、如何處理臺灣問題、甚至對過往歷史的認知等，不斷出現緊張的談判。

田中在北京的官方晚宴致詞時，對於日本的戰爭責任表示「給大家增添非常多的麻煩」，結果造成中方不滿。日後田中因洛克希德事件下臺（日後遭逮捕），但中方仍給予田中高度評價，認為他是一位英明果斷有決策能力的政治家。

注釋

1. Whaley, Leigh Ann, *The Impact of Napoleon, 1800-1815: An Annotated Bibliography*, Lanham, Maryland: Scarecrow Press, 1997, xi.
2. 石仲泉，〈增訂本序〉，《我觀毛澤東》，中共黨史出版社，二〇〇四年。
3. Edgar Snow著，松岡洋子譯，《中国の赤い星（紅星照耀中國）》上，ちくま学芸文庫，一九九五年，二三六頁。
4. 當然，名義上為了與「聯合國軍隊」作戰，中華人民共和國在聯合國被定位為侵略者，因此在中國代表權問題上陷於不利，與西方各國的經濟關係也陷入中斷狀態，完全被認定成隸屬東方陣營。
5. 今日中國發行的版本也一樣，閱讀時必須非常小心，《毛澤東選集》中刊登的文章並不代表當年毛澤東就是如此思考。在日本出版的毛澤東文獻資料研究會編，《毛澤東集》（全十卷，北望社，一九七〇—一九七二年。第二版，蒼蒼社，一九八三年）有附加特有資訊，即確認原載文章與選集版本有無相異處，並標注選集上有變更之處。另外還有毛澤東文獻資料研究會編，《毛澤東集補卷》（全九卷，蒼蒼社，一九八三—一九八五年）。

參考文獻

石川禎浩，《赤い星は如何にして昇ったか——知られざる毛沢東の初期イメージ（紅星是如何升起的——不為人知的毛澤東初期形象）》，臨川書店，二〇一六年
高文謙著，上村幸治譯，《周恩來秘錄》上下，文藝春秋社，二〇〇七年
Edgar Snow 著，松岡洋子譯，《中国の赤い星（紅星照耀中國）》上下，ちくま学芸文庫，一九九五年
武田泰淳、竹內實，《毛沢東　その詩と人生（毛澤東　其詩與人生）》第二版，文藝春秋社，一九七五年
福本勝清，《中国共産党外伝（中國共產黨外傳）》，蒼蒼社，一九九四年
矢吹晉，《毛沢東と周恩来（毛澤東與周恩來）》，講談社現代新書，一九九一年
Pantsov, A., and S. Levine, *Mao: The Real Story*, New York: Simon & Schuster, 2012.
高華，《紅太陽是怎樣升起的——延安整風運動的來龍去脈》，中文大學出版社，二〇〇〇年
胡喬木，《胡喬木回憶毛澤東》第二版，人民出版社，二〇〇三年
中共中央文獻研究室編，《毛澤東傳》第三版，全六卷，中央文獻出版社，二〇一三年
陳永發，《中國共產革命七十年》修訂本，上下，聯經出版公司，二〇〇一年
楊奎松，《毛澤東與莫斯科的恩恩怨怨》第三版，江西人民出版社，二〇〇五年

第八章
東南亞的反殖民地鬥爭及國族國家的創建

伊東利勝／中野　聰／菅原由美
玉田芳史／小泉順子／菊池陽子
新谷春乃／左右田直規／今井昭夫

前　言

十九世紀末，東南亞許多國家都成為歐美列強的殖民地。緬甸、馬來西亞、新加坡為英國殖民地；越南、寮國、柬埔寨為法國殖民地；印度尼西亞（印尼）為荷蘭殖民地；菲律賓為西班牙殖民地，進入二十世紀後成為美國殖民地。之後大部分上述國家在亞洲—太平洋戰爭時又被日本統治。

今天這些國家，是由處於殖民地社會最下層地位的當地人民推翻此種狀況，為了開創以「我們／我者」為核心的社會而奮鬥並據此誕生的國家。這些國家面對歐洲的兩次大戰與日本的侵略，為獲取獨立而展開鬥爭的過程中，逐漸醞釀出領導者的思想與戰略，而在這些思想、戰略的持續影響下，推動了國族國家的整合與形成。

從十九世紀後半起，可在菲律賓、越南見到反殖民地運動，並在第一次世界大戰後蔓延至緬甸、印度尼西亞，第二次世界大戰後則在新加坡、馬來西亞盛行，而此二個國家，除了當地馬來人，華人和「共產黨」的運動也成為主流。

在本章中，將探討亞洲—太平洋戰爭時，被普遍稱為東南亞的地區中，國族國家是如何逐步形成的，主要聚焦於菲律賓的黎剎（Hose Rizal）、緬甸的翁山（Aung San）、印度尼西亞的蘇卡諾（Sukarno），以及未曾成為殖民地的泰國（暹羅）之鑾披汶・頌堪（Plaek Phibunsongkhram），並討論對他們的評價，以及揭示這些體系中內含的矛盾。

一元統治

殖民地與過往的王國不同，由明確的地界劃分，行政制度與租稅制度以「文明」化之名，為服務殖民宗主國的經濟與社會需求而被改造、建立。一個殖民統治領域中，原本不同區域有多種王國的徵稅及土地統治方式，皆被殖民地政府統一，無論居民組成如何，同一國內都適用同一制度，且為便於管理，其存在與屬性皆被數值化。「民族」或宗教的組成要素也以統計學加以處理，據其序列把「民族」視為一個政治集團。造成的結果，便是居民的意識形態主要根據此二大範疇而形成，逐漸具備成立國族國家

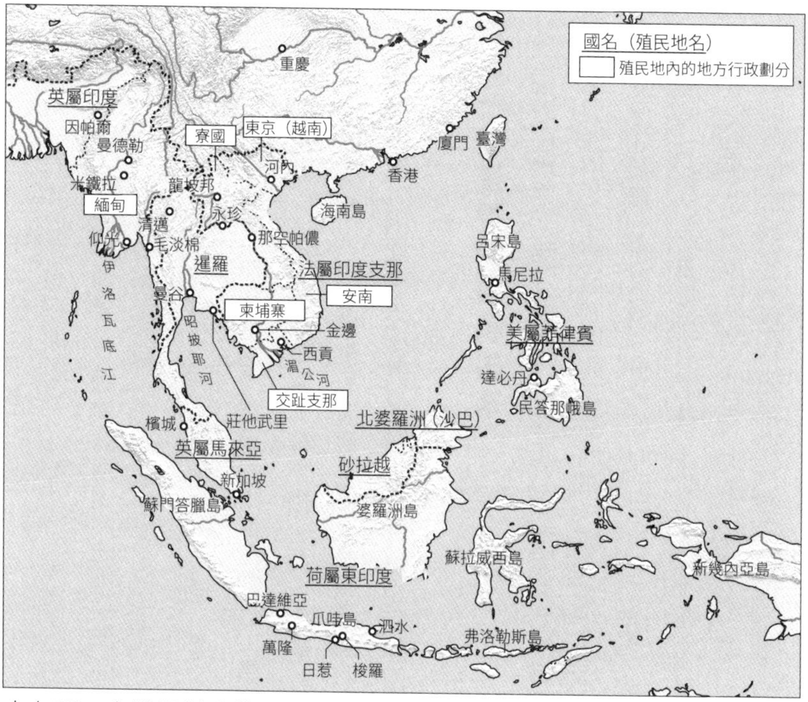

十九至二十世紀前半的東南亞

的要素。

泰國之所以未成為殖民地，係因自泰王拉瑪五世以來，便巧妙利用帝國主義各國間的競爭所導出的結果。但泰國仍被融入資本主義經濟體系，統治領域亦隨之縮小。面對此種狀況，王室排除中間勢力，通過實施人頭稅與徵兵制，整備並強化中央集權的行政組織，確立一元統治。

圍繞主權的爭端

十九世紀後半，菲律賓的黎剎率先迅速展開了反殖民政府運動，以從掠奪中解放出來、確立主權為目標。殖民統治下成長的本地精英階層，他們學習「西洋文明」與基督教神學，利用「自由」、「平等」、「民族」、「文化」、「祖國」、「民主主義」等詞彙，與殖民地統治形成對立。基於演化論思想（社會達爾文主義），一種圍繞著「野蠻」與「文明」的解放思想逐漸形成，並促成民族意識的誕生。原本為了統治而施加的宗教也被反過來利用，產生了「解放的神學」。緬甸的翁山、印度尼西亞的蘇卡諾也採納共產主義的觀點，不聚焦特定的個人或王室，以建立由民眾擁有主導權的國家為目標。

殖民地為了穩固統治而完備教育制度與交通、通信手段，使得本地精英習得國族國家的語言，用以促成民眾「覺醒」，並在政治改革過程中進行動員，激發本地居民的反西方意識，這樣的變化其實帶著一些諷刺意味。不過，在寮國並非使用「西方」的社會科學，而是由佩差拉．拉達納馮（Phetsarath Ratanavongsa）等人，通過佛教研究所促成民族意識的形成。在柬埔寨，因法國把印度支那半島的統治中心放在越南，因此山玉成發行的報紙內容出現反越南人、反華人的論調。

作為一種模型的國族國家

在殖民地宗主國「西方」，從十八世紀末開始，隨著資本主義的出現，取代原本王國的是有明確地理界線與採用一元統治制度的國家形態。國家與政府分離，國家由生活於其中的「國民」組成，國家內不再有身分制與中間集團，由平等的nation（「民族」或「國民」）形成共同體的概念。

國民（nation）即使互不認識，甚至連認識彼此的機會也沒有。但通過相互間的同胞意識，人們進行同志般的結合，並具有空間上、社會上的界線。「民族」無法單純以血緣、領土、語言（俗語）等進行定義，但可通過「生活在同一文化中」的意識來形成。

在資本主義社會中抬頭的統治集團，經由關注主流、多數的生活方式與規範的共通性或特異性，將其定義為「文化」，通過義務教育、文學、繪畫、舞蹈、建築、工藝等，甚至是宗教實踐將其定型，打造出一個「民族」。在此之前，僅靠出身地或語言差異互相識別的人們，改為藉由擁有特定性格、能力、共通政治意識集團來理解對方。一旦個人被認定隸屬於某集團後，他／她就被視為具備該集團的性格特徵。某一集團的組成成員會使用「文明」與「文化」，揭示與他者不同的優越性與獨特性，主張自決的權利。

「文明」與「文化」概念，賦予「民族」一種超越歷史的生命力，並開始重視「傳統」。國族國家雖然標榜「自由」、「平等」、「博愛」、「民主主義」，但在現實中仍偏重同樣是男性的「國民」，且他者（非國民）就不適用這種原則與權利。如此一來，必然會導致「民族問題」的出現，在國族國家形成中產生民族間的差別、歧視。

國族國家的陷阱

國族主義超越民主主義、社會（共產）主義、女性主義、宗教甚至族群，被置於憲法的最上位。所屬成員抱著感情參與，把國家當作身分認同的基礎，進而導致專制與法西斯主義的產生。

當印度尼西亞邁向國家統合之際卻瀕臨危機時，蘇卡諾提出「被指導的民主主義」這個自相矛盾的詞彙，試圖以強權的方式統整國家。泰國的鑾批汶以君主立憲制國家，形塑國民與創造國民文化，但之後沙立（Sarit Thanarat，一九〇九—一九六三年）則以王室為國民統合的核心，伴隨而來的便是統治者的權力增強，並且形成王室忠誠制度。

此外，即便在民族解放鬥爭的過程中團結一致，但形成國家後，如翁嘉化（Onn Jaafar）的馬來民族統一機構或緬甸的反法西斯人民自由同盟等，即可見到在政體形式或與「民族」相關政策的分歧。

特別是獨立運動過程中扮演重要角色的共產主義思想，因為會削弱「民族」的獨特性與自主性，建國之後遂變成被排除的對象。馬來亞的陳平、緬甸的德欽索（Thakin Soe，一九〇五—一九八九年）等以反帝國主義、反資本主義的「無產階級」專政為目標。但在現實的政治過程中，無法忽略容許獨立的殖民宗主國意向與民族資本家、地主、小農的權利，因此他們主張的階級鬥爭，在越南以外的地方都顯得曖昧不明。即便原本主張社會（共產）主義，之後仍被世界資本主義的浪潮吞沒，最終社會主義僅是為了建設國族國家的一段過程而已，這點可從這些歷史發展中獲得證明。

國家在創造出超越階級、「文化」均質的「國民」時，絕非為了保障成員的平等與權利，而是為了方便統治階層的資源調度（徵稅、徵兵）。緬甸的翁山或越南的潘佩珠構思的國家，即認為須把殖民地統治下的政治及行政創造出多樣的「民族」進行本質化，並將其邊緣化以便進行剝削。

形成國族國家時必不可缺的「文化」概念，不過是把不定型且連續的社會現象或生活樣式的一部分，為了配合統治、管理的方便，藉由與他者的比較做出差異，再透過教育與大眾傳媒將之具體化的東西。人與社會都是多樣的，從中切取出均質均等的部分，只不過是緣木求魚。而那把切取的剪刀，終究是拿著語言、信仰、宗教、風俗、習慣、階級等切割他者或自身，必將再度成為族群間抗爭、國民／民族（nation）解體的導火線。

伊東利勝

菲律賓

荷西・黎剎（一八六一—一八九六年）

一八九六年十二月三十日，菲律賓為爭取從西班牙獨立的革命烽火燃起之時，黎剎在馬尼拉被槍斃。從他過世那天起一直到今日，所有菲律賓人都視他為頭號的民族英雄。黎剎雖一再表明反對武裝革命的立場，但卻被控叛亂、煽動罪，三十五歲遭處刑，黎剎的短暫生涯該如何理解其真相？而且，誰、為何、如何把黎剎當作民族英雄，每個人都有不同的觀點，這樣的討論也永遠不會停止。[1]

荷西・黎剎

成長過程

黎　剎（José Protasio Rizal Mercado y Alonso Realonda）生於一八六一年六月十九日，故鄉在西班牙殖民地菲律賓呂宋島距離馬尼拉約五十公里南方的拉古納省（Province of Laguna）卡蘭巴（Calamba）。家中有九位姊妹與較他年長十歲的哥哥帕西雅諾（Paciano，一八五一—一九三〇年）。雙親皆出生於附近城鎮比南（Biñan），屬於本土統治階級（principalía，擔任鎮、村長、公務員等之在地精英）的家庭，與改信天主教的華人通婚後形成的華裔麥士蒂索人（Mestizo）[2]。

除了加勒比海，中南美洲的西班牙殖民地都與拿破崙戰爭、西班牙立憲革命（一八二〇年，Trienio Liberal，又稱三年自由）連動，在殖民地出生的白人（克里奧人，Criollo）主導下，到一八二〇年代前後陸續完成獨立。相比之下，為菲律賓帶來變化的是墨西哥獨立，此後菲律賓由總督轄區（Viceroyalty）轉變為西班牙本國直轄殖民地，且因馬尼拉與墨西哥阿卡普科（Acapulco）之間的大帆船貿易（Galleon Trade）被廢止（一八一五年），西班牙被迫改變殖民地的經營，如開放馬尼拉港（一八三四年）等措施，讓菲律賓對世界市場開放。之後菲律賓各地開始開發砂糖等輸出農業，打造島內的商業稻耕等。十九世紀後半，菲律賓本土統治階層中出現地主、農業經營者等，經濟實力日益增強，出現會把子弟送往馬尼拉接受中高等教育的富裕基層。此外，通過留學等方式熟習西班牙語和歐式教養的知識分子、有教養階層開始被稱為ilustrado（有學識、有文化的）。黎剎的父親法蘭西斯柯（Francisco）亦在馬尼拉接受教育，母親特多拉（Teodora）更是在馬尼拉土生土長。雙親結婚後經營甘蔗、稻作生產，將住居遷至卡蘭巴，在努力經營下成為當地數一數二的富農。

但他們家並非地主，使用的是天主教道明會持有的租借農地（inquilino），租用者在法律上、經濟上的地位，以及催繳地租時與教會的關係，經常存在不穩定的因素。十六世紀以來，西班牙較注重中南美洲，而對菲律賓殖民地經營較不關心，高舉傳教大義的天主教教會遂取代宗主國公私部門主導殖民地活動，教區司鐸中西班牙傳教士占有大半，掌握本地居民的精神世界，也深度參與行政統治，特別在馬尼拉周邊各省的他加祿（Tagalog，本地人）地區，教會是擁有廣大莊園（hacienda）的大地主。十九世紀後半，隨著菲律賓本土統治階級的經濟力提升，自我主張也逐漸強化，他加祿地區因地租調漲及西班牙傳教士的腐敗、貪汙等問題，導致教會與居民之間的對立加深，這也讓他加祿地區成為醞釀對抗宗主國的民族意識之搖籃。此外，出身菲律賓諸島，不隸屬教會的世俗司鐸因聽取、採納居民對教會的不滿，結果被教會視為危險人物而加以驅逐，導致荷西．布林戈斯（José Burgos，一八三七—一八七二年）等世俗司鐸發起權利保護運動，其行動受到人們廣泛的支持。

一八七二年，甲美地省（Province of Cavite）的武器製造廠發生暴動，被視為幕後黑手的戈麥斯（Mariano Gomez）、薩莫拉（Jacinto Zamora）、布林戈斯三位神父，在馬尼拉的巴貢巴揚（Bagumbayan）刑場被處鐵環絞首死刑（戈布薩事件〔GomBurZa〕，取三位司鐸姓氏的第一音節組合而成。教會追求民族化的行動與獨立革命連結，最終產生以格雷戈里奧．阿格派〔Gregorio Aglipay〕為大主教的菲律賓獨立教會）。當時黎剎的哥哥帕西雅諾在馬尼拉過著學生生活，相當醉心於布林戈斯，因前去參加運動而遭警方追查，帕西雅諾為了脫逃只能放棄學業返鄉，為此他們一家人也放棄之前的姓氏梅卡多（Mercado），改使用黎剎（Rizal）這個姓。黎剎從尊敬的兄長處聽聞「戈布薩事件」的始末，據說此事件給他的生涯帶來決定性的影響。

身為民族運動家、作家的生涯

一八七二年，黎剎接替返鄉的哥哥前往馬尼拉，進入馬尼拉亞典耀學院就學，之後進入聖多默大學

（University of Santo Tomas）就讀，因為想治療母親的眼疾而進入醫學院，立志成為眼科醫生。同時也通過西班牙語寫詩，展現文學天賦，其文采受到廣泛讚譽。一八八二年，在哥哥帕西雅諾的支援下，前往西班牙進入馬德里中央大學。黎剎身為民族運動家、作家的大量活動，幾乎都集中在此後海外生活的十年之間。

如前所述，與中南美洲各國相較，菲律賓的獨立運動起步較遲，但前往殖民宗主國留學的學生們，民族意識覺醒後，並擔任國族主義推手的行動，啟動進度卻比其他東南亞各國快上數個世代。一八八〇年代，在西班牙與在菲律賓的知識分子開始集結，通過言論，廣為訴求殖民地的實際狀況，要求自由主義式改革，這就是所謂的「宣傳運動」（Propaganda Movement）。內容包含要求殖民地人與本國人享有平等公民權，以及在西班牙國會的代表權等。雖然不過是同化主義的改良，但這種穩健的主張卻遭菲律賓殖民當局與教會的嚴厲排斥，擁有民族運動家的名聲就等於成為危險人物。在此情況下，黎剎成為與羅佩斯．海耶納（Graciano López Jaena，一八五六—一八九六年）、馬塞洛．皮拉爾（Marcelo Hilario del Pilar，一八五〇—一八九六年）等人比肩的文學家，獲得矚目。特別是黎剎通過詩作，把過去在地理上、語言上分裂的菲律賓諸島（原住民），表現為屬於同一祖國菲律賓、同一國民的菲律賓人，此種創作在建立想像的民族意識上發揮重要的作用。[3]

大學畢業後，他進一步前往法國與德國，以眼科醫師身分鑽研累積經驗，同時也繼續執筆創作，一八八七年出版小說《社會毒瘤》[4]（*Noli me Tángere*，原書名之意為「不要觸碰我」，又譯為《不許犯我》），以故鄉卡蘭巴與老家為靈感，告發在教會統治下殖民地的困頓實情，作為政治小說，此書獲得巨大迴響。作品描述從西班牙學成歸國的主人公伊巴拉，抱著改良社會的夢想，在故鄉振興教育事業，並欲與相思相愛的未婚妻瑪莉亞．克拉拉成婚。但因西班牙傳教士與警方的妨礙與陰謀，夢想全被擊碎。這個悲劇故事鮮明描繪殖民地狀況，徹底揶揄教會與在菲律賓西班牙人的腐敗、無能與低俗，讓讀者感受遭歧視被壓抑的殖民地人的憤怒與悲哀，通過這種體驗，超越「宣傳運動」的視野，進一步激發追求殖民地解放的政治想像力。在菲律賓《社會毒瘤》成為禁書，黎剎在出版後不久歸國，之後有半年左右被禁止出國。再度出國時他短暫逗留日本，並與「阿勢」（臼井勢似子）發生一段戀情而為日本人所熟悉。之後前往美國，進行橫跨大陸的火車旅行。返回歐洲後，繼續向「宣傳運動」機構誌《團結》投稿並執筆下一部作品。這段期間，黎剎在菲律賓也是聲名鵲起。通過《社會毒瘤》，黎剎成為民族運動的前鋒，把自己推上一個無法回頭的位置。

同時，故鄉卡蘭巴因不景氣導致教會與租地耕種的當地居民關係惡化，由於不支付田租，教會要求租地農民撤出田地，而危險人物黎剎的老家又是當地數一數二的農地大租戶，於是成為最大的目標。經過法庭交鋒後，一八九〇年黎剎家必須退出農地，隨後全部租地農戶也都遭強制驅離（遭驅離後由別的佃農進入耕作）。《社會毒瘤》的續集《起義者》[5]（*El Filibusterismo*，取「反叛」之意）於一八九一年出版，獻給戈布薩三神父，以黎剎對卡蘭巴土地紛爭的憤怒與絕望為背景，前作品主人公伊巴拉變身為以破壞主義式恐攻為目的的陰謀家西蒙。儘管小說在結論否定了暴力革命，但隱含了對民族主義的支持，醞釀出不惜革命的緊張氛圍。

《起義者》出版後，黎剎離開歐洲，前往香港與退出卡蘭巴並遭驅離出境的家人重逢。黎剎以眼科醫生的身分開始執業，但為了解決家人與故鄉人們的困境，加上對民族氣運高漲的政治責任感，黎剎不顧周遭人的反對，於一八九二年六月毅然返回菲律賓。七月依據「宣傳運動」的主張，組成公民互助團體菲律賓聯盟。之後旋即被逮捕，並被流放至南部民答那峨島的達必丹。在菲律賓聯盟創立時，參與者之一、當時尚沒沒無聞、非出身本地精英階層的城市勞工安德烈·滂尼發秀（Andrés Bonifacio），接到黎剎被流放的消息之後，與同志們共同籌組祕密結社卡蒂普南（Katipunan），以武力進行獨立革命為目標。

之後在長達四年的流放刑期，黎剎在民答那峨島達必丹開始執業行醫，以「模範囚犯」的姿態過著安穩的生活。這段期間革命情勢益發不穩，黎剎認為武裝起義不僅魯莽且不會有成果，也告知卡蒂普南的密使他不支持起義。一八九六年七月，黎剎聽從用盡一切手段要拯救他的海外友人勸告，以志願擔任西班牙軍醫的身分，申請前往因獨立戰爭而情勢動盪的古巴。黎剎獲得派遣許可，於是搭上前往西班牙的船隻（且為了與迫近的菲律賓革命保持距離，在馬尼拉靠港時，黎剎也未曾下船）。然而，八月三十日卡蒂普南終於全面起義，菲律賓革命爆發。黎剎搭乘的船隻迅速離港，十月抵達巴塞隆納後，因涉嫌參與卡蒂普南起義而遭拘禁，隨後被遞解回馬尼拉受審。

面對偵查，黎剎否認與卡蒂普南有關，向同胞們起草聲明，以自己的名義指責叛亂，但聲明並未公開，黎剎經簡易審判後被宣判死刑。十二月三十日，他在與戈布薩三神父同樣的巴貢巴揚刑場遭槍決。在主張自己無辜的同時，黎剎也從容接受自己的命運。執行前一晚，書寫了辭世之詩〈最後的別離〉，處刑前藏在遺物檯燈中交給妹妹。此詩被奉為菲律賓國族主義的聖典，今日依舊被人們誦讀。此處引用此長詩中的數行。

我崇敬的祖國　我痛苦中的痛苦
摯愛的菲律賓啊　請聆聽我最後的告別
我把一切都留給你　包括我的雙親與深愛之人
我將踏上旅途，前往沒有奴隸、沒有死刑執行者、沒有壓迫者的土地
去到一個信仰不會殺人之處，一個由上帝統領之地[6]

民族英雄——反覆重審

儘管黎剎再三否認參與、支持革命，但以民族運動家、作家身分寫出的字字珠璣，仍創生出了「菲律賓人」，並賦予菲律賓獨立革命更清晰的政治想像力。西班牙統治當局正因察覺此事，且意欲消滅他的影響力，最終決定處決黎剎。在某種意義上，這可說是最早承認黎剎民族英雄地位的公權力吧。然而，處決黎剎反而讓革命氣焰更加高漲，結束了西班牙的統治。黎剎身為民族英雄，被賦予了第二次且是永恆的生命。

之後，獨立革命大概以黎剎生前預想不到的方向開展。本地精英埃米利奧．阿奎納多（Emilio Aguinaldo y Famy）擊敗並處決滂尼發秀，成為最高領導人。在休戰之後的一八九八年，革命陷入膠著狀態，因為古巴獨立戰爭導致美、西對立，美國向西班牙宣戰並戰勝（美西戰爭），同年十二月簽署

《巴黎條約》，條件包含割讓菲律賓給美國。同月，阿奎納多以獨立革命政府總統身分公告，將每年十二月三十日訂為紀念日，用以追悼黎剎及所有在西班牙殖民統治下犧牲的人們。這便是延續到今日的黎剎紀念日的起源。

然而，綜觀整個二十世紀，為黎剎紀念活動的發展方向帶來決定性影響的毋寧是新統治者美國。美西戰爭期間，美國最初與獨立革命政府合作，之後兩方對立，一八九九年發展成軍事衝突，美國前後派遣超過十二萬人的軍隊，耗時數年對獨立革命進行軍事鎮壓（美菲戰爭，一九二〇年宣布平定）。美國對黎剎的表彰與其平定菲律賓諸島的努力密切相關。

由威廉·塔虎脫（William Howard Taft）主導的美國對菲律賓初期統治，以一九〇一年將馬尼拉東方的莫龍省改名黎剎省為嚆矢，次年重新把十二月三十日正式立法訂為紀念日。並迅速討論把巴貢巴揚刑場改為公園，豎立黎剎像。一九一三年十二月的黎剎紀念日，在今日仍是黎剎公園之處，舉行紀念碑的落成儀式。通過迅速且一連串的表彰工作，美國持續強調，黎剎揭露了西班牙統治的野蠻與不法，但他不支持獨立與反對武力反抗。即便處刑之前，黎剎依舊呼籲獲得自由的前提是進行由上而下的國民教育，表明他是一位改良主義者。

美國政府將取得菲律賓視作亞洲戰略的一環，但國內對殖民地主義的批判聲浪強烈，因此在併吞聲明（一八九八年十二月）中，否認對菲律賓抱持領土上的野心，強調為菲律賓帶來自由主義、以正義與保障權利的穩定統治取代專制統治之意義。此處提及的「專制統治」，同時指涉西班牙與菲律賓獨立革命政府二者，可說美國最大程度地利用了黎剎不支持卡蒂普南的事實。一九一六年，美國國會通過《瓊斯法案》，以採取漸進式自治權，建立與美國合作之「穩定統治」為條件，保證未來將讓菲律賓獨立。美國此時也利用黎剎，表示如果他還在世，肯定會支持這樣的統治計畫。

包括黎剎之兄帕西雅諾在內，許多知識分子在黎剎遭處刑後即對西班牙死心，轉而投身革命軍、革命政府。無論對他們或是對當地社區追求利益的地主階級而言，美國提出的統治計畫更容易被接受，且彰顯黎剎的紀念行動更有助於他們歸順。但另一方面，將精英階層的歸順視為背叛，並持續進行反美民族鬥爭的有菲利浦·薩爾瓦多（Felipe Salvador）的聖教會（Santa Iglesia, Holy Church）、佩德羅·卡羅薩（Pedro Calosa）的柯羅盧姆運動（Colorum Movement）、貝尼尼奧·拉莫斯（Benigno Ramos）的薩克達爾黨（Sakdalista）運動等。這些運動被包括曼努爾·奎松（Manuel Luis Quezon）和何塞·勞雷爾（José Paciano Laurel）這一代殖民地精英所主導的政治主流排斥在外[7]。

以穩健改良主義者形式被「解毒」表彰的黎剎形象，在一九四六年菲律賓共和國獨立後，依舊獲得延續。一九五六年制定的《黎剎法》，規定菲律賓的全數教育機構課有教授黎剎生平與作品之義務。然而問題在於，經過美國殖民地時期，菲律賓的英語化持續發展，但西班牙語的使用能力下降，因此大多數的菲律賓人只能以英語或他加祿語閱讀黎剎的作品。被選擇性翻譯的文本——不至於對當代菲律賓國家或精英統治階層造成反叛思想——如《社會毒瘤》、《起義者》變得難以觸及原本充滿批判精神的部分。一九六〇年代以後，要求面對美國時追求自立的國族主義與對精英的批判益發增強後，以馬克思主義為基礎的民族主義歷史學家雷納托·康斯坦丁諾（Renato Constantino）便強調，把黎剎當作「宣傳運動」家來處理，存在著布爾喬亞式的侷限，以此批判對黎剎的崇拜，結果引發了對黎剎形象批判性的討論。然而，若僅把否定卡蒂普南一事的黎剎批判為改良主義者，不過意味著原封接受美國「解毒」的黎剎形象。

一九九〇年代以後，菲律賓與美國的特殊關係逐漸結束，朗伯斯．奧坎波（Ambeth Ocampo）的研究嘗試以虛心開放的姿態解讀黎剎的生涯與作品，打造「符合實際」的黎剎形象，黎剎的作品也獲得新的英譯，這些舉動都展現出菲律賓人持續嘗試還原關於黎剎的真相。其中，國族國家論的名著《想像的共同體》[8]（原著，一九八三年）中，作者班納迪克．安德森（Benedict Anderson）將黎剎視為民族意識形成的典型例子。他對執筆時根據的黎剎作品英譯版抱持質疑，因此著手研究，並將研究成果出版，書名為《在三面旗幟下》（*Under Three Flags: Anarchism and the Anti-colonial Imagination*，原著，二〇〇五年）。安德森通過自身觀點追溯黎剎的生涯，闡明黎剎執筆《起義者》時的歐洲局勢，特別是無政府主義思想與恐怖攻擊事件對此書的影響，顯露出黎剎晚年的思想逐漸對革命抱持開放的想法。此外，近年關於推動避孕方法普及的《生殖健康法》（*Reproductive Health Law*，二〇一二年通過），在批評天主教會強烈反對的討論中，讓人想起《社會毒瘤》與《起義者》中對教會的尖銳批判[9]。因此，對於黎剎生平與他留下的話語、作品該如何解讀，這個問題將會繼續成為反映菲律賓社會的一面鏡子。

中野聰

緬甸

翁山（一九一五—一九四七年）

社會科學的陷阱

伊洛瓦底江流域地區於一八八六年成為英屬印度的緬甸省，英國的印度殖民當局把該處平原部分視為「緬甸本土（緬甸管轄區）」進行直接統治，周邊山地則為「邊境地區」，透過既存的藩侯或首長加以統治。對殖民政府的反叛最初即由地方、農村發生。一九一〇年左右起，城市區域產生「佛教徒緬甸人」這個詞彙。一九二〇年，緬甸本地人組成聯盟（緬甸人民團體總會，General Council of Burmese Associations，GCBA）。但卻無法以任何政治手段有效遏抑農民日益窮困的局面。一九三〇年末，爆發了由「民眾佛教」在背後支持，以反稅運動為名義的農民大叛亂（↓第九卷第十章）。這場叛亂主要集中在緬甸省南部，針對殖民政權機構襲擊持續了三年之久。

正好此時仰光出現「我們緬甸人協會」（Do Bama Asiayone）。年輕人經由英國習得世俗性社會科學式思考，他們以反英情緒作為基礎，在這個協會中交流，形成反資本主義、反帝國主義的思想。面對希冀藉殖民地議會取得「地方自治」（Home Rule）策略的政黨與政治家，他們有意識地迴避，立志成為追求完全獨立的政治團體。

「我們緬甸人協會」已經不採用「緬甸本地人」這樣的詞彙表現，他們自稱緬人（Bamar），主張自身是這塊土地的主人（thakin，或音譯為德欽），之後被稱為德欽黨。當時的英國人要求本地人稱呼他們為「主人（master）」。一九一〇年緬甸中部的敏務（Myinmu）發生農民叛亂時，領導者也喊出「不可原諒把英國人叫主人（master）的人」。順帶一提，日本軍政府統治緬甸時，日本人也被本地人稱為主人（master）、日本主人（Japan master），但這些日本人竟未感到任何不適當之處。

然而，當德欽們如字面般成為主人，推進國族國家建設時，「本地人」之間的分裂也浮出表面。在殖民地教育體系下培養的社會科學方法，形成「民族」區別，各不同族群都拒絕由多數派進行一元化的統治，開始以文化、人權等概念，要求自治與尊嚴。

學生運動的鬥士

緬甸獨立運動中，名符其實的立功者翁山生於一九一五年二月，父親是初級律師吳帕，母親是杜素，出生地是伊洛瓦底江中游馬圭省的納茂。他是六個孩子中的么子，八歲時才百般不願地前往寺院學校上課。之後前往馬圭北部位於仁安羌的私立民族學校，努力學習緬甸語及巴利語。

一九三二年進入仰光大學的大學學院（university college）就讀，學習英國文學、歷史、政治學，入學第四年的一九三五年在學生同盟執行委員會的選舉中出馬競選並當選，且成為該會的機構報《甌衛》（*Oway*，孔雀叫聲的擬聲詞）的責任編輯，但因針對校長品行問題刊登評論，導致一九三六年二月遭停學三年的懲處。正好當時學生同盟議長吳努（一九〇七—一九九五年，緬甸獨立後成為總理）因批評校長而遭退學一事引發校內開始罷課，德欽黨與部分人民也支持罷課，之後行動蔓延全國。英國殖民政府下的殖民地議會——立法參事會出面收拾事態，撤銷翁山的懲處，並對大學法進行修正。此事件使翁山與吳努的名字傳遍全國。一九三八年翁山被選為學生同盟的議長，在之前罷課時組成的全緬甸學生同盟（ABSU）他也站在第一線。

根據《緬甸統治法》，一九三七年緬甸從印度分離，成為英國的直轄殖民地，引入了上下兩院制的責任內閣制，顯著提高緬甸居民參與政治與行政事務的程度。此年翁山取得文學學士學位後，打算進一步學習法律學。但因加入「我們緬甸人協會」，為專心於政治運動，最終放棄大學學業，他也逐漸被人們稱為德欽．翁山。入黨不久便被選為書記長，認為應把油田勞工要求改善待遇的抗議與罷工擴大為反英運動，著手加以支援。

翁山

走向武力

一九三九年九月，老黨員退出的德欽黨轉換政治運動的方針，主張國內各勢力應以緬甸的完全獨立為目標進行共同鬥爭。作為回應，十月德欽黨與窮人黨（Sinyetha, Proletarian）等組成「自由同盟」

（Freedom Bloc），由窮人黨黨魁巴莫（一八九三—一九七七年）擔任總理，翁山任書記長，致力於完全獨立、召集憲法制定會議等，並訴求戰爭期間對英國採取不合作態度。

在此兩個月前的八月，翁山因印度共產黨的招募而成立緬甸共產黨，且成為書記長，但幾乎沒有執行什麼活動，這種狀態下該黨於一九四〇年自然消失。此處應當注意的是，這次政黨成立反映出他對共產主義運動的關心。

德欽黨拒絕對議會、內閣等體制內的權力做出任何妥協，因此完全沒有掌握政權的途徑，而且他們的活動又遭武裝警察與軍隊的強大鎮壓。為了對應這種狀況，德欽黨必須擁有自身的武力。一九三九年十一月，英國承諾給予緬甸大英國協自治領的地位，但尚未有明確時間點。為了突破這種狀況，緬甸嘗試與甘地率領的印度國民大會黨、中國的國民黨與共產黨、蘇聯、日本等勢力進行合作。一九四〇年三月，翁山與共產黨的德欽丹東（一九一一—一九六八年）等人前往印度，請求國民大會黨支援。不過對於日本方面，因為他將中日戰爭視為侵略行為，所以對近期內的接觸保持慎重的態度。

日本的觸手

一九四〇年八月，翁山被警察追捕，他與共產黨組織的德欽蘭揚（？—一九六七年）由海路出逃，前往廈門以與中國共產黨接觸。

此時日本關注英、美通過滇緬公路向重慶的中國國民黨政權補給物資，為了阻斷這條補給線，日本海軍方面展開行動，同時陸軍大佐鈴木敬司於一九四〇年六月，以日緬協會書記兼《讀賣新聞》記者南益世的假名，潛入仰光，接觸德欽黨。

鈴木知悉翁山等人前往中國，立刻發電報給日本國內，命人在廈門鼓浪嶼的萬國共同租界扣押他們，一九四〇年十一月將其帶往東京。面對在中國實施帝國主義式蠻行的日本，翁山對是否接受日本援助感到躊躇，但他又判斷眼下將會與英國發生武裝戰鬥，且鈴木承諾將協助緬甸獨立，因此翁山同意了鈴木的提議。

南機關的空頭支票

一九四一年二月，以鈴木擔任機關長的南機關成立，負責對緬甸的謀略工作，直屬於日本陸軍大本營。為了在緬甸樹立親日政權，計畫讓翁山等緬甸青年們前往臺灣或一九三九年起受日本統治的海南島，接受軍事與特務訓練，之後再返回國內。但因日本對英、美開戰，日軍入侵緬甸，原本的謀略作戰不再需要。南機關急忙在曼谷成立緬甸獨立（義勇）軍（BIA），偕南方軍總司令部指揮下的第十五軍，於一九四二年一月開始進攻緬甸南部。鈴木任獨立軍司令官（大將），翁山成為高級參謀（少將）。

三月，仰光被攻陷，英國的緬甸殖民政府逃往印度北部的西姆拉（Shimla），於該地組成流亡政府。在日本軍進軍的途中，占領範圍逐漸擴及緬甸全境，但日本卻違背翁山等人希望緬甸獨立的期待，依照日軍當初的計畫實施軍政。伴隨軍政的開始，南機關也隨之解散。英國的緬甸殖民政府撤離後，留下空白區域，德欽們於此區域設立臨時行政府，此時也遭日軍廢止。八月，日本成立中央行政府，任命反英意識強烈，且曾在《緬甸統治法》下擔任總理的巴莫為政府首長。

緬甸獨立軍占領仰光時人數約有三萬。七月，選拔其中二千八百人再縮編為緬甸防衛軍（BDA），以翁山為司令官。此防衛軍之後增編到八千人，但第十五軍司令部派出大量軍官、下士官進行指導，實際上軍隊處於他們的監控之下。日軍力量具有壓倒性優勢，翁山只能靜候轉變的時機到來。同年九月，翁山結婚，一九四五年六月翁山蘇姬誕生。

擁有自身軍隊

一九四三年八月一日，日本宣布軍政「廢止」，緬甸在形式上成為一個擁有主權的「獨立」國家。巴莫為行政、立法的最高領導人，使用的職稱為國家元首（Naingandaw Adipadi），翁山就任國防部長。然而，無論行政機構的長官或官僚，幾乎沒有德欽黨人擔任。緬甸防衛軍改稱緬甸國軍（BNA），兵力一萬五千人。但只要日軍（此階段稱「緬甸方面軍」）還駐紮此地，緬甸國軍就受日軍指揮。

讓緬甸農民吃盡苦頭的高利貸與外籍勞工等，此時逃往印度。緬甸的獨立政府開始培養民族企業和企劃振興農業等政策。但因日軍占領，包含米在內的農產品、礦產等一級產業資源的輸出管道斷絕，消費物資短缺，勞動力和家畜被強行徵用，因戰爭導致物流組織系統崩壞，加上濫發軍票等問題，讓居民生活不斷惡化。

驅逐日軍

一九四四年八月，在日軍為了將「大東亞共榮圈」擴展到印度而展開英帕爾戰役（Battle of Imphal）

卻被迫中止之後。翁山於「獨立」紀念一週年演說上，面對日本軍方人士與憲兵公然表示，緬甸的獨立形同具文，摘取利益果實的，只有像他們這種政府高官及其親信、產業開發者、新興富豪等，只是一小部分受惠者，當前現狀與我們的目標之間，仍存在漫長且艱難的路途。這明顯是在批評日本的統治。

此時，在國族主義的旗幟下，以國軍與德欽黨內的人民革命黨組織、共產黨組織為中心，祕密成立了一個被稱為反法西斯人民自由聯盟（AFPFL，緬甸語簡稱帕撒帕拉）的團體，現有的「少數民族」組織等也加入此聯盟。議長為翁山，政治負責委員與書記長各由共產黨組織的德欽索與德欽丹東擔任，如何將各種力量整合為一個政治組織，確實讓翁山非常苦惱。反法西斯人民自由聯盟與英國合作驅逐日軍，至於對英政策，則採取要求英國承認緬甸臨時政府、維持緬甸國軍，以及若不容許緬甸獨立時，將展開武裝鬥爭的方針。

一九四五年三月二十七日，為了迎擊已經逼近曼德勒與米鐵拉的英印軍，翁山出動緬甸國軍，而他本人則從仰光北上，對日本統治發起反叛行動，農民游擊隊也加入戰事。巴莫的「獨立」政府與緬甸方面軍司令部，在一九四五年四月退向南方的毛淡棉，緬甸再度被搶先奪回仰光的英國置於軍政管理下。

宿敵再來

一九四五年六月，英印軍與被稱為愛國緬甸軍（PBF）的國軍合作，其中一部分在九月被編入英國殖民地緬甸軍，在這個時間點上，翁山離開軍隊，專注作為反法西斯人民自由聯盟的總理，為了邁向獨立，與英國展開交涉。未編入殖民地軍的士兵則被整編為人民義勇組織（PVO），負責穩定治安，他們等於是反法西斯人民自由聯盟的私有部隊。十月，流亡殖民政府總督多曼—史密斯（Reginald Dorman-Smith）返回仰光，為了重建、恢復戰前的《緬甸統治法》體制，組織立法及行政參事會。

一九四六年一月，在這個階段，反法西斯人民自由聯盟已經匯聚幾乎所有的政治組織、團體，舉行了第一次全國大會，確定緬甸完全獨立、決定實施制憲議會選舉、維護「少數民族」的各種權利、限制外國資本、取消農民負債等目標。組織發動全面罷工，導致緬甸的社會機能屢屢陷入癱瘓狀態。八月，取代多曼—史密斯而新到任的胡伯特．蘭斯（Hubert Rance）總督，為了收拾這樣的混亂狀態，讓反法西斯人民自由聯盟的成員加入輔助機構的行政參事會，翁山負責國防，並主持議事的進行。之後參事會員進行更替，加入了愛國黨的吳素與克倫中央組織（ＫＣＯ）的蘇巴吳基等人。十一月，反法西斯人民自由聯盟對總督提出四項要求：一九四七年四月實施制憲議會選舉、讓「邊境地區」的「少數民族」也參加憲法制定會議、在一九四七年度實現緬甸獨立、重新檢討緬甸復興計畫。這些條件由行政參事會的代表送至倫敦，與當時的工黨內閣進行協商。

渴望已久的獨立

一九四七年一月二十七日，反法西斯人民自由聯盟總理翁山與英國首相克萊曼．艾德禮（Clement Richard Attlee）簽署《翁山—艾德禮協議》。緬甸是否加入大英國協留待日後討論，但現行的行政參事會成為暫時政府，四月舉行制憲議會選舉，成立憲法制定議會。「邊境地區」可與「緬甸本土」自由協商，與「緬甸本土」的統合基於各地區的自由意志來實現。

二月，翁山與撣州、欽邦、克欽地區的代表簽署《彬龍協議》，將「邊境地區」統合入「緬甸本土」。四月的制憲議會選舉，雖然有反對反法西斯人民自由聯盟的政治家與政黨罷選，但在翁山壓倒性的人氣下，反法西斯人民自由聯盟大勝。接著五月舉行反法西斯人民自由聯盟的憲法草案準備會議上，翁山提出基本原則：根據憲法訂定人民主權；保障人民所有的自由與平等；應成為共和制國家；雖以建設社會主義社會為目標，但眼下在一定範圍內，容許資本主義企業存在與地主擁有土地所有權；保障「少數民族」的權利等。

六月，召開制憲議會，決議緬甸脫離大英國協，成為一個主權獨立的共和國，即緬甸聯邦。

國族國家的重荷

獨立之初，翁山面臨的挑戰當然是英國的承認，但其他尚有共產黨及包含克倫在內的「少數民族」數個組織的想法。當對手是外來勢力，如英國、日本，或者與之相干的國內勢力時，可以提倡「我們緬甸人」與之對抗，這個概念可以包含緬甸族在內的「本地人」及其政治團體。然而，當外敵逐漸消失，「我們緬甸人」之中，國家出現新的他者，這種基於政治需求，依據歷史與文化這些極其主觀的分類所產生出來的「我族意識」，只要這種思維方式與以住民統合為目標的政治力量存在，就會被無限地細分化。原本「我們緬甸人」與「本地人」這類用語，就存在這種走向分裂的宿命。

但這種狀況並非起於此時，一九一〇年代後半，針對立法參事會的選舉席次，在克倫、緬甸人穆斯林等群體之中，已出現與「佛教徒緬甸人」有所不同的認同意識。

在憲法草案準備會議上，翁山基於列寧與史達林的民族理論，規劃各民族的統合。首先，「民族」可分成「能形成國家的共同體」與僅能作為少數群體存在的兩種類型。前者能擁有共同語言、領土、經濟生活、心理聯繫，在歷史上形成堅強的共同體；而後者欠缺這些要件，就作為少數群體存在。「緬甸民族」當然無庸置疑屬於能夠建立國家的民族，「撣族」也能形成國家，但例如欽邦與克倫就缺乏共通語言，特別是克倫中有「十二種」不同的部族，相互間的溝通必須使用緬甸語，因此不被認為可以形成一個強固的共同體。

根據此一觀點，反法西斯人民自由聯盟規劃的憲法草案中，作為構成獨立主權共和國——緬甸聯邦的各民族單位為：「撣」作為聯邦州；僅在經濟上依賴聯邦州的克倫尼（克耶）及克欽設為自治州；擁有自身語言與在欽山有某種程度人口集居的，被規劃為「民族地區」。除此之外，各州及地區內占有一成以上人口的克倫及其他「少數民族」，也被納入緬甸聯邦體系的一部分。

「佛教徒緬甸人」的國家

克倫族被定義為「少數民族」，雖被承認擁有「人權」、「民族性或文化性權利」、「基於文化自治權擁有成立組織的自由」以及「在立法議會中的適當代表權」，但不允許在自身的議會與法律之下實施包含徵稅在內的財政、警察、教育等行政權。聯邦政府雖然以諮詢機構名義設置「克倫問題評議會」，但對希望以某種形式尋求「鄉土」自治的克倫各勢力而言，終究難以接受這樣的做法。

在憲法草案中可以看出，國家將僅由「佛教徒緬甸人」而非「在地人」所主導建立。代表國家的這一方自認為肩負起國家的責任，單方面地以民族類別區分，且將其內容數值化之後排序，再考量授予多少政治權利。所謂「文化上」加以尊重，理應排除所有國族國家在行政效率上的想法，並在制度支持下加以實施。但最終緬甸仍沿襲殖民地時代的方式，因此克倫民族聯盟（KNU）議長蘇巴吳基提出異議，一九四九年六月發布克倫國的獨立宣言並成立臨時政府，結果卻被以擾亂社會秩序與治安之名遭到武力鎮壓，克倫族也不得不以武力加以回應。

爭奪統合的領導權

對翁山而言，獨立的主要目標是建立緬甸國族國家，而非優先追求住民的自由、平等，此事也反映在他如何對應共產黨上。一九四〇年以後，處於自然消失狀態的緬甸共產黨，於日本軍政下的一九四二年八月，由進行抗日活動的德欽索與東吁縣的哥巴罕，在金三角地帶重建，主張應與聯軍合作對日作戰，視翁山及其下屬軍官為日本的追隨者，緬甸軍則是日本法西斯的奴隸。

但德欽索知道國軍的戰鬥能力，所以接受翁山提出的抗日組織一體化建議，加入反法西斯人民自由聯盟。因為與聯軍有聯繫管道，之後共產黨擴大自身在反法西斯人民自由聯盟中的勢力。一九四五年七月，仰光舉行緬甸第二屆共產黨大會，決定緬甸的獨立有可能通過和平手段完成的方針，否定對英國進行武力鬥爭。這是因為印度共產黨基於二戰期間美、英、蘇之間的合作關係在戰後將會持續的預測，所以接受了對美國資本主義的合作態度與勞資協調的觀點。

德欽索反對此項決定，一九四六年二月底舉行的共產黨中央委員會上，宣布組成新的紅旗共產黨，結果遭反法西斯人民自由聯盟驅逐。接著他展開不支付田租、暫停債務償還、在空地上建設住宅、給予病人免費治療、要求米糧活動等。這些訴求曾是翁山在德欽黨時代主張過的內容，然而一旦建立國家後，便無法忽視資本家與地主的勢力。此外，考慮到馬克思─列寧主義可能會抹除「我們的文化」，那麼在國際共產主義名義下新成立之國家，將有失去自主性的危險，這也是他拒絕的原因之一。之後，紅旗共產黨選擇與主張若開地區獨立的若開地方分離派結盟，發起叛亂。一九四七年一月紅旗共產黨被宣布為非法，他們隨即宣告將掀起全國的武力鬥爭。

同時留在反法西斯人民自由聯盟內的（白旗）共產黨，在德欽丹東領導之下，不使用武力鬥爭，保持合法反對派地位，也加入制憲議會選舉與制憲，還參加獨立紀念儀式。但在退休英國官員的退休金給付以及對被接收的外國企業的補償問題上，則主張為了達到經濟上的獨立，必須繼續進行鬥爭。關於將土地轉移給耕作者部分，主張通過人民法庭與農民委員會，以不支付補償的方式立即徵收地主與高利貸的土地，無償給農民二十畝土地，廢除地租及土地稅，並批評反法西斯人民自由聯盟為資本家、地主妥協。一九四八年三月底，白旗共產黨在金三角地區展開以土地改革為主的武力解放區建設，部分國軍與大量ＰＶＯ也加入他們，之後緬甸共產黨成為國家邁向統合道路上的一道障礙。

悲劇英雄

一九四七年七月十九日，暫時政府的內閣會議進行中，翁山與其他六名閣員遭手持輕機槍的四名恐怖分子殺害。犧牲者中包括翁山的長兄，任商業、供給部長的巴溫。翁山一路奮不顧身籌畫獨立建國，卻在即將達成之際遭到刺殺。一般認為這起暗殺事件是由愛國黨的德欽索所計畫，但也有說法認為另有幕後黑手。總督蘭斯要求反法西斯人民自由聯盟的副總裁且為制憲議會議長的吳努組閣，繼續推動獨立進程。八月，以吳努為總理的新內閣成立；九月，制憲議會上通過《緬甸聯邦憲法草案》。經過十月簽署的《努—艾德禮協定》，十二月英國議會通過《緬甸獨立法案》。一九四八年一月四日，緬甸聯邦正式誕生。因遭刺殺身亡而無法為獨立的祖國掌舵的翁山，將繼續以緬甸「建國之父」的形象活在人們的心中。

伊東利勝

印度尼西亞

蘇卡諾（一九〇一—一九七〇年）

印度尼西亞共和國的首任總統（在位期間一九四五—一九六七年）。為印度尼西亞獨立的英雄、國父，至今在國民之間仍享有極高人氣。國民親切地稱他為布恩・卡努諾（Bung Karno，布恩為「兄、同志」之意）。

蘇卡諾

荷屬東印度時期的獨立運動

十九世紀中葉，荷蘭正式在爪哇島經營殖民地，之後爪哇之外的各島也被荷蘭統治。二十世紀初，荷蘭已建立自蘇門答臘島海灣西端至新幾內亞島西半部，東西綿延超過五千公里廣大版圖的殖民地國家——荷屬東印度。荷屬東印度以巴達維亞（今雅加達）為新的中心，派駐殖民地官僚。因有必要培養本地人官僚，荷蘭以白人的責任就是必須給非基督教徒社會帶來光明的堂皇名義，提議採用「倫理政策」，教導傳統貴族階層使用荷蘭語及實施西歐教育。

蘇卡諾便屬於接受新式教育的貴族階層。他父親是爪哇的低級貴族，也是本地人小學校的教員，穆斯林教徒，母親則是印度教徒，峇里人。蘇卡諾在東爪哇成長，在父親的希望下接受荷蘭語家庭教師的特別教育，由本地人小學校轉入歐洲人小學校（七年制），之後升學泗水的高等市民學校（HBS，五年制）。當時的高等學校是為了歐洲人子弟而設校，本地人只有極少數上層貴族才被允許入學。進入高等市民學校後，蘇卡諾住宿在父親的朋友、荷屬東印度第一個大眾組織伊斯蘭聯盟（Sarekat Islam）領導者佐克羅阿米諾托（Oemar Said Tjokroaminoto）家中，學習有關政治活動的知識（其女西蒂．奧塔里[Siti Oetari]為蘇卡諾第一任妻子）。高等市民學校畢業後的一九二一年，蘇卡諾進入萬隆工業高等學校（今萬隆理工學院）就讀，但因殖民地政府鎮壓伊斯蘭聯盟，逮捕佐克羅阿米諾托，蘇卡諾便陷入經濟困境而無法繼續學業，為了維持家計短暫進入國鐵擔任工作人員，之後在第二任妻子英吉特．加娜西（Inggit Garnasih，一八八八—一九八四年）的支持下，一九二六年順利畢業，取得工學士學位。

一九二五年，蘇卡諾在就讀大學時於萬隆成立「一般研究會」，邀請第一位提倡東印度獨立的東印度黨（一九一二—一九一三年）領導人集多．馬坤古蘇麼（Tjipto Mangoenkoesoemo，一八八六—一九四三年）為顧問，並在使用東印度語的機構報上發表一篇名為〈國族主義、伊斯蘭主義、馬克思主義〉的論文，作為他政治主張的起點。一九二七年七月，蘇卡諾組成印度尼西亞國民聯盟，次年五月改稱印度尼西亞國民黨（PNI，或稱印度尼西亞民族黨）。國民黨通過對殖民地政府採取「不合作」與非暴力的群眾行動，主張印度尼西亞獨立，以馬爾哈尼主義（Marhaenisme，蘇卡諾所創，依據印尼自然和文化應用於馬克思思想）作為基礎意識形態。蘇卡諾認為，大多數的印度尼西亞人民只是使用少量土地與自給自足生產手段的貧困平民，他借用過往實際遇過的一位農民名字，稱呼他們為馬爾哈尼。馬爾哈尼受到殖民地統治與帝國主義的壓榨，蘇卡諾主張，要讓人們從貧困中解放出來，恢復自尊心與活力，就必須通過鬥爭走向獨立。他同時指出，馬爾哈尼擁有生產手段，故與馬克思主義的無產階級不同，是一種印度尼西亞獨特的狀況。

一九二七年十二月，蘇卡諾更進一步組成印度尼西亞民族政治團體協議會（PPPKI），把位於東印度的七個政治組織打造成一個聯合體，共同領導民族獨立運動。蘇卡諾幾乎每天都召開集會，在大量群眾面前發表演說，演講技巧連佐克羅阿米諾托都得甘拜下風，風靡聽眾。

一九二八年十月，在巴達維亞舉行第二次全國青年會議，發表了被稱為〈青年誓言〉的綱領性文件，提出將荷屬東印度各民族統整為一的概念，「一個祖國即印度尼西亞，一個民族即印度尼西亞民族，一種語言即印度尼西亞語」（但是將東南亞各島的國際共通語〔Lingua franca〕馬來語正式稱為印度尼西亞語，則始於日本軍政時期）。

然而，蘇卡諾的大受歡迎，讓殖民地政府聯想起一九二六年共產黨的武裝起義，遂於一九二九年十二月在全國大規模逮捕國民黨領導人。蘇卡諾遭逮捕後，國民黨立即停止活動並解散。這次急躁的解散導致國民黨內部出現裂痕。率先解散並成立新政黨印度尼西亞黨（Partindo）的薩托諾（Sartono，一九〇〇—一九六八年），與反對解散的自由派發生對立。自由派係聯合了自荷蘭留學歸來、共同成立印度尼西亞民族教育協會的穆罕默德．哈達（Mohammad Hatta）及蘇丹．夏赫里爾（Sutan Sjahrir，一九〇九—一九六六年）。蘇卡諾因特赦於一九三一年出獄，之後嘗試化解這場分裂未果，蘇卡諾最終加入了印度尼西亞黨。從此時起，蘇卡諾與哈達、夏赫里爾的政治思想和路線開始出現明顯不同。蘇卡諾把獨立比喻為「黃金之橋」，主張這是至上目標，重視群眾集會與宣傳活動，對荷蘭貫徹不合作，對民眾進行感情式鼓舞，促成民族統一與團結。哈達則基於西歐的理性主義與理性的現實主義，通過培養幹部達成組織化與自治性。雙方針對獨立運動的手段展開長久的激烈辯論。

一九三一年，德．榮格（de Jonge，一八七五—一九五八年）新就任荷屬東印度總督，殖民地政府從「建設性對話」路線改為對民族主義運動進行徹底鎮壓路線。一九三三年，蘇卡諾再度被捕，次年被流放到弗洛勒斯島。同年，哈達與夏赫里爾也被捕與遭流放。接著，蘇卡諾在一九三八年被轉移至南蘇門答臘的本庫魯，受到世界泛伊斯蘭主義的啟發，參與致力於宗教內部改革並以推動社會發展為目標的伊斯蘭改革派穆哈瑪迪亞（Muhammadiyah）的活動。在該處他遇到穆哈瑪迪亞分部長的女兒法瑪瓦蒂（Fatmawati，一九二三—一九八〇年），之後她取代英吉特，成為蘇卡諾的第一夫人。

日本軍政時期的活動

一九四一年十二月八日，日軍開始攻擊珍珠港之前在馬來半島中部的東岸登陸，然後展開了太平洋戰爭。菲律賓、新加坡陸續被攻陷，一九四二年三月日軍登陸爪哇，荷蘭軍投降。日軍登陸時謳歌「大東亞共榮圈」的建設，但真正的目的是要確保石油等資源。為實現戰爭需求與物資供給，本地居民的動員也必不可缺。為此，蘇卡諾等民族運動領導人立刻從流放中獲得釋放，但被要求協助日軍。蘇卡諾與哈達為了印度尼西亞的獨立選擇協助日方，夏赫里爾則潛入地下活動。蘇卡諾通過在各地的集會與廣播呼籲民眾協助日方，促使民眾加入日軍為社會動員而組成的鄰組、婦人會、青年團、警防團、奉公會等團體，以及參加作為日軍補助部隊的候補兵與義勇軍。

隨著日本的戰局惡化，來自印度尼西亞方的戰爭協助也就變得勢在必行，因此一九四四年九月小磯首相表明「將來會允許東印度獨立」。日軍於一九四五年三月承諾設立獨立準備調查會，邀請蘇卡諾等人議論新國家的構想。六月，蘇卡諾發表演說，提出了「建國五原則」（Pancasila）。這五原則包括：（一）民族主義、（二）國際主義、（三）民主主義、（四）社會公正、（五）信仰唯一的真神。蘇卡諾以建設符合建國五原則的國家為目標，但這個最初的五原則並未獲得伊斯蘭主義者的同意。蘇卡諾組成九人委員會後，重新發表〈雅加達憲章〉。這次在「信仰唯一的真神」之上，新增了「實踐對伊斯蘭沙里亞（Sharia，伊斯蘭教法）的義務」（以七個單詞表達），此舉卻遭國族主義者反對。獨立後發表的一九四五年憲法序文中，遂刪除這七個單詞。

建國五原則最終為：（一）對唯一絕對真神的信仰、（二）公平且文明的人道主義、（三）印度尼西亞的統一、（四）通過協議與代表的睿智領導民主主義、（五）對全印度尼西亞國民的社會公正。第一條放入「對唯一絕對真神的信仰」，是對伊斯蘭主義者的讓步，但他們希望能復原被刪除的七個單字，成為此後伊斯蘭主義者的長期目標。

進入八月後，廣島、長崎被投下原子彈，日本的失敗已成定局。此時蘇卡諾等人急著加速獨立進程，設立獨立準備委員會。但八月十五日日本無條件投降，聯軍即將到來的消息傳開。次日十六日，激進派青年們將蘇卡諾與哈達綁架到雅加達近郊的登格羅（Rengasdengklok），脅迫立即宣布印度尼西亞獨立（登格羅事件〔Rengasdengklok Affair〕）。當天，蘇卡諾與哈達在日本海軍武官府長官前田精少將的調解下返回雅加達，在前田宅邸召集獨立準備委員會製作獨立宣言。八月十七日，蘇卡諾在其宅邸前發表。接著通過《印度尼西亞共和國憲法》（一九四五年憲法），蘇卡諾與哈達就任第一屆正、副總統。隨後設置內閣與議會，並且開始編制國軍。

獨立戰爭與議會制民主主義

獨立之後，各地民眾從日軍手中奪取武器，以「人民主權」的名義發起「社會革命」，欲打倒根據傳統身分制度控制社會的貴族階層。另一方面，九月時，聯軍為了恢復荷蘭的殖民地統治展開登陸，各地發起激烈抵抗，從十月下旬到十一月中旬，泗水成為激戰之地。共和國政府內部因武裝鬥爭與外交談判兩種不同路線而陷於對立。共產黨遭武裝鎮壓而被潰滅後，由設立印度尼西亞共和國黨的陳馬六甲（Tan Malaka，一八九七—一九四九年）取代共產黨，繼續領導武裝鬥爭派；外交談判路線則由夏赫里爾率領，因為聯軍拒絕與曾經協助日軍的蘇卡諾談判，故夏赫里爾決定出面掌握政權，與聯軍進行交涉。蘇卡諾總統及內閣總辭後，夏赫里爾任總理兼外交部長的內閣啟動，將政府轉變為議院內閣制。一九四五年十一月，哈達副總統頒發布告，印度尼西亞社會黨、伊斯蘭勢力聯合政黨的馬斯友美黨、共產黨、國民黨等各政黨成立，開始進入議會制民主主義的時代。蘇卡諾雖贊成夏赫里爾的外交路線，但因不贊成政黨政治，並未加入任何政黨。

夏赫里爾認為應優先與荷蘭簽署協議，但荷蘭完全不承認印度尼西亞的獨立。荷蘭試圖在舊荷屬東印度內的婆羅洲島嶼和東印度尼西亞成立親荷蘭國家，這些國家與爪哇、蘇門答臘構成的印度尼西亞共和國，共同打造一個聯邦國家，構思此聯邦國家和荷蘭形成聯合制國家。即便締結讓上述內容獲得確定的停戰協定——《林牙椰蒂協定》（*Linggadjati Agreement*）後，荷蘭的要求仍未停止，甚至於一九四七年七月展開自稱為「警察行動」的軍事進攻。一九四八年一月，通過聯合國的仲介，締結《倫維爾協定》（*Renville Agreement*），劃定了停戰線，但荷蘭隨後建立了東蘇門答臘國、南蘇門答臘國、西爪哇國、東爪哇國等荷蘭的傀儡國家，使印度尼西亞共和國的領土縮小。

因與荷蘭交涉失敗遭到批評，內閣不斷更替，反政府勢力的活動也變得活躍。九月，由共產黨及國軍內部的人民民主戰線派發動被稱為「茉莉芬事件」（Peristiwa Madiun）的起義。混亂之際，停戰還不到一年，荷蘭針對共和國首都日惹發動第二次「警察行動」，蘇卡諾與哈達被逮捕。即便如此，印度尼西亞國軍部隊展開游擊戰抵抗荷蘭。面對此種狀況，一九四九年一月，聯合國安全理事會通過譴責荷蘭的決議，國際輿論開始變動，最終迫使荷蘭不得不轉向和平路線。同年八月，於海牙舉行圓桌會議。十二月二十七日，荷蘭將主權移交給印度尼西亞聯邦共和國，但西新幾內亞的歸屬未定，且留下荷蘭資本的主要經濟事業如何繼續、接收的外國資產如何歸還、殖民地政府的債務如何繼承等眾多問題。雖然如此，前述荷蘭支持的聯邦共和國之後陸續併入印度尼西亞共和國。一九五〇年八月，蘇諾卡宣布單一的印度尼西亞共和國成立，聯邦共和國消亡。

單一印度尼西亞共和國根據一九五〇年暫定憲法，限制共和國總統權限，採取議會制民主主義。但在議院內閣體制下，仍不斷出現短命政權。一九五五年舉行選舉時，國民黨、馬斯友美黨，以及傳統派伊斯蘭團體伊斯蘭教士聯合會（Nahdlatul Ulama）的成員，因反對馬斯友美黨變得激進而退出，最終重新組成的伊斯蘭教士聯合會黨，再加上共產黨，這四大政黨獲得幾乎相同的席數。這一選舉結果，導致各種對立浮上檯面：國族主義與伊斯蘭主義的對立、伊斯蘭主義對共產主義的對立，以及人口眾多的爪哇島與資源豐富的「外島（爪哇島之外的各島）」之間的矛盾。蘇卡諾於一九五六年前訪美國、蘇聯、中國，在共產國家的經驗使蘇卡諾逐漸向左派勢力靠攏，蘇卡諾的妻子哈蒂妮（Hartini，一九二四—二〇〇二年），在這一過程中居重要的協調作用。

「受指導的民主主義」

共和國內的政治不穩，軍隊內部的抗爭也益發激烈。一九五六年十二月，代表包含蘇門答臘在內的外島利益的哈達副總統辭職，加劇了爪哇與外島的對立。蘇門答臘與蘇拉威西的地方師團各自組成「評議會」，奪取地方政府的實權。面對此種狀況，蘇卡諾接受陸軍參謀長阿卜杜爾·哈里斯·納蘇蒂安（Abdul Haris Nasution，一九一八—二〇〇〇年）的建議發布戒嚴令，將地方置於軍事管理下。一九五七年四月，以朱安達·卡塔維查亞（Juanda Kartawijaya，一九一一—一九六三年）為總理的內閣成立，對聯合國要求西巴布亞島的主權要求，但未能成功。轉而開始接管荷蘭在印度尼西亞的企業，並派出陸軍管理。內政上則依舊是外島勢力不斷向中央政府要求改革。一九五八年二月，蘇門答臘甚至成立印度尼西亞共和國革命政府。

蘇卡諾在這場印度尼西亞分裂危機中，主張以「受指導的民主主義」體制來度過困境。他把自身視為表達人民意志的「人民代言人」，認為根據多數決來確認事情的西歐式民主主義不適用於印度尼西亞，訴求由蘇卡諾睿智領導的「民主主義」更加優越。首先，一九五九年七月，他為了擴大遭限制的總統權限，宣布恢復一九四五年憲法，解散議會，由包含政黨代表、軍人和其他職業團體在內，組成相互扶助（gotong royong）國會，設置國家權力最高機構「暫時國民協議會」，其成員由總統任命。蘇卡諾把自己打造的體制命名為「納沙貢體制」（Nas-A-Kom），名稱取自國族主義（Nasionalisme）、宗教（agama）、共產主義（Komunisme）三個詞彙的首個英文字母。蘇卡諾表示，雖然這三種勢力在原則上與主張都不同，但憑藉一路遭受殖民地統治的共同過往和對未來統合的期待，印度尼西亞仍有可能成為統一的國家。

蘇卡諾還進一步提倡反帝國主義的「革命」，要求國民關注新幾內亞鬥爭與「馬來西亞對決」。蘇卡諾主張新幾內亞是歸屬於印度尼西亞的領土，向國際社會擺出不惜使用武力進攻的姿態，唯恐武力衝突的聯合國與美國，要求締結《新幾內亞協定》（《紐約協定》），將新幾內亞的政權移交給印度尼西亞。另外，關於馬來西亞，一九六三年馬來亞、新加坡及婆羅洲的沙巴、砂勞越合組成馬來西亞，之後蘇卡諾視此國為英國新殖民地主義下的產物，對馬來西亞採取對決政策。但這一對決政策讓蘇卡諾身為亞非不結盟運動（美蘇冷戰下採取不屬於東西任一陣營政策的國家）的領導人的國際地位下降。馬來西亞成為聯合國非常任理事國之後，蘇卡諾表明退出聯合國，與中國、北朝鮮、北越一同成立「第二聯合國」新興勢力會議（CONEFO）。

蘇卡諾的繼續「革命」，也使印度尼西亞國內經濟惡化，造成激進的通貨膨脹，加上海外停止援助，對外債務膨脹，在經濟及政治兩方面皆陷入不穩定情勢，這些都讓蘇卡諾體制難以為繼。

九月三十日事件

東西冷戰下，蘇卡諾的左傾政策造成國內外的緊張局勢，到了一九六五年發生九月三十日事件（九三〇事件），結束了蘇卡諾的體制。深夜，在雅加達的總統親衛隊隊長翁東中校（一九二六—一九六六年）分頭襲擊了陸軍最高階的七名將軍，除納蘇蒂安外，殺害其餘六名將軍及一名軍人，之後占領電臺。他們主張這些遭殺害的將軍通過組建「將領委員會」，企圖顛覆政權，他們此舉乃是防患未然。對於這個行動，蘇哈托少將（一九二一—二〇〇八年）率領戰略作戰預備軍立即開始展開反擊，十月二日攻占他們設在哈林空軍基地的指揮總部，並公布此事件乃共產黨的陰謀。之後，發現六名將軍模樣淒慘的遺體，經報導後，煽動國民的怒火，隨之掀起國民大規模殘殺共產黨員及相關人士的序幕。蘇卡諾接到通報，當時他與妻子黛薇（Ratna Sari Dewi，日文名為根本七保子，一九四〇年—）在其住處中，因為他未回到總統府而躲藏在哈林基地附近，因此被懷疑參與了這起事件。此事件的真相至今依舊不明。因親共政策被問責，立場危險的蘇卡諾在一九六六年簽署委任狀（三月十一日命令），將國家治安的所有權力都交予蘇哈托，他實際上已經失去總統實權，並被軟禁於自宅，在失意之中於一九七〇年過世。

今日蘇卡諾的墓位於東爪哇的勿里達，一九七〇年代後半增建靈廟，現在仍有許多訪客參觀，相當熱鬧。蘇卡諾長女梅嘉娃蒂．蘇卡諾普特麗（Megawati Sukarnoputri，法瑪瓦蒂的女兒，一九四七年—）在長達三十年的蘇哈托開發獨裁體制下，作為反政府勢力的象徵，率領鬥爭民主黨積極活動。蘇哈托退任三年後的二〇〇一年，梅嘉娃蒂成為印度尼西亞共和國第五任總統。

菅原由美

泰國（暹羅）

鑾披汶（一八九七—一九六四年）

國族主義具有作為爭奪主權的戰術的一面。在避免被殖民地化的泰國（如後文所述，一九三九年前國名為暹羅），並非為了民族自決而形成國民意識，而是體現在對抗君主的形成國民（國民主義）與君主推動的形成臣民（勤王主義）的鬥爭中。主權者是國民抑或君主，這種對立，從十九世紀至二十一世紀的今日，仍一直是個懸而未決的問題。一九三二年進行立憲革命的人民黨推行國民主義，以此致力形成國民。然而，國民主義從一九四七年君主制開始復權後便日益淡化，至一九七〇年代威權確立後，又轉化為勤王主義。

現代化與絕對王權

從十九世紀後半至二十世紀初葉，泰國免遭歐美列強殖民，在君主主導下，推進現代化改革，但拒絕憲法與國會，建構國王親政的專制君主制。君主並不熱中社會與經濟的現代化，經濟方面沒有振興產業政策，只停留在一級產業的輸出國，且由來自中國的移民控制商品流通。初等義務教育遲至一九二一年才開始推行。十九世紀被強迫簽署的不平等條約，一直到一九三七年才修訂完成。

具有留學英國經驗的第六世泰王瓦棲拉兀（拉瑪六世，在位期間一九一〇—一九二五年），為了對抗國族主義與民主主義等以人民為主的思想，提出獨特的絕對王權論。第六世泰王主張國王是由人民選出來的民主式統治者。他又要求臣民對「『恰特』、宗教、國王」三位一體的忠誠。「恰特」是nation的翻譯，但意義不必然是國民，而是祖國、國家、民族的混合體，類似「國」的概念。即便意義不甚明確，但具體而言是把佛教與國王並列，重點放在要求臣民的歸屬意識與忠誠。

人民黨

在專制君主制下，為了輔助王族而培養官僚。名門的子弟中成績優秀者，被當作官僚幹部候補生，送往歐洲留學。這些留學生在當地切身感受到在歐洲人視自己的祖國為「非文明國家」，以及在國內王族享有優遇與特權的身分差別。懷抱不滿情緒的留學生們在法國開始構思政治體制的變革，這便是人民黨這一政治組織的起始。他們思考的是，基於國民主權打造立憲民主主義體制，必須推動強國化與文明開化。

人民黨的陸軍派領導者鑾披汶（正式名字為鑾披汶．頌堪），生於一八九七年，出生地在曼谷北鄰的暖武里府，老家是栽培果樹的農家。一九一五年自陸

鑾披汶

軍士官學校畢業，之後被分配到砲兵部隊，並就讀陸軍參謀學校，一九二三年以第一名畢業，前往法國進行三年的公費留學。平民派的領導人比里・帕儂榮（一九〇〇—一九八三年），一九〇〇年生於帕那空思阿瑜陀耶（Phra Nakhon Si Ayutthaya），家中是華裔商人家庭。以優異的成績畢業於法務省法律學校，獲得法務省獎學金，於一九二〇年前往法國。二人於一九二五年在巴黎相遇，成為好友後便一起討論如何拯救祖國。一九二七年回國後，執行公務之餘也募集志同道合的夥伴，到一九三二年他們還募集年齡比他們大一輪的陸軍幹部，其中一人便是有留德經驗的砲兵總監披耶帕鳳・豐派育哈色納（Phraya Phahon Phon Phayuhasena，一八八八—一九四七年）上校。人民黨總共有一百一十五人（陸軍三十二人、海軍二十一人、平民六十二人），由披耶帕鳳擔任領導。

立憲革命

一九三〇年世界經濟恐慌波及泰國，第七世泰王巴差提朴（Prajadhipok，拉瑪七世，在位期間一九二五—一九三五年）的應對方式透露出其能力不足。國王削減預算與開除人員，給公務員增加大量負擔，另也開始課徵所得稅。國王開始考慮制定憲法、開設國會等政治改革構想，但均未實現。

就在全國對政府的不滿不斷增加時，一九三二年六月二十四日人民黨決定發起政變。人民黨發表六項基本原則作為統治方針。（一）在政治、司法、經濟上維持對外主權。（二）保障國家安全與維持秩序。（三）改善經濟狀況。（四）給予全體人民平等權利。（五）在不違反以上四原則的前提下，賦予人民自由。（六）為人民提供充分教育。

第七世泰王在比里．帕儂榮準備的憲法草案上簽名，實現將政體改為立憲君主制。人民黨僅掌握國會與軍隊，內閣委員由舊體制的高官掌管。

法務官僚出身的瑪奴巴功總理（一八八四—一九四八年）與國王商量復權，一九三三年四月一日以政令封閉國會，將提議土地國有化等社會主義式經濟計畫的比里貼上共產主義者標籤，於四月十二日驅逐出境。六月，嘗試以軍方首腦取代人民黨成員。

為了對抗勤王派的捲土重來，人民黨由鑾披汶領導，在一九三三年六月二十日發動政變奪回權力，披耶帕鳳就任總理。比里回國，並於十月入閣。以恢復君主制為目標的勤王派，一九三三年十月由前國防部長親王率領駐紮地方的幾個大隊攻入首都，人民黨以鑾披汶為核心擊退這些反叛軍。一連串的復權策動皆失敗後，一九三四年一月第七世國王前往英國，與人民黨政權進行強化王權的談判，仍是失敗告終，遂於一九三五年三月退位。第七世泰王沒有子嗣也沒有同母兄弟，只能由異母兄九歲的兒子阿南塔瑪希敦繼位第八世泰王（Ananda Mahidol，拉瑪八世，在位期間一九三五—一九四六年）。在瑞士生活的新國王，直至一九四五年十二月才回到泰國，回國之前由瓦棲拉兀的母親紹瓦帕．蓬西攝政。

建設國族國家

鑾披汶被寄予保護人民黨政權重任。他於一九三四年任國防部長，一九三八年一月任陸軍總司令官，同年十二月十六日任總理。鑾披汶政權由人民黨的平民派、軍人派雙方推出許多四十歲前後的年輕世代入閣，是首次正式的人民黨政權。

鑾披汶政權開始後不久的一九三九年一月，反政府人士接連遭逮捕，政府設立特別法庭課以重罰。舉發反政府人士獲得內閣同意。一九四〇年八月十五日，鑾披汶在國會上談及「通過警方的搜查，舊體制與新體制今後必須持續鬥爭，直到一方勝出為止。終我們一生，甚至到孩子的世代，鬥爭都必須持續下去。……我們想讓這樣的對立畫上休止符，但敵方（舊體制支持者）卻展現出將不斷戰鬥到子子孫孫的姿態」。

人民黨以「恰特」作為國民盡忠的對象，其地位高過國王。只是「恰特」並不具實體。對此，鑾披汶主張立憲革命的目的便是「建設『恰特』」，並傾注心力實現此事。建設「恰特」有兩個希望，第一是在經濟面與軍事面能得出直接可見的成果，第二是喚起民眾對新體制的支持。

在經濟面部分，提出「為了泰國人的泰國經濟」之經濟國族主義口號，強化管制外國人在泰國的經濟活動。為了振興國內產業，一九三六年設立工業部，一九四一年改為工業局，一九四二年再升級為工業省，同時接連成立國營企業。在民生方面，一九四〇年九月新設立公共福祉局，鑾披汶親自擔任首屆局長。公共福祉局著手設立鼓勵民眾前往開墾自立的村落等政策，以改善人民生活為目標。教育方面，一九四〇年八月在教育部下設立成人教育部，從過往錯過學校教育機會者的識字教育開始著手。一九四二年五月設立公眾衛生省，針對衛生相關習慣，例如生活習慣上，鼓勵飯前洗手、使用湯匙與叉子進食、飯後刷牙等。

泰國在十九世紀末到二十世紀初，曾割讓領土給英、法，因此奪回這些「失地」一直是他們的願望。歐洲爆發第二次世界大戰後，一九四〇年六月巴黎淪陷，同年九月日軍開始駐紮法屬印度支那北部，鑾披汶對法國要求歸還被劃入寮國的湄公河西岸地區，十月他也在曼谷舉行要求歸還失地的遊行，企圖引導輿論支持。一九四〇年十一月二十八日，法軍空襲國境地區，泰軍越過國境向寮國與柬埔寨進兵。然而，一九四一年一月十七日泰國海軍大敗，日本出面調停，一月二十八日停戰。一九四一年五月九日泰國與法國簽署和平條約，湄公河西岸與柬埔寨西部劃歸泰國領土。鑾披汶因為此項功績，於同年七月由少將越級晉升元帥。

國民文化與國民的形成

另一個面向是國民的形成。為了維護新體制，「恰特」與憲法的定位高於國王，並嘗試給「恰特」賦予國民共同體實體意涵。披耶帕鳳政權已經展開相關工作。例如一九三四年基於「不含宗教與國王，僅聚焦『恰特』概念」的原則徵求歌詞，制定國歌（「恰特」之歌）。並於一九三三年叛亂三年後，即一九三六年十月十五日，在首都北部的激戰地區修建殉職者的紀念碑，命名為「護憲紀念塔」，舉行了落成典禮。

鑾披汶在一九三九年將立憲革命紀念日六月二十四號訂為「恰特」之日（national day），之後每年都在這天舉行彰顯新體制正當性的慶祝活動。著名的有一九三九年舉行奠基儀式，次年舉辦落成儀式的「民主紀念塔」，這是為了紀念立憲革命的活動。另一個知名活動是一九四一年進行奠基儀式，次年舉辦落成儀式的「戰勝紀念塔」，這是為了追悼、表彰在與法國領土爭端中陣亡者而建立的紀念塔。每年「恰特」之日會舉辦令人印象深刻的活動，目的就是要表明在新體制賦予「恰特」最高價值，取代了舊體制的國王。

鑾批汶通過創造國民文化及與民眾共享，意圖打造國民意識。鑾批汶從一九三九年六月二十四日起至一九四二年一月，頒布名為〈國民信條〉（ratthaniyom）的十二項公告。第一號將國名從原本的別稱暹羅改為泰。這與一九四一年的新年由四月一日改為一月一日的曆法改訂具有同樣效果，都是為了宣告新時代的降臨。

〈國民信條〉是以創出國民文化為目標的文化政策，也被稱為「文化革命」。鑾批汶在一九三九年六月二十四日表示，「為了能讓泰國人同胞獲得來自外國的盛讚……，就必須擁有『恰特』獨自的風俗習慣。……〈國民信條〉與文明人必須遵守的品行、禮儀規矩類似」。為了不被先進國家視為野蠻而要求人民文明開化。

鑾批汶推出藉由文化形成國民時，泰國尚不存在國民共同體。〈國民信條〉第三號，廢除根據族群或當事者喜好而形成的北泰人、東北泰人、南泰人、伊斯蘭泰人等區隔，要求國內所有人都應稱為泰人。在信條第九號中，要求泰人必須會讀、寫泰語，且不問出生地、居住地、方言的不同，要求所有人都要認為自己是泰人。此要求也說明此時民眾尚不具備作為國民的整體感。因為當時的泰人近七成無法讀、寫泰語，能夠想像國民共同體的概念大多僅限於部分的知識分子精英。

鑾批汶表現出新文化必須讓所有人民共享的強勢態度。他在一九四一年十月十六日的通告中如此說明。「建設『恰特』不問貧富、性別、年齡，必須讓『恰特』整體一同前進。無論是由法律加以強制，或是遵守〈國民信條〉，一切都必須平等實施。例如關於穿戴帽子與端正有禮的服裝，如果政府說貧窮人不遵守也無妨，那就是把貧窮人從『恰特』成員中排除」。如此一來，讓所有人共享相同文化的國民文化，即是國民文化的創造。

鑾批汶在國民文化創造中，經常使用「泰國的文化」或「泰國的文化復興」等措詞。在經濟方面以擁有泰國籍者為優先，加上對「泰」的重視，其文化政策也被深刻批評以泰國人優先，卻壓迫少數族群，特別是華人系居民，是一種民族差別政策。然而，其政策並非抹殺或驅離華人系居民，反而是通過變更國籍或改名，促使其更進一步成為泰國人民。若從宏觀的角度來看文化政策，所提倡的文化被批評為歐化主義，顯著帶有西方色彩，泰國人也認為那就是種新奇的東西。鑾批汶的文化政策並非旨在振興傳統文化，而是以創造新文化與傳統為目標。

二戰後的鑾批汶

因為參與太平洋戰爭，人民黨針對是否協助日本而分裂為鑾批汶派及比里派。戰爭期間成為攝政的比里組織抗日運動（自由泰人運動），並尋求勤王派的協助。一九四四年逼迫鑾批汶辭職，比里成為最高權力者。繼任總理為人民黨的平民派寬．阿派旺（Khuang Aphaiwong，一九〇二—一九六八年），但一九四六年寬與比里對立而辭去總理職位，另與勤王派合作組成民主黨。根據一九四五年九月成立的《戰爭犯罪人法》，鑾批汶於十月十六日遭逮捕，一九四六年一月十二日被起訴。但三月二十三日最高法院裁定該法為新法，依不得溯及既往原則，判決鑾批汶無罪釋放。

由退役軍人領導，以「兵團」為名的軍事評議會，因一九四六年六月九日第八世泰王突然去世，藉口追究真相，於一九四七年十一月八日發動政變，推翻比里派政權。次日任命在陸軍具有人望且握有巨大影響力的鑾批汶為國軍總司令官，隨後民主黨的寬再度就任總理。不過，因東西冷戰開始，當西方列強對泰國協助日本的批評放緩後，評議會於一九四八年四月讓鑾批汶就任總理。

在評議會中，掌握實權者為兩位年輕領導者，他們因鐵腕鎮壓、取締反對派而抬頭，一位是不斷擴大掌控陸軍的沙立．他那叻（Sarit Thanarat），另一位是接受美國中情局（ＣＩＡ）援助，加強警察力量的鮑（Phao Siyanon，一九〇九—一九六〇年）。鑾披汶因人民黨已經分裂且失去掌控陸軍的實力，故藉著保持此二者的平衡，打造親美政權，以取得高額援助來維持政權。鑾披汶於一九五五年決定在評議會之外尋求自身的支持基礎，計畫於一九五七年二月舉行大選。選舉中，鮑擔任幹事長，為執政黨的獲勝做出貢獻。但執政黨遭批評有非法行為，鑾披汶與鮑成為攻擊目標。沙立採取贊同抗議遊行隊伍立場的態度，一躍成為反政府陣營的英雄。九月十六日，沙立發起政變，鑾披汶逃亡日本，鮑逃亡瑞士。一九六四年六月十一日，鑾披汶在相模原市因心臟病過世。

沙立在一九四七年驅逐比里，一九五七年驅逐鑾披汶和鮑人民黨的兩大巨頭後，接著在一九五八年的政權中埋葬了人民黨的立憲民主主義理念，向復權的君主制靠攏。此後君主制比「恰特」更為重要，國族主義也變成促進對君主制盡忠的勤王主義之同義詞。

玉田芳史

拉瑪五世（朱拉隆功，一八五三—一九一〇年）

在位期間為一八六八—一九一〇年。拉達那哥欣王朝（Anachak Rattanakosin）第五世國王。第四世泰王蒙固（Mongkut，在位期間一八五一—一八六八年）的第九子，一八五三年九月二十日生於曼谷，母親特詩琳德拉王后（Thepsirin，原名Ramphoei Phamaraphirom）為第三世泰王的孫女，在朱拉隆功快八歲時過世，年幼喪母，且母親一方的親戚並無有力者，因此日後他曾表示即位當時心中十分擔憂。一八六八年，熱愛天文學的父親第四世泰王蒙固，前往泰國南部馬來半島上的巴蜀府沃克村（Wakor）觀察全日蝕，但因染上瘧疾而病故，朱拉隆功以十五歲之齡即位。在他二十歲前，皆由頌德昭披耶·西·索里亞翁（Somdet Chaophraya Borom Maha Sri Suriwongse，本名川·汶那 [Chuang Bunnag]，以下簡稱西·索里亞翁）擔任攝政掌理國政。

朱拉隆功即位之前，從一八六二年至一八六七年師從王宮家庭教師安娜·李奧諾文斯（Anna Leonowens）學習英語及西洋相關知識。即位後，於一八七一年訪問新加坡、爪哇等地，同年十二月至次年一八七二年三月，經檳城、緬甸前訪印度，實際參觀包含鐵路、武器工廠等西洋技術、制度及殖民地統治的模樣。一八七三年，二十歲後廢止攝政，開始推動制度改革強化王權。

一八七三年設立被稱為「稅務廳」的機構，一改此前徵稅外包制，由此單位進行統一管理與監督。次年一八七四年，設立國王下屬政策規劃機構「國家理事會」（Council of State）與諮詢機構「樞密院」（Privy Council），展開國政的集權化。同年一八七四年，為了廢除被稱為「奴隸」制度的「塔托」

（thâat），公告自其即位後出生的塔托子孫，身價在二十一歲時歸零。但新諮詢機構難以獲得西・索里亞翁及其一族的協助，鴉片稅務承包權也繼續由西・索里亞翁一族掌管。

一八七四年底，王宮發生意外火災，此事引發並凸顯對集中王權感到危機意識的前宮（副王）威猜參（Wichaichan）與朱拉隆功之間的對立，甚至發展到必須由英國海峽殖民地總督（Governor of the Straits Settlements）出面仲裁的局面。之後，直到一八八二年西・索里亞翁過世，以及一八八五年前宮威猜參過世為止，朱拉隆功只能推展小幅度的改革。威猜參過世後，朱拉隆功廢止前宮制度，改任命王太子。

自此時起，與英國殖民地勢力之間被稱為「朝貢國」的緬甸周邊小王國，其歸屬與統治權成為關注的問題。其中之一即英國在一八五二年納入殖民地，與緬甸鄰接的蘭納（Anachak Lan Na），在該國內，地方居民與英國臣民之間因柚木採伐契約官司、偷竊官方牲口、強盜等紛爭大量出現，為了對應此種事態，一八七四年英屬印度政府與暹羅政府之間締結第一次《清邁條約》。一八八三年，英國本國政府與暹羅政府簽署第二次《清邁條約》。英國在清邁設置副領事，暹羅重新派任常駐清邁的國王派任辦事官及法官。第一次《清邁條約》要求設置「外國法庭」，涉及英國臣民的民事訴訟，由暹羅任命的法官行使司法權，藉此強化權限，管轄英國臣民之間或涉及英國臣民的民事、刑事訴訟，且遵守暹羅法律進行審判。此外，辦事官導入徵稅外包制等，剝奪當地統治者的既得權益。

一八七〇年代中期至一八八〇年代，被稱為「霍」的盜匪在湄公河流域從龍坡邦到那空帕儂騷擾。暹羅打算驅離盜匪後，將該區域納入領土，多次派遣軍隊加以討伐。同時法國也介入頗深，結果法國與暹羅關於此區域統治權的爭奪衝突不斷升高。法國主張擁有湄公河左岸，於一八九三年七月違反條約派遣軍艦自昭披耶河口（北欖府河口城，音譯帕克南〔Paknam〕）溯流而上，與暹羅軍交戰（法暹戰爭／帕克南事件）。面對法國的河口封鎖，暹羅無條件投降，支付賠款，承認法國領有湄公河左岸，法國更進一步占領泰國灣東岸的莊他武里，當作暹羅履行賠償的擔保。法國這一連串的行動影響到英國在湄公河上游的權益，造成英、法雙方對立，英、法於一八九六年同意禁止向昭披耶河流域派兵。

部分留在歐洲的暹羅精英們，對英、法的行動感到強烈危機，一八八五年對朱拉隆功提出關於改革國政的上奏，提案採取立憲君主制等公正的統治制度，但朱拉隆功並未積極回應，並以人才不足為由，否決引進議會制度，取而代之的是採取由國王、王族進行中央集權的統治制度。一八九二年設立十二個省，由九名王弟占據最高職位。朝向中央集權化的內政改革，主要負責人為內務大臣、國王的異母弟弟丹龍親王（Damrong Rajanubhab）。由內務省規劃的中央集權式地方統治制度，剝奪當地權勢者的既得權益，導致各地的叛亂。接著又為了處理混亂事態而增加軍事預算，一九〇二年廢止過往基於身分區別的徭役與徵稅，改為統一徵收人頭稅。一九〇五年開始推行兵役制，同年制定《塔托法》，加速過往緩慢廢止中的「塔托」（奴隸）制度，並禁止新的奴隸販賣。

與此同時，面對周邊區域不斷殖民地化與隨之而來增加的外國臣民、保護民人口，朱拉隆功企圖阻止人數增長，為此必須將他們置於暹羅審判權與課稅權之下，故亟欲制定現代法律（《刑法》，一九〇八年），同時也推動與英、法進行條約改訂。一九〇七年三月，朱拉隆功第二次訪問歐洲，出發之前與法國締結新條約。根據這個條約，基本上將法國保護下的亞洲籍人民納入暹羅的司法管轄範圍，除服兵役之外還有納稅義務。此外，一九〇四年的協約中，法國以歸還莊他武里而取得的達叻與丹賽，歸還給暹羅，作為交換，馬德望、暹粒、詩梳風交與法國控制。暹羅與英國於一九〇九年三月簽署新條約，同意由英國統治吉蘭丹、登嘉樓、吉打、玻璃市，但基本上同意將英國臣民置於暹羅審判權下，除服兵役之外也接受課稅。據此，次年三月在曼谷公告徵收人頭稅，廢除三年一次的華人人頭稅，雖然統一了暹羅臣民的人頭稅，但因稅金提高，六月發生華人大規模的罷工抗議。朱拉隆功於一九一〇年十月二十三日過世，享年五十七歲，其子瓦栖拉卭繼位為泰王。

小泉順子

其他人物

一、菲律賓

格雷戈里奧·阿格派

一八六〇—一九四〇年。若把戈布薩三神父事件以來，菲律賓人司鐸問題做一個邏輯性的歸納，就是教會組織的民族化。為了實現此一目標，就需脫離羅馬的天主教會，設立新教會。阿格派（Gregorio Aglipay Cruz y Labayan）便是基於這種想法創立的菲律賓獨立教會第一任大主教。他出生於北伊羅戈省，就讀神學校，一八八九年被敘階為司鐸，一八九八年支持獨立革命，並被任命為革命軍的宗教事務總長，因訴求教會的民族化，於次年遭教會開除。他當初對脫離梵諦岡的態度消極，但當同鄉的知識分子、社會運動家伊薩貝羅・雷耶斯（Isabelo de los Reyes）以馬尼拉的都市勞工運動為主體，組成民族主義新教會的菲律賓獨立教會後，他在一九〇三年接受大主教的任命。在美國殖民地時期，阿格派參與反美民族運動，一九三五年出馬競選菲律賓自由邦（Commonwealth of the Philippines）的總統選舉，但徹底敗給奎松（Manuel Luis Quezon y Molina）。

中野聰

安德烈斯・滂尼發秀

一八六三－一八九七年。滂尼發秀（Andrés Bonifacio）出生與成長在馬尼拉貧困的湯都區，出身都市勞工讓他在菲律賓獨立革命史中成為一位異色人物。為了協助家計，少年時期起便在英、德系的商會工作，一邊獨自學習知識，因對「宣傳活動」感到共鳴，一八九二年參加黎剎組成的菲律賓聯盟。然而，他對知識分子提出的言論運動缺乏發展而感到失望，得知黎剎被流放後，組成以武力革命為目標的祕密結社卡蒂普南，且展現優秀的指揮能力。

但一八九六年八月，當結社被發現而正式爆發革命後，卻在爭主導權上敗給阿奎納多，一八九七年五月十日遭革命政府以反叛罪名處決。美國殖民地時期，在對黎剎的推崇之下，滂尼發秀的名聲隱而未現。直到獨立後的一九五〇年代，滂尼發秀才重新被認定為是革命民眾運動中的代表人物，今日與黎剎並列為民族英雄，獲得表彰。

中野聰

埃米利奧・阿奎納多

一八六九—一九六四年。除了以菲律賓第一任總統獲得表彰，同時也被許多人批評為見風轉舵，是一位充滿爭議的人物。出身本地精英的阿奎納多（Emilio Aguinaldo y Famy）是鎮長也是卡蒂普南的成員，革命爆發之後率領甲米地省（Province of Cavite）革命軍展開活動，身為地主階層的阿奎納多在領導權轉移至擁有動員能力的本地精英手上後，便肅清滂尼發秀成為革命領導人，但旋即與總督簽訂和約並亡命香港。一八九八年四月，美西戰爭開始後，次月搭乘美軍軍艦回國，同年六月十二日宣布共和國獨立並就任革命政府總統。之後在美菲戰爭中，雖然抵抗成為美國殖民地，但一九〇一年被捕後，隨即宣布革命政府解體，退出政治。一九三五年打破長年沉默，出馬競選菲律賓自由邦總統，卻大敗給奎松。第二次世界大戰中因協助日軍，在戰後的協助日本者審判中遭追究責任（一九四八年獲特赦）。身為革命世代中最長壽的阿奎納多，最後的公開露面是在一九六二年重新將菲律賓獨立紀念日定為六月十二日的紀念典禮上。

中野聡

威廉・塔虎脫

一八五七—一九三〇年。日後成為美國第二十七任總統（一九〇九—一九一三年）的塔虎脫（William Howard Taft），在美菲戰爭進行中的一九〇〇年被任命為菲律賓委員會委員長，之後更擔任第一任非軍人總督（一九〇一—一九〇四年）、美國陸軍部長（一九〇四—一九〇八年），奠定統治菲律賓的基本路線。除了重用親美的本地精英外，並致力懷柔美菲戰爭中敵對的本土統治階級，讓他們轉向成為親美的協助者，此外還通過廢除修道會領地，幫助他們聚積土地，以關稅優待振興出口農業，大膽推進許多政策。一九〇七年，菲律賓議會議席上大半都是參加革命的青年政治家，塔虎多對此結果感到喜悅，前訪菲律賓時，在議場以「友情與鼓勵」的心情與他們談話。如此一來，一如他預期，菲律賓議會政治家們在主張獨立的同時，也推進對美合作，成為整個二十世紀支持美菲特殊關係與體制的推手。

中野聰

貝尼尼奧・拉莫斯

一八九二—一九四五年（？）。出身布拉干省（Province of Bulacan）佃農之子。奎松賞識他的文才讓他在上議院事務局服勤，一九三〇年因參加反美罷工而背叛奎松，之後創立主張反地主、反美的真理黨（Sakdal Party），一九三三年的選舉中該黨成功進入下議院。但拉莫斯（Benigno Ramos）並不滿足於議會路線，也反對成立菲律賓自由邦，一九三四年前往日本，次年五月看準制憲國民投票前的時機，率領支持拉莫斯的激進派，在馬尼拉周邊各地起義，造成大量死者（真理黨叛亂，美菲戰爭後最大規模的起義事件）。一九三八年拉莫斯回國之後被捕入獄。一九四二年被日軍釋放後，率領加納普黨（Partido Ganap，也稱「完全黨」），與日本合作期待獲得重用，但遭勞雷爾政權排擠並未能擔任要職，直到二戰末期，在擔任支援日軍的組織菲律賓愛國者聯盟（Makapili，日文為「比島愛國同志會」）總裁後才站上政治舞臺，但隨日軍敗走山中後行蹤不明。加納普黨、菲律賓愛國者聯盟的參加者在戰後都遭受激烈報復，不適用於特赦，一直遭社會徹底排擠。

中野聰

曼努爾・奎松

一八七八—一九四四年。奎松（Manuel Luis Quezon y Molina）是美國殖民地時期菲律賓政界的領導人。母親是西班牙裔的麥士蒂索人。美菲戰爭爆發後，投身獨立革命軍，之後歸順美國，但仍毫無理由遭到逮捕入獄，這段經歷讓他成為反美的青年律師。在塔虎脫希望提拔有能力新人的政策下，奎松獲得擔任塔亞巴斯省（Tayabas）省長的機會，之後菲律賓議會成立時，他也進入中央政界，與出身宿霧的強敵塞爾吉奧・奧斯米納（Sergio Osmeña Sr.）分庭抗禮，主導政界主要勢力。為了透過與美國合作獲得自治並實現菲律賓獨立，一九三五年菲律賓自由邦啟動之際，二人搭檔正副總統並當選。在他們連任後不久，亞洲—太平洋戰爭爆發，日軍入侵後，奎松聽從美國指示，將閣僚留在馬尼拉，自身則離開菲律賓，在美國華盛頓特區成立流亡政府。但因舊疾肺結核惡化，在美軍反攻菲律賓前夕的一九四四年八月，客死美國。

中野聰

何塞・勞雷爾

一八九一—一九五九年。勞雷爾（José Paciano Laurel y García）出身八打雁省的本地精英階層，留學耶魯大學後回國，之後在殖民地政界以不畏懼美國的閣僚、政治家身分嶄露頭角。美日開戰後，接受奎松在行政面上協助日本的指示留在馬尼拉，負責協助日軍。在二戰之前，就讓兒子前往日本的陸軍士官學校留學，深獲日本信賴。一九四三年十月，就任日軍占領下建立的共和國總統。除了一貫避免積極協助日本，在同一年的大東亞會議上，還以平等互惠原則脅迫日本，展現出國族主義者的骨氣。除此之外，在保護二戰前肩負對美合作的殖民地精英，使他們戰後能繼續發揮長才一事上也做出貢獻。二戰之後雖面臨協助日本者審判，但一九四八年獲得特赦，回歸政界。一九四九年的總統選舉上，據說如果沒有執政黨的非法操作，他一定能夠當選。之後也在一九五〇年代擔任對美經濟協定與對日賠償協定的全權代表，身為政界的重要人物發揮巨大影響力。

中野聰

二、緬甸

吳蘇

一九〇〇—一九四八年。吳蘇是殖民地緬甸的政治家。一九〇〇年出身於沙耶瓦底縣（Tharrawaddy District）奧波鎮（Okpho Township）的地主家庭。年輕時期參與反殖民地政府運動，高中肄業後取得初級律師資格。一九三一年幫農民大叛亂首謀者——以別稱迦樓羅王聞名的薩耶山辯護，因而以迦樓羅・吳蘇而馳名。之後成為立法參事會議員，一九三五年以《太陽報》（*Thuriya*）報社股東身分訪問日本，回國後出版《日本介紹》。參與駐仰光日本領事館策動的親日工作，一九三六年當選下議院議員，一九三八年組成愛國黨，一九三九年支持對巴莫內閣的不信任案，在吳普（U Pu）新內閣中擔任農林部長。次年，他改對吳普內閣的不信任案投出贊成票，終於在一九四〇年當選總理，之後對展開完全獨立運動的德欽黨及巴莫等人的「自由聯盟」進行鎮壓。同時企圖讓緬甸轉變為自治領，故於一九四一年十月前訪英國，但未能成功。歸國途中，亞洲—太平洋戰爭爆發，他轉換陣營改為英國的敵國日本出謀劃策，因此在巴勒斯坦被拘捕，被關押在英屬烏干達監獄。一九四六年一月獲釋，回國後重新組織愛國黨，採取反帕撒帕拉（反法西斯人民自由聯盟）路線。之後當英國的重新占領政策觸礁後，他改投身反法西斯人民自由聯盟，在翁山的行政參事會入閣。十二月，成為專為討論緬甸獨立的代表團成員之一前往倫敦，但因認為《翁山－艾德禮協定》無法保護緬甸權利，拒絕簽署協議。回國後，他集結右派政治家組成民主國民反對戰線，一九四七年三月辭去行政參事會職位，抵制四月的制憲議會選舉。七月十九日，因計畫暗殺包含翁山在內的七名閣僚，於一九四八年五月被處以絞刑。

伊東利勝

蘇巴吳基

一九〇五－一九五〇年。日文稱巴吳基，但一般多稱蘇巴吳基（蘇是克倫語的敬稱）。一九〇五年出身於白登鎮的富裕地主家庭。一九二五年仰光大學畢業後前往倫敦，取得律師資格。回到緬甸後，一九三七年擔任巴莫內閣的租稅負責部長。日軍統治時，隸屬克倫中央機構（KCO），採取與德欽黨及反法西斯人民自由聯盟合作的路線。一九四六年十月，成為翁山發起的行政參事會成員，後因反法西斯人民自由聯盟反對設立備有海港的克倫省，於一九四七年四月退出參事會，並以克倫民族同盟（KNU）議長身分，罷選制憲議會選舉。六月，為設立克倫省與克倫各勢力繼二月之後再度達成共識，但蘇巴吳基仍懷抱建設「大克倫國家」的願景。此次共識再度破裂，在此狀況下，他於一九四八年二月組織大規模抗議，反對制定的憲法。九月，KNU的自衛組織克倫民族保衛組織（KNDO）在地方開始使用武力抗爭。即便如此，蘇巴吳基仍試圖尋求和平的解決方法，不過到了一九四九年一月，他選擇加入占領仰光北部郊外永盛的KNDO。四月四日雖然達成休戰，但因克倫各派的分歧無法調和，又爆發戰事。五月二十一日，KNDO撤退至金三角。在這種狀況下，六月在東吁宣布克倫國獨立。一九五〇年三月，蘇巴吳基移動到接近泰國邊界的帕本（Hpapun），八月十二日在其西南部的高加力（Kawkareik）叢林中遭政府軍射殺身亡。

伊東利勝

三、印度尼西亞

佐克羅阿米諾托

一八八二—一九三四年。印度尼西亞第一個民眾組織伊斯蘭聯盟（Sarekat Islam）的領導人。原名拉登．瑪斯．哈吉．奧馬爾．薩義德．佐克羅阿米諾托（Raden Mas Haji Oemar Said Tjokroaminoto）。出身東爪哇貴族，官僚養成學校畢業後，加入一九一一年在爪哇中部古都梭羅（Surakarta）成立的伊斯蘭聯盟。冠上伊斯蘭名稱的聯盟，迅速在全國爆炸式的擴散，據說一九一九年會員已達兩百萬人。因急速擴大，引發殖民地政府警戒，伊斯蘭聯盟設立中央伊斯蘭聯盟（CSI）約束全國各地支部，一九一五年佐克羅阿米諾托就任中央組織的議長。他以高超的演說技巧獲得民眾狂熱般的支持，被視為爪哇傳說中的救世主正義王，也被殖民地政府評價為「無冕王」（Crownless King of Java）。但一九二〇年左右起，分為伊斯蘭改革主義勢力與共產主義勢力，彼此開始爭奪主導權。一九二一年，位於西爪哇的恰瑪拉梅村（Cimareme）因農民反對米糧徵收而爆發暴動，執政當局調查之後發現，煽動此暴動的是聯盟潛藏的祕密組織B部（Sarekat Islam-afd. B），結果佐克羅阿米諾托被捕。之後殖民地政府對伊斯蘭聯盟的鎮壓力度日增，民族運動的主導權轉移至印度尼西亞共產黨。佐克羅阿米諾後來仍領導重整後的印度尼西亞伊斯蘭聯盟黨（PSII），但於一九三四年於日惹病倒後過世。

菅原由美

穆罕默德·哈達

一九〇二—一九八〇年。印度尼西亞共和國首任副總統（在任期間一九四五—一九五六年），印度尼西亞共和國第三任總理（在任期間一九四八—一九五〇年）。哈達（Mohammad Hatta）與蘇卡諾並列，被敬為印度尼西亞國父。出生於西蘇門答臘的武吉丁宜，前往鹿特丹伊拉斯謨大學（Erasmus University Rotterdam）主修經濟學。留學期間，加入來自荷屬東印度留學生們組成的東印度協會，針對西歐學會使用何種詞彙表達包含今日構成印度尼西亞諸島在內的東印度各島進行討論，之後採用「印度尼西亞（印度的諸島）」作為祖國名稱，一九二三年將組織改名為「印度尼西亞協會」。一九二六年，在萊登（Leiden）與共產黨領導人司馬溫（Semaun）簽署協定，從印度尼西亞共產黨手中，接下民族主義運動的領導權。回國後，組成印度尼西亞國民教育協會，針對蘇卡諾主張的民族鬥爭進行激烈論戰。他的人民主權論在政治上採代表民主制，經濟上以合作社為基礎。印度尼西亞獨立後，特別傾力於成立合作社，然而最終因與蘇卡諾的政治理念不合，一九五六年辭去公職，離開政府。

菅原由美

阿卜杜爾・穆伊斯

一八八六—一九五九年。印度尼西亞人文學者、新聞工作者。出生於西蘇門答臘的阿甘縣（Agam Regency）。穆伊斯（Abdoel Moeis）在巴達維亞本地人醫師培養學校就學，畢業後成為官僚，不過數年後在萬隆轉業成為新聞工作者，參與編輯各種民族主義的雜誌與報紙。以中央伊斯蘭聯盟（CSI）副議長身分，和佐克羅阿米諾托等人一同被選為荷屬東印度殖民地議會的議員，以提升本地人地位為目標。一九二〇年代後期，傾力於創作活動，一九二八年在圖書編譯局（Balai Pustaka）出版了以人種歧視為主題的《錯誤的教育》（*Salah Asuhan*，日本譯名《西洋かぶれ》）。該局以對荷屬東印度居民推廣標準化的「正確」馬來語（Bahasa Melayu，日後成為印度尼西亞語）為使命。書中內容描述崇洋的米南佳保人（Suku Minangkabau，或稱米南人、巴東人）青年與一名本地人及西歐人所生下的女性陷入戀情，不顧周圍的反對執意結婚，之後既不被西歐人社會所接受，也不被印度尼西亞人社會接納，以悲劇收場，屬於印度尼西亞語近代文學的代表作之一。

菅原由美

普拉姆迪亞・阿南達・杜爾

一九二五—二〇〇六年。印度尼西亞人文學者。普拉姆迪亞（Pramoedya Ananta Toer）屬於從日本軍政時期到獨立戰爭期活躍的「四五年世代」文學家之一。出生於中部爪哇布羅拉縣（Blora regency）。獨立戰爭時遭荷蘭軍隊逮捕，被囚禁至一九四九年。一九五〇年代滯留荷蘭之後，成為與印度尼西亞共產黨串聯的左翼文化組織人民文化協會（Lekra）的成員，發表批判政府官員貪汙的作品。一九六五年九月三十日事件之後，以參與人民文化協會的活動為由遭到逮捕，蘇哈托執政時期被當作政治犯流放至布魯島（Buru）十四年，過著獄中生活。這段期間他構思撰寫四部曲《人間世》、《萬國之子》、《足跡》、《玻璃屋》，這些作品於一九七九年假釋後出版。他的主題為荷蘭殖民時代的國族主義鬥爭，以印度尼西亞新聞業之父惕爾托．阿迪．蘇魯優（Tirto Adhi Soerjo，一八八〇?—一九一八年）為原型，描繪主人公明克（Minke）的生涯，以大河小說的方式加以表現。普拉姆迪亞的作品在蘇哈托政權下的印尼遭禁止發行，但獲包含日語在內的二十多種外文翻譯，在海外享有盛名，數度被提名諾貝爾文學獎候選人。一九九五年獲頒麥格塞塞獎（Ramon Magsaysay Award），二〇〇〇年獲頒福岡亞洲文化大獎。蘇哈托政權下臺後，他獲得自由，於二〇〇六年過世。

菅原由美

四、泰國（暹羅）

丹龍．拉差努帕親王

一八六二—一九四三年。丹龍（Damrong Rajanubhab）為卻克里王朝第四世泰王蒙固的第五十七子。一八七二年在宮廷內設置的英語學校，向英國人派特森學習時嶄露頭角。第五世泰王朱拉隆功開始親政後，一八七〇年代末丹龍成為皇家衛隊團長，同時設立皇家衛隊軍校（一八八一年），之後成為第一任教育局長（一八八七年），為教育行政盡力，也兼任地圖局長。一八九二年就任內務大臣後，致力建設地方統治制度，一八九七年制定地方統治法，從曼谷由國王派遣辦事官統治各省直至村落，都引入中央集權的行政制度。進入第六世泰王瓦棲拉瓦時代，一九一五年丹龍以健康理由辭去內政大臣職位，之後擔任首都省圖書館（之後的國家圖書館）館長與國立博物館館長。編纂、出版數量龐大的歷史資料及年鑑，傾注精力撰寫史書，提出暹羅王國能上溯至素可泰王國的連綿持續歷史觀。因為這些業績，他也被稱為「泰國歷史學之父」。第七世泰王即位後，丹龍被任命為最高顧問院成員，但一九三二年立憲革命後，於次年逃往越南。亞洲─太平洋戰爭爆發後，一九四二年回國，不久便於一九四三年十二月過世。

小泉順子

拉瑪六世（瓦棲拉兀）

一八八一─一九二五年。在位期間為一九一〇─一九二五年。卻克里王朝第六世泰王。朱拉隆功王的第二十九子，生於一八八一年。母親為朱拉隆功的異母妹妹紹瓦帕・蓬西（Saovabha Phongsri）。一八八七年被任命為皇儲的瓦棲魯那希，於一八九五年感染傷寒過世，瓦棲拉兀繼任為皇儲。幼少年期也接受英國家庭教師教導，之後於一八九三年前往英國留學，一八九八年起在桑德赫斯特皇家軍事學院（The Royal Military Academy Sandhurst）學習軍事。一九〇〇年起進入牛津大學學習歷史、法律、外語等，一九〇三年一月回國。喜歡演劇與文學，以泰語翻譯、介紹包含莎士比亞在內的歐洲文學而知名。即位後不久，以提供公務員與平民接受軍事教育訓練為由，設立被稱為「野虎隊」的組織，作為自身權力的基盤。廣泛宣揚對「恰特」（民族）、宗教（佛教）、國王的忠誠，並設計了象徵此三者的三色國旗（一九一七年）。隨著制定《國籍法》（一九一三年）、《氏稱命名法》（一九一三年）、《初等教育法》

（一九二一年）等，他也撰寫批判華僑並鼓舞愛國心的文章。他對過往泰王擁有大量妻妾、子女的一夫多妻制採取批判的態度，但在一九二〇年代後，他與五名女性有婚約或舉行婚禮，曾生下一名公主，但拉瑪六世旋即過世。

小泉順子

披耶・阿努曼・拉賈敦

一八八八—一九六九年。生於曼谷。曾祖父為來自潮州的移民。中國名為李光榮。第六世泰王推行姓氏制度後，以國王頒布的「薩提昂克希特」（Sathiankoset）為姓，泰語名字為庸・薩提昂克希特（Yong Sathirakoses）。披耶・阿努曼・拉賈敦（Phya Anuman Rajadhon）是一九二五年獲得國王欽賜的名字。一九四二年獲准改姓「阿努曼・拉賈敦」，之後便以過往舊姓薩提昂克希特作為筆名。就讀公立學校後，在天主教的教會學校易三倉大學（Assumption University）就讀四年。之後擔任官立西洋醫藥販賣所實習生，並在東方酒店（Oriental Hotel）工作。一九〇五年起在關稅局任職，一九二二年成為關稅局助局長，但立憲革命後於一九三三年不得不辭職。之後受局長鑾威集瓦他干（Luang Wichitwathakan）請託，於一九三五年起任職藝術局，一九四二年就任藝術局局長。在關稅局任職期間，與龍丹親王等王族知識分子結交。一九四八年退休後，歷任學術文化機構要職，並在大學任教，擁有大量著作，領域涵蓋文學、民俗、歷史、語言、宗教等，相當廣泛，除親自以英語執筆的作品外，其討論泰國習俗、傳統文化、精靈信仰等之著作，一九五〇年代以後也部分獲得英譯，扮演向許多國家介紹泰國文化的角色。

小泉順子

五、寮國

佩差拉・拉達納馮

一八九〇—一九五九年。寮國的獨立運動領導人。佩差拉（Phetsarath Ratanavongsa）出身於龍坡邦王國副王的家族。在法國殖民地學校接受教育，一九一三年回寮國後，配屬永珍的理事長官府。一九三一年被任命為寮國行政監察官，在法國殖民地下的寮國人行政官中已屬最高職位。他傾注心力於設有巴利語的學校和設有圖書館的佛教研究所的活動，獎勵寮國的文化、文學、佛教、歷史等研究，對寮國的國族主義發展帶來影響。一九四一年被任命為副王與龍坡邦王國政府首相。日本投降後，成為追求寮國獨立運動寮國自由民族統一戰線（Lao Issara，寮國依薩拉）勢力的核心人物，一九四五年九月宣布寮國的統一與獨立。對此，親法的國王西薩旺・馮（Sisavang Vong）以解除他副王與首相職位作為對抗。十月，以佩差拉為中心，成立寮國人最初的自主政府：依薩拉政府。但一九四六年因法國的再度占領而不得不逃亡曼谷，流亡政府也在一九四九年解散，成員返回寮國時，僅有他一人留在曼谷。一九五七年，達成成立第一次聯合政府的共識後，佩差拉返回寮國。佩差拉的弟弟是曾擔任寮王國首相的梭發那・富馬（Souvanna Phouma），而異母弟弟則是後來擔任寮人民民主共和國國家主席的蘇發努馮（Souphanouvong）。

菊池陽子

西薩旺・馮

一八八五—一九五九年。龍坡邦王國、寮王國的國王（在位期間一九〇四—一九五九年）。一八九三年龍坡邦王國成為法國的保護國，他是當時國王扎卡林的兒子。幼少期在西貢，之後在法國的殖民地學校接受教育。父親過世後，從法國返回龍坡邦，一九〇四年（正式為一九〇五年）繼承王位。他是親法派。一九四五年三月九日，日軍發起政變（三九政變，日本稱明號作戰或佛印武力處理）後，四月八日接受日本要求，聲明與法國之間的保護條約無效，宣布龍坡邦王國獨立。但日本投降後，旋即聲明仍是法國的保護國。因此，與以佩差拉為核心、追求寮國獨立的寮國依薩拉勢力形成對立。十月，寮國依薩拉政府成立後，他遭廢黜。一九四六年四月，在寮國依薩拉政府的承認下復位，之後因法國再度占領寮國，依薩拉政府逃亡曼谷，西薩旺・馮再度成為法蘭西聯盟內的寮王國國王。成為國王後居住在龍坡邦，並未住在首都永珍。

菊池陽子

梭發那・富馬

一九〇一—一九八四年。寮國政治家，簡稱為富馬。出身於龍坡邦王國副王的家族。一九一五年為了繼續接受教育而前往河內，一九二四年前往法國學習土木工學，一九三一年回到寮國，以土木技師身分在公共事業局任職，這段期間從事修復遭暹羅破壞的寺院。富馬參加尋求寮國獨立的寮國依薩拉運動，以協助其兄佩差拉。在一九四五年成立的寮國依薩拉政府中，擔任公共事業部長。一九四六年因法國再度占領逃亡曼谷，一九四九年寮王國在法蘭西聯盟下獨立，寮國依薩拉政府解散，成員回國。回國後擔任首相，與法國進行交涉，一九五三年實現寮王國完全獨立。在一九七五年寮人民民主共和國成立之前，一九五一－一九五四年、一九五六－一九五八年、一九六二－一九七五年長期擔任寮王國的首相，是東西冷戰下，寮國中立的代表人。左派、巴特寮（Pathet Lao，「寮國」之意，左派面對寮王國自稱巴特寮，因此也用於表示左派之意）的蘇發努馮是富馬的異母弟弟。共和國成立後，富馬成為政府顧問，退出政治的第一線。

菊池陽子

蘇發努馮

一九〇九－一九九五年。寮國的革命領導人、政治家。出身於龍坡邦王國的副王家族。是佩差拉、富馬的異母弟弟。在河內接受教育後，一九三一年前往法國學習土木工學。一九三七年返回印度支那，在越南的公共事業局工作。這段期間開始與越南獨立同盟會（Viet Minh，簡稱越盟）有所接觸，日本投降後與胡志明會面，取得越南的支持後返回寮國。回國後，加入寮依薩拉政府擔任外交部長，面對法國再度占領，一九四六年三月在他曲（Thakhek，或稱塔克）嘗試抵抗，失敗後逃亡泰國。一九四九年，與寮依薩拉流亡政府成員分離前往越南，在當地與凱山．豐威漢等寮國人抵抗組織會合。一九五〇年，寮國自由民族統一戰線（Neo Lao Issara）成立，蘇發努馮被選為議長，一九五五年寮人民黨（今人民革命黨）成立時即成為黨員，被稱為「紅色親王」。至一九七五年寮人民民主共和國成立為止，作為左派、巴特寮的代表與寮王國進行交涉的正是蘇發努馮。共和國成立後，擔任國家主席、最高人民議會議長、寮建國戰線議長。

菊池陽子

六、柬埔寨

山玉成

一九〇八—一九七七年。一九〇八年生於法屬交趾支那（今越南南部）的茶榮省（Tỉnh Trà Vinh），就讀西貢高中，之後獲得法國政府的獎學金，前往法國留學。山玉成留法後，自一九三〇年代至一九四〇年代，成為著名的柬埔寨國族主義者。一九三六年山玉成在佛教研究所任職期間，創刊以吳哥窟為名的《吳哥寺》（*Nagara Vata*）報，該報是帶有國族主義意識的最初高棉語報刊。一九四二年七月參加反對殖民地政府逮捕僧侶的抗議遊行，之後逃亡日本。一九四五年五月，日軍發動三九政變（佛印武力處理）後，山玉成再度回到柬埔寨，在日本軍政之下擔任柬埔寨外交部長、首相等。在王宮前發生要求首相辭職的抗議後，不得不辭去首相職位的施亞努（Norodom Sihanouk），認為此抗議才造就山玉成就任首相，二人關係惡化，之後持續保持對立。日本戰敗後，十月山玉成回到法國，卻被以間諜嫌疑遭逮捕，之後被驅離法國。一九四七年，柬埔寨國內由支持山玉成的人們為主組成民主黨，成為獨立之前柬埔寨的政治中樞。一九五一年，他在施亞努的許可下回到柬埔寨，次年與來自法國主張立即獨立、沿泰國邊境活動的高棉自由民族統一戰線（Khmer Issarak，高棉依薩拉）匯流，山玉成展開武裝獨立鬥爭，他呼籲杜斯木（Tou Samouth）等共產主義者領導的高棉依薩拉形成統一戰線共同作戰，但告失敗。獨立之後，山玉成接受來自美國與泰國的支援，組成武裝組織「自由高棉」（Khmer Serei，與前述高棉依薩拉為不同組織），在越南南部與沿泰國邊境展開反共產主義、反施亞努的活動。

新谷春乃

諾羅敦・施亞努

一九二二—二〇一二年。一九二二年生於金邊，一九四一年即位成為國王。一九四五年三月日本發動三九政變（佛印武力處理）時，施亞努宣布柬埔寨獨立，就任首相。施亞努對一九四〇年代前半日益高漲的柬埔寨國族主義運動雖然抱持善意，但一九四五年八月因要求首相辭職的政變，讓他與山玉成等國族主義者關係惡化。一九四六年柬埔寨實施第一次選舉，以國族主義者為基礎的民主黨獲勝，開始擔任柬埔寨政治中樞。主張對法獨立、沿越南與泰國國境活動的高棉依薩拉控制的區域擴大，導致國內政治不穩。施亞努對獨立運動的主導權遭民主黨剝奪後，讓他抱持危機意識，一九五二年發動強權解散民主黨內閣，自己就任首相，並宣言將在三年內達成柬埔寨的完全獨立。施亞努展開稱為「由國王發起的獨立十字軍遠征」之獨立運動。一九五三年八月之後，法國將警察權、司法權、軍事權交由柬埔寨管理，十一月施亞努宣布柬埔寨獨立。次年一九五四年三月，外交權也交回給柬埔寨，至此與法國之間的主權交接完成，柬埔寨達成完全獨立。（↓第十二卷第七章）

新谷春乃

杜斯木

一九二二？—一九六二年。柬埔寨共產主義運動初期的主要活動家。一九二二年出身於法屬交趾支那的高棉人家庭。杜斯木曾作為僧侶累積修行，也曾擔任巴利語教師。在佛教研究所工作時與山玉成是同事。一九四二年，參加抗議殖民地政府逮捕僧侶活動後便離開金邊。一九四五年，成為印度支那共產黨的黨員。一九五〇年，鬆散的抗法勢力聯合體高棉依薩拉，在共產主義者的主導下舉行全國大會，選出全國民族統一戰線委員會（高棉依薩拉統一戰線）與臨時中央民族解放委員會，杜斯木成為前者的委員長。次年一九五一年，印度支那共產黨第二屆大會上，決議在印度支那各國成立各自的黨組織，柬埔寨成立高棉人民革命黨，並選出指導部。高棉依薩拉統一戰線在高棉人民革命黨的指揮下，發展到掌控一半國土，甚至五分之三國土的勢力範圍。隨著第一次印度支那戰爭結束，根據一九五四年簽署的《日內瓦協定》，由於不承認他們在國內的集結地，因此包含戰線主要幹部在內，超過一千人逃亡至北越。杜斯木為了募集高棉人民革命黨在都市的策動活動而留在柬埔寨。當時沙洛特紹（日後化名「波布」）擔任他的個人祕書。一九六〇年的黨大會上，將黨名改為柬埔寨勞工黨，選出新指導部，杜斯木成為黨書記。一九六二年，他遭柬埔寨王國政府的警察逮捕，被抓去當時統轄掃蕩共產主義勢力的龍諾中將（當時為國防部長）家宅，被拷問後遭殺害。杜斯木遭逮捕後，波布成為黨書記，因此有人懷疑杜斯木的逮捕與波布有關，但真相不明。

新谷春乃

七、馬來西亞

翁嘉化

一八九五—一九六二年。也被稱為Dato' Jaafar。馬來民族統一機構（UMNO）第一任總裁（任期一九四六—一九五一年）。馬來民族主義運動的知名領導者。出生於馬來亞的柔佛州新山。一九一一年起在該州的政府和軍隊中任職。一九二七年移居新加坡，成為馬來語報紙的記者、編輯。一九三六年回到柔佛，就任該州評議會的非官方成員。日本占領末期，他加入日軍承認的馬來民族主義團體KRIS（Kesatuan Rakyat Indonesia Semenanjung），主張提升馬來人的社會經濟地位。戰後擔任柔佛州首相（一九四六—一九五〇年）。英國公布馬來亞聯合案，提出賦予包含非馬來人在內全部居民平等公民權，以及剝奪馬來人統治者的主權後，翁嘉化便領導對該案的反對運動，一九四六年組成UMNO，就任總裁。他參與打造一九四八年馬來亞聯邦的組建，在嚴格審查非馬來人取得公民權與實現恢復馬來人統治者主權上，扮演著重要的角色。回應英國的想法，提議將UMNO打造為多民族政黨，但遭黨內反對，之後一九五一年離黨。同年，創設由多民族組成的馬來亞獨立黨，但在各地方議會選舉中，面對UMNO與馬來西亞華人公會（MCA）的聯手抗衡，持續陷入苦戰，一九五三年該黨解散。次年，他以馬來人為核心成立國家黨，但無法獲得馬來人支持，無論在聯邦或地方議會選舉，都不斷面臨苦戰。一九五九年在聯邦下議院選舉中首次當選，但在任期內的一九六二年過世。

左右田直規

陳平

一九二四—二〇一三年。馬來亞共產黨書記長（任期一九四七—一九八九年）。本名王文華，出生馬來亞霹靂州實兆遠。一九四〇年加入馬來亞共產黨後，在日本占領時期擔任該黨霹靂州委員會的委員與書記，此外也成為馬來亞人民抗日軍的中央軍事委員，與英軍一三六部隊合作，率領抗日武裝鬥爭。二戰後因功勛而獲得大英帝國勛章。一九四七年，取代被發現是英國與日本雙面間諜的萊特（Lai Teck），就任馬來亞共產黨書記長。因對英國殖民地政府強化對馬來亞共產黨的統制，以及馬來亞聯邦體制對馬來人保守派讓步感到不滿，該黨於一九四八年展開全面性抗英武裝鬥爭。一九五五年，馬來亞聯邦自治政府成立後，在吉打州華玲縣與東姑．阿布都拉曼（Tunku Abdul Rahman）首席大臣等人進行和平會談，但因不通過讓馬來亞共產黨合法化的要求，導致會談決裂。一九六一年移居中國，但仍繼續指揮黨。一九八九年，在泰國的合艾縣與馬來西亞及泰國雙方政府締結和平協定，終止武裝鬥爭。一九九〇年代起，主要居住在泰國南部，在未被准許回國的狀況下，於二〇一三年過世。

左右田直規

八、越南

潘佩珠

一八六七—一九四〇年。二十世紀初越南最具代表性的民族運動家。生於越南中北部的乂安省。一九〇〇年在科舉鄉試中考中乂安場解元。二十世紀初越南的民族運動大致可區分為二，其一是以潘佩珠為代表，採取武裝鬥爭，企圖從法國統治下獲得獨立，著重亞洲的聯繫關係。其二是以潘周楨為代表，主張先打倒專制君主體制，以民主主義的改革為目標，也可說是歐化派，自力文團的一靈（筆名，Nhất Linh）也被歸為此類。一九二〇年代，阮太學等人身上可見到孫文三民主義的影響，但之後共產黨的影響力逐漸增加。潘佩珠在一九〇四年推戴皇族的彊柢（或作強槭）擔任會長，組成維新會，目標是通過武裝鬥爭從法國統治中獨立。一九〇五年，為了取得日本支援，潘佩珠前往日本，獲得犬養毅的支持，並聽取當時逃亡日本的梁啟超建言，開始送留學生前往日本，展開東遊運動。逗留日本期間，潘佩珠發起「亞洲和親會」，也與章炳麟、宮崎滔天有所交流。一九〇七年因《日法協約》的締結，日本加強取締東遊運動，一九〇九年潘佩珠也離開日本。一九一一年，他在中國廣州組成越南光復會，繼續通過武裝鬥爭路線，以建立共和政體為目標。第一次世界大戰後，他提倡法、越合作，但一九二四年在廣州發生對法屬印度支那總督馬蘭（Martial Merlin）的暗殺未遂事件，受此刺激，潘佩珠再度回到武裝鬥爭路線。一九二五年在上海被法國警察逮捕，遭河內法院判決終身禁錮，但之後獲得減刑，改為軟禁於順化，退出政治舞臺的第一線。一九四〇年於順化過世。

今井昭夫

潘周楨

一八七二—一九二六年。與潘佩珠並列二十世紀初的代表性民族運動家，被譽為越南民主主義思想的先驅。生於越南中部的廣南省。一九〇一年潘周楨參加會試中格，隨後在殿試考中副榜，一九〇三年被任命為禮部承辦。一九〇五年因對君主體制不滿而辭官。同年，他前往南部考察，次年前往北部考察，之後更短期逗留日本。一九〇七年正式展開啟蒙開化運動的「維新運動」，推進興辦學校、振興工商業、改良風俗（穿西服、理短髮等）。次年，因參與中部抗稅抗爭之嫌而被逮捕，遭流放至崑崙島，之後獲釋，一九一一年前往法國。一九一〇年代中期，他與阮必誠（日後的胡志明）取得聯繫。一九一九年，包含阮必成在內五人，聯名向凡爾賽會議送交請願書。一九二五年回國，次年病逝。文學作品有改編自日本東海散士原著的《佳人奇遇演歌》（一九一三年）。

今井昭夫

一靈

一九〇六—一九六三年。越南的文學家、政治家。本名阮祥三，生於越南北部海陽省。一九二七—一九二九年前往法國留學。一九三二年，與友人慨興（Khái Hưng）等共組文學團體「自力文團」。該團體在越南北部以黃玉珀（Hoang Ngoc Phach）的心理小說《素心》（*To Tam*）為起點，讓萌芽於一九二〇年代的近現代文學獲得更進一步發展，提倡創造新文學、平民主義、進步思想、個人自由、全面歐化主義、反對儒家等，是一九三〇年代最具影響力的文學團體。一靈的代表作小說《斷絕》批評大家族主義的因襲守舊，謳歌個人的戀愛自由。一九三七年成立光明團，涉足社會改革運動。一九三〇年代末組成「大越民政黨」，從事政治活動。一九四〇年自力文團遭法國當局鎮壓，一靈出逃中國。一九四六年初左右回到越南，同年三月在胡志明主席領導的抗戰聯合政府，就任外交部長。一九四六年五月在政爭中落敗，再度亡命中國。一九五〇年代初回國，移居南部。一九六〇年組成國民團結戰線，因有參與推翻吳廷琰政權的政變而遭到起訴。一九六三年七月，他為了向吳廷琰政權表達抗議而服毒自殺。

今井昭夫

阮太學

一九〇二—一九三〇年。一九二〇年代後半的代表政黨之一——越南國民黨的領導人。生於越南北部，於河內接受高等師範學校及高等商業學校教育。學生時代，阮太學曾給法屬印度支那總督瓦雷納（Alexandre Varenne）送交意見書要求改革，卻徒勞無功。一九二七年底，從學生運動發展而來的民族主義出版社——南同書社（一九二五年成立）的成員為核心，組成越南國民黨，阮太學被選為黨主席。南同書社信奉孫文的三民主義，但逐漸左傾的國民黨綱領、條例中皆未明確提及三民主義。該黨以遂行國家革命（民族革命）、通過武力打倒殖民地制度、建立民主共和國、支援被壓抑民族（特別是寮國、柬埔寨）為目標。該黨試圖與越南青年革命同志會（一九二五年由日後化名胡志明的阮愛國於中國廣州成立，為共產黨前身）與新越革命黨（一九二八年成立於中部的順化，日後與共產黨合流）合作，但最終未果。國民黨的活動以地下活動與恐怖主義為主。一九二九年因暗殺徵募勞工的法國人巴贊（Bazin），殖民地當局強化對該黨的鎮壓。一九三〇年二月，計畫在越南北部各地起義，但僅能在安沛等少數地區爆發，最終起義失敗。同年，阮太學被捕，六月遭處決。

今井昭夫

黃玉珀

一八九六—一九七三年。被稱為越南第一本近現代小說《素心》（*To Tam*）的作者。自一九一〇年代起於河內接受法國式的學校教育，一九一九年進入高等師範學校就讀，一九二二年撰寫《素心》（一九二五年出版）。畢業後在各地任教，一九四五年八月革命後，歷任越南民主共和國的教職與教育行政工作。一九五九年文學院成立後，在該處工作至一九六三年，從事越南文學研究。一九七三年過世。《素心》於一九二五年在越南北部出版，採用告白體、書信體撰寫的「心理小說」。描寫接受西式教育的年輕知識分子，在戀愛與舊家庭制度間掙扎並被撕扯的戀愛故事，引發當時年輕人的巨大回響。此作品被認為受小仲馬《茶花女》的影響，但其實也受同時代中國作家徐枕亞的言情小說《雪鴻淚史》等之影響。《素心》一直被認為是越南第一本使用越南語文字（chữ quốc ngữ，越南語現代書寫系統）撰寫的近現代小說，但其實較北部更早普及越南語文字的越南南部，早先即有阮重管（Nguyễn Trọng Quản）的《拉扎羅煩先生傳》（*Truyễn thảy Lazaro Phiền*）（一八八七年）。

今井昭夫

注釋

1. 由同時代的西班牙友人雷塔納撰寫的第一本傳記，被廣泛引用於許多評傳中。Retana, Wenceslao, *Vida y escritos del Dr. José Rizal*, Madrid: Victoriano Suárez, 1907. 由身為《社會毒瘤》英譯者而知名的蓋瑞羅（Guerrero）所撰寫之《最初的菲律賓人》，是被最廣泛閱讀的評傳。Guerrero, Leon Ma, *The First Filipino, a biography of José Rizal*, Manila: The National Heroes Commission, 1963. 在成為美國殖民地之後，尖銳批評黎剎崇拜的代表性論考有R・康斯坦丁著，鶴見良行監譯，〈無理解による崇敬——リサール論（由於誤解而來的崇敬）〉，《フィリピン・ナショナリズム論（菲律賓民族主義論）》上，井村文化事業社，一九七七年。一九九〇年代之後，新的黎剎論可舉Ocampo, Ambeth R., *Rizzal: Without the Overcoat*, Anvil Publishing Inc., 1990. ，以及B・安德森著，山本信人譯，《三つの旗のもとに——アナーキズムと反植民地主義的想像力（三面旗幟下——無政府主義與反殖民地主義的想像力）》，NTT出版，二〇一二年。理解關於菲律賓獨立革命史的基本著作有池端雪浦，《フィリピン革命とカトリシズム（菲律賓革命與天主教）》，勁草書房，一九八七年。有關成為美國殖民地以後的發展，有中野聰，《歴史経験としてのアメリカ帝国——米比関係史の群像（作為歷史經驗的美利堅帝國——美菲關係史群像）》，岩波書店，二〇〇七年。
2. 在殖民地下，菲律賓諸島當地人（indios）與華人、西班牙人等外國人之間生下的孩子，以及他們的子孫，總稱為麥士蒂索。華裔占絕大多數，而西班牙裔雖是少數但占有更高的社會地位。無論何者，作為殖民地的精英，皆在形塑國族主義時扮演重要的角色。

3. 在菲律賓超過兩千個以上的島嶼中，僅他加祿語、宿霧語等主要語言就超過十種，整體算下來有超過一百種不同母語的語言集團。與中南美洲各國相較，菲律賓的西班牙語普及更慢，不過到十九世紀後半，如黎剎等人能夠使用且可用於跨語群溝通之共通語言，僅有西班牙語。黎剎曾致力於整理母語他加祿語的正寫法，也使用他加祿語撰寫作品。

4. J・黎剎著，岩崎玄譯，《ノリ・メ・タンヘレ——わが祖国に捧げる（社會毒瘤——獻給我的祖國）》，井村文化事業社，一九七六年。

5. J・黎剎著，岩崎玄譯，《反逆・暴力・革命——エル・フィリズステリスモ（反逆・暴力・革命——El Filibusterismo）》，井村文化事業社，一九七六年。

6. 池端雪浦，《フィリピン革命の研究（菲律賓革命研究）》，山川出版社，二〇二二年。

7. 與美國表彰形式完全不同，在他加祿地區的農村地帶，衍生出多種把黎剎當作基督化身，並祈求他再度降臨的黎剎式各宗派（Rizalista），亦即本地英雄與天主教信仰交融，而這些信仰也延續至今。

8. B・安德森著，白石小夜、白石隆譯，《想像の共同体——ナショナリズムの起源と流行（想像的共同體——民族主義的起源與流行）》增補版，NTT出版，一九九七年。

9. Hau, Caroline S., "Did Padre Damaso Rape Pia Alba?: Reticence, Revelation, and Revolution in José Rizal's Novels,"*Phillippine Studies: Historical and Ethnographic Viewpoints,* Vol. 65, No.2, 2017.

參考文獻

天川直子，〈カンボジアの紛争——「ポル・ポト問題」の一般化に向けての試論（柬埔寨的衝突——關於「波爾布特問題」的一般化試論）〉，武内進一編，《アジア・アフリカの武力紛争：共同研究会中間成果報告（亞洲與非洲的武力衝突：共同研究會中期成果報告）》，アジア経済研究所（亞洲經濟研究所），二〇〇二年

飯島明子、小泉順子編，《世界歴史大系　タイ史（世界歷史體系　泰國史）》，山川出版社，二〇二〇年

池田一人，〈ビルマ独立期におけるカレン民族運動——"a separate state"をめぐる政治（緬甸獨立時期的克倫民族運動——圍繞「獨立邦」的政治）〉，《アジア・アフリカ言語文化研究（亞洲與非洲語言文化研究）》六〇，二〇〇〇年

池端雪浦編，《「新版世界各国史」6　東南アジア史Ⅱ　島嶼部（新版世界各國史6　東南亞史Ⅱ　島嶼部）》，山川出版社，一九九九年

石井米雄、櫻井由躬雄編，《新版世界各国史5　東南アジア史Ⅰ　大陸部（新版世界各國史5　東南亞史Ⅰ　大陸部）》，山川出版社，一九九九年

今井昭夫，《ファン・ボイ・チャウ——民族独立を追い求めた開明的志士（潘佩珠——追求民族獨立的開明志士）》，山川出版社，二〇一九年

荻原弘明等，《世界現代史8　東南アジア現代史Ⅳ　ビルマ・タイ（世界現代史8　東南亞現代史Ⅳ　緬甸・泰國）》，山川出版社，一九八三年

菊池陽子等編著，《ラオスを知るための60章（了解寮國的60章）》，明石書店，二〇一〇年

グエン・チョン・クアン（P・J・B・Nguyễn Trọng Quản）著，野平宗弘譯，〈ラザロ・フィエンの物語（Truyện thầy

Lazaro Phiến〔拉扎羅煩先生傳〕）〉，《東南アジア文学（東南亞文學）》一七，二〇一九年

白石隆，《スカルノとスハルト——偉大なるインドネシアをめざして（蘇卡諾與蘇哈托——邁向偉大的印度尼西亞）》，岩波書店，一九九七年

白石昌也，《ベトナム民族運動と日本・アジア——ファン・ボイ・チャウの革命思想と対外認識（越南民族運動與日本、亞洲——潘佩珠的革命思想與對外認識）》，巖南堂書店，一九九三年

鈴木恒之，《スカルノ——インドネシアの民族形成と国家建設（蘇卡諾——印度尼西亞的民族形成與國家建設）》，山川出版社，二〇一九年

玉田芳史，〈第六章　現代の政治（第六章　現代政治）〉，飯島明子，小泉順子編，《世界歴史大系　タイ史（世界歷史體系　泰國史）》，山川出版社，二〇二〇年

土屋健治，《インドネシア——思想の系譜（印度尼西亞——思想的系譜）》，勁草書房，一九九四年

永積昭，《インドネシア民族意識の形成（印度尼西亞民族意識的形成）》，東京大學出版會，一九八〇年

ニャット・リン（一靈）著，竹内與之助譯注，《断絶（斷絕）》，大學書林，一九八三年

根本敬，《アウン・サン——封印された独立ビルマの夢（翁山——被封印的獨立緬甸之夢）》，岩波書店，一九九六年

原不二夫，〈チン・ペン（陳平）〉，可兒弘明等編，《華僑・華人事典》，弘文堂，二〇〇二年

潘佩珠著，長岡新次郎、川本邦衛編，《ヴェトナム亡国史他（越南亡國史及其他）》，東洋文庫，一九六六年

ホアン・ゴック・ファック（黃玉珀）著，竹内與之助譯注，《ト・タム（素心）》，大學書林，一九八〇年

村嶋英治，《ピブーン——独立タイ王国の立憲革命（鑾披汶——獨立泰國的立憲革命）》，岩波書店，一九九六年

矢野暢，《タイ・ビルマ現代政治史研究（泰國、緬甸現代政治史研究）》，京都大学東南アジア研究センター（京都大學東南亞研究中心），一九六八年

山田裕史，〈カンボジア——シハヌークによる政治権力の独占と王政の成立（柬埔寨——施亞努的政治權力壟斷與王政的建立）〉，粕谷祐子編著，《アジアの脱植民地化と体制変動——民主制と独裁の歴史的起源（亞洲的非殖民化與體制變動——民主制與獨裁的歷史起源）》，白水社，二〇二二年

Anderson, Benedict R. O'G., "Studies of the Thai State: The State of Thai Studies," Eliezer B. Ayal（ed.）, *The Study of Thailand: Analyses of Knowledge, Approaches, and Prospects in Anthropology, Art History, Economics, History, and Political Science,* Athens, Ohio: Ohio University Center for International Studies, Southeast Asia Program, 1978.

Attachiwaprawat Phraya Anumanratchathon, Bangkok: Cremation volume for Phraya Anumanratchathon（Anumanrajadhon）, 1969.

Barmé, Scot, *Woman, Man, Bangkok: : Love, Sex, and Popular Culture in Thailand,* Chiang Mai: Silkworm Books, 2006.

Battye, Noel Alfred, "The Military, Government and Society in Siam, 1868-1910: Politics and Military Reform during the Reign of King Chulalongkorn," Ph.D. dissertation, Cornell University, 1974.

Chandler, David P., *Brother Number One: A Political Biography of Pol Pot,* revised edition, Boulder: Westview Press, 1999.

Chandler, David P., *A History of Cambodia,* 4th edition, Chiang Mai: Silkworm Books, 2008.

Chin Peng, *My Side of History,* Singapore: Media Masters, 2003.

Chương Thâu chủ biên, *Phan Châu Trinh Toàn tập,* 3 cuốn, Nhà Xuất Bản Đà Nẵng, TP. Hồ Chí Minh, 2005.

Corfield, Justin, and Laura Summers, *Historical Dictionary of Cambodia,* Lanham, Maryland, and Oxford: Scarecrow Press, 2003.

Damrongwichakan, special volume, December 2012.

Edwards, Penny, *Cambodge: The Cultivation of a Nation, 1860-1945,* Honolulu: University of Hawai`i Press, 2007.

Evans, Grant, *The Last Century of Lao Royalty: A Documentary History,* Chiang Mai: Silkworm Books, 2009.

Greene, Stephen, *Absolute Dreams: Thai Government under Rama VI, 1919-1925,* Bangkok: White Lotus Press, 1999.

Gunn, Geoffrey C., *Monarchical Manipulation in Cambodia: France, Japan, and the Sihanouk Crusade for Independence,* Copenhagen: NIAS Press, 2018.

Hoàng Văn Đạo, *Việt Nam Quốc dân Đảng Lịch Sử Đấu Trang Cận Đại 1927-1954,* Saigon, 1970.

Khúc Hà Linh, *Anh Em Nhà Nguyễn Tường Tam 'Nhật Linh' ánh sáng và bóng tối,* Nhà Xuất Bản Thanh Niên, Hà Nội, 2010.

Kiernan, Ben, *How Pol Pot Came to Power: Colonialism, Nationalism, and Communism in Cambodia, 1930-1975,* 2nd edition, New Haven and London: Yale University Press, 2004.

Kuatrakun, Kanlaya, *Phraakkharamahesi phraborommarachini phrachayanari chaochommanda lae chaochom nai ratchakan thi 1-7,* Bangkok: Yipsi, 2009.

Lailak, Sathian, et al.（ed.）, *Prachum kotmai pracham sok,* Vols. 1-38, Bangkok: Netibanditsayam, 1934-1935.

Loos, Tamara, *Subject Siam: Family, Law, and Colonial Modernity in Thailand,* Ithaca: Cornell University Press, 2006.

Martina Thucnhi Nguyen, *ON OUR OWN STRENGTH The Self-Reliant Literary Group and Cosmopolitan Nationalism in Late Colonial Vietnam,* Honolulu: University of Hawai`i Press, 2021.

Nguyễn Huệ Chi sưu tầm, *Tuyển tập Hoàng Ngọc Phách,* Nhà Xuất Bản Văn Học, Hà Nội, 1989.

Nhượng Tống, *Nguyễn Thái Học 1902-1930,* Tân Việt, Saigon, 1956.

Osborne, Milton, *Sihanouk: Prince of Light, Prince of Darkness,* Honolulu: University of Hawai`i Press,1994.

Ramlah Adam, *Dato 'Onn Ja 'afar: Pengasas Kemerdekaan,* Kuala Lumpur: Dewan Bahasa dan Pustaka, 1992.

Ratchakitchanubeksa, Bangkok: Rongphim luang.

Ratchasakunwong, Bangkok: Samnak wannakam lae prawattisat, Krom sinlapakon, 2011.

Sathiankoset, *Fun khwamlang,* 4 vols. Bangkok: Suksit sayam, 1967-1970.（プラヤー・アヌマーンラーチャトン〔Phya Anuman Rajadhon〕著，森幹男譯，《回想のタイ　回想の生涯〔回憶的泰國 回憶的一生〕》上中下，井村文化事業社，一九八一－一九八六年）

Smith, Samuel（ed.）, *The Siam Directory,* Vols, 1-13, Bangkok: S. J. Smith's Office, 1878-1890.

Stuart-Fox Martin, *Historical Dictionary of Laos,* Lanham, Maryland: Scarecrow Press, Toronto. Plymouth, UK, Third Editon, 2008.

Trần Văn Giàu, *Sự Phát Triển Của Tư Tưởng Ở Việt Nam Từ Thế Kỷ XIX Đến Cách Mạng Tháng Tám Tập II,* Nhà Xuất Bản Khoa Học Xã Hội, Hà Nội, 1975.

Vella, Walter F., *Chaiyo!: King Vajiravudh and the Development of Thai Nationalism,* Honolulu: University of Hawai`i Press,1978.

Vickery, Michael, *Kampuchea: Politics, Economics and Society,* London: Frances Pinter, 1986.

Wanthana, Somkīat, "The Politics of Modern Thai Historiography", Ph.D. thesis, Monash University, 1986.

Winichakul, Thongchai, *Siam Mapped: A History of the Geo-Body of a Nation,* Honolulu: University of Hawai`i Press,1994.（上）

チャイ・ウィニッチャクン〔Thongchai Winichakul〕著，石井米雄譯，《地図がつくったタイ——国民国家誕生の歴史〔地圖造就的泰國——國族國家誕生的歷史〕》，明石書店，二〇〇三年）

Wyatt, David K., *The Politics of Reform in Thailand: Education in the Reign of King Chulalongkorn,* New Haven: Yale University Press, 1969.

Yothong, Chanan, *"Nai nai" samai ratchakan thi 6.* Bangkok: Matichon, 2013.

第九章

印度邁向自立之道——諸名人出現的背景

重松伸司
臼田雅之

「羅賓德拉納特・泰戈爾」由臼田雅之執筆，其餘由重松伸司執筆

前　言

根據甘地研究者C・D・S・迪溫森（Chandran D. S. Devanesen）的說法，至一九六九年為止，已有三千多部各國語言的甘地相關著作獲得出版，大多數都是全無批評的尊敬，將他描繪成聖人的傳記[1]。之後有更多的著作、論考獲得刊行，其中不必然是對聖人的禮讚，也持續出現批判性的考察[2]。

本章並非甘地的聖人、偉人傳，也非甘地理念、思想的概念性介紹。主題將是重溫甘地本身經歷過的試錯型生活實踐；追溯其思想、行動、理念的誕生背景與軌跡；以及重現甘地作為一位個人而具備的

多面向人格。為了達成這個目標，將盡可能採用他口述的自傳，並對照時代狀況來進行討論。

近現代印度的伏流

甘地的這種人格，究竟在什麼樣的時代與社會背景中出現？而這些背景條件又對他的思想、行動造成何種影響？此處首先要概觀近現代印度的政治潮流。

自十九世紀起至印度獨立為止的一百五十年間，印度社會中有三個思想與運動的伏流。第一，封建體制下印度的社會改革；第二，印度邁向獨立的民族自立意向；第三，殖民地統治下與亞洲各民族間的關係。這些伏流不必然是疊層累加的形式，反而是各別的思想複雜嵌入其他運動並深潛於內部。

第一個伏流可舉如下幾個運動。一八五七年的反英運動——印度民族起義（Indian Rebellion of 1857，也稱印兵譁變〔Sepoy Mutiny〕，一八五七—一八五八年）之前，一八二八年在加爾各答成立的布拉莫薩馬吉（Brahmo Samaj，或譯「梵社」），以及之後一八七五年於孟買成立的雅利安社（Arya Samaj）的組織及運動。前者由拉姆．莫漢．羅伊（Raja Ram Mohan Roy）發起，後者由陀耶難陀．薩羅斯薄底（Dayananda Saraswati）倡導的宗教、社會改革。這些運動日後被安妮．貝贊特（Annie Wood Besant）等人在馬德拉斯（Madras，今清奈）的神智學協會（Theosophical Society）運動所繼承。

第二個伏流。經一八五八年的反英運動失敗後，印度被完全殖民地化，看來毫無生氣的印度自立，也就是邁向獨立的志向，在印度帝國成立（一八五八年）後，由蘇倫德拉納特．班納吉（Surendranath Banerjea）等在孟加拉的婆羅門有力人士領導，於一八八三年組成全印度國民協議會以及一八八五年成立印度國民大會黨，以穩健要求民族自立的形式呈現。然而，這個伏流受到拉拉・拉伊帕特・雷（Lālā Lājpat Rāi）、提拉克（Bal Gangadhar Tilak）、巴爾（Bipin Chandra Pal）等人激進運動的影響後，再通過一九一五年回到印度的甘地的思想及運動，終於首次以民眾運動的形式浮上表面，明確表達出民族自立的要求。

甘地與亞洲的東西方

第三個伏流是，由各種民族集合體組成的印度，如何在亞洲這個多樣化的世界中定位，該建立何種連結與和諧關係——包含西邊的伊斯蘭世界與東邊的亞洲世界——的課題。關於這個課題，甘地自身似乎思考通過將印度民族一體化的手段來達成。然而，在與西邊的伊斯蘭世界的關係上，最終導致了由國民大會黨的前同志真納（Muhammad Ali Jinnah）主導的巴基斯坦獨立；在東邊，蘇巴斯・錢德拉・鮑斯（Subhas Chandra Bose）的「印度國民軍（ＩＮＡ）」希冀通過支援日本「大東亞」構想來達成印度自立卻告失敗。可說，甘地並未實現串聯多元亞洲世界與讓多元印度民族國家取得獨立。

甘地的「實驗與經驗智慧」

為了取得律師資格，甘地留學倫敦，並於一八九一年回國。之後二十一年（一八九三—一九一四年）除偶爾逗留印度，其餘都在南非納塔爾參與印度人的權利運動。到一九一七年以後，才因印度北部藍染勞工與棉花栽培佃農的鬥爭，積極將勞工的爭取權利運動拉升到民族自立運動。這段期間，他鍛鍊自我的身心，與朋友、同志進行社會活動，與許多勞工進行爭取權利運動，並以英國殖民地政府為對手展開印度自治、獨立運動。甘地在自傳中談到，他把這些長達半世紀的努力當作一種「實驗」，而這種「實驗」的具體內容究竟是什麼？

通過各種實驗——實踐活動，甘地把宗教的教義、概念、理念轉化為自身的經驗智慧，加以深化，通過社會改革運動與政治活動推廣給人們。例如修道院（Ashram）、梵行（Brahmacharya，或稱淨行。原意指清靜的行為、值得嘉許的行為，其中也帶有禁欲之意）、真理永恆（Satyagraha）[3]、哈里真（Harijan，意為神之子，甘地對不可接觸者〔種姓制度下賤民階級〕的稱呼）、非暴力（Ahimsa，不傷害）……，這些詞彙集約而成的經驗智慧與運動，又呈現出何種形式？

一如他所言，「一切實驗非絕對無誤然可檢證」般，甘地一生的實驗有獲得成功的部分，也有他自認「如喜馬拉雅山那麼龐大的失敗」。其實，當運動越加深化，則各自的內部矛盾也將被激化，反種姓制度、反歧視運動（日後的達利特運動〔Dalit〕）；印度與巴基斯坦的分離與對立；印度教至上主義的抬頭等問題，也成為二十一世紀的實驗課題，接連出現在人們面前。

甘地的聖人化與豐功偉業，確實值得稱讚，但如他自身所言，通過民族運動對甘地進行正、反兩面的驗證，在今日似乎更有必要。

甘地（一八六九－一九四八年）

各式各樣的「實驗」

甘地講述自傳是從一九二五年十一月開始，結束於一九二九年二月，正好是他六十歲的時候。之後甘地又活了十九年，雖說他遭遇刺殺，但七十八歲的年齡在平均壽命只有二十四歲的一九〇〇年代前半的印度社會，且又處於激盪的年代，仍稱得上高壽。

甘地（七十一歲左右）

甘地在自傳中反覆提及「實驗」一詞。他表示「我的生涯與那些實驗密切相關，這些故事就是類似經歷般的東西」[4]。他所說的「那些實驗」，即是他花費一生持續追求的課題，這些部分將於後文闡明。筆者認為，甘地的思想與行動的原型，是在他初期的經歷，特別是在南非的納塔爾形成的。該時期他的思考、理念與行動，大致成為日後在印度所有行動的基礎。此處首先想從他的自傳來回顧這一過程。

在自傳中可以見到「科學的」這樣的表達。他雖然不是自然科學家，但在各種脈絡中仍使用「科學的」這個詞彙。對身為社會實踐家、思想家、政治家的甘地而言，「科學的」一詞究竟帶有何種意義？針對這點，筆者將從他的生涯進行深入的挖掘。

「關於這個實驗，我無論從什麼形式來說，都無法主張它沒有缺點。科學家會根據嚴密的方法，熟慮且綿密進行自己的實驗。即便如此，也不會把實驗得出的結果當作最終的結果，或者會一直確認至該結果已無疑慮，在此之前都會保持客觀的態度。關於我自己的實驗，我也如此主張」[5]（旁點為筆者所加）。根據嚴密的方法，檢證可能性，不認為結果完全正確，保持客觀判斷的態度，甘地模仿科學家如此敘述，而這也是他在表明自身的意志與想法。而且如他所言「不是私下進行……即便能讓所有人都見到實驗，實驗的精神性也不會減少」（同前）（旁點為筆者所加）般，這並不單由被稱為「聖雄」（Mahatma）的不凡偉人來進行，而是任何人都可以實踐和檢證的，因此他的意圖是在於打造一種任何人都能容易理解的「實驗」。這種具備普遍意義的實驗，在他走過印度、英國、南非，再回到印度的生涯中，是如何被執行，又如何試錯的。

一、忘我、享樂期

古吉拉特邦的波爾本達

一八六九年十月二日，甘地出生於波爾本達，父親為卡拉姆昌德（Karamchand Gandhi），母親為普特利巴伊（Putlibai），家中有三男一女，甘地為么兒。

甘地的老家

波爾本達位於印度西北部的古吉拉特邦，接近凱蒂瓦爾半島（Kathiawar）的最前端，是座面向阿拉伯海的港都與商城。此城屬於波爾本達土邦，是英屬印度五百六十二個王侯領之一。甘地父親擔任宰相職位（dewan）。如果以日本江戶時代來比喻，大概就是地方小藩國的筆頭家老。

家中雖稱不上富裕，少年莫尼亞（甘地的幼名）身為地方城市的本地精英少爺，是位城市的孩子。實際上直到一九〇八年甘地三十九歲為止，成長過程中他甚至都不知道日後成為印度民族運動象徵物的手紡車（charkhā）為何物。[6]

甘地的少年時期生活在古吉拉特邦波爾本達與拉傑科德（Rajkot），青年期生活在倫敦，這些地方都是城市，直至日後前往南非親眼目睹印度移民的合約工人實際狀態，以及回到印度後得知比哈爾邦佃農的艱困處境為止，甘地並未實際感受過印度的傳統農村生活。

自古以來，凱蒂瓦爾半島南方的廣大阿拉伯海上航行著英國、羅馬、阿拉伯商船，近世以來還有葡萄牙、荷蘭、英國商船與軍艦頻繁往來。

此外，凱蒂瓦爾半島位於西亞與印度的邊境，各式各樣的商隊或沙漠地區居民會跨過印度河前來，他們應該也接觸過勇猛果敢的馬拉地（Marathi）與拉傑普特（Rajput）民族。在這種歷史環境中的印度西北端小城中，他在多元文化中度過青少年時期。然而在自傳中，少年莫尼亞卻對此隻字未提，只說自己是害羞的孩子，家中、學校兩點一線，膽小且沒什麼朋友，拚了命也不過是成績普通的學生，[7]一點也看不出神童、天才、天之驕子的形象。宗教上也未曾受過特殊的教育，並不特別關心印度教。不過，得益於父親來往的熟人及學校教育的影響，成長之際對於伊斯蘭、耆那教、祆教（帕西人）等印度教以外的宗教並不抱持偏見。

甘地就讀過的小學

童婚與肉欲的糾葛

甘地十三歲還是高中生身分時，因為家族上的經濟因素，甘地與比他大二、三歲的二哥，以及比他大一、二歲的堂哥，家族為他們舉行「童婚」。此舉讓他不得不同時面對婆羅門經典的法律（Dharma）規定之「四行期」（āśrama）中的「梵行期」（Brahmacarin，學生期）與「家居期」（Grihastha）。這段時期，他經歷了一連串自己稱為「悲劇」的通過儀禮（Rite of passage）——抽菸、盜竊、吃肉、嘗試自殺。通過這樣的經驗，他開始茫然地理解「對墮落的恐懼」、「神的力量」與「羞恥意識」。

對此時期的甘地而言，最大的課題是「欲望」。這不是青春期的一時性問題，對甘地而言成為終生課題，也就是對各種欲望與加以控制（Brahmacharya，梵行的意義之一，其中帶有禁欲之意）的糾葛。

如同他在自傳中反覆陳述般，他忠於自己的妻子，但仍有無法控制性欲的煩惱，自認為愛妻子的男人，但也因此對妻子產生猜疑心，想束縛妻子的自由，因此陷入兩難……這種身心上的糾葛，在他還不成熟的意識中，已然開始感到「暴力」（hiṃsā），也開始自覺脫離這種情緒的「非暴力」（ahiṃsā）。自傳副標題「接近真理的各種實驗」，即意味著控制與以非暴力面對包含肉欲在內的所有欲望之思想與行動。可說對此最初的知覺即萌發自他的少年期。

一八八八年九月四日，十九歲的甘地從孟買港出發前往英國留學。目標是為了取得律師資格以成為故鄉土邦的首相，大概還加上周遭家人盤算，比起在古吉拉特邦就學，前往英國留學學費更便宜。不過也可推測，或許他內心也潛藏著要與自身的肉欲與猜疑心等糾葛保持距離的願望。

「文明化」的實驗，倫敦

在印度的少年時代與在倫敦的青年期，日後甘地將這個試錯的時期稱為「忘我、享樂期」，與此相對，從南非納塔爾到一九二九年為止的時期則稱為「覺醒期」[8]。

以取得律師資格為目標的倫敦三年留學生活，基本上是在拉傑科德生活的延續，這段期間都專注於閱讀、思索與交友上。

對原本是古吉拉特的城市男孩的甘地而言，西歐式的文明化也是種轉變為「紳士」的鍛鍊。時髦的髮型、西裝、領帶、大禮帽的服裝，以及社交舞、小提琴……各種嗜好即為「文明化」的實驗，其中對於「關於飲食的各種實驗」，亦即如何維持素食主義這點，他在「宗教的、科學的、現實的、醫學的見解」[9]上花費相當苦心。

留學生活中，甘地也接觸到各種方便的近現代文明產物——汽船、鐵路、電燈、汽車——但卻毫無關心，既不稱頌也不感到厭惡。唯一的例外是參觀一八九〇年的巴黎世界博覽會時，僅記下引自托爾斯泰的一句話，「艾菲爾鐵塔是人類愚行的印記」[10]。

二十世紀初的倫敦，充斥著來自非洲、西亞、東亞等世界各地的移民。但他的自傳中對於包圍自己的「外界」——倫敦鬧區的猥雜混亂、街上聚集的英國勞工、各種移民的生活樣貌——卻未留下隻字片語。

大約同時期（一九〇〇—一九〇二年），夏目漱石也在倫敦留學。他與西歐文明的邂逅及糾葛則與甘地大異其趣。作品《倫敦塔》中，描寫在濃霧的倫敦裡，日本人及其他亞洲人面臨的自我迷失與陰鬱的自我疏離感，其中隱隱然浮現著夏目漱石的慘澹形象。然而，在甘地的自傳中並未傳達出任何面對近現代化與自我時展現出來的糾葛與苦悶。

甘地的倫敦生活被善良的倫敦人圍繞，與普蘭吉旺·梅塔、達達拜·納奧羅吉（Dadabhai Naoroji）等在英印度知識分子成為好友，他還與布拉瓦茨基（Helena Blavatsky）、安妮·貝贊特（Annie Wood Besant）等神智學協會的成員交流等，雖稱不上上流階級，但仍享受著上層中產階級的英國人與類似這種標準的印度人的知遇之交。

甘地（二十六歲左右）

在這樣親切友好的人際關係中，甘地並沒有直接感受到身為印度人的自我意識與帝國壓迫印度的統治，在這種狀態下「感到（對英國政體的）……純粹的忠誠心」[11]，這樣的想法即便兩度前往南非納塔爾期間依然持續，直到一九〇六年才逐漸改變。

幽默的人

甘地的言行之中，隨處可見高明的幽默。這恐怕是來自於他純樸天性中的害羞性格，而這種幽默在倫敦時也得到發揮。

為了執行時尚的實驗，他每天在鏡子前花費長達十分鐘，奮力梳理頭髮的分縫；為了達成他稱之為紳士的氣質，他練習以法語演講及參加舞蹈課程，在擁有音感的實驗中，他練習小提琴，就這樣不斷增加實驗的種類[12]，不過很可惜的是最終都未能精通。

離開英國之際，在一場致謝演講中，甘地引述了愛迪生在眾議院演說時的軼事。愛迪生在提到「不輸給蕭伯納的」[13]，之後接著反覆說了三次「構思（conceive）」，然後便接不下去，結果被列席者們笑道「這位先生懷孕（conceive也有懷孕之意）三次，卻什麼都沒生出來啊！」[14]但隨後甘地也說不出話來。他回顧說，「原本想做一場意味深遠的幽默演講，到頭來自己卻變成了笑話」。

他逞強地表示，這樣的失態並未造成特別的傷害，也沒有損失，反而學會了謹慎少語，習得控制自身思考的習慣[15]。他也曾研究莎士比亞的面相學，結果「走在倫敦街上還是鑑別不出任何像莎士比亞的人」[16]，就離開英國了。就算搬至孟買，也「仍舊與孩子們講笑話，至今還是改不掉戲謔」[17]的性格。

年輕時的甘地相當時髦與帥氣，日後甘地給人的印象就是個頂著光頭、戴著圓框眼鏡的老爺爺，在手紡車後盤坐，有時是拄著拐杖帶領「食鹽進軍」的形象。與眼光銳利的真納或尼赫魯（Jawaharlal Nehru）等政治家，以及哲人泰戈爾（Rabindranath Tagore）呈現鮮明對比。甘地與日後廣為人們稱頌的聖人模樣相較，更散發一種讓人想稱之為老爺爺的幽默感。甘地自身也如此表示，「如果沒有這種天生的幽默感，我大概早就自殺了吧」[18]。英國殖民地政府壓抑許多民族運動家，但卻未試圖抹殺甘地，因為只要他的幽默並非直射英國統治體制心臟的銳利諷刺之箭，英國政府便對他採取容許的懷柔戰略。

新科律師的誕生

甘地完成了法律學業，但卻未學習身為律師該如何執業[19]。一八九一年六月，他達成取得律師資格的目標後，旋即離開三年的倫敦留學生活，返回印度。

回到印度後，這位初出茅廬的律師在孟買開業，雖然甘地能幹的律師哥哥在背後竭盡全力支援他，但三年期間他的業績卻一直低迷。不過，因為一件訴訟案件，卻讓他對過往不曾質疑的英國官僚產生巨大的不信任感。這對甘地而言是改變人生的一次重大衝擊[20]，因為這個案件，改變了他往後的思想與行動。

甘地放棄在孟買的律師事業，以受雇律師的身分，先前往南非的納塔爾。不過此時的甘地，無論是對南非的印度人移民與非洲人受到的種族歧視，或是對殖民地統治的實際狀態，恐怕皆不關心且可說是無知。因為他在當時的自傳中，並未提及任何非洲的實際狀況，也不見各種種族歧視，也沒談到印度人的契約勞工移民。

二、「覺醒期」——在納塔爾的實驗

對甘地而言，在納塔爾的「覺醒期」是體驗與獲得全新經驗智慧的時期。其中包含了「真諦（Satya）的自覺」與「身為印度人的自覺」的雙重覺醒。

一八九三年至一九〇二年的九年間，甘地數度往返印度與南非。一九〇二年十一月二十日，他決定與妻子一同遷居南非德班（Durban）。之後至一九一四年七月為止的十二年，在納達爾的「家居期」，讓甘地由一個不高明的律師，轉變成為一個堅韌的社會活動家，也確立了他的行動與思想。對梵行的思索與實踐，對真理永恆的理念與行動，試行非暴力抵抗的原型與運動，對不可接觸者（untouchable，或稱賤民）的共情……日後甘地思想與行動的基礎，乃在納塔爾而非印度形成。其中的契機源於一段眾所皆知的關鍵體驗。

當甘地從德班前往普勒托利亞（Pretoria）出差時，途中曾經歷被從列車、驛馬車拖下毆打的悲慘——首次不由分說體驗到不合理「種族歧視」下的憤怒以及自覺「自己是印度人」。這次經歷推測也是他日後推動社會運動的一個觸發點。

與此前天真的「實驗」不同，甘地在納塔爾推出新的「實驗」。這個「實驗」便是將印度的古典思想實體化，且嘗試在當地實踐。例如，通過實踐證明「梵行」、「修道院」等古典教義，在南非的印度移民中推廣「生計勞動」（或稱麵包勞工，zaat-mehnat，即 bread labour）、「真理永恆」、「神之子（Harijan，甘地對不可接觸者的新稱法）」、「大罷工（Hartal）」、「不害（Ahimsa）」等新用語和概念。許多語言或概念皆非源自抽象思辨，而是通過在納塔爾的各種試錯得來的成果。這些思索與行動深度連結，在他自身內心也開始產生了矛盾。

「新村」——修道院的實驗

所謂的修道院（Āśrama），原本是基於印度教教義的修行場所，甘地將此「宗教場域」轉變成以鍛鍊勞動、禁欲與生產為目的之「生活場域」。

甘地把「生計勞動」（為了生活賺取麵包）這句英文置換成古吉拉特語「渣特馬赫納特」（zaat-mehnat），意味著「人為了生活必須勞作」，並在修道院實踐了這一單純但卻基本的生存法則。藉由學習英國的約翰·拉斯金（John Ruskin）與俄國無名作家邦達列夫（Yuri Bondarev），更進一步通過托爾斯泰的著作理解在此修道院的實踐。對他而言這原本就非全新的想法，相同的思想早已出現在《薄伽梵歌》（*Bhagavad Gita*）第三章的「不為人們服務，以及不先分享自己的一份，但卻享受大地果實的人，眾人可以將其視為盜賊」[21]的章句中。

修道院從開拓荒地開始，通過農耕、工匠作業、發行報紙、進行識字與精神教育、實踐斷食、普及用餐及衛生觀念等達成自給自足的農場，這宛如是創生納塔爾版的「新村」。甘地嘗試通過各種各樣的實踐，提升納塔爾印度人的生活水準，開始產生身為印度人的自尊。

在納塔爾的修道院實驗分別在一九〇四年的鳳凰農園與一九一〇年的托爾斯泰農園進行，將學校、農耕、冥想合為一體的「新村」開始發展[22]。這種實踐活動成為日後印度各地打造修道院的雛形——例如一九一七年成為甘地據點的薩巴爾瑪蒂修道院（Sabarmati Ashram）、一九三〇年左右的賈馬普爾普（Jamalpur）、瑟瓦格拉姆（Sevagram）等地。

修道院的實驗與極限

根據甘地的說法，修道院應該成為包含基督教在內各種宗教的教義、教派，包含不可接觸者階級在內的各種種姓等級，包含英國人在內的多樣民族等，由共享相同目標的人們一同生活、共同打造的場所[23]。這應該是過往印度傳統農村共同體所無法達成的開創性事業。

然而，納塔爾版的「新村」運動不必然被印度農村所接受，僅成為停留在甘地社區中的運動。造成這種狀況的原因究竟是什麼？一九三〇年九月，甘地於被關押的耶爾瓦達（Yerwada）監獄中寫信給他的弟子時，在信中如此說明。

生計勞動的義務應超越種姓、資本家或勞工，必須認知到這是全民平等的，而所謂的勞動，實際上只有指農業，農業被視為理想的勞動形式。如果進行生計勞動，則階級差別將被消滅[24]。

在十九世紀末英國度過青年期的甘地，不可能沒見過工業革命時充斥機械文明、無產階級勞工與遊民聚集的倫敦。他在一九〇二年以律師身分四處奔走於孟買時，大概也是類似的狀況。

然而，甘地的獄中書信卻吐露出與現實認知不同的信念。他認為即便在二十世紀，印度社會仍會持續是農業社會，修道院的理念、勞動的形式、人際關係都會在這個社會中擴展與延伸。在一九〇九年甘地的著作《印度的自治》中，他表達了對機械文明的強烈厭惡，但應該也預見二十世紀的印度社會終將會發生工業化、產業化，並有新的階級出現。實際上，以農本社會為理想的甘地，日後也屢次支援孟買、亞美達巴德（Ahmedabad）近郊的工廠勞工運動，並在後半生中，更曾接受為印度帶來近代化的民族資本家G．D．比拉（Birla）的庇護，接受貝拉的金援開展自己的活動，是否甘地也對自身理念與現實相悖而感到自我矛盾？

以欲望為名的暴力

一九〇六年，甘地三十六歲時，他在南非德本北郊的鳳凰農園立下「禁欲（即梵行，並帶有禁欲之意）的誓言」[25]。

對十三歲被強迫執行童婚的甘地而言，禁欲這種「與欲望的糾葛」成為他終生的課題。具體的作為，首先是封鎖對妻子的性欲，他的妻子也接受這個誓言[26]。

對他而言，禁欲不僅止於夫婦之間的性欲壓制，因為印度教教義中的「禁欲主義」是更進一步「壓制身體、語言、內心的全部感覺器官」，「為了壓制……有必要放棄」[27]。他的禁欲是切斷所有私利、私欲的煩惱，也是終極的目標。

一九〇一年，甘地短暫回到印度時，他與妻子決定全數放棄此前支持者贈與的金銀、寶石，全部用於他視為終生行動規範的「服務」他人中。但這充其量只是甘地個人式的言語行動。

對妻子與孩子而言的「欲望與服務」

甘地的妻子卡司杜巴（Kastūrbā）與他的孩子們是否理解他的崇高目的與行為？甘地曾率直地如此說明妻子的說法[28]。

「你或許不要〔禮物〕，你的孩子們或許也不要。因為孩子們總是對你言聽計從……可是明天日子怎麼過下去，有誰知道呢？」

「我很了解你。拿走我的服裝、配飾的就是你呀……你要讓孩子們從現在起變成離欲者！這些服裝首飾我不會歸還於你。而且，你對我的首飾有所有權嗎？」

「再怎麼說，**你的服務也成為我的服務**。你難道沒有日夜驅使我勞動嗎？你不把這些當作我的服務嗎？讓我哭泣，無論什麼人都讓對方留宿，我還不是得服侍這些人嗎？這又算是什麼？」（旁點為筆者所添加。）

甘地說，她的這些話「全都是銳利的箭，我身上不知被插了多少支」[29]。可是，他還是獲得妻子卡司杜巴的「同意」，將所有的服裝飾品都賣掉，充作之後在納塔爾服務的資金。

不過，包含養子在內，甘地共有五個兒子，只有長男哈里勞（Harilal，一八八八－一九四八年）前往納塔爾。終日探究「服務」與「真理」的甘地，嚴格要求長子追求同樣的理想，不准許他過上與甘地兒時相仿的「普通孩子的生活」。哈里勞日後經歷許多失敗與挫折，最終沉迷酒色，一九三六年改信伊斯蘭教，罹患結核病後死於孟買的療養所。過世時間不過是父親甘地死後半年[30]。

甘地的女性觀

「銳箭」是由妻子卡司杜巴射向甘地的。不過這一背景也反映那個時代的印度男人普遍存在的家長制意識，此點甘地亦不例外。面對那個時代的制約、社會習慣，甘地仍無法從中解放。

一八九六年，甘地回想最初由家人陪同前往南非的旅程時，他如此敘述。

「身為印度教徒的妻子，她徹底深信妻子必須全心侍奉丈夫，印度教徒的丈夫相信自己就是妻子的神」[31]。

甘地的這種意識，在實踐禁欲中有何改變？印度女性發展研究中心收錄了甘地談及女性的詳細言行[32]。這些資料包含一九〇六年至一九四七年發表的四百一十六件書信、演講、投稿、對談、手稿等。其中談及寡婦及女性的義務、愛用民族產品（Swadeshi）、手紡機的勞作、手織棉布的內容等占絕大多數。演講中則反覆強調女性教育的重要性，激勵女性「要堅強」，強調對神保持純潔（pure）的信仰。然而這些發言中關於女性應當獲得的具體權利，他僅提到「可以承認寡婦再婚」，「女性應當擁有與男性同等的財產權」而已。在男（夫）女（妻）關係上，鮮少有內容直接言明應該如何。甘地的禁欲主義中的女性形象或母性觀念與「自立的女性觀」間的糾葛，至今仍鮮少被從女性主義或性別觀點加以批判、檢證。

納塔爾的真理永恆

甘地奉為終生目標，作為思想與崇高原理之「真理永恆」，並非他原創的詞彙，而是源於他創辦的《印度輿論》（*Indian Opinion*）報懸賞募集而得，原始詞為「堅持真理」（Sadagrah）[33]。甘地首次說出這個詞是在一九〇三年納塔爾法庭上，但是當時此語出現得太過唐突，不必然帶有確切的意義。實際上讓「真理永恆」帶有更明確意義的，是在鳳凰農園的禁欲誓言。此前並沒有任何關於真理永恆鬥爭的任何構想，此時（一九〇六年六月）在不經意間，出現違反其意志的真理永恆想法[34]。這年的年初在納塔爾自覺實踐「真理永恆」，之後的八年時間一直持續推動「真理永恆運動」。其具體記載於甘地的《真理永恆在南非的歷史》（*Satyagraha in South Africa*）（全二卷，田中敏雄譯注，東洋文庫，二〇〇五年）中，有詳細說明。

至今為止的研究曾把「真理永恆」譯為「真理把持」、「真理的堅持」、「真實的力量，或者愛的力量」[35]等，但意義不盡然正確。在甘地的自傳中被譯為「對真理的執拗主張、固執（satya＋agraha）」[36]。甘地解釋，「satya或agraha是對神唯一、正確且完整的稱謂」，「或許說成『真理即神』更為正確」[37]。對甘地而言，所謂的神，是羅摩（Rāma）的話語，所謂的satya是真理＝神（Rāma）[38]。「satya＋agraha」並非通說的「接近神，唯一至高（絕對的真理）（movements *to* Truth）」，而應該是「與神同在（movements *with* Truth）」。實際上，甘地表示「satya亦即『真理』這個詞，必須以更寬廣的意義來思考。真理存在於思想、言語、行為中」[39]（旁點為筆者添加）。對甘地而言，無論是自我的覺醒、社會的改革、習俗的變革、政治運動，只要目的與方法是依照神（Rāma）之意（天理）的推展（movements），都可以被視為「永恆真理」。但問題是，把素食、斷食這種他個人身體上的「永恆真理」行動，轉化成由不特定民眾進行的食鹽進軍、罷工（hartāl）、政治會談、非暴力抵抗等廣泛運動及「社會性、全人類的覺悟」時，甘地的理念與實踐之間便會開始產生矛盾。關於此點，後文將更進一步討論。

真理永恆運動的開始

甘地自覺的真理永恆開始於一九〇六年，他認為，實際上此前「生涯發生的一切重要事情，都是在默默為此作準備」，「在『真理永恆』這個詞彙誕生前，運動已經開始」[40]。在倫敦、孟買、納塔爾的各種實驗——通過生活體驗的試錯——是對他個人的真理永恆的助跑，而最初作為一場社會運動的真理永恆運動，則是一九〇六年抗議川斯瓦（Transvaal）政府制定歧視印度移民的《新亞洲人登記法案》時的「被動抵抗」行動[41]。這可以視為日後印度掀起不合作運動的前奏。

依照通說，印度國內在一九一九年與一九三〇年的運動各為「第一次」、「第二次」真理永恆運動，但這不必然正確。實際上一九〇三年在南非展開的運動才應該是「第一次」真理永恆運動，而印度的運動則視為是這次擴大、深化後的運動。

三、誓願的執著期

甘地在自傳中稱少年時代與在倫敦的青年期為「忘我、享樂期」，在納塔爾與古吉拉特的壯年期為「覺醒期」[42]。自一九〇二年返回南非至一九三四年表明退出國民大會黨的三十年間並無自傳，筆者將此時期稱為「誓願的執著期」（真理永恆運動期）。

所謂「誓願的執著」，最正確的看法應該是指甘地的覺悟，亦即「立下運動的方法僅限於非暴力、不合作的誓言，不管面對什麼困難都忍耐堅持，將此視為真實的話語徹底堅持」[43]方為真理永恆。然而，這樣的覺悟自然包含許多兩難與矛盾。甘地實踐這項覺悟與帶來的影響，及其對民眾運動產生的困境都是意義重大的。關於這個部分，R．古哈（Ranajit Guha）通過甘地於獄中書信與公開發言集進行詳細研究[44]。以下將參照古哈的研究做進一步介紹。

甘地與不可接觸者

甘地開始對「不可接觸者」抱持關心，始於在納塔爾的生活，根據在加爾各答、拉傑科德之後的體驗而來。不過，他的關心並非基於社會正義觀念或責任感，而是由前述「人為了活著就必須勞動」這句話的原則，從修道院的單純原理必然會導出的結論。這也是他為何可以毫不介意闖入各處進行「廁所的比較論」。他如此陳述自己的見解。

「無論什麼人都應該清掃自己的穢物。排泄與飲食同樣不可或缺。因此任何人都自行清理穢物是最佳的方法……對於把穢物處理視為社會中某特定階級的業務，肯定犯了決定性的錯誤……察覺此點的任何人，都應作為一個清掃人開始自己的生計勞動」[45]（旁點為筆者所加）。

如果從這樣的信念出發，對甘地而言最重要的就非印度教「教義上的淨、不淨觀」，而是衛生狀態的「清潔、不清潔問題」。

一八九六年，孟買爆發鼠疫，威脅波及拉傑科德。返鄉中的甘地志願加入衛生委員會，隻身進入清掃人的聚落。

「我記得見到清掃人聚落的驚訝以及歡欣。生涯中首度前往清掃人的聚落……家中全塗上牛糞（牛糞有防蟲效果，許多農村住家都會在牆壁上塗抹）。中庭以掃帚清掃。僅有很少的生活用具，但都很清潔且擦得非常光亮（此地區並無發生鼠疫之虞）」。「我忍不住要提及（上流階級居住區的）一個廁所。每家每戶都有排水溝，既可排水也可排尿……我見到某個家中的寢室有排水溝與廁所。家中的穢物經排水溝往下流去……家中的人們為何能睡覺，請各位讀者思考看看」[46]。衛生委員會更進一步檢查印度式豪宅（haveli，在拉賈斯坦邦〔Rajasthan〕的賈沙梅爾〔Jaisalmer〕等地大量可見帶有中庭的大宅邸），甘地對其中的不潔程度感到震驚，帶著諷刺的口吻表示，「我們把豪宅當作（宗教上）清淨的場所，有必要確保嚴格遵守公共衛生。宗教經典的編輯者們不是一直大力強調內在與外在的清淨嗎」[47]（旁點為筆者所加）。

一九〇一年十二月，甘地參加在加爾各答舉行的國民大會黨年度大會。他受不了作為宿舍的里彭學院（Ripon College，今蘇蘭德拉那恩學院〔Surendranath College〕）廁所骯髒，甘地表示「我找出掃帚，打掃了廁所……為了自己方便加以打掃，認為做了一件好事……其他人完全不介意骯髒……早上我向服務員指出髒汙，但完全沒人打算去打掃。只有我一個人扛起清掃的榮譽」[48]。

服務的精神與「科學的」實踐

甘地之所以不被印度教的教義或因襲所束縛，不帶成見觀察人們的真實狀態，這大概是他天生的純樸個性所致，不過這或許也與他對人的生物性、生理性具有「科學的」關心有很大的關係。原本留學英國時是為了「成為醫生」，但因父親的友人勸說，當醫生便無法成為首相而放棄[49]。甘地的發言與文章中大量使用「實驗」與「科學」，或許是因為他心中帶著客觀、科學觀看事物的意識。他雖然沒成為醫生，但日後仍積極習得護理相關知識及實踐方法。他表示「與忠誠心一樣，我原本就具備護理的素質。不管是親人或是其他人，我喜歡為病人服務」[50]。實際上，他在德本時，除了律師業務外，也志願到小型醫院幫忙配藥協助患者[51]，南非戰爭（波爾戰爭，一八九九—一九〇二年）時，率領約三百名印度人組成衛生護理部隊，功勞也獲得承認。這不僅加強他對英國的忠誠心，也加深他對護理工作的自信[52]。

因為這些經歷，甘地開始對護理、衛生產生強烈的執著。三男的生產、妻子重病時，他都代替醫生進行照護、治療，次男重病時也堅持使用「水療法」助其痊癒[53]。甘地的醫療、衛生觀念與他連牛奶、茶都不沾的嚴格素食主義相互加乘而更加強固，這正是他對禁欲修行的實踐，也是他對一般人認知的宗教觀念上淨與不淨的簡單提問與批判。不過，甘地雖然持續關心「科學」，但另一方面也執著於神的天意，也就是追求真理永恆，並堅持印度教中規定淨與不淨觀念的教理與理念，恪守《薄伽梵歌》中的文字。

一般認為符合二律背反的科學式＝客觀式思考與行動，以及宗教式＝主觀思辨兩套系統，在他的身上融合為一。只是，不僅甘地本人，連同時代的思想家、社會運動家，甚至後世的研究者們都未對此點深入探討。那麼，針對此點該如何進行思考呢？

所謂的「科學式」的，大概是達到真理（Rāma）的手段，至於能否可行、可見，能否通過語言加以說明，對他而言這些都是次要的，我們可以將其視為類似一種「工具主義」——「與實在的本質性秩序無關，是為了解釋感官所感知的現象所使用的工具」（《岩波 哲學、思想事典》，一九九八年）。

被政治化的「神之子」

甘地大約在一九三三年左右開始把不可接觸者稱為神之子（Harijan）。此年三月有兩種雜誌發行，一為印地文（Hindi）的《神之子．服務》（*Harijansevak*），另一為古吉拉特語的《神之子．兄弟》（*Harijanbandhu*）[54]，他在二雜誌上首次公開使用「神之子」一詞。此前印度各地使用各種不同名稱來稱呼賤業者[55]，但自此以後不分地區、職業，皆以「神之子」指稱賤業集團。甘地推廣此名稱的背景理由，係因他主張「廢止不可接觸者制與達成政治自由同樣不可或缺，無論老少，無論過去或未來，都必須參與這項崇高的事業」[56]（旁點為筆者所加）。中間階級與民族主義的機構報特別支持他的論述。

然而對於神之子這個名稱，身為律師且為甘地盟友的查克拉瓦爾蒂．拉賈戈巴拉查理（Chakravarti Rajagopalachari）卻強烈反對，他主張神之子這種模糊的名稱恐怕會讓不可接觸者制持續下去，應當更明確地訴求廢止此制度。他寫信給廢除不可接觸者的運動組織「神之子服務聯盟」（Harijan Sevak Sangh）的主要成員G・D・比拉（Birla）與A・V・塔克（Thakkar），建議應把組織名稱改為「廢除不可接觸者制聯盟（Untouchability Abolition League）」。對此甘地不表贊成，最終國民大會黨的公開口號仍使用甘地提出的「廢除對神之子的歧視」[57]。

廢除不可接觸者制度的先鋒安貝德卡（Bhimrao Ramji Ambedkar），從一九二〇年代起投身運動，他主張比起民族自治的要求，廢除不可接觸者制應比任何事情更為優先。一九三一年的第二次英印圓桌會議上，他與甘地就這一問題發生決定性的對立。一九三二年，他表示強烈反對甘地對不可接觸者的想法，雙方持續激烈爭論[58]。接著，一九三五年，安貝德卡宣布改信印度教以外的宗教，最終在甘地死後的一九五六年皈依佛教，追隨他的不可接觸者集團一部分人也隨他改變宗教，形成「新佛教徒」。

甘地打造的神之子概念與神之子的廢除運動潮流，之後並不止於印度的不可接觸者，還擴展到海外，由部族、少數民族及被壓抑階級組成國際性的「達利特運動」（Dalit Movement）。

深具行動力的聖雄

一九一五—一九三五的二十年間，甘地精力旺盛地從事活動。這段期間他的行動幾乎就是不斷重複運動↓逮捕↓入獄↓絕食↓出獄↓運動。他以亞美達巴德為據點，造訪比哈爾、孟買、加爾各答、喀拉拉、中部印度、南部印度各地，創設修道院（一九一五年、一九三五年），對藍染栽培佃農進行現地調查（一九一七—一九一八年）、發動工廠勞工的罷工（一九一八年）、不繳地稅運動（一九一八年）、不

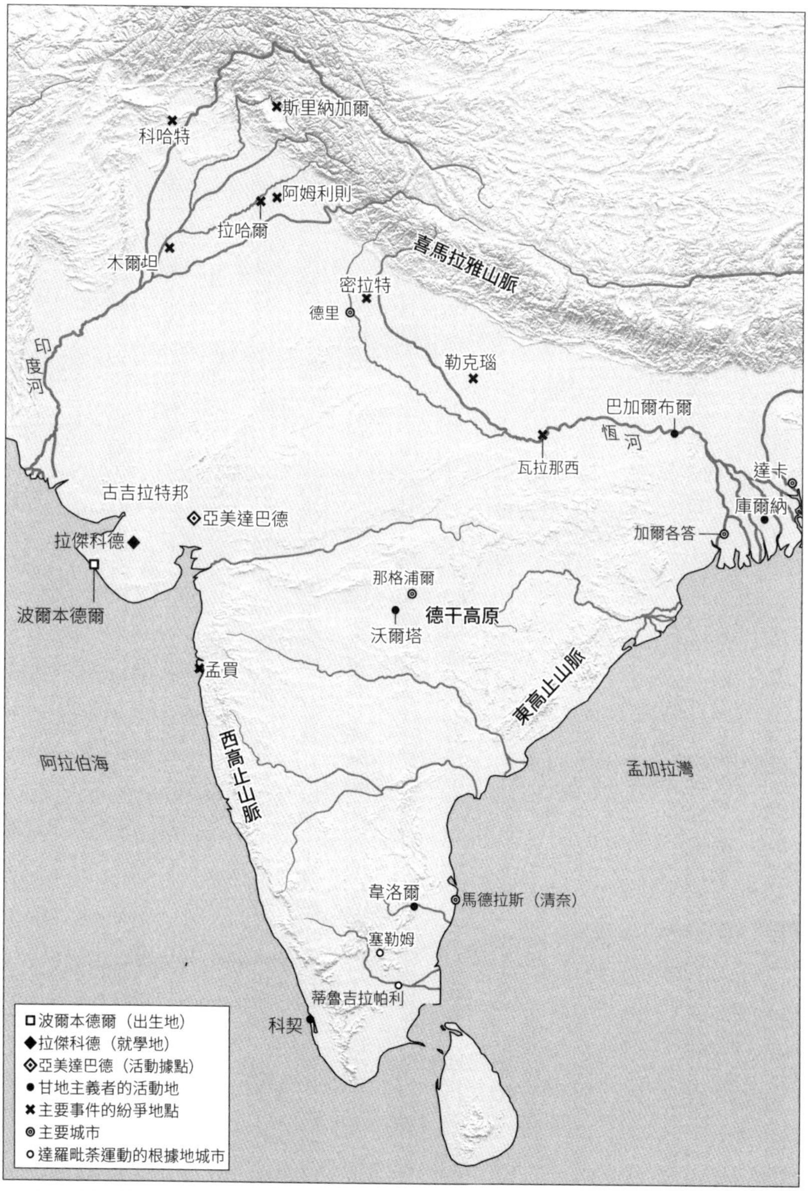
斯里納加爾
科哈特
阿姆利則
拉哈爾
木爾坦
喜馬拉雅山脈
密拉特
德里
印度河
勒克瑙
巴加爾布爾
恆河
瓦拉那西
達卡
庫爾納
加爾各答
古吉拉特邦
亞美達巴德
拉傑科德
波爾本德爾
那格浦爾
德干高原
沃爾塔
孟買
東高止山脈
阿拉伯海
西高止山脈
孟加拉灣
韋洛爾
馬德拉斯（清奈）
塞勒姆
蒂魯吉拉帕利
科契
波爾本德爾（出生地）
拉傑科德（就學地）
亞美達巴德（活動據點）
甘地主義者的活動地
主要事件的紛爭地點
主要城市
達羅毗荼運動的根據地城市

甘地行動圖

合作運動（一九二〇年）、公立學校罷課運動（一九二一年）、開設印度人主辦的民族教育學校（一九二二年）、食鹽進軍（一九三〇年）、參與英印圓桌會議（一九三〇—一九三二年）等，在各地主導多元的運動，在運動與運動之間還挪出時間在國民大會黨全國大會上發表運動方針，在各地進行遊說，公開發表手記、書信，發行機關報（如《民報》〔*Navajivan, man of God*，一九一九年〕、《青年印度》〔*Young India*，一九一九年〕、《神之子》〔*Harijan*，一九三三年〕等）。

甘地不僅是熱情的社會改革運動家，同時也是頑強的政治運動家、老練的入獄者、以大國為對手的堅強談判家，而且最重要的，是一位雄辯滔滔的煽動家。在印度史上應鮮少有如此精力旺盛的聖雄（Mahātmā）。順帶一提，聖雄這一稱號，人們通常認為是泰戈爾贈與甘地的尊稱，之後廣為人知，但實際上最初是一九一〇年由甘地友人普蘭吉旺·梅塔給戈卡爾（Gopal Krishna Gokhale）寫信時首次使用這一稱號[59]。之後一九一五年一月二十七日，在拉傑科德南部城市戈恩達爾（Gondal）舉行的集會上公開這個稱謂[60]。一九三八年九月二日，中央省和貝拉爾（Central Provinces and Berar）政府規定在所有的公文信件中都必須使用「聖雄甘地」的稱謂。

印度民族運動的區域開展

二十世紀前半，在印度各地頻發的政治、社會紛爭，甘地及甘地主義者發起的運動主要集中在印度中部及北部，橫跨恆河流域。如古爾伯加的反英運動（一九二四年），以及受愛爾蘭自治與獨立運動啟發的安妮·貝贊特與提拉克領導的自治運動（一九一六—一九一八年）等，讓南印度也開始出現民族運動或社會改革運動的苗頭。特別是發生在喀拉拉邦的瓦伊科姆事件（Vaikom Satyagraha，一九二四—一九二五年）。由於印度教寺廟不准許伊拉瓦種姓（Irava caste）階級者使用通往寺廟的通道，引發反抗，此事件也成為不可接觸者反對運動的轉捩點。只是，在南印度的運動大致都是發散的、局部的，甘地領導的運動幾乎未能進入德干高原以南的全部區域。類似這種運動偏重在某些區域，以及關於印度獨立運動的特徵，將在「四、甘地的困境」中加以考察。

甘地的「拒絕！」（Non-）運動

印度達成獨立之前，甘地主導的活動是種「拒絕！」（Non-）活動。這是指不合作（non-cooperation）、不服從（non-obedience）、非暴力（non-violence, ahimsa），亦即對英國的殖民地統治採取不合作、不服從的運動，且在達成獨立的手段上謹慎地不使用暴力方式。雖說如此，在南非與印度的早期運動中並不見這樣的想法。

從納塔爾時代到一九一九年為止，甘地對英國政府採取相當的「合作運動」。例如南非戰爭中，他聚集印度年度契約勞工約三百人組成醫護兵[61]，一九一九年在古吉拉特邦凱達縣（Kheda），雖受到國民大會黨成員的批判，但仍為支援英國第一次世界大戰盡力募兵[62]。這些行動都可表現出甘地對英國的「服務與忠誠心」[63]。

然而，一九一九年在阿姆利則（Amritsar）發生英國人指揮的印度兵對印度人民進行無區別的虐殺後，甘地自此不再信任英國。他也根據之前藍染栽培佃農的現地調查、工廠勞工的罷工、不繳地稅運動等的教訓，一九二〇年在那格浦爾（Nagpur）的國民大會黨大會上提議和平的非合作運動，並在大會上獲得一致通過[64]。會上提出四個運動、行動計畫。

第一，放棄殖民地政府頒發的稱號與頭銜；第二，印度人辭去在政府中的高官職位；第三，印度人拒絕警察、士兵的招募；第四，不繳納地稅[65]。日後被稱為「不服從運動」的行動，其源頭可以追溯至一九〇九年甘地於納塔爾組成的被動抵抗協會。一九二〇年提議的「不合作運動」，內容幾乎與一九〇九年相同，並非國民大會黨以「不服從運動」的名義創新提出。

不合作運動最初的課題是拒買包含英國和其他外國產品。不過方向逐漸變成強調自主生產與國內消費，也就是愛用國貨運動。如前所述，在一九〇八年之前，甘地甚至從未見過手紡車，但一九〇九年在搭乘由倫敦前往川斯瓦的渡輪期間，他撰寫了《印度自治》一書，已經陳述出一套脈絡，即拯救印度貧困的手段在於藉由手紡車（生產手織棉布），通過消除貧困是達成自治的關鍵[66]。因此，甘地在古吉拉特已經開始為了生產棉布四處奔走，回收被丟棄的手紡車[67]。

一九三〇年，甘地從亞美達巴德到孟買德地（Dandi）海灘，與八十名自發參加者一同行走約三百八十公里，耗時二十四天。這次行動及甘地在德地海灘上親自採鹽的行為，這就是知名的「食鹽進軍」或「食鹽的真理永恆」[68]。這次行動是對英國殖民地政府拒繳鹽稅，也是反英運動最大一場非暴力演出。拒絕鹽稅的運動擴散到加爾各答、孟買、甘普魯（Gumpuru）、坦賈武爾（Thanjavur）等印度各地[69]。只是，拒繳鹽稅並未對英國殖民地財政帶來決定性的打擊。這次行動是向民眾宣揚前一年拉哈爾（Lahore）決議中提出「完全獨立」目標的「象徵性運動」，成為標示印度獨立目標的一個明確里程碑。

同時也向殖民地統治者清楚展示「非暴力、不抵抗」的民眾力量，通過這個機會讓他們重新檢討殖民地的統治方法。

邁向國際性的博愛主義

為了達成不合作、不服從運動，甘地徹底訴求「非暴力」。甘地享譽世界的，與其說是他的目標，不如說是他的「非暴力」手段，以及宗教性式的禁欲主義。通過這種手段，例如追求永久和平與拒絕戰爭、實踐普遍性的對人類的愛、不倚靠暴力的作戰、抵抗人種歧視、追求民族獨立等各種目標，無論印度國內外皆被援用，如羅賓德拉納特·泰戈爾、阿爾伯特·愛因斯坦（Albert Einstein）、羅曼·羅蘭（Romain Rolland）、賀川豐彥、野口米次郎、穆罕默德·阿里（Muhammad Ali）、馬丁·路德·金恩（Martin Luther King）、納爾遜·曼德拉（Nelson Mandela）等人敬愛甘地。他們內心深處不僅欽佩甘地的非暴力行動，也對成為他行動根源的觀念或神祕思想充滿羨慕。印度民眾親切地稱呼甘地爸爸（Babu），知識分子則尊稱他聖雄（mahā ＋ ātman，偉大的靈魂）。

不過，甘地並非始終如一、絕對無誤的聖人，也不是道德絕對崇高的領導人。他生涯中的「實驗」遭遇許多失敗，用錯手段，也蒙受許多批評責難。

四、甘地的困境

變質的「絕食」

甘地在人生的難關上經常實行「絕食的實驗」。絕食原本是個人的行為，其意圖、目的多歧，而且社會性意義也在改變。

一九〇八年，甘地在德本入獄時嘗試不吃鹽，通過這次經驗讓他對絕食覺醒。之後，他嘗試不喝牛奶不吃穀物，只吃水果或一天只吃一餐，有時更完全斷食，在家庭中接連展開各種各樣的「實驗」[70]。這原本出於他個人對自制力的訓練，或者是健康上的理由。通過斷食可以「抑制欲望，只有具備不斷戰勝味覺的想法，才能產生好的結果」[71]，這是遵守《薄伽梵歌》第二章指導的行為，因此這一階段只是個人式的「禁欲」（Brahmacharya），即「自我抑制的斷食」。

一九一〇年，甘地創設的托爾斯泰農園裡有幾位少男、少女，其中二人犯下墮落的罪刑，而甘地身為保護者與教師，為了替他們贖罪，發誓斷食七天，並在之後的四個半月一天只進食一餐[72]。這是作為保護者、教師的甘地執行之「贖罪的斷食」。

一九一八年，甘地在亞美達巴德指揮紡織工廠勞工進行罷工，但罷工兩個星期後，士氣開始低落，為了讓罷工繼續執行，他表示直到工人離開工廠、繼續罷工前，都會持續絕食。從結果而言他讓罷工取得成功。與此同時，工廠主與甘地仍保持友好關係，他表示自己的贖罪（絕食）並非因為工廠主有過失[73]。甘地一方面通過自己的絕食促使勞工們繼續罷工，另一方面則讓經營者得以免責，到此顯然已非個人自制或教育上的贖罪，而是一種暗示性的指示，敦促集團完成行動，對當事者（工廠經營者）而言則是展現自身力量的意志表現。

一九一九年四月，他呼籲孟買市民進行全市罷工，這是他返回印度後第一次指揮的真理永恆運動，可是當運動高峰期時，卻因參加的勞工犯了「如山那麼大的過錯」為由，唐突下達指示，停止了活動。之後，一九二四年為了促進印度與穆斯林的融合而絕食，一九三二年為了反對英國殖民地政府容許印度與穆斯林分離的社群裁決（Communal Award）而絕食，一九三四、一九三五年當反英、自治運動達到高峰時，為了抑制參加者過於激進的行為而絕食。

如此，甘地原本始於「抑制自我的斷食」行為，從一九一〇年起至一九三〇年為止，經過「贖罪的絕食」，一路變質為帶有社會、政治性意義的「抑制運動的絕食」。

甘地的絕食與非暴力一詞相同，並非壓抑民眾能量的明示性壓力，而是具有讓民眾能量發散的「咒語」效果。無法理解這層意圖的尼赫魯（Nehru）或國民大會黨成員，日後常常受到甘地「絕食」的影響。

南印度對甘地的看法

與甘地領導民眾運動的同時，南印度也有一位國民大會黨成員、傑出的社會改革運動推動者——E．V．拉馬斯瓦米（E. V. Ramasamy），日後被南印度稱為「偉大的人」（Periyar）、「老爸」（Thanthai）[74]。在一九二〇年「不合作運動」的階段，他對甘地奉上熱烈的讚美。一九二四—一九二五年，他積極參與克拉拉邦瓦伊科姆的廢除不可接觸者運動，被讚譽為「瓦伊科姆的英雄（Vaikom

Virār）」[75]。而因為此次運動，兩人之間的關係急遽惡化。

圍繞著此事，甘地力主遵循種姓與四行期（varṇāśrama）及敬畏神明，拉馬斯瓦米反對種姓制度及作為其基礎的婆羅門教，兩人之間因此產生決定性的分裂。一九二五年，拉馬斯瓦米宣布退出坦米爾那都邦（Tamil Nadu）國民大會黨的大會，轉而推動反對國民大會黨的運動[76]。之後的兩年期間，兩人反覆展開激烈的論爭[77]。

一九二九年二月，拉馬斯瓦米發起被稱為「自尊運動」與「知性運動」的世俗改革運動，接著更成立「自尊黨」[78]。這些運動與忠於神（Rāma）的話語，亦即忠於真理的甘地成為一種對照，拉馬斯瓦米更看重振奮起的印度民眾。其內容正面否定甘地根據真理永恆的社會改革運動與民族自決運動[79]，對此拉馬斯瓦米提出簡潔明快的說明如下。

「甘地的主張，是要維持以印度教教誨、禮儀為前提的種姓制度與身分秩序，他主導的國民大會黨民族運動，不過是以雅利安民族為主體的印度民族主義，完全無視南印度的達羅毗荼人與坦米爾（Tamil）社會的歷史」[80]。

隨著甘地推動反英、民族自立、社會改革，印度的民族運動內部也開始出現分裂。安得拉邦（Andhra Pradesh）地區提出分離與自治的要求（一九一三年―）、馬德拉斯邦（Madras）的獨立自治運動逐漸高漲等，這些非反英獨立而是主張反雅利安的分離、自治運動頻繁發生[81]。

印度獨立之後，拉馬斯瓦米倡導以世俗主義為基礎的知性運動與自尊運動開始呈現停滯，自尊黨也自然邁向衰落。在印度的社會改革運動史上，「偉大的人」（Periyar）完全比不上「聖雄」（Mahātmā），在北印度甚至可說沒沒無聞。但他頂撞甘地，向甘地提出尖銳質疑：基於真理永恆思想能消滅種姓差別嗎？基於印度教可以對印度進行社會改革與救濟民眾嗎？對於此種疑問的「檢證」，今日依舊持續。

「退出印度」運動

一九四二年八月的「退出印度（Quit India Movement）」決議，是與「食鹽進軍」並列的獨特民族自決大方針。這是與三個「拒絕」（Non-）運動——不合作、不服從、非暴力——基本同質的被動性抵抗運動，可說是種「請願」運動。此運動並不是二十世紀初在中國、朝鮮、印度尼西亞、越南等亞洲各地開展的以武力「推翻、驅逐殖民地勢力與帝國主義體制」，而是觀察大局勢，屬於甘地「非暴力、不抵抗」運動的一種形態，是一項非革命式的運動。

日本與甘地

從二十世紀初起，由於宗教理念上的非暴力、和平主義思想，很多日本人對甘地表示出共鳴，例如日本山妙法寺的藤井日達、根據非戰論與博愛精神而投身社會運動的基督教徒賀川豐彥等，都是對甘地「泛人類主義」（Panhumanism）有所共鳴的宗教家與社會活動家。不過，同時代的大川周明卻恰恰相反。

亞細亞主義者（或稱泛亞主義、大亞細亞主義）的大川並不追隨非暴力、博愛精神，而是希望甘地能通過武力解放亞洲，成為亞洲世界的政治救世主。大川在一九二二年七月的著作《復興亞細亞的諸問題》中，對甘地的不合作（大川稱「不協同」）運動大加讚譽，並吐露出如下的期許。

「對英國而言，實際上最可怕的印度『國民感情』，是甘地透過人格與活動，使其日益變得強大……今日世界上最偉大的革命家，肯定就是列寧及甘地」[82]。

把甘地比為與列寧比肩的革命家，暫且不論這種看法對錯，大川認為甘地是抵抗帝國主義大國英國的領袖，方足以成為復興亞細亞的盟主，且對甘地熱烈呼籲，認為他應當與作為大東亞推手的日本聯手。

但二十年後的一九四二年七月，此前對日本軍部侵略亞洲並未表達批判的甘地，在名為〈給所有的日本人〉的信件中，指責日本軍部侵略中國「已淪為帝國主義的野心」，「（那是）對中國的侵略，對軸心各國與你們的同盟而言，是談不上正當且超越限度的野心」，印度人絕不支持。此文等於是徹底非難大川的呼籲[83]。大川對此以公開信的方式反駁甘地，他如此敘述。

「聖雄甘地仿如說我們對印度獨立的至深關心是多管閒事。自不待言這是因為甘地不能理解日本的真正意圖。不只甘地一人，恐怕大多數的印度人都無法理解日本為何為了印度而如此憤怒與嗟嘆吧」[84]。

大川渴望甘地解放亞洲的想法終究落空收場，這段回應只是類似被拋棄的人最後放出的狠話。而確認甘地對實現大東亞共榮圈已無法提供助力後，日本亞細亞主義者與軍部將希望改放在解放印度的新星——兩位鮑斯身上。

兩位鮑斯

在印度民族運動的高峰期有兩位與日本關係深厚的獨立運動家。那就是拉希．比哈里．鮑斯（Rash Behari Bose）與蘇巴斯．錢德拉．鮑斯（Subhas Chandra Bose）。比哈里．鮑斯於一九一五年參與拉合爾（Lahore）軍營的襲擊事件，失敗之後亡命日本，得到相馬愛藏、黑光夫婦的庇護，之後致力於創設印度國民軍[85]。另一位錢德拉．鮑斯，與尼赫魯同被期許成為國民大會黨的領導人。但由於當時的領袖甘地厭惡他的激進路線，錢德拉．鮑斯遂於一九四一年逃亡柏林，一九四三年前往日本，在日軍的支持下，於新加坡建立「自由印度臨時政府」，將在新加坡被日軍俘虜的英國印度士兵與馬來半島的印度移民集結組建國民軍，與英國進行作戰[86]。

這兩位鮑斯，也就是比哈里與錢德拉之間存在許多共通點。第一，他們在印度國內皆為獨立運動的革命家，前者創立「印度獨立聯盟」，後者日後擔任該聯盟總裁；第二，甘地強調印度教思想、理念與獨立運動不分離，但這兩位鮑斯並不太關心宗教，毋寧更傾向頭山滿與大川等的日本大亞細亞主義；第三，不單靠印度民族自身，而是企圖利用軸心國日本或德國在經濟、軍事上的援助，來達成印度獨立；第四，兩人都未見到印度獨立便客死他國。

可說，甘地的民族運動，最終因無法納入兩位鮑斯的激進式政治、武裝能量，導致民族運動的向心力衰退。

共產主義、宗派對立、真理永恆

從國民大會黨指導展開不合作運動的一九二〇年起，到一九四四年的甘地—真納會談為止的二十五年間，是甘地最後「實驗」的階段。這段期間他最擔憂共產主義與宗派對立。然而，甘地從南非時期倡導的修道院理念，早已深含這兩種要素。

修道院共同體及其擴展出來的社會體系，是把重點放在農村經濟，以自給自足的社會、經濟框架為基礎。在這之中，隨著甘地運動益加深化，也必然會引起對其推手、成員、成員間關係、共同體基礎的思想質疑。這些都給甘地的理想施加了一種反向力量。

甘地呼籲民族自立（獨立）、鼓動大眾反抗封建制度，獲得共產主義者羅易（Manabendra Nath Roy）與南布迪利帕德（Elankulam Mana Sankaran Nambūdirippādu）等人的讚許。然而在以勞工、農民為經濟自立主體的運動發展上卻逐漸遭到批判，指責甘地太過執著於非暴力，導致運動遭受壓抑。

此外，當不可接觸者的反對運動益發深化，甘地就愈益感到與印度教的原理——法（dharma，或音譯作達摩）有所乖離，察覺這種矛盾感的甘地，深恐在社會改革運動與民族運動的進展中，被歧視族群的自立運動將變質為種姓的階級化、階級對立，因而與安貝德卡出現決定性的對立。執著於維持種姓秩序的甘地，預料賈瓦哈拉爾·尼赫魯提倡的溫和社會主義政策不會給印度教秩序及社會制度帶來毀滅性的傷害，因此將國民大會黨的政策和獨立後的印度託付給尼赫魯。印度獨立後，甘地的預估確實在「遂行自立經濟」上奏效，經過英迪拉·甘地（Indira Priyadarshini Gandhi）且一直持續到一九九一年曼莫漢·辛格（Manmohan Singh）推行的新經濟政策、市場開放政策時期。在這點上，甘地稱得上預知時代的「現代主義者」（modernist）。

伊斯蘭維新運動與甘地

對甘地而言，另一項宗派對立——印度教徒與伊斯蘭教徒的宗教對立——也是最大的課題之一。英國殖民地政府根據孟加拉分治（Partition of Bengal，一九〇五年），試圖切割穆斯林與印度教徒的主要居住地區，還扶植阿迦汗三世（Aga Khan III），創設親英組織「全印穆斯林聯盟」（一九〇六年，All-India Muslim League），這項打算拉攏穆斯林的謀劃，因提拉克等國民大會黨的反對而失敗（一九一一年）。另一方面，全印穆斯林聯盟也放棄對英國效忠，轉為與印度教合作，邁向反英運動。

第一次世界大戰中鄂圖曼帝國的敗北，為甘地實現民族間融合與民族獨立的誓願帶來大好良機。那是被稱為基拉法特運動（Khilafat）的舊鄂圖曼帝國之恢復哈里發（caliph）地位運動。

這個運動的核心是由阿里兄弟、艾哈邁德·安薩里（Ahmad Ansari）、阿扎德（Abul Kalam Azad）等人成立的「全印度哈里發委員會」（All India Khilafat Committee，一九一九—一九二四年），其目的在於恢復哈里發制，以哈里發團結全印度的穆斯林，奮力進行反英運動。這帶有某種可稱為南亞伊斯蘭維新運動的性質，類似日本幕府末期的「尊王攘夷」運動。因為此委員會參與反英不合作運動，甘地應該思考過以此推動印度教徒與穆斯林的和解，同時將全印度民族運動一口氣推向高峰[87]。

甘地最後的「實驗」

隨著南亞各地「完全獨立」的氣氛高漲，在各種運動逐漸激化之際，此前各地區發生的宗教集團紛爭問題，開始在全印度爆發，於是引發一個核心問題，「印度民族獨立」的目標究竟是什麼？「現代國家樣貌」以及「印度民族」的主體與「民族獨立」的方向性成為亟需解決的問題。印度教與穆斯林的紛爭從一九二一年起至一九四七年為止，大約每十年一次，頻繁發生於喀拉拉、瓦拉那西（Varanasi）、旁遮普（Punjab）、信德（Sindh）、孟加拉、中部印度的各地等，最終在一九四七年迎來印度與巴基斯坦分離獨立的分裂局面，包含印度教徒與穆斯林，推估共計一千萬人成為政治難民。甘地最後的全印度民族運動「實驗」，最終並未帶來民族融合的結果。

甘地執著於神（Ramā）的教誨，終其生涯一直在深化真理永恆運動。一九四八年一月三十日，甘地在前往G．D．比拉的宅邸做禮拜的途中，遭印度教青年開槍射殺。雖沒留下明確的錄音紀錄，但據說甘地遭槍擊後呢喃道「喔，神（Ramā）」。

刺殺甘地的婆羅門青年高德西（Nathuram Vinayak Godse）獨自扛下所有責任，之後的審判以「狂熱的印度教至上主義者所犯下的罪刑」，於一九四九年將其處死。然而，甘地大概會想問：擊殺我真的只是他一個人的罪行嗎？從那時到今日為止，印度又出現多少如高德西般的人呢？「實驗」，在甘地過世後依然持續，而檢證的結果至今仍未完全明朗。

羅賓德拉納特・泰戈爾（一八六一—一九四一年）

在孟加拉語中，要讀成羅賓多羅納特・塔古爾（রবীন্দ্রনাথ ঠাকুর）。他是孟加拉的稀世大詩人。一九一三年，成為首位獲得諾貝爾文學獎的亞洲人。孟加拉發行的課本中如下介紹這位詩人。「羅賓德拉納特的出現，對孟加拉而言是個值得驚喜的事情。對孟加拉語、孟加拉文學、孟加拉民族而言，如此重大且值得紀念的事情，從未發生過。他的文學創造超越了時間、空間、對象的狹隘界限，形成一種普世性的形態，在世界文學場域中編織出無與倫比的優美」。

這並非過獎。在日本，人們已經逐漸忘卻詩人的存在，但在孟加拉地區（Bônggôdeś，孟加拉共和國及印度的西孟加拉邦）至今仍每天都可見到、聽聞泰戈爾的名字或歌曲，對人們而言宛如呼吸般，成為生活的一部分，不僅未遭遺忘，甚至在他過世後八十年的今日，其作品依然穩居孟加拉文化的核心地位。夏目漱石與森鷗外對日本文化的影響實在無法與之相比。

泰戈爾是一位怎麼樣的詩人？他除了是詩人，還是小說家、劇作家、論說家、短篇小說家、兒童文學家、評論家。換言之，他參與了所有文學的領域，而且留下的作品也給文學開創了一個更高的水準。此外，他還是創作型歌手、舞臺導演、演員、畫家、旅行家，創設了一所涵蓋至大學為止的一貫教育學校，還是撰寫教科書的教育家、地產管理者、農村開發家，在各種不同的領域留下豐碩的成果。不僅如此，在乍看不適合他從事的民族運動上，也扮演著不容忽視的角色。

泰戈爾誕生於印度民族起義後不久。孟加拉語自十九世紀初開始逐漸成為現代語言，但在印度民族起義後不久的時期，即便想要恭維孟加拉語，也難以稱之為洗鍊的語言。而把這樣的語言提升成流暢華麗的現代語言時，最精采的結晶就是泰戈爾的作品。這種創作，給人一種把孟加拉語打造成洗鍊現代文學的印象，也可說是「宛如被魔法杖觸碰後，文學枯枝上出現膨脹的花蕾，接著一齊綻放花朵，並結出豐盛果實般」的狀況。

到一九六〇年代為止，只要是日本的讀書人，無人不知泰戈爾這位詩人。一九一六年（大正五年）泰戈爾首次訪日，乘著獲得諾貝爾文學獎的翻譯熱與泰戈爾熱潮，在東京帝大與慶應義塾舉行的演講盛況空前。但他演講的內容卻嚴厲批判日本的國族主義及造成此種思想的近代西方文明，導致在日本的熱潮迅速冷卻。儘管如此，這位詩人在演講會場的風采仍舊非常迷人。一百八十六公分的身高，波浪白髮的絕美姿態，加上以高昂清亮語調說出的美麗語言，一切的一切都給人聖潔詩人降臨的感受。這一天的泰戈爾給日本人留下深刻不可抹滅的印象，也成為撐起日俄戰爭後的大正民主與大正生命主義的一個思想泉源。

泰戈爾是無法以常規尺度來衡量的巨大星雲，在他瑰麗的韻律織錦成的芳醇世界中，畫作描繪了一片渾沌的漩渦沼澤，潛伏著蠢動的黑暗異形之物。彷若看穿一切的銳利眼光，卻不輕易接受其他事物，因此常顯得孤立無援。柔軟包容的感受性，也因這樣的孤立而被斲傷。

泰戈爾與甘地是近現代印度的代表性人物，受到了普遍認可。一位是詩人，一位是獨立之父，雖是完全不同類型的人，但兩人有一個共同點，他們深深扎根於印度，卻又超越了印度，展現普世性的價值觀。以下將探討甘地與泰戈爾在印度獨立運動中的交集與關係。

在泰戈爾的少年時代，其家庭是印度民族運動初期的中心人物之一。泰戈爾首次在公開場合朗讀詩歌，是在泰戈爾家族支持主辦的愛國活動——印度教·祭典（Hindu Mela）第九屆大會（一八七五年）上。從此時起至自給自足運動（Swadeshi Movement，一九〇三—一九〇八年）中途為止，泰戈爾作為國族主義者的意見領袖之一，強力展開自己的主張。自給自足運動反對殖民地政府分離孟加拉，是近現代民族運動最初的大規模浪潮，泰戈爾創作的愛國歌曲被大家廣泛傳唱，鼓舞眾人。但一九〇七年以後泰戈爾退出這一運動。

自給自足運動作為愛用國產品（Swadeshi）與拒用英國產品（棉製品等）的戰術，實際執行時，採取封鎖販售廉價英國製品的商店，阻止人們購買，強迫大家購買價高卻品質低落的國產品，此舉壓迫到貧困的穆斯林或身處種姓低層的農民生活。自給自足運動造成國民的分裂，也侵犯到人身自由，對此泰戈爾並不贊同。對這件事的疑問也讓泰戈爾意識到，正是國族主義運動造成近代國家對立與帶來戰爭的思想。

泰戈爾的國族主義論，在他一九一六年日本演講後得以彙整，但有幾個前提。一是對自給自足運動的反省，一九一六年出版批評自給自足運動的小說《家庭與世界》，泰戈爾還因此被視為背叛者而遭到疏遠。另外，一九一三年泰戈爾獲得諾貝爾文學獎，也讓這位詩人被當作國民英雄。以此為契機，泰戈爾的視野放寬到整個世界，加上適逢世界大戰開始，更加堅定了泰戈爾對國族主義的批判。

然而，第一次世界大戰的結果導致民族自決思想浮上檯面，受此影響，印度獨立運動亦屬民族運動，國族主義成為當時的一種時代精神。在國族主義全盛時代下，泰戈爾選擇剖析國族主義的病理並加以批判，此一立場使他走上一條坎坷之途。然而，泰戈爾深愛著孟加拉的風土民情，是位對印度傳統抱持絕對自信的愛國人士。雖然泰戈爾並非國族主義者，卻是愛國主義者。愛國主義不與國族主義交疊，兩者存在清晰的不同之處，這點往往讓人在理解泰戈爾時備感困難。

印度在第一次世界大戰中對戰爭費用、兵源兩方面提供協助，但受到的回報卻讓印度人不滿，導致印度的民族運動氣焰高漲。一九一九年發生的阿姆利則慘案（Jallianwala Bagh Massacre）更是火上澆油，泰戈爾旋即歸還英國的騎士爵位，發聲抗議。不過之後在甘地的指導下，非暴力不合作運動如火燎原般地推廣，泰戈爾卻反對不合作運動，不接受甘地提倡之手紡車是拯救農村經濟特效藥的戰術，也不接受甘地的說服，雙方的應對幾乎到了口無遮攔的激烈程度，但彼此之間始終保持著敬意。甘地指導的運動因喬里喬拉事件（Chauri Chaura Incident）而無法堅守非暴力主張，造成原本如火如荼進行的不合作運動呈現幾乎停滯的狀態，甘地被視為太過理想主義，泰戈爾也毫不讓步地加入批評，指出理想化的不合作運動是束縛自由的舉動。

泰戈爾在一九〇九年的戲曲《犧牲》中安排了一個角色，讓人聯想到不合作運動的指導者甘地，其中帶有的批判意味給人一種唐突感。之後泰戈爾對國族主義的批判益發加強，讓兩人走上不同方向。即便二人強調重點不同，但對西歐現代文明的基礎性批判卻存在共通之點。泰戈爾與想要超越西方國族主義的少數者建立聯繫，企圖在文學和教育領域加以實現，甘地則將其當作印度獨立的戰略。詩人與西方的合作，與政治家的不合作，造成了方向相逆的路徑。

白田雅之

穆罕默德・阿里・真納（一八七六－一九四八年）

全印穆斯林聯盟的核心領導者，首任巴基斯坦總督，被譽為「巴基斯坦國父」。

蒙兀兒帝國滅亡後的穆斯林

首先概述一下真納出現之前印度穆斯林的狀況。

一八五七八年，因印度民族起義（印兵譁變）敗北，印度伊斯蘭的中央集權國家蒙兀兒帝國滅亡。取而代之，作為英國國王代理人的副王（viceroy，也可稱為總督），由查爾斯・坎寧（Charles Canning）統治同年成立的印度帝國。然而，即便蒙兀兒的政治體制、國家滅亡，但印度穆斯林的民族與社會並未隨之消亡。清真寺、墓地、民族服裝、建築樣式、禮拜、宣禮（adhan）、烏爾都語（Urdu）及波斯語文藝等，伊斯蘭的生活、習俗、文化仍根植於印度各地，只是難以強烈主張自身的穆斯林意識與表徵（identity）。一九〇六年組成的「全印穆斯林聯盟」，便是把身為穆斯林的民族意識通過要求自治的政治活動推上檯面，而推動成立穆斯林國家巴基斯坦者，即是政治領導人真納。

根據印度、巴基斯坦分離獨立前的一九四一年「印度人口普查」報告書，英屬印度的總人口約為二億九千萬人，其中穆斯林約七千九百萬人（占總人口約百分之二十七）。與西亞在地理上、民族上、社會上接壤的西北邊境省（The North-West Frontier Province）、信德省、俾路支省（Balochistan）中，穆斯林人口占七成以上，而位於印度東、西兩端的孟加拉省（百分之五十四點七）與旁遮普省（百分之五十七點二），加上德里（Delhi，百分之三十三點二）、阿薩姆省（Assam，百分之三十三點七）等地，也屬穆斯林人口眾多之處。因為有這般歷史性的人口分布狀況，一九四七年印度、巴基斯坦分離獨立時，孟加拉省東部劃入巴基斯坦，旁遮普省的西部劃入（西）巴基斯坦，推估印度教、穆斯林雙方共出現一千萬名政治難民。

民族運動家真納登場

在印度的民族運動史上，自一九一〇年前後起至分離獨立為止，印度穆斯林的動向發生巨大的變化。一九〇六年真納以國民大會黨成員身分參加政治運動，一九一六年被推選為穆斯林聯盟議長，之後與國民大會黨締結同盟協定，嘗試摸索實現統一的民族運動。一九二〇年，以土耳其擁護哈里發制為名義發起的基拉法特運動中，從支持哈里發制與排除英國的面向上，可說是印度穆斯林的「尊王攘夷」運動。甘地認為這是個大好良機，可吸納穆斯林參與民族統一反英運動。然而，真納對反英運動中甘地主張的宗教性論調，以及基拉法特運動帶有的復古主義特性大表反對，一九二〇年退出國民大會黨。一九二二年左右起，基拉法特運動迅速消退，在此狀況中，穆斯林群眾的意識逐漸傾向質疑「印度教徒與穆斯林可視為一個整體民族嗎？」而甘地與真納的關係，一九三〇年左右出現更為重大的轉變。

印度教、穆斯林的游離

一九三〇年的「食鹽進軍」可視為追求「完全獨立」的象徵性運動，卻也是民族運動的分歧點。此點已在前文「甘地」中提及，然而，此運動對印度穆斯林而言也是一個重大的轉折點。

除了甘地的出生地古吉拉特之外，參加食鹽進軍的穆斯林並不多，其中有幾個理由。一個是過往基拉法特運動中，大眾被喚起的熱情持續消退，另一個是對甘地執著手織棉布的反彈，關於後者，孟買的穆斯林甚至集中寫信給甘地。

「聖雄，您執意手織棉布確實是非常了不起的事情，然而眼下狀況嚴峻，您決定的條件是否能放寬一些呢？對為了參加民族鬥爭對死亡有所覺悟的許多孟買平民而言，手織棉布價格實在太過高昂」[88]。

孟買市民的不滿不是單純針對棉布價格高昂，對於甘地認定只有印度農民的產品才能象徵民族抵抗，並要求需義務穿著手織棉布，他們也藉此間接表達批評。

真納對「食鹽進軍」也持批判態度。因為食鹽進軍，一九三〇年四月二十日甘地的兒子、尼赫魯遭連坐逮捕，同時瓦拉巴伊・帕特爾（Sardar Vallabhbhai Patel）辭去立法議會議長。真納向印度副王（總督）艾文勳爵（The Lord Irwin）致信進言，表示「我個人反對甘地的人民不服從運動，您也應當儘速表明對甘地運動的官方態度」[89]。甘地對印度教、穆斯林民族融合一體的期待，此時已然產生破綻。

與國民大會黨的對立

即便真納還是國民大會黨成員的時期，對甘地與尼赫魯也是採取「雖然稱不上敵對，至少也保持距離」的態度。與其說這是他個人性格，不如說與他的出身有著更大關係。真納、甘地、尼赫魯皆分別來自有大量穆斯林的地區，真納來是旁遮普西端的喀拉蚩（Karachi）、甘地是西北部的卡提亞瓦

（Kathiawar）、尼赫魯則是北部的安拉阿巴德（Allahabad or Ilahabad）。真納是穆斯林，甘地是王國宰相家族的後裔，尼赫魯是婆羅門一族，後二者皆為印度教的名門。真納對於由印度教徒掌控的國民大會黨是否會真心考量穆斯林處境，似乎心存懷疑。這點與在民族意識上採取融合與天真態度的穆斯林聯盟創立者阿里兄弟及阿扎德有所不同。

真納對「民族一體論」的質疑並非只針對甘地一人而來，他還看到了尼赫魯背後的影響力。一九三八年四月，真納已經與尼赫魯通過書信展開激烈的論戰，對尼赫魯而言，當前最吃緊的是經濟問題，民族、國家、文化問題乃「次要的」問題。他強調，討論此問題的對手不僅是真納與穆斯林聯盟，而是「我國大黨多達十萬人的穆斯林成員」[90]。尼赫魯在民族問題上「不把真納當對手」的態度，使真納的立場變得更加強硬。

「二民族論」的抬頭

一九四〇年三月二十三日，穆斯林聯盟的拉合爾大會上，真納首次提出「二民族論」——日後以「巴基斯坦決議」而聞名[91]——的新國家構想。其內容在一九四四年九月與甘地會面時做出更具體明瞭的闡述。

「我們〔印度穆斯林〕是一個擁有一億人的民族（nation）。此外，我們更具有固有的文化與文明，是具備語言、文學、藝術與建築、姓名稱呼、價值與協調精神、法律與道德紀律、習慣與曆法、歷史與傳統、素質與心理準備的民族。重點是，我們擁有固有的人類觀與人生觀。無論怎麼對照國際法的規範，我們都是一個民族」[92]。

一九四四年九月九日至二十六日，在孟買的真納宅邸舉行甘地與真納的會談。在會談中，甘地對真納表示「統一是穆斯林的最佳利益」。真納則回應「分離是印度教的最佳利益」。甘地更進一步提議，「雖然同意對二民族問題的理解不同，但是否從自決的角度解決這個問題呢？將分離這個重大一步展示在該地區人們的眼前，讓他們自行決定呢？」對此真納反駁，「印度穆斯林要求的是作為民族的自決權，而非要求獲得部分領域。我們認為自己可以行使身為穆斯林民族與生俱來的權利」[93]。在前後長達三週激烈的攻防後，雙方談判終於決裂。在這一連串的論爭中，印度獨立與成立巴基斯坦國家的想法逐漸明顯。只是，雖然雙方意見明確對立，但轉變為分離運動則是更往後的事情[94]。

真納與甘地的對立以及印度與巴基斯坦的分離，至此已可預見。出身南印度的老練國大黨政治家拉賈戈巴拉查理（Chakravarti Rajagopalachari），在甘地與真納會談的五年前，即一九三九年十月二十八日，便寫過長信給甘地的私人祕書馬哈德夫．德賽（Mahadev Desai），信中如此敘述。

「今日最有能力、最無私心的穆斯林領導者，正在著手把穆斯林的夥伴拉離印度教徒。像真納這樣的人，很明顯正在把穆斯林的人心帶往這個方向……甘地思考通過人民不服從運動打開新的局面，但此舉只會加深二者間的鴻溝……反英運動上或許得以獲得成功，但面對穆斯林領導者卻無法解決問題……我們必須直視這個問題，這或許會帶來完全無政府狀態與發生內戰的結果」[95]。

當時反對拉賈戈巴拉查理的國大黨主流成員，如果此時認真地接受他的擔憂與警告，即便印度與巴基斯坦終究必須分離，但或許可以避免造成那超過一千萬人的難民危機。

一九四七年，巴基斯坦伊斯蘭共和國成功獨立。真納成為國家元首，就任巴基斯坦總督，次年一九四八年病逝。據說真納曾構思把巴基斯坦打造為一個世俗國家，然而，今日的巴基斯坦仍是一個以信奉伊斯蘭教為國教的宗教國家。

查克拉瓦爾蒂・拉賈戈巴拉查理（一八七八—一九七二年）

通稱拉賈基（Rājājī）。南印度坦米爾的民族運動家、國民大會黨的主要成員，最後一位印度總督，印度分離獨立後成為首任西孟加拉邦及馬德拉斯邦首相，為自由獨立黨（Swatantra Party）主席。

國民大會黨的主要成員中，出生於北印度、屬於婆羅門階級、有留英經驗、具有律師背景的人數眾多，拉賈戈巴拉查理除了具有律師資格外，其他部分的經歷都與眾不同。

甘地的心腹

拉賈基的出生地是塞勒姆縣（Salem），此縣位於南印度內陸，處於要衝地位，連接起阿拉伯海沿岸的科澤科德（Calicut）與科契（kocci）、孟加拉灣沿岸的馬德拉斯與高韋里河（Kaveri River）沿岸的坦賈武爾、南印度內陸中央的邁索爾（Mysuru）等，自古以來就是文化交流與交易興盛之地。鄰接的哥印拜陀縣（Coimbatore district）則出了一位特別的社會改革運動家拉馬斯瓦米。

拉賈基於一九〇〇年在塞勒姆縣擔任律師，一九一六—一九一七年任家鄉的市議會議長。一九一九年他為了反對作為治安維持法，以鎮壓民族運動為目的而實施的《羅拉特法案》（*Rowlatt Act*），因此加入國民大會黨，在韋達蘭耶姆（Vedaranyam，位於南印度沿岸的納加帕蒂南〔Nagapattinam〕南部）組織「南印度的食鹽進軍」，積極參與甘地主導的不服從運動。因發生進入寺院差別待遇的瓦伊科姆事件，促成《進入寺院保護法》的制定，展開反對歧視不可接觸者的運動。

拉賈基在人脈、先見之明、智識謀略、實務能力等部分都稱得上是老練的政治家，深受甘地信任，甚至到了被稱為「國大黨的南印度司令官」的程度。一九三〇年他參與甘地創刊的《青年印度》編輯工作，之後更成為甘地的心腹，對運動方針與活動提出建言。不過也因為他憑藉個人的真知灼見與人脈，向甘地與國大黨大量直諫，反而使他成為國大黨中的少數派。例如一九三九年當甘地與真納對立日益加劇之際，他預見日後印度與巴基斯坦將分離，因此反對不服從運動[96]，並建議甘地與真納進行會談。

此外，一九四二年的「退出印度（Quit India Movement）」運動之際，他判斷英國撤退必然有利於日、德軸心國，擔憂印度統治將發生混亂，且還會引來無政府狀態[97]。此時甘地面對日本軍部侵略亞洲仍表現出優柔寡斷的立場，因此他與賈瓦哈拉爾．尼赫魯一同說服甘地，「不要寄望日本介入能帶來印度獨立」[98]。結果甘地一改先前態度，對日本軍部送出嚴加批評的書信。

與重視宗教理念的政治領導人甘地相較，拉賈基是一位現實的理性主義者。一九一六年他組織「坦米爾科學用語協會」翻譯歐洲科學用語，特別把化學、物理學、數學、醫學、生物學用語譯成坦米爾語，為印度現代化打下基礎。

拉賈基沒有去過英國的經驗，但在國大黨中與尼赫魯同樣屬於少數擁有國際敏感度的運動家。在一九三〇年代民族運動深化的時期，拉賈基與尼赫魯之間針對國大黨方針發生矛盾。一九三六年七月國大黨的大會上，受國際潮流的影響，國大黨議長尼赫魯主張土地改革與勞工權利，對此拉賈基反駁，「社會主義者的說教已經開始……但那並不符合印度的國家利益」[99]，之後他與普拉薩德（Rajendra Prasad）、帕特爾（Sardar Vallabhbhai Patel）一同辭去國大黨的執行委員職位。

印度語政策及《禁酒令》

一九三〇年代後半的激烈動盪期中，拉賈基本身的政策也出現動搖，在獨立後的印度，特別是南印度的政治情況與社會動向上留下重大的影響。一九三七年，國大黨於殖民地政府下的公民選舉中取得政權，任命拉賈基擔任馬德拉斯管轄區政府的首席部長，任期的三年中，他至少推出兩項「劃時代的」政策。

其一是一九三八年的《印度語義務教育法》。此政策成為政局不安的種子，導致南印度各地爆發反印度語暴動。此法律於一九四〇年被廢止，但一九五〇年一月印度中央政府制定《印度語官方語言化法》後，旋即又引發激烈的反印度語暴動，且一九五二、一九六五年皆斷斷續續爆發暴動。拉賈基早在一九五七年即明確表態反對尼赫魯、反國大黨的立場，但他反過來反對自己一九三八年導入的印度語政策，表明強烈反對印度語的主張。

另一是一九三八年的《禁酒法》。除法國直轄領朋迪榭里（Pondicherry）等一部分地區外，馬德拉斯管轄區基本上都成為禁酒地區。日後都說馬德拉斯邦與甘地家鄉古吉拉特邦之所以並列為禁酒邦，是因為受到甘地宗教、道德觀的影響，但實際上是拉賈基禁酒政策的結果。

知悉北印度政治情況與民情的拉賈基導入此二政策，大概是因為他獨特的現實感。首先他認為必須脫離地區主義，也就是印度獨立後需要使用印度語作為共通語言，其次，為了促進工作積極性與發展經濟，他也認為有必要立法強制禁酒。

與國大黨訣別

在國大黨中，拉賈基採取保守立場，既不反英也不倒英。在一九四七年獨立之前，他代理不在崗位上的英國人總督蒙巴頓（Louis Mountbatten）的職務，之後成為第一位印度人總督，同時也是最後一位（一九四八—一九五〇年）。

拉賈基一貫反對種姓制度下的歧視，此點與甘地的和諧政策理念有所出入，一定程度上與安貝德卡的想法相同。即便如此，當安貝德卡在著述《國大黨與甘地為不可接觸者做了些什麼》（一九四五年）中，激烈指責甘地對不可接觸者曖昧不明的態度時，拉賈基依舊站在甘地這一方[100]。自從加入不服從運動以來，拉賈基一貫支持甘地與國大黨的活動，但甘地逝世後的一九五七年，因為反對尼赫魯政權的社會主義式政策而退出國大黨，並於一九五九年新成立「自由獨立黨」。

E・V・拉馬斯瓦米（納伊克爾，一八七九—一九七三年）

社會改革運動家，反種姓制度、反婆羅門教運動家，社會主義的理性主義者。

放棄種姓名

一九二九年第一屆馬德拉斯省自尊會議上，拉馬斯瓦米[101]放棄種姓名「納伊克爾」，之後便以E・V・拉馬斯瓦米或佩里亞・E・V・拉馬斯瓦米（Periyar E. V. Ramasamy）自稱。因此這個條目的標題設定為拉馬斯瓦米。順帶一提，納伊克爾據說來自英國統治之前，出身南印度南部當地有力地主、土豪階層的「納亞卡」（Nayaka），但非定說。

在南印度，多以坦米爾語的「偉大的人」（Periyar）或「老爸」（Thanthai）等親密的方式尊稱拉馬斯瓦米。

拉馬斯瓦米於一八七九年出身於富裕商人家庭，接受學校教育至十歲為止，之後退學，接著一邊幫助打理家中生意、一邊自學。一八九八年，他十九歲時與十三歲的納甘梅（Annai E. V. R. Nagammai）結婚，育有一子。一九〇四年為了朝聖前往瓦拉那西，因而對印度教產生深刻的疑問，讓他逐漸熱中國大黨的運動。

瓦伊科姆事件與遇到安貝德卡

一九一七年，拉馬斯瓦米加入非婆羅門的國大黨領導者們發起的「馬德拉斯管轄區協會（MPA）」。一九二〇年，以「泰米爾納德邦國民大會黨（TNCC）」委員長身分，要求任用非婆羅門與被歧視的種姓階級擔任公職。之後至一九二七年為止，他作為甘地的信徒，在南印度主導國大黨的不合作運動、禁酒運動、反對進入寺院差別待遇運動等反歧視、社會改革運動。這個時期，他遇到安貝德卡並對其思想產生共鳴，此外，也加強對國大黨內保守派婆羅門逐漸加強批評。然而，他身為國大黨成員，仍贊同甘地的思想。一九二五年二月發行坦米爾語週刊《共和國》（*Kudi Arasu*），以提升坦米爾人地位為目標，逐漸打造「自尊意識」。

與甘地分道揚鑣

一九二七年，拉馬斯瓦米與甘地發生決定性的對立。面對敬畏種姓規定（Varna Ashrama）與神的甘地，拉馬斯瓦米反對種姓制度及產生此制度的婆羅門教（Brahmanism），並挑起激烈的論爭，最終雙方皆無妥協。拉馬斯瓦米否定種姓制度的意志更加堅定，並將其視為比追求印度獨立的民族運動更優先的目標。其具體活動表現在對國大黨主張的公開反叛上。

同年，針對由西蒙擔任主席的西蒙調查團（Simon Commission）政策，國大黨中央發起要求印度完全自治的運動。然而，拉馬斯瓦米等南印度國大黨成員則支持西蒙調查團提出的「以各省為單位的自治」提案。亦即，甘地等國大黨提出獨立自治的要求，而拉馬斯瓦米則思考繼續在英國殖民地政府下要求自治權。之後在「自尊運動」的大會上，拉馬斯瓦米焚燒《摩奴法論》（*Manusmriti*）[102]，並放棄表示自己種姓階級的「納伊克爾」之名。

非婆羅門運動與反婆羅門教運動

拉馬斯瓦米的運動經常被稱為「非婆羅門運動」（Non-Brahminism），不過根據他的說法，應該是「反婆羅門教運動」（Anti-Brahminism）。一九二〇年，為了對抗國大黨，由拉馬斯瓦米領導的「正義黨」（Justice Party）在馬德拉斯立法議會上獲得大勝。拉馬斯瓦米如此表示，「我們的達羅毗荼運動（即坦米爾自立運動）並非反對婆羅門或北印度的有力商人集團。但婆羅門教歧視達羅毗荼地區的做法讓我們無法忍耐。無論他們從政府接受多少支援，我本身與我的運動也絕不膽怯退卻」[103]。

此時期馬德拉斯省的人口中，婆羅門僅占百分之三，卻占據馬德拉斯政府百分之七十的要職。他的批評並非針對婆羅門，而是對婆羅門掌控且占據優勢的婆羅門教制度本身加以否定。

作為社會主義的理性主義者

一九二八年十一月七日，拉馬斯瓦米發行英語週刊報《革命》（*Revolt*），作為對俄國革命十週年的紀念，他盛讚道「宛如埃羅德（Erode）也迎來陽光降臨的日子」[104]。此份週刊報之後在印度各地扮演替社會改革運動進行宣傳的要角。一九三一年十二月至一九三二年，拉馬斯瓦米遍訪歐洲及俄羅斯各地，一九三二年十一月返國。這段期間，他視察各地的政治制度、社會運動、生活方式、經濟發展、行政制度等，特別是他逗留蘇俄的三個月期間，可以看出他受到極大的影響，因為他回國後的社會改革方向，帶有強烈社會主義或共產主義的思想色彩。他的思想否定了印度傳統宗教規範，提倡一種徹底世俗的理性主義思考方式。

印度獨立後的一九五二年，「自尊運動協會」進行登記時，其目標可摘要如下：反對印度教教義；廢除種姓制度、德瓦達斯（Devadasi，獻給印度教寺院的八到十六歲處女，隸屬寺院，必須學習藝術與表演舞蹈）、兒童婚姻、嫁妝（dowry）等慣習；禁止娑提（Sati，寡婦殉死）、殺害幼女、飲酒風俗等；普及近代教育；准許不同種姓間的通婚；實施計畫生育；改革農村等[105]。

拉馬斯瓦米的思想與行動中，在否定種姓制度的面向上與安貝德卡共通，在世俗的、社會主義的傾向上，則與尼赫魯共通。但他與二人並無建立密切的合作關係。

拉馬斯瓦米為了實現上述的目標，在一九四四年把正義黨改組為「達羅毗荼聯盟」（Dravida Kazhagam），但在南印度並未形成大的政治勢力。之後一九四九年，其盟友甘吉布勒姆．安納杜拉伊（Conjeevaram Natarajan Annadurai）重新成立「達羅毗荼進步聯盟」（Dravida Munnetra Kazhagam），此政黨與其派系作為坦米爾那都邦的地方政黨，直到今日仍存續。

比姆拉奧・拉姆吉・安貝德卡（一八九一—一九五六年）

社會改革運動家，反種姓制度與反印度教論者，印度憲法起草成員，為中央及邦政府政治家，新佛教徒運動創始人。

身為達利特

安貝德卡以出身達利特（Dalit，賤民階級）的政治家而聞名。至今為止，印度因不同地區、時代、狀況而對賤民階級有各種各樣的稱呼，例如「阿瓦魯納」（Avarna）、阿迪・首陀羅（Ati-shudra）、「阿圖特・帕萊雅爾」（Achut-paraiyar，意為不可接觸的鼓手，鼓為牛皮製造，涉及不潔）、「原始部落民」（Adiwasi）、「種姓之外」（Out-caste）、「不可接觸者」（Untouchable）、「上帝之子」（Harijan，或音譯哈里揚）等。不過，自一九三〇年代左右，安貝德卡開始積極推動社會改革運動，「種姓之外」的社會集團開始自稱「達利特」（梵語意為「被壓抑者」）。時至今日，主要都使用「達利特」一詞。印度獨立後，在法律、行政用語上一般則使用「表列種姓」（Scheduled Castes）。

學究之徒

一九〇八年，安貝德卡成為第一個以達利特身分進入孟買埃爾芬斯通學院（Elphinstone College）的人，在該學院學習政治學。一九一三年至一九一六年，前往紐約的哥倫比亞大學修習社會學、歷史學、哲學、人類學等。據說就學期間受到約翰．杜威的影響。一九一五年以〈古代印度的商業〉取得碩士學位，次年憑藉論文〈印度的國家利益——歷史的分析研究〉取得博士學位，該論文在一九二五年以《英屬印度下的地方財政發展》為名刊行。一九一六年發表歷史民族學論文〈印度的種姓制度，其機制、起源、發展〉。同年前往倫敦，獲准於尊貴的格雷律師學院（The Honourable Society of Gray's Inn）實習。同時期他還進入倫敦政治經濟學院（The London School of Economics and Political Science）就學。一九一七年暫時返回孟買，任職於巴羅達土邦（Baroda State），但受到嚴重的種姓歧視而辭職。一九二二年在倫敦完成論文〈盧比問題——其起源及解決方案〉，一九二三年於倫敦政治經濟學院取得博士學位。

一九一三年至一九二三年的十年期間，他的研究生活大致稱得上順遂，他的學術能力使他可在孟買的西德納姆學院（Sydenham College of Commerce & Economics）與埃爾芬斯通學院進行研究與教學工作，或者可以成為律師。

身為社會改革運動家

安貝德卡轉變為社會運動家，是在一九二四年的事情。這年，被壓抑者救濟會成立，一九二六年安貝德卡被指定為孟買省立法參事會的被壓抑階級議員，他展開具體行動以提升不可接觸者的經濟、文化、社會地位。之前一九一八年第一屆全印度被壓抑階級大會在孟買舉行，但這場以種姓制度與印度教為主舉行的大會主旨遭安貝德卡批評，他並未參加此次大會。在隨後關於選舉制度的調查委員會上，他要求為不可接觸者保留議席及舉行分離選舉，此時他已明確主張保障被壓抑者達利特的權利。

然而，在這個時期安貝德卡仍站在「印度教與種姓制度」這種體制內改革者的立場。實際上，面對一九二一年喀拉拉的瓦伊科姆運動，在批判種姓制度這點上，他持續表現出協調的態度，對打出改信基督教旗幟則持批判態度。一九三〇年的全印度被壓抑階級大會（在那格普爾〔Nagpur〕舉行）上，他也表明不放棄印度教[106]。

甘地與安貝德卡的論爭

一九三一年第二次英印圓桌會議時，在弱勢族群小組委員會上，安貝德卡與甘地發生決定性的對立。安貝德卡要求對被壓抑者實施分離選舉與議席保留制度，但甘地卻不認可為弱勢族群保障特別權利，兩人形成對立，以此為發端發生激烈論爭，二人就此決裂，英國首相麥克唐納（James Ramsay MacDonald）為二人仲裁也未能奏效。此次對決後，安貝德卡提議應將此前的「被壓抑階級」（Depressed Classes）改稱「非（non）種姓制度印度教徒」、「天主教印度教徒」、「非合作者（conformist）印度教徒」。這是一項以印度教徒身分提出的要求。不過值得注意的是，面對被定位在種姓制度秩序內的種姓印度教徒，他提出了種姓制度秩序外的「種姓之外」對立提案。安貝德卡的主張、論點收錄在演講與評論等資料集《種姓制度的滅絕》（一九三六年）、《國大黨與甘地為不可接觸者做了些什麼》（一九四五年）中，而《印度社會與新佛教》[107]中則詳細分析他的想法與行動。此處先要約兩者的對立點。

身為否定種姓制度者

第一，作為民族運動期的社會、政治目標，甘地以印度的獨立自治為最優先。與此相對，安貝德卡主張，如果沒有對馬哈爾（Mahar）等被歧視群體進行社會改革，印度獨立將毫無意義。第二，甘地肯定種姓制度及作為其理念體系的印度教，安貝德卡則全面否定容許歧視的印度教。

關於第一項對立，在一九三〇年的「食鹽進軍」中，已使反英、獨立自治的口號在印度群眾間廣為流傳，成為一大風潮，弱勢族群的社會改革與批評種姓制度的要求因而遭到壓抑。關於第二項對立，之後並無明確結果，雙方之間持續激烈論爭[108]。

甘地喜歡使用「科學的」、「實驗」、「驗證」等用語。但對身受杜威實用主義影響的安貝德卡來說，這些說詞毫無意義，因為他的想法是「社會是可變的，若制度無法證實其效用，則非真理」[109]。安貝德卡質問，那麼印度教社會狀況如何？「印度教的倫理中，種姓制度的效用極其低劣。種姓制度扼殺了公共精神，種姓制度破壞了公共的慈善精神，種姓制度讓公共意見無法實現。印度教所謂的公共，就只有指涉自身的種姓階級」[110]。安貝德卡對甘地的批判與否定種姓制度的論調更為升溫。

安貝德卡的困境

安貝德卡也對穆斯林聯盟及共產黨提出激烈的指責。他批評「伊斯蘭教徒是頑固的保守派，對異教徒十分好戰，他們只把自己的教徒當同胞，不承認印度是祖國，也絕不認為印度教徒是他們兄弟」[111]。之後旋即主張印巴分離，認為「固執於統一的印度是危險的，通過分割可以拯救兩教教徒免於毀滅的悲劇」[112]。另外，他稱共產黨是一群「為了政治目的而利用勞工，是披著馬克思主義外衣的保守主義者」[113]，並加以批判。他雖對拉馬斯瓦米的自尊運動及否定種姓制度與印度教階層秩序的社會改革運動有所共鳴，但拉馬斯瓦米將整體南印度的達羅毗荼民族，視為是北印度雅利安民族的被壓抑者（Adi Dravida）的想法，與安貝德卡的北印度雅利安印度教中，馬哈爾是被壓抑者的立場，兩者間存在微妙的差別。

安貝德卡追求所有人平等，但他的選項並不多。在與安妮．貝贊特接觸後，他感受到對基督教的幻滅，也知道錫克教徒仍會將他置於從屬的地位，對伊斯蘭教他則反覆加以批判。最終留給安貝德卡的選擇只有佛教，因此他決心改信佛教（一九五六年），與三十萬（另一說是六十萬）的安貝德卡追隨者們成了新佛教徒（Neo-Buddhists）。

改信佛教的理由，係因佛教：一、是能對抗印度教，主張自由、平等、友愛的宗教；二、有能對抗現代科學批判的理性；三、認可下層民眾的向上提升階級；四、可維持印度的傳統文化；五、具備世界性的宗教；六、是唯一能對抗馬克思主義的宗教[114]。除去第四個理由，可看出安貝德卡期待佛教是一個帶有高度理性思考的宗教。而第六點則與尼赫魯產生微妙的對立。

對於安貝德卡的思想與做法自然出現嚴厲的批評，例如稱他是固執於特定社群利害關係的視野狹隘政治家、對英國採取妥協態度的領導人、反民族主義者等。但安貝德卡作為社會改革運動家、教育家、經濟史學家、種姓制度否定者的評價，終究不可動搖。值得注意的是，甘地通過「絕食」鼓舞民眾，有時甚至會保持沉默，但安貝德卡強力批評以「絕食」作為說服民眾的手段，他從未採取這種方法。

諷刺的是，儘管他曾激烈批評甘地，但卻在甘地的推薦下，於一九四七年八月成為憲法起草委員會的委員長，在他的主持下制定了新生國家印度的憲法。一九四八年一月，甘地於德里遭暗殺，八年後安貝德卡在德里病歿。如果說甘地是訴諸「印度情感」的聖者，那麼安貝德卡就可說是立足「西歐理性」的法律學家。

蘇巴斯．錢德拉．鮑斯（一八九七—一九四五年）

印度國民大會黨成員，全印前進同盟（All India Forward Bloc）的創設者，激進的民族運動家，印度獨立運動家，印度國民軍總司令，自由印度臨時政府領導人。

蘇巴斯．錢德拉．鮑斯檔案的公開

蘇巴斯．錢德拉．鮑斯（以下簡稱鮑斯）是印度民族運動史上與甘地並列，被評傳、研究最多的人物。然而他的行跡、言行舉止仍有許多歷史真相未被完全證實，真偽不明的內容所在多有，過去七十年來，研究者們一直在持續調查中。二〇一五年十二月四日，印度中央政府的總理府公開鮑斯的相關紀錄，並在二〇一六年三月至九月公開了印度內務部所藏三百部檔案中的兩百部，以數位化形式命名為「蘇巴斯．錢德拉．鮑斯檔案」。但其中絕大多數都是關於鮑斯死亡狀況的內容，而鮑斯的思想與行動全貌，至今仍有許多不明之處。

民族運動家鮑斯

鮑斯的活動大致可分為兩個時期，一是留英後活躍於加爾各答的國大黨時期，另一是離開加爾各答後，前往柏林進行情報宣傳活動，並於一九四三年起活動於日本、新加坡、緬甸的印度國民軍時期。一般對鮑斯的形象，幾乎都把焦點放在後半時期，將他描繪成以武力解放印度為目標的軍事、政治領導者，是一位雄辯滔滔的煽動者，也是壯志未酬在臺北的機場死於墜機事故的悲劇英雄。然而，他的思想與行動的基礎，實際上建立在他早年加爾各答時期，也就是作為一位頭腦明晰又務實的技術官僚（technocrat）的經驗上。

鮑斯生於孟加拉管轄區，為今日的奧里薩邦（Odisha）喀塔克縣（Cuttack），出身卡雅斯塔種姓的有力家族。

一九一三年進入加爾各答的總統學院（Presidency College）就學，受拉瑪克里斯納（Ramakrishna）與維韋卡南達（Swami Vivekananda）教誨的感化，對印度教的意義產生覺醒。一九一六年雖從學院中輟，但一九一九年前往倫敦學習，在劍橋大學就讀並準備印度高等文官考試。鮑斯留學英國吸收歐洲文化，這點與甘地、泰戈爾等印度精英青年有共通之處，但之後的方向卻大為不同。

一九二〇年，鮑斯取得高等文官資格，成為官僚候補，但之後他認為不該在英國殖民地政府下工作，於一九二一年辭去該候補資格。一九二四年，受甘地推薦，擔任《自決》（*Swaraj*）的責任編輯，之後又成為全印度青年國民大會黨代表，並接任激進派民族運動家奇塔蘭詹・達斯（Chittaranjan Das）創刊之《前進》（*Forward*）報的編輯，逐漸形成他激進的思想。一九二五年，民族運動家一同被舉發，鮑斯也遭逮捕，關押於緬甸的曼德勒監獄。一九二七年，就任孟加拉國民大會黨的總書記長，與賈瓦哈拉爾．尼赫魯一同從事大量活動。但一九三〇年因參與「公民不服從」運動的罪名再度下獄，出獄前不久獲選為加爾各答市長，但遭殖民地政府罷免。身為國民大會黨的左派、激進派，鮑斯持續展開政治活動。一九三八年在甘地的推薦下，就任國大黨議長，次年一九三九年，在國大黨首次公選中再度被選為議長。

作為技術官僚的鮑斯

鮑斯在加爾各答活動的時期，一九〇五年當地被分割納入孟加拉管轄區，一九一一年首都從加爾各答遷至德里，政局相當混亂。因各地人口流入，該市一九二一年有一百一十六萬人，到一九三一年有一百二十七萬人（根據一九三一年人口普查），呈現激增狀態。加上十九世紀以來間歇發生的饑饉、洪水、瘟疫、失業導致的貧困與貧民窟形成等狀況，加爾各答成為被稱為「印度縮影」的混亂城市。

一九二一年至一九三九年的十八年間，鮑斯經歷國大黨的宣傳活動、加爾各答市的行政職務、被逮捕入獄等公民抗爭活動經驗，鮑斯從聰敏的理論家變成具備實踐性知識的實務家、行政者。

一九三八年，鮑斯就任國民大會黨議長，組織了「民族計畫委員會」，制定印度變革的主要計畫。一九三八年十二月十七日召開第一次委員會，由賈瓦哈拉爾．尼赫魯擔任委員長，共十七名國大黨委員組成（其中三人為穆斯林）。一九三九年六月四日召開第二次委員會，製作「民族計畫委員會報告書」。但在不久前的四月二十九日，厭惡激進思想的甘地與國大黨保守派成員逼迫鮑斯辭去國大黨議長職位。

同年六月二十二日，鮑斯在國大黨內組成「前進同盟」（Forward Bloc），以激進的反英運動為目標。[115]一九四〇年七月二日，鮑斯因被視為是過於激進的思想家，遭英國殖民地政府監禁。鮑斯為了抵抗，拚上性命絕食。一九四一年一月二十六日，在自家遭軟禁的鮑斯趁著夜色逃出加爾各答，經喀布爾由中亞前往莫斯科。

「民族計畫委員會」以包含第一次、第二次委員會會議紀錄在內，提出一百零三頁的報告書草案。該委員會首先提出活用農工業資源、維持傳統產業、創造新產業、改善農業生產等四大目標，接著舉出農工業資源開發、產業振興、市場建設、交通設施、就業創造、技術教育、燃料與能源資源開發、行政管理等十六項目具體內容，當做新國家構想的施政方策。此委員會草案後來被尼赫魯繼承，成為印度獨立後推行的計畫經濟政策的基石，而這個草案的骨幹幾乎都來自鮑斯的國家構想。

甘地對於「國家」、「政體」並無太多概念，也幾無具體構想，只停留在「農村共同體國家」——以修道院的共同結合體或以農村經濟為基礎的經濟發展——的設想。但在加爾各答市經歷過行政實務的鮑斯，比起以農村為主體，更聚焦以城市為主體的社會秩序及可實行的經濟發展。為此，他認為建立具體的「國家、政體」是印度發展的當務之急。甘地的設想是俄國革命前的托洛斯基無政府社會，與此相對，鮑斯則以俄國革命後的法治國家為構思基礎。而他組織的「前進同盟」，可說就是為了實現委員會草案而在政治學上採用的一種手段。

作為軍事領導者的鮑斯

鮑斯的第二階段是在德國、日本、新加坡與緬甸，進行印度立國的實踐活動。

逃亡莫斯科卻未能成功的鮑斯，於一九四一年三月至一九四三年二月逗留柏林。希特勒在《我的奮鬥》中寫道，「我身為日耳曼人……認為與其讓他國統治印度，毋寧希望讓她處於英國的統治下」[116]。因此對於鮑斯的印度獨立構想反應十分冷淡，且納粹高層成員還視鮑斯為蘇聯的爪牙，對他抱持警戒[117]。最終只被許可在柏林成立「自由印度中心」（Azad Hind Center），透過對外宣傳廣播上，向海外印度人鼓舞獨立，但除此之外沒有其他成果。

一九四三年二月，鮑斯離開德國，在日本海軍的支援下於同年五月輾轉抵達東京。當時的日本軍部及大川周明、頭山滿等大亞細亞主義者，已在東京對比哈里・鮑斯、A・M・奈爾（Nair）提供精神、物質兩方面的支援，讓這二位組成「印度獨立聯盟」，也在日本軍部占領下的新加坡創設「印度國民軍」。一九四三年，錢德拉・鮑斯在比哈里・鮑斯的推舉下就任「印度獨立聯盟」總裁與「印度國民軍」總司令官，同年十月二十一日，宣布接任「自由印度臨時政府」領導人。一九四三年七月五日，在新加坡的「印度國民軍」總司令官就任典禮上，以「給解放印度的軍人諸位」為題發表演說，那句知名口號「前進吧！朝向德里！」（Chalo! Delhi!）即出自於此[118]。

抱持社會主義思想的鮑斯，不太可能對大亞細亞主義或日本軍部的大日本帝國論產生共鳴。日本軍部雖提出模糊的亞洲一體化論調，但對南亞的地緣政治、文化缺乏正確及深入的了解。對於英國撤退後的印度，日本軍部既不關心也沒企圖將之納入大東亞共榮圈。對權謀家鮑斯來說，應是將此視為一個機會，思考若能利用日本軍部作為後盾，擊退英軍，即可實現、建設過往「民族計畫委員會」草案構思的「印度國家」。然而，一九四四年三月，強制推動由日本軍部、印度國民軍聯合發起的英帕爾戰役卻以一敗塗地收場，日本開始走上戰敗的不歸路。不過鮑斯的革命夢想尚未消逝，他打算前往滿洲國與蘇聯接觸，但途中在臺北的機場墜機，鮑斯受到重度灼傷而過世，一九四五年八月二十三日其死訊公開。鮑斯在一九三九年希望實施的「民族計畫委員會報告」，日後由尼赫魯政權以「印度五年計畫」的形式獲得實現。

其他人物

達達拜・納奧羅吉

一八二五—一九一七年。虔誠的帕西人（Parsis，信仰祆教的民族），印度國民大會黨的創社成員，「國富流出論」（wealth drain）的提倡者，首位當選英國下議院議員的印度人，也是在英印度人中首位貿易商公司的經營者，同時也是數理哲學教授，倫敦大學學院（University College London）古吉拉特語（Gujarati language）教授，是位能力多彩並充分加以發揮的領導人，被稱為「印度的大長老」。

一八二五年達達拜・納奧羅吉（Dadabhai Naoroji）生於孟買與蘇拉特（Surat）之間的小城市瑙薩里（Navsari），家族為帕西人。他在孟買的埃爾芬斯通學院接受教育，一八五〇年成為該校的數學、自然哲學教師。一八五五年前往倫敦，成為在英國首間由印度人經營之加曼公司（Cama & Co）的共同經營人。

一八五九年他離開公司，成立以自己名字命名的達達拜．納奧羅吉公司。一八六五年，他協助成立「倫敦—印度人協會」，作為討論印度政治、經濟問題的場所。一八六七年幫助成立「東印度協議會」，主要目的在向英國人宣傳印度人的地位、權利。之後參與蘇倫德拉納特．班納吉等人成立之「全印度國民協議會」（一八八三年），一八八五年該會與印度國民大會黨合併後，納奧羅吉被選為國大黨議長（一八八六年、一八九三年、一九〇六年）。一八七四年在巴羅達土邦國王的器重下，被任命為該土邦的宰相（Dewan）。在《印度的貧困與非英國統治》（*Poverty and un-British rule in India*，一九〇一年）中，納奧羅吉理性分析，造成印度貧困的主要原因係英國的資源掠奪與外流，之後他的「國富流出論」被確立為定說。身為虔誠帕西人，他也撰寫了關於祆教教義的解說書，努力向外界介紹帕西人的生活、文化、社會等。

艾倫．奧克塔維恩．休謨

一八二九—一九一二年。以通稱的A．O．休謨（Allan Octavian Hume）而知名，印度國民大會黨的共同創立者，被譽為「印度鳥類學之父」的博物學家，也是神智學協會的原成員。

休謨十一歲之前在倫敦接受家庭教師（tutor）的指導學習，之後於倫敦大學學院醫院學習外科、藥學。他被推舉為帝國高等文官（日後的印度高等文官），進入東印度公司學院（East India Company College）習得海外殖民地的行政知識、技能。據稱此時期受其友人約翰．史都華．密爾（John Stuart Mill）與赫伯特．史賓賽（Herbert Spencer）的影響。一八四二年以實習士官身分短期登上英國海軍軍艦服役。一八四九年以孟加拉管轄區高等文官身分前往亞格拉（Agra）東南約一百二十公里的埃塔瓦（Etawah）就任，任期中一八五七年在該地遇上印度民族起義。之後至一八七九年為止，歷任關稅長官及農、商、稅務長官等職，但在徵稅制度上與當時印度總督（副王）李頓（Victor Bulwer-Lytton）發生激烈對立。因為印度民族起義與徵稅官員的經驗，加上本身的反骨精神，逐漸加強對英國殖民地統治的批判，一八八二年退休。一八七九年認識神智學協會的布拉瓦茨基夫人、奧爾科特（Henry Steel Olcott）上校，一段期間成為該會會員，之後退出。一八八三年，與印度知識分子共同組成全印度國民協議會，一八八五年起參與國民大會黨的活動。休謨在任殖民地官僚時，也對印度的博物學，特別是鳥類投注關心，公開發表許多研究書籍，其中對供狩獵的鳥類研究深入，成為一位知名的鳥類學者。他與新加坡第一任總督史丹佛．萊佛士（Stamford Raffles）並列為博物學家的殖民地官僚。

班金．錢德拉．查特吉

一八三八—一八九四年。查特吉（Bankim Chandra Chatterjee）為小說家、詩人、新聞工作者，被認為是第一位以歐式風格、主題創作，並使用孟加拉語及英語寫作的國民作家，以創作國民歌的歌詞而聞名。

一八三八年生於孟加拉的婆羅門世家。一八五八年至一八九一年之間，歷任徵稅、治安官僚，此期間發表眾多詩作與小說。一八七二年他創刊名為《孟加拉展望》（*Baṅgadarśan*）的文藝月刊，刊登詩、小說、評論、隨筆、文藝批評等，成為綜合型雜誌的先驅。一八八二年發表政治小說《歡欣的僧院》

（*Ānand Math*），其中有一段以「印度母親」為主題的描寫，在當時氣勢高漲的民族運動中廣為傳誦，日後印度國民歌《致敬母親》（Vande Mātaram）即源於此，不過因部分內容以英國為友，以伊斯蘭為敵，也導致論爭。

吉爾伯特・艾略特・明托

一八四五—一九一四年。明托（Gilbert Elliot-Murray-Kynynmound）為英國軍人，第四代明托伯爵（4th Earl of Minto），加拿大總督、印度總督，實施莫萊—明托改革（Morley-Minto Reforms）。一八八二年擔任埃及進駐軍軍官，此軍隊的經歷讓他脫胎換骨，累積軍職經歷。一八九八—一九〇四年任加拿大總督，之後接替寇松（George Nathaniel Curzon），以六十歲高齡，特例擔任印度總督（一九〇五—一九一〇年）。寇松實施「孟加拉分治」，艾略特・明托則接續徹底鎮壓民族運動者，屢遭民族運動家襲擊，但皆逃脫。另一方面，作為融合政策的一環，他在印度的省級諮詢機構首次加入印度人。一九〇九年與英國本土的印度事務大臣莫萊（John Morley）共同制定《莫萊—明托法》，推出通過選舉選出印度立法議會議員的政策。

蘇倫德拉納特・班納吉

一八四八—一九二五年。班納吉（Surendranath Banerjee）是最早被任命為印度高等文官的印度人。最初的國民大會黨成員，是親英、穩健派的民族運動家。

一八四八年生於孟加拉的婆羅門世家。於加爾各答大學學習英語學後，一八六八年前往英國。一八六九年雖然高等文官考試及格，但在短期內曾遭當局拒絕，之後才前往印度東北部的錫爾赫特（Sylhet，位於今日的孟加拉）就任。《大英百科全書》電子版中，記述他為「印度高等文官考試合格的第二位印度人，且是印度教徒」的資料有誤。在一八六三年已有蘇倫德拉納特・泰戈爾（Surendranath Tagore）考取。一八六九年和羅梅什・錢德・杜特（Ramesh Chandra Dutt）、貝哈里・拉爾・古普塔（Behari Lal Gupta）二人同時考上。一八七四年，他在錫爾赫特的職務遭罷免後，一八七五年回到孟加拉，之後的三十七年間都在獨立教會機構（Free Church Institution）或他創辦的里彭學院（Rippon College）任教。此時期他也發揮自身的雄辯技巧與政治直覺，以民族運動家的身分嶄露頭角。一八七六年組成印度協會，提倡印度教徒與穆斯林的自治運動。一八七九年成為英文報《孟加拉人》（*Bengalee*）總編輯，四十年之間以此為平臺展開民族主義的論戰。一八八三年他盡力協助「全印度國民協議會」成立，一八八五年當國大黨成立吸收納入協議會後，分別在一八九五年、一九〇二年擔任兩屆國大黨議長。一九一八年國大黨分裂為提拉克、甘地等的激進派與班納吉的穩健派，班納吉組成國民自由聯盟（Indian Liberal Party）。該組織「要求在帝國內部自治」，屬於親英論點，對於過於激進的演講或群眾性的不合作運動則持批判態度，追求在憲法框架內的自治、以知識分子為主體的「由上而下政治改革」。因這些主張讓班納吉被視為穩健派，而他會如此思考，背後應是留英時受到愛爾蘭保守主義思想家埃德蒙・伯克（Edmund Burke）與義大利統一運動領導者朱塞佩・馬志尼（Giuseppe Mazzini）的影響。

羅梅什‧錢德‧杜特

一八四八—一九〇九年。對「國富流出論」進行論證的印度經濟史學家。初期印度高等文官，印度古典作品的翻譯者。

杜特出身於孟加拉的卡雅斯塔（Kayastha）種姓家庭。加爾各答大學畢業後，一八六八年前往英國。與貝哈里‧拉爾‧古普塔及蘇倫德拉納特‧班納吉同期考上印度高等文官考試。一八七一—一八九七年在印度各地任職行政長官，之後退休。一八九九年擔任國大黨議長。一八九八—一九〇九年斷斷續續逗留倫敦。這段期間在倫敦大學教授印度史，出版印度近現代經濟史名著《英屬印度早期經濟史》（*The Economic History of India Under Early British Rule*，一九〇二年）、《維多利亞時代的印度經濟史》（*The Economic History of India in the Victorian Age*，一九〇四年）。討論印度的貧困起因於英國的統治。一八九九年、一九〇〇年對兩部印度史詩《摩訶婆羅多》、《羅摩衍那》進行英文翻譯、注釋並出版。

巴爾‧甘格達爾‧提拉克

一八五六—一九二〇年。國大黨激進派三人組拉爾、巴爾、帕爾（Lal Bal Pal）的其中一人，被稱為「洛可馬尼亞」（Lokmanya，意為受人尊敬的，被眾人接受為領導者的），是初期的民族運動家，民族主義教育者，新聞工作者，「印度自治聯盟」創設成員。

在大學學習法律後擔任數學教師，設立德康教育協會（Deccan Education Society，一八八四年）、佛格森學院（Fergusson College，一八八五年）等，致力於青少年教育。一八九〇年參加國大黨，參與愛用國貨運動，在「孟加拉分治」時，提拉克與拉伊帕特・雷（Lala Lajpat Rai）、碧平・錢德拉・帕爾（Bipin Chandra Pal）、奧羅賓多・戈休（Aurobindo Ghose）等激進派一同激烈批評穩健派的戈卡爾，會議派分裂成激進派與穩健派。提拉克的民族主義思想重視印度傳統思想，特別是《羅摩衍那》與《薄伽梵歌》等古典思想，他還反對提升女性地位，反對廢除不可接觸者制度等，屬於重視傳統規範的保守民族主義者。

碧平・錢德拉・帕爾

一八五八—一九三二年。國大黨激進派三人組拉爾、巴爾、帕爾之一，被稱為「印度革命思想之父」的民族運動家，梵社（Brahmo Samaj）成員，新聞工作者，社會改革運動家。

帕爾生於孟加拉的卡雅斯塔種姓家庭，就讀英國海外傳道會學院（Church Mission Society College），日後也在英國短期學習過。

一九〇五年的「孟加拉分治」使穩健派的帕爾轉變態度成為激進派。身為社會改革運動家，他反對種姓制度，認可寡婦再婚，自己也在第一任妻子過世後與寡婦再婚。他以精湛的雄辯與尖銳的論調，讓自決與愛用國貨的思想與具體運動拓展到印度各地。他也刊行《致敬母親》報以宣傳民族運動，將編輯重任交給奧羅賓多。帕爾批評甘地的想法「根本不是理論，而是一種咒語」，嚴厲批判「不合作運動」這種對英國殖民地政府的妥協式做法，主張應該採取罷工等更加直接的群眾運動。

一九二〇以後，他從政治第一線退下，不過仍繼續向孟加拉語雜誌投稿，通過文筆持續進行活動。

喬治・寇松

一八五九—一九二五年。英國的保守派政治家，印度總督，實施孟加拉分治，第一代寇松侯爵。

寇松是第四代斯卡斯代爾男爵的長子，一八八六年進入政界後，旋即批評愛爾蘭的自治與民族主義，此時已可稍見其保守派政治家的姿態。一八八八—一八九四年之間，他至少五次前往世界各地考察，加強自身對中亞、波斯、中國的關注。擔任印度總督（一八九九—一九〇五年）期間，他對俄羅斯南下政策保持警戒。一九〇一年設置西北邊境省（NWFP），一九〇三年派遣少將楊哈斯班（Sir Francis Younghusband，也稱榮赫鵬爵士）前往西藏，面對俄羅斯入侵中亞、波斯，寇松做出許多努力以防備大英帝國領地的北境邊防。一九〇五年公布孟加拉分治，企圖通過將孟加拉分為東西兩部來弱化反英運動，但反而引起提拉克等國大黨激進派發起愛用國貨運動。一九一一年新任英國國王喬治五世取消孟加拉分治。寇松還制定遺跡保護法，致力修復保存文化遺產，但據說他下令修復的泰姬瑪哈陵卻被改成了英國庭園的樣式。

班諦達・莫逖拉爾・尼赫魯

一八六一—一九三一年。律師，國大黨領導者，組成獨立黨（Swaraj Party），是賈瓦哈拉爾・尼赫魯的父親。

他是印度著名的自由主義知識分子、民族運動家。出身考爾（Kaul）婆羅門家族，尼赫魯並非種姓名，而是因為十八世紀初，其祖父班諦達・拉吉・考爾（Pandit raj Kaul）的住宅正好沿著德里中心的「運河（Nahar）」之故。

班諦達・莫遜拉爾・尼赫魯（Pandit Motilal Nehru）參政相當晚，以一九一九年的阿姆利則慘案為契機，他發行《獨立》（*Independent*）日報，一九二三年與奇塔蘭詹・達斯組成「獨立黨」（至一九二七年），開始積極參加甘地的不合作運動等要求自治的政治活動。一九二八年給國大黨的〈尼赫魯報告〉中，提出作為大英帝國內「自治領」的國家構想。參加一九三〇年的「食鹽進軍」，與兒子賈瓦哈拉爾都被捕入獄，出獄後不久莫遜拉爾便過世。

拉拉・拉伊帕特・雷

一八六五—一九二八年。民族運動家，律師，國大黨激進派三人組拉爾、巴爾、帕爾之一，創立印度自治聯盟（紐約），不合作運動的活動家。

他生於旁遮普的耆那教家庭，受到印度教的強烈影響。一八八〇年進入政府學院（Government College）就學，在學習法律之餘，與拉拉・漢斯・拉吉（Lala Hansraj，或Mahatama Hansraj）、班達智・古魯・達斯（Pandit Guru das）等民族運動家結識。此時期也深受陀耶難陀・薩羅斯薄底（Dayananda Saraswati）的雅利安社（Arya Samaj）印度教改革運動影響。一九一四年至一九一九年逗留美國，在前往美國的一九一四年十一月曾在日本停靠，與亡命日本的印度獨立運動家比哈里・鮑斯、H・L・古普塔（Gupta）、大亞細亞主義者大川周明、頭山滿等聚會見面，強調以解放亞洲為目標的日印合作之必要性。在美期間的一九一七年，於紐約創設印度自治聯盟，一九二〇年歸國，以國大黨成員身分積極參與不合作運動。一九二八年，抗議西蒙調查團進行罷工運動時，遭警察毆打導致重傷，不久後過世。

戈帕爾．克里什納．戈卡爾

一八六六－一九一五年。國大黨穩健派成員，甘地之師，印度僕社（Servants of India Society）的創立者，社會改革運動家。

他出身於馬哈拉什特拉邦（Maharashtra）的奇特帕萬婆羅門（Chitpavan Brahmin）家族，於孟買的名校埃爾芬斯通學院就學，曾任歷史學、經濟學教授，德干教育協會成員，同時期也是國大黨領導者之一，因此他經常被拿來與激進派的提拉克相較。甘地將戈卡爾視為民族運動的導師，十分敬慕。

因受到法官身分的社會改革運動家馬哈德夫．戈文德．拉納德（Mahadev Govind Ranade）之影響，一八八九年加入國大黨，一八九五年與提拉克一起被選為國大黨的執行委員，但兩人針對民族自治的方式出現尖銳對立。

提拉克否定英國對印度的殖民地統治，主張通過罷工等群眾運動推動民族運動，與此相對，戈卡爾主張應在英國殖民地統治下進行體制內自治，並通過議會制度下的對話與理解來達成。

一九〇七年國大黨蘇拉特大會上，穩健派與激進派激烈對立，最終兩派分裂。

一九〇五年，戈卡爾創立印度僕社，持續與殖民地政府協調，追求充實公立教育等，致力於教育普及。

奇塔蘭詹・達斯

一八七〇—一九二五年。律師，民族運動家，組織獨立黨，被尊稱為「國家之友」（desabandhu），也是一名詩人。他的人脈廣及國大黨的激進派與穩健派等，通過這些人脈成為活躍的政治家。

奇塔蘭詹・達斯出身於律師世家，在英國接受教育，留英期間支持達達拜・納奧羅吉競選英國下議院議員。回印度後，展開律師生涯。一九〇八年國大黨激進派奧羅賓多因雅麗坡（Alipore）炸彈案的牽連而被捕，奇塔蘭詹・達斯擔任其辯護律師。一九二〇年因反對蒙太古—切姆斯福德改革（Montagu-Chelmsford Reforms）而加入甘地的不合作運動，正式展開政治運動。一九一九至一九二〇年，他開始在孟買發起拒用英國製衣料品的運動，還創刊反英運動的宣傳媒體《前進》報（*Forward*，日後改名「自由」〔*Liberty*〕），編輯任務委由錢德拉・鮑斯負責。一九二三年與莫逖拉爾・尼赫魯、海珊・沙希德・蘇拉瓦底（Huseyn Shaheed Suhrawardy，巴基斯坦獨立後為第五任總統），在獨立黨中致力達成印度自治。

奧羅賓多・戈休

一八七二—一九五〇年。革命運動家，哲學家，詩人，神祕主義思想家，奧羅賓多修道院（Sri Aurobindo Ashram）的創立者。

奧羅賓多・戈休是深具感性與理性，擁有眾多面向的思想家、實踐家。其活動大致可區分為前半生（一八九〇—一九一〇年）的政治、革命活動，以及後半生（一九一〇—一九五〇年）根據神祕體驗的冥想、寫作活動。

在英國生活習得西歐文化的青少年期（一八七九—一八九三年），對吠檀多派（Vedanta）思想抱持關心。回國後立刻對國大黨的運動投以嚴厲批判（一八九三年），並投入激進的政治活動，編輯日報《敬禮祖國》（*Bande Mataram*，原意為歡欣迎接母親），甚至參與恐怖攻擊活動。一九〇八年因涉嫌雅麗坡炸彈案被捕，審判後於一九一〇年逃往法國直轄領朋迪榭里。一九二五年在朋迪榭里成立奧羅賓多修道院。從這年起到一九五〇年為止，都專心在修道院冥想、思索，通過書寫詩、評論等推廣神祕主義思想。

阿里兄弟

毛拉納·肖卡特·阿里（Maulana Shaukat Ali），一八七三—一九三八年。穆罕默德·阿里·喬哈爾（Mohammad Ali Jauhar），一八七八—一九三一年。基拉法特運動的領導者，日後為穆斯林聯盟的活動家。

二人畢業於阿里格爾穆斯林大學（Aligarh Muslim University），此處為穆斯林知識分子的文化運動據點，提高了二十世紀初印度穆斯林的政治意識。一九二三年左右，兩兄弟與甘地共同扮演基拉法特運動的核心要角。但一九二八年因莫逖拉爾·尼赫魯（賈瓦哈拉爾·尼赫魯之父）的備忘錄〈尼赫魯報告書〉，導致穆斯林獨立的分離選舉要求遭拒，自此他們與國大黨、甘地、尼赫魯父子間轉為對立關係。哥哥肖卡特在一九三六年積極參與穆斯林聯盟，展開穆斯林分離、自治的先驅言論。此外他們也參加在倫敦舉行的第一、第二次英印圓桌會議（一九三〇年、一九三一年），要求在穆斯林占多數的地區舉行獨立的分離選舉。

約翰・西蒙

一八七三－一九五四年。英國政治家，第一代西蒙子爵（1st Viscount Simon），「西蒙調查團」委員長。

西蒙（John Allsebrook Simon）是自由黨的保守政治家，為了修改一九一九年制定的《印度統治法》，檢討大英帝國下的印度地位、憲政實施方法，組成通稱「西蒙調查團」的調查委員會，於一九二八年抵達印度。在對該調查團的抗議集會中，領導者拉拉・拉伊帕特・雷於拉合爾亡故，此事讓印度獨立運動的要求變得更加明確與激烈。安貝德卡雖贊成調查團的提案，但國大黨提出相反提案，及反對印度教、穆斯林分離選舉，提出在大英帝國內追求自治領的〈尼赫爾報告書〉。一九三〇年由甘地領導的「食鹽進軍」，也引發巴格特・辛格（Bhagat Singh）等發起更為激進的民族運動。

阿布・卡拉姆・阿扎德

一八八八－一九五八年。印度穆斯林的民族運動家，國大黨的主要成員，賈米亞・米利亞・伊斯蘭大學（Jamia Millia Islamia，屬印度中央大學系統）的創立者之一，印度獨立後的首任教育部長。

阿扎德（意為「自由」）是筆名（本名Abul Kalam Ghulam Muhiyuddin）。他雖身為印度穆斯林民族運動家，但卻是反穆斯林聯盟、親國大黨的政治家。他的經歷中有如下幾點與其他的穆斯林領導者相異。

第一，他是甘地的信奉者，身為國大黨活動家，積極參與基拉法特運動與非暴力不合作運動，一九二三年、一九四〇年被選為國大黨大會議長。一九二八年支持〈尼赫魯報告書〉，反對真納與阿里兄弟等穆斯林聯盟的宗教分離選舉提案。他也一貫反對印度教、穆斯林分離獨立，一直主張兩集團的融合。

第二，他雖為虔誠的伊斯蘭，但同時也認知到信賴科學技術的重要性。一九二〇年，為了對抗作為穆斯林知識分子與精英層子弟教育機構的阿里格爾穆斯林大學，阿扎德致力創設賈米亞·米利亞·伊斯蘭大學，目標在於提供穆斯林平民階級大學教育。印度獨立後，他在尼赫魯政府擔任首任教育部長，設立印度理工大學。

甘沙姆·達斯·比拉

一八九四—一九八三年。比拉財團的創始者，印度立法參事會議員，神之子支援協會（Harijan Sevak Sangh）的創始成員，甘地的支持者。

甘沙姆·達斯·比拉（Ghanshyam Das Birla）出身於馬瓦里（Marwari）商人世家，十六歲從孟買前往加爾各答，以黃麻掮客開啟自己的買賣，之後以該資本經營黃麻、棉布、棉花的紡織業等業務，特別是當第一次世界大戰時間，代替無法提供物資的英國，壟斷國內外的進出口，有助印度民族資本企業抬頭，打造出可與塔塔家族（Tata family）並肩的比拉財團基礎。一九二六年被選為印度立法參事會議員。一九三二年深受甘地影響，就任甘地成立的「反不可接觸者同盟」（日後的神之子支援協會）會長，提供甘地經濟、社會上的支援。一九四七年當孟加拉地區處於東西分治的混亂時，他把甘地及其相關人士都藏匿在德里市中心的比拉大宅中。次年一九四八年一月，甘地在比拉大宅的中庭被印度教青年高德西刺殺。

路易斯・蒙巴頓

一九〇〇—一九七九年。維多利亞女王的曾孫，英國皇家海軍軍官，第一代蒙巴頓伯爵，盟軍東南亞最高指揮官，最後一位英國駐印度副王兼印度總督，首任印度自治領總督。

蒙巴頓於一九一三年入伍英國海軍，在第一次、第二次世界大戰中累積軍中經歷，擔任盟軍東南亞最高指揮官（SEAC，一九四三—一九四六年）時，從日軍手中奪回緬甸。戰後任印度副王（一九四七年三月至八月），在印度分離獨立期，成為最後一任英國人印度總督（一九四七年八月—一九四八年六月）。在分離獨立後，蒙巴頓仍希望繼續擔任兩自治領的總督，在真納的強力反對下未能達成。最終由真納就任巴基斯坦總督，蒙巴頓擔任印度總督，之後印度總督由拉賈戈巴拉查理接任，成為第一位印度人總督。英國以和平方式撤出印度，之後也成為其他英國殖民地獨立時的模式。一九七九年八月，蒙巴頓在愛爾蘭遭愛爾蘭共和軍（IRA）恐攻炸死。

巴格特・辛格

一九〇七—一九三一年。社會主義革命家，無政府主義者，反英獨立運動家，「印度斯坦社會主義共和國協會」（Hindustan Socialist Republican Association）成員。

巴格特・辛格出生錫克教徒家庭，但卻是位深受巴枯寧（Mikhail Bakunin）等無政府主義者影響的世俗主義者。

巴格特・辛格就讀雅利安社成立的達揚和盎格魯吠陀高級學校（Dayanand Anglo Vedic High

School），之後進入拉合爾的國家學院（National College）就學。他早在十四歲便參加甘地的不合作運動，但因該運動失敗導致對甘地失望，之後轉向激進思想。

一九一四年左右，成為比哈里．鮑斯等人成立之反英運動地下組織「印度斯坦共和國協會」（日後改組為「印度斯坦社會主義共和國協會」）的成員。一九二八年，對西蒙調查團的抗議遊行中，因警察暴力導致拉拉．拉伊帕特．雷死亡，巴格特．辛格因此在拉合爾殺害英國人警察。次年一九二九年，以「印度斯坦社會主義共和國軍」的名義，對德里的立法議會發出檄文並試圖投擲炸彈，因此遭到逮捕入獄。一九三一年三月二十三日，與拉吉魯（Rajguru）、蘇庫德夫（Sukhdev）同遭處死。甘地在《青年印度》中表示，「他們的行動違反非暴力主義」，對於替他們請命表現得相當消極，但尼赫魯之後以「愛國者」加以讚譽。今日在印度、巴基斯坦兩國仍有許多追思他的人，奉他為民族英雄，稱呼他時多冠以「沙希德」（Shahid，殉教者）之名。

E．M．S．南布迪里巴德

一九〇九—一九九八年。印度共產黨領導人，喀拉拉邦第一任首席部長，是印度最重要的共產主義理論家。

南布迪里巴德（Elamkulam Manakkal Sankaran Namboodiripad）出身喀拉拉邦的婆羅門種姓家庭，人們通稱他為EMS。有段期間，南布迪里巴德政府下的喀拉拉邦是共產政權，與喬蒂．巴蘇（Jyoti Basu）總理（在位期間一九七七—二〇〇〇年）領導的西孟加拉邦政府相媲美。

南布迪里巴德並未受過正規的學校教育，而是在南布迪里婆羅門（Nambudiri）經營的私塾學習。一九三二年參加甘地的不合作運動，一九三四年參與創立國大黨的分支派系社會黨，之後加入一九二〇年成立的印度共產黨，領導共產主義活動。在印度獨立運動方面，有段時期他對甘地、尼赫魯領導的反英、自治運動採取合作路線，但關於印度內政、社會制度的基本方針，特別是農民的土地所有權、確立工人地位、否定種姓制度等方面，則與國大黨的方針不同。一九二九年因鎮壓工人的事件（密拉特密謀案〔Meerut Conspiracy Case〕），他與國大黨的運動劃清界線。對於印度、巴基斯坦分離獨立問題，他在民族主義、宗派問題上未能提出明確的方針，印度獨立後黨內也持續論爭。在獨立後一九五七年的選舉上，他獲選為民選後第一任喀拉拉邦首席部長。在擁有眾多雄辯滔滔者的印度政治界，南布迪里巴德卻以口吃聞名，當與週刊雜誌《展望》（*Outlook*）記者對談時，記者問：「你總是如此嗎？」據說他回答：「不是，只有說話的時候。」

納圖拉姆・維納亞克・高德西

一九一〇—一九四九年。暗殺甘地者，來自奇特帕萬婆羅門，為ＲＳＳ（民族義勇團）、印度教摩訶薩巴（Hindu Mahasabha）成員。

高德西出身於馬哈拉什特拉邦（Maharashtra）一個具有影響力的婆羅門分支奇特帕萬婆羅門。民族運動領導人戈卡爾與提拉克皆出自此分支。

高德西高中輟學後，加入宗教性的政治結社印度教摩訶薩巴與印度右翼團體ＲＳＳ。據說他早期相當尊敬甘地，但後來因認同印度教摩訶薩巴總裁維納耶克・達莫德爾・薩瓦爾卡（Vinayak Damodar Savarkar）的想法，信奉印度教至上主義。根據《今日印度》（*India Today*）刊載的相關人士訪談（一九七九年四月三十日），高德西曾說過「我的英雄是羅摩、黑天、佛陀」。

一九四八年一月三十日下午五點多，高德西前往比拉大宅，向進行傳道的甘地連開三槍，將其暗殺。之後逮捕各種職業與經歷的九人交付審判，他聲稱「因為甘地對穆斯林過度妥協……他的絕食、宗教上的寬容與非暴力的教誨，把巴基斯坦讓給了穆斯林」[119]。對此他想進行報復且是單獨犯案，主張其餘八名共犯者無罪。一九四九年十一月十五日，高德西在旁遮普的安巴拉監獄（Ambala Central Jail）遭處刑。

注釋

1. C・D・S・デェヴァネッセン（德瓦內森）著，寺尾誠譯，《若き日のガーンディー——マハートマーの生誕（青年時代的甘地——聖雄的誕生）》，未來社，一九八七年。
2. 例如，間永次郎，《ガーンディーの性とナショナリズム——「真理の実験」としての独立運動（甘地的性與民族主義——作為「真理的實驗」的獨立運動）》，東京大學出版會，二〇一九年；Guha, Ramachandra, *Gandhi Before India*, New York: Vintage Books, 2015; Guha, Ramachandra, *Gandhi: The Years that Changed the World, 1914-1948*, New York: Alfred A. Knopf, 2018.等。
3. 譯注：由梵文satya（真理、真相）與agraha（堅持）組成。根據脈絡可理解為非暴力抵抗與公民抵抗運動之中的一個社

會運動思想流派，有時直接指「非暴力不合作運動」或「抗爭」，原文作者不做意譯，皆採用音譯（サッティヤーグラハ，薩迪亞股拉哈），此處也遵循作者意圖，無論何種指涉皆稱真理永恆。

4. M・K・ガーンディー（甘地）著，田中敏雄譯注，《ガーンディー自叙伝（甘地自傳）》全二卷，東洋文庫，二〇〇〇年。

5.–12. ガーンディー（甘地），同前二〇〇〇年。

13. M・K・ガンディー（甘地）著，森本達雄譯，《獄中からの手紙（獄中書信）》，岩波文庫，二〇一〇年。

14.–17. ガーンディー（甘地），同前二〇〇〇年。

18. ガンディー（甘地），同前二〇一〇年。

19.–20. ガーンディー（甘地），同前二〇〇〇年。

21. M・K・ガンディー（甘地）著，森本達雄譯，《「ギーター」書簡（「薄伽梵歌」書簡）》，第三文明社，二〇一八年。

22.–23. ガーンディー（甘地），同前二〇〇〇年。

24. ガンディー（甘地），同前二〇一〇年。

25.–29. ガーンディー（甘地），同前二〇〇〇年。

30. 牧野財士，《タゴールとガンディー——比較解剖（泰戈爾與甘地——比較解剖）》上，よろず醫療會，二〇〇二年。

31. ガーンディー（甘地），同前二〇〇〇年。

32. Joshi, Pushpa（ed.）, *Gandhi on Women*, Ahmedabad: Centre for Women's Development Studies and Navajivan Trust, 1988.

33.–34. ガーンディー（甘地），同前二〇〇〇年。

35. M・ガンジー（甘地）著，蠟山芳郎譯，《ガンジー自伝（甘地自傳）》改版，中公文庫，二〇〇四年。
36. ガーンディー（甘地），同前二〇〇〇年。
37.–39. ガンディー（甘地），同前二〇一〇年。
40. ガーンディー（甘地），同前二〇〇〇年。
41. M・K・ガーンディー（甘地）著，田中敏雄譯注，《南アフリカでのサッティャーグラハの歷史（南非的非暴力抵抗鬥爭史）》一，東洋文庫，二〇〇五年。
42. ガーンディー（甘地），同前二〇〇〇年。
43. 宮元啓一，《シリーズ・インド哲学への招待　インド人の考えたこと——インド哲学思想史講義（印度哲學入門系列　印度人的思想——印度哲學思想史講義）》，春秋社，二〇〇八年。
44. Guha，同前二〇一八年；Guha，同前二〇一五年。
45. ガンディー（甘地），同前二〇一〇年。
46.–53. ガーンディー（甘地），同前二〇〇〇年。
54. Guha，同前二〇一八年。
55. ガンディー（甘地），同前二〇一〇年。
56.–60. Guha，同前二〇一八年。
61.–64. ガーンディー（甘地），同前二〇〇〇年。
65. Guha，同前二〇一八年。

66.–67. ガーンディー（甘地），同前二〇〇〇年。

68.–69. Guha，同前二〇一八年。

70.–73. ガーンディー（甘地），同前二〇〇〇年。

74. 重松伸司，《国際移動の歴史社会学——近代タミル移民研究（國際移動的歷史社會學——近代泰米爾移民研究）》，名古屋大學出版會，一九九九年。特別在〈第十二章　南インドの「社会改革運動」（第十二章　南印度的「社會改革運動」）〉中提及甘地與E・V・拉馬斯瓦米。

75. Guha，同前二〇一八年。

76. Ramasamy, E.V., *A Pen Portrait*, Madras: Dravida Kazhagam Publications, 1984.

77. Irschick, Eugene F., *Politics and Social Conflict in South India: The Non-Brahman Movement and Tamil Separatism, 1916-1929*, Berkeley: University of California Press, 1969.

78. 重松伸司，同前。

79. Sadasivan, D., *The Growth of Public Opinion in the Madras Presidency (1858-1909)*, Madras: University of Madras, 1974.

80. Periyar, *Rationalist Thinking*, Madras: Dravida Kazhagam Publications, 1983.

81. 重松伸司，同前。

82. 大川周明，《復興亜細亜の諸問題・新亜細亜小論（復興亞洲的問題・新亞洲小論）》，中公文庫，二〇一六年。

83. 蠟山芳郎責任編輯，《世界の名著63　ガンジー／ネルー（世界名著63　甘地／尼赫魯）》，中央公論社，一九六七年。

84. 大川周明，同前。

85. 中島岳志，《中村屋のボース——インド独立運動と近代日本のアジア主義（中村屋的鮑斯——印度獨立運動與近代日本的亞洲主義）》，白水社，二〇〇五年。

86. 長崎暢子，《インド独立——逆光の中のチャンドラ・ボース（印度獨立——逆光中的錢德拉・鮑斯）》，朝日新聞社，一九八九年。

87. ガーンディー（甘地），同前二〇〇〇年。

88.－93. Guha，同前二〇一八年。

94. A・ジャラール（賈拉爾）著，井上あかえ（井上明繪）譯，《パキスタン独立（巴基斯坦獨立）》，勁草書房，一九九九年。

95.－100. Guha，同前二〇一八年。

101. 譯注：Periyar是其追隨者對拉馬斯瓦米的敬稱，有「尊敬的人」、「長者」之意。

102. 譯注：婆羅門教倫理規範的一部法論，託名由婆羅門教裡的印度人種始祖摩奴所撰。

103. Veeramani, K., *Collected Works of Periyar E. V. R.*, Madras: The Periyar Self-Respect Propaganda Institution, 2005.

104. Saraswathi, S., *Towards Self-Respect*, Madras: Institute of South Indian Studies, 2004.

105. 重松伸司，同前。

106. 山崎元一，《刀水歷史全書3　インド社会と新仏教——アンベードカルの人と思想（刀水歷史全書3　印度社會與新佛教——安貝德卡的人與思想）》，刀水書房，一九七九年。

107. 山崎元一，同前。

108. Ambedkar, B. R., *Annihilation of Caste*, S. Anand（ed.）, London & New York: Verso, 2014.
109.–110. Ambedkar，同前。
111.–114. 山崎元一，同前。
115. Guha，同前二〇一八年。
116. A・ヒトラー（阿道夫・希特勒）著，平野一郎、將積茂譯，《わが闘争（我的奮鬥）》改版，下，角川文庫，二〇〇一年。
117. Guha，同前二〇一八年。
118. Rai, Ganpat（ed.）, *Famous Speeches and Letters of Subhas Chandra Bose*, Lahore: Lion Press, 1946.
119. Elst, Koenraad, *Why I Killed the Mahatma*, New Delhi: RUPA, 2018.

參考文獻

1. 主要引用文獻

M・K・ガーンディー（甘地）著，田中敏雄譯注，《ガーンディー自叙伝（甘地自傳）》全二巻，東洋文庫，二〇〇〇年
M・ガンジー（甘地）著，蠟山芳郎譯，《ガンジー自伝（甘地自傳）》改版，中公文庫，二〇〇四年
M・K・ガーンディー（甘地）著，田中敏雄譯注，《南アフリカでのサッティヤーグラハの歴史（南非的非暴力抵抗鬥爭史）》全二巻，東洋文庫，二〇〇五年
M・K・ガンディー（甘地）著，森本達雄譯，《獄中からの手紙（獄中書信）》，岩波文庫，二〇一〇年

M·K·ガンディー（甘地）著，森本達雄譯，《「ギーター」書簡（「薄伽梵歌」書簡）》，第三文明社，二〇一八年
Gandhi, M. K., *The Story of My Life,* Bharatan Kumarappa（ed.）, Ahmedabad: Navajivan Trust, 1955.
Joshi, Pushpa（ed.）, *Gandhi on Women,* Ahmedabad: Centre for Women's Development Studies and Navajivan Trust, 1988.

2.主要參考文獻

淺井幹雄監修，《ガンディー　魂の言葉（甘地　靈魂的語言）》，太田出版，二〇一一年
大川周明，《復興亜細亜の諸問題・新亜細亜小論（復興亞洲的問題・新亞洲小論）》，中公文庫，二〇一六年
杉本良男，《ガンディー——秘教思想が生んだ聖人（甘地——神秘思想孕育的主人）》，平凡社新書，二〇一八年
A·K·ダースグプタ（達斯古普塔）著，石井一也監譯，《ガンディーの経済学（甘地的經濟學）》，作品社，二〇一〇年
竹中千春，《ガンディー——平和を紡ぐ人（甘地——編織和平的人）》，岩波新書，二〇一八年
C·D·S·デェヴァネッセン（德內瓦森）著，寺尾誠譯，《若き日のガーンディー——マハートマーの生誕（青年時代的甘地——聖雄的誕生）》，未來社，一九八七年
內藤雅雄，《ガンディーをめぐる青年群像（圍繞甘地的青年群像）》，三省堂，一九八七年
長崎暢子，《インド独立——逆光の中のチャンドラ・ボース（印度獨立——逆光中的錢德拉・鮑斯）》，朝日新聞社，一九八九年
中島岳志，《中村屋のボース——インド独立運動と近代日本のアジア主義（中村屋的鮑斯——印度獨立運動與近代日本的亞洲主義）》，白水社，二〇〇五年

間永次郎，《ガーンディーの性とナショナリズム——「真理の実験」としての独立運動（甘地的性與民族主義——作為「真理的實驗」的獨立運動）》，東京大學出版會，二〇一九年
牧野財士，《タゴールとガンディー——比較解剖（泰戈爾與甘地——比較解剖）》上，よろず醫療會，二〇〇二年
Guha, Ramachandra, *Gandhi Before India,* New York: Vintage Books, 2015.
Guha, Ramachandra, *Gandhi: The Years that Changed the World, 1914-1948,* New York: Alfred A. Knopf, 2018.

3.其他人物的主要參考文獻

NHK取材班，《あの時、世界は…（那時，世界是…）》一，日本放送出版協會，一九七九年
吳懷中，〈大川周明の思想と行動に関する一考察（關於大川周明的思想與行動的考察）〉，《日本語文學》六二，二〇一三年
E・M・S・ナンブーディリパード（南布迪里帕德）著，大形孝平譯，《ガンディー主義（甘地主義）》，岩波新書，一九六〇年
濱渦哲雄，《大英帝国インド総督列伝（大英帝國印度總督列傳）》，中央公論新社，一九九九年
P・ヒース（希思）著，柄谷凜譯，《評伝オーロビンド（奧羅賓多傳）》，インスクリプト，二〇一一年
A・ヒトラー（阿道夫・希特勒）著，平野一郎、將積茂譯，《わが闘争（我的奮鬥）》改版，下，角川文庫，二〇〇一年
Elst, Koenraad, *Why I Killed the Mahatma,* New Delhi: RUPA, 2018.
Guha, Ramachandra, *Gandhi Before India,* New York: Vintage Books, 2015.
Guha, Ramachandra, *Gandhi: The Years that Changed the World, 1914-1948,* New York: Alfred A. Knopf, 2018.

Moffat, Chris, "The Itinerant Library of Lala Lajpat Rai," *History Workshop Journal,* 89, 2020.

Shak, K. T., *National Planning Committee Report,* Bombay: M. N. Kulkarni at the Karnatak Printing Press, 1939.

4.從南印度角度來看甘地——主要參考文獻

重松伸司，《国際移動の歴史社会学——近代タミル移民研究（國際移動的歷史社會學——近代泰米爾移民研究）》，名古屋大學出版會，一九九九年

J・リドル（里德爾），R・ジョーン（瓊恩）著，重松伸司監譯，《インドのジェンダー・カースト・階級（印度的性別、種姓與階級）》，明石書店，一九九六年

Ampalavanar, Rajeswary, *The Indian Minority and Political Change in Malaya 1945-1957,* Kuala Lumpur: Oxford University Press, 1981.

Hardgrave, Robert L. Jr., *The Dravidian Movement,* Bombay: Popular Prakashan, 1965.

Irschick, Eugene F., *Politics and Social Conflict in South India: The Non-Brahman Movement and Tamil Separatism, 1916-1929,* Berkeley: University of California Press, 1969.

Nambi Arooran, K., *Tamil Renaissance, and Dravidian nationalism. 1905-1944,* Madurai: Koodal Publishers, 1980.

Periyar, *Declarations of War on Brahmanism,* Madras: Dravida Kazhagam Publications, 1983.

Periyar, *Questions of Hindi Philosophy,* Madras: Periyar Self-Respect Propaganda Institution, 1983.

Periyar, *Rationalist Thinking,* Madras: Dravida Kazhagam Publications, 1983.

Periyar, *Self Respect Marriages,* Madras: Periyar Self-Respect Propaganda Institution, 1983.

Periyar, *Untouchability (History of Vaikom Agitation),* Madras: Periyar Self-Respect Propaganda Institution, 1983.

Ramasamy, E. V., *A Pen Portrait,* Madras: Dravida Kazhagam Publications, 1984.

Sadasivan, D., *The Growth of Public Opinion in the Madras Presidency (1858-1909),* Madras: University of Madras, 1974.

Saraswathi, S., *Towards Self-Respect,* Madras: Institute of South Indian Studies, 2004.

Thomas, P. J., *Economic Results of Prohibition in the Salem District (Oct. 1937-Sept. 1938),* Bulletin of the Department of Economics, no.2, Madras: University of Madras, 1939.

Veeramani, K., *Collected Works of Periyar E. V. R.,* Madras: The Periyar Self-Respect Propaganda Institution, 2005.

第十章
第二次世界大戰後的伊朗
——穆罕默德・摩薩台與兩位國王

貫井萬里

前　言

第二次世界大戰後的伊朗，從巴維勒王朝（Pahlavi Dynasty）第一任國王李查沙阿（Reza Shah）的軍事獨裁結束，到第二任國王穆罕默德—李查沙阿・巴勒維（Mohammad Reza Pahlavi）在美國的支援下建立親美獨裁政權為止，曾存在過往從未見過的、一個言論與政治活動皆非常活躍的「民主時期」。在這段時期開花結果的，便是本章主人公穆罕默德・摩薩台（Mohammad Mosaddegh）領導之石油國有化運動。石油國有化運動的目標是將自二十世紀初以來，被英國主導的英伊石油公司（Anglo Iranian Oil Company，AIOC）管理下的伊朗石油產業改為國有化，通過此舉排除外國影響力、確立國家獨立與民主制度的運動。

此處將先試著回顧伊朗從發現石油開始到發展成為中東最大石油輸出國為止的歷史。[1]那是一九〇〇年底的事情，卡扎爾王朝（Qajar Iran，又稱伊朗崇高國）的第五代國王穆扎法爾丁沙阿（Mozaffar ad-Din Shah Qajar）帶著大量寵臣與傭人前往歐洲旅行，在自家宮廷的生活也是極盡奢華浪費之能事，導致財政入不敷出，他也為國家赤字而煩惱。為了解決財政問題，他聽從收受外國商人賄賂當做副業收入的家臣讒言，一九〇一年以兩萬英鎊酬金加上與兩萬英鎊等價的股票，再加上每年純收益的百分之十六，將石油利權讓與英國投機家威廉．克諾斯．德奇（William Knox D'Arcy）。

在波斯南部開始挖掘石油兩年後，依舊沒有找到有價值的油田。愁於資金周轉的德奇前往波希米亞的馬林巴德（Marienbad）溫泉散心，此時他偶然遇到以「石油狂」名號而聞名的英國海軍提督約翰．費雪（John A. Fisher），彼此意氣相投。費雪擔心伊朗石油利權落入俄羅斯或法國手上，於是德奇通過費雪和英國海軍的仲介，一九〇五年成功從蘇格蘭商人們成立的緬甸石油公司獲得資金。

最初在波斯的石油挖掘作業是在被認為極有可能的油田地帶，位於與伊拉克交境處的嘉沙達（Chiah Surkh）展開。所有所需器材利用船運由波斯灣溯底格里斯河而上，之後再以馬、驢甚至是人力背負，通過庫德斯坦（Kurdistan）的險峻山地，將器材運至挖掘地點。但之後確定嘉沙達的油藏並不豐富，難以進行穩定的石油開採。因此又重新選了波斯西南部的馬斯吉德．蘇萊曼（Masjed Soleyman）作為下一個有希望的石油產地，因為該地過往曾有祆教（Zoroastrianism，瑣羅亞斯德教，或稱拜火教）寺院，該處岩石上留有石油浸潤過的痕跡，之後便持續在此地探勘挖掘。為此，又把重達四十噸的器材全部沿著底格里斯河順流船運到莫哈梅拉港（Muhammerah，今霍拉姆沙赫爾〔Khorramshahr〕），之後利用馬車與多達九百頭驢將器材運至炙熱的挖掘地。

負責當地挖掘工作的人，是畢業自皇家印度理工大學的石油技術家喬治・雷諾茲（George B. Reynolds）。當地夏季天氣是氣溫高達四十九度的酷暑，加上猛烈的狂風，此外人們喝著「最正確的描述就是飄著糞便的水」，汙染的水源帶來疾病，且當地部落的人們還會來訛詐些什麼東西，充斥著各種困難。不過雷諾茲仍下足苦工，靈巧地修復破舊的機器，並發揮耐性不斷與當地人溝通，讓挖掘工作得以持續。此時讓他最苦惱的，反而是那些不理解當地狀況，卻又嚴厲要求他的那些緬甸石油公司的蘇格蘭出資者。

一九〇八年五月十四日，因為赤字不斷膨脹，終於讓緬甸石油公司的高層失去耐性，給在當地的雷諾茲送去要求停止石油探勘及撤出波斯的最後通牒。然而，就在信件送達前的五月二十六日，雷諾茲竟然在馬斯吉德・蘇萊曼發現了大規模的油田。在地下三百六十公尺處挖出的石油因氣壓強力噴出地表達十五公尺，以石油霧的形式噴散到周圍一帶。英波石油公司（Anglo-Persian Oil Company，ＡＰＯＣ，後改稱英伊石油公司）為了開發此巨大油田，在一九一二年於波斯灣的出口阿巴丹（Abadan）建立當時世界上最大規模的煉油廠。

一九一一年起至一九一五年為止，任職英國海軍大臣的溫斯頓・邱吉爾（Winston Churchill）喜歡新事物與冒險。他受到「石油狂」費雪提督的薰陶，相信石油將是牽動新世紀的能源，因此一九一二年決定把海軍船舶的燃料從煤炭轉換為安全且容易運輸的石油。在海軍大臣的意見下，英國海軍部以提供政治、經濟後盾為交換條件，換取ＡＰＯＣ提供低價和優惠的石油，雙方締結長期供油合約。

一九一四年，英國政府取得該公司一半股份，且為維持石油權益，英國對與石油公司結為一體的波斯內政亦加深干涉程度。

英國維持對APOC的有利條件超過二十年，波斯方面逐漸對德奇的利權感到不滿，一九二八年在波斯的要求下展開新一輪的利權交涉。最先負責談判的是宮廷大臣阿卜杜勒海珊·泰穆爾塔什（Abdolhossein Teymourtash），在他失勢後由財務大臣哈桑·塔基扎德（Hassan Taqizadeh）接手談判，他為了維護波斯利益而耐心持續交涉。然而，從卡扎爾王朝奪取權力後，國王李查汗推出包含軍事改革在內的各種革新政策，急需石油的收入，李查汗面對進展遲緩的談判感到非常不耐，一九三二年十一月竟將所有談判文件都扔入火爐中燒毀，片面破壞德奇協定。作為報復，APOC停止支付給波斯政府的石油利權，英國政府對波斯政府進行經濟封鎖。結果導致波斯包含砂糖在內的各種生活必需品供應中斷，危及國家財政。李查汗放棄進一步的抵抗，於一九三三年四月不得不締結對波斯大為不利的石油協定。結果APOC得以壟斷在波斯的實有挖掘與精煉權，合約時間延長至一九九三年。一九三五年，波斯國名改為伊朗，APOC也更名為英伊石油公司（AIOC），順帶一提，英伊公司即為英國石油（British Petroleum，BP）的前身。

李查汗被迫與石油公司及英國政府簽訂屈辱式的石油協定後，他對英國的反感遽增，開始傾向與德國合作，包含伊朗縱貫鐵路在內的數項大規模計畫都與德國企業聯手，新成立的德黑蘭工科技術學校也聘請德國人擔任講師，展開親德政策。

一九四〇年代的伊朗擁有中東第一的原油生產量，即便如此，其收益卻比伊拉克或沙烏地阿拉伯更低，究其原因，便是一九三三年的石油協定，當時的條件對伊朗政府非常不利。根據此協定，伊朗每一噸的原油可以獲得四先令（shilling）的固定權利金，除此基礎收入外，尚能領取相當於兩成的ＡＩＯＣ紅利額。然而，英鎊的價值從一九三三年至一九四八年的十五年間下降約一半，加上英國國內實施的分紅限制政策且強化課稅，導致一九四八年ＡＩＯＣ支付給伊朗政府的金額僅九百一十七萬英鎊，與之相較，該公司對英國政府的納稅額則高達三倍的兩千八百三十一萬英鎊。[2]

此外，一九四六年英軍撤退後，伊朗南部由宣揚共產主義的伊朗人民黨（Tudeh Party of Iran，或稱伊朗圖德黨）領導，頻頻發起大規模的勞工運動，要求改善石油產業的惡劣勞動環境。一九四五年，伊朗財務省高官曼努切爾．米爾扎．法爾曼．法爾邁揚（Manucher Mirza Farman Farmaian）前往阿巴丹視察，在回憶錄中憤慨的表示，石油公司以不合理的人種差別對待伊朗勞工。[3]英國人居住的地區有草坪、玫瑰園、網球場、游泳池與社交俱樂部，過著優雅的英式生活，與此相對，勞工的貧民窟內既無水也無電，夏季連陰影處也有五十五度，處於讓人無法忍受的悶熱酷暑狀態，勞工們居住的房子屋頂是用生鏽桶子蓋起來的，宛如烤箱一般。與此同時，ＡＩＯＣ的英國管理層卻穿著熨斗燙平的襯衫，在涼爽冷氣房辦公室中舒適地工作。

石油勞工除了屢次發動罷工，要求改善待遇外，也暴露ＡＩＯＣ剝削工人們的真實狀態，為伊朗的石油國有化運動起到相當功效。領導石油國有化運動的摩薩台出身卡扎爾王室，屬於貴族階級，曾在法國與瑞士學習法學，回國後歷任財務大臣、外務大臣、省長、國會議員等政府要職，他尊重議會制民主主義與弱勢者的權利，是一位窮其生涯為自由與獨立不斷對抗獨裁體制與外國勢力的鬥士。說他是位

「鬥士」，可能會讓人聯想到威猛的強者，但以六十八歲之齡擔任首相的摩薩台卻是帶著病體，大多數時候都以身穿睡袍躺在床上的狀態執行公務，在演講時屢屢因感慨太深而昏厥。這位首相的身形被歐美媒體揶揄為「東方的滑稽政治家」或「狂人」，但看在伊朗人眼中，他卻是一位體弱多病卻昂然挑戰大國的首相。他的痛苦與伊朗的苦難重合，據傳伊朗人們見到摩薩台演講與昏厥的身影都會為他流下眼淚[4]。

伊朗的民主時期體現在摩薩台與其競爭對手的關係上，即兩位國王：巴勒維王朝首任國王李查汗，以及其子第二任國王穆罕默德－李查．巴勒維（通稱巴勒維國王）。李查汗出身卑微，不過憑藉自身的軍事才幹與領導魅力，在軍隊中地位不斷竄升，至一九二五年成為國王。他從軍事改革著手，強勢推動伊朗的現代化，晚年為避免英國與蘇聯干涉內政而親近德國，至第二次世界大戰時遭盟軍逼迫退位。同盟國中出現復辟卡扎爾王朝以取代李查汗的意見，但最終是由他兒子——在瑞士受教育，較父親看來更民主的太子穆罕默德－李查．巴勒維繼承王位。

巴勒維王朝第二任國王穆罕默德－李查．巴勒維對自己的出身感到自卑，憧憬摩薩台來自卡扎爾王朝的貴族出身，且擁有高度學識、備受人民歡迎，但據說同時也帶著忌妒與憎惡的負面情緒。加上外國勢力突然將其父親驅離王位的痛苦記憶，他的猜疑心也非比尋常。即位之初，這位年輕又缺乏經驗的第二代國王歷經石油國有化運動與一九五三年八月政變，一九六〇年代在美國支持下鞏固了自身的獨裁權力，最終利用祕密警察與豐厚的石油資金，搖身一變成為世界數一數二的獨裁者。

本章就以摩薩台為主人公，通過他與兩位獨裁君主的關係，說明伊朗這段短暫的「民主時期」。

李查沙阿·巴勒維（一八七八—一九四四年）

一、李查汗的兩面性——建設與肅清

後世對巴勒維王朝第一代國王李查汗的評價分為正反兩面。正面評價認為他以軍人的果斷與決策能力推動伊朗現代化，是一位英雄；反面評價則認為他將歷經立憲革命（一九〇五—一九一一年）後甫建立的伊朗民主主義化為烏有，是一個鎮壓、殘殺人民的獨裁者。李查汗（成為國王前的名字，成為國王後稱李查沙阿〔Shah，國王之意〕）是軍人父親阿巴斯·阿里·汗（Abbas-Ali Khan）與喬治亞裔移民的母親努什—阿法林（Noush-Afarin）的長子，一八七八年生於馬占達蘭省（Mazandaran）深山中薩瓦庫（Savadkuh）縣阿拉什特（Alasht）村。李查在伯父阿博卡希姆（Abolqasem Beig）的推薦下，於十五歲時進入當時波斯最強的軍隊，由俄國軍官帶領的哥薩克旅（Persian Cossack Brigade）。李查精於機關槍操作，順利出人頭地，於三十幾歲晉升上校[5]。

第一次世界大戰中波斯雖然宣布中立，但北部仍遭俄羅斯、南部遭英國占領，盟軍則從西北部入侵到哈馬丹（Hamadan）。一九一五年波斯發起「森林軍運動」（Jungle Movement of Gilan），抵抗英俄的國土占領行徑，由穆爾扎·庫切克·汗（Mirza Kuchik Khan）領導的抵抗軍，雖是由附近農民與城市貧民組成的雜牌部隊，不過卻在波斯北部的吉蘭（Gilan）森林深處神出鬼沒，擾亂帝俄軍隊。

當森林軍面對使用現代化武器的軍隊而陷入劣勢時，突然發生一件晴天霹靂的事情，那便是一九一七年的俄國革命。俄軍撤退後，取而代之的是英軍。英國打算控制波斯全境以及擁有世界著名的巴庫油田地帶，英軍從裏海的安扎利港（Bandar-e Anzali）登陸後，揮軍直指吉蘭的森林。一九二〇年五月，俄國紅軍為了追擊俄國白軍與英國的介入軍隊，從安扎利港登陸。為呼應紅軍，庫切克．汗也率領森林軍從森林進入拉什特（Rasht），這支軍隊通過至巴庫油田工作的伊朗人共產主義者，與紅軍建立合作關係。森林軍與紅軍一同驅離英軍，六月六日宣布成立「伊朗社會主義蘇維埃共和國」（通稱「吉蘭共和國」）。中央政府派遣的哥薩克旅曾嘗試鎮壓吉蘭共和國，但卻迅速敗北，不得不撤退到首都德黑蘭西北的城市加茲溫（Qazvin）。

英國政府派遣軍事顧問埃德蒙．埃倫塞德（Edmund Ironside）前往拜訪因戰敗而落入失意深淵的哥薩克旅司令官李查汗。埃倫塞德認為哥薩克旅的年輕實力家李查汗是阻止共產主義蠶食，且能建立強勢政府的人物，故推舉他擔任政變計畫的執行者。

一九二一年二月十六日，由李查汗准將率領的政變軍隊從加茲溫向首都進軍。自二十日深夜起至二十一日早晨，在未遭遇重大抵抗的狀況下控制整個德黑蘭市。次日，政變首謀的親英派記者賽義德．焦爾丁．塔巴塔巴伊（Zia ol Din Tabatabaee）與李查汗謁見卡扎爾王朝最後的國王艾哈邁德沙阿（Ahmad Shah Qajar），他們二人分別被任命為首相與戰爭大臣。

焦爾丁沉醉在他取得的些微權力，為了博取民眾的歡迎而斷然實施改革，但卻弄巧成拙引發保守派的反感，僅三個多月便下臺。一九二一年政變後，內閣不斷輪番交替，只有李查汗一直留任戰爭大臣，逐漸掌握內部權力與推動軍事改革，其費用則來自美國財政顧問亞瑟·米爾斯波（Arthur Millspaugh）財政改革下增加的收入。一九二二年，李查汗以哥薩克旅為核心統一國軍，驅離外國人指揮官，改任用伊朗人軍官。一九二五年通過徵兵法，規定二十一歲以上的成年男性必須服兩年兵役。李查汗通過組建新的軍隊，出征吉蘭共和國與處於半獨立的地方部落，將伊朗全境都納於中央政府的管轄之下。

一九二三年李查汗就任首相，他的眼光朝向更高的目標，為了取得擁有更強權力的總統職位，一九二四年一月通過他培養的官僚、軍隊與大眾媒體，推動共和制運動。一九二四年三月，當土耳其共和國廢除哈里發制後，在伊朗也出現擔憂共和制下將出現政教分離與軍事部門獨裁的聲浪。身為烏理瑪（Ulama，伊斯蘭教學者的總稱）且為激烈民族主義者的國會議員賽義德·哈桑·莫達雷斯（Seyyed Hassan Modarres）等民族主義者與宗教界人士聯合起來，逼迫李查汗辭去首相職位。但李查汗迅速反過來利用這股反動情緒，宣稱他是什葉派伊斯蘭教的捍衛者，轉而推動廢除卡扎爾王朝並建立新王朝的計畫。在壓力與勸說下屈服的國會議員們，於一九二五年十月三十一日廢止了卡扎爾王朝，成立新的巴勒維王朝，並立即承認國王李查汗即位。之後他便被稱為李查沙阿（Reza Shah李查國王）。

李查沙阿帶有冷酷的一面，他曾為了掌握權力而與意識形態不同的社會主義者聯手，一旦確保自身權力，不再需要同盟後，他立刻毫不留情肅清對方。一九二八年十月，李查逮捕最大的政敵莫達雷斯，將其下放到鄰近阿富汗國界的偏僻之地軟禁九年，最終於一九三七年處以槍決之刑。擔任李查沙阿股肱之臣長達十年的宮廷大臣泰穆爾塔什，一九三三年離奇死於獄中。另一位有才幹、推動司法改革的司法大臣阿里—阿克巴爾·達瓦爾（Ali-Akbar Davar），在一九三七年遭到國王的激烈斥責後旋即自殺。政權內部的肅清讓所有人都不敢違逆李察沙阿，周遭瀰漫著壓抑的氣氛。

二、世俗化政策——與宗教界的對決

李查沙阿為了把伊朗打造為現代化的國族國家，傾注心血建立西歐式、世俗式制度，並削弱處於半獨立狀態的部落與宗教界的影響力。到了一九三〇年代，伊朗主要城市如德黑蘭出現了政府機構及商店林立的歐風大道，接著整備官僚制度與司法制度，對教育與貿易制度進行現代化，通過主要消費性商品砂糖與茶的專賣收入，展開南北縱貫鐵路等大型基礎建設，這些都在他退位前十年之間逐步獲得實現。

巴勒維王朝的政府將教育視為國家事業積極推動。一九二二年時全國實施世俗教育的學校共有六百一十二所，學生人數約五萬五千人。一九四〇年由初等到高等教育的各種學校合計約增加到四千所，學生人數增加約七倍，來到四十萬七千人。[6]一九二八年五月制訂法律，每年以公費派遣一百名中等學校畢業的優秀學生前往歐洲留學，這些學生回國後不僅成為官僚，也成為政治家、新聞工作者、學者活躍於各界。一九三四年創立德黑蘭大學，一九三七年起開始男女共學制度。與此同時，因為現代式的公立學校增加，導致宗教學校與神學生人數驟減，成為宗教界對他不滿的原因之一。

在日內瓦大學學習法學的達瓦爾，於一九二七年二月就任司法大臣後，基於《拿破崙法典》編纂《民法典》（一九二八年），採用接受歐洲教育的新人取代烏理瑪，加上已經制定的效仿西歐法律的《商法典》（一九二四年）與《刑法典》（一九二六年），實施一系列司法制度的改革。一九二八年波斯政府通告各國公使館廢棄不平等條約，實現自一八二八年締結《土庫曼恰伊條約》（*Treaty of Turkmenchay*）以來長久的民族悲願。

一九三四年李查沙阿首次出國造訪鄰國土耳其，見到在凱末爾・阿塔圖克（Mustafa Kemal Atatürk）強力指導下迅速達成世俗化與現代化的土耳其，對該國發展甚為感動。當初原定逗留兩週，最終延長至四十天，期間他積極與土耳其領導人會談，持續四處視察。伊朗的什葉派宗教界擔憂，受土耳其影響的李查沙阿將更進一步推動世俗化，例如一九二八年已經實施男性服裝改革令，之後可能接著要求女性服裝西化。一九三五年七月，在馬什哈德（Mashhad）的伊瑪目里達聖陵（Imam Reza Holy Shrine）的戈哈爾沙德清真寺（Goharshad Mosque），備受群眾歡迎的傳道士謝伊夫・穆罕默德・塔吉・沙布什法李（Shaykh Muhammad Taqi Buhlul）在一場講道中，針對傳說中將制訂禁止穿著罩袍（Chador）、希賈布（Hijab，頭巾）一事，呼籲要求終止此禁令。結果造成參加者與警方發生衝突，導致一百二十八人死亡與近三百人受傷，另有八百多人被捕。之後便展開如颳起暴風雨般的嚴厲鎮壓，一直以來自視擁有不可侵犯權力的什葉派遭到壓抑，四所神學校遭關閉，約三十名高層烏理瑪被捕或遭驅逐，伊瑪目里達聖陵的代理管理人穆罕默德・瓦里・汗・阿撒迪（Mirza Muhammad Vali Khan Asadi）遭處死。

迫使宗教界沉默的李查沙阿，在一九三六年一月的高等教育師範學校慶賀儀式上，帶著未著罩袍的王妃與公主出現，宣布廢除罩袍。遵從伊斯蘭傳統的伊朗女性，原本除了家人外絕不讓外人見到自身頭髮與身體的習慣自此改變。一九三六年二月，規定官吏及軍人如與穿著罩袍的婦女為伴將遭免職，各市區的馬路禁止穿著罩袍的女性進入，公告禁止計程車與公車司機、餐廳經營者、公共浴場、藥房、醫師對穿著罩袍的女性提供服務。[7]不時還出現如警察當局可憑自身判斷除去婦女身上罩袍等過度激進的取締。

在年輕女性之間比較不抗拒不穿罩袍外出，逐漸也成為習慣，但對高齡婦女或信仰虔誠的女性而言，這不啻於把自己的裸體公開於眾，讓她們感到萬分羞恥。因此陸續出現女性因畏懼嚴厲懲罰與暴露頭髮感到羞恥而無法外出的狀況。小說家瑞薩·巴拉赫尼（Reza Baraheni）回憶此法律帶給百姓們的災難。

> 當時的伊朗家庭沒有浴室，人們必須使用附近的公共浴場。（禁穿罩袍令實施後）丈夫不得不把妻子裝入大袋子中，偽裝成大袋棉花的模樣，扛著沉重的袋子前往公共浴場。至今還留有小時候父親把祖母裝進袋中扛去公共浴場，清空袋子後回家，接著又把母親裝入袋子搬去澡堂的記憶。某日，李查汗的警察叫住父親，詢問「扛著什麼東西？」父親回答「是一袋開心果」，想藉此蒙混過關，結果警察說「分些給我吃吧」，然後用手四處摸著袋子，袋中感到搔癢的祖母忍不住笑出聲，身子一扭整個人滑出袋子，結果父親當場被捕。[8]

李查沙阿強制推展的現代化、西化政策，雖然偶爾會出現看似滑稽的狀況，但執行與抵抗雙方卻都非常認真看待。李查沙阿退位後的一九四一年，此罩袍禁止令也隨之被廢除。

三、盟軍占領下伊朗做出的犧牲

一九三九年九月第二次世界大戰爆發後，李查沙阿擔憂被捲入戰事，旋即公布《中立宣言》。但一九四一年六月德蘇開戰後，英蘇以伊朗親德政策為藉口，共同進軍伊朗，逼迫李查沙阿退位，取而代之推舉剛弱冠的二十一歲太子穆罕默德—李查繼任巴勒維王朝第二任國王。對盟軍而言，確保經由伊朗的對蘇補給線與保護伊朗南部油田是關乎生死的問題。被迫退位的李查沙阿被英軍帶往模里西斯（Mauritius）島，一九四四年七月二十六日於南非的約翰尼斯堡（Johannesburg）過世。

盟軍從伊朗購入大量的生活必需品並輸往蘇聯。同時期徵用的物資——一九四二年起加入美軍——都被優先提供給駐留伊朗當地的盟軍士兵，此措施導致伊朗物價高漲，爆發嚴重的糧食不足與饑荒。儘管盟軍為道路建設、鐵道運輸、石油產業等雇用了多達七萬人伊朗勞工，但薪資卻往往延遲給付。為了轉移民眾的不滿，盟軍保障言論與政治活動的自由，結果自一九四一年至二戰結束後不久，為伊朗帶來了前所未有的「民主時期」。在獨裁統治下過著戰戰兢兢的生活的國民，許多人相當歡迎李察沙阿的退位。

一九四一年，繼承將馬克思思想介紹給伊朗的塔奇．阿拉尼（Taqi Arani）博士遺志的同志們，組成遵奉共產主義的伊朗人民黨，加上自由主義傾向的民族主義政黨伊朗黨成立，新政黨相繼組建。各類報紙大量發行，全國各地組織工會與農會。然而，這僅是「占領下的自由」，伊朗的國家主權與獨立遭到否定，通膨持續惡化，經濟與政治混亂益發顯著。這種相對自由的氣氛與盟軍不合理的占領，造成伊朗國民的國族主義意識覺醒，這種意識逐漸發展為一場石油國有化運動。此運動希冀將英國控制下的石油產業國有化，讓國家自身資源獲取的利益能持續回歸國民，並以追求國家獨立、確保民主主義制度為目標。率領這場石油國有化運動的英雄，就是穆罕默德．摩薩台博士。

穆罕默德．摩薩台（一八八二—一九六七年）

一、卡扎爾王朝時期

穆罕默德．摩薩台出生於一八八二年，父親米爾扎．希達亞圖．阿什蒂亞尼（Mirza Hideyatu'llah Ashtiani）出身名門的穆斯圖菲．阿什蒂亞尼（Mostowfian Ashtiani）家族，母親是卡扎爾皇室的公主娜茱莫．薩塔聶（Malek Taj Najm-es-Saltaneh）。母親娜茱莫．薩塔聶是以改革先驅者聞名的卡扎爾王朝皇儲阿巴斯．米爾扎（Abbas Mirza，一七八九—一八三三年）的孫女，也是政治家與實業家輩出的法爾曼法爾瑪（Farmanfarma）家族族長阿布德爾．胡賽因．莫爾扎．法爾曼法爾瑪（Abdol Hossein Mirza Farmanfarma）的姊姊。

摩薩台在年少的十四歲時便接替過世父親就任呼羅珊省（Khorassan）的主任財務官。在卡扎爾王朝時期，如財務官這類專門職種皆由父子世襲，因為這些職業大多需要特殊專門的知識與技術，因此這項人事安排在當時並不稀奇。十九歲時，他與週五禮拜導師賽義德．贊伊諾—阿本汀．艾瑪（Seyed Zeyn-ol-Abedin Emam Jome'eh）與姿雅．納爾塔聶（Zi'a os-Saltaneh）公主的女兒扎赫拉．艾瑪米（Zahra Emami）結婚。摩薩台終身深愛這位妻子，兩人育有三男二女：齊亞．阿什拉夫（Zia Ashraf）、艾哈邁德（Ahmad）、吳拉姆—侯賽因（Gholam-Hossein）、曼蘇拉（Mansoureh）、哈迪亞（Khadijeh）。摩薩台非常敬愛母親與妻子，經常奉母親的話為圭臬，「人類的社會價值，取決於一個人為了他人所受的苦難有多大」，因此立志獻身於公共利益。[9]

二十世紀初立憲革命時期，摩薩台加入立憲派的阿達米雅特協會與因薩尼亞特協會，積極參與活動。一九〇六年第一次議會選舉，他以來自伊斯法罕（Isfahan）的貴族階級身分出馬並當選，但卻被以未達候選人最低年齡而遭宣布議員當選無效。他對立憲革命產生共鳴，且對在議會活動充滿期望，因此這一打擊讓摩薩台感到失望。接著他啟程前往法國，一九〇九年進入巴黎大學公共財政課程學習，但因受神經上的疾病所苦，為了療養不得不於一九一〇年回到伊朗。之後身體恢復到可以過普通生活，但在群眾前演講時卻偶爾會突然昏厥，或者無法壓抑自己的情感，終身未能擺脫此病的影響。恢復健康後，摩薩台在妻子、孩子及母親的陪伴下，於一九一一年前往瑞士納沙泰爾大學（University of Neuchâtel）留學。他撰寫一篇關於伊斯蘭法繼承的論文，一九一四年他三十二歲時取得法學博士學位。回國後，摩薩台在德黑蘭的政治、法律學校任教，且重新開始參與民主黨激進派的政治活動。

一九一九年，與摩薩台同為卡扎爾王朝貴族的親戚沃索．杜烏拉（Vosugh od-Dowleh）組閣時，國王艾哈邁德沙阿詢問摩薩台是否願意入閣，但他堅持不加入。同年，親英的沃索・杜烏拉政權與英國簽訂《伊朗—英國協定》，內容實際上使伊朗成為英國的保護國，得知此事的摩薩台憤怒不已，甚至認真考慮要遷居瑞士。不過，他因偶然訪問了法斯省（Fars），當地一位有力人士請他改革混亂的地方政治，他無法拒絕。在獲得中央政府的許可後，從一九二〇年秋至一九二一年春，摩薩台短暫的擔任法斯省省長，並成功恢復當地行政秩序。

二、李查沙阿時期

一九二一年二月，李查汗准將與與賽義德・焦爾丁・塔巴塔巴伊在英國的支持下發起政變時，摩薩台正在法斯省。就任首相的賽義德・焦爾丁批評既得利益者的腐敗，發出聲明宣言實施改革，接連逮捕包含沃索・杜烏拉的弟弟、呼羅珊省省長艾哈邁德・蓋瓦姆（Ahmad Qavam，尊稱為Qavam os-Saltaneh）在內，對新政權感到不快的權貴人士。當時任職法斯省省長的摩薩台收到電報，寫著「若對新政權宣誓效忠，則許可保留省長地位」。摩薩台對英國支持下成立的新政權感到反感，為了展現對新政權的抗議而辭去法斯省省長一職，並暫時藏身在有力部族巴赫蒂亞里（Bakhtiari）族的族長處。三個月後，焦爾丁因遭受眾人的反彈而下臺，摩薩台也終於離開巴赫蒂亞里族的野營地返回德黑蘭自宅。

焦爾丁的繼任者，新的蓋瓦姆（Qavam）政權於一九二一年六月成立，摩薩台受戰爭大臣李查汗的請求接任財務大臣。雖然他推出財政改革政策，但卻在議會與宮廷的反對下失敗，政權也隨之垮臺。後繼的穆斯圖菲內閣任命摩薩台為外務大臣，摩薩台拒絕了這個提議。不過在穆斯圖菲首相與李查汗戰爭大臣的遊說下，他接受了亞塞拜然省的省長職位。當時，當地的庫德族（Kurds）發起獨立運動而爆發「希姆科之亂」（Simko Shikak revolt，一九一八—一九二二年）等事件，該區處於混亂狀態，他擔任亞塞拜然省省長的任期很短。之後回到德黑蘭，再次受到穆斯圖菲首相的邀請，同意就任外務大臣。

摩薩台最初對能夠強力推動伊朗現代化的李查汗抱持期待，不只是他或塔基扎德等民主派政治家們，甚至出身卡扎爾皇室但醉心於社會主義，被稱為「紅色王子」的索萊曼（Soleiman Mirza Eskandari）等社會主義集團，也支持李查汗一連串的軍事改革與現代化政策。然而，李查汗成功進行軍事改革，鞏固自身以軍隊為核心的權力基礎後，便利用軍隊威嚇、操縱選舉，強烈介入議會政治與行政部門，導致摩薩台逐漸轉變立場，開始公開批評李查汗。

一九二三年十月，長期擔任戰爭大臣而一路擴大權力的李查汗自信滿滿地登上首相職位，接替穆斯圖菲成立新的政權。他邀請在前內閣擔任外務大臣的摩薩台繼續留任，這是因為李察汗需要與駐德黑蘭的英國領事珀西・洛蘭（Percy Loraine），以及日後負責蘇聯電影行政、大量為蘇聯宣傳電影製作的蘇聯大使鮑里斯・舒米亞茨基（Boris Shumyatsky）建立良好關係，但同時對英、蘇兩國提出不合理要求時，也需要展現堅定立場加以處理，而李察汗對摩薩台高明的外交手腕評價頗高，故而邀請他擔任外務大臣。然而，摩薩台拒絕了這項邀請，重回第五屆議會繼續擔任國會議員。

如前所述，李查汗因受鄰國土耳其成立共和制（一九二三年十月二十九日）的刺激，一九二四年起嘗試「成立共和制」。對此，宗教界與平民發出反彈，李查汗旋即施展「王朝交替」的宣傳活動，以取代無能的卡扎爾王朝國王，而以自己有能力的領導者形象成立巴勒維新王朝並即位國王。他事先知會英國與蘇聯，也通過拉攏宗教界、收買或恫嚇大多數的國會議員等手段，使他們支持自己。在種種周到的準備後，一九二五年十月，李查汗讓以達瓦爾為首的親信議員們提交法案，要求「廢止卡扎爾王朝，任命李查汗為國王」。當時擔任國會議員的摩薩台，與莫達雷斯（Modarres）、塔吉扎德赫（Hassan Taqizadeh）等少數派議員們，認為此法案是促成李查汗獨裁政治的危險法案，違反為了抑制國王專制而設立議會、憲法的精神，因此強加反對。然而，一九二五年十月三十一日，贊成的議員占壓倒性的多數，卡扎爾王朝宣告終結，新的巴勒維王朝成立。

即位為國王的李查沙阿嘗試拉攏當時最受尊敬、備受歡迎的摩薩台、穆斯圖菲．瑪瑪雷克（Mostowfi ol-Mamalek）等民主派的政治家們。但摩薩台身為第六屆議會的議員，持續發表擁護言論自由與依法統治的言論，反對表面性的強制性現代化政策，也因此逐漸遭李查沙阿疏遠。第七屆議會選舉時，據說李查沙阿預先決定好當選者名單才舉行選舉，實際上他確實大力介入選舉，讓選舉幾乎失去民主功能，議會成為徒具形式的機構。

持續反對這種政治的莫達雷斯被逮捕後遭處決，塔吉扎德赫流亡海外，摩薩台自身也未出馬競選，在德黑蘭郊區的別墅艾哈曼達巴德（Ahmadabad）過著隱遁的生活。將反對者幾乎從政界肅清後，李查沙阿加強了獨裁統治，且不僅針對反對派，他甚至開始猜疑自己周遭的親信。之後這位國王不再聽取臣子的進言，提出諫言者就會被國王懷疑，讓國王不悅者，就會遭遇被捕、下獄的悲慘命運。

摩薩台能夠逃過被肅清的命運，來自他的小心謹慎。但一九四〇年他卻突然被捕，並流放到伊朗東部沙漠一隅的不毛之地比爾詹德（Birjand）的一座曾是古代要塞的監獄。摩薩台的家人非常擔憂進入五十八歲老齡期又身體抱恙的他，但入獄後不僅不能會面，連寫信也受到嚴格限制。偶然之中，王子穆罕默德—李查的同學，瑞士人歐涅斯特．佩龍（Ernest Perron）來到摩薩台兒子吳拉姆—侯賽因醫師經營的納吉米耶（Najmieh）醫院接受手術，託此緣分，摩薩台的家人通過佩龍請託王子代為調解求情，最終摩薩台的刑罰由監禁於比爾詹德監獄，減輕為軟禁於艾哈曼達巴德的自家別墅。

三、民主時期的到來與回歸政界

摩薩台回歸政界，是在一九四三至一九四四年第十四屆議會選舉，當時他在德黑蘭選區以第一高票當選。最初他對回歸政界一事相當遲疑，一直蝸居艾哈曼達巴德而幾乎未進行任何選舉活動，不過當選後，他重新獻身於終生信奉的政治座右銘——「自由與獨立」，積極展開政治活動。

摩薩台有話直說的風格和貫徹國族主義的態度，充分擄獲了當時處於占領下的伊朗民眾。聚集於國會外的民眾狂熱支持他的演講，他們經常把走出國會的摩薩台扛在肩上帶回家招待。當摩薩台對國會貪汙調查遲遲沒有進展感到憤怒而離開議場後，民眾立刻趕往摩薩台家，說服他參加議會，還曾發生過眾人再度將他扛回議場的狀況[10]。每逢李查沙阿指定支持其獨裁體制的人物擔任首相，摩薩台即強加反對，而他自身被詢問是否擔任首相時，他則總是加以拒絕。

第十四屆議會中，摩薩台最重要的貢獻是一九四四年提出禁止向外國提供利權的法案。十九世紀以

在國會廣場前被民眾圍繞的摩薩台
（一九五一年九月二十七日）

來，英國與俄羅斯為了保障與進一步擴大自身在伊朗國內的經濟權益，往往通過干涉伊朗內政以獲得在伊朗的各種經濟利權。摩薩台外交政策的基本想法是，只要繼續向外國提供利權，則伊朗的完全獨立、確立法治與民主主義、促進開發、實現民眾權利與自由等，即便民眾付出努力與犧牲，終究徒然。第二次世界大戰中，進駐伊朗北部的蘇聯對伊朗施加強大壓力，要求提供德奇利權未涵蓋的伊朗北部石油利權。摩薩台為了拒絕蘇聯的要求，提出「禁止政府未經議會批准便對外國提供利權的法案」。

即便在國會中屬於不同派系，但占國會多數的保守派也贊成摩薩台提出的法案。伊朗人民黨在短暫遲疑後，對該法案表示反對。人民黨由與塔奇·阿拉尼博士一同入獄的五十二人中生還的二十七人左翼知識分子，於一九四一年組成。在盟軍占領下的自由氣氛中，人民黨迅速在伊朗北部、西部、首都圈、南部石油產地區獲得支持，成為當時在中東擁有眾多黨員與認同者的政黨之一。但黨幹部的親蘇態度，使反對將石油利權供給包含蘇聯在內外國勢力的民族主義知識分子及民眾感到不可信任。此外，一九四八年該黨創建人之一的哈利勒·馬萊基（Khalil Maleki）等老黨員離黨，此舉也成為最終該黨分裂的原因之一。比起「國族主義」，人民黨更注重「工人階級的團結」，他們仿效蘇聯高層將「國族主義」輕視為「布爾喬亞意識形態」的主張。

一九四四年此法案成立的當時，蘇聯控制著伊朗北部，同時英國也控制著伊朗南部。二十世紀初葉以來，英國與當地有力部落或政治家築起緊密關係並巧妙應用自身影響力，因此當時從英國手中收回南部的石油利權幾乎是不可能的。不過，令保守派震驚的是，六年後，摩薩台利用當時為拒絕蘇聯要求而保守派加以贊成並成立的此法，反過來開始批評對英國的石油協定。

一九四五年十二月，由賈法·皮薩瓦里（Ja’far Pishevari）領導的亞塞拜然民主黨，在獲得駐伊朗亞塞拜然地區的蘇軍支持後，解除當地伊朗軍的武裝，宣布成立亞塞拜然自治共和國。當這起被視為冷戰開端的「亞塞拜然危機」發生後，第二代國王穆罕默德—李查沙阿·巴勒維在蘇聯的壓力下，任命被視為「親蘇」的蓋瓦姆為首相。一九四六年一月就任的蓋瓦姆首相接納人民黨三名幹部擔任閣僚，持續採取懷柔政策，作為提供蘇聯石油利權的交換，要求蘇軍從伊朗西北部撤離。五月蘇軍撤退後，十二月伊朗中央政府軍進攻大不里士（Tabriz）消滅亞塞拜然自治共和國。與亞塞拜然同樣在蘇聯庇護下，於一九四六年一月宣布獨立，位於馬哈巴德（Mehabad）的庫德斯坦人民共和國，也在同年十二月十七日遭伊朗政府軍攻擊，走上與亞塞拜然自治共和國同樣的命運。但是兩共和國被消滅後，伊朗國會卻反悔，基於前述法律反對向蘇聯提供北部石油利權，最終蘇聯雖從伊朗北部撤軍，卻無法從伊朗手中得到石油利權。

艾哈邁德．蓋瓦姆算是摩薩台的親戚，也是卡扎爾王朝貴族的政治家。蓋瓦姆以擅長書法著稱，年輕時就擔任卡扎爾王朝第五代國王穆扎法爾丁沙阿的書記，伊朗立憲革命後，與兄長哈桑．福杜克（Hasan Vothuq，亦稱 Vothuq al-Dowleh）同樣數度被任命為閣僚。在一九二一年政變立功者賽義德．焦爾丁失勢後，瓦蓋姆曾兩度擔任首相，但之後皆與李查沙阿形同水火，並遭短暫驅離出境。一九四一年，李查沙阿被迫強制退位後，蓋瓦姆重新展開政治活動，巧妙周旋於盟國之間，一九四二至一九四三年與一九四六至一九四七年間擔任首相。他是一位非常有才幹的政治家，但自尊自大的態度總惹怒年輕國王，導致雙方關係相當險惡。

一九四一年以後，伊朗保障某種程度的選舉自由。蓋瓦姆在一九四七年進行少見的、有組織的選舉工作，為第十五屆議會的選舉鋪路。靠著使用糧食交換券，對不識字民眾進行買票的貪汙官員們，大批蓋瓦姆派的政治人物當選。預定出馬競選德黑蘭選區國會議員的摩薩台及其好友對選舉舞弊大表反對，果敢在宮廷進行政治性靜坐抗議（bast），但最終仍未能阻止選舉。對政治感到絕望的摩薩台繭居艾哈曼達巴德別墅，宣布退出政治界。之後，這種事情在伊朗算是家常便飯，依靠蓋瓦姆當選的議會執政黨「蓋瓦姆派」議員們，又變得與蓋瓦姆對立，最終將其罷免，由易卜拉欣．哈基米（Ebrahim Hakimi）接任首相。

哈基米政權不過是填補政治空缺的暫時性政權，之後被認為是由國王雙胞胎胞妹阿什拉夫公主選定的阿卜杜勒海珊．哈茲爾（Abdolhossein Hazhir）短暫組閣，但其政權也以短命告終。接著再度回歸的親英派穆罕默德．沙伊德（Mohammad Sa’ed）政權承受輿論壓力，要求簽訂較ＡＩＯＣ條件更佳的協定。一九四九年七月十七日負責交涉的財務大臣阿巴斯戈利・格爾夏伊昂（Abbasqoli Golshayan）與ＡＩＯＣ方的代表內維爾・蓋斯（Neville Gass）常務董事共同彙整出新的補充協定（通稱《蓋斯—格爾夏伊昂協定》〔*Gass-Golshayan agreement*〕）。關於此次協定，根據格爾夏伊昂在私人信件中吐露的不滿，因國王與沙伊德首相擔心英國反應，對他施壓，要求在ＡＩＯＣ協定上讓步，因此該協定來得太遲，伊朗取得的利益也過少。伊朗的權利金雖然從一噸原油四先令提高到六先令，但僅占ＡＩＯＣ全公司利潤的百分之三十多一些，與一九五〇年美國石油公司與沙烏地阿拉伯政府締結的利益折半（fifty-fifty sharing）相較，伊朗利益明顯偏低。

輿論對此不滿，南部的石油勞工之間也瀰漫著不安的氣氛，面對國王與伊朗國內保守勢力打算妥協、容忍強硬態度的ＡＩＯＣ，加上二次世界大戰後伊朗國民對經濟困境的不滿益發提高，比起要求獲得折半利益，伊朗人民更加速走上將石油國有化的方向發展。

一九四九年七月十九日，沙伊德內閣將補充協定提交國會，尋求批准通過。由莫扎法爾・巴加伊（Mozzafar Baghai）博士、胡賽因・馬勒基（Hossein Maleki）、阿布拉桑・海里扎德（Seyyed Abolhasan Haerizadeh）、葛拉姆胡賽因・拉席米揚（Gholamhossein Rahimian）等人率領的第十五屆議會少數派，展開徹底批判補充協定的運動。一九三三年負責石油協定談判的塔基扎德，也在一九四八年一月於國會作證，說明當時因李查沙阿的命令，自己在違反自身意志的情況下簽署協議，此舉也為本次批評活動提供援助。在國會之外也聚集了舉著「反對補充協定」標語的民眾，連日進行抗議遊行與集會。此前不久，與摩薩台取得聯繫的胡賽因・馬勒基在國會發言臺上朗讀摩薩台寫的信件，詳細舉出補充協定的問題點。之後議會的少數派逐一上臺，發表長篇演說指責補充協定，在第十五屆議會的會期中阻止補充協定通過。

四、石油國有化運動

第十五屆議會解散後，希望儘早批准補充協定的國王、沙伊德首相與陸軍參謀總長阿里．拉茲馬拉（Haj Ali Razmara）將軍，決心操弄即將到來的選舉，確保第十六屆議會能成為多數派。面對在德黑蘭選區出現明顯舞弊的選舉，摩薩台與巴加伊、馬勒基等第十五屆議會的少數派議員，取得馬哈茂德．納里曼（Mahmoud Nariman）、阿里．沙耶甘（Ali Shayegan）、卡里姆．桑賈比（Karim Sanjabi）、海珊．法特米（Hossein Fatemi）等有力政治家、學者、新聞工作者們的協助，共同採取行動抵抗非法選舉。一九四九年十月十四日，摩薩台帶著大批新聞工作者、政治家、巴剎（bazaar）攤商與工匠、學生們，聚集於宮殿之前準備進行靜坐抗議。與宮廷一方交涉後，准許包含摩薩台在內的二十名代表進入宮殿內進行靜坐抗議。然而他們對自由選舉的要求卻絲毫未被採納，一行人遂離開宮殿。在摩薩台宅中討論解決方策時，二十名領導們堅定成立國民戰線（National Front）的決心。

之後「石油國有化」成為國民戰線的重要政治目標，但成立當初仍以第十六屆議會選舉的對策為主軸，綱領中大量出現「實施自由選舉」、「中止戒嚴令」、「言論自由」等條款。國民戰線與其說是政黨，不如說是由各種各樣團體聯合而成的鬆散政治組織。構成國民戰線的主要組織包括：採取社會民主主義，以官僚、教師、學生等知識階層為支持基礎的伊朗黨；由離開巴加伊與伊朗人民黨的哈利勒・馬萊基創設的勞工政黨——伊朗勞動者黨（Toilers Party, Zaḥmatkašān）；作為阿布—卡西姆・卡沙尼（al-Qāsem Kāshānī）宗教導師支持團體，由許多商人、工匠加入的聖戰者伊斯蘭協會（Mujahedin al-Islam）；由弗洛哈（Dariush Forouhar）率領的極右國族主義者組成的泛伊朗黨（Pan-Iranism）等。

第十六屆議會召開時，摩薩台等主要國民戰線領導人都成功當選為議員。前會期成為懸案的補充協定依舊被束之高閣。經阿里・曼蘇爾（Ali Mansur）短暫擔任首相後，一九五〇年六月，獲得英國、蘇聯、美國，以及軍隊與國會多數派支持的阿里・拉茲馬拉將軍就任首相。他是一位聰明、擁有高學歷、勤勉且體力充沛，有時也會執行冷酷和不道德的大膽行動的軍人政治家[11]。拉茲馬拉曾被指控暗中幫助涉嫌一九四九年二月國王暗殺未遂事件的人民黨領導們逃獄，同時也向英國、蘇聯、之後還包括美國，不遺餘力地宣傳自己是「伊朗最有希望的政治家」。這位有才幹的將軍堅定認為，他的政策是唯一能實現伊朗社會、經濟偉大進步的方法，即便付出一切犧牲也必須強加實施。他以軍隊為踏腳石，接受各國的支援，盡量讓更多人被其魅力所感召，偶爾也採取收買或脅迫方式逼迫對方支持自己，訴求自己是右派的唯一選擇，說服左派自己是唯一的盟友，這些手法酷似李查沙阿。對於充滿野心的拉茲馬拉是否會發起軍事政變，年輕國王保持戒心，面對其能力、膽識與洞察力，終究無法使出殺手鐧，只能利用其他政治派閥嘗試牽制他。

一九五〇年十一月，由摩薩台擔任委員長的議會石油特別委員會，最終提出拒絕補充協定的提案意見書。對此，一九五一年三月三日，拉茲馬拉首相在石油特別委員會上發表演說，反對石油國有化，表

一九五一年三月十六日石油國有化法通過後在德黑蘭的集會

示「伊朗自行經營石油產業一事，在技術層面、市場開拓與運輸等商業層面上，仍有困難」，企圖強制簽訂協定。[12]之後，他被伊斯蘭激進派組織「伊斯蘭敢死隊」（Fada'iyan-e Islam）的成員哈利勒·塔馬瑟比（Khalil Tahmassebi）暗殺身亡。這個組織是由持續進行反英鬥爭超過三十年，在國民之間受到高度歡迎的民族主義宗教領袖卡沙尼所庇護。國會之外民眾仍連日聚集，叫喊著「支持石油國有化」的口號，此時已經到了所有人都要求石油國有化，無人可以逆轉國民聲浪的狀態。三月十五日國民議會通過伊朗石油產業國有化法，三月二十日獲得上議院批准。這天正是進入新年假期的前一天。

此時國王考慮任命一九二一年政變的立功者，親英派的賽義德·焦爾丁繼任首相，以取代遭暗殺的拉茲馬拉。認為他能繼續牽制摩薩台率領的國民戰線與洶洶輿論，且能與英國簽訂石油交涉。然而，遵循國王意見的保守派在議會的策動失敗，加上摩薩台事先獲得情報，最終首相人選出現轉機。四月二十八日，摩薩台被任命為首相，而他接受職位的條件就是必須同時通過石油國有化施行法，這點也獲得成功。

一九五一年五月一日，摩薩台政權接收AIOC的石油設施，英國政府反應強烈，向聯合國安全理事會提出控訴，且在同一個月派遣戰艦模里西斯號前往波斯灣，事態可謂緊張到一觸即發，但通過美國政府的調停，終於避開武力衝突，雙方針對解決石油紛爭展開談判。然而，九月談判破裂，英國政府與AIOC對伊朗發動經濟封鎖。

在伊朗國內，保王派與親英派議員批評石油交涉失敗，拒絕出席國會，導致人數不足而流會，或者妨礙議程進行。對此，德黑蘭的巴剎商人、工匠們封鎖攤商市場，聚集在國會前的巴哈雷斯坦廣場（Baharestan Square），從國會外大合唱支持摩薩台的口號，藉此向保王派與親英派議員施壓。九月三十日，國民戰線為了支持摩薩台政權，在國會前的巴哈雷斯坦廣場舉行規模達數萬人的集會。

巴剎商人與工匠們熱心支援摩薩台首相，因為他主張保護國內產業。他們為了彌補國家稅收不足而購買摩薩台政權發行的國債。摩薩台遭遇危機時，他們便關閉店面趕往國會發起抗議集會。熱烈支持摩薩台的巴剎商人中，也有如切洛喀巴（Chelow kabab，波斯風味烤肉）店主哈桑·沙姆西里般暴露於危險中的人物。德黑蘭巴剎同業者公會團體「阿斯納夫聯盟」（Asnaf）領袖卡西姆·雷巴斯奇，談起在薩布則—梅丹（Sabze-Meydan）經營人氣波斯風烤肉店的沙姆西里，當店中闖入黑道時，沙姆西里如何與對方應對，他的回憶如下。

我們通常在阿斯納夫聯盟的辦公室集會，有時也會在哈吉·哈桑·阿凱耶·沙姆西里的餐廳聚會。日後沙姆西里餐廳被關閉，但期間這家餐廳遭受過幾次攻擊。有次我在沙姆西里的面前坐下後，店裡就進來了幾個人，他們用完餐後直接走到門口說，「先走啦，摩薩台會幫我們付錢」。當時黑道分子很多像這樣的傢伙。沙姆西里回嘴說，「我要向你們收錢。我準備好為摩薩台博士獻出生命，不過博士卻沒從我這邊取走分毫。我是自願要為他獻出生命的。不過，你們的話，就算得動手，我也要收錢」。發生這段對話時，我們的幾位夥伴走出餐廳去通知其他熟人這起事件。接著夥伴們回到門口，圍住了那些混混，當他們見到情勢對自己不利後，便態度惡劣地付完錢離開。我想說的是，這些傢伙威脅哈吉．哈桑．阿凱耶．沙姆西里，還脅迫巴剎商人、工匠們，但我們面對反對派依舊不動如山，繼續抵抗。對方通過這種形式，對我們巴剎商人、工匠們施加各種壓力[13]。

在支持摩薩台的巴剎商人之中，有些如沙姆西里般遭黑道威脅，也有些遭人縱火而失去財產。即便如此，許多德黑蘭的巴剎商人與工匠們一直到最後都堅持支持摩薩台與國民戰線。

英國首相邱吉爾得出的結論是，只要摩薩台在任就不可能通過談判解決問題，而他與外務大臣安東尼．伊登（Robert Anthony Eden）率領的英國保守黨政權，策劃利用伊朗國內的保王派與親英派組成反摩薩台派，藉此達成政權的交替。他們計畫讓從一九二〇年代至一九四〇年代曾四度擔任首相的老練政治家蓋瓦姆接替首相職位。反摩薩台派在一九五二年七月十六日逼迫摩薩台辭職，並成功擁戴蓋瓦姆接任首相。發起反彈的民眾們封鎖全國主要城市的攤商街與工廠，宣布大罷工，展開抗議遊行。國王見到全國性的抗爭，放棄武力鎮壓，在未告知本人的情況下，以廣播宣布蓋瓦姆辭職。七月二十一日傍晚，國民戰線的領導者們在廣播上宣布勝利後，德黑蘭充斥著慶典氣氛，四處飄揚著國旗，店家們重新開門營業。

提爾月（Tir，伊朗曆法對夏季第一個月的稱呼）三十日（一九五二年七月二十一日），因國民群起抗議而回歸首相職位的摩薩台，大量晉用以伊朗黨領導者為主的自由主義實務家作為閣僚，著手經濟改革、司法改革與農地改革。然而，重用伊朗黨的大力改革，不僅面對來自大地主、大企業家組成的保王派與親英派的反對，也招致國民戰線的內部分裂。在提爾月國民起義中扮演重要角色的卡沙尼、馬勒基、巴加伊相繼與摩薩台決裂。導致分裂的決定性事件，是一九五三年一月八日摩薩台內閣為壓抑反對派，要求議會把立法權委讓給內閣，對國會提出全權法延長法案[14]。卡沙尼批評「該法案是剝奪國會立法權的獨裁式法案」，對此激烈反彈，與至一九五二年七月為止皆處於敵對關係的反摩薩台派聯手，之後搖身一變成為批評摩薩台政權的急先鋒。

反摩薩台派獲得卡沙尼勢力的加入，終於在一九五三年二月嘗試殺害摩薩台首相。二月二十八日中午時分，為了謁見國王而前往薩阿德·奧包德宮殿（Majmue ye Sa'dābād）等候的摩薩台首相，因美國大使羅伊·亨德森（Loy W. Henderson）請求緊急會面，當摩薩台離開皇宮時，立憲革命領導者塞耶德·阿卜杜拉·貝巴哈尼（Seyyed Abdollah Behbahani）之子，任職星期五禮拜師的穆罕默德·貝巴哈尼（Mohammad Behbahani）及保王派唆使的民眾襲擊摩薩台，發動一起政變未遂事件[15]。襲擊摩薩台的民眾中有知名的黑道首領沙班·賈法裡（Shaban Jafari，外號 Bi-mokh，意為「無腦」）與退役軍人們。摩薩台從後門離開皇宮，因此才免於遭受殺害。此事在摩薩台支持者之間立刻引發憤怒。三月一日與二日，德黑蘭商攤街為抗議這起政變未遂事件而關閉，巴剎商人與工匠們與留在國民戰線的伊朗黨、第三勢力黨、泛伊朗主義黨成員們在巴哈雷斯坦廣場舉行抗議集會。與德黑蘭的抗議同步，全國主要城市的商攤街也隨之關閉，摩薩台派的民眾在城市的主要廣場與電信局前反覆進行抗議集會。

面對這些抗議運動，為了消弭宮廷與內閣的對立而成立特別委員會，對國會提出限制國王權限的「八人委員會的提案」。然而，雙方的鴻溝終究無法弭平，曾在二月二十八日有阻止政變之功的警察廳長官阿夫沙爾透斯（Mahmoud Afshartous），於四月十九日遭綁架，二十六日屍體被發現。經調查，這起警察廳長官綁架殺害事件與摩薩台過往盟友，伊朗勞動者黨黨魁巴加伊有關，這也讓伊朗政局更加混亂。伊朗國王在軍隊內擁有龐大影響力，而摩薩台內閣因此次事件失去原本在軍隊內少數的摩薩台派軍人，這也導致維持治安的能力更為下降。此外，一九五二年八月以後，摩薩台內閣因經費削減解雇大量軍官，隨之如後所述般，成為法茲盧拉．扎赫迪（Fazlollah Zahedi）將軍招募大量退役軍人參與美國中情局（ＣＩＡ）主導政變的原因之一。

一九五三年五月，摩薩台政權雖然以大幅降低的價格成功將石油賣給日本的出光興產，但因國際石油巨頭（International Oil Majors）的抵制導致石油收入驟減，讓內閣面臨嚴重的財政困難。經濟情勢的惡化，加上連日街頭不斷出現伊朗人民黨、保王派、國民戰線各派系間的示威活動與衝突，導致國內治安惡化與傾向共產化，市民之間對石油國有化的支持熱度逐漸降溫。

五、一九五三年八月政變

英國的邱吉爾政權在一九五二年七月的提爾月國民起義中，無法通過國會打倒摩薩台政權，此次顛覆失敗後便轉換方針，把美國捲入軍事政變的作戰中。一九五二年十一月，英國情報局祕密情報部（MI6）中東負責人克里斯托佛・伍德豪斯（Christopher Montague Woodhouse）前訪華盛頓，針對通過政變打倒摩薩台政權的可能性詢問美方的想法。美國國務院完全不感興趣，僅有CIA中東局長克米特・羅斯福（Kermit Roosevelt Jr.）與擔任下任總統德懷特・艾森豪（Dwight Eisenhower）選舉參謀的杜勒斯（Dulles）兄弟表示興趣[16]。

克米特・羅斯福是美國第二十六屆總統西奧多・羅斯福（Theodore Roosevelt Jr.）的孫子，一九五三年時年僅三十六歲。畢業於哈佛大學的克米特・羅斯福，喜好冒險與陰謀，受弗蘭克・威斯納（Frank G.Wisner）勸誘，加入當時剛設立的CIA。政變後五年的一九五八年，他從CIA退休，就任海灣石油（Gulf Oil Corporation）社長。之後利用與穆罕默德・李查沙阿的穩固關係，經營顧問公司，把武器銷售給適逢石油熱潮的中東各國。

一九五三年一月，美國共和黨的艾森豪當選總統，杜勒斯兄弟的弟弟艾倫・威爾許・杜勒斯（Allen Welsh Dulles）就任CIA局長，哥哥約翰・福斯特・杜勒斯（John Foster Dulles）就任美國國務卿，英美共同發起政變的計畫逐漸出現可能性。在韓戰爆發後加劇冷戰對抗的背景下，艾森豪政權較前任杜魯門政權有更強的反共色彩，主張「對蘇防衛」，也就是所謂「反攻政策」（rollback）作為外交的主軸。

一九五三年三月，摩薩台拒絕英方提出的石油協定案，據此，艾森豪總統放棄通過外交談判取得和解的想法，許可中情局著手推翻摩薩台政權的諜報活動，且迅速撥出一百萬美元的特別預算充作活動資金，在德黑蘭的政界、商界、宗教界撒鈔運作。[17]美國決定與英國聯手策劃伊朗政變的背景，因為他們認為在標榜「言論自由」的摩薩台政權中，伊朗人民黨的影響力不斷增強，最終摩薩台領導的國民戰線中的自由派民族主義者，可能遭伊朗人民黨排擠，深恐若伊朗人民黨奪取政權，將很有可能讓伊朗走向共產化。

英美的情報機構選擇法茲盧拉．扎赫迪將軍作為首相候補，理由是他在軍隊中具有影響力，加上他也與脫離國民戰線的前領袖們關係良好。此外，英美也開始籌劃獲得國王支持政變的作戰計畫，雖說摩薩台上臺後大幅削減國王權威，但國王仍擁有首相任免權、解散議會權、軍隊統帥權，故國王的態度對政變結果至關重要。然而，欲說服猜疑心超乎常人且優柔寡斷的國王並非易事，畢竟無論是摩薩台或法茲盧拉．扎赫迪，對政局都有強大自主權，而國王並不希望見到這樣的強勢首相出現。

MI6與CIA把兩位對國王有巨大影響力的人物祕密送入德黑蘭，一位是前伊朗軍顧問老諾曼．史瓦茲柯夫（Norman Schwarzkopf Sr.）將軍，一位是當時逃亡法國的國王雙胞胎妹妹阿什拉夫．巴勒維（Ashraf Pahlavi）公主。帶著CIA局長杜勒斯密令潛入伊朗的羅斯福，與史瓦茲柯夫將軍開始接觸伊朗國內的反摩薩台派，八月十三日成功取得國王支持政變的約定。

八月十六日深夜一時許，國王的親信內馬圖拉．納西里（Nematollah Nassiri）上校帶著罷免摩薩台與任命扎赫迪將軍為新首相的詔書前往摩薩台宅邸，不過摩薩台從軍事部門的支持者處事先得知政變的動向，當場逮捕納西里上校。得知計畫失敗的國王慌忙經巴格達逃往羅馬。

儘管初次計畫遭遇挫折，羅斯福藉助父子兩代都擔任英國間諜的拉希迪昂兄弟之力，迅速重整陣容，規劃新的政變計畫[18]。八月十九日早晨，德黑蘭南部的商攤街出現由黑道首領沙班・賈法裡帶領，身上帶著棍棒與短刀的一群人，口中喊著「國王萬歲」，然後攻擊國民戰線的主要政黨辦公室與所屬報社後，便朝著摩薩台宅邸而去。CIA大量撒錢雇用的「市民」，在軍用吉普車的保護下，一路沿德黑蘭市區北上，衝入摩薩台住宅。摩薩台首相通過屋頂逃往鄰居家，但最終仍與其他閣僚一起向已經控制政府機構與廣播電臺的政變軍投降。

一九五三年政變後，從羅馬回到伊朗的沙阿（從右數來第二人）與扎赫迪將軍（中央）等人

當摩薩台被捕與扎赫迪將軍就任首相的消息透過廣播向伊朗全國播報後，熱情支持摩薩台首相的巴剎商人、工匠們關閉商攤街以表達抗議，然而面對擁有絕對軍事力量的政變軍的威嚇、攻擊，摩薩台的支持者們只能無奈解除抵抗。覺悟自己可能被廢除王位而暫時出逃義大利的國王，也在八月二十二日意氣風發地回國，穿過匆忙打造而成的凱旋門。

廣受人們支持的摩薩台政權，僅僅執政兩年，就遭英美主導的軍事政變垮臺。之後國王穆罕默德—李查沙阿在美國支持下不斷推動獨裁化，因此也加強伊朗人民認定摩薩台是「挫折的民主主義與國族主義時代的英雄」，其形象更加熠熠生輝。此外，伊朗的石油國有化運動不僅推動國內的民主化進程，也對承認資源持有國固有的權利的「資源國族主義」概念作出貢獻。面對帝國主義列強在政治、經濟上的控制，激勵了以擺脫此種狀態為目標的中東各國，甚至對第三世界的國族主義運動，都起到鼓舞的作用。

六、石油紛爭的終結

一九五三年八月政變後舉行的彈劾審判中，摩薩台自豪且有時帶著熱情訴求，認為恢復伊朗主權與資源而實施的石油國有化具備正當性，但即便巴剎商人與學生們舉行抗議活動，要求釋放摩薩台，他仍被處三年有期徒刑，之後被軟禁於自宅，直至一九六七年過世為止。國民戰線的領導者與支持者遭全國性舉發逮捕，外務大臣海珊．法特米在潛逃數個月後遭逮捕處死。一九五四年夏天，伊朗軍內部發現伊朗人民黨的地下組織，軍事審判中判處二十四人死刑，五百人徒刑。在ＣＩＡ與摩薩德（Mossad，以色列情報特務局）的支援下，伊朗於一九五七年成立薩瓦克（ＳＡＶＡＫ，國家情報與安全部），進一步強化對政治活動的管制。

同時，在結束石油紛爭與力圖伊朗經濟正常化的階段中，在國王與英美政府的同意下，國際石油巨頭持續推動自身的發展。一九五三年十一月，伊朗迅速與英國恢復邦交。雖然伊朗的石油在名義上被承認為國有化，但依據一九五四年成立的協定，實際上是由一個國際石油合資公司「石油聯盟」

（Consortium）所管控。該聯盟由世界八大石油巨頭（AIOC、英荷合併之荷蘭皇家殼牌〔Royal Dutch Shell plc〕、法國石油、美國埃克森、美國美孚、美國海灣石油、美國德士古〔Texaco〕、美國標準石油〔Standard Oil Company of California〕）以及美國獨立石油公司組織「伊利康」（Irikon）共同組成。主導政變的美國，通過此石油聯盟成功保障自身超過四成的占有率。在軍事層面上，伊朗被當作美國冷戰時期對抗蘇聯戰略中的重要國家，美國擴大對伊朗的軍事援助，伊朗因而加速從屬於美國的步伐。

穆罕默德—李查沙阿・巴勒維（一九一九—一九八〇年）

一、成長過程與家族

巴勒維王朝第二代國王穆罕默德—李查・巴勒維，一九一九年十月二十六日出生，其父為哥薩克旅隊長李查汗准將，母親妮姆塔吉（Nimtaj），為二人的第二個孩子，出生時他們在德黑蘭老城區加茲溫附近租房而居。李查汗第一任妻子塔吉瑪芙（Tajmah）生女兒時難產而亡，因此他選擇同僚軍人的女兒，身心健康的妮姆塔吉為第二任妻子。妮姆塔吉的父親擔心女兒嫁給粗魯且貧困的李查汗，但李查汗透過許多同事的勸說，加上使用各種說服方法，最終於一九一六年成婚。妮姆塔吉次年產下二人的第一個女兒珊姆（Shams），兩年後生下李查汗盼望已久的男孩，穆罕默德—李查。他出生五個小時後，雙胞胎妹妹阿什拉夫也平安出生。

李查汗身高一百八十公分，長相精悍，眼光銳利，非常沉默，缺乏耐性。一般的伊朗人對話時總會用詩文，進入正題前會拉拉雜雜地說一些冗長問候，但李查汗卻非一般人，他厭惡無關的廢話，言出必行，且性格極為勤勉。根據穆罕默德—李查的回憶錄《對我祖國的使命》（*Mission for My Country*，一九六一年），他的父親每天過著軍人的規律生活。李查沙阿每天清晨五點起床，迅速洗臉刮鬍後，邊吃簡單的早餐邊看報、讀報告書，七點半必定出發前往勤務室，聽取包含首席助理在內的部下報告，之後與閣僚、官僚們開會至十一點半，接著午餐，下午兩點起，前往軍隊或市內的建設計畫、設施進行視察，之後再與閣僚們進行午後會議，傍晚六點至快八點為止讀報告書，一到八點便回家用晚餐，十點就寢，這就是李查沙阿的每日作息[19]。

李查沙阿激動時，即便對方是高官，也曾當著部下的面毫不留情地加以毆打。其威嚴讓親信與部下在他面前都不敢開口，不過對穆罕默德—李查這位將來會繼承自己王位的長男卻十分寵愛。穆罕默德—李查回憶，「只有父親與我兩人相處時，會非常憐愛地對我說話，有時也唱歌給我聽」[20]。某次他還爬上父親的背上玩起騎馬打仗遊戲，那副父子情深的畫面讓宮廷的官吏們大感驚愕。

穆罕默德—李查在自己的著作中評價母親妮姆塔吉——日後自稱「塔德杰．奧爾—莫盧克」（Tádjol-Molouk），意為「王冠」——是位「非常專制的女性」，相比於他對父親帶有強烈的敬意與深厚感情，他對母親則表現出冷淡的態度。健康又活潑的阿什拉夫公主有著不輸父親的急性子與衝動易怒性格，他這個雙胞胎哥哥從小體弱多病，是個非常內向的少年，因此經常遭受母親與姊妹們的輕視。母親更喜歡次子阿里·李查（Ali Reza），她認為比起體弱多病又膽小的長男，性格強健的次子更適合王位，甚至曾著手策劃欲將次子立為太子。

結婚六年後，李查沙阿對於強勢妻子塔德杰·奧爾—莫盧克的情感逐漸冷卻。一九二二年阿里·李查誕生後，國王迎娶第二位夫人圖蘭（Turan Amirsoleimani），生下三男葛蘭姆·李查（Gholam Reza）。一九二四年與圖蘭離婚後，他娶了比第二夫人更年輕的艾斯瑪特（Esmat Dowlatshahi），她帶著卡扎爾王朝的貴族血統，也是李查最喜愛的妻子，為他生育了五個孩子。忌妒的塔德杰·奧爾—莫盧克厭惡艾斯瑪特，為此長期拒絕與丈夫見面。國王畏懼這位火爆的第一夫人，只要她一出現便躲到柱子後面。最終雙方同意，以保持塔德杰·奧爾—莫盧克皇后頭銜，且確保她的兩位兒子擁有正統王位繼承權為條件，同意與國王分居。

李查沙阿擔憂長子在強勢母親與姊妹之間成長，恐怕將變得更加怯懦，在一九二六年四月冊封太子儀式後，便將穆罕默德—李查從其母親手中帶走，讓他在別處住宅與家庭教師、侍衛們生活。該年他進入陸軍幼童學校就讀，與其他少年們一同開始接受軍事教育。唯一能慰藉離開家人生活的幼小王子孤獨心靈者，就是法國家庭教師瑪德琳·阿爾法夫人，她以無條件的愛與溫暖呵護著王子，熱心教導他歐洲文化，特別是法國文化的魅力。穆罕默德—李查王子對她教導的拿破崙、葉卡捷琳娜二世等歐洲英雄、法國大革命、民主主義、巴黎風景感到雀躍，也加強他對歐洲的憧憬。

一九三一年，從陸軍幼童學校畢業的穆罕默德—李查，十二歲時與他意氣相投的友人侯賽因·法爾多斯特（Hossein Fardoust）[21]、宮廷大臣的兒子梅赫魯波爾·泰穆爾塔什（Mehrpour Teymourtash）、弟弟阿里．李查一同前往瑞士的寄宿學校學習，從安扎利港出發，前往位於日內瓦湖畔的知名男子寄宿學校羅西學院（Institut Le Rosey）。在此校，王子與其他少年一樣被分配到小的宿舍房間，眾人一同生活。穆罕默德─李查一開始對他的同學竟不對他表示敬意感到困惑，不過之後很快習慣此處生活環境，特別喜愛體育活動。在與同年代少年共同生活中，太子從幼年那個極端內向又病弱的少年，成長為活潑又受朋友喜愛，靠體育鍛鍊體魄的青年。

對住在寄宿學校的青年而言，週末或聖誕節時上街遊玩、參加舞會與異性交往，這是最大的樂趣。穆罕默德─李查也喜歡跟朋友們一同上街，但隨行的伊朗醫師莫阿德布．納斐薛博士也擔負監視他的任務，他嚴禁穆罕默德─李查與朋友一同外出，也禁止與異性交流。因此，當朋友們外出玩樂時，穆罕默德─李查只能關在房間內聽音樂與祈禱。

一九三六年五月十一日，穆罕默德─李查完成在瑞士寄宿學校的中等教育後，乘船回到過往出發時的安扎利港，不過此港已於前一年改名為與王朝名稱相同的巴勒維港，從老舊荒廢的港鎮搖身一變為旅館林立、充滿活力的「南法式」觀光勝地。不只港都街道大為改變，穆罕默德─李查也從病弱的少年成長為健康英挺的青年，讓他的父王甚至一時半刻認不出自己的兒子。父子相擁後，前往在遠離防波堤處等待的王妃與公主處，送他離去時仍穿著罩袍的她們，也因一九三六年禁止穿著罩袍令而改穿歐風裙子頭戴帽子，完全變了個樣子。太子乘車從裏海沿岸的城鎮，翻過厄爾布魯士山脈（Mount Elbrus）奔向德黑蘭。向車窗外望去，放眼盡是父王現代化政策下鋪設的新道路與大為變化的歐風街景，對此感到驚異的他在回憶錄中寫下「宛如來到不同國家一般」[22]。

回國後，太子進入陸軍軍官學校，學習兩年的戰略與軍事技術後，取得少尉軍階，被任命為軍事監察官。開始思考讓位的李查沙阿，親自教導太子帝王之道，帶著他視察首都與地方，官吏們唯恐觸怒國王，幾乎都不敢開口陳述意見，不過太子卻屢屢對國王率直地陳述自己的看法。李查沙阿認真傾聽兒子的意見，且多加採用，不過針對土地接收與政治犯的處置，兩人也會出現意見對立。但一九四〇年穆罕默德—李查太子為摩薩台的釋放說情時，李查沙阿說著「日後大概會後悔吧」，但還是接受這一請求。穆罕默德—李查在回憶錄中多次提到，自己曾兩次救過摩薩台性命，但摩薩台卻仍背叛他[23]。據說，摩薩台偶爾會向國王與周圍人們提及感謝穆罕默德—李查沙阿將他救出嚴酷的監獄生活。

二、結婚生活與即位國王

李查沙阿的子女婚姻，大致都是由他決定的政治婚姻。他為兒子挑選的妻子是埃及國王法魯克一世（Farouk I）的妹妹苪絲亞（Fawzia）公主。李查沙阿渴望與埃及結成同盟，且熱切希望新成立的巴勒維王朝能受到鄰近國家的認同。一九三九年三月十五日，在穆罕默德—李查王子與苪絲亞公主結婚典禮的前兩週，他們才在開羅首次見面。此時他們察覺兩人之間幾乎沒有任何共通點，但結婚典禮仍按預定舉行，次年兩人生下女兒沙赫娜茲（Shahnaz）公主。生活在開羅國際大城，過著燦爛宮廷生活的苪絲亞，對德黑蘭宮廷只感到無趣與鄉下。出身埃及的王妃也不習慣巴勒維家族的女性，面對婆婆與小姑的厭惡卻束手無策，只感到孤單。

一九四一年八月二十五日，英軍與蘇軍從南北兩面侵略伊朗，巴勒維王室成員進入宮殿地下室避難，做好必死的覺悟。九月十六日，李查沙阿在聯軍的壓力下表明將退位，帶著妻子與女兒們前往伊斯法罕。阿什拉夫公主懇切表示願意隨父親流亡海外，但父王卻告訴她「留在王兄身旁助他一臂之力」，不接受女兒的懇求。次日的即位儀式上，穆罕默德─李查沙阿宣示遵守憲法，並將父親接收的土地全部歸還國家。同盟國的大使們為了防止新國王邁向獨裁，在其周圍安排了阿里．福魯吉（Mohammad Ali Foroughi）、塔基扎德等決心恢復立憲制與阻止獨裁制的資深政治家們。

一九四三年十一月二十八日至十二月一日舉行的德黑蘭會談上，同盟國的首腦們決定蘇聯對日宣戰，同時讚許伊朗協助同盟國作戰，承諾戰爭結束後將保證伊朗的獨立與領土完整。此時史達林曾前往宮殿謁見沙阿，英國首相邱吉爾在英國大使館與國王會面，羅斯福總統則要求國王前往他當時入住的蘇聯大使館進行會談。美國與英國首腦對伊朗國王的對應方式，可說相當屈辱對方。

權力基礎相當脆弱的穆罕默德─李查沙阿終於迎來擴大權力的機會。一九四九年二月四日，穆罕默德─李查沙阿前往德黑蘭大學視察，遭假扮記者的年輕人槍擊，國王肩膀中槍並被緊急送至醫院。刺殺者當場被國王的護衛兵射殺，因此事件背後的來龍去脈難以查明。不過，犯人帶著親伊斯蘭敢死隊（Fada'iyan-e Islam）雜誌《伊斯蘭之旗》的攝影記者識別證，此外還出現證據指刺殺者領取伊朗人民黨相關團體的薪水。因此，伊斯蘭敢死隊的精神領袖卡沙尼被驅逐國外，伊朗人民黨被視為是非法政黨。此起暗殺未遂事件後，國王利用輿論的同情，成功重啟憲法中有記載但一直未召開的上院議會。憲法規定上院議員的半數由國王任命。上院被當作用以牽制「民主時期」國會過於活躍的力量，而穆罕默德─

李查沙阿期待上院可以成為國王新的權力基礎[24]。

一九四八年苐絲亞王妃提出離婚請求，並將女兒留在伊朗後返回開羅，使得期待有子嗣能繼承王位的巴勒維王室開始物色新的王妃。作為候補人選的是索拉雅．伊凡迪亞利─巴克蒂亞里（Soraya Esfandiary-Bakhtiary）。她帶有伊朗有力部族巴赫蒂亞里族（Bakhtiari）族長哈利勒．艾斯法蒂亞里（Khalil Esfandiary-Bakhtiary）的血統。一九二〇年代，艾斯法蒂亞里因李查汗的鎮壓而逃往德國留學，與當地經營化學工廠的富商女兒伊娃．卡爾（Eva Karl）相戀結婚。一九三二年兩人於伊朗古都伊斯法罕生下索拉雅。婚後，艾斯法蒂亞里一家暫時在伊朗生活，一九三三年遷居柏林，但在第二次世界大戰爆發前再度遷回伊朗，二戰之後則移居瑞士。

高中畢業後，索拉雅暗自抱持想成為女明星的願望，前往倫敦學習英語。如雪般白皙的肌膚加上閃耀著神祕光芒的綠眼珠，索拉雅貌若天仙的傳聞傳到正在給兒子物色兒媳的太后塔德杰．奧爾─莫盧克耳裡。太后於是要求長女珊姆前往巴黎與這位新娘候補人選見面，確認一下對方外貌人品。珊姆與索拉雅見面後被她的魅力所折服，對母親報告說索拉雅正是新王妃的適當人選。

一九五〇年秋，在德黑蘭宮殿首次見面的穆罕默德─李查沙阿與索拉雅二人一見鍾情，她很快接受國王的求婚，一九五一年二月十二日舉行婚禮。索拉雅作為王妃的期間，正好與石油國有化運動時期相重疊，是伊朗的政治動亂期。雖然她參與了國外訪問或出席官方行程，但並不關心政治。與此形成對比的是，太后塔德杰．奧爾─莫盧克與阿什拉夫公主屢屢對政治表達意見，從很早期便積極參與驅逐摩薩台的陰謀。一九五二年提爾月國民起義後，太后與阿什拉夫公主因深入參與推翻摩薩台政權之故，遭到驅逐國外的處分。

一九五三年英國與美國決定實施政變計畫時，即便家人與親信不斷勸說，但國王一直不願下達行動許可命令。這是因為他對平日周遭人們不尊重他擅自策劃陰謀，且還利用自己實施陰謀感到不滿，加上對自己國家的首相發起政變萬一失敗，國家恐將陷入混亂。此外，國王認為一心想讓伊朗獨立的扎赫迪將軍不必然是善類，若是如此，與其讓扎赫迪成為首相，不如繼續讓摩薩台擔任更妥，因此國王的決斷才會一延再延。

八月十三日，穆罕默德—李查沙阿屈服於羅斯福的壓力下，簽署了罷免摩薩台，並任命扎赫迪為新首相的詔令。但為了防止政變失敗牽連到自己，國王與政變抱持距離，因此離開德黑蘭前往裏海濱的凱拉爾達舒特（Kraldasht）別墅，與王妃及朋友一同度過這段時間。八月十六日，聽聞第一次政變失敗的報告，震驚的國王迅速在行李箱中塞入幾件衣服與貴重物品，帶著王妃與管家搭乘小型飛機飛向伊拉克。

伊拉克國王費薩爾二世（Faisal II）為伊朗國王夫婦及其隨行人員在巴格達市內提供暫時的避難處。次日，伊朗國王前往與美國駐伊拉克大使波頓．貝里（Burton Y. Berry）見面，告知當初自己雖然同意政變計畫，但之後改變想法，不願採取政變形式，且無論採取何種行動都必須「在憲法框架內」執行。此外，穆罕默德—李查沙阿表示，聽聞政變計畫失敗，為了避免造成進一步的流血與損失，他決定離開伊朗，如果可行，他想逃亡美國，且想找一份能養活自己大家庭的工作。美國的貝里大使勸說國王，在情勢穩定之前應暫時留在巴格達，但國王拒絕，一行人於八月十八日啟程前往羅馬。[25]已經決心亡命外國的國王對不安的妻子說，他帶有足夠在加州買塊小土地的金錢，試圖讓妻子安心[26]。

八月十九日午後，失意的國王與王妃在羅馬的艾克索希爾飯店（Hotel Excelsior）用午餐時，有外國記者靠近，從記者口中得知第二次政變成功後，國王興奮地大叫「我就知道！國民們是愛著我的！」他立刻放棄亡命美國的想法，決定返回伊朗。回國後，國王認可政變立功者扎赫迪將軍就任首相，但內心仍擔憂將軍最終會廢黜國王建立新的王朝。而且，扎赫迪首相及其閣僚對第一次政變失敗後在最艱困的時期逃亡國外的國王，一直抱持著輕蔑的態度，怒不可遏的國王，最終在一九五五年將其罷免並驅逐國外[27]。

結婚超過七年，索拉雅王妃依舊沒有懷孕的徵兆，性格頑固、性急，不善與人交往的索拉雅逐漸在宮廷內感到孤立，特別是與太后塔德杰·奧爾—莫盧克相處不洽，在餐桌上還曾發生激烈口角。穆罕默德—李查沙阿深愛這位王妃，但終究因為需要子嗣繼承王位，因此在一九五八年三月與王妃索拉雅離婚。索拉雅帶著高額贍養費前往歐洲，一段期間曾在義大利達成宿願，出道演出電影，但她的演技實在太差，主演電影頗受差評，因此作為女演員的生涯並不長。

第一任妻子芾絲亞與第二任妻子索拉雅都不適應巴勒維家的生活，對公務行程也不太積極。這讓穆罕默德—李查沙阿下定決心，下一任王妃比起外貌，更必須選擇能認真承擔王妃責任的有責任感女性。國王與第三任王妃法拉赫·蒂巴（Farah Diba）邂逅，是在一九五九年的春天，地點是出遊巴黎時當地舉行招待伊朗留學生的歡迎接待會。國王當時對這位雙十年華、專攻建築學的女學生並未留下強烈印象，不過數月後，在女兒沙赫娜茲與其丈夫阿德希爾·扎赫迪（Ardeshir Zahedi）的邀請下，他們於德黑蘭重逢，此時國王對她的品行人格留下好感。個性活潑、充滿好奇心的法拉赫不僅擄獲國王的心，連沙赫娜茲公主、太后塔德杰・奧爾—莫盧克等巴勒維家族意見特多型女性，也都喜愛這位女孩。

法拉赫的父親索赫拉布・迪巴（Sohrab Diba）曾在帝俄與法國接受教育，是一位軍官，母親法里德赫・戈特比（Farideh Ghotbi）出身裏海沿岸吉蘭省的富裕家庭，法拉赫生於中產階級家庭，在家人的關愛中成長。法拉赫就讀名門女子高中聖女貞德高中（Jeanne d'Arc School）時不僅成績優異，還對籃球充滿熱情，帶領校隊獲得高中女籃全國第一，她的目標是成為建築家，為此前往巴黎建築大學留學。國王認為像法拉赫這樣健康、追求社會成就的女性，正是符合推動現代化的新時代伊朗王妃的最佳人選。因此，國王於一九五九年十一月向法拉赫求婚。但與憧憬灰姑娘故事，對國王一見鍾情的索拉雅不同，法拉赫並未對國王陷入熱戀。不過，當她意識到國王希望她可以成為共同帶領國家前進的夥伴後，她便毅然放棄學業，於一九五九年十二月二十一日與國王完婚。次年，誕下王室翹首期待的太子禮薩（Reza），之後接連於一九六三年產下法拉納茲（Farahnaz）公主，一九六六年阿里・禮薩（Ali Reza）王子，一九七〇年勒伊拉（Leila）公主。

拉法赫也不愧是建築學專業，藝術造詣深厚，委託新銳伊朗人建築家建造了現代美術館與地毯博物館等。她相當支持藝術活動，也致力保護考古遺產及歷史建築物。法拉赫王妃還設立負責培養兒童情操教育的「青少年知育協會」，協會聘請許多年輕的文學家、畫家、電影導演等藝術家們。伊朗的電影大師阿巴斯・基阿魯斯塔米（Abbas Kiarostami）在資金豐富且充滿自由氣氛的協會內製作各種各樣的實驗電影，一九八〇年代屢屢在海外電影節中獲獎，成為世界級的大師。

三、白色革命與國王的獨裁化

在艾森豪總統的支援下成功復辟的伊朗國王，持續在美國政界維持與共和黨良好的人脈關係，不過與重視民主主義與人權的民主黨關係，則僅保持在互相試探的狀態。受到一九六〇年當選的民主黨總統約翰．甘迺迪（John Fitzgerald Kennedy）的壓力，穆罕默德—李查沙阿宣布第二十屆議會選舉將是自由選舉。國民戰線成員抓住這個大好機會，組成第二國民戰線參加選舉，且成功讓大多數候選人當選。然而，擔憂自由主義勢力擴張的國王，主張此次乃非法選舉，宣布選舉結果無效。對此表示抗議的第二國民戰線，許多領導者都被逮捕，一九六四年被迫停止活動。

當時的伊朗土地，由僅僅百分之二的不耕種地主持有全國百分之五十五的耕地，大地主所有制占主導地位[28]。國王企圖削弱地主階層的勢力，以擴大在農村的支持基礎，斷然實施了一連串的改革，被稱為「白色革命」（White Revolution）。白色革命主要包括六個項目：農地改革、森林國有化、國營企業民營化、分配利益給工廠勞工、女性參政權、創設識字部隊等，但主要著眼於農地改革。

什葉派最高權威賽伊德．侯賽因．博魯耶迪（Sayyid Hossein Borujerdi）強硬反對農地改革，直到他過世後的一九六三年，國王才無視議會意見實施國民投票，強制執行「白色革命」。農地改革打算擊垮依靠瓦合甫（Waqf，捐獻給清真寺的土地）而地主化的宗教界財源，目標在強化國家對土地的控制。一九六三年二月，穆罕默德—李查沙阿壓制宗教界的抗議，宣布女性擁有參政權，賦予女性選舉權與被選舉權。歐美輿論認為這是伊朗現代化與民主化的象徵，給予高度評價。但此舉牴觸什葉派宗教界認定男性判斷力優於女性的傳統伊斯蘭觀念，因此對女性參政權提出強烈抗議。

將「白色革命」視為國王強化獨裁手段的烏理瑪與國民戰線成員，從一九六二年至一九六三年展開全國規模的反對運動。率領運動的是來自庫姆（Qom）的宗教學者魯霍拉·何梅尼（Ruhollah Khomeini）。從年輕時起，何梅尼便受在石油國有化運動中大為活躍的卡沙尼影響，對政治抱持深度關心，但因博魯耶迪禁止烏理瑪參與政治活動，因此在博魯耶迪過世後，何梅尼才展開政治活動。

一九六三年六月五日早晨，何梅尼因批評國王通過「白色革命」實施獨裁、賦予女性參政權、親美國與親以色列的外交態度等，遭當局逮捕。對此感到憤怒的民眾在德黑蘭、伊斯法罕、設拉子（Shiraz）、馬什哈德等主要城市連續發起抗議活動，結果造成一百多人死亡，這場事件稱為霍爾塔德（Khordad）月十五日（六月五日）起義。何梅尼在宗教界的請願下於一九六四年四月獲釋，但因發表演講批評十月在國會通過一項給予美軍軍事顧問及其相關人員外交特權的法案，再度被捕，並被放逐國外。一九六五年十月，何梅尼逃亡至伊拉克納傑夫（Najaf），他在那裡發展出「教法學家的統治」（Wilāyat al-Faqīh），此發想也成為今日伊朗伊斯蘭共和國的核心思想。

四、伊朗經濟的急速發展與西方文化的氾濫

一九六〇年代至一九七〇年代，伊朗憑藉著豐富的石油收入，國民生產毛額（GNP）的年度成長率為：一九六〇年代百分之八，一九七二至一九七三年為百分之十四點二，一九七三至一九七四年為百

分之三十點三，一九七四至一九七五年為百分之四十二。平均每人GNP也從一九七一年的約四百五十美元成長到一九七八年的二千四百美元[29]。第二次世界大戰後的對外債務至一九七〇年代清償完畢，伊朗政府將大量石油收入集中於投資工業化政策（工業、建設、石油、天然氣、運輸、通信部門），石油化學與重工業部門達成快速發展。

一九七三年石油危機帶來油價上漲，伊朗的石油收入大增，國王著手更具野心的現代化經濟建設。許多以大型建設為目標的外國商人、工人，紛紛來到石油熱潮鼎盛的德黑蘭。一九七〇年前往伊朗工作的歐美外國人約有一萬人，一九七五年有三萬人，一九七八年數字膨脹到十二萬人。專為外國人而設的高級住宅供不應求，導致房租高漲，帶出一波高級公寓建設潮。在德黑蘭扛起建設熱潮的是在農地改革後未獲得土地，生活陷於窮困的約兩百萬窮困農民。這些從農村來到德黑蘭賺錢的人們，居住在南區沒有水電的貧民窟，領著低廉工資從事嚴苛的勞力工作，過著在路邊洗衣與洗餐具的悲慘生活。同時，在德黑蘭北部的豪宅區，國王一族及其逢迎、追隨者，卻通過石油收入、土地的投機式投資、仲介外國企業等大賺其錢，充分享受著紙醉金迷的生活。

都市的富裕階層身旁圍繞著海外名牌、電器產品與時尚商品，接受西式的生活形態，通過電視與電影享受著歐美文化。街道上到處是穿著迷你裙的女學生，她們與身穿喇叭褲、留著長髮的年輕人約會，各類可疑的酒吧與夜間俱樂部數量也大增。在表面繁華的背後，則是除了支持國王的御用政黨以外禁止其他政黨活動，所有的出版品必須接受當局檢閱，甚至莎士比亞的古典作品《哈姆雷特》也因出現王子殺害國王的場面而成為禁書，全國的言論活動都遭到嚴密監視[30]。在地下祕密活動的各種組織會被惡名昭彰的祕密警察組織薩瓦克（SAVAK）滲透，遭該組織的臥底告發的眾多政治家與青年們，受到號稱當時世界最先進技術的拷問刑具慘烈折磨。此外，享有治外法權的美國軍人、技術人員、商人及其家屬顯著增加，導致重視傳統伊斯蘭信仰與習慣的保守階層，感到自身文化與宗教遭受威脅。

革命思想家阿里．沙里亞蒂（Ali Shariati）批評此種氾濫的西方文化，主張「不要胡亂模仿西歐，回歸伊斯蘭」。希望通過伊斯蘭的傳統文化，解決包含過度西化在內的社會各種矛盾，這種從伊斯蘭中尋求解答的思想，迅速觸動在急速變化社會中感到不安的年輕人。醉心沙里亞蒂思想的學生之中，出現對一九六三年起義後遭鎮壓的既存政黨竟採取非暴力和平主義態度感到不滿，改而走上武裝抗爭的人。其中的代表性組織有：伊朗自由運動的成員穆罕默德．哈尼夫內賈德（Mohammad Hanifnejad）與賽義德．穆赫辛（Saeid Mohsen）等組織的提倡融合馬克思主義與伊斯蘭思想的伊朗人民聖戰者組織（People's Mojahedin Organization of Iran）；由離開伊朗人民黨的畢揚．賈扎尼（Bijan Jazani）創設，高舉馬克思—列寧主義的伊朗人民敢死游擊隊組織（Fadaiyan-e-Khalq，Organization of Iranian People's Fedai Guerrillas）。此二組織與巴勒斯坦的游擊隊組織接觸，接受軍事訓練後返回伊朗，自一九七〇年代起，以軍隊軍官、薩瓦克情報員、美國軍人為目標開始施加攻擊。

五、邁向伊朗革命的序曲

一九六〇年代末，陷入越戰泥淖的美軍不再有餘力把軍隊與防衛費用分配到波斯灣地區，因而轉變政策方向，將反共防衛工作委託親美大國伊朗與沙烏地阿拉伯。一九七一年英軍撤退後，遵循尼克森主義（Nixon Doctrine），伊朗成為「波斯灣的憲兵」，肩負起對蘇戰略的重要角色，因此伊朗得以從美國購入最新型坦克、TOW反坦克飛彈、史普魯恩斯級驅逐艦（Spruance-class destroyer）、最新式的幽靈戰鬥機、F14戰鬥機、F15戰鬥機等大量軍火武器[31]。面對占國家預算百分之四十的不均衡軍費暴增，何梅尼痛斥「美國輸出大量我軍無法使用的武器，為了使用這些武器又來了一堆美國顧問與專家」[32]，他的激烈批判深深觸動了在日常生活中苦苦煎熬的民眾心裡。

一九七七年，通貨膨脹率激增到百分之三十至三十五，一般民眾生活更加艱難，財富卻集中在王族與部分富裕階層，貧富差距日益嚴重，導致國內不滿情緒直線上升。一九七七年八月，國王察覺景氣衰退，更換自一九六五年起執政十二年的首相阿米爾—阿巴斯·胡韋達（Amir-Abbas Hoveyda），改由賈姆希德·阿穆澤加爾（Jamshid Amouzegar）擔任首相，企圖重振經濟。新政權認為通膨的原因出在過熱的房地產市場，因此提高住宅貸款利息，使土地價格下降。如此雖然抑制了通膨，但因房地產建設熱潮隨之結束，大量建設公司倒閉，產生約四十萬失業人口，經濟更進一步陷入不景氣狀態。

同一時期，國民戰線派的作家與新聞記者們認為一九七七年就任的美國總統吉米·卡特（Jimmy Carter）提倡之「人權外交」，意味著美國對伊朗政策的變化，隨之展開伊朗民主化運動。讓反體制運動擴大的契機是一九七八年一月七日《世界報》（*Ettela'at*）刊登汙衊何梅尼是英國間諜的報導。一月九日，當局面對庫姆的烏理瑪及神學生們的抗議時開槍鎮壓，造成超過七十人死亡與數百人受傷的事件。四十天後，主要城市出現追悼殉教者的「四十日忌追悼」（Arba'in）遊行，軍隊試圖進行鎮壓，再次開槍射擊，造成更多傷亡。每次遊行都在與當局的衝突中造成死傷，而且隨著每隔四十天重複一次的追悼遊行中，反體制運動也擴大到全國。

因罹患癌症造成決策能力低落的穆罕默德─李查沙阿，聽不進周圍的意見，逐漸變得孤立。面對來自美國的矛盾意見，有訴求人權外交的美國白宮，和勸戒徹底鎮壓抗議的美國國防部，國王的態度也一時強硬、一時軟化妥協，缺乏一貫性。一九七八年八月二十七日，阿穆澤加爾首相被解職，改任命與宗教界關係良好的謝里夫─埃馬米（Jafar Sharif-Emami）擔任首相，他推行一些安撫宗教界的政策，如廢除女性問題事務部與關閉賭場，以伊斯蘭曆（Hijra）替代伊朗帝國曆等方式。就在這段期間，一九七八年九月八日，德黑蘭當局對遊行隊伍進行全面掃射，造成出現超過三千名死者的「黑色星期五」事件。這一事件提高了訴求必須對國王進行徹底抗戰的何梅尼的聲望[33]。

在摩薩台政權時代被任命為第一任伊朗國營石油公司總裁，並於一九五三年政變後組成伊朗自由運動的邁赫迪．巴扎爾甘（Mehdi Bazargan）領導下，一九七八年九月下旬石油勞工提出提高薪資的政治訴求並展開罷工，此舉也擴大至其他產業。在街頭抗爭持續激化中，十一月五日埃馬米內閣被戈拉姆．列扎．愛資哈里（Gholam Reza Azhari）取代，成立軍事內閣。國王答應進行政治自由化與自由選舉，將前首相胡韋達、前薩瓦克主席納西里等約六十名政府高官與企業家下獄，而在此危急時刻，原本應當守護國王的親信們卻開始遠離國王。

十二月十一日，配合什葉派伊斯蘭教的重要節日「阿舒拉節」（Ashura），全國舉行數百萬人規模的和平遊行。雖然軍隊中也有徹底鎮壓反體制運動的主張，但國王拒絕虐殺的進言，為了收拾事態，與世俗政黨的國民戰線及伊朗自由運動的領導者見面。會談的結果，十二月二十九日國民戰線的沙普爾·巴赫蒂亞爾（Shapour Bakhtiar）允諾接受首相職位，條件是國王離開伊朗與撤銷薩瓦克組織等。一九七九年一月十六日，穆罕默德—李查沙阿抓起一把泥土，象徵自己日後將再度回到祖國，之後出發前往埃及。

最終，一九七九年二月一日，在三百萬人夾道歡迎下，時隔十五年滯留巴黎的七十六歲革命導師何梅尼終於回國，熱烈歡迎的民眾甚至讓何梅尼的車輛無法前進。二月五日，何梅尼任命伊朗自由運動的巴扎爾甘擔任臨時政府首相。軍隊內部分裂成支持國王與支持革命兩派，二月九日至十日，誓言絕對效忠國王的禁衛軍與表明支持革命的空軍之間發生槍戰。最後，軍方最高會議承認巴扎爾甘的臨時內閣。二月十一日，巴勒維王朝正式覆滅，伊朗革命取得勝利。

一月離開伊朗的國王一族，前往與其關係友好的埃及，接著居住於摩洛哥，並在暗中與美國當局交涉，希望逃亡美國。然而，美國卡特總統畏懼與伊朗革命政權的關係惡化，一直未接受沙阿的請求，國王一族只能在巴哈馬群島與墨西哥之間輾轉流離。這段期間國王的癌症惡化，他的舊友美國前國務卿亨利·季辛吉與大衛·洛克菲勒因擔心他而出手相助，美國民主黨政權終於在十月二十二日讓穆罕默德—李查沙阿以治療疾病為由准許入境。熱烈支持何梅尼的學生們認定這是美國欲打倒伊朗革命政權的陰謀，十一月四日占領位於德黑蘭的美國大使館，擄獲五十名人質長達四百四十四天。卡特政權並未答應伊朗激進派引渡國王的要求，但也否認讓國王一族流亡美國。為此，治療結束之後，穆罕默德—李查沙阿又離開美國，經巴拿馬前往埃及，在開羅度過流亡生活，直至一九八〇年七月二十七日過世為止。

其他人物

阿布—卡西姆・卡沙尼

一八八二—一九六二年。與穆罕默德・摩薩台一同領導伊朗石油國有化運動，但之後卻對立的什葉派高階烏理瑪。出身於德黑蘭的什葉派烏理瑪家庭，十六歲時為了學習伊斯蘭諸學而留學伊拉克南部的納傑夫，師從父親賽伊德・穆斯塔法維・卡沙尼（Seyyed Mostafavi Kashani）與知名什葉派宗教學者莫拉・卡則姆・何拉薩尼（Muhammad Kazim Khurasani），二十五歲時獲得可以解釋法律的法學家（mujtahid）資格。一九一六年，他的父親因參加什葉派民眾反英叛亂而過世，從此卡沙尼投身反英抗爭。在英軍的追捕中，他於一九二一年回到伊朗，定居在德黑蘭商攤街附近的帕梅納爾，通過教導弟子與傳教博得人望。在同盟軍統治下，卡沙尼被以協助德國為由逮捕，在克曼沙赫（Kermanshah）受到英軍十四個月的監視。一九四五年英軍撤退後獲釋，卡沙尼返回德黑蘭，加入以德黑蘭商攤街為據點的激進派伊斯蘭敢死隊與較為穩健的聖戰者協會，以此二組織展開政治活動。一九四九年，卡沙尼被懷疑涉入國王暗殺未遂事件，遭驅逐出境，流亡至黎巴嫩。

一九五〇年六月回國後，卡沙尼被選為國會議員，與穆罕默德・摩薩台合作領導石油國有化運動，同時也與聖戰者協會數度共同舉辦支持巴勒斯坦民眾的大規模集會。在石油國有化運動之際，位於德黑蘭商攤街帕梅納爾小巷內的卡沙尼住處，來自地方的陳情者、支持者、住在近鄰的巴剎商人與工匠絡繹不絕來訪，總是充滿人潮。其中也包含卡沙尼弟子沙姆斯・卡納達巴迪（Shams Qanatabadi）擔任黨魁的聖戰者協會成員，以及基於宗教法為達成政治目標不惜使用武力的激進派宗教團體伊斯蘭敢死隊的年輕人們。

身為反殖民地主義者、泛伊斯蘭主義者的卡沙尼，在摩薩台政權成立後，嘗試推動禁酒令等伊斯蘭教法，並在德黑蘭召開伊斯蘭國家會議。然而，一九五二年左右起，因閣僚人事與政策想法不同，卡沙尼開始與摩薩台對立，一九五三年發展到公然反對摩薩台政權，最終在一九五三年八月政變時加入推翻摩薩台的行動。摩薩台失勢後，卡沙尼旋即表明支持扎赫迪政權，且對首相施壓必須任用其子穆斯塔法（Mostafavi）作為閣僚。不久後，穆斯塔法·卡沙尼死於事故，因此卡沙尼意圖通過支持政變獲得政治利益的想法就此破滅。一九五五年，伊斯蘭敢死隊因暗殺海珊·阿拉（Hossein Ala'）首相未遂事件，身為該組織精神領導者的卡沙尼一同被捕，雖然隨後被釋放，但並未受到國王特別的眷顧，過往的支持者也多離去，最終於一九六二年在失意中過世[34]。

納瓦布·薩法維

一九二三—一九五六年。伊斯蘭敢死隊的創始人。出生於德黑蘭南部加尼亞巴德的馬斯杰德·甘地小巷。父親賽伊德·賈瓦德·麥爾羅希（Seyyed Javad Mir-Lohi）曾是一位烏理瑪，但在李查沙阿政權下轉業擔任律師。納瓦布本名賽伊德·摩賈他巴·麥爾羅希（Sayyid Mojtaba Mir-Lohi），不過他自稱是薩法維王朝的子孫，所以改名為納瓦布·薩法維（Navvab Safavi）。父親入獄三年後過世，他便在伯父處接受宗教教育，之後進入德國系統的德黑蘭工業技術學校，畢業後，他進入英國的英伊石油公司就職，在公司中發生糾紛而辭職。一九四三年前往伊拉克納傑夫的烏理瑪伯父家寄居，一邊經營香水謀生，一邊在阿薩德拉・馬達尼、哈吉・阿卡・胡賽因・庫米（Hossein Qomi）、阿拉梅・阿布多胡賽因・阿米尼（Abdul Hosein Amini）、沙夫・穆罕默德・德黑蘭尼（Agha Sheikh Mohammad Tehrani）等宗教導師處學習伊斯蘭諸學。

納瓦布・薩法維逗留納傑夫時期，閱讀知名歷史家、語言學者、思想家艾哈邁德・卡斯拉維（Ahmad Kasravi）的著作，對其世俗性思想感到震撼。他回到伊朗後，一九四五年五月十四日與夥伴襲擊卡斯拉維，因為他們斷定他是「叛教者」，卡斯拉維身受重傷，薩法維等人被捕。通過宗教界的斡旋後，薩法維獲釋，一九五四年成立「伊斯蘭敢死隊」。一九四六年三月十一日，伊斯蘭敢死隊成員哈珊・艾馬米（Hosein Emami）成功殺害卡斯拉維，主犯哈珊・艾馬米及其弟弟與五名相關人員遭逮捕，但在包含卡沙尼在內的高階烏理瑪的運作下獲得釋放。通過此次暗殺，伊斯蘭敢死隊一舉成名，成員也迅速增加。之後薩法維向卡沙尼靠攏，伊斯蘭敢死隊成員對卡沙尼的政敵艾哈邁德・蓋瓦姆首相、阿卜杜勒海珊・哈茲爾舉行抗議集會，也參加卡沙尼主辦的反以色列集會，藉此建立緊密關係。

伊斯蘭敢死隊在一九四九年十一月四日暗殺了負責第十六屆議會選舉的宮廷大臣哈茲爾，一九五一年三月七日暗殺拉茲馬拉首相。他們將目標對準那些被視為是「反伊斯蘭」或「賣國賊（外國勢力爪牙）」的政治家，逐一暗殺。據說第十六屆議會的許多議員，因恐懼這一連串的暗殺事件，故而投票贊成石油國有化法。薩法維對什葉派宗教界最高權威博魯耶迪的不介入政治態度，以及遵從博魯耶迪的什葉派烏理瑪展開激烈的批判，原本同情伊斯蘭敢死隊的高階烏理瑪逐漸遠離該組織。另一方面，包含年輕時的魯霍拉·何梅尼等什葉派宗教界低階烏理瑪和神學生，對伊斯蘭敢死隊抱持共鳴者並不在少數。

摩薩台政權成立後，伊斯蘭敢死隊強迫其應採用禁止酒精、香菸、鴉片、電影、賭博，以及對竊賊施以砍斷手腳之刑（Hudud）等嚴格的伊斯蘭法律，這些要求與堅持政教分離的世俗主義者摩薩台首相產生衝突與對立。隨後，卡沙尼也對伊斯蘭敢死隊保持距離。一九五二年二月十四日，因伊斯蘭敢死隊的成員發動暗殺副首相海珊·法特米的未遂事件，導致薩法維被捕，直到一九五三年二月才出獄。一九五三年八月政變時，伊斯蘭敢死隊並未做出任何引人注意的舉動，但一九五五年十一月十六日暗殺海珊·阿拉首相未遂後，當局一舉逮捕伊斯蘭敢死隊主要領導成員與卡沙尼。卡沙尼與部分成員後來被釋放，但納瓦布·薩法維與另外三名領導者於一九五六年一月十八日被處死刑[35]。

賽義德·焦爾丁·塔巴塔巴伊

一八八八—一九六九年。伊朗近現代史中最受英國優待的政治家。一八八八年生於設拉子，父親賽伊德·阿里·亞茲迪（Seyyed Ali Tabataba'i Yazdi）是一位烏理瑪。據說他的父親有十五位妻子，育有三十多個孩子。他兩歲時，一家搬至大不里士。其父賽伊德·阿里·亞茲迪作為一個受歡迎的傳教師，最初反對立憲革命，但卡扎爾王朝第六代國王，對革命政權採取反動態度的穆罕默德·阿里沙阿（Mohammad Ali Shah Qajar）失勢後，他便轉而支持革命派。賽義德·焦爾丁也主張自己終生都是立憲主義者。

焦爾丁十六歲時第一次創刊發行報紙《伊斯蘭之聲》（*Nedaye Islam*），之後也參與《東》（*Shargh*）、

《閃電》（*Bargh*）等報紙的發刊，開啟了他的新聞從業生涯。他的報紙被歸類成「黃色新聞」（Yellow journalism，煽情的大眾報），偶爾也會辛辣地攻擊首相、知名政治家，屢屢遭到禁止發行的處分。報紙相繼遭停刊後，焦爾丁前往歐洲，主要在法國逗留超過一年。一九一三年他返回伊朗，面對第一次世界大戰期間北有俄羅斯軍、南有英軍、西北有鄂圖曼帝國與普魯士的聯軍皆在侵略伊朗，他遂發行報紙《雷》（*Ra'ad*），站在擁護英國的立場展開論戰。當焦爾丁察覺有遭鄂圖曼帝國軍攻擊的危險時，他於一九一七年前往俄羅斯，並親歷了俄國革命。他一貫採取親英反共的政治立場，但同時也進言伊朗政府與蘇聯建立友好關係，表現出一種矛盾的態度。

一九一九年的《英伊協定》目的在於將伊朗實際變為英國的保護國，焦爾丁熱烈支持推動此協定的親英派政治家沃索．杜烏拉（Vosugh od-Dowleh），因此背負了英國爪牙的惡名，民族主義者對他的評價很差。不過他擔任成立於伊斯法罕，之後擴及全國的親英團體「鐵之委員會」領導人後開始嶄露頭角，與受英國庇護的伊朗保守派政治家及地主們建立深交。

一九二一年二月，在英國的支援下，焦爾丁與哥薩克旅隊長李查汗共同發起政變，政變成功後，焦爾丁就任首相，並大量逮捕反對政變的政治家與貴族。其中包含艾哈邁德．蓋瓦姆、卡扎爾王朝貴族且為摩薩台叔父的阿卜杜勒—海珊．米爾扎．法爾曼法爾馬，以及其子（Nosrat-ed-Dowleh）在內。焦爾丁迅速推動農地與教育改革，但卻缺乏章法，導致保守階層的反感，最後被罷免首相職位，同一年離開伊朗。他靠販售波斯地毯勉強餬口，在歐洲度過了近十七年，之後前往英國統治下的巴勒斯坦。焦爾丁在該地從事農業，傾注熱情進行紫花苜蓿的研究與開發。此外，向伊朗傳授草莓栽培技術也是焦爾丁的功績之一。

在巴勒斯坦度過快六個年頭後，在英國政府的說服下，焦爾丁於一九四三年回國。當時英國為了在占領下的伊朗擴大其影響力，需要能夠正確理解並確實執行英國意圖的政治家。駐德黑蘭的英國大使館屢屢向國王推薦焦爾丁擔任首相。穆罕默德—李查沙阿雖然認為焦爾丁較艾哈邁德・蓋瓦姆更適合，但他討厭焦爾丁的程度與他父王不相上下，因此並未聽從英國的建議。焦爾丁後來當選為第十四屆議會議員，但他指控摩薩台是一九二一年政變首謀者之一，為後來的獨裁體制建立基礎，並對摩薩台的議員資格提出質疑，這一言論遭到輿論強烈批判。最終，經穆罕默德—李查沙阿與英國大使館的幕後交易後，焦爾丁才獲得信任並保住議員席位。

焦爾丁打著反共與親英旗幟，組成「國民意志黨」，欲與伊朗人民黨進行對抗。一九四六年持續三十年的政敵蓋瓦姆就任首相後，焦爾丁被捕並下獄三個月。蓋瓦姆失勢後，焦爾丁的名字又被多次提給國王作為首相候選人，但他過於親英，不受民眾歡迎，所以未能獲任為首相。一九五一年四月，穆罕默德—李查沙阿為了收拾拉茲馬拉首相被暗殺後的混亂政局，決定起用焦爾丁擔任首相，但摩薩台獲得議會多數及支持民眾的擁戴，因此被指名為首相，焦爾丁未能登上首相職位。之後，焦爾丁成為國王顧問，每週謁見國王一次，暗地裡進行著打倒摩薩台政權的行動。一九六九年焦爾丁在第三任妻子的看照下，於自宅中過世[36]。

注釋

1. D・ヤーギン（Daniel Yergin）著，日高義樹、持田直武譯，《石油の世紀（石油的世紀）》，日本放送出版協會，一九九一年。
2. 館山豐，〈產油国による石油産業国有化の経緯(1)（產油國石油工業國有化的歷程1）〉，《世界經濟評論》一九卷三號，一九七五年。
3. Farmanfarmaian, Manucher, and Roxane Farmanfarmaian, *Blood & Oil: Memoirs of a Persian Prince,* New York: Random House, 1997.
4. 高橋和夫，《中東イスラム世界5　燃えあがる海——湾岸現代史（中東伊斯蘭世界5 燃燒的大海——海灣現代史）》，東京大學出版會，一九九五年。
5. Ghani, Cyrus, *Iran and the Rise of Reza Shah: From Qajar Collapse to Pahlavi Power,* London and New York: I. B. Tauris Publishers, 1998.
6. 加賀谷寬，《世界史研究双書18　イラン現代史（世界史研究叢書18 伊朗現代史）》，近藤出版社，一九七五年。
7. 吉村慎太郎，《レザー・シャー独裁と国際関係——転換期イランの政治史的研究（李查沙阿的獨裁與國際關係——轉型期伊朗的政治史研究）》，廣島大學出版會，二〇〇七年。
8. Baraheni, Reza, *The Crowned Cannibals: Writings on Repression in Iran,* New York: Vintage Books, 1977.
9. Musaddiq, Mohammad, *Musaddiq's Memoirs,* S. H. Amin, and H. Katouzian（trans.）, London: JEBHE（National Movement of Iran）, 1988.

10. Musaddiq，同前。

11. 阿里・拉茲馬拉一九〇一年出生於德黑蘭，父親是一名軍人，母親是出身卡扎爾王朝的貴族。他在名門學校達拉弗農理工學校（Dar ul-Funun）就讀一年後決心從軍，因此加入德黑蘭的軍事學校，之後短期在李查汗手下累積軍事經驗。一九二四年成為政府派遣的留學生之一，被派往法國聖西爾軍校（Saint-Cyr）深造。Milani, Abbas, *Eminent Persians: The Men and Women Who Made Modern Iran, 1941-1979*, Volume One, New York: Syracuse University Press, 2008.

12. 梅野巨利，《中東石油利権と政治リスク——イラン石油産業国有化紛争史研究（中東石油利權與政治風險——伊朗石油工業國有化紛爭史研究）》，多賀出版，二〇〇二年。

13. Lebaschi, Abol Ghassem, interview by Habib Ladjevardi on February 28, 1983, 3 tapes. In *Iranian Oral History Collection*, Habib Ladjevardi（ed.）, Cambridge, MA: Center for Middle Eastern Studies, Harvard University, tape2.

14. 因英國的經濟封鎖，導致失去占國家收入大半的石油收入，摩薩台政權採取一連串的改革加以對應，如對東歐國家實施以物易物交易、加強管理外匯分配、控制不必要的財政開支、促進國內產品出口等「非石油經濟」（Non-oil Economy）政策。此外，還試圖推行改革選舉法、改革農地、設立市鎮村議會、修訂媒體法等以實現民主化為目標的改革。然而，因議會內保守派議員的掣肘，許多改革法案都無法通過。一九五二年提爾月國民起義後，摩薩台政權利用支持輿論的高漲，於一九五二年八月向議會提出全權法案並獲得通過。

15. 一九五三年二月二十八日謁見國王時，摩薩台收到美國大使亨德森要求緊急會面的便條，獲得國王許可後，摩薩台離開宮殿，此時皇宮正門聚集許多反對國王出國旅行的民眾，故摩薩台改由其他側門離開，成功避開民眾襲擊，返回自宅。然而回到自宅後，亨德森大使要商量的事情並非什麼急事，摩薩台才開始懷疑美國大使、國王、負責統籌當日警備的參謀總長馬哈茂德．巴哈馬斯特（Mahmoud Baharmast）將軍與宗教領袖貝巴哈尼等人，共同計畫謀害自己。此事記錄在摩薩台的回憶錄中。Mussaddiq，同前。

16. Roosevelt, Kermit, *Countercoup: The Struggle for the Control of Iran*, New York: McGraw-Hill Book Company, 1979.

17. Gasiorowski, Mark J., "The 1953 Coup d'État Against Mosaddeq," *Mohammad Mosaddeq and the 1953 Coup in Iran*, Mark J. Gasiorowski, and Malcolm Byrne（eds.）, Syracuse: Syracuse University Press, 2004.

18. 一九五三年政變後，美國與穆罕默德—李查沙阿的關係更形緊密。執行政變的集團中，羅斯福與拉希迪昂兄弟成為美國與巴勒維王朝聯繫的核心人物。羅斯福經營的顧問公司代表穆罕默德—李查沙阿在美國的利益。例如，格魯曼公司售予伊朗F14雄貓戰機時，三百一十萬美元的回扣中，有二百四十八萬美元支付給拉希迪昂兄弟擔任代表的國際服務公司（International Service）。此事在一九七六年九月十日的參議院公聽會上被披露。Bill, James A., *The Eagle and the Lion*, New Haven and London: Yale University Press, 1988.

19. Pahlavi, Mohammed Reza Shah, *Mission for My Country*, London: Hutchinson of London, 1961.

20. Cooper, Andrew Scott, *The Fall of Heaven: The Pahlavis and the Final Days of Imperial Iran*, New York: Picador, 2018.

21. 穆罕默德—李查太子將低階軍人的兒子侯賽因．法爾多斯特視為心愛的玩偶，無論去那裡都想帶著他。李查沙阿無法看出兒子喜歡的少年有何特別資質，對兒子執著與侯賽因一起進出感到不可思議。

22.–23. Pahlavi，同前。

24. Abrahamian, Ervand, *Iran Between Two Revolutions*, Princeton, NJ: Princeton University Press, 1982.

25. Afkhami, Gholam Reza, *The Life and Times of the Shah*, Berkeley and Los Angeles: University of California Press, 2009.

26. Cooper，同前。

27. 穆罕默德—李查沙阿的長女沙赫娜茲與扎赫迪金軍的兒子阿德希爾・扎赫迪陷入戀情，且十六歲便訂下婚約，因此即便穆罕默德—李查沙阿不願意，仍舊與扎赫迪家成為姻親。

28. 吉村慎太郎，《イラン・イスラーム体制とは何か——革命・戦争・改革の歴史から（什麼是伊朗的伊斯蘭體制——從革命、戰爭到改革的歷史）》，書肆心水，二〇〇五年。

29. F・ハリデー（Frank Ernest Halliday）著，岩永博等譯，《イラン——独裁と経済発展（伊朗——獨裁與經濟發展）》，法政大學出版局，一九八〇年。

30. H・ダバシ（Hamid Dabashi）著，田村美佐子、青柳伸子譯，《イラン、背反する民の歴史（伊朗・背離之民的歷史）》，作品社，二〇〇八年。

31. F・ハリデー，同前。

32–33. 吉村慎太郎，同前二〇〇五年。

34. Milani，同前。

35. Kazemi, Farhad, "Fedāʾīān-e Eslām," *Encyclopaedia Iranica*, 1999, Vol. IX, Facs. 5.

36. Milani，同前。Ghani，同前。

參考文獻

梅野巨利，《中東石油利権と政治リスク——イラン石油産業国有化紛争史研究（中東石油利權與政治風險——伊朗石油

工業國有化紛爭史研究）》，多賀出版，二〇〇二年

加賀谷寛，《世界史研究双書18　イラン現代史（世界史研究叢書18　伊朗現代史）》，近藤出版社，一九七五年

高橋和夫，《中東イスラム世界5　燃えあがる海——湾岸現代史（中東伊斯蘭世界5　燃燒的大海——海灣現代史）》，東京大學出版會，一九九五年

H・ダバシ（Hamid Dabashi）著，田村美佐子、青柳伸子譯，《イラン、背反する民の歴史（伊朗・背離之民的歷史）》，作品社，二〇〇八年

B・ニールマンド（Bahman Nirumand）著，岡田良夫譯，《怒りのイラン——石油と帝国主義（憤怒的伊朗——石油與帝國主義）》，敬文堂，一九七二年

F・ハリデー（Frank Ernest Halliday）著，岩永博等譯，《イラン——独裁と経済発展（伊朗——獨裁與經濟發展）》，法政大學出版局，一九八〇年

D・ヤーギン（Daniel Yergin）著，日高義樹、持田直武譯，《石油の世紀（石油的世紀）》，日本放送出版協會，一九九一年

吉村慎太郎，《イラン・イスラーム体制とは何か——革命・戦争・改革の歴史から（什麼是伊朗的伊斯蘭體制——從革命、戰爭到改革的歷史）》，書肆心水，二〇〇五年

吉村慎太郎，《レザー・シャー独裁と国際関係——転換期イランの政治史的研究（李查沙阿的獨裁與國際關係——轉型期伊朗的政治史研究）》，廣島大學出版會，二〇〇七年

吉村慎太郎，《イラン現代史——従属と抵抗の100年（伊朗現代史——從依附到抗爭的100年）》改訂增補，有志舍，二

〇二〇年

Abrahamian, Ervand, *Iran Between Two Revolutions,* Princeton, NJ: Princeton University Press, 1982.

Bill, James A., and Wm. Roger Louis（eds.）, *Musaddiq, Iranian Nationalism, and Oil,* London: I. B. Tauris & Co Ltd, 1988.

Gasiorowski, Mark J., and Malcolm Byrne（eds.）, *Mohammad Mosaddeq and the 1953 Coup in Iran,* Syracuse: Syracuse University Press, 2004.

Kinzer, Stephen, *All the Shah's Men: an American Coup and the Roots of Middle East Terror,* Hoboken, NJ: John Wiley & Sons, Inc., 2003.

Musaddiq, Mohammad, *Musaddiq's Memoirs,* S. H. Amin, and H. Katouzian（trans.）, London: JEBHE（National Movement of Iran）, 1988.

第十一章 二戰前後，其連續與斷絕的象徵

吉田 裕／茶谷誠一／手嶋泰伸
源川真希／古川隆久／瀨畑 源

前言

福澤諭吉在《文明論之概略》中，感慨提及生活在江戶與明治兩個時代的自己，用他的表現就是「彷彿過了兩輩子」。昭和天皇也從戰前到戰後兩個時代，在《明治憲法》與《日本國憲法》兩種憲法統治之下，身為同一位君主持續在位，也可說是「彷彿過了兩輩子」的天皇。若換個說法，也可說他是象徵二戰前後連續與斷絕的天皇。

撰寫「人物史」時不可或缺且最重要的，就是確實記載人物言行舉止的第一手史料。在昭和天皇的例子中，此部分存在著重大的困難。最大的障礙就是，日本在戰敗前後，政府與陸海軍確實燒毀了大量的公文檔案。一九四五年八月十八日，宮內省也指示各部局長燒毀「屬於機密或認定應毀棄」之文

件[1]。此外，二戰之後日本政府對於公開史料也採取相當謹慎的態度。那麼，私人文件狀況如何？天皇的親信，有機會接觸天皇的政府、軍方高級官員等的日記類文件，也因顧慮天皇與皇室而遲遲未能公開。這種狀況大概在昭和天皇去世前後才開始出現變化。彼時開始出現「『昭和』史料潮」，追著這股風潮，親信與政府高官等的日記被陸續發掘和公開刊行。《中央公論》總編輯青柳正美指出，這股風潮的背後「除了昭和天皇過世外，史料的繼承人也從當事人的孩子轉換到孫子世代，所以顧慮的感覺也日漸稀薄」，以及「社會上也呈現對史料不加價值判斷而加以公布的自由意識形態氣氛」[2]。史料能夠公開刊行的背後，反映時代環境已經出現重大變化。政府方面也在輿論施壓，要求保障國民知的權利的狀況下，終於抬起沉重的步伐於二〇〇一年施行《資訊公開法》。雖說公開的對象僅限於行政文件，但此法的實施也促成宮內公文書館與防衛廳防衛研究所等機構的史料公開。宮內廳亦呼應國家計畫，自一九九〇年起開始編纂昭和天皇的官方傳記《昭和天皇實錄》，並於二〇一四年八月完成。當初雖未打算立即公開，但之後隨著方針轉變，很快地在該年九月公開。

然而，即便能夠觸及史料，但若缺乏得以自由評論該相關人物的環境，「人物史」仍只是片面的，或者敘述上依然會受到限制。在昭和天皇的例子中，就遇到相當大的障礙，那便是阻止從批判角度自由評論天皇與皇室的「菊紋禁忌」。例如，除了戰後的一段時期，大眾傳媒幾乎不可能公然討論天皇的戰爭責任。狀況轉變還是得等到昭和天皇過世前後。當海外媒體開始討論天皇的戰爭責任時，日本媒體才通通過介紹這些海外媒體的形式開始報導。結果，在一定程度的自我限制下，日本國內針對責任問題出現活躍的論爭。藉此機會「菊紋禁忌」也開始逐漸鬆動。此處通過《朝日新聞》、《每日新聞》、《讀賣新聞》

三家報紙在八月十五日（日本宣布投降之日，在日本稱為「終戰紀念日」）的社論來審視這種狀況。一九八九年的社論中，《每日新聞》率先間接提及天皇的責任，接著二〇〇一年《朝日新聞》的社論便正面討論天皇的戰爭責任。[3]《讀賣新聞》則是八月十五日的社論並未提及此問題，但連載報導〈20世紀是個什麼樣的時代 亞洲的戰爭〉中，則以四次的篇幅以正反兩論併記的形式論及戰爭責任問題。[4]大眾傳媒的狀況理應與日本人的意識變化存在一定關聯。NHK自一九七三年起，每五年便實施一次饒富深意的「日本人意識」調查。根據此調查，一九七三年時日本國民對昭和天皇的情感為，「抱持反感」占百分之二；「抱持好感」占百分之二十；「抱持尊敬的情感」占百分之三十三，與此相對，「不抱任何情感」達到百分之四十三。此傾向到一九八八年調查時，除「尊敬」有所減少，其他數字幾乎保持不變。[5]若缺乏對國民的強大強制力，或者國民並不強力支持天皇、皇室，則「菊紋禁忌」便難以維持。與戰前的日本社會不同，戰後日本社會上此種強制力已相當程度地減弱。換言之，大量存在「不抱任何情感」的國民，代表「菊紋禁忌」的支持基礎已大為動搖。當時代狀況出現如上述重大變化之際，才終於得以描述一個恰如其分的昭和天皇形象。本章將參照最新的研究成果，從一個「人」的角度，挑戰描述昭和天皇的「人物史」。

吉田裕

昭和天皇（一九〇一—一九八九年）

一、即位天皇之前

背負著期待誕生

一九〇一年四月二十九日，嘉仁皇太子與節子妃（日後的貞明皇后）生下第一位男孩。五月五日，祖父明治天皇為這個男孩命名為裕仁，稱號定為迪宮。這個男孩，正是日後的昭和天皇。

裕仁的父親嘉仁皇太子是明治天皇的孩子中唯一能長大成人的男性，但嘉仁生來便是體弱多病的體質。此外，裕仁的祖父明治天皇也是孝明天皇與側室中山慶子生下的第二名皇子，且同樣在孝明天皇的孩子中，也只有這麼一位男性得以長大成人。祖父明治天皇與父親嘉仁皇太子兩代，都是在千辛萬苦中延續天皇家的血脈。正因如此，裕仁作為擔負下一代天皇重任的男孩，自出生起便背負著周遭人們的期望。

學習帝王學

裕仁出生後不久，便依照當時的習慣，交給海軍中將川村純義宅邸負責養育。一九〇四年川村病逝後，裕仁搬回東宮御所用地內建造的住宅，與弟弟淳宮雍仁（日後的秩父宮親王）、光宮宣仁（日後的高松宮親王）一同成長。一九〇八年四月，進入學習院初等科就學。一九一二年七月，祖父明治天皇過世，父親嘉仁皇太子行天皇踐祚儀式，裕仁依皇室典範規定成為皇太子。

成為皇太子後，裕仁告別與兩位弟弟的共同生活，在高輪的東宮御所開始單獨生活。一九一四年裕仁從學習院初等科畢業，接著在東宮御所內設置的東宮御學問所學習帝王學，直到一九二一年二月。

裕仁在東宮御學問所學習帝王學的時期，第一次世界大戰與隨之發生的俄國革命及歐洲王政相繼崩毀，給國際情勢帶來重大變動。此時，裕仁除了修習根據杉浦重剛的倫理學發展出來的君主德治主義思想，也接受白鳥庫吉的歷史學、清水澄的法制學等課程，熟習實證主義歷史觀與天皇機關說等科學思想[6]。

與此同時，裕仁面對成為近代國家的日本，在祖父明治天皇的統治下取得飛躍性成長，經過日清戰爭（甲午戰爭）、日俄戰爭、第一次世界大戰後，終於躋身與歐美列強並列的一等國家地位，他思索自己將來要治理這個國家，其內心應該也感受到相當的壓力。

這段期間，從裕仁人生中親信（側近）體制的變化這一角度來看，發生一件重要的事情。那就是「宮中某重大事件」。一九一八年一月，久邇宮邦彥王的長女良子被選定為皇太子妃，次年一九一九年六月由宮內省發布婚約，但之後身體檢查的結果，表明良子母方帶有色覺異常的基因，且診斷出良子的孩子也將遺傳這種色覺異常。元老山縣有朋認為因將來的天皇有可能出現色覺異常，故主張解除婚約，其他元老及原敬首相等人也贊成此主張（純血論），而負責裕仁與良子教育的杉浦重剛及右翼人士頭山

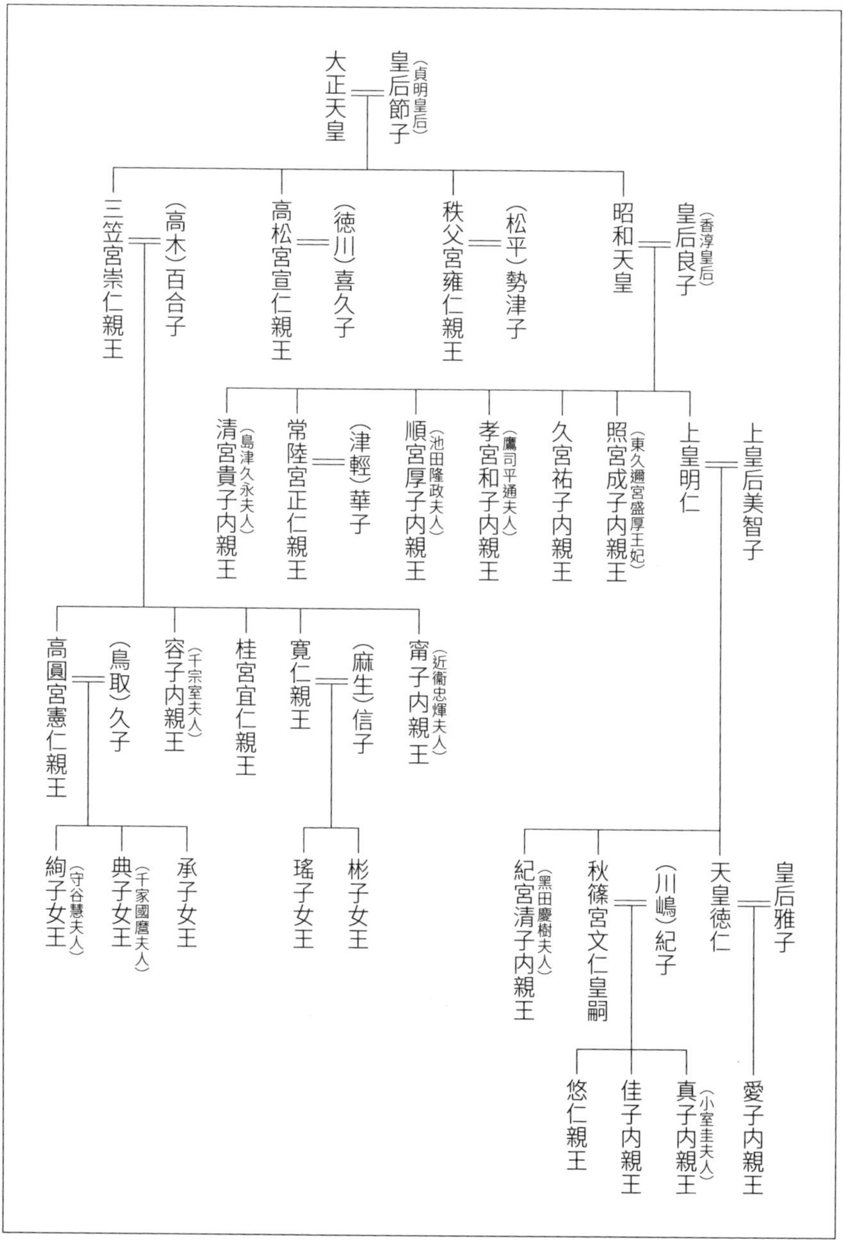
大正天皇
皇后節子（貞明皇后）
三笠宮崇仁親王
（高木）百合子
高松宮宣仁親王
（德川）喜久子
秩父宮雍仁親王
（松平）勢津子
昭和天皇
皇后良子（香淳皇后）
清宮貴子内親王（島津久永夫人）
常陸宮正仁親王
（津輕）華子
順宮厚子内親王（池田隆政夫人）
孝宮和子内親王（鷹司平通夫人）
久宮祐子内親王
照宮成子内親王（東久邇宮盛厚王妃）
上皇明仁
上皇后美智子
高圓宮憲仁親王
（鳥取）久子
容子内親王（千宗室夫人）
桂宮宜仁親王
寬仁親王
（麻生）信子
甯子内親王（近衛忠煇夫人）
絢子女王（守谷慧夫人）
典子女王（千家國麿夫人）
承子女王
瑤子女王
彬子女王
紀宮清子内親王（黑田慶樹夫人）
秋篠宮文仁皇嗣
（川嶋）紀子
天皇德仁
皇后雅子
悠仁親王
佳子内親王
真子内親王（小室圭夫人）
愛子内親王

昭和天皇相關族譜

稱職	1920年代—	牧野內大臣期—		1930年代—		2·26事件後	1940年代—	戰敗時
內大臣	平田東助 (1922.9.18)	牧野伸顯 (1925.3.30)	→	→	齋藤實 (1935.12.26)	湯淺倉平 (1936.3.6)	木戶幸一 (1940.6.1)	→
內大臣祕書官長	入江貫一 (1923.4.7)	大塚常三郎 (1925.6.15)	河井彌八 (1926.7.23)	岡部長景 (1929.2.14)	木戶幸一 (1930.10.28)	松平康昌 (1936.6.13)	→	→
宮內大臣	牧野伸顯 (1921.2.19)	一木喜德郎 (1925.3.30)	→	湯淺倉平 (1933.2.15)	→	松平恒雄 (1936.3.6)	→	石渡莊太郎 (1945.6.4)
宮內次官	關屋貞三郎 (1921.3.9)	→	→	大谷正男 (1933.2.25)	→	白根松介 (1936.5.6)	→	大金益次郎 (1945.6.6)
侍從長	德川達孝 (1922.3.22)	珍田捨巳 (1927.3.3)	鈴木貫太郎 (1929.1.22)	→	→	百武三郎 (1936.11.20)	→	藤田尚德 (1944.8.29)
侍從次長	小早川四郎 (1922.3.22)	河井彌八 (1927.3.3)	→	廣幡忠隆 (1932.9.17) 兼任皇后宮大夫	→	甘露寺受長 (1939.5.26) 與廣幡構成雙人體制		

一九二〇年代至戰敗為止的主要天皇親信一覽

*括弧內的年月日為就任日。在任命繼任者的手續上，省略屬於暫時性的職位經歷。內大臣祕書官長的河井彌八任期前後此職位有空窗期。

滿，在一併考量皇太子的意願後，主張履行婚約（人倫論），因此與山縣等人發生對立。

最終，此問題在皇太子裕仁的意願下，加上考量到對政界、社會造成重大影響的情況後，決定履行婚約。一九二一年二月十日，宮內省發布維持婚約，並預計於一九二三年秋為二人舉辦婚禮，但該年九月一日發生關東大地震，裕仁主張婚禮應當延期，因此改於次年一九二四年一月二十六日舉行。

宮中某重大事件造成的結果是，負責處理訂婚事宜、屬於山縣派的宮相（宮內大臣）中村雄次郎與宮內次官石原健三辭職，主張解除婚約的山縣本人也表明請辭爵位。如此一來，自伊藤博文過世後長期掌控宮中的山縣影響力迅速消退。而在山縣影響力縮小的此時，由牧野伸顯接任宮相。牧野於一九二五年轉任內大臣，宮相改由美濃部達吉（提倡天皇機關說的法律學者）的老師一木喜德郎接任，侍從長由曾任駐英大使的珍田捨巳擔任（珍田過世後由穩健派海軍軍人鈴木貫太郎接任）。之後即由以牧野為核心的宮中集團支持年輕的昭和天皇。[7]

影響及於後世的訪歐之旅

從「宮中某重大事件」發生前到發生後，宮內與政界也在討論裕仁出訪計畫一事。當時大正天皇的病情已相當惡化，高層認為裕仁應當擔任攝政的聲浪頗高。若預期裕仁將擔任攝政，或預判將迅速即位成為天皇時，安排海外旅行，增加國際知識與教養，將可作為帝王學的補強，這便是當時元老與原敬首相的想法。最初反對皇太子出國的節子皇后最終也同意，裕仁於一九二一年三月啟程，九月歸國，大約花費半年時間訪問包含歐洲在內的各個國家。

在正式官方訪問的第一站英國，英王喬治五世親自出迎裕仁，此外英國王室、政治家、一般市民等都熱烈歡迎裕仁。

日後昭和天皇提及對自己生涯帶來重大影響的事情時，即舉此時的訪歐旅行，其中更談到通過與英國王室成員的交流，學習立憲君主應有的處事之道。回國之後，裕仁與奈良武次東宮武官長談到這次經驗，從中可以見到訪歐旅行，特別是訪英之際給他留下強烈的印象。

> 殿下不相信皇室的祖先是真正的神，現在的天皇是「現人神」。雖然國體必須維持現狀，殿下仍吐露感想，認為讓天皇作為神明與國民完全隔離的做法太過度，日本皇室應可像英國皇室般，

與國家和國民是君臨天下但不加以統治的關係。（奈良武次著，波多野澄雄等責任編輯，《侍從武官長 奈良武次日記・回顧錄》四，柏書房，二〇〇〇年）

裕仁這段發言質疑過往通過凸顯天皇和皇統神祕性，方得以成立的日本皇室存在形式。他率直地表達若能如英國王室般縮短與國民間的距離，彼此建立連帶感更好。除此之外，回國後的裕仁也親自提議參考英國王室制度進行日本宮內改革，可見訪歐經驗在年輕皇太子心中植入了深刻印象。

此外，裕仁接受喬治五世的建議，前往視察第一次世界大戰的過往激戰地，參觀了法國、比利時的戰地遺址。其中在視察了法國凡爾登（Verdun）等激戰地後，離開法國時還向當地報紙投稿寫下自己的感想，他表示「這些遭受破壞的各個城市，被荒廢的各處森林，以及被蹂躪的田野景致，看在那些讚美戰爭、謳歌暴力的人眼中，是一幅什麼樣的景象？這些景象讓我深感心痛」[8]。此時恐怕裕仁作夢也沒想到，日後自己統治的國家，竟將變成「讚美戰爭，謳歌暴力」的國家吧。

就任攝政與遇到值得信賴的親信

自訪歐旅行回國後，等待裕仁的就是就任攝政這件大事。大正天皇的病狀在一九一八年左右已惡化到原敬首相與山縣有朋等元老憂慮的狀態，而裕仁就任攝政的計畫也在循序漸進推進中。宮中某重大事件後，牧野宮相與原敬首相一直推動設置攝政一職，即便之後發生原敬遭暗殺的事件，裕仁仍於一九二一年十一月二十五日就任攝政。

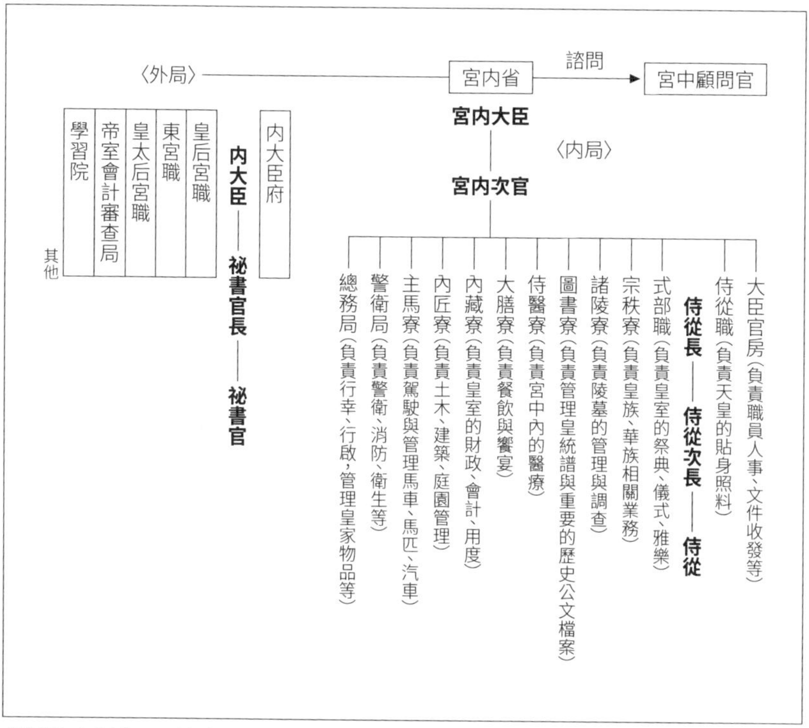

《明治憲法》下的宮內組織（日本戰敗當時：一九四五年八月）

就任攝政後開始代理天皇職務的裕仁，與牧野宮相接觸的機會也隨之增加。此外，訪歐旅行時隨行擔任「供奉長」的珍田捨巳，也在牧野的推薦下被任命為東宮大夫。如此一來，攝政周圍便聚集了如牧野、珍田般穩健且國際經驗豐富的親信。一九二二年山縣有朋過世，一九二四年松方正義也相繼過世，出身公卿的西園寺公望成為當時唯一還活著的元老。西園寺年輕時曾留學法國，與牧野等人一樣，是思想開明的親英美派，站在支持協商外交（日文稱「協調外交」）的立場。

如此一來，支援年輕攝政的體制就以元老西園寺為領頭，加上任職親信的牧野、珍田等人為核心，建構起輔佐陣容。即便攝政曾在東宮御學問所學習過實證性的社會科學，但仍與西園寺、牧野的政治信念有許多相通之處，之後他的想法、思考也受到這些人的影響。

攝政期間，裕仁代行天皇任務到父親大正天皇過世為止，大約五年期間。政變之際[9]，根據當時繼任首相奏請制度垂詢親信與當時尚存的元老等，裕仁都周密地完成自己扮演的角色。不過，攝政時代裕仁強烈意識到自己僅是天皇的代理，因此盡量克制不公開表達自己的意見。但等天皇踐祚後，裕仁逐漸增強作為擁有大權的統治者的自覺，有時也會表示自己的政治意見。

二、自天皇即位到日本戰敗為止

即位與斥責田中義一首相的問題

一九二六年十二月二十五日，在葉山御用邸療養中的大正天皇過世。同一天，皇太子裕仁依照皇室典範的規定行天皇踐祚儀式。此即昭和天皇（此追號為逝後所加）。一九二八年十一月十日，於京都舉行即位大典，舉國辦理盛大祝賀儀式。之後至一九八九年一月七日過世為止，昭和天皇經歷了「昭和」這個激盪的時代。

當時正是《明治憲法》體制下政黨政治的昌盛期，立憲政友會與立憲民政黨兩大政黨，根據元老西園寺公望的意思，輪流執政。不過，政、民兩大政黨為取得政權，以打倒反對黨政權為最優先，導致激烈的政爭不斷擴大。昭和天皇也親眼見證兩大政黨的政爭。

一九二八年六月，政友會的田中義一內閣時期，發生炸死張作霖的事件[10]。事件發生後，田中首相遵從西園寺的忠告，向昭和天皇上奏公開事件真相與嚴重處罰犯罪者的方針。但當關東軍參與此事的內情浮上檯面後，不僅自己的陸軍部屬，連鐵道大臣小川平吉等閣僚與政友會內部都加以反對，擔心真相將給國內外帶來不良影響，因此田中改變了當初的方針。

果不其然，一九二九年六月二十七日，田中首相上奏炸死張作霖事件的處理方針時，與天皇之間出現如下對話。「此與之前上奏的處理方針不同。田中首相連續兩次回答誠惶誠恐，試圖解釋。天皇打斷回說沒必要多說。此事就此放下轉而談論其他事情」[11]。

昭和天皇詰問田中首相與前一年上奏的處理方針不同，不異於食言時，田中以「誠惶誠恐」做辯解，天皇則說「沒必要」打斷說明。從天皇御前退下後，田中猜不透天皇真實心意，次日也想覲見天皇作進一步解釋時，卻被鈴木侍從長告知天皇已不信任田中，田中決心內閣總辭。

昭和天皇從田中組閣之後，即對內閣的政權運作表示懷疑，對牧野內大臣等親信吐露不滿。年輕的昭和天皇身為最高掌權者，抱持強烈的君主意識，對行使大權的施政者要求必須保持中立與公正性。但田中首相多次表現出把國家大權當作維持政權的道具，招來昭和天皇對田中首相的不滿與不信任。

田中首相在炸死張作霖事件後可以說是變節的方針轉變。當初，牧野內大臣等親信一邊提醒田中首相必須注意聖意，一邊安撫昭和天皇的不滿。最終，牧野等人也放棄田中，轉而支持天皇表明實際已不信任田中的做法。

在《昭和天皇獨白錄》中，昭和天皇回憶此時的行動「年輕氣盛至極」[12]。其理由與後文將說明的東京審判時的戰爭責任有關，也因如此，之後他總是聽從臣下的進言，以自身行動與立憲君主論保持一致性。

對民政黨內閣的支持與反動

田中內閣總辭後，由元老西園寺與牧野內大臣協議，向天皇奏請由民政黨濱口雄幸擔任後繼首相，天皇下達組閣「大令」，一九二九年七月二日濱口內閣成立。昭和天皇對政友會的田中內閣感到不信任，但對主張議會中心主義與協商外交的民政黨濱口內閣，一開始便抱持良好的印象，見到內閣成員名冊時「表情愉悅」，甚至吐露滿意之意。不過，天皇仍與田中內閣時相同，一貫厭惡官吏的黨爭式人事布局，對濱口內閣底下的人事做出幾點指示[13]。

濱口內閣以外相幣原喜重郎的協商外交與藏相井上準之助的財政緊縮為施政主軸，昭和天皇也支持這兩大政策。在一九三〇年倫敦海軍裁軍會議上，日、美、英三國達成輔助艦持有數量的協議。政府不顧軍令部的反對與樞密院的干涉，簽署條約並加以批准時，天皇鼓勵濱口首相，並對海軍內部反對條約的領導人物東鄉平八郎元帥下達告誡的特旨，採取背後支持政府的做法。

《倫敦海軍條約》（《限制和削減海軍軍備條約》）的簽訂展示出政黨政治的最高峰，但也引發認為自身意見被壓制的軍部與右翼等反動勢力的反彈，進而對昭和天皇及牧野內大臣等親信展開激烈攻擊。

近現代天皇制結構的特殊性

在斥責田中首相問題與批准《倫敦海軍條約》問題上可以看出，昭和天皇這位君主擁有明確的政治意見，對政局帶來許多重大的影響。近現代天皇制乃擁有多元輔弼結構與由天皇擔任國家意志最終決定者的政治體制，「天皇基本上是一位基於輔弼機構建議而行動的被動式君主，但在某些限定的狀況下，也是能行使親政權力的主動式君主，行使親政權力將對政治產生重要的影響力」[14]。

在大正天皇時代，基於天皇不帶有政治意志為前提，多元的輔弼國家機構在「親裁」之前的階段會進行國家意志的調整，這種慣習維繫了當時的政治運作。不過，當帶有明確政治意志的昭和天皇登場後，作為一位「主動式君主」而行動，反而造成輔弼機構間的意志調整出現系統性混亂。

斥責田中首相問題，政友會與陸軍的意志被天皇壓制；而在《倫敦海軍條約》問題上，軍令部等輔弼機構也被天皇的意志所否決。之後隨著將天皇意志相對化的政治策略開始活躍，對天皇周邊的牧野內大臣等親信集團的激烈批評也不斷出現。

九一八事變的爆發與天皇的憂慮

一九三一年九月十八日，由石原莞爾等人策劃的關東軍謀略引發了柳條湖事件，導致爆發九一八事變。昭和天皇支持第二次若槻禮次郎內閣（幣原仍任外相）的不擴大方針，並希望事件能迅速解決。

但九月二十一日收到關東軍提出派遣援軍的要求，朝鮮軍司令官林銑十郎未經作為大元帥的天皇奉敕命令，即獨斷開始由朝鮮越境向滿洲（今中國東北部）派兵。大元帥昭和天皇其實可以譴責林的違法行為，並命令朝鮮軍撤退，不過次日二十二日參謀總長金谷範三前來請求事後承認派兵時，昭和天皇僅表示「即便此次出於無奈，但今後須充分加以注意」[15]，僅給予警告後追認派兵。

同樣在二十二日，先於金谷參謀總長上奏，若槻首相已向天皇報告，閣議已經承認朝鮮軍獨斷越境的相關費用支出。站在天皇的角度來看，即便政府承認經費支出，但在幣原外相的主導下，仍以不擴大方針處理滿洲問題的態度，基於支持政府方針的考量，天皇最終追認了朝鮮軍的獨斷越境行為。

無論如何，作為大元帥的天皇追認此行動，加上政府承認經費支出，使始於軍事謀略的九一八事變成為由國家背書的「國策」。陸軍依照自己的想法在滿洲擴大軍事行動，最終在次年一九三二年三月，伴隨著第二次若槻內閣因內部意見不一致而總辭，在接替的犬養毅內閣下，成立了傀儡國家「滿洲國」。

這段期間，為了分散列強與海外諸國對滿洲的注目，軍部在國際城市上海策動陰謀，對中國軍隊挑起軍事衝突（第一次上海事變，一二八事變）。天皇對於在上海這個充滿列強權益與租界集中的地區進行戰鬥，深切擔憂與列強的關係惡化，甚至諮詢牧野內大臣是否應召集御前會議，表達自己深刻的憂慮。此後，在對中國的侵略中，天皇對這些可能刺激列強與國際輿論的行動，表現出異常敏感的反應。

熱河作戰與限制統帥命令

一九三三年，陸軍當初計畫時企圖將熱河省納入「滿洲國」，因此認定應發動熱河作戰，為此請求天皇批准。天皇提出不可越過萬里長城進入關內為條件，做出裁可決定。然而，齋藤實首相擔憂此舉將對正在審議滿洲問題的國際聯盟造成不良影響，對天皇進言反對熱河作戰，導致事態陷入紛亂。

在齋藤首相的進言下，昭和天皇理解茲事體大，召來侍從武官長奈良，詢問可否取消熱河作戰的裁可。雖然天皇提出自己身為大元帥，能通過「統帥最高命令」中止作戰，但奈良回奏，「國策決定乃內閣執掌，無法在內閣之外進行干涉。因此，熱河作戰的中止也須由內閣來決定，若陛下欲通過命令加以阻止，將引起重大紛擾，難保不成為引發政變的原因」[16]。反對以天皇命令中止熱河作戰。

最終，部分因為奈良侍從武官長的再三忠告，天皇放棄取消對熱河作戰的裁可，僅命令由奈良侍從長向陸軍統帥部傳達絕對不可越過長城的旨意。熱河問題對天皇而言等於在心中刻下了一個痛苦的教訓。之後天皇在裁可統帥命令之前，必詳聞來自統帥部的說明與內奏，留心反覆思考才下達裁可。

不過，天皇之後並未抑制自身行使統帥權，在隨之而來的熱河作戰過程中，對本庄繁侍從武官長發出要求停止前線軍隊推進的「實際命令」。此外，一九三六年二二六事件之際，面對襲擊其信賴的親信與重臣的青年軍官部隊表示，「朕當親率近衛師團平定此事」[17]，亦即顯示天皇作為大元帥，始終保持著對統帥大權的強烈意識。

一九三〇年代的變化與應對上的混亂

九一八事變之後，日本軍部疾呼對外打破華盛頓體制（由一九二一年至一九二二年《九國公約》與《四國公約》形成的國際體制）、推動對中國的侵略，與這種動向相呼應，日本國內反政黨政治的氣氛隨之高漲。一些官僚也對政黨腐敗感到憤怒，打算與軍部合作推動國內改革，他們進入中央官僚體系和政界，推進以統制經濟（計畫經濟）為目標的政策（革新官僚集團）。

直至一九二〇年代，在政黨政治、協商外交下的穩定政治體系開始出現動搖徵兆，天皇通過召開御前會議，表達應維持協商外交等行動，有時還會以主動君主的方式積極介入政治。但這完全偏離以被動君主為基礎的立憲君主制原則。宮中集團之間也針對天皇的主動行為出現正反兩面的意見，木戶幸一與近衛文麿等人甚至採用軍部與革新官僚主張的措施。

如此，一九三〇年代天皇與宮中集團在找不出能控制軍部的有效策略下，陸續發生五一五事件、天皇機關說事件[18]、二二六事件等象徵政治混亂的事件，加速軍部介入政治。

邁向中日全面戰爭

一九三七年七月七日由盧溝橋事件為始爆發中日戰爭。盧溝橋事件是偶發事件，雖然當地的中、日兩軍之間達成停戰協定，但日本陸軍內部的「一擊派」（認為對積弱的中國軍隊施加一擊便可迫其屈服的增兵論者）占據上風，要求從日本內地增兵。當時第一次近衛內閣不斷提倡不擴大方針，卻最終認可了增兵。結果內地增派的日本軍與當地的中國軍持續發生小規模戰鬥，七月二十八日日軍獲得總攻擊命令，逐步擴大中日戰爭。

起初，昭和天皇在華北地方展開作戰時，支持政府的不擴大方針，尋求在局部地區內解決問題。但八月中旬戰火波及上海，天皇改變態度，對伏見宮博恭軍令部總長下達意見，「無論如何必須盡早達成目的收拾事態，不要同時在北支（華北）、上海兩處用兵，先集中主力在一處施加打擊，之後趕緊提出和平條件，或迫使對方提出」[19]。

當中日戰爭陷入泥淖的狀況後，天皇曾對值班的侍從們抱怨，「陸軍誤判中國的抵抗力道」[20]。然而，不僅陸軍，可說連天皇也未能正確認識到，西安事變[21]後中國出現第二次國共合作與形成抗日民族統一戰線所帶來的抗日意識高漲。

開始傾向對美開戰

一九四〇年九月，因第二次近衛文麿內閣推行進駐越南北部與締結日德義三國同盟，這使得與英美的對立已不可避免。為了避免最糟事態，美日開始交涉，因雙方連前提條件都無法談攏，導致談判陷入僵局。日本受德國閃電戰進度快速的影響，在一九四一年九月六日的御前會議上策劃「帝國國策遂行要領」[22]，隨著對美交涉設下期限，日本也開始進行開戰準備。

對英美開戰、避戰的分水嶺出現在九月六日的御前會議上，昭和天皇站在反對開戰的立場，破例站起發言，指責不斷邁向開戰的統帥部，並在席上做出一件相當著名的舉措，朗讀明治天皇在日俄戰爭開戰時寫下的御製（和歌）。此外，在前一天的九月五日，他召見了杉山元參謀總長與永野修身軍令部總長，針對南方作戰計畫等進行責問。

然而，即便天皇責難兩位總長，且在六日的御前會議上表達對美開戰的消極言論，但不代表他絕對反對開戰，只是反對統帥部在既無勝算、也未考量戰爭結束方略的狀態下，貿然地開戰[23]。因此，九月六日以後，統帥部以具體數據說服天皇，報告對美開戰後建立長期持久戰的戰爭體制，天皇也逐漸傾向開戰。

此外，天皇也曾要求一九四一年十月成立的東條英機內閣，對國策進行再度檢討，之後對東條的統帥能力與責任感抱持相當的期待，「安心把全權交給」[24]憲法上肩負輔弼責任的政府與統帥部。也就是說，如果責任當局具有說服力決意開戰，天皇作為「立憲君主」，將信任該判斷並下達裁可。

關於天皇傾向開戰論，也可從近年公開的百武三郎（當時的侍從長）日記中一窺狀況。〈百武三郎日記〉（寄存於東京大學大學院法學政治學研究科附屬近代日本法政史料中心）一九四一年十月十三日的條項中，提及宮相松平恒雄謁見昭和天皇時，天皇表現出「面對迫切時局早有覺悟的模樣」，而在美日談判迎來重大困境的十一月二十日條項中，記錄了木戶的談話，寫道「看得出上意的決心已經超出預期的程度」。

最終，東條內閣受到統帥部的開戰論壓力，以及美日談判上因雙方堅守原則、採取強硬態度而陷入僵局，之後當所謂「赫爾備忘錄」[25]提出後，十二月一日於御前會議上決定「帝國對美、英、荷開戰」。隨後，十二月八日迎來開戰。

「大元帥」的戰爭指導

對美英開戰後，昭和天皇作為大元帥，積極對戰爭施以指導。戰爭期間，天皇基於陸海統帥部每天送來的戰果報告，對戰況進行正確判斷，時而激勵陸海統帥部，時而督促作戰，完全以作為日軍最高司令官、大元帥的身分而奮鬥[26]。天皇的發言不僅限於作戰指導，對於俘虜問題、南方占領地行政問題、與相關國家的外交問題等多方面加以指導。他以國家元首（國務）與大元帥（統帥）兩種身分統治著大日本帝國。

固執於「一擊講和」

開戰之初日軍占有優勢，但之後因國內對戰略意見的不一致，以及以美國為首的同盟國國力差距日益明顯，戰局持續惡化。戰爭末期，天皇與陸海軍高層雖然已有戰敗的覺悟，但仍執著於要在某地痛擊美軍後，再尋求對日本有利的條件進行和平談判，也就是所謂的一擊講和論。

一九四五年二月十四日，作為重臣意見上奏的一部分，近衛文麿主張戰敗已是不可避免的狀況，應透過外交談判來終結戰爭，以阻止革命與維持皇室存續為目標（近衛上奏文）。對此，天皇回答「再打出一場戰果吧，否則很難交涉」[27]，他期待能在臺灣或沖繩發動重要的一擊，並否決了近衛的提議。

之後，日本不僅未能對美軍施加攻擊，以三月的東京大空襲為始，本土也遭受激烈空襲，三月底的沖繩作戰，八月六日、九日的廣島、長崎原子彈轟炸，導致戰爭犧牲者數量不斷增加，其中包括大量平民。

三月十八日東京大空襲後，天皇視察化為灰燼的帝都下町地區（平民居住區）時，對隨行的藤田尚德侍從長感慨道，「比起關東大震災後的巡視，這次的狀況更加悲慘，內心更加沉痛」[28]。天皇的心中大概也喚醒了年輕時訪歐旅行中視察的戰爭遺址，以及當時感受到的那股感傷吧。

通過兩次聖斷決定的戰敗與玉音放送

昭和天皇放棄一擊講和的想法是在沖繩作戰結束後。雖然六月八日的御前會議上策劃了準備本土決戰的方針，但在六月十日前後，根據陸海軍上呈的報告，可清楚判斷剩餘兵力不足以備戰。天皇接受木戶幸一內大臣的建議，僅召集最高戰爭指導會議的六名成員，敦促通過外交談判結束戰爭，並開始以中立國蘇聯為調解方，進行和平交涉。

然而，蘇聯在二月的雅爾達會議上已經答應對日宣戰，因此不可能接受來自日本的和平調解委託，即便七月底的《波茨坦宣言》勸告日本投降，以及八月六日對廣島投下原子彈，日本依舊一直等待著蘇聯的回答。

八月八日深夜，蘇聯對日本宣戰，次日九日凌晨從遠東地區向滿洲、朝鮮派兵，加上當天上午美國在長崎投下原子彈，日本的國家領導者們開始針對接受《波茨坦宣言》展開商議。但面對同盟國要求無條件投降，日方卻出現要加上幾項條件的爭論。東鄉茂德外相的一條件派主張加上國體護持（維持國體）為唯一條件；以阿南惟幾陸相為主的四條件派，則主張國體護持外，還應加上由日本自行解除武裝、由日本自行懲處戰犯、將盟軍占領範圍縮到最小等條件。雙方爭論陷於膠著。

天皇與木戶內大臣貫徹信任國家機構判斷的態度，不過此時重光葵前外相與近衛、高松宮等人展開行動，提議木戶通過實行聖斷接受一條件，用以壓制抗戰派。木戶將此建議傳達給天皇並獲得同意，於是戰敗的計畫在極度保密的情況下確定下來。八月十日黎明的御前會議上再度發生爭論，故按照事先照會過的，由鈴木貫太郎首相請求天皇下達聖斷，天皇發言表示贊成東鄉外相說的一條件受降，通過此第一次聖斷決定接受《波茨坦宣言》。

但因為日本發給同盟國的通告中，字面上附加維持國體的條件，結果從同盟國得到必須以無條件投降為前提的「伯恩斯回答」。日本國內軍部抗戰派重新強烈主張本土決戰論，樞密院議長平沼騏一郎等國家領導者也出現要求向同盟國再度進行照會的意見。為了平息這種動搖的狀態，天皇於八月十四日下達第二次聖斷，當日夜晚日本便通知同盟國方面。

若於十四日上午聖斷之後，立刻通知同盟國方面接受《波茨坦宣言》，則在該時間點上即可結束戰爭，但國家領導者們決定將天皇的聖斷以詔書形式通過廣播向全體國民播送，亦即所謂玉音放送。為此，需要時間製作「終戰」的詔書，將天皇本人聲音錄製到唱盤上的作業也延遲到十四日深夜才完成，因之廣播延至十五日正午進行。

茶谷誠一

三、盟軍占領期下的天皇與天皇制

美國的對日占領政策

一九四五年八月十四日，日本最終決定接受《波茨坦宣言》，十五日通過廣播公開「終戰詔書」（「玉音放送」），經九月二日簽署降書後，日本正式向同盟國投降。八月二十八日美軍先遣部隊抵日，三十日美國太平洋陸軍司令官道格拉斯・麥克阿瑟（Douglas MacArthur）將軍抵達厚木機場。十月二日設立盟軍最高司令官總司令部（GHQ），由麥克阿瑟兼任司令官。自此，以美國主導的盟軍對日占領政策

麥克阿瑟（左）與昭和天皇

開始啟動。這一政策有如下特徵，第一，承認日本政府的存續，採取通過日本政府實施占領政策的間接統治方式。雖然承認保留天皇制，但占領初期，對天皇個人的處置並不明確。第二，與過往歷史上的占領不同，企圖對日本的國家與社會進行全面性改革，其中的要項為日本的非軍事化與民主化。之所以採取這樣的政策，係因國際輿論認為，若不徹底解構法西斯主義與軍國主義的基礎，便無法防止再度發生侵略戰爭。第三，這是由美國主導，且是由麥克阿瑟領導的GHQ主導之占領。這種處置方式係因迫使日本投降的主要是美國的軍事力量，加上與義大利、德國占領狀況不同，事實上在占領管理體制上並無可依據的國際先例之故。其結果便是由「麥克阿瑟的占領」率先邁出第一步[29]。實際上，雖說盟軍對日政策的最高決定機構遠東委員會僅被賦予有限的權限，但它直到一九四六年二月才開始行動，且更重要的是，麥克阿瑟與其親信認為，為了讓占領政策順利推行及降低成本，從一開始便計畫利用天皇的權威。就日本方面來說，與麥克阿瑟建立何種關係將具有重要意義。在這點上，昭和天皇與親信集團的對應相當迅速，早在一九四五年九月二十七日，天皇與麥克阿瑟舉行了第一次見面。在占領的初期階段，天皇成功與麥克阿瑟之間設置了一條熱線。

面對盟軍的對日占領政策，日方如何對應？一九四六年一月一日，參考GHQ的意向，迅速發表天皇的「人間宣言」，這是一份否定天皇神格的詔書，也是對盟國發出一項訊息，表達天皇絕不會再度出現如戰敗前的「現人神」狀態。不過，日方並未預料到GHQ會對日本推動徹底的非軍事化和民主化政策，因此未清楚認知必須對《明治憲法》進行全面性修正，認為只需修改統帥權獨立部分等，將《明治憲法》做部分修正即可。日方提出的是微調式改革，即解除戰時體制，將日本恢復到一九二〇年代政黨內閣與協商外交的時代。昭和天皇也抱持同樣的認知。一九四五年九月二十五日與天皇見面時，合眾通訊社（United Press Associations）社長修．貝利（Hugh Baillie）收到天皇對其事先提出的問題的書面回覆，其中有如下一節。

> 對於日本政府當前的形態，陛下認為不可能，也不希望立刻做出革命性的變化。最終政府應出現的民主主義形式，未必與美國、英國全然一致。（高橋紘，《陛下，向您請教》，文春文庫，一九八八年）

如此委婉的表現，其實也否定了採用英國式立憲君主制的可能性。然而，現實中GHQ卻推動超乎日方預期的徹底改革。

制定《日本國憲法》

此處將審視改革的最大核心，亦即《明治憲法》的修定問題。得知GHQ的想法後，日本政府開始起草《明治憲法》的修憲案，但政府的修憲案內容十分保守，不耐等候的GHQ直接越過日本政府自行起草一份憲改草案，一九四六年二月十三日交付日方。最終，日本政府根據此草案制訂憲法修正案，經過向樞密院諮詢，以及眾議院、貴族院的審議後，一九四六年十一月三日公布《日本國憲法》。GHQ在憲法中明確規定國民主權、放棄戰爭、不保持戰力與保障基本人權等原則之外，也承認通過象徵天皇制的形式保留天皇制度。

對於基於GHQ草案製作的日本政府版憲法修正案，天皇旋即接受。根據一九四六年三月五日閣議上幣原喜重郎首相的報告，天皇表示「事到如今亦無他法」[30]。五月三十一日與麥克阿瑟的第二次會見上，天皇明確表達「對協助製作新憲法致上謝意」。亦即，在甚至尚未經過國會審議的階段即已明白表達「謝意」[31]。但與憲法修正相連的皇室相關基本法，亦即皇室典範（一九四七年一月十六日公布）部分，天皇表示反對。二戰前的皇室典範乃獨立於《明治憲法》之外，具有自身的法體系，此法基礎在於皇室自律主義，即有關皇室的事務不容政府、議會的參與。與此舊版皇室典範不同，戰後的新皇室典範不過是國會議決的法律之一。不過，新版係把舊皇室典範中明顯違背《日本國憲法》精神的條款刪除，等於以「減法」主義來制定，所以仍與舊皇室典範有相當強的連續性。皇位繼承者同樣規定為男方的男性，不承認天皇退位等，皆延續自舊版。即便如此，天皇仍激烈抵制新皇室典範。即便迅速接受《日本國憲法》，但天皇仍欲盡可能保持皇室的自律性，此點必須加以留意[32]。

東京審判與昭和天皇

一九四六年五月，審理日本國家領導者戰爭責任的遠東國際軍事法庭（以下簡稱東京審判）開庭。由於美國希望利用昭和天皇以順利推展占領政策，已經決定讓天皇免責，因此天皇並未被起訴。此外，國際檢察局（IPS）與被告東條英機（前首相、陸軍大臣）的辯護團事先協調過，要求東條在法庭上作證時說明天皇並無戰爭責任，若開庭後東條證詞中出現責任及於天皇的內容，則動員日方將該發言取消。宮內深度參與此等檯面下運作，天皇也認可這樣的做法[33]。結果便是一九四八年十一月下達的判決中，天皇免責，戰爭責任主要歸咎於陸軍，被處絞刑的七名被告中有六名為陸軍軍人。一九五一年四月，在麥克阿瑟將軍歸國前的最後會面上，昭和天皇表示，「對於在戰爭審判（東京審判）中貴將軍採取的態度，想藉此機會表達謝意」，同時麥克阿瑟則力陳自己曾如何堅決反對「審判天皇」[34]。

一九四六年七月五日，天皇決定對在起訴期間病逝的前外務大臣松岡洋右賜予「祭粢料」[35]，且「爾後對遠東國際軍事審判中判決有罪者過世之際，皇家不再審議任何恩遇」[36]。豐下楢彥根據此記述判斷，昭和天皇「採取除去『個人情感』的立場，徹底遵守東京審判的結果」[37]。確實天皇在東京審判問題上站在承認既定事實的立場上，不過這種態度應被限定在「至占領結束為止」。一九五五年十二月八日，對過世的南次郎（東京審判中判決終身監禁）決定「賜予祭粢料」，隨之宣布「該審判中確定有罪者過世之祭，此前完全不審議任何恩遇，此後重新恢復」[38]。這是宮中對A級戰犯（甲級戰犯）的平反。

四、自和約生效至韓戰爆發

重整軍備與昭和天皇

在國際關係方面，第二次世界大戰中同為同盟國的美國與蘇聯開始發生激烈對立。一九四七年，世界各地的革命運動轉為激烈，希臘與土耳其政局不穩，在此局勢中美國接連發表杜魯門主義（Truman Doctrine）與馬歇爾計畫（The Marshall Plan），清楚展現與蘇聯對決的態度。冷戰拉開序幕。非軍事化與民主化的對日政策也於一九四八年左右開始逐漸發生變化，美國改將日本視為西方陣營在遠東地區的據點。一九五〇年六月韓戰爆發後，同年八月日本創設警察預備隊，一如所見，占領政策的調整已顯而易見。可以推測，以韓戰爆發為契機，昭和天皇也支持憲法修正與重新整備日本軍隊。一九五二年二月十一日，針對憲法修正，天皇對宮內廳長官田島道治表示，「我認為其他修改都不需要，只要針對軍備這點，光明正大、堂堂正正地修改較佳」[39]。此處必須關注的是，吉田茂首相主張重視經濟復興，只希望有限度的重整軍備，因此天皇與吉田首相之間出現意見對立。一九五三年八月十一日，天皇面對吉田首相在增強防衛力方面採取消極態度，對田島長官說「為何會如此樂觀說著輕鬆的話呢」[40]，接見外務大臣岡崎勝男時也對他表示自己的意見，「現在蘇聯對日本虎視眈眈呀。太過輕忽國力方面的問題，讓我感到憂心」[41]。天皇對外務大臣直接表達自己意見的事實，也值得加以關注。此外，同年十一月二十四日，天皇也對田島長官如此說道。

無論如何吉田太樂觀了。外交上或許尚可，不知國防戰事之重而輕易採取樂觀態度……眼下在千島群島和庫頁島南部駐留空降部隊，那可是一葦（衣）帶水之處，就算不攻至本州，但誰敢說不會進犯北海道呢。（田島道治著，古川隆久等編，《昭和天皇拜謁記》五，岩波書店，二〇二二年）

此段發言意味深長之處，在於可以看出天皇的意識中，認定出身外交官的吉田首相或許是外交上的專家，但在「國防戰事」上，自己這個「大元帥」比他更加清楚。一如豐下楢彥已指出般，「吉田對情勢認知是，『從歷史事實可以得知，亞洲大陸的政治動亂不會直接威脅到我國』，確信『蘇聯絕對不會入侵日本』，將『日本發生戰事』與『朝鮮發生戰事』完全當作兩回事」[42]，此明顯與天皇的認知有很大出入。在安全保障的問題上，天皇顯然比吉田更偏「右」。此外，天皇不僅重視蘇聯的軍事威脅，且為了不使日本列島成為軍事的「真空地帶」，反覆主張美軍有必要駐留日本，因此對日本國內的反基地鬥爭持否定的態度。一九五三年六月十七日，當石川縣內灘村反對設置美軍試射場運動高漲之際，天皇對田島長官說，「在日本沒有軍備的狀況下，除靠美國進駐防守別無他法。如果從這個方向思考，內灘問題之類的現狀，就能理解這也是不得已的」[43]。天皇明顯是站在殘酷強權政治（power politics）立場的現實主義者。實際上，天皇的這種認知從二戰前一直貫穿到二戰後。即使亞洲—太平洋戰爭末期，日本戰局迅速惡化，天皇也不著手進行結束戰爭的工作。一九四五年五月五日，內大臣木戶幸一對近衛文麿說明天皇躊躇的理由，「從過往到今日，只要全面解除武裝，就不可免除對負責者的懲罰，與其這麼做不如戰到最後一兵一卒，聖上的意見是，一旦解除武裝，蘇聯必定入侵」[44]。亦即天皇的認知是，只要出現軍事上的「真空地帶」，蘇聯必然滲透進日本。

另一個值得關注的問題是，昭和天皇如何認知自己作為象徵天皇的地位。通過《日本國憲法》賦予的象徵天皇制是議會主義天皇制，不賦予天皇政治權力。然而，隨著近年不斷發掘、公開刊行的昭和天皇相關史料，特別是在占領期間，昭和天皇以各種形式發表政治性談話的事實已逐漸明朗。特別為人所知的是一九四七年九月的「沖繩口信」。內容為天皇要求美方在簽訂和約後，繼續對沖繩的軍事占領。占領期間，天皇繞過麥克阿瑟與吉田首相，在日本與美國之間設定非官方的管道，展開自身的「雙重外交」[45]。此外，《日本國憲法》制定之後，天皇仍持續抱持著參與政治的意識。《舊金山和約》生效後的一九五三年三月十二日，天皇對田島長官表示，「我認為，若真心擔憂國家前途，就應該實行保守派的大團結，為了這個目標，我應該可以做些什麼」[46]。當時保守政黨分為自由黨與改進黨，天皇嘗試要使「保守合同」（讓保守派政黨統合）。田島長官致力於鞏固象徵天皇制，面對天皇的政治性發言，曾勸諫「因違反新憲法，即便憂心國事也不能做出任何行動」[47]。

最能明確展示天皇欲參與政治的事實，便是戰爭之前開始的「內奏」到了戰後依舊維持。所謂內奏，是由首相或外相對天皇進行政務報告，天皇藉此蒐集情報，偶爾也發表自己的政治意志[48]。可說，在《明治憲法》與《日本國憲法》這兩者不同憲法體制下，一直保持天皇地位的昭和天皇，即便到了戰後依舊維持自己身為元首的意識。不過，天皇抱持政治意志採取行動的事實，與是否實際影響到政策決定過程，討論時必須加以嚴密區分[49]。此外，討論時尚須認知另一個事實，即在日本國內政治的大框架中，一九四七年廢止宮內省改設宮內府，一九四九年又改宮內府為宮內廳，這一連串的改革使宮內失去自主性，成為附屬於政府的一個單位[50]。

《舊金山和約》與戰爭責任問題

長期占領終於結束，一九五一年九月盟國與日本簽署《舊金山和約》（次年四月生效），儘管這份和約通過同時還簽署了《美日安保條約》，使日本在軍事上必須依附於美國，但和約整體而言仍屬「寬大的和約」。這是因為隨著世界進入冷戰體制，美國從把日本非軍事化、民主化、確認戰爭責任問題，轉而重視把日本當作同盟加以強化，持續打造一個安定的親美政權。這導致主要交戰國放棄對日本的賠償請求權，且即便鄰近各國皆對日本復甦成為軍事大國抱持警戒，但和約中卻未對日本的軍備做出任何限制，也無任何條款要求日本必須實施民主化，更放棄成立監視日本是否履行民主化的國際組織。在戰爭責任問題上，和約中也未明示戰爭責任在日本一方，僅於第十一條規定，日本政府接受東京審判的判決。換言之，認定日本發動的戰爭是侵略戰爭，接受東京審判對背負戰爭責任的二十五位國家領導者判決有罪，僅通過此種形式間接承認戰爭責任。又如前所述，東京審判中並未起訴天皇，從而日本政府的官方見解便是：接受與同盟國和約中東京審判的判決，意味著國際上也承認天皇沒有戰爭責任。不過，無論在日本國內還是國際上，許多人並非毫無芥蒂地接受天皇沒有戰爭責任的結果。

退位與道歉

在日本國內，數度出現昭和天皇對戰爭負有道義上責任，因此必須退位的「退位論」。如甫戰敗的一九四八年十一月東京審判前後，一九五二年四月《舊金山和約》生效前後都出現過此種論述。之所以反覆出現退位論，係因日本國民之間對天皇責任問題終究心存芥蒂，但麥克阿瑟將軍並不希望天皇退位，因此最終未能實現此要求。[51]至於天皇本身是否有退位的意思，意見則顯分歧。不過，在宮內廳編修的《昭和天皇實錄》中，數次記錄天皇發言表示沒有退位的想法，例如一九四六年三月六日的條項中提及，天皇對侍從次長木下道雄表示，「關於天皇自行退位的相關新聞報導，目前並無此種想法」。[52]一九六七年四月五日的條項中，記載天皇對侍從長稻田周一回憶占領期間的退位問題，「（天皇）沒有退位想法的理由，在於預期退位可能引發混亂，加上攝政候補者宣仁親王曾是軍人的背景，以及麥克阿瑟元帥曾以極度機密的方式告知不希望天皇退位等三點」。[53]此外，一九六八年四月二十四日，天皇對侍從長稻田周一談及未退位理由時，認為自己應當對「重建日本」盡一份力、「有即便因戰爭期間的職位而遭『公職追放』，卻依然擺出期待就任攝政一職的皇族（指的是高松宮）」，以及「曾對麥克阿瑟元帥說過不退位，之後宣布退位將有違信用」[54]等。

天皇雖然對於退位不積極，但也充分認知日本國民對他抱持著複雜的情感。一九五二年八月十五日，「因為是『終戰』當日，所以竭力不走出宅邸」[55]，在御文庫（皇家書庫）中度過。侍從入江相政寫道，當天天皇因「今天是『終戰』紀念日，無論如何不能外出。且想到今天傍晚宮內記者將過來採訪，擔憂不知他們會寫些什麼，而且似乎在思考舊軍人對陛下是否會留有恨意」[56]。之後一九五五年八月十五日也是「謹慎節制地留在宅邸內」[57]，根據《昭和天皇實錄》，直到一九六三年八月十五日舉行全國戰歿者追悼儀式為止，天皇每年的這天都留在宅邸內度過，保持「謹慎節制」的態度。

在此情況下，親信集團中——部分也是遵循天皇的意思——開始出現發表天皇「聖諭」的構想。旨在表達天皇對於戰敗帶來巨大慘禍的遺憾之意，並以某種形式談及自己的責任，此即為「聖諭」（日語稱「謝罪詔書」，類似罪己詔）。這種形式可追溯到東京審判判決後，原本預定由吉田茂首相立即發表的天皇「講話草案」。此談話係宮內府長官田島道治等人起草文案，一九四八年十一月十一日天皇也聽取了田島關於草案的報告，內容是「天皇對因戰爭而帶來的不幸深感痛念，口諭心境，並祝福世界和平與國民幸福」。次日十二日，田島長官在審判開庭前將文案內容交給剛就任的吉田首相，最終此「講話」並未被發表[58]，推測是因為吉田首相反對公開發表。

之後到了《舊金山和約》生效前後的時期，再度出現構思談及天皇戰爭責任的「聖諭」。雖由宮內廳長官田島道治起草文案，並盡量反映天皇的意向。但吉田首相在寫給田島長官的信中，要求將天皇對戰爭表達悔恨的一整節全部刪除。一九五二年四月十八日拜謁之際，田島長官如此說明吉田反對公布的理由。

吉田首相大概是說，好不容易輿論逐漸平息，如果發表恐怕又會引起退位論，心中實感不安。今日國民已經不願再談起、聽到戰爭、敗戰之類的事情，若談到領土問題、生活變得困苦等情狀，恐怕又會帶出天皇責任論。（田島道治著，古川隆久等編，《昭和天皇拜謁記》三，岩波書

店，二〇二二年）

站在吉田首相的角度，顯然認為須慎防天皇的戰爭責任問題再次成為焦點，同時試圖改變人們的觀念，讓國民放棄對戰爭時代的執著，專心於經濟復甦，因此最後未發表「謝罪詔書」[59]。一九五二年五月三日舉行《舊金山和約》生效與實施憲法五週年紀念慶祝典禮，在典禮上雖然發表了天皇的「聖諭」，但並無提及「反省」、「道歉」，僅傳遞了將繼續在位，為國家重建盡力的內容，成為「留位續投」[60]的宣言。

如此，天皇的戰爭責任問題遂被暫時擱置。然而，此問題日後仍持續悶燒。《舊金山和約》生效後的一九五二年十月，天皇前往靖國神社參拜。而前往護國神社參拜則始於一九五七年十月，天皇首次參拜靜岡縣護國神社。值得注意的是，天皇參拜護國神社帶有間接回應舊日本軍人及其遺族要求的意味，亦即對於那些為天皇戰死的人們，其遺族或戰友們一直強烈認為，天皇本身理所當然必須以某種形式表達「道歉與感謝」的心情。天皇這方也必須加以回應，在這種雙向的關係性上便形成參拜護國神社的做法[61]。在靜岡縣護國神社參拜時，天皇與皇后並列在鳥居前設置的臨時拜座上（參拜處）深鞠躬，而遺族們則在一旁觀注天皇履行「責任儀禮」[62]。可以說，通過這樣的儀禮後，戰友與遺族們才最終接納了天皇。

五、在國際社會與「大眾社會」之中

國際關係中的天皇

在《舊金山和約》生效後，日本暫時解決了戰爭責任問題，到了一九五〇年代中期，戰爭時受到的打擊已大致恢復，並開始逐漸邁向高度經濟成長。一九六四年五月實施《關於國事行為臨時代行之法律》，根據此法天皇得以前往海外訪問。另一方面，一九五五年十一月由保守派政黨聯合組成的自由民主黨政權，打算在國際關係上運用天皇，開始推動天皇的「元首」化。然而諷刺的是，此舉反而重新引爆了對天皇戰爭責任的爭議[63]。最初的引爆點是一九七一年九月至十月昭和天皇的訪歐之行。這是昭和天皇即位以來首次出訪海外，但各國國民對此行抱持著複雜的情緒。在英國，天皇種植的紀念樹遭人拔起，二戰中擔任東南亞盟軍司令官的蒙巴頓伯爵（伊莉莎白女王的舅父）則拒絕出席歡迎國宴。荷蘭則出現曾是日軍俘虜的軍人遊行隊伍出迎天皇。西德的遊行隊伍中出現高舉「希特勒盟友」的牌子。在英國的歡迎國宴上更清楚展現出歐洲與日本對歷史認知的差距。歡迎演講中，伊莉莎白女王表示「過往兩國關係並非一直和平友好」，明確指向戰爭時期的事情。但昭和天皇的演講只提到皇太子時期的訪歐旅行，隻字未提戰爭時期。日本政府察覺到在戰爭問題上的認知落差後，曾嘗試著手修正。一九七五年九月至十月，天皇前往美國訪問，天皇在歡迎國宴的致辭中提到「我對於那場不幸的戰爭深感哀慟」，雖是模糊化的表現，但已可感受到不將戰爭正當化的意思。然而，在回國後的日本記者俱樂部記者會上，被問及有關戰爭責任的問題時，昭和天皇卻回答，「關於那種巧妙的措辭，由於我對文學方面並無研究，所以不太清楚，因此關於這個問題我無法回答」[64]，還因此引發一陣風波。

更成問題的是，當外國的國家元首以國賓身分前來日本時，天皇在晚宴上的「聖諭」。一九八〇年五月，中國國務院總理華國鋒以中國總理身分首度訪日，此時的「聖諭」全然未提及戰爭。一九八四年九月，韓國總統全斗煥作為韓國元首首次訪日，天皇在歡迎的「聖諭」中提到，「在本世紀的某一時期，兩國之間存在著不幸的過去，對此誠感遺憾，此事絕對不可再度發生」[65]。雖然提及「不幸的過去」，但關於日本的責任仍採取不明確的表達方式。直到下一任明仁天皇時代，天皇的「聖諭」才逐漸加入明確道歉之意。

與國民的關係

稍微回溯一下，此處將試著考察天皇與國民之間打造出來的新的精神連結。一九四六年二月，天皇造訪神奈川縣，開始「戰後巡幸」。自明治天皇以來，盛大巡幸已有相當長的歷史，不過「戰後巡幸」與過往的巡幸有著重大不同，天皇以穿著西裝的姿態出現在國民眼前，能與國民直接對話，這可說是象徵天皇制轉型而出現的變化。但到了一九四八年，GHQ唯恐「戰後巡幸」將強化天皇權威而暫時中斷，一九四九年才又重新啟動，一直持續到一九五四年訪問北海道為止。此外，一九四六年起舉辦國民體育大會，一九五〇年起全國植樹祭，以每年輪流由各都道府縣巡迴舉辦，天皇與皇后蒞臨也成為慣習。再加上一九八一年起舉辦的「全國豐饒的海洋營造大會」（全国豊かな海づくり大会），合稱天皇的「三大行幸」。伴隨經濟高度成長，日本也形成了「大眾社會」，行幸通過報紙、電視等大眾傳媒獲取每一個國民的支持，這對皇室而言也成為一個重大的課題。如此，由復興經濟時期進入經濟高度成長時代後，國民對象徵天皇制的支持也日趨穩定。一九五〇年代的輿論調查中，希望加強天皇權限的國民占兩成到三成，這是一種回歸戰前的國民意識。到了一九六〇年代中期，希望加強天皇權限的國民下降到一成，不希望加強天皇權限、支持象徵天皇制的國民占七成到八成[66]。只是昭和天皇對於為了讓象徵天皇制更加安定，應讓皇室更貼近國民的討論，亦即「開放的皇室」論，並未表示積極支持。檢視天皇的記者會紀錄便可看出，天皇對「開放的皇室」一向保持消極的態度。一九七五年十月的記者會上，記者提出「訪美時，陛下與皇后舉止相當悠閒」，「希望陛下在日本國內也像在美國一般，輕鬆走進廣大的國民之間」，對此天皇回答，「日本的國民性格與美國的國民性格差異甚大，因此在日本是否能實現像在美國那般的行動，我抱持非常大的疑問」[67]。

昭和的終焉

一九八五年七月十三日，八十四歲的昭和天皇在有紀錄的天皇中，成為超越江戶時代後水尾天皇的最長壽者。當時日本經濟正進入泡沫經濟時代，但天皇似乎無法沉浸在一股成就感中，戰爭責任問題依舊縈繞不去。一九七五年至次年期間，天皇的弟弟高松宮宣仁的發言兩度登上雜誌，內容強調自己積極參與結束戰爭的工作。天皇對此發言感到震怒，大概是因為發言內容暗指天皇終結戰爭的決斷太遲。此事件成為契機，促使人們開始製作關於戰爭時期天皇的口述歷史紀錄《聖談拜聽錄》。可以視為天皇「意圖闡述自己的『正史』」[68]。這項整理作業一直持續到一九八五年左右。此外，大約從一九八〇年代起，許多國民開始意識到昭和時代即將結束，有關天皇的著作接連出版，天皇對這樣的社會動向似乎表現極大的關注。侍從小林忍在一九八五年三月二十九日的日記中記道，「前天陛下問我《天皇的昭和史》……的內容，今天在圖書館借閱，是一本批評天皇制的書籍」[69]。就此可以得知昭和天皇對單刀直入討論天皇戰爭責任，由藤原彰、吉田裕、伊藤悟、功刀俊洋撰寫的《天皇的昭和史》（新日本出版社，一九八四年）抱持關心。一九八七年四月七日，小林的日記也提到應該是前一天六日的事情，「關於減輕公務詢問聖意。陛下表示，因減輕工作而能活得更長壽沒什麼意義，只是看更多、聽更多令人哀嘆的事情，如兄弟等近親遭遇不幸，被指責戰爭責任等」[70]。為減輕高齡天皇的負擔，正在考慮減少其公務，因此有此相關發言。

一九八八年九月十九日，健康狀況不良的昭和天皇因吐血而開始進入長期療養。這段期間，大眾傳媒過度報導，國民之間也停止慶祝祭典、停播被視為不合適的電視節目或廣告等，這股所謂的「自肅」風潮蔓延，甚至造成社會問題。一九八九年一月七日，八十七歲的昭和天皇過世。死因為腺癌。去世後不久，朝日新聞社進行輿論調查，詢問「關於『昭和天皇』，首先浮現您腦海的是什麼?」回答「其他、無法回答」（大概是不關心者）達百分之二十，此點也必須加以注意。排名前三的回答分別是「一生勞苦」占百分之十七，「戰爭」占百分之十六，「戰爭責任」占百分之九[71]。昭和天皇的一生，直到過世依舊被戰爭的陰影所纏繞。

吉田裕

米內光政（一八八〇—一九四八年）

被提拔為海相

米內光政是昭和時期擔任海軍大臣與內閣總理大臣的人物。直到擔任海相之前，米內幾乎沒有在中央任職的經驗。即便如此，林銑十郎內閣仍提拔他擔任海相，此與身為皇族且任軍令部總長，在海軍內部擁有強力發言權的伏見宮博恭的意見有絕對關係。「條約派」、「艦隊派」雙方都給予米內高度評價。伏見宮通過起用米內，目的在平衡海軍內部的派閥對立，可說是以促成內部團結一致為目標。

身為中日戰爭初期的海相

米內就任海相後不久，爆發了盧溝橋事件。以米內為首的海軍省高層最初支持不擴大方針，但自戰火蔓延至上海地區後，開始轉變為主張積極作戰。在中日高層討論和平條件的陶德曼調停（Trautmann Mediation）中，參謀本部希望迅速結束中日戰爭，以推動對蘇作戰的準備，因而支持和平之際，米內與外務大臣廣田弘毅卻統一口徑，主張停止和平談判，最後左右了會議的決策方向。此外，第一次日德義三國同盟交涉（反共協定強化交涉）時，陸軍主張締結同盟，米內與外相有田八郎共同反對，一般認為他和次官山本五十六、軍務局長井上成美等一向反對加強與德義的合作關係。不過此前海軍與義大利之間，為了牽制英國，曾推動協定談判。米內對同盟持反對立場，係因有田接任外相後持反對態度之故。這表明米內的態度受到外相的左右，特別是在外交領域上，米內傾向於尊重主管大臣的意志。

米內光政內閣

米內被編入預備役[72]後組成的內閣，以處理中日戰爭與穩定物價為首要目標。報紙上大多給與善意報導。但此前被稱為「奇妙的戰爭」，處於僵持狀態的第二次世界大戰歐洲戰場，因德軍的閃電戰而迅速變化，日本國內要求與德國合作的呼聲高漲，近衛新體制運動乘著此股風潮而聲勢大漲。最終，米內內閣內的陸相畑俊六辭職，且陸軍不願推薦繼任陸相人選，導致內閣不得不做出總辭。

作為戰爭末期的海相

亞洲—太平洋戰爭期間，隨著戰局惡化，海軍內部為了挽回戰局，希望有人望的米內光政重返復歸的討論愈來愈多。海軍內部為了挽救戰局採取高層更新運動，近衛文麿等重臣發起東條英機內閣倒閣運動，最終使得東條內閣總辭，繼任的小磯國昭內閣成立，之後米內回歸就任海相。接任海相的米內，通過次官井上成美，命令高木惣吉極機密地研究結束戰爭相關事宜。同時試圖通過戰局的反擊，採取無論如何多獲取一些有利條件以進行談和的「一擊講和」方針，因此在小磯內閣期間戰爭持續。米內開始推動結束戰爭的舉措，則是在鈴木貫太郎內閣時期。一九四五年五月底，首里城被攻陷，沖繩作戰勝負已定。之後米內與同樣意識到必須結束戰爭的內大臣木戶幸一共同為改變方針——通過蘇聯調解談和——而努力。

接受《波茨坦宣言》前後

蘇聯對日宣戰後，國家高層對於如何接受《波茨坦宣言》展開討論，面對主張維持國體、自主解除武裝、戰犯由日本本國懲處、保證盟軍占領範圍僅限縮於最小限度等四條件來接受宣言的陸相阿南惟幾、參謀總長梅津美治郎、軍令部總長豐田副武等人，米內追隨外相東鄉茂德的方針，僅要求維持國體一條件來接受《波茨坦宣言》。通過天皇「聖斷」，最終決定以一條件接受《波茨坦宣言》後，米內命令海軍內部徹底服從「聖斷」。待戰敗處理告一段落後，海軍省改組為第二復員省，米內卸任了海相。此外，米內在遠東國際軍事審判中並未被起訴，僅以證人身分出庭。從大量證詞中可清楚看出他深受昭和天皇的信任，米內從海相離職與過世時，昭和天皇皆深感惋惜。

手嶋泰伸

宮中集團

何謂宮中集團？

宮中集團是指在《明治憲法》體制下，輔佐天皇的親信集團。研究者之間使用的別稱尚有：宮廷集團、宮中親信、宮中勢力等。廣義上可泛指明治、大正、昭和三個時期的相關集團，狹義上則特指一九二〇年代設立攝政時起，協助昭和天皇的親信集團。昭和時期的宮中集團可向天皇推薦繼任首相人選，對於內政外交上的重要問題亦向天皇做出政治上的建議，具有莫大的影響力。

關於親信集團的組成與定義，學者間見解分歧。宮中集團的名稱從岡義武評論《木戶幸一日記》上卷時開始使用。岡把宮中集團定義為「指以天皇為首，如元老西園寺……、內府、內府祕書官長、宮相等天皇身旁親信，部分所謂的重臣，再加上與上述人物的官方、私下保持密切關係且提供協助的人們」[73]。

宮中集團是否包含君主在內，學者仍在爭論。關於成員部分，除了岡定義的成員之外，部分見解認為還包含軍事方面的親信，即侍從武官長在內。

《明治憲法》體制與宮中集團形成的背景

在二戰之前的近現代天皇制中，為何會出現宮中集團的政治勢力？《明治憲法》下規定天皇地位為「總攬統治權」的國家元首，且「神聖不可侵」，亦即規定天皇不擔負政治上的責任。因此為了讓天皇的廣泛大權在行使上做出實質性管理，除擔任國務的政府與擔負統帥權的軍部之外，尚需負責宮務的宮中作為獨立的國家機構，各掌職權輔佐天皇。宮中屬於重要機構，所以從明治時期到大正時期都由伊藤博文、山縣有朋等握有大權的元老擔任宮中職位並進行統籌。這段期間，宮中大致遵從元老指示行動，獨立行政的機能並不強。

然而，一九二〇年代中期起，元老只剩西園寺公望一人後，他決定推薦後繼首相人選時[74]，內大臣也開始加入協商。此外，親信之中屬於親任官待遇的宮內大臣（宮相）、內大臣、侍從長等皆超越執掌進行合議，使宮中集團的影響力更顯強大。

昭和時期宮中集團的特徵

特別是一九二一年任宮相，一九二五年轉任內大臣的牧野伸顯就任昭和天皇親信後，他依據西園寺的意向，與其他擁有相同政治信條、輔弼觀念的親信們建構合議體制，使宮中集團更具存在感。

昭和時期宮中集團存在感加強的背景因素除上述理由外，昭和天皇具有明確政治意識這一點也相當重要。昭和天皇下達政治裁決之際，會徵求元老與內大臣的建議作為參考，而對該裁決感到不滿的國家機構，則猜忌輔佐天皇的宮中集團對天皇提出何種建議，批評也隨之加強。斥責田中義一首相事件時的政友會，《倫敦海軍條約》問題時的海軍軍令部與樞密院等，面對與自身意見相左的政治裁決，開始批評輔佐天皇的牧野內大臣與鈴木貫太郎侍從長。此種批判親信的風潮也擴散到右翼人士，將牧野等人稱為「君側奸臣」，對他們施加言論攻擊，甚至做出恐怖攻擊，讓這群親信的安全受到威脅。

宮中集團內部的變化（革新華族的登場）

元老西園寺從早期便寄予期望，將來欲託付重責的，便是五攝家之首的近衛家當家近衛文麿。近衛與木戶幸一等年輕華族認為必須著手處理第一次世界大戰後的國內外政治、社會變動，一九二二年十一月十一日起發起名為十一會的研究會，一九三〇年木戶接替華族好友岡部長景，就任內大臣祕書官長。

面對軍部，木戶採取將其導向正確方向之「善導論」，近衛也有類似想法，採取「先手論」以先一步了解軍部想法並緩和其過於激進的思想。在此種軍部對策下，九一八事變後的軍部勢力崛起，協商外交陷入危機時，他們逐漸表現出親軍部意見的態度。一九三二年五一五事件後，木戶、近衛確認了軍部及革新官僚反對政黨政治的意向，勸說西園寺與牧野擁立海軍軍人齋藤實成為首相，促成新內閣的成立，這正是這種傾向的典型例子。

這段期間，宮相一木喜德郎、宮內次官關屋貞三郎、侍從次長河井彌八、內大臣牧野等過往的宮中集團成員相繼辭職。一九三六年二二六事件後，木戶、近衛、侍從次長廣幡忠隆、內大臣祕書官長松平康昌（木戶的繼任者）等出身十一會的革新華族，逐漸成為宮中集團的主導者。

一九四〇年六月，木戶成為湯淺倉平的繼任者就任內大臣，改變了繼任首相的推薦方式，元老西園寺的參與遭到實質上的排除，改由以內大臣為核心的系統來推薦首相。內大臣木戶主導下，首次施行的後繼首相推薦，便推薦自身友人近衛擔任首相。第二次近衛內閣推翻西園寺與牧野一直支持的協商外交路線，獨斷轉換為與德義締結同盟的軸心國外交政策。此外，木戶面對議論分歧的結束戰爭方式四處奔走，致力於透過「聖斷」此一非常手段實現戰爭的終結。

由此可見，宮中集團對天皇的政治判斷具有莫大影響力，也深度參與了昭和戰前時期的國政，作為一種政治勢力發揮了實質作用。

茶谷誠一

革新官僚集團

昭和戰前期的「革新」推手

所謂的革新官僚，一般指一九二〇年代從東京帝國大學畢業的官僚，一九三五年成立內閣調查局，以及之後重新整編為企劃院，負責計畫經濟的人們。此外，也包含參與企劃院政策立案，但被以違反《治安維持法》遭舉發的官僚。一九三〇年代前半起，農林省與內務省有志於推出經濟恐慌對策與改革政黨政治的官僚，通常被稱為新官僚，以與革新官僚做出區別。無論是新官僚或是革新官僚，皆無法將之視為明確的政治集團，在昭和戰前期，「革新」的推手有時也擁有相同的現狀認知與改革方向性。在這層意義上，此處稱之為「革新官僚集團」。

政黨政治下追求獨立化的官僚行動

新官僚較諸革新官僚世代約早十年，亦即一九一〇年代開始成為官僚的人們。特別在政黨執政時期，也就是從一九二四年誕生的第一次加藤高明內閣至一九三二年五月由部分海軍軍官發起政變未遂事件（五一五事件）時期為止，通過文官高等考試進入省廳的高級官僚，其人事多遭政黨勢力操控。在政黨政治開展過程中，為與之對抗的官僚開始追求獨立，於齋藤實內閣期間，嘗試改革以政黨為主軸的政治形態，推行保障官僚身分的政策。

其代表性人物為後藤文夫。後藤進入內務省擔任警保局長等職，曾任臺灣總督府總務長官。在齋藤內閣中擔任農相，推動了應對經濟恐慌的農山漁村經濟更生運動。岡田啟介內閣時，他擔任內務大臣，展開選舉肅正運動，特別針對政友會、民政黨等既存政黨的選舉活動加以取締，加強涵養國民的政治意識。除後藤之外，吉田茂（與二戰後的首相同名，但為不同人物）也在岡田內閣下任職書記官長或內閣調查局長官，負責國策革新。此外，安井英二於一九二〇年代任職內務官僚，著手勞工政策與社會政策，一九四〇年就任第二次近衛文麿內閣的內務大臣，參與組織大政翼贊會。也有類似松本學般，協助陽明學者安岡正篤創設金雞學院，致力教化運動。松本、後藤、吉田於一九三二年組成的國維會中成為主導人物。

滿洲國成為革新官僚的據點

革新官僚中受人矚目的有：奧村喜和男、毛里英於菟、迫水久常、岸信介、美濃部洋次（憲法學者美濃部達吉的外甥）、吉野信次、椎名悅三郎、柏原兵太郎等人。奧村經遞信官僚後進入內閣調查局、企劃院，為電力國家管理計畫立案。毛里進入大藏省後至滿洲國政府工作，之後回到大藏省。他從學生時代起便與龜井貫一郎有聯繫，中日戰爭開始後他也加入龜井的政策研究集團。岸信介、美濃部洋次、吉野信次（以「民本主義」而聞名的吉野作造之弟）、椎名悅三郎等以商工省為核心活動。特別是岸信介，由農商務省、商工省到滿洲國政府實業部次長，推動滿洲的計畫經濟政策。之後在阿部信行內閣時期擔任商工次官。第二次近衛內閣時期與商工大臣小林一三對立而辭職，不過之後又擔任東條英機內閣的商工大臣。

由上可知，滿洲國在成為革新官僚據點的同時，也成為被派往關東軍、滿洲國政府的年輕、中堅軍官互相串連的場所。除了岸信介（きし のぶ**スケ**）之外，任職滿洲國總務廳長官的星野直樹（ほしのなお**キ**），以及陸軍的東條英機（とうじょう ひで**キ**）、財經界的鮎川義介（あゆかわ よし**スケ**）、出身外務省的松岡洋右（まつおか ようす**スケ**）被稱為「二キ（ki）三スケ（suke）」（由他們的名字末尾的假名發音而來）。他們在策劃滿洲產業開發五年計畫等政策時形成人脈，東大經濟學部派遣的研究經濟政策之陸軍官員秋永月三，以及先前介紹的岸、星野、椎名、美濃部及毛里等人，皆在此時為日後的活躍劃定大致方向[75]。

經濟新體制的對立

自一九四〇年春至初夏為止，德國占領鄰近各國後，日本也開始進行政界改造與推動南進政策的動向。七月成立的第二次近衛內閣，特別重視企劃院[76]，且在企劃院內設置審議室，毛里、迫水、美濃部等人聚集於此。審議室的成果包括制定了《經濟新體制要綱草案》，此案為完成國防國家體制，主張分離資本與經營，以國家為本位加以限制企業活動等。但經濟界對加強管制企業活動發出反彈，因之政策不得不進行修改，但仍遭當時商工大臣且亦為財經界人士的小林一三反對。最終導致岸因與小林對立而辭去商工次官的狀況。從此例可見，企劃院的「革新」政策，許多都與財經界或在議會中具議會席次的舊政黨人士發生對立。此外，在一九三九年發行的笠信太郎《日本經濟的再編成》中，除經濟新體制的時代話題外，尚可見到提倡改革壟斷資本主義的柴田敬、站在自由主義經濟立場批評經濟新體制的山本勝市等之理論活動[77]。

關於經濟新體制的對立，導致自一九四一年一月到四月為止，企劃院調查官正木千冬、佐多忠隆、稻葉秀三，農林省的和田博雄，大政翼贊會的和田耕作與勝間田清一等人被捕。早在一九三八年至次年為止，企劃院的岡倉古志郎等人（「判任官集團」）即遭逮捕。因正木等人在內閣調查局、企劃局為遂行共產國際與日本共產黨的政治目的展開活動，此舉違反《治安維持法》之故。第一審判決在日本戰敗後的一九四五年九月宣判，和田博雄、正木、勝間田、稻葉無罪。此企劃院事件乃因針對經濟新體制的對立而出現的誣陷案。

上述革新官僚之中，也有活躍於戰後日本政治者。岸雖為戰犯嫌疑人，本應受限不得參與政治，但之後限制獲得解除，他從自由黨進入政界，並組織日本民主黨。自由民主黨組成後擔任幹事長，一九五七年成為首相。椎名在「公職追放」解除後，於日本民主黨、自由民主黨活動，擔任岸內閣的官房長官。此外，與企劃院事件相關的人士中，和田博雄、勝間田清一等人，也成為日本社會黨的核心人物。

源川真希

近衛文麿（一八九一—一九四五年）

反對英美主導的國際秩序

大正、昭和時期的政治家、首相。公爵。生於東京市（今東京都）。近衛家長男。近衛家是被稱為五攝家的最高階公家之一，與皇室有姻親關係。近衛文麿的父親近衛篤麿歷任學習院院長與貴族院議長，被視為對外強硬派的政治家。近衛文麿經學習院、舊制第一高等學校後，一九一七年自京都帝國大學法科大學（法學部）畢業，從學習院時代起便熟習文學，京大時期與哲學者西田幾多郎、經濟學者河上肇交流，學習馬克思經濟學。

一九一六年成為貴族院議員，一九一八年藉由論文〈排除英美本位的和平主義〉開始以政治家身分獲得注目。一九一九年巴黎和會時，以全權代表西園寺公望的隨行人員身分參加，雖贊成國際協商，但反對由英美主導。主張通過教育改革、消除經濟差距、推動政黨政治以統一「國論」，並積極侵略中國等，使日本成為與英美並列的強國。

向陸軍靠攏

近衛因出身世家且天資聰穎，元老西園寺將其視為親信加以重用，認為他是日後足以成為內大臣（天皇最親近的親信）的人選。在此影響下，一九二四年近衛成為貴族院最大派閥研究會的幹部，雖致力於成立普通選舉法，但對此並不感到滿足，一九二七年與木戶等人成立新的會派火曜會。

一九三一年，近衛就任貴族院副議長，同年九月九一八事變爆發。他認為不能再指望忙於爭奪權力的政黨內閣統一國論或強化國力，於是向陸軍靠攏。一九三二年五一五事件後，政黨內閣崩毀，近衛參與大亞細亞協會的成立，逐漸被陸軍認定為首相的候選人。一九三三年，發表論文〈改造世界的現狀〉，主張形成以日本為盟主的亞細亞勢力圈（亞細亞門羅主義），並就任貴族院議長。一九三四年外訪美國等國途中，與主張英美協商、政黨內閣為理想的西園寺疏遠，開始萌生擔任首相的意圖，在政黨方面也醞釀成立近衛新黨的構想。

就任首相後旋即爆發中日戰爭

一九三六年二二六事件後，近衛在元老西園寺的意向下，獲昭和天皇任命就任首相。但他不願親手肅清與自己在思想上有所共鳴的陸軍皇道派，故選擇辭職。一九三七年六月，在陸軍與西園寺的強力勸說下，終於組成第一次近衛內閣。近衛通過廣播強調，為了強化因九一八事變而在外交上遭國際孤立的日本國際地位，呼籲日本國民合作，協助國內的「革新」（國論統一）。不久後的七月爆發盧溝橋事變，近衛企圖在日本主導下迅速解決，採取強硬的姿態，但未能迫使中國屈服，最終發展為中日全面戰爭。近衛把中日戰爭定位為「聖戰」，堅持由日本主導解決，為此開始推動戰時計畫經濟。

一九三八年一月，近衛為了動搖中國政府，發表「不以國民政府為（交涉）對手」的聲明，且為強化國內的戰時體制，制定《國家總動員法》，但二者皆無效果。同年夏天，為了國論統一，推出以近衛為黨魁的新黨計畫。同年秋天，他為了更進一步削弱中國士氣，發表了「東亞新秩序聲明」，主張通過親日的新中國政府與日本在經濟上合作的形式，解決中日戰爭。但除了汪兆銘（汪精衛）之外，中國並無有力政治家響應，計畫以失敗告終。加上日德義三國防共協定的軍事化同盟問題出現紛爭，新黨運動也不順利，一九三九年一月第一次近衛內閣總辭。之後，近衛成為樞密院議長（也在接任的平沼騏一郎內閣中兼任無任所閣員）。

過度強調強國化的末路

一九四〇年春天以後，受到歐洲納粹德國閃電戰進展快速的影響，部分政官界與陸軍重新燃起由近衛擔任黨魁組成新黨的期望。同年六月，近衛辭去樞密院議長，展開新體制運動。在陸軍的策劃謀略下，七月成立主張國防國家體制的第二次近衛內閣。該內閣為了排除英美在亞洲的勢力，九月起派兵進駐越南北部，締結日德義三國同盟，如此更為加深美日間的對立。新體制運動也因近衛未能統合各派勢力的意見，十月以近衛為總裁成立的大政翼贊會，於一九四一年二月被否定其政治性質，只被當作政府的外圍團體之一。

進入一九四一年後，近衛為了迴避美日交戰，開始推動美日交涉，與重視三國同盟的外相松岡洋右發生對立，七月因撤換松岡而組成第三次近衛內閣。但這次因為陸軍（東條英機陸相）不願答應美國從中國撤軍的要求，迫使近衛內閣於十月解散。

一九四五年二月，近衛向天皇建議，為防止共產主義革命應盡早結束戰爭。八月戰敗之後，近衛旋即擔任東久邇宮內閣的無任所閣員，十月內閣總辭後，改任宮內省御用掛，參與修憲。但因近衛被認為是太平洋戰爭爆發的重要責任者，受到海內外的大量批評。十二月被盟軍指名為戰犯嫌疑人。他於被捕前服毒自盡。近衛可說是太過執著實現日本強國化的理想，導致最後的失敗與悲劇。

古川隆久

松岡洋右（一八八〇—一九四六年）

多彩的經歷與分裂的評價

松岡洋右自美留學歸國後進入外務省，一九一〇年代以外交官身分工作。一九二〇年代任職南滿洲鐵道株式會社（滿鐵）理事，後升任至副總裁。一九三〇年代成為眾議院議員，一九三三年在國際聯盟總會上以首席全權代表身分退場抗議。任職滿鐵總裁後，成為第二次近衛文麿內閣的外相，締結日德義三國同盟與日蘇中立條約，並以建立「大東亞共榮圈」為目標，展開「南進」政策。一九四一年德蘇戰爭爆發之際，松岡主張聯手德國攻擊蘇聯，在內閣中受到孤立，而為了更替松岡，近衛第二次內閣總辭，並組成第三次內閣。戰後，松岡遭遠東國際軍事法庭審判，但在公審中病逝。

與松岡生活在同一時代的政治家、軍人、官僚們都無法猜測松岡的意圖，他的言行反映著他的多變，以及他總是驅使三寸不爛之舌的能力。即便是現在的學界對松岡的評價也不一，有些將松岡評價為機會主義的權力政治家，有人認為他是推展細緻帝國主義外交的人物，看法兩極。

以確保利益為目的之機會主義式權力政治家？

如果將松岡視為機會主義式的政治家，那麼就可如下解釋他的政策實施。亦即，做出不對蘇作戰的姿態以確保日本北方的安全，與德義結盟前進南方，通過擊潰大英帝國，站在戰勝國一方確立對東南亞的控制地位。這裡的前提是大英帝國被德國和義大利擊敗。然而現實狀況卻是，德國放棄對英國的登陸作戰，反而展開德蘇戰爭，使得松岡期待的大英帝國毀滅沒有出現，也無法主張日本對東南亞處於掌控地位。為此，松岡改變方向與德國步調一致，希望通過對蘇開戰前進北方，主張新的機會主義方策。根據這個看法，松岡外交之敗的因素在於寄希望於德義打敗大英帝國，也就是帶有仰賴他人的特性。

以對美避戰為目標的精緻帝國主義外交？

另一方面，也有學者主張松岡是推展精緻帝國主義外交的人物。若採用此觀點，則可解釋他的外交政策如下。首先，松岡的目標是最終必須與美國之間達成妥協，規避與美國發生決定性的對立，同時讓美國承認日本在東亞的支配地位。在日本與美國國力存在巨大差距的狀況下，欲獲得此種外交成果，就必須採用勢力均衡外交，打造出一個美國不得不妥協的環境。因此日德義三國同盟與以《德蘇互不侵犯條約》為槓桿簽署的《日蘇中立條約》，就是打造了一個四國協商體制，得以逼美國就範。松岡為了打造這種國際環境，在國內必須壓抑軍部與輿論，他提出比軍部更加強硬的主張，以此反過來牽制軍方；面對美國，為了不適得其反，他透過一些溝通管道，持續放出微妙的妥協訊號。但當德國撕毀《德蘇互不侵犯條約》展開德蘇戰爭後，松岡依據四國協商體制形成對美包圍網的構思自然變調，此時為了保持對美施壓，便不得不與德國共同攻擊蘇聯，藉此維持日德義三國同盟。從這個角度來看，松岡外交失敗的原因是對德蘇戰爭爆發的誤判，以及美國實際上採取原則主義外交，未能領會松岡以帝國主義外交策略施展的那些微妙信號。

松岡外交的遺產

松岡推動的南進政策刺激了美國，使得美國對日本實施經濟制裁，導致日本的行動大受制約，為此日本又陷入選擇更魯莽政策的狀況。無論松岡是上述哪一種人物，都無法改變這樣的事實。此外，無論他的意圖是上述何者，在松岡主導下締結的日德義三國同盟，之後被當作日本外交的主軸，開始與英、美作戰後，又締結了規定不得單獨和談的日德義共同行動協定，以及分配作戰地區，決定在軍事層面上相互合作的日德義軍事協定，造成日本在戰爭期間的外交受這些協定束縛。最終，義大利與德國都先於日本投降，這使得日本到了戰爭末期完全陷入國際孤立的狀態。

手嶋泰伸

東條英機（一八八四—一九四八年）

自製的座右銘是「努力即權威」

昭和時期的陸軍軍人，太平洋戰爭開戰時的日本首相。生於東京（今東京都），軍人家庭，父親東條英教為陸軍軍人。東條英機就讀陸軍幼年學校[78]、陸軍士官學校後進入陸軍大學，一九一五年畢業。昭和戰爭時期若無法讀完這三所軍校，便無法成為陸軍的頂級精英。換言之，這些從十歲起便在腦海中植入特權意識，誤解性地把陸軍等同於國家，視野狹隘的一群人占據了日本陸軍的最高領導階層。東條憑著不服輸的氣概背下教科書內容，以優異成績從陸軍大學畢業。進入陸軍省後，從事背誦法令與檔案的工作，因此獲得駐德國的機會。所以東條的座右銘是自己發明的「努力即權威」。

準備總體戰，以軍隊與國家的革新為目標

一九二一年，東條駐德國期間，與大他一年的學長永田鐵山、岡村寧次、小畑敏四郎等誓言打破陸軍的長州派閥並成立國家總動員體制。他們相當重視第一次世界大戰德國的敗北，為了日本的將來計畫籌備總體戰，並以軍隊及國家的革新為目標。回國後的東條等人也拉攏其他年輕軍官，成立二葉會、一夕會等，相互討論日本陸軍的未來，致力於合作實現目標。東條敬永田為師，並成為陸軍省的中堅幹部。

然而，他們面對課長、部長、局長、次官等職位時卻陷入競爭關係，加上在推動國家進入總動員體制的方式上，意見也開始出現分歧，導致永田與東條等（統制派）與荒木貞夫、真崎甚三郎、小畑敏四郎等（皇道派）開始展開派閥抗爭。結果東條遭貶官，而永田鐵山則在一九三五年八月任職軍務局長期間，遭皇道派軍官殺害。

不過，皇道派卻因此事件在陸軍中樞部開始衰落，最終在一九三六年二二六事件時遭陸軍廓清。東

條於一九三七年三月就任關東軍參謀長，一九三八年五月晉升陸軍次官。報界對東條的評價是頭腦聰敏且積極進取，但也因為頑強不讓步的性格，讓他惹出口舌是非，與石原莞爾發生情緒上的對立，結果該年底東條被降職為航空總監。

決定展開太平洋戰爭

一九四〇年夏天，以近衛文麿為核心，為解決中日戰爭而展開新體制運動，目標在於促成日本國內的團結一致，陸軍省次官阿南惟幾與軍務局長武藤彰為了促成此運動，策劃推翻米內光政內閣並成立第二次近衛文麿內閣，同時推薦東條擔任陸軍大臣，因為他們認為要讓新體制運動成功推動，東條頑強不讓步的性格正好適任。東條因不擅於政治官場而拒絕，但在壓力下還是勉強同意。於是東條便一腳踏入無法光靠背誦與頑強作風走天下的政治世界。

一九一四年秋，近衛首相推動美日談判，其意向是為了避免美日開戰，即便必須從中國戰線撤軍也在所不惜。但東條認為此舉將使陸軍威信盡失，結果就是導致中日戰爭失敗，且進一步還將失去殖民地，因此強烈反對。結果便是第三次近衛內閣因意見不合而倒閣。至於後繼內閣，為了讓陸軍負起收拾事態的責任，內大臣木戶幸一提議並獲得昭和天皇同意，於十月成立東條英機內閣。

在內閣成立時，昭和天皇命令東條重新檢討開戰，但東條內閣並未改變結論。一九四一年十二月八日，日本正式發動太平洋戰爭。戰爭一開始，日本確實控制了整個東南亞，但一九四二年後半起，美國逐漸取得優勢。東條以首相兼陸相（一段時間還兼任內務大臣與軍需大臣）身分為日本戰時體制盡心盡力，獲得昭和天皇的信賴。此外東條還巡視國內各地鼓舞國民士氣，受到一定程度的歡迎。此外他也乘坐飛機巡視東南亞，努力鞏固對日本的支持。

日本戰敗後被列入A級戰犯

然而，美國的反擊並未停止。一九四四年二月，東條為了強化戰爭指導力而兼任參謀總長。如此強化獨裁體制，導致東條失去政界支持，同年七月美軍占領塞班島，東條內閣只能黯然下野，這是因為美軍長距離轟炸機B29從塞班島起飛，可以直接攻擊日本本土而無須中途降落。

日本戰敗後，東條成為A級戰犯，作為太平洋戰爭開戰的責任者，於東京審判中被判處死刑。東條在審判中，為了迴避昭和天皇的戰爭責任，主張自己必須負起戰敗責任，而開戰責任則歸咎於美國及其他同盟國身上。在獄中，他甚至承認陸軍過度介入政治，且承認美國民主主義的優秀。東條或許在自己的業務上頗有才幹，但從他堅定認為陸軍即國家的軍國主義思想，並因此介入政治的角度來看，可以說是日本陸軍政治軍人的一個典型。

古川隆久

道格拉斯．麥克阿瑟（一八八〇—一九六四年）

美國陸軍元帥。盟軍最高司令官。亞洲—太平洋戰爭後作為日本占領的司令官，對戰後日本帶來重大影響。

史上最年輕的美國陸軍參謀總長

麥克阿瑟生於阿肯色州小石城，父親小亞瑟（Arthur MacArthur Jr.）在美西戰爭與美菲戰爭中表現傑出，曾以軍人身分擔任菲律賓軍事總督。麥克阿瑟追隨父親志在成為軍人，以第一名畢業於西點軍校。日俄戰爭時，其父小亞瑟以觀戰武官身分前往滿洲赴任，一九〇五年成為駐日美國大使館的武官，麥克阿瑟以副官身分前訪日本，陪同父親一起出遊視察亞洲。曾以軍人身分三度前往菲律賓赴任，對亞洲地區相當關注。麥克阿瑟仕途順利，一九三〇年成為史上最年輕的陸軍參謀總長。

以盟軍最高司令官身分進駐日本

菲律賓決定自美國殖民地獨立，在領袖奎松（Quezon）的請求下，一九三五年麥克阿瑟就任軍事顧問，支援整建菲律賓陸軍體系。美日關係急速惡化的一九四一年七月，麥克阿瑟回歸擔任美國設於菲律賓馬尼拉的遠東陸軍司令官。日軍進攻菲律賓時，麥克阿瑟堅守於科雷吉多（Corregidor）要塞抵抗，但一九四二年三月奉命撤往澳洲。當時他演說中那句“I shall return.”（我將回來）相當著名。同年四月就任盟軍西南太平洋戰區總司令官，指揮反攻作戰。一九四四年十月重新登陸雷伊泰島（Leyte），朝奪回菲律賓推進。一九四五年四月就任美國太平洋陸軍司令官，指揮太平洋戰區陸軍部隊。

一九四五年八月日本投降後，麥克阿瑟成為盟軍最高司令官，率軍進駐日本。麥克阿瑟居住於美國大使館，每天早上九點至十點從大使館出發前往位於第一生命大廈的總司令部出勤，之後執行公務至下午一點至兩點，然後回住處用午餐與午休，四點左右再次出勤，執行勤務至晚上八點，再次回到大使館住處，包含週日也一直重複過著這樣的生活。根據福永文夫的說法，「麥克阿瑟要求部下必須對自己付出絕對的忠誠，但討厭介入日本人自身的問題，故貫徹由日本人自己處理的方針。同時對於自己的上司，也就是美國總統與統合參謀本部長下的決定，總是帶著不滿與批判的態度，偶爾也會無視命令，屢屢與華盛頓發生衝突」[79]。麥克阿瑟這位充滿個性的軍人，以「藍眼天皇」的姿態君臨日本，這也使對日占領政策極大程度受到他想法的影響。

戰後日本的占領政策

麥克阿瑟以日本的非軍事化與民主化為目標。十月公布「人權指令」，要求言論自由與釋放政治犯。幣原喜重郎首相公布「五大改革」指令，賦予婦女參政權，要求協助組織工會等。

昭和天皇的處置雖然成為焦點，但因戰爭期間對日心理作戰的效果，加上因有天皇的命令所以能順利解除日本武裝，故決定讓天皇免責，並利用天皇推進占領政策。九月二十七日麥克阿瑟與天皇見面，確認天皇將作為占領政策的協助者。一九四六年一月，他向陸軍參謀總長報告稱，若追訴天皇將導致日本陷入政治上的混亂，主張不對天皇進行戰犯審判。

一九四六年二月，通過內部情報得知日本政府正在製作的憲法改正案，但因內容明顯過於保守，於是麥可阿瑟提出「麥克阿瑟三原則」（天皇為國家元首、放棄包含發動自衛權在內的戰爭、廢除封建制度），並要求民政局（盟軍最高司令官總司令部民政局）起草憲法，之後交付日方。此時因同盟國組成的遠東委員會即將召開首次會議，為了防範反對保留天皇制的蘇聯干涉，故須盡速制訂新憲法。

韓戰爆發與被解職

麥克阿瑟原本希望盡早達成對日和談並凱旋返回美國，甚至考慮出馬競選美國總統。但在冷戰加劇下，盟國之間無法決定和談方針，美國對日本的占領時間被迫延長。一九四八年十月，美國國家安全保障會議（NSC）通過了〈關於美國對日政策之勸告〉（13／2），將占領政策由非軍事化、民主化轉換為經濟自立化。對此麥克阿瑟表示強烈反對，與美國政府之間的鴻溝日益加深。

一九五〇年六月韓戰爆發後，麥克阿瑟被任命為聯軍最高司令官，藉由仁川登陸扭轉戰局。此外，為了維持日本國內治安，指示日本設立警察預備隊，實際上則是讓日本朝重建軍備邁出步伐。然而，隨著中國人民志願軍的參戰，戰局陷入膠著，他主張轟炸中國本土，因此於一九五一年四月遭杜魯門總統解除職務。歸國時有二十多萬人夾道歡迎，日本人也對他的離去感到惋惜。只是之後在聽證會上，麥可阿瑟發表了「日本人只有十二歲」的言論，雖然他的本意是日本在現代文明上尚未成熟（也有包含能夠接受新思考方式之意），但經報導後，他在日本的聲望急遽下降。

回國後，他在上下兩院聯合會議上發表著名演說〈老兵不死，只是凋零〉。此後逐漸遠離政治。一九六四年過世。在他母親的故鄉維吉尼亞州諾福克（Norfolk）建有麥克阿瑟紀念館，公開他與親信們的私人文書。部分主要文件的複製件存放於日本國立國會圖書館憲政資料室，供人閱覽。他自己撰寫的《麥克阿瑟回憶錄》被認為有許多誇張之處，作為史料使用時有必要採取批判的態度。

瀨畑源

其他人物

一、中日戰爭期間的軍人們

石原莞爾

一八八九—一九四九年。昭和時期的陸軍軍人。九一八事變首謀者。生於山形縣，歷經陸軍幼年學校、陸軍士官學校，一九一八年以優異成績自陸軍大學校畢業。除了在日蓮宗的宗教團體國柱會加深自己的信仰外，也傾力於戰史研究。一九二七年在陸軍精英軍官的私人結社「木曜會」上演說〈世界最終戰論〉，主張為了決定世界霸權朝美日最終決戰邁進時，必須確保在中國大陸的資源以擴大日本軍備。一九二八年成為關東軍參謀，與板垣征四郎進言自己的理論並制定占領滿洲計畫，一九三一年九月發動九一八事變。

因為這次「成功」，石原於一九三七年榮升參謀本部第一部長，但因主張不擴大中日戰爭以保存國力對應美日最終決戰，導致其失勢，改而主導東亞聯盟運動。石原因為自己的毒舌引發東條英機的不悅，一連串的因素下於一九四一年被降為後備軍人（預備役）。東京審判時，因對他的證據不夠充分而獲不起訴處分。在日本涉入政治的軍人中，他與東條皆為對日本歷史影響深遠的人物。

古川隆久

辻政信

一九〇二年—？。昭和時期的陸軍軍人，生於石川縣。就讀陸軍幼年學校、陸軍士官學校，一九三一年畢業於陸軍大學校。一九三四年獲當時陸軍士官學校幹事（相當於副校長）的東條英機提拔，成為該大學的學生隊中隊長，並策劃鎮壓皇道派青年軍官的計謀（士官學校事件）。一九三九年以關東軍參謀身分發動諾門罕事件，因傷亡慘重而被降職，之後歷任出征部隊及參謀本部的參謀，始終主張強硬論。

一九五二年解除公職追放（禁止擔任公職）後，成為自由黨、自民黨等之國會議員。一九六一年前往東南亞旅行時失蹤，一九六八年被法院宣告死亡。

士官學校事件、諾門罕事件、太平洋戰爭開戰、在新加坡虐殺華僑等，昭和時期日本陸軍的愚蠢蠻橫行徑，多視辻政信為首謀者。然而，問題可能在於近現代日本的體質，它催生了像辻政信得以活躍於軍隊，並將責任推諉給他人的陸軍軍人。

古川隆久

武藤章

一八九二—一九四八年。昭和時期的陸軍軍人。生於熊本縣，經陸軍幼年學校、陸軍士官學校後，於一九二〇年自陸軍大學校畢業。一九三七年中日戰爭爆發時，武藤擔任參謀本部作戰課長，主張大量派兵的一擊論，導致他主張不擴大戰事的上司石原莞爾第一部長失勢，結果促成中日戰爭擴大與長期化。

一九三九年擔任北支那方面軍參謀副長，因對天津租界問題（日、英針對發動恐攻後逃入英國租界的抗日運動家，在處理問題時發生對立）採取強硬態度而一舉成名。同年榮升陸軍省軍務局長。為了及早解決中日戰爭問題，他灌注心力於政策立案與打造政治體制，在其主導下打造出第二次近衛文麿內閣，支持陸相東條英機，還協助確立內閣的基本方針（〈基本國策要綱〉等）與成立大政翼贊會。不過他對日本國力有所顧慮，連帶對美日開戰也抱持消極態度。一九四二年四月被貶任近衛師團長。日本戰敗後成為A級戰犯，在東京審判中被判處死刑。

古川隆久

板垣征四郎

一八八五—一九四八年。昭和時期陸軍軍人，生於岩手縣。經陸軍幼年學校、陸軍士官學校後，於一九一六年自陸軍大學校畢業。昭和初年（一九二六年），板垣在參謀本部支那課任職期間，參加永田鐵山、東條英機等人組成的二葉會，專門研究中國問題。一九三一年九月任職關東軍參謀，與石原莞爾策劃發動九一八事變而一舉成名。一九三八年六月，近衛文麿看中他在陸軍內部的掌控力，在近衛的要求下成為近衛內閣的陸軍大臣，並一直擔任此職位到平沼騏一郎內閣（一九三九年一—八月）為止。

擔任陸軍大臣期間，處理張鼓峰等事件時，因太過強硬推動陸軍的主張，兩度遭昭和天皇斥責。此外，他強烈主張將德義防共協定強化為軍事同盟，導致第一次近衛內閣與平沼內閣出現嚴重閣內對立，成為兩任內閣總辭的主要原因。

他對內放任部下隨心所欲並加以保護，但對外強硬推行陸軍的主張，是典型的陸軍至上主義者。日本戰敗後成為A級戰犯，於東京審判中被判處死刑。

古川隆久

松井石根

一八七八—一九四八年。昭和時期的陸軍軍人。經陸軍幼年學校、陸軍士官學校畢業，曾參與日俄戰爭，一九〇六年自陸軍大學校畢業。一九二五年成為參謀本部第二部長。是日本陸軍中的中國問題專家之一，主張應在日本主導下維持中國的安定。

一九三一年九一八事變爆發後，提倡以日本作為盟主團結亞洲的大亞細亞主義，一九三三年成立大亞細亞協會。歷任臺灣軍司令官等職位後，一九三五年成為後備軍人（預備役）。但一九三七年中日戰爭時被召回軍隊，擔任上海派遣軍司令官，同年十月升任中支那方面軍司令官，為實現大亞細亞主義，以打倒蔣介石政權為目標，進攻南京。但他未能推翻蔣政權，且未能阻止南京大屠殺而被問責，一九三八年二月遭解職。

之後在靜岡縣熱海建立興亞觀音，為中日兩國戰爭犧牲者「慰靈」。日本戰敗後被列為A級戰犯，在東京審判中被追究南京大屠殺事件的責任，因而被判處死刑。

古川隆久

安田靜

一八八七—一九五二年。昭和時期的女性運動家，國防婦人會創設者之一，生於大阪府。安田是小鎮工廠經營者的妻子，為了勉勵為一九三一年九月爆發之九一八事變而出征的士兵們，成為在大阪港給乘船士兵提供茶水的「兵隊阿姨」之一。同年底，安田的親戚、一位陸軍軍官出征之際，其妻為了不讓家人擔心而自殺，安田對此深為感動，並告知「兵隊阿姨」的友人們。於是她們在一九三二年三月成立了約四十人左右的國防婦人會，並立刻參加在大阪為協助戰爭而舉行的捐款運動，此舉獲得軍部與大眾傳媒的關注，轉而成為全國性組織。

一九三七年國防婦人會的會員人數接近四百萬人，一九四一年超過九百萬人，成為日本最大的女性團體，直到一九四二年二月，該組織被整合入大日本婦人會。該組織從出征士兵的送行到支援戰時日常生活，參與所有層面的社會服務活動。安田雖為創設者之一，不過僅擔任關西本部理事。

古川隆久

二、「宮中集團」及其支持者

牧野伸顯

一八六一—一九四九年。戰前的政治家、宮內官僚。出生薩摩國（今鹿耳島縣），為大久保利通的次男，雖成為牧野家的養子，但在養父過世後仍回老家生活。一八七一年與兄長利和一同以留學生身分參與岩倉遣歐使節團，培養出親英美派的思想基礎。大久保利通被暗殺後，牧野獲得伊藤博文等元勛的知遇之恩，歷任外交官與地方長官。這段期間，他與三島通庸的二女峰子成婚。一九〇六年於第一次西園寺公望內閣擔任文相，之後也擔任農商務相、外相。一九一九年在巴黎和會上，被原敬首相要求擔任日本代表團的全權代表，並與列強代表團交鋒。一九二一年接替因「宮中某重大事件」引咎辭職的中村雄次郎就任宮相，一九二五年轉任內大臣。他長期擔任年輕攝政昭和天皇的親信且深受信賴。一九三五年退休時，昭和天皇甚至流下眼淚。日本戰敗後，他盡力支持陷入苦境的皇室而擔任天皇親信的顧問，為皇室貢獻己力直到過世為止。

茶谷誠一

鈴木貫太郎

一八六八—一九四八年。海軍軍人、政治家。出生和泉國（今大阪府）。畢業自海軍兵學校、海軍大學校。在軍隊中經歷甲午戰爭、日俄戰爭，一九二三年晉升為大將（上將），一九二四年擔任日本聯合艦隊司令長官，次年一九二五年就任海軍軍令部長。擔任軍令部長時，於海軍大演習中的表現獲得內大臣牧野伸顯等人的高度評價，一九二九年因侍從長珍田捨巳突然過世，他被推舉為繼任的侍從長。擔任親信後，與牧野等人同樣抱持穩健信條輔佐天皇，被提倡打破現狀的勢力稱為「君側的奸臣」，成為被批評的對象。一九三六年二二六事件中，遭青年軍官率領的部隊襲擊，身負重傷，同年自侍從長職位退休。一九四〇年任樞密院副議長，一九四四年就任樞密院議長。一九四五年四月，在眾人期許下就任首相，處理戰敗事宜。在戰爭結束問題上，他並未貿然改變方針。同年八月，以天皇聖斷為手段，成功抑制軍部抗戰派，在日本接受《波茨坦宣言》上起到重要作用，隨即辭去首相官職。

茶谷誠一

湯淺倉平

一八七四—一九四〇年。內務官僚、政治家。出生山口縣。東京帝國大學畢業後進入內務省，之後歷任警保局長、警視總監、內務次官等要職。在當時的內務官僚中被視為民政系。一九二五年在朝鮮總督齋藤實之下，就任朝鮮總督府政務總監。一九三三年二月接替帝大法科大學時代恩師一木喜德郎就任宮內大臣。在軍部抬頭時期，屬於宮內集團一員支持天皇。一九三六年二二六事件發生時，因內大臣齋藤實與侍從長鈴木貫太郎遭到襲擊且不在場的情況下，湯淺與樞密院議長一木、內大臣祕書官長木戶幸一共同輔佐天皇，阻止青年軍官成立政變政權。之後旋即轉任內大臣，一直對中日戰爭的擴大及陸軍推進與德義加強軸心聯盟策略保持警戒。一九四〇年六月，他以罹病為由辭去內大臣，接替者為木戶幸一。據說他從木戶處聽聞日德義締結三國同盟時，曾發出不平之鳴。

茶谷誠一

木戶幸一

一八八九—一九七七年。政治家，宮內官僚。出生東京市（今東京都），為木戶孝允養子孝正的長男。京都帝國大學畢業後進入農商務省工作。一九一七年父親過世後，繼承侯爵席位，成為貴族院議員。一九三〇年木戶於從農商務省分離出來的商工省任職，獲得近衛文麿推薦，擔任內大臣祕書官長。在牧野伸顯擔任內大臣時，與舊識近衛、原田熊雄等人合作，在宮中集團內部的發言權逐漸增強。一九三七年在友人近衛首相的請託下，擔任第一次近衛內閣的文相，之後歷任厚相、內相等大臣職位。一九四〇年六月，他接任湯淺的內大臣職位。過往後繼首相的選任使用奏請方式，由元老主導，經木戶修改後，改以內大臣主導，於是在他的主導下，成立第二次近衛內閣與東條英機內閣。一九四五年日本接受《波茨坦宣言》時，他為通過聖斷方式結束戰爭而四處奔走。日本戰敗後，他被指為戰犯，收監於巢鴨監獄。他在監獄中撰寫了《木戶幸一日記》，是研究昭和史的重要史料。

茶谷誠一

約瑟夫．格魯

一八八〇—一九六五年。約瑟夫．格魯（Joseph Clark Grew）為美國外交官，駐日大使。出生波士頓。一九〇四年哈佛大學畢業後進入國務院，歷任駐丹麥公使、駐瑞士公使，一九二四年成為副國務卿。一九二七年辭去職位，改任駐土耳其大使。九一八事變爆發後的次年一九三二年二月，他被任命為駐日大使。就任後，加強與內大臣牧野伸顯、吉田茂等親英美派的交流，獲得天皇與宮中集團的信任。中日戰爭、簽訂三國同盟、美日關係惡化時，仍盡力維持兩國親善關係，盡力避免戰爭。美日開戰後，他被扣留在大使館內，直到次年一九四二年，才與其他大使館人員乘坐交換船回國。戰爭末期的一九四四年就任國務院遠東局長，同年底就任副國務卿。身為知日派，他推動以保存天皇制為前提的對日戰後處理政策。二戰後，作為知日派重要人物，持續對GHQ對日占領政策的過度措施提出警告。著有《駐日十年》（*Ten Years in Japan*）。

茶谷誠一

三、戰前期的「革新」推手們

奧村喜和男

一九〇〇—一九六九年。昭和時期的革新官僚，生於福岡縣，就讀東京帝國大學法學部時，考取文官高等考試，畢業後進入遞信省。一九三五年成為內閣調查局調查官，之後在企劃院工作，特別重視電力管理相關的國防充實、產業發展、國民生活安定的觀點，對包含德國在內的諸外國進行研究調查，一九三八年制訂的電力國家管理相關法律獲得通過。奧村從中日戰爭前便主張有必要進行電力管理等準戰時政策，一九四〇年左右更提出應由具備明確世界觀的領導者建立新的政治體制。在一九四一年十月成立的東條英機內閣中擔任情報局次長，直至一九四三年四月。此時期奧村重視對交戰國的思想戰，傾注心力利用廣播等媒體宣傳、鼓動國民同仇敵愾心理。對此，自由主義新聞工作者清澤洌在日記中屢屢加以批判。戰後，奧村也擔任日本實業株式會社董事長等成為企業經營者。

源川真希

和田博雄

一九〇三—一九六七年。昭和戰前時期的官僚，戰後以政治家身分活動。生於埼玉縣、成長於岡山縣。東京帝國大學法學部畢業後進入農林省。日後也任職內閣調查局、企劃院。當農村因經濟恐慌陷入困境時，和田保護佃戶權利，重視充實產業工會機能，對農村土地所有權展開調查。任職企劃院時，參與了近衛新體制時期的經濟新體制政策規劃，但遭批判其政策帶有「共產主義」色彩。一九四一年後，企劃院調查官陸續遭舉發、起訴，和田也在同年四月依違反《治安維持法》遭檢舉並起訴，到二戰結束後的一九四五年九月下旬才獲無罪判決。復職後的和田擔任農林省農政局長，參與農地改革等政策，就任第一次吉田茂內閣的農林大臣，在片山哲內閣時則擔任經濟安定本部總務長官。一九四七年成為參議院議員，自一九五二年起成為眾議院議員。這段期間內，他於一九四九年加入日本社會黨，成為左派社會黨書記長，左派政黨整合後依舊擔任副委員長。

源川真希

毛里英於菟

一九〇二—一九四七年。昭和時期的高級官僚。生於福岡縣。一九二五年自東京帝國大學法學部畢業，進入大藏省後文官高等考試及格。一九三三年至一九三八年，被派往滿洲國總務廳等擔任財政相關官員，之後歷經大藏省、興亞院等，一九四一年任企劃院總裁官房總務室第一課長。

一九三八年參與社會大眾黨的政治、經濟改革案起草工作。以鎌倉一郎的筆名，撰文主張終結中日戰爭時必須確立「東亞協同體」，為達此目標，日本須走向全體主義（獨裁政黨與計畫經濟）。到了一九四〇年，已被視為是「革新官僚」的重要代表人物之一。

但保守派政治家對毛里此種思維抱持警惕，使他無法充分實現自己的主張。一九四五年日本戰敗前後，擔任綜合計畫局第一部長與內閣調查局調查官。

古川隆久

龜井貫一郎

一八九二—一九八七年。昭和時期的政治家，生於東京市（今東京都）。畢業於東京帝國大學法科大學。之後成為外交官，從外務省退職後，參與無產階級政黨社會民眾黨。一九二八年舉行的日本首次男性普通選舉中，出馬福岡縣候選人並當選眾議院議員，且與社會大眾黨盟友麻生久合作，皆與永田鐵山等陸軍統制派頗有深交。中日戰爭開始後，龜井前訪德國對納粹的國民組織——勞動戰線等進行研究。一九三八年四月回國後，與秋山定輔等人策劃組成近衛文麿領導的新政黨「大日本黨部」。構想類似獨裁體制的最高領導制，搭配支援該人物的幕僚為核心形成組織，但未成功。日後參與規劃近衛新體制，成為大正翼贊會東亞部長。日本戰敗後，被納入公職追放（禁止參與公職）名單，但仍協助GHQ展開對抗共產主義的活動。之後雖不直接參與政治，但仍從外部支援民主社會黨（日後的民社黨）。　源川真希

中野正剛

一八八六—一九四三年。大正、昭和時期的政治家，生於福岡縣。早稻田大學畢業後，以新聞工作者身分活躍於新聞界。一九一九年日本實施議員選舉，中野組成主張打破官僚外交等綱領的改造同盟。之後成為眾議院議員，在革新俱樂部、憲政會、民政黨中活動。九一八事變爆發後，他提倡將日本與「滿蒙」結合為一個經濟圈，在國內推動計畫經濟與社會政策的「社會國族主義」（Social Nationalism）。一九三二年十二月脫離民政黨，與風見章等人組成國民同盟，並於一九三六年成立政治結社的東方會。中日戰爭開始後，他也規劃與社會大眾黨合作，但未成功。日後也參與新體制運動，就任大政翼贊會常

任總務。亞洲—太平洋戰爭時期，中野與東條英機對立。一九四三年一月，中野在報紙上撰寫的論說招致東條的憤怒。此外，在戰時刑事特別法修訂問題上，他與鳩山一郎、水谷長三郎、赤尾敏等政治立場相異的議員合作。中野於同年十月遭憲兵隊拘捕，回家後切腹自殺。

源川真希

四、近衛新體制周遭的人們

西園寺公望

一八四九—一九四〇年。自明治後期至昭和戰爭期間中期為止，擔任首相、元老的政治家。出身公家（公卿家族，清華家），爵位為公爵。生於京都（今京都市）。留學法國後參加自由民權運動，經歷文部大臣、樞密院議長等職，一九〇三年至一九一四年擔任政友會總裁。明治末期二度擔任首相。一九一二年底成為元老，一九一六年左右開始正式以元老身分活動。一九二四年松方正義過世後，西園寺成為最後的元老，在內政上支持政黨內閣，外交採親英美路線為目標，當天皇選擇首相人選、政府訂定外交方針、宮內做出人事選擇時，西園寺成為天皇的重要顧問。

西園寺認為近衛文麿未來足堪擔任天皇親信的重責，先將近衛收為自己親信，但九一八事變後，近衛與西園寺逐漸疏遠。一九三〇年代中期前後，隨著近衛的政治影響力日漸上升，西園寺在政界的影響力漸弱。其祕書原田熊雄記錄其言行，並編纂成《西園寺公與政局》（全八卷，別卷一，岩波書店，一九五〇—一九五六年），為研究昭和時期政治史的基本史料之一。

古川隆久

平沼騏一郎

一八六七—一九五二年。生於美作國（今岡山縣）。昭和時期擔任樞密院議長、首相，在戰爭時期享有重臣的待遇。他是右翼團體國本社的創立者之一，國粹主義的言行雖也引人矚目，但一九二〇年代有識於政黨政治已是大勢所趨，因而展現出一定程度的適應性。一九三〇年代後，他試圖對軍部進行統理管制，並在戰爭時期與同為重臣的近衛文麿、岡田啟介聯繫，參與東條英機內閣的倒閣運動。平沼在某種程度上能與當時其他政治勢力共享政治議題，所以在昭和時期長期位居政壇核心。然而，他在擔任首相時提出「道義外交」的主張，以及屢屢使用的「國體論」等，此種觀念性的、國粹主義式的言行讓人難以理解他的真意，因此造成政局混亂也是不爭的事實。他將大政翼贊會歸為「公事結社」[80]，禁止涉足政治運動，對近衛的新黨運動也抱持批判的態度。

手嶋泰伸

荒木貞夫

一八七七—一九六六年。自明治時期至昭和戰爭中期的陸軍軍人、政治家。生於東京（今東京都）。經陸軍士官學校後，一九〇七年陸軍大學校畢業。作為陸軍的俄國專家嶄露頭角，之後一九二四年加入平沼騏一郎主導的思想結社國本社，開始主張尊重日本精神。

一九三一年末就任陸軍大臣。一九三二年的五一五事件中，被執行事件的集團視為首相候補人選，之後在陸軍皇道派青年軍官中頗得聲望，但因未能成功增加陸軍預算，一九三四年辭去陸相，之後以日本主義論者展開活動。一九三六年二二六事件中，被認定是發起事件的皇道派核心人物之一，遭到軍部追查。近衛文麿對荒木的論調頗有共鳴，一九三八年組閣時任命荒木擔任文相。荒木以東京帝國大學的內部糾紛為由，收拾事態時採取否定大學自治的方針。同時他仍訴求充實科學教育。

日本戰敗後成為A級戰犯，在東京審判中被判處終身監禁，一九五五年獲假釋，之後以評論家進行活動。

古川隆久

真崎甚三郎

一八七六—一九五六年。自明治末期至昭和初期的陸軍軍人。出生佐賀縣。一八九七年陸軍士官學校畢業，一九〇七年陸軍大學校畢業。經陸軍士官學校校長、第一師團長後，一九三二年一月就任參謀次長。因九一八事變、第一次上海事變的應對方式，而與昭和天皇、犬養內閣產生對立，任職一年半後辭職。與荒木貞夫同被視為陸軍皇道派的領導者。一九三四年就任教育總監，但被視為造成陸軍內部派閥對立的元兇，次年遭免官，此事也被當作一九三六年爆發二二六事件的主因之一。

二二六事件後，因身為相關人士遭軍法審判，一九三七年無罪獲釋。實際上他對事件的參與並不多。近衛文麿相當欣賞真崎的日本主義論述，盡力讓他重回政治舞臺但未果。太平洋戰爭期間，真崎曾在近衛推動的宇垣一成內閣成立計畫中給予側面支持，但結果失敗。日本戰敗後成為A級戰犯被捕，最終獲不起訴處分。

古川隆久

齋藤隆夫

一八七〇—一九四九年。大正、昭和時期的政黨政治家。生於但馬國（今兵庫縣）。一八九四年東京專門學校（今早稻田大學）畢業，取得律師資格後留學美國，一九〇五年在日本重新開始律師業務。一九一二年在當地出馬競選眾議院議員並首度當選。先後加入立憲國民黨、憲政會、立憲民政黨。他撰寫過憲法、選舉法、政治論相關著作，以在議會演講上善於說理的雄辯家而聞名。

他最知名的議會演講是一九四〇年二月二日，在眾議院議員大會上的〈關於支那事變的質疑演說〉（亦被稱為反軍演說）。採取質疑米內光政首相的形式，批評沒有解決中日戰爭計畫的政府與軍部。此演講被指有利於交戰對手蔣介石政權，不僅在政府、軍部，也在眾議院引發爭議，最終齋藤被眾議院除名。不過因說出國民真正心聲，齋藤收到許多鼓勵他的信件，在太平洋戰爭期間的大選，即便未獲得政府派團體的推薦，依舊成功當選。

古川隆久

矢部貞治

一九〇二—一九六七年。日本政治學者，打造近衛新體制的人物。其名「貞治」讀為「Sadaji」，但多被稱為「Teiji」。出生鳥取縣，經東京帝國大學法學部畢業後，留在大學擔任助理，後成為助教授。一九二〇年代後半起，開始投身政治理論的研究，推崇自由民主（Liberal Democracy）制。同時他也分析威瑪共和國的政治狀況，以如何克服議會制危機作為研究主題。他得出為了擁護民主，有必要出現暫時性「獨裁」的結論，但有鑑於日本軍部勢力強大，他對這一理論在日本的適用性持保留態度。他批判滿洲事變後日本對中國的侵略政策，但同時認知到必須改變以英國為中心的世界秩序，逐漸轉向支持中日戰爭。之後他在昭和研究會、海軍省等機構參與東亞新秩序以及日後大東亞共榮圈的構想。此外，一九四〇年他也參與打造以近衛文麿為核心的政界重組，此時期他與尾崎秀實亦有交流。日本戰敗後，矢部辭去東京帝大的工作，提倡協同民主主義。戰後主要以政治評論家的身分活動，也曾任拓殖大學總長（校長）的職位。

源川真希

五、戰時外交的推手

白鳥敏夫

一八八七—一九四九年。戰前的外交官。生於千葉縣，為東洋史學者白鳥庫吉的姪子與外交官石井菊次郎的外甥。歷任外務省情報部長、駐義大利大使，二戰時期成為眾議院議員。直到一九二〇年代，他與外務省主流的幣原喜重郎相當親近，在外務省內因擁有精湛英語能力與高度事務能力獲得優秀評價。擔任情報部長時發生九一八事變，從此時起開始出現明顯批判歐美的言論，受到外務省年輕世代中被稱為「外務省革新派」集團的推崇。第一次日德義三國同盟交涉（防共協定強化談判）時，白鳥以駐義大利大使身分，在當地參與談判，但多次違反中央政府訓令，為此昭和天皇曾發言表示非常不滿，甚至討論要召他回國。由於《德蘇互不侵犯條約》的簽訂造成同盟交涉挫折，他最終回國，但在國內仍獲得高度人氣。戰後成為A級戰犯，在遠東軍事審判中被判處終身監禁，於監禁中病逝。

手嶋泰伸

廣田弘毅

一八七八—一九四八年。生於福岡縣，一九三〇年代曾任首相、外相。一九二〇年代廣田與外務省中心人物幣原喜重郎一直保持距離，但仍歷任歐美局長、駐蘇聯大使等要職，至一九三〇年代幣原的影響力下降後，廣田逐漸成為外務省的核心人物。擔任外相期間，他標榜中日合作，但同時認可陸軍推進華北分離工作。作為首相儘管是在二二六事件之後的時期，但仍接受軍部的要求，並恢復軍部大臣由現役軍人擔任的現役武官制，決定「國策基準」。雖然他的目標是以有彈性的手段對應現實狀況，但也因此容易被時勢或輿論所左右。戰後近衛文麿在被以戰犯逮捕之前自殺，因此廣田成為遠東軍事審判中唯一被判處死刑的文官。有些觀點認為他成了近衛文麿的替罪羔羊，但他在中日戰爭時期擔任外相，明知種種殘虐暴行卻未加以阻止，法庭上係以此點被問責，並非因近衛文麿死亡而影響對其判決。

手嶋泰伸

重光葵

一八八七—一九五七年。生於大分縣。二戰之前歷任駐華公使、外務次官、駐蘇聯大使、駐英大使等。二戰期間擔任外相，簽署二戰降書時，以全權公使身分在文件上署名。戰後在遠東國際軍事審判中被判處有期徒刑，遭「公職追放」。之後擔任改進黨總裁、日本民主黨副總裁、外相等職。二戰前摸索如何達成中日合作，二戰期間以《大西洋憲章》為前提，試圖推動以亞洲獨立與平等、經濟互惠與解放為基礎的「大東亞新政策」。然而，以戰時外交一元化為目標的重光卻與軍部之間發生摩擦，且「大東亞新政策」並未與軍部進行協調，所以流於形式並無實質內容。二戰後，重光成為改進黨、日本民主黨的領導人，在國內政治與黨內紛爭中舉步維艱。擔任外相時，提出修改《美日安全保障條約》，但最終僅停留在提出問題階段；在恢復日蘇邦交的談判上，重光提出北方領土二島優先返還論，但遭鳩山一郎等政府方面的反對而中挫，無法留下更大的成果。他在聯合國大會發表日本加入聯合國的演講後，回國後不久過世。

手嶋泰伸

東鄉茂德

一八八二—一九五〇年。生於鹿兒島，對美開戰時擔任外相，二戰結束時亦任外相。東鄉認為日本掌控東亞乃理所當然。身為對美開戰時的外相，他推測執著於原則主義的美國絕對不可能允許日本劃定自己的勢力範圍，所以也未費心去打造讓美國不得不讓步的國際環境，而是打算直接與美國進行兩國談判，但從結果來看，當時美日談判達成協議的可能性極低。在擔任二戰結束時的外相時，日本在一九四五年六月下旬決定通過蘇聯調解的工作進行談和，但駐蘇聯大使佐藤尚武指出，蘇聯幾乎不可能接受談和調解，建議接受無條件投降。即便如此，東鄉依舊堅持命令，督促佐藤進行對蘇交涉。東鄉曾擔任駐美大使館首席書記官，在美駐留大約三年時間，也曾以歐美局第一課長、歐美局長身分，負責與蘇聯展開各種交涉，最後升任駐蘇聯大使。東鄉在外相任內，卻不斷執著於兩國都無法接受的主張。

手嶋泰伸

佐藤尚武

一八八二—一九七一年。生於大阪府。二戰之前任國際聯盟帝國事務局長、外相，二戰時期擔任駐蘇聯大使。二戰結束後轉任參議院議員，也曾擔任參議院議長。身為外交官出席過許多國際會議，理解國際社會上法律與秩序的重要性，也為讓國際承認日本國家利益傾注心血。在林銑十郎內閣擔任外相之際，主張改善中日關係，但此內閣僅四個月便總辭。不過，他仍堅持保護日本的國家利益，並曾提出《九國公約》無效的主張。二戰期間擔任駐蘇聯大使，因為當時日本認為應當利用蘇聯展開戰時外交，因此佐藤盡全力籌劃，但也理解到幾無成功希望，並一直對外相重光葵與東鄉茂德說明實現可能性極低。戰後成為參議院議員。一九五六年十二月日本加入聯合國，佐藤與外相重光葵一同出席聯合國大會。

手嶋泰伸

六、亞洲—太平洋戰爭時期的軍人們

井上成美

一八八九—一九七五年。生於宮城縣。一九三〇年代擔任海軍省軍務局長後，在中日戰爭初期擔任支那方面艦隊參謀長、航空本部長等。一九四四年八月至一九四五年五月，擔任海軍次官，是戰爭結束前最終榮升海軍大將（上將）的人物之一。擔任次官時，曾命高木惣吉籌備結束戰爭的工作。擔任軍務局長時，在海相米內光政、次官山本五十六的領導下，強烈反對締結日德義三國同盟（強化防共協定）。

戰後一貫維持清貧的生活，讓井上獲得非常高的評價。然而，中日戰爭初期雖然日本海軍幾乎掌握中國沿岸的制海權，但面對退至內陸重慶的國民政府，海軍無法展開有效的軍事作戰，於是井上展開空襲攻擊，當時世界上尚對空襲效果沒有正確的認識，加上對軍事目標的定義也曖昧模糊，導致空襲容易成為無差別的轟炸，而井上成美正是主導對重慶空襲的關鍵人物之一。

手嶋泰伸

山本五十六

一八八四－一九四三年。生於新潟縣。山本五十六在珍珠港奇襲攻擊（偷襲珍珠港）時擔任聯合艦隊司令長官。他原本出身於舊長岡藩儒官世家的高野家，之後為承續同為舊長岡藩名門山本家，三十三歲時繼承山本這個姓氏。擔任海軍次官時，強烈反對締結日德義三國同盟。擔任聯合艦隊司令長官時，早早看出航空兵力的有效性並加以應用，山本的這些先見之明，即便在二戰之後也獲得高度評價。但實際上，次官時代的山本，即便反對也不可能阻止日德義三國同盟，身為聯合艦隊司令長官時，雖然一直關注航空兵力，但最終仍無法跳脫當時海軍的想法，以艦隊決戰為目標。由於日軍暗號遭美軍破解，使他搭乘的飛機遭擊墜，他的戰死使他成為軍中英雄。無論在戰爭前或戰爭後，他都被視為極少數仍受人尊敬的軍人之一。

手嶋泰伸

岡田啟介

一八六八－一九五二年。生於越前國（今福井縣）。昭和時期擔任海相、首相，在戰爭期間獲得重臣待遇。岡田的女婿是鈴木貫太郎內閣擔任內閣書記官長的迫水久常。一九三〇年倫敦海軍軍備會議時，他作為軍事參議官，成功扮演協調海軍內部強硬派與日本政府之間的角色。但擔任首相時，卻無法壓抑軍部的強硬意見，造成日本撕毀《華盛頓海軍條約》、《倫敦海軍條約》，引發天皇機關說爭議而發表的「國體明徵聲明」。二二六事件後，他一度離開政治而隱居。但二戰時期，特別是日本戰局惡化之後，他持續與同為重臣的近衛文麿、平沼騏一郎等人保持聯繫，並與高木惣吉等部分海軍合作，參與對東條英機內閣的倒閣運動。但這些行動並非為了迅速獲得和平，而是為了所謂的「一擊講和」，因此岡田的思考與其他海軍軍人或政治家並無太大差異。

手嶋泰伸

大西瀧治郎

一八九一—一九四五年。生於兵庫縣。大正、昭和時期的海軍軍人。二戰時期擔任第一航空艦隊司令官，二戰結束時任職軍令部次長。長期投注心力培養海軍航空兵力，在海軍中被視為該領域第一人。他擔任第一航空艦隊司令長官時，神風特攻隊於雷伊泰灣海戰中首次投入戰場，因此大西也被稱為「特攻之父」。但以人命換取戰果並非大西一人的見解，日本軍令部與以前線指揮官為核心的海軍，多認為此乃必要之舉，因此無法僅歸責於大西一人身上。實際上，不僅大西，當時海軍高層都特別強調，不要只是單方面接受上層發下的命令，而要有自發進取的行為。身為軍令部次長，大西強烈反對結束戰爭，訴求必須在各方面繼續作戰，但遭到海相米內光政的強烈責備。一九四五年八月十六日自殺身亡。

手嶋泰伸

阿南惟幾

一八八七—一九四五年。昭和時期的陸軍軍人。日本戰敗時的陸軍大臣。生於東京（今東京都）。經陸軍幼年學校、陸軍士官學校後，於一九一八年自陸軍大學校畢業。在擔任參謀本部勤務後，自一九二九年至一九三三年間擔任侍從武官，輔佐昭和天皇。

歷經陸軍省人事局長等職位後，在中日戰爭期間以師團長身分參戰。一九三九年十月升任陸軍次官。報紙上評價他是擅長武術且為人溫厚的人物。然而，他在一九四〇年七月陸軍策劃米內光政內閣的倒閣工作、推動東條英機出馬擔任第二次近衛文麿內閣陸相時，卻又發揮了他的政治手腕。

之後，他歷經中國戰線、太平洋戰爭後期的南方戰線，一九四四年底以航空總監軍銜回到日本。一九四五年四月起擔任鈴木貫太郎內閣的陸軍大臣，與參謀總長梅津美治郎一同祕密策劃，引導仍堅持進行戰爭的陸軍接受終戰。

八月十五日夜晚，完成結束戰爭相關手續後，阿南寫下「以一死奉謝大罪」後切腹自殺。　古川隆久

梅津美治郎

一八八二—一九四九年。昭和時期的陸軍軍人，生於大分縣。經陸軍幼年學校、陸軍士官學校，一九一一年自陸軍大學校畢業。一九三五年六月，擔任支那駐屯軍司令官的期間，因簽署禁止中國抗日運動的《梅津—何應欽協定》而一舉成名，但此事為梅津不在時，部下擅自執行的事情，梅津本人個性嚴謹寡默，慎重可靠。

一九三六年二二六事件後成為陸軍次官，致力重整陸軍，嚴謹寡默的性格不為近衛文麿首相所喜，一九三八年五月遭替換，由東條英機接替。一九三九年九月成為關東軍司令官，努力整頓獨斷暴走引發諾門罕戰役的關東軍。在昭和天皇的信任下，一九四四年七月成為參謀總長，與一九四五年四月就任的陸軍大臣阿南惟幾暗中致力將戰爭導向結束，九月以軍部代表身分簽署降書。

戰後成為A級戰犯，東京審判中被判決終身監禁。他的軍旅生涯可說是被分配到吃力不討好的工作，一直在為日本陸軍的暴走行為收拾殘局。

古川隆久

七、占領期間變化的源頭

盟軍最高司令官總司令部參謀第二部

盟軍占領時期，盟軍最高司令官總司令部的參謀部，負責諜報等任務的情報單位（GHQ／SCAP G-2 Section），推動日本的反共政策。它是太平洋戰爭中，擔負麥克阿瑟軍隊的諜報核心，占領期則設置民間檢閱部隊（CCD）與第四四一對敵諜報分隊等，不僅對日本人，甚至對GHQ內部被視為左派的職員，也行使行政權力進行龐大的情報蒐集。部長查爾斯．威洛比（Charles A. Willoughby）是個狂熱的反共主義者，因此與致力徹底民主化的民政局（GS）對立，並支持保守主義者政治家吉田茂。為了編纂太平洋戰爭的戰史而設置歷史課，彙整《麥克阿瑟報告》。歷史課祕密雇用舊日本陸軍幹部河邊虎四郎、有末精三、服部卓四郎等，他們研究重建軍備、執行反共活動等，成為美軍情報活動的協助者。他們被懷疑參與發現國鐵總裁被壓死的屍體，亦即下山事件等陰謀，其活動至今仍存在許多疑點。

瀨畑源

盟軍最高司令官總司令部民政局

盟軍占領期，該部門設置於盟軍最高司令官總司令部特別參謀部之下，負責日本非軍事化、民主化、分權化的核心單位，通稱GS（GHQ／SCAP Government Section）。最受麥克阿瑟信賴的惠特尼（Courtney Whitney）於一九四五年十二月就任局長，依靠其權力領導民主化政策。一九四六年二月，根據麥克阿瑟的指示，著手起草憲法改正草案，成功迫使日本政府接受包含象徵天皇制、放棄戰爭、尊重基本人權等內容的草案。其他還主導「公職追放」、改革選舉制度、地方分權、警察改革、解體內務省、公務員制度改革等政策，至今仍留有影響。凱迪斯（Charles Louis Kades）次長等核心成員，支持推動日本新憲法體制、符合穩健中道路線政黨的片山、蘆田內閣，而與支持吉田茂的參謀第二部（G2）發生激烈對立。隨著冷戰加劇，美國對日政策轉換後，經濟復興比民主化更受到重視，導致民政局的地位與重要性逐漸降低。

瀨畑源

貝雅特・西洛塔・戈登

一九二三—二〇一二年。貝雅特（Beate Sirota Gordon）起草《日本國憲法》第二十四條草案，規定兩性於本質上平等。她出生於奧地利，隨鋼琴家父親在東京執教而於一九二九年來到日本，在日本度過大約十年的時光。一九四五年十二月，她再度前來日本，於盟軍最高司令官總司令部（GHQ／SCAP）的民政局（GS）任職調查員。一九四六年二月，參與《日本國憲法》的人權條款起草工作。貝雅特參考載有進步女性權利的威瑪憲法及蘇聯憲法，起草包含兩性本質平等在內的女性、兒童權利草案。雖然其中許多未被採用，但第二十四條仍保留她的核心理念。回國後，她繼續從事與日本的文化交流。一九九〇年代以後，以《日本國憲法》第二十四條起草者在媒體上發言，其草案的先進性獲得高度評價。她被女性主義者視為護憲派的象徵，但卻受到「強加憲法」論者的負面看法。其個人資料藏於美國密爾斯學院（Mills College）圖書館。

瀨畑源

憲法研究會

日本戰敗之後，由民間團體憲法研究會提出一份具有民主規範的憲法草案，對盟軍最高司令官總司令部民政局（GS）起草憲法草案產生重大影響。勞工問題專家高野岩三郎、憲法史研究者鈴木安藏呼籲研究憲法草案，評論家室伏高信提供聚會場所，其他核心成員有岩淵辰雄（評論家）、馬場恒吾（新聞工作者）、杉森孝次郎（評論家）、森戶辰男（經濟學者）等。在一九四五年十二月二十六日完成的《憲法草案要綱》中，主權屬於國民，天皇被定位為象徵性的存在，並包含法律之前人人平等、言論思想自由、勞工權等多項人權保障條文。GS對要綱給予高度評價，起草憲法草案時多所參考。鈴木證實，要綱不僅參考威瑪憲法等外國憲法，也受到自由民權運動時期植木枝盛的私擬憲法影響。日本人的想法被GHQ草案所吸收，此點被認為是對「強加憲法」論的有力反駁。

瀨畑源

遠東國際軍事審判

亞洲—太平洋戰爭結束後，通過盟軍的國際軍事審判制度，對日本戰爭領導者等進行審判，該法庭被稱為遠東國際軍事法庭（International Military Tribunal for the Far East），通稱東京審判。同盟國為對軸心國領導者追究戰爭責任，除「慣例的戰爭犯罪」外，還追加「反和平罪」與「反人道罪」，於德國進行紐倫堡大審，日本的審判即以此為據。審判長由澳洲法官韋伯（Sir William Webb）擔任，雖然法官也從菲律賓等非大國以外的國家挑選，但實際上審判過程仍為美國主導。因日本在戰敗前後燒毀機密文件，故國際檢察局的訊問成為重要情報來源。被告名單與審判過程深受美國政策影響，為配合美日合作，將戰爭責任推到日本陸軍頭上，而昭和天皇則免責。雖然通過這次審判，日本侵略的實際狀況展現在日本國民面前，但審判輕忽了對亞洲的責任，性暴力罪刑甚至未被納入審理範圍。一九四六年五月開庭，一九四八年十一月判決宣布東條英機等七名被告判處絞刑。此次審判被批評為「勝利者的審判」，但亦有評價指出其對國際人道法的發展做出貢獻。

瀬畑源

八、昭和天皇的母親、弟弟們

貞明皇后

一八八四—一九五一年。大正天皇的皇后。昭和天皇、秩父宮雍仁、高松宮宣仁、三笠宮崇仁的母親。出身於五攝家的九條道孝公爵四女。出生後為了讓她成長茁壯，旋即交給富農之家養育。就讀華族女學校初等中學科時，被選定為皇太子妃，一九〇〇年與嘉仁皇太子（之後的大正天皇）結婚。因為重視健康，故符合皇室期待產下四名男孩，確保了皇位繼承的穩定。她接續昭憲皇太后確立的近現代天皇制皇后的「國母」形象，為社會與慈善事業貢獻心力，通過行啟（巡幸）與賜予等達成國民統合。對養蠶事業、漢森氏病（痲瘋病）患者、燈塔守衛生活等特別投注心力。隨著大正天皇健康惡化，貞明皇后實際上成為代理皇家事務的家長，在政治上亦握有影響力。雖然反對裕仁皇太子的外遊（出國見習），但在元老西園寺公望等人再三勸說此行乃為國家將來，勢在必行，才勉強同意。貞明皇后醉心於對古神道造詣深厚的筧克彥之「惟神之道」。日本戰敗後，成為大日本蠶絲會總裁，前往日本各地行啟，積極參與活動。一九五一年因狹心症猝死。後人編纂有《貞明皇后實錄》，公開存於宮內廳書陵部宮內公文書館。

瀨畑源

秩父宮雍仁親王

一九〇二—一九五三年。大正天皇、貞明皇后的次男，昭和天皇的弟弟。一九二二年自陸軍士官學校畢業。一九二八年與外交官（日後成為宮內大臣）松平恒雄之女節子（結婚時更名為勢津子）結婚。他與二二六事件首謀者之一的安藤輝三交流頗深，被陸軍內部標榜國家改造運動的青年軍官視為潛在的協助者，但被天皇及其親信所警戒。侍從武官長本庄繁的日記中，留有秩父宮說服昭和天皇親政的激烈爭論紀錄。二二六事件之際，他從任地青森縣弘前返回東京，但並未支持皇道派。一九四〇年結核病發作，長期於御殿場療養。日本戰敗後，撰寫大量關於御殿場生活或運動等之散文，希冀打造皇族「民主的」形象。因自身有留英經驗，強烈建議明仁皇太子出席伊莉莎白女王加冕儀式。秩父宮雍仁親王喜好登山與橄欖球，以運動愛好家聞名，被日本民眾稱為「山之宮」、「體育之宮」，今日的國立橄欖球場即冠上其名。一九五三年過世。根據其遺言進行解剖驗屍。

瀨畑源

高松宮宣仁親王

一九〇五—一九八七年。大正天皇、貞明皇后的三男，昭和天皇的弟弟。一九一三年繼承有栖川宮家的祭祀，獲得高松宮的宮號，日後與最後一任家主、威仁親王孫女德川喜久子結婚。一九二四年自海軍兵學校畢業。隨著亞洲—太平洋戰爭日本戰局惡化，作為反東條、早期和平派的一員，與近衛文麿等展開政治策動。但與厭惡皇族參與政治的昭和天皇發生對立。二戰之後，從昭和天皇親信的日記中也可零散見到天皇對高松宮在媒體上發表戰爭意見感到不快，雙方的意見相左一直持續到晚年。日本戰敗後，他積極在宮邸招待盟軍最高司令官總司令部（ＧＨＱ／ＳＣＡＰ）高層與記者等，藉此經營人脈，為「國體護持」做出努力。他擔任濟生會、藤楓協會等多個機構的總裁、名譽總裁，致力於社會福祉、文化藝術、體育運動等的發展。過世後其日記被發現，喜久子妃力排宮內廳的反對，將其整理並出版為《高松宮日記》。日記正本公開存於宮內廳書陵部圖書寮文庫。

瀨畑源

三笠宮崇仁親王

一九一五—二〇一六年。大正天皇、貞明皇后的四男，昭和天皇的么弟。一九三六年自陸軍士官學校畢業，一九四三年以支那派遣軍參謀身分前往南京赴任，見到日軍軍紀紊亂、對中國人施加殘忍暴行後，開始對自己的「聖戰」信念產生動搖。離任時曾對陸軍發表言論，促請軍隊反省，但該紀錄被認為「有欠妥當」而被燒毀。二戰之後，曾率直表達對中國戰線上日軍行徑的反省，引來不少話題。一九四七年成為東京大學文學部的研究生，專攻古代東方史，後於東京女子大學等校執教。他認為敗戰讓日本從「沒有柵欄的監獄」中走出，對回歸二戰前的天皇制一貫抱持批判態度，並主張修改皇室典範時應考慮出現女性天皇的可能性。此外，他反覆提出擁護新憲法的民主化與和平主義的發言，站在研究者立場批判「恢復紀元節」的非科學性，因此也被右翼人士批評為「紅色宮樣」（左派親王）。妻子為高木正得子爵之女百合子。育有三男二女。

瀨畑源

注釋

1. 〈機密焼却、宮内省も指示（機密文件燒毀，宮內省也曾下令）〉，《朝日新聞》二〇一三年八月二十三日晚報。
2. 〈昭和天皇の史料　第二のブームに（昭和天皇的歷史資料掀起第二波熱潮）〉，《朝日新聞》一九九〇年十一月十八日。
3. 根津朝彥，《戦後日本ジャーナリズムの思想（戰後日本新聞媒體的思想）》，東京大學出版會，二〇一九年。
4. 〈20世紀　どんな時代だったのか　アジアの戦争（20世紀　這個時代意味著什麼?亞洲的戰爭）〉，《讀賣新聞》一九九八年十一月十七—二十日。
5. 〈第10回「日本人の意識」調査（2018）　結果の概要（第10回「日本人的意識」調查（2018）　結果概要）〉（https://www.nhk.or.jp/bunken/research/yoron/pdf/20190107_1.pdf）。

6. 古川隆久，《昭和天皇》，中公新書，二〇一一年。
7. 茶谷誠一，《昭和天皇側近たちの戦争（昭和天皇近臣們的戰爭）》，吉川弘文館，二〇一〇年。
8. 宮內廳編修，《昭和天皇實錄》三，東京書籍，二〇一五年。
9. 譯注：指一九一三年二月，從前一年底發起的第一次憲政擁護運動推翻第三次桂太郎內閣。
10. 因關東軍意圖在中國東北「滿洲」擴大勢力範圍，由關東軍參謀河本大作等人策劃的事件。當時中國處於群雄割據狀態，河本企圖除掉率領奉天軍閥控制北京政府的張作霖，遂於一九二八年六月四日引爆張作霖乘坐的列車，將其炸死。當初規劃殺害張作霖後便出動關東軍，但卻未能取得關東軍高層、參謀本部的合作，僅以殺害張作霖告終。
11. 牧野伸顯著，伊藤隆、廣瀨順皓編，《牧野伸顯日記》，中央公論社，一九九〇年。
12. 寺崎英成、M・テラサキ・ミラー（Mariko Terasaki Miller），《昭和天皇獨白錄》，文春文庫，一九九五年。
13. 古川隆久等編，《「昭和天皇實錄」講義》，吉川弘文館，二〇一五年。
14. 安田浩，《天皇の政治史（天皇的政治史）》，青木書店，一九九八年。永井和，〈万機親裁体制の成立（萬機親裁體制的成立）〉，《思想》九五七，二〇〇四年。
15. 奈良武次著，波多野澄雄、黑澤文貴責任編輯，《侍從武官長 奈良武次日記、回顧錄》三，柏書房，二〇〇〇年。
16. 奈良武次，同前。
17. 本庄繁，《本庄日記》普及版，原書房，一九八九年。
18. 法學者、曾在貴族院擔任敕選議員的美濃部達吉提出，「統治權在於作為法人的國家，天皇為國家的最高機關」之憲法學說。一九三五年貴族院議會上，菊池武夫議員對此提出批判，引發此事件。菊池的背後有軍部與右翼介入，目的在於排除當時致力維持現狀的親信與重臣集團，並動員全國在鄉軍人會進行徹底攻擊。結果美濃部達吉辭去貴族院議員職務，其多冊著作遭禁止出版。岡田內閣兩度發表「國體明徵聲明」，否定機關說，使得立憲憲法解釋被迫居於劣勢。

19. 軍事史學會編，黑澤文貴、相澤淳監修，《海軍大將嶋田繁太郎備忘錄、日記》一，錦正社，二〇一七年。

20. 宮內廳編修，《昭和天皇實錄》八，東京書籍，二〇一六年。

21. 張學良與楊虎城受命前往陝西省北部據點剿匪，國民政府領導人蔣介石為了督促其發動攻擊，一九三六年十二月前往西安，遭到張、楊監禁，脅迫他停止國共內戰並舉國抗日的事件。共產黨的周恩來也介入談判，蔣介石同意停止內戰與抗日後獲釋。之後中國國內抗日意識高漲。

22. 一九四一年九月六日御前會議上決定的國策。要點有：交涉中的美日談判以「十月上旬左右」為期限，並以「十月下旬」為目標做好開戰準備，若到期限為止談判無果，便決心「立即」開戰，亦即規劃對美（包含英國、荷蘭）作戰的具體時程。此外，十一月五日的御前會議決定了同名的國策，也提出美日談判的相對方案，及訂定發動武力的時機。

23. 山田朗，《大元帥 昭和天皇》，ちくま學藝文庫，二〇二〇年。

24. 森山優，《日本はなぜ開戦に踏み切ったか（日本為何決定開戰）》，新潮社，二〇一二年。

25. 美日談判時，由美國國務卿科德爾．赫爾（Cordell Hull）於一九四一年十一月二十六日向日本特命全權大使野村吉三郎等代表提出的方案。此方案完全未提及日方此前提出的妥協案，只對過往的「徹底從中國、中南半島撤軍」、「取消三國同盟」等原則，以更明確的書面形式記下，日方將此視為「最後通牒」，因而決定對美開戰。

26. 山田朗，同前。

27. 木戶日記研究會編，《木戶幸一關係文書》，東京大學出版會，一九六六年。

28. 宮内廳編修，《昭和天皇實錄》九，東京書籍，二〇一六年。
29. 豐下楢彥，《日本占領管理体制の成立（日本占領管理體制的成立）》，岩波書店，一九九二年。
30. 蘆田均著，進藤榮一、下河邊元春編，《蘆田均日記》一，岩波書店，一九八六年。
31. 豐下楢彥，《昭和天皇の戦後日本（昭和天皇的戰後日本）》，岩波書店，二〇一五年。
32. 茶谷誠一，《象徴天皇制の成立（象徵天皇制的成立）》，NHK出版，二〇一七年。
33. 吉田裕，《昭和天皇の終戦史（昭和天皇的終戰史）》，岩波新書，一九九二年。
34. 豐下楢彥，同前二〇一五年。
35. 譯注：由天皇賞賜之祭祀相關金錢、人員。
36. 宮內廳編修，《昭和天皇實錄》一〇，東京書籍，二〇一七年。
37. 豐下楢彥，同前二〇一五年。
38. 宮內廳編修，《昭和天皇實錄》一二，東京書籍，二〇一七年。
39. 田島道治著，古川隆久等編，《昭和天皇拜謁記》三，岩波書店，二〇二二年。
40. 田島道治著，古川隆久等編，《昭和天皇拜謁記》五，岩波書店，二〇二二年。
41. 田島道治，同前《昭和天皇拜謁記》五。
42. 豐下楢彥，《昭和天皇・マッカーサー会見（昭和天皇與麥克阿瑟會談）》，岩波現代文庫，二〇〇八年。
43. 田島道治，同前《昭和天皇拜謁記》五。
44. 伊藤隆等編，《高木惣吉　日記と情報（高木惣吉日記與情報）》下，みすず書房，二〇〇〇年。

45. 豐下楢彥，《安保条約の成立（安保條約的成立）》，岩波新書，一九九六年。

46. 田島道治著，古川隆久等編，《昭和天皇拜謁記》四，岩波書店，二〇二二年。

47. 田島道治，同前《昭和天皇拜謁記》四。

48. 岩見隆夫，《陛下の御質問（陛下的問題）》，每日新聞社，一九九二年。後藤致人，《內奏》，中公新書，二〇一〇年。

49. 茶谷誠一，〈検証・象徵天皇制下における「天皇外交」（檢證象徵天皇制下的「天皇外交」）〉，茶谷誠一編，《象徵天皇制のゆくえ（象徵天皇制的未來）》，志學館大學出版會，二〇二〇年。

50. 瀨畑源，〈「宮中・府中の別」の解体過程（「宮中、府中的分別」的解體過程）〉，《一橋社會科學》五，二〇一三年。

51. 富永望，《昭和天皇退位論のゆくえ（昭和天皇退位論的發展）》，吉川弘文館，二〇一四年。

52. 宮內廳編修，同前《昭和天皇實錄》一〇。

53. 宮內廳編修，《昭和天皇實錄》一四，東京書籍，二〇一七年。

54. 宮內廳編修，同前《昭和天皇實錄》一四。

55. 宮內廳編修，《昭和天皇實錄》一一，東京書籍，二〇一七年。

56. 入江為年監修，朝日新聞社編，《入江相政日記》三，朝日新聞社，一九九〇年。

57. 宮內廳編修，同前《昭和天皇實錄》一一。

58. 宮內廳編修，同前《昭和天皇實錄》一〇。

59. 加藤恭子，〈宮內庁初代長官が書き遺した昭和天皇の「真意」（宮內廳首任長官留下的昭和天皇「真意」）〉，《中央公論》二〇〇三年六月號。

60. 譯注：「續投」乃以棒球為喻，不更換投手由原投手繼續投球。
61. 吉田裕，《現代歷史学と軍事史研究（現代歷史學與軍事史研究）》，校倉書房，二〇一二年。
62. 二橋正彥編著，《靜岡縣護國神社史》，靜岡縣護國神社創立九十週年社名改稱五十週年紀念事業委員會，一九九一年。
63. 舟橋正真，《「皇室外交」と象徵天皇制 1960～1975年（「皇室外交」與象徵天皇制 1960～1975年）》，吉田書店，二〇一九年。
64. 高橋紘，《陛下、お尋ね申し上げます（陛下，請容我請教）》，文春文庫，一九八八年。
65. 加瀨英明編，《宮中晚餐會》，日本教文社，一九九三年。
66. 原武史、吉田裕編，《岩波 天皇・皇室辭典》，岩波書店，二〇〇五年。
67. 高橋紘，同前。
68. 高橋紘，《人間 昭和天皇》下，講談社，二〇一一年。
69. 小林忍、共同通信取材班，《昭和天皇 最後的侍從日記》，文春新書，二〇一九年。
70. 小林忍、共同通信取材班，同前。
71. 〈天皇と皇室観 本社世論調查（天皇與皇室觀 本社輿論調查）〉，《朝日新聞》一九八九年二月八日。
72. 譯注：預備役指後備軍人。
73. 木戶幸一著，木戶日記研究會校訂，《木戶幸一日記》上，東京大學出版會，一九六六年。
74. 侍從長的身分可為親任官或敕任官，但實際上多為親任官。參照井原賴明，《皇室事典》（增補版再版，富山房，一九七九年）；百瀨孝著，伊藤隆監修，《事典 昭和戦前期の日本（事典 昭和戰前期的日本）》（吉川弘文館，一九九〇年）。

75. 古川隆久，《昭和戰中期の総合国策機関（昭和戰中期的綜合國策機構）》，吉川弘文館，一九九二年。

76. 古川隆久，同前一九九二年。

77. 牧野邦昭，《戦時下の経済学者（戰時下的經濟學者）》新版，中央公論新社，二〇二〇年。

78. 正確來說，是在各地設置的幼年學校入學，之後再進入中央的幼年學校，但如此說明顯得繁雜，因此下文全部統一稱陸軍幼年學校。

79. 福永文夫，《日本占領史 1945-1952》，中公新書，二〇一四年。

80. 譯注：在舊《治安警察法》中指與政治無關，以公益為目的之結社。

參考文獻

昭和天皇

伊藤之雄，《昭和天皇傳》，文藝春秋，二〇一一年

加藤陽子，《天皇の歴史 08　昭和天皇と戦争の世紀（天皇的歷史 08　昭和天皇與戰爭的世紀）》，講談社，二〇一一年

黑澤文貴，〈昭和天皇の二度にわたる田中首相叱責と鈴木貫太郎（昭和天皇兩次斥責田中首相與鈴木貫太郎）〉，《日本歴史》七六五，二〇一二年

茶谷誠一，《昭和天皇側近たちの戦争（昭和天皇近臣們的戰爭）》，吉川弘文館，二〇一〇年

永井和，〈万機親裁体制の成立（萬機親裁體制的成立）〉，《思想》九五七，二〇〇四年

古川隆久，《昭和天皇》，中公新書，二〇一一年
古川隆久等編，《「昭和天皇實錄」講義》，吉川弘文館，二〇一五年
森山優，《日本はなぜ開戦に踏み切ったか（日本為何決定開戰）》，新潮社，二〇一二年
安田浩，《天皇の政治史（天皇的政治史）》，青木書店，一九九八年
山田朗，《大元帥 昭和天皇》，ちくま學藝文庫，二〇二〇年
渡邊治，《戦後政治史の中の天皇制（戰後政治史中的天皇制）》，青木書店，一九九〇年

米內光政

手嶋泰伸，〈米内光政内閣期の政策・新聞・陸軍（米內光政內閣時期的政策、新聞與陸軍）〉，東北史學會編，《歷史》一一四，二〇一〇年
手嶋泰伸，《昭和戦時期の海軍と政治（昭和戰時期的海軍與政治）》，吉川弘文館，二〇一三年
手嶋泰伸，〈一九三〇年代における海軍内の政治的主導権の変遷（一九三〇年代海軍內部政治主導權的變遷）〉，《福井工業高等専門學校研究紀要》四九，二〇一六年
手嶋泰伸，〈日中戦争の拡大と海軍（日中戰爭的擴大與海軍）〉，《年報日本現代史》二二，二〇一七年

宮中集團

後藤致人，《昭和天皇と近現代日本（昭和天皇與近現代日本）》，吉川弘文館，二〇〇三年
D・A・タイタス著（David Anson Titus）著，大谷堅志郎譯，《日本の天皇政治（日本的天皇政治）》，サイマル出版會，一九七九年

茶谷誠一，《昭和戦前期の宮中勢力と政治（昭和戰前期的宮中勢力與政治）》，吉川弘文館，二〇〇九年
藤原彰，《天皇制と軍隊（天皇制與軍隊）》，青木書店，一九七八年

革新官僚集團

古川隆久，《昭和戦中期の総合国策機関（昭和戰中期的綜合國策機構）》，吉川弘文館，一九九二年
牧野邦昭，《戦時下の経済学者（戰時下的經濟學家）》新版，中央公論新社，二〇二〇年
宮地正人，〈企劃院事件〉，我妻榮等編，《日本政治裁判史錄　昭和・後》，第一法規出版，一九七〇年

近衛文麿

古川隆久，《近衛文麿》，吉川弘文館，二〇一五年

松岡洋右

服部聰，〈松岡洋右　権力政治を泳ぎ損ねた大衆政治家（松岡洋右　錯失權力政治的群眾政治家）〉，佐道明廣等編，《人物で読む現代日本外交史（透過人物解讀現代日本外交史）》，吉川弘文館，二〇〇八年
服部聰，《松岡外交》，千倉書房，二〇一二年
森茂樹，〈大陸政策と日米開戦（大陸政策與日美開戰）〉，歷史學研究會、日本史研究會編，《日本史講座9　近代の転換（日本史講座9　近代的轉折）》，東京大學出版會，二〇〇五年

東條英機

一之瀬俊也，《東條英機》，文春新書，二〇二〇年
東條英機刊行會、上法快男編，《東條英機》，芙蓉書房，一九七四年

古川隆久，《東條英機》，山川出版社，二〇〇九年。

道格拉斯・麥克阿瑟

袖井林二郎，《マッカーサーの二千日（麥克阿瑟的二千日）》，中央公論社，一九七四年
東野真，《昭和天皇 二つの「独白録」（昭和天皇 二份「獨白錄」）》，日本放送出版協會，一九九八年
福永文夫，《日本占領史1945-1952》，中公新書，二〇一四年
增田弘，《マッカーサー（麥克阿瑟）》，中公新書，二〇〇九年
D・マッカーサー（Douglas MacArthur）著，津島一夫譯，《マッカーサー回想記（麥克阿瑟回憶錄）》上、下，朝日新聞社，一九六四年

中日戰爭時期的軍人們

上田正昭等監修，《日本人名大辭典》，講談社，二〇〇一年
筒井清忠，《陸軍士官學校事件》，中央公論新社，二〇一六年
筒井清忠編，《昭和史講義　軍人編》，ちくま新書，二〇一八年
秦郁彥編，《日本陸海軍綜合事典》，東京大學出版會，一九九一年
古川隆久，《東條英機》，山川出版社，二〇〇九年
古川隆久，《昭和天皇》，中公新書，二〇一一年
古川隆久，《近衛文麿》，吉川弘文館，二〇一五年
松浦正孝，《「大東亜戦争」はなぜ起きたのか（「大東亞戰爭」是如何爆發的）》，名古屋大學出版會，二〇一〇年

山本智之，《日本陸軍戦争終結過程の研究（日本陸軍戰爭終結過程的研究）》，芙蓉書房，二〇一〇年

《東京朝日新聞》、《大阪朝日新聞》（朝日新聞記事資料庫聞藏II），國立國會圖書館Digital Collection收錄的雜誌、書籍類

石原莞爾

阿部博行，《石原莞爾》上下，法政大學出版局，二〇〇五年

辻政信

田田宮英太郎，《参謀辻政信・傳奇》，芙蓉書房，一九八六年

武藤章

武藤章著，上法快男編，《軍務局長　武藤章回想錄》，芙蓉書房，一九八一年

松井石根

野村幸一郎編，《松井石根　アジア主義論集（松井石根　亞洲主義論集）》，新典社，二〇一七年

安田靜

加納實紀代，〈女たちの「解放」への欲求をくみ上げた「国防婦人会」（女性對「解放」的渴望與「國防婦人會」）〉，《女も男も（女也好男也好）》二〇一四年春、夏號

藤井忠俊，《國防婦人會》，岩波新書，一九八五年

牧野伸顯

下園佐吉，《牧野伸顯伯》，人文閣，一九四〇年

茶谷誠一，《牧野伸顯》，吉川弘文館，二〇一三年

松田好史，〈內大臣の側近化と牧野伸顕（內大臣的親信化與牧野伸顯）〉，《日本歷史》七四三，二〇一〇年

鈴木貫太郎

小堀桂一郎，《鈴木貫太郎》ミネルヴァ書房，二〇一六年
鈴木一編，《鈴木貫太郎自傳》，時事通信社，一九六八年
波多野澄雄，《宰相鈴木貫太郎的決斷》，岩波書店，二〇一五年

湯淺倉平

茶谷誠一，《昭和戦前期の宮中勢力と政治（昭和戰前期的宮中勢力與政治）》，吉川弘文館，二〇〇九年
林茂，《湯淺倉平》，湯淺倉平傳記刊行會，一九六九年
松田好史，《內大臣の研究（內大臣的研究）》，吉川弘文館，二〇一四年

木戶幸一

大平進一，《最後の內大臣　木戸幸一（最後的內大臣　木戶幸一）》，恒文社，一九八四年
岡田昭三，《木戸日記私註》，思想の科學社，二〇〇二年
川田稔，《木戸幸一》，文春新書，二〇二〇年
木戸幸一著，木戸日記研究會校訂，《木戸幸一日記》上下，東京大學出版會，一九六六年

約瑟夫・格魯

J・C・グルー（Joseph Clark Grew）著，石川欣一譯，《滯日十年》上下，ちくま學藝文庫，二〇一一年
中村政則，《象徴天皇制への道（通往象徵天皇制之路）》，岩波新書，一九八九年

廣部泉，《グルー（格魯）》，ミネルヴァ書房，二〇一一年

奥村喜和男

奥村喜和男，《変革期日本の政治経済（變革期日本的政治經濟）》，ささき書房，一九四〇年

清澤洌著，橋川文三編，《暗黒日記》一，ちくま學藝文庫，二〇〇二年

《追憶奥村喜和男》，奥村勝子，一九七〇年

和田博雄

大竹啓介，《幻の花（幻之花）》上下，樂游書房，一九八一年

毛里英於菟

古川隆久，《昭和戦中期の総合国策機関（昭和戰中期的綜合國策機關）》，吉川弘文館，一九九二年

龜井貫一郎

伊藤隆，《近衛新體制》，中公新書，一九八三年

日本近代史料研究會編，《龜井貫一郎氏談話速記錄》，日本近代史料研究會，一九七〇年

中野正剛

有馬學，〈東方会の組織と政策（東方會的組織與政策）〉，九州大學文學部編，《史淵》一一四，一九七七年

緒方竹虎，《人間中野正剛》，中公文庫，一九八八年

近衛新體制周邊的人們

伊藤隆，《昭和期の政治（昭和期的政治）》，山川出版社，一九八三年

伊藤之雄，《元老》，中公新書，二〇一六年
筒井清忠，《敗者の日本史19　二・二六事件と青年将校（敗者的日本史19　二・二六事件與青年將校）》，吉川弘文館，二〇一四年
筒井清忠編，《昭和史講義　軍人編》，ちくま新書，二〇一八年
古川隆久，《昭和天皇》，中公新書，二〇一一年
古川隆久，《近衛文麿》，吉川弘文館，二〇一五年
《東京朝日新聞》（朝日新聞記事資料庫聞藏II），國立國會圖書館Digital Collection收錄的雜誌、書籍類

西園寺公望

立命館大學西園寺公望傳編纂委員會編，《西園寺公望傳》全四卷，別卷二，岩波書店，一九九〇—一九九七年

平沼騏一郎

手嶋泰伸，〈平沼騏一郎内閣運動と海軍（平沼騏一郎內閣運動與海軍）〉，《史學雜誌》一二二—九，二〇一三年
手嶋泰伸，〈終戦期の平沼騏一郎（終戰期的平沼騏一郎）〉，《日本歷史》八二〇，二〇一六年
萩原淳，《平沼騏一郎と近代日本（平沼騏一郎與近代日本）》，京都大學學術出版會，二〇一六年

真崎甚三郎

伊藤隆等編，《真崎甚三郎日記》全六卷，山川出版社，一九八一—一九八七年

齋藤隆夫

伊藤隆編，《齋藤隆夫日記》上下，中央公論新社，二〇〇九年

齋藤隆夫，《回顧七十年》改版，中公文庫，二〇一四年
古川隆久，《戰時議會》，吉川弘文館，二〇〇一年
村瀬信一，《帝國議會》，講談社，二〇一五年

矢部貞治

伊藤隆，《昭和十年代史斷章》，東京大學出版會，一九八一年
大谷伸治，〈共同体的衆民政と協同民主主義のあいだ（共同體式庶民政治與協同民主主義之間）〉，《史學雜誌》一三〇－三，二〇二一年
源川真希，《近衛新体制の思想と政治（近衛新體制的思想與政治）》，有志舍，二〇〇九年

白鳥敏夫

大畑篤四郎，〈日独防共協定・同強化問題（一九三五年～一九三九年）（日德防共協定及其強化問題〔一九三五年～一九三九年〕）〉，日本國際政治學會太平洋戰爭原因研究部編著，《太平洋戦争への道　開戦外交史5　三国同盟・日ソ中立条約（通往太平洋戰爭之路　開戰外交史5　三國同盟・日蘇中立條約）》新裝版，朝日新聞社，一九八七年
戸部良一，《外務省革新派》，中公新書，二〇一〇年

廣田弘毅

服部龍二，《廣田弘毅》，中公新書，二〇〇八年

重光葵

武田知己，《重光葵と戦後政治（重光葵與戰後政治）》，吉川弘文館，二〇〇二年

武田知己，〈重光葵「東西の架け橋」と重光外交（重光葵「東西的橋梁」與重光外交）〉，佐道明廣等編，《人物で読む現代日本外交史（透過人物閲讀現代日本外交史）》，吉川弘文館，二〇〇八年

波多野澄雄，《太平洋戦争とアジア外交（太平洋戰爭與亞洲外交）》，東京大學出版會，一九九六年

東郷茂徳

森茂樹，〈大陸政策と日米開戦（大陸政策與日美開戰）〉，歴史學研究會、日本史研究會編，《日本史講座9　近代の転換（日本史講座9　近代的轉折）》，東京大學出版會，二〇〇五年

森茂樹，〈東郷茂徳「親ソ派」外交官の軌跡（東鄉茂德「親蘇派」外交官的軌跡）〉，佐道明廣等編，《人物で読む現代日本外交史（透過人物閲讀現代日本外交史）》，吉川弘文館，二〇〇八年

佐藤尚武

武田知己，〈佐藤尚武　洋服を着た武士（佐藤尚武　穿西裝的武士）〉，佐道明廣等編，《人物で読む現代日本外交史（透過人物閲讀現代日本外交史）》，吉川弘文館，二〇〇八年

井上成美

手嶋泰伸，《昭和戦時期の海軍と政治（昭和戰時期的海軍與政治）》，吉川弘文館，二〇一三年

手嶋泰伸，〈日中戦争の拡大と海軍（日中戰爭的擴大與海軍）〉，《年報日本現代史》二二，二〇一七年

山本五十六

田中宏巳，《山本五十六》，吉川弘文館，二〇一〇年

岡田啓介

手嶋泰伸，《昭和戦時期の海軍と政治（昭和戰時期的海軍與政治）》，吉川弘文館，二〇一三年

手嶋泰伸，〈岡田啓介内閣期の陸海軍関係（岡田啓介內閣時期的陸海軍關係）〉，《福井工業高等専門學校研究紀要　人文・社會科學》四八，二〇一四年

大西瀧治郎

NHK特別節目採訪組，《日本海軍400時間の証言（日本海軍400小時的證言）》，新潮社，二〇一一年

手嶋泰伸，《海軍将校たちの太平洋戦争（海軍將校們的太平洋戰爭）》，吉川弘文館，二〇一四年

阿南惟幾

沖修二，《阿南惟幾傳》，講談社，一九九五年

梅津美治郎

岩井秀一郎，《最後の参謀総長　梅津美治郎（最後的參謀總長　梅津美治郎）》，祥傳社新書，二〇二一年

盟軍最高司令官總司令部參謀第二部

C・A・ウィロビー（Charles Andrew Willoughby）著，延禎監修，平塚柾緒編，《GHQ知られざる諜報戦（GHQ不為人知的情報戰）》，山川出版社，二〇一一年

田中宏巳，《消されたマッカーサーの戦い（被抹去的麥克阿瑟戰役）》，吉川弘文館，二〇一四年

土屋禮子，〈占領軍G-2歴史課と旧日本軍人グループ（占領軍G-2歷史課與舊日本軍人集團）〉，《Intelligence》一六號，二〇一六年

春名幹男，《秘密のファイル（秘密文件）》上下，新潮文庫，二〇〇三年

盟軍最高司令官總司令部民政局

天川晃、福永文夫編，《GHQ民政局資料「占領改革」別巻 民政局資料總索引》，丸善，二〇〇二年

福永文夫，《日本占領史 1945-1952》，中公新書，二〇一四年

貝雅特・西洛塔・戈登

N・アジミ（Nassrine Azimi）、M・ワッセルマン（Michel Wasserman）著，小泉直子譯，《ベアテ・シロタと日本国憲法（貝雅特・西洛塔與日本國憲法）》，岩波書店，二〇一四年

B・シロタ・ゴードン（Beate Sirota Gordon）著，平岡磨紀子構成・文，《1945年のクリスマス（1945年的聖誕節）》，柏書房，一九九五年

憲法研究會

古關彰一，《日本国憲法の誕生（日本國憲法的誕生）》增補改訂版，岩波現代文庫，二〇一七年

塩田純，《日本國憲法 誕生》，日本放送出版協會，二〇〇八年

原秀成，《日本国憲法制定の系譜（日本國憲法制定的系譜）》三，日本評論社，二〇〇六年

遠東國際軍事審判

粟屋憲太郎，《東京裁判への道（通往東京審判之路）》上下，講談社，二〇〇六年

宇田川幸大，《東京裁判研究》，岩波書店，二〇二二年

吉田裕，《現代歴史学と戦争責任（現代歷史學與戰爭責任）》，青木書店，一九九七年

貞明皇后

小田部雄次，《昭憲皇太后・貞明皇后》，ミネルヴァ書房，二〇一〇年
片野真佐子，《皇后の近代（皇后的近代）》，講談社，二〇〇三年
原武史，《皇后考》，講談社，二〇一五年
茂木謙之介，〈貞明皇后の思考と行動（貞明皇后的思想與行動）〉，森暢平、河西秀哉編，《皇后四代の歴史（四代皇后的歷史）》，吉川弘文館，二〇一八年

秩父宮雍仁親王

小田部雄次，《皇族》，中公新書，二〇〇九年
河西秀哉，〈戰後皇族論〉，河西秀哉編，《戦後史のなかの象徴天皇制（戰後史中的象徵天皇制）》，吉田書店，二〇一三年
鈴木昌鑑監修，蘆澤紀之編，《秩父宮雍仁親王》，秩父宮を偲ぶ會，一九七〇年
秩父宮家，《雍仁親王實紀》，吉川弘文館，一九七二年
保阪正康，《秩父宮と昭和天皇（秩父宮與昭和天皇）》，文藝春秋，一九八九年

高松宮宣仁親王

小田部雄次，《皇族》，中公新書，二〇〇九年
「高松宮宣仁親王」傳記刊行委員會編，《高松宮宣仁親王》，朝日新聞社，一九九一年
高松宮宣仁親王，《高松宮日記》全八卷，中央公論社，一九九六—一九九七年

宣仁親王妃喜久子，《菊と葵のものがたり（菊與葵的故事）》，中央公論社，一九九八年
吉田裕，《昭和天皇の終戦史（昭和天皇的終戰史）》，岩波新書，一九九二年

三笠宮崇仁親王

小田部雄次，《皇族》，中公新書，二〇〇九年
河西秀哉，〈三笠宮の「史学会発言」と社会（三笠宮的「史學會發言」與社會）〉，高木博志編，《近代天皇制と社会（近代天皇制與社會）》，思文閣出版，二〇一八年
三笠宮崇仁，《帝王と墓と民衆（帝王、墓與民眾）》，光文社，一九五六年

第十二章　戰爭期間的知識分子們

——戰時變革與亞洲

米谷匡史

前　言

一九三七年七月開始的中日戰爭，成為東亞首次經歷的總體戰。受到這股衝擊，日本知識分子們的思想出現什麼樣的變化？此處將以中國問題專家的新聞工作者尾崎秀實為核心，探討戰爭期間日本知識分子們的思想與變遷。

該年七月七日的盧溝橋事件後，中國方面通過第二次國共合作進入全面性的抗日戰爭。日方則通過持續派兵加強對大陸的侵略，在正規軍之間的作戰屢屢獲勝，擴大了占領地區。然而，中國依舊持續抗戰，並改以農村為根據地進行游擊戰。如此一來，戰爭演變成長期的持久戰，此時日本成立《國家總動員法》，通過戰時計畫經濟，總體動員物資與勞動力，提高生產力，並嘗試建構國防國家。

如此，中日戰爭對雙方而言都成了總體戰，且還伴隨著游擊戰、帝國主義對游擊戰的討伐戰等前所未有的戰爭樣態。這場戰爭的衝擊震撼著日本的政治、經濟、社會，也改變了知識分子的學知框架。

在戰爭時期的社會變動下，變革既存的政治、經濟、社會，欲建構新體制的「革新」成為當時的關鍵詞。在這種時局中，軍部、革新官僚、知識分子們積極推動戰時的革新與變革，其中還包含在嚴厲鎮壓下被迫「轉向」的社會主義者，他們也嘗試投身戰爭下的社會改革。

在戰爭期論壇上特別具有重大影響力者有：三木清、蠟山政道、矢部貞治、笠信太郎、東畑精一、大河內一男、尾崎秀實等昭和研究會的知識分子們。昭和研究會在戰爭期間成為支持近衛內閣的智庫集團，其中有革新派的知識分子、革新官僚、社會大眾黨的社會運動家等參與在內。他們嘗試通過戰爭期的統制經濟、計畫經濟改變日本的經濟、社會，摸索取代現存政黨政治的新政治體制，也試著通過跨國性的社會改革，建構一個能夠與中國共生、抵抗帝國主義的東亞新秩序（東亞協同體）。

新聞工作者尾崎秀實是昭和研究會的成員，隨後也成為近衛內閣的智庫，參與戰爭期間的政策規劃。尾崎正面面對持續進行抗日戰爭的中國國族主義，對日本的舉動提出警告，成為在戰爭時期言論界的重要批判者。本章將關注尾崎秀實的言論變遷，試著探討戰爭時期的言論空間。

尾崎秀實（一九〇一—一九四四年）

開始思考民族問題、社會問題

尾崎秀實於一九〇一年四月二十九日（戶籍上登記為五月一日）出生於東京市芝區伊皿子町。有意思的是他與昭和天皇裕仁（↓第十一章）同一天出生。父親尾崎秀太郎（字秀真，號白水、古邨，一八七四—一九四九年）出生岐阜縣加茂郡西白川村，為當時報知新聞社的記者。這一年，秀太郎在後藤新平（臺灣總督府民政長官）的邀約下，轉任臺灣日日新報社漢文部記者（日後成為漢文部主編），舉家移居臺北。秀太郎精通漢詩漢文與書畫，喜好篆刻，是位對東方傳統文學、藝術具備深厚造詣的文人記者。

尾崎秀實出生後不久旋即遷居臺北。一九一九年從臺北中學校畢業，直到回東京進入第一高等學校（文科乙類，德語班）為止，共在殖民地臺灣生活了十八年。日後他在監獄中撰寫請願書時提及當時的經驗，寫道「我時常與臺灣人（支那系統的人們）接觸，能夠在日常生活中具體體驗到孩子之間的爭吵，以及統治者與被統治者之間的種種關係」，「此點成為我一直以來對民族問題異常關心的原因，也是我開始理解支那問題的契機」[1]。

一九二二年尾崎自一高畢業，進入東京帝國大學法學部就讀（一開始在德法科，次年轉入政治學科）。當時許多關心社會問題的學生們興起參與激進的社會運動（如新人會等）的熱潮，但尾崎並未參與。

然而一九二三年出現了轉折點。該年六月，發生第一次共產黨舉發事件，加強了對社會主義運動的鎮壓力道。讓人特別受到震撼的是九月關東大震災後，在戒嚴令下發生的一連串事件。針對自警團（民間自衛團體）與警方虐殺朝鮮人，尾崎深切感嘆「民族問題的深刻程度與政治上的複雜關聯」。之後，川合義虎、平澤計七等勞工活動家遭警方殺害的龜戶事件；大杉榮、伊藤野枝（及其外甥橘宗一少年）被殘忍殺害事件。當時尾崎住處隔壁的農民運動社，半夜遭近衛騎兵聯隊襲擊，尾崎目睹機構報《農民運動》發行人森崎源吉與其妻子、同志們全被帶走的模樣，感到「強烈的震撼」。「這一年成為我的轉機，自此社會問題成為我致力研究的對象」[2]。

一九二五年東京帝大畢業後，尾崎進入研究所繼續研究一年（專攻勞動法，指導教授為末弘嚴太郎）。當時大森義太郎帶領的讀書會閱讀布哈林（Nikolai Bukharin）的《歷史唯物主義理論》（*Historical Materialism: A System of Sociology*）等，尾崎也熱心參與，開始有系統地研讀馬克思主義社會科學的相關文獻。這年中國發生五三〇事件（五卅慘案），以民眾運動為基礎的中國革命開始興起，尾崎開始投身研究中國問題。

殖民地城市上海與反帝國主義的氣息

一九二六年春，尾崎進入東京朝日新聞社，展開自己新聞工作者的人生（一開始是在社會部，秋天轉入學藝〔文藝〕部）。益發關心中國問題，於是在次年秋天轉任大阪朝日新聞社支那部。當時他經常造訪位於大阪的大原社會問題研究所，認識了研究帝國主義、殖民地問題的細川嘉六，一同組織討論中國革命的研究會。一九二八年十一月，尾崎被派往大阪朝日新聞社上海通信部（次年改組為上海支局），正式前往上海工作。一九三〇年前後數年在上海的經驗，讓他進入與中國共產黨、蘇聯、第三國際有關的網絡中，這也成為他參與共產主義運動與諜報活動的契機。

當時的上海乃列強角逐的殖民地城市，各國利益關係錯綜交織，也是帝國主義各方矛盾的匯聚點。正因為如此，才醞釀出抵抗帝國主義的革命運動。尾崎於一九三〇年前後在上海接觸到反帝國主義的革命運動氣息。

尾崎經常出入作為中、日文學家交流沙龍的內山書店，與魯迅、夏衍等文學家們展開交流。此外，他還與創造社成員的左翼文藝集團（葉沈、陶晶孫等）交往甚密。一九三〇年三月，中國左翼作家聯盟（左聯）成立後，尾崎成為協助者，在《大眾文藝》雜誌上以白川次郎、歐佐起等筆名發表〈日本左翼文壇之一瞥〉等論考。

一九三一年二月七日，發生五名左翼作家聯盟（胡也頻、柔石等）遭國民黨軍警槍殺的龍華事件。為了抗議這起白色恐怖事件及追悼犧牲者，日文翻譯出版魯迅、胡也頻、柔石等人的《支那小說集　阿Q正傳》，以及葉沈、陶晶孫、田漢等人的戲曲集《蜂起》（國際無產階級文學選集，四六書院）。尾崎與山上正義（新聞聯合社記者）共同企劃出版，以白川次郎與歐佐起的筆名共同翻譯，並投稿〈談論中國左翼文藝戰線的現狀〉、〈胡也頻小傳〉、〈柔石小傳〉等文章。

在上海的東亞同文書院內左翼學生反帝國主義運動興盛之際，尾崎與該處學生水野成、中西功及畢業生西里龍夫、尾崎庄太郎等人交流，並擔任馬克思主義文獻讀書會的導讀者。之後他認識了在中國共產黨從事諜報活動，並參與對日工作的楊柳青、王學文等人，彼此開始交換情報。尾崎雖未加入中國共產黨，但獲得準黨員的待遇，共同參與文化運動及諜報活動。

接著他與美國左派記者艾格尼絲·史沫特萊（Agnes Smedley）交流，更通過鬼頭銀一（美國共產黨的諜報員）介紹，認識了理查·佐爾格（Richard Sorge）並展開情報交換。佐爾格是蘇聯、第三國際派遣來的情報員，其任務是以中國為中心蒐集遠東情勢的情報，而尾崎成為其協助者。如此，尾崎進入了交錯於上海的中國共產黨、蘇聯、第三國際的諜報活動之中。

然而，尾崎成為佐爾格諜報集團關鍵成員是在他返回日本以後。一九三一年九月爆發九一八事變，次年一月發生上海事變，尾崎於二月離開上海回國，進入大阪朝日新聞社外報部，接著一九三四年秋進入東京朝日新聞社的東亞問題調查會工作。

一九三四年五月左右，尾崎透過帶著第三國際祕密命令，被派往日本的宮城與德（出生沖繩的美國共產黨員）之介紹，與佐爾格重逢。之後宮城與德、水野成等人組成諜報集團，一方面協助佐爾格、布蘭克·武凱利奇（Branko Vukelić）、馬克斯·克里斯汀森—克勞森（Max Christiansen-Clausen）等人，一方面正式展開以日本為舞臺的諜報活動。佐爾格被指派的任務是調查日本的政治、經濟、社會情勢，特別關注日本政府與軍部的動向、外交政策（對蘇聯、對德國、對英美、對中國）等並回報給莫斯科，而尾崎成為他的重要協助者。

之後尾崎從中日戰爭開始前後，再度以中國問題專家的身分活躍於論壇上，成為近衛內閣的智庫，參與政策規劃與制定。通過這些活動接觸到各種情報，並與佐爾格彼此交換訊息。

同時，中西功、西里龍夫、尾崎庄太郎等人斷斷續續與中國共產黨合作進行諜報活動，尾崎秀實也與他們維持情報交換。在中國共產黨、蘇聯、第三國際的諜報活動交錯網絡中，尾崎持續保持活動。

尾崎等人的諜報活動，是基於對馬克思主義社會科學的掌握，通過分析政治、經濟、社會情勢，以新聞工作者的身分進行的。他們並非如間諜電影般，祕密取得機密資料，拍攝成微卷，驚險又驚悚地交付資料的間諜。

尾崎在監獄中的訊問調查書中表示，「單一情報的價值，不管屬於多麼重要的機密，也不具備決定性的意義」，「態度上不是個別加以搜羅各種細小情報，最重要的是自己本身先具有某種程度的定見，建構整體的事實或趨勢方向時，去參考各個情報，這才是我採取的態度」。尾崎有自信的認為「自己本身就是能進行綜合判斷的一個情報來源」[3]。

通過情報分析、綜合之後，對時代情勢作出正確的判斷，並將此傳達，這才是尾崎諜報活動的真正精髓。佐爾格本身也是擅長這種情報分析的新聞工作者、諜報員，他對尾崎的情報分析能力給予高度評價，並邀請他成為協助夥伴。

西安事變與中國統一化論爭

尾崎秀實在論壇上獲得關注的關鍵，便是在中日開戰前夕爆發的西安事變（一九三六年十二月）衝擊中，發表迅速正確分析事件走向的評論〈張學良政變的意義〉（《中央公論》一九三七年一月號）。

當時中國處在軍閥混戰與反覆內戰的情勢中，但民眾（農民、勞工、學生）抵抗帝國主義的民族意識、國族主義日益增強，希冀「統一」的潮流高漲。當時正處於國共內戰的高峰，國民黨與共產黨已開始在民眾追求的「統一化」中爭奪主導權。

共產黨在一九三五年夏天的第三國際第七屆大會上，接受人民戰線戰術與殖民地、半殖民地反帝民族統一戰線論，呼籲停止國共內戰一致抗日。另一方面，國民黨的國民政府在英國的金融支援下，成功改革幣制（一九三五年十一月）。次年夏天平定西南政權（廣東、廣西的軍閥政府），作為「中國統一化」的主導者，其威權不斷上升。

面對此種狀況，日軍先建立「滿洲國」，接著進一步侵入華北，成立冀東防共自治政府等傀儡政權，推進華北分離工作。在妨礙中國的「統一化」，助長「分裂」的同時，企圖通過確保「親日」勢力、地區擴大日軍的勢力範圍。

正是在國共兩黨競爭「統一化」主導權的行動中，日本帝國主義入侵並進行分裂工作，加上英國與蘇聯涉入的複雜交錯關係中，爆發了西安事變。蔣介石前往前線視察張學良軍，激勵、督促其討伐共產黨游擊隊之際，忽形勢驟變，蔣介石遭張學良軟禁，張要求蔣停止國共內戰，轉換為一致抗日路線。在這背後有共產黨的滲透影響，而張學良面對日本入侵益感危機，因此接受了這一主張。如此一來，西安事變將國共內戰轉向為國共合作抗日，可謂閃電式的轉捩點。

事件爆發之初，因遭軟禁的蔣介石生死不明，因此出現大量不同的臆測，如失去獨裁者的國民政府將會邁向瓦解、分裂；國共內戰、軍閥混戰將變得更加激烈；內戰告一段落，國共將走向合作抗日等，在不知結果的狀況下各種情報交織，無法看出局勢走向。

尾崎接到事件發生的資訊後，便在當天之內一口氣寫成〈張學良政變的意義〉一文。西安事變發生於十二月十二日，此評論末尾的完稿日期寫著「十二、十三」。在此篇評論中，尾崎表示蔣介石應該還活著，國民政府進行的「統一化」並不會輕易瓦解，接下來應該是由國民政府、張學良軍、共產黨進行交涉，之後共產黨影響力增大，日本則不得不與抗日運動、民族戰線進行對峙等，做出大膽的預測。[4]這些內容對照之後事件的結果，其預測幾乎全部正確，因此尾崎身為專攻中國問題的評論家、新聞工作者，一舉在論壇獲得矚目。

蔣介石於十二月二十六日獲釋，經洛陽返回南京，確立了國共內戰停止、國共合作的發展方向。當時書店裡並列排出《中央公論》、《改造》、《日本評論》等綜合雜誌的次年一月號，許多評論家針對西安事變發表各種各樣的評論，但預見事變結果的只有尾崎秀實一人，其正確的分析格外引人注目。

尾崎之所以能寫出這樣的評論，係因他深刻理解到中國社會雖然充滿著內在矛盾，但仍具有邁向「統一化」的歷史動力，此外他擁有多方面的情報來源，且具備能正確分析的判斷能力。

在接下來的局勢中，人們對是否能避免中日開戰的危機意識更加高漲，宛如與時代危機產生共振般，尾崎秀實的評論活動也正式展開。作為精準預測中國動向與中日關係發展的某種「預言家」，以及主張面臨中國抗日運動危機的「警世家」，尾崎獲得眾人的矚目。

關於尾崎對中國情勢的關心，之後在中國統一化論爭中表現的更加明確。西安事變之後，因國共停止內戰，通過國共合作轉向抗日，日本各方開始探求避免中日全面衝突的可能性。那便是修正過往助長中國「分裂」的侵略政策，承認國民政府是「統一化」的主導者，嘗試轉換為中日經濟合作。

這種轉變的跡象，在一九三七年三月就任外相的佐藤尚武宣布新的外交方針（對支新政策）後獲得確立。在軍部內，陸軍參謀本部的石原莞爾也同樣在摸索方針的轉變。這種轉變的背後，部分也源自中國排日運動導致日本商界難以開展經濟活動，因而要求做出改變。

在此種趨勢之下，以矢內原忠雄的〈支那問題之所在〉（《中央公論》一九三七年二月號）提出問題為始，在日本展開了一場中國統一化論爭。內容對中國「統一化」能否推進、其主導者是國民黨抑或共產黨、日本該如何面對這種趨勢等，展開各種議論，而其對立結構大致如下。

一、矢內原忠雄的觀點，他批評右翼、左翼雙方提出的中國、亞洲「停滯論」，預測在國民政府、浙江財閥為核心的資本主義發展下，將推動中國「統一化」的前進。在此基礎上，應當承認國民政府的統一政權，並轉變日本的方針，改走經濟合作路線。

二、大上末廣的觀點。他批評矢內原忠雄的觀點，提出中國社會普遍存在半封建制，因此中國內部不存在自主發展的機會，處於「停滯」狀態，將逐步淪為英國金融資本下從屬的殖民地。

三、中西功、尾崎庄太郎與尾崎秀實等人的觀點。他們一方面批評矢內原忠雄未發現中國從屬於英國金融資本的趨勢，一方面批評大上忽略中國民眾（勞工、農民）支持中國自主性的「統一化」傾向，認為中國的領導者將會是共產黨。

這些論戰其實頗富深意，因為面對抱持矛盾卻仍不斷轉變的中國社會，它不僅重新檢討了日本的認知框架，且關乎重新思考日本對中國的實際介入方式[5]。

其中特別是大上末廣與中西功的對立，展現出馬克思主義者對中國社會分析的分歧。當時，大上與中西同為滿鐵（南滿洲鐵道株式會社）的調查員，通過馬克思主義社會科學的方法研究中國、滿洲的社會經濟情況。大上觀點強調中國社會的半封建制、停滯性，而這樣的想法隱含著一種危險性，即從左翼角度為日本的侵略行動提供正當化，以為可以通過侵略促進中國與亞洲的開發與發展。中西針對此點進行了嚴厲批判。

不過，在此三個立場中，中西把批判重點放在大上的觀點上。與此相對，尾崎則把批判重心放在矢內原的觀點上。

在承認中國「統一化」之上建構的「日支經濟提攜論」，也是因應日本資本主義的要求，把中國納入市場、原料供給地、投資目的地的範疇，完全是「一種經濟侵略的方式」。這與軍部主導的大陸政策互為表裡，當調和性的經濟合作路線走不通時，便發動強硬的大陸政策。另一方面，中國的民族運動浪潮想要讓國家從半殖民地狀態中解放，但國民政府卻缺乏足夠的勢力從根本解決這個問題，因此其「統一」也僅是一種「擬態」罷了[6]。

尾崎認為，即便國民政府與日本妥協，邁向合作，嘗試打開中日關係的癥結，但這也不過是暫時妥協下的產物，無法徹底解決問題。此外，他也認為日本鼓勵侵略中國的大陸政策，與氣勢不斷高漲的中國抗日運動與民族統一戰線之間，終究無法避免發生衝突。

中日戰爭下的戰時變革論

一九三七年七月，盧溝橋事件爆發之初，日方大多抱持著通過軍事壓力最終可使國民政府屈服，且戰爭應該可在短期之內解決的單純樂觀論。但尾崎從一開始即指出，這是與中國抗日運動全面衝突的開端，無法在短期內解決，勢將長期化，還會連帶與英美蘇發生對立，尾崎預料必將發展成第二次世界大戰。

如同尾崎日後在監獄中供述的一般，他認為世界資本主義的困頓引發世界大戰，且激化階級鬥爭與社會革命。且如同第一次世界大戰催生了蘇聯一樣，第二次世界大戰將使社會革命擴大，他判斷世界將進一步邁向共產主義社會。

尾崎從中日戰爭爆發之初，便預見中國的社會革命將通過抗日戰爭獲得發展。在開戰三個月後的評論〈支那果真會赤化嗎？〉中，迅速斷定「所謂支那『赤化』的趨勢，這個預測大體上應當無誤」[7]。

他更進一步在《改造》紀念上海戰勝的臨時增刊號（一九三七年十一月）中發表〈敗北支那的前途〉一文，論及國民政府敗退的同時，也強調中國社會的強大抵抗意志，指出之後將演變為「以游擊戰為主的長期戰」。此外，對於通過抗日戰爭的「統一化」進展，則有如下論述。

> 支那的長期抗日……必然會成為日本今後數年無法迴避的現實課題。

支那的統一趨勢乃明顯的事實。難以使用砲火與炸彈簡單加以摧毀[8]。

最後他總結道，「支那的統一，特別是與非資本主義的發展方向結合，這種可能性不斷增大」，暗示修正、改革資本主義的社會革命動向。

此處尾崎的視角超越了單純的國家層面（中華民國、國民政府）的勝敗，而是評論中國社會的動向。他認為，在國家層級的正規軍作戰上，中國將敗給擁有強大軍事力的日本，且失去上海這個經濟重鎮，被迫退往內地的國民政府變得衰弱，但通過抗日游擊戰，中國社會的凝聚力反而更為加強，朝著「統一化」邁進。且因抗日戰爭中動員廣大民眾，提升了農民、勞工的地位，使共產黨勢力擴大，開始醞釀出初步的社會革命。尾崎的這種關注，承繼自中日開戰前夕的中國統一化論爭的論點。

之後尾崎反覆論及抗日戰爭將推動「支那革命」的進展。在後來刊行的《支那社會經濟論》〈序論〉中，他表示中日戰爭是「支那社會自身的，我所謂廣義的支那革命的不可避免的一個階段」，並自稱為「支那革命的從軍記者」[9]。

如此這般，面對在中日戰爭漩渦中展開社會革命的中國，日本國內也展開長期總體戰下，戰爭期間的社會變革問題的討論。

中日戰爭初期，日軍在各地作戰中不斷獲勝，將占領地擴大到北京、南京、武漢等地，但日本能實際統治的僅是散布各地的主要城市及連結這些城市的幹線道路及鐵路沿線，亦即占領地實際上僅由點與線構成，其周遭廣大的農村為抗日游擊隊的根據地。日軍遭到游擊戰的擾亂與威脅。

這一局勢在日後的越戰、阿富汗戰爭、伊拉克戰爭中也有所體現，游擊戰將美軍拖入泥淖，討伐游擊隊導致戰爭拉長，也失去戰勝的希望。無論如何強大的帝國主義軍隊，只要陷入與占領地民眾為敵的游擊戰泥淖，最終難逃失敗的命運。中日戰爭中，日軍也陷入類似的狀況，被拖入中國游擊戰的日軍，逐漸喪失勝利的前景。

接著，在不可避免的持久戰中，通過計畫經濟（統制經濟）擴大生產力，確立國防國家體制等之革新政策也隨之加強。在近衛文麿首相的戰時內閣下，推動軍部與企劃院等革新官僚訂定的計畫經濟政策。一九三八年春，《國家總動員法》、《電力國家管理法》等「統制」立法，也推出《國民健康保險法》、《社會事業法》等社會立法。

近衛內閣的入閣者，包含農林大臣有馬賴寧、遞信大臣永井柳太郎、內閣書記官長風見章等革新派有力政治家。戰爭期間推動的革新政策著眼於限制市場經濟與追求私利，重視公益，因此也被視為一種修正資本主義體制的擬似社會主義政策，引發財經界的警戒。此外，無產政黨的社會大眾黨與革新派知識分子也對此表現某種程度的支持，所以形成了一個協助戰時體制又追求社會變革的戰時變革論言論空間。

支撐近衛內閣戰時革新政策的主要成員便是作為智庫集團的昭和研究會。昭和研究會除有蠟山政道（政治學、行政學）、三木清（哲學）、矢部貞治（政治學）、笠信太郎（新聞工作者）、東畑精一（農業經濟學）、大河內一男（社會政策學）等革新派的知識分子外，革新官僚、社會大眾黨的社會運動家們也參與其中，透過政策建議，成為支持近衛內閣的重要勢力。

尾崎也將參加昭和研究會當作踏板，參與戰時革新政策的規劃、提案。昭和研究會內的支那問題研究會（討論對中國政策的部會），負責人為風見章，但在他入閣擔任內閣書記官長後，由尾崎繼任成為負責人。此外，在風見的邀請下，尾崎於一九三八年七月辭去朝日新聞社的工作，接任近衛內閣的囑託一職，開始於官邸執務室參與政策制定。如此，尾崎接近戰爭時期的政權中樞，在參與政策制定的同時，也接觸各種情報，持續進行諜報活動。

革新派知識分子的戰時變革論，除以變革國內政治、經濟、社會為目標外，對於改革東亞國際秩序也提出大量的討論。其中最具焦點的理念，即是東亞協同體論。

一九三八年十一月三日，由近衛首相提出的東亞新秩序聲明，呼籲日本、中國、「滿洲國」攜手合作，建設東亞新秩序，這完全就是一種變相的帝國主義政策。但同年一月，日本已表明不再與國民政府進行和平談判，提出「不以國民政府為對手」的聲明，採取從軍事上擊垮抗日政權的強硬路線。此二聲明的基調相異，東亞新秩序的目標在於試圖拉攏國民政府內尋求對日和平政策的汪精衛（兆銘）派，希望藉此呼籲國民政府轉變方針，重啟和平談判。因此，東亞新秩序聲明可視為一個徵兆，即日本政府在陷入與中國抗日游擊隊的泥沼戰爭、戰局前景不明的情況下，開始從強硬軍事路線轉變為更具彈性的外交路線。而日本各界針對東亞新秩序的具體內容提出諸如大亞細亞主義、經濟圈（區域經濟）論、東亞聯盟論、東亞協同體論等之各種理念。

其中的東亞協同體論是革新派知識分子們在論壇上積極討論的理念。通過戰爭期間的社會變革，修正、改造日本資本主義的政治、經濟、社會結構，在抑制日本帝國主義政策的同時，嘗試形成東亞新秩序。此論述主張與抗日的中國共存，提出一個東亞多民族自主、合作的廣域合作圈，實則是一種偽裝的解放言論。

在論壇上為東亞協同體論打響第一槍的是蠟山政道〈東亞協同體之理論〉（《改造》一九三八年十一月號），他主張應克服中、日國族主義的對立，建設「區域性命運協同體」。三木清於次月發表〈東亞思想之根據〉（《改造》一九三八年十二月號），揭示「解決資本主義問題」與「東洋統一」這兩個世界史之課題，並論述實現此等理念的方式即為東亞協同體。之後到次年的一九三九年為止，以《改造》、《中央公論》、《日本評論》等綜合雜誌為主，許多媒體刊行各種針對東亞協同體的評論，此論述因而在戰爭期間流通、擴散於日本論壇[10]。

這些關於東亞協同體的議論，認為中國與日本的社會變革相互連動，需克服東亞的半封建制與停滯性，朝開發、發展的方向努力。這一論述雖然表面上否定日本帝國主義，但又重新把日本建構為主導與形塑東亞新秩序的盟主，完全沒有脫離殖民地主義式的言說。而中國方面則對此抱持戒心，認為東亞協同體論只是偽裝的帝國主義，真實目的在於併吞中國，對此論述提出批判。

在這樣的背景下，尾崎秀實以極為敏銳的態度正面回應中國的抵制與批評，並批判性地介入關於東亞協同體的言論場域。他的代表性論文《「東亞協同體」的理念及其成立的客觀基礎》（《中央公論》一九三九年一月號），便充分體現了他的立場。

尾崎指出，東亞協同體論誕生於中日戰爭的激烈對抗之中，與抗日國族主義相互牽制，因此與以往的亞洲連帶論有明顯差異。他批判自明治時期以來的亞洲主義，認為其本質是在西方列強的壓力下，日本以「亞洲改革的主導者」自居，試圖單方面將亞洲納入自身體系，這種思想與帝國主義有深深地連結。然而，尾崎認為，這種傳統的亞洲主義已因中國的抵抗與抗日國族主義的興起而失效，在這種對抗之中，東亞協同體論作為一種新的連帶理念應運而生。

然而，儘管尾崎一方面擁護東亞協同體論的發展可能性，一方面也認為其中有「許多弱點與實踐上的難處」，表示要故意「站在批判的立場上來看待」。

東亞協同體論雖主張克服中、日國族主義的對立，但此為拉攏中國部分勢力協助日本，並非實現兩國合作的做法。

尾崎認為，中國人民欲脫離帝國主義尋求民族解放，不僅僅體現在國民黨、共產黨或者日本占領區內「親日政權」等政治高層的對立之中，而是深深扎根在社會的底層結構。

> 支那經濟力薄弱，政治體制不健全，軍隊積弱又裝備不良，之所以能持續頑抗至今，原因就在民族問題上，這並非單純國家規模的問題。除了帶來困擾的游擊隊戰士，甚至那些不與任何政治勢力合作，僅以大地為對手的農夫，或者街頭路邊的貧民少年等，各種階層的人們都在以各自的方式，貫徹著這場抗爭[11]。

因此，在日本占領區內找出「親日」勢力並加以扶植，並無法解決問題。「即便我們可用武力將支那一分為二，一方為敵方區域，一方為友方區域，但此時仍有民族問題，對日本而言，這是個跨越兩個被分割地區的共通問題」。且「支那民族問題的發展方向，已經完全與日本的期望背道而馳」[12]。

在此形勢下，能否真正改革日本資本主義、修正帝國主義政策，將成為檢驗東亞協同體論是否可行的關鍵。當時的尾崎雖然身為近衛內閣的囑託，參與戰時革新政策的制定，但面對日本資本主義的既得利益者的強大勢力，他判斷要實現符合東亞協同體理念的社會改革極為困難。他預測今後「將有許多曲折」，並警告「如果沒有貫徹此理念的決心，『東亞協同體』將僅以一個現代的神話或春秋大夢而告終」[13]。

由此可見，尾崎對東亞協同體論表現一定程度的支持，但也帶著批判的態度，在與抗日中的中國正面對抗之際，他對該理念進行內部的評論、批判，嘗試揭示此論述的侷限性與現實可能性的極限。

從近衛新體制運動到太平洋戰爭開戰

尾崎秀實作為近衛內閣的囑託，加入由有馬、風見提案之國民再組織計畫，深度參與政策制定。但第一次近衛內閣卻在內政、外交上全面陷入困境，因而於一九三九年初內閣總辭。尾崎雖然不再具有囑託職位，但之後以近衛親信成員的身分，加入俗稱的「朝飯會」（早餐會），與牛場友彥、岸道三、西園寺公一、松本重治、犬養健等人定期進行討論，持續交換情資。同年二月獲得風見章的後援，他協助細川嘉六成立「支那研究室」。六月尾崎還成為滿鐵調查部的囑託，開始於東京支社調查室工作。

除了這類活動之外，尾崎仍繼續與佐爾格進行情報交換與諜報行動，另一方面也與中西功交換情資，參與了中國共產黨的諜報活動。

第一次近衛內閣下臺後，一九三九年革新的氣勢一旦受挫，圍繞東亞協同體的討論也失去熱度。同年八月，敵對的德蘇兩國突然改變方針，締結互不侵犯條約，九月初歐洲爆發第二次世界大戰。一九四〇年春，荷蘭、法國相繼投降，德國成為稱霸歐洲的強權後，日本軍部、政界向德國靠攏，對抗英國的勢力抬頭。

在此狀況下，革新的氣勢再度高漲，第二次近衛內閣上臺。此外，解體既有政黨、改組新的強勢政黨，被認為是近衛內閣革新政策推動力的近衛新體制運動也抬頭，社會大眾黨、革新官僚與昭和研究會的知識分子們成為支持這股潮流的勢力。

然而，對導入強力計畫經濟心懷警戒的財經界等現狀維持派，則展開反對運動，直指新體制運動是企圖修正資本主義的「赤化」行動，而一國一黨的近衛新黨則是在打造不隸屬於天皇的個別權力中樞，批評其為「幕府」。面對這些批評，革新派無法有效反擊，導致十月成立的大政翼贊會成為不具政治推動力的政黨，僅是一個由官僚主導、上意下達的精神動員組織。昭和研究會也於同年十一月解散。

自此時起，日本政權內部開始排除革新勢力，十二月的內閣改造中，司法大臣風見章辭職。次年一九四一年一月發生舉發革新官僚的企劃院事件。到了四月，大政翼贊會改組，事務總長有馬賴寧辭職，接著同月再度改造內閣，企劃院總裁星野直樹辭職。如此，近衛內閣清除了所有的革新勢力。

這段期間，第二次近衛內閣締結了日德義三國同盟，日本推動南進政策，加強對東南亞的侵略，東亞新秩序論進一步擴展成大東亞共榮圈論。此時尾崎已放棄藉由革新左派的戰時變革來修正日本資本主義，並最終轉換成社會主義路線的可能性。隨著三國同盟的簽署，中日戰爭已與歐洲戰爭連動，美國察覺蘇聯有近期參戰的可能，故強調中日戰爭只能當作世界大戰的一環來解決。

接著一九四一年六月，德軍開始向東展開閃電戰，德蘇戰爭爆發。佐爾格等人事先探知德國有攻擊蘇聯的可能性並通報蘇聯，但該情資未獲重視，導致戰事初期蘇軍不斷敗退。對此，日本也浮現對蘇開戰，與德國進行東西夾擊擊潰蘇聯的北進論。同時，日本因進軍法屬印度支那導致與英美對立加深，採取北進或南進戰略，呈現出一種緊迫的局面。

佐爾格、尾崎等人為弄清日本政府將選擇北進或南進而蒐集情報進行分析。為了避免日蘇開戰，尾崎更進一步在「朝飯會」等近衛親信之間進行遊說，主張西伯利亞資源稀少，對蘇開戰鮮有益處，不符合國家利益，對北進論採取批判態度，也在政治上採取牽制的工作。同一時期，對於近衛內閣推進的美日交涉，尾崎認為通過外交妥協來避免開戰的可能性相當低。

在這種情勢緊迫的狀況下，佐爾格與尾崎等人的諜報行動逐漸被日本政府探知。同年秋，尾崎、佐爾格向蘇聯通報他們判斷日本並無北進的可能性，不過這也幾乎成為他們最後一次的諜報活動。

尾崎預感自己即將遭到舉發，預測美日談判破裂將無可避免，開戰之日必將降臨，於是他撰寫了〈為了在大戰中戰至最後一刻〉，認為在這場全因「世界資本主義體制不平衡而爆發」的世界大戰中，「英美完全不可能再次恢復舊制序」，而中日戰爭也「必須直到世界大戰的最終解決日才能結束」。接著他談及，「在我個人看來，第二次世界大戰大概會是『世界最終戰』吧」，暗示了全球將會邁向社會主義革命。此篇文章的結尾以「為了在這場最終戰中戰至最後，從今往後的戰時政治家們，其任務必須是領導國民」一句作結。這是一篇企圖引導戰時變革，推動社會革命與民族解放的檄文[14]。

執筆此文後，十月中旬尾崎遭舉發，上文成為他最後公開發表的文章，時間是太平洋戰爭開戰的前夕。此前，宮城與德已被捕，隨後水野成、理查．佐爾格、布蘭克．武凱利奇、馬克斯．克里斯汀森─克勞森皆遭舉發，佐爾格與尾崎的諜報活動於此告終。

太平洋戰爭開戰後，更發生一連串鎮壓事件，如中國共產黨諜報團事件（中西功、西里龍夫、尾崎庄太郎等）、泊事件─橫濱事件（細川嘉六、《改造》與《中央公論》編輯部雇員等）、滿鐵調查部事件（大上末廣、堀江邑一等），一口氣舉發革新左派。如此一來，戰爭期間以社會變革為目標的言論空間遭到封殺，相關議題不得不落幕。

關押於獄中的尾崎秀實描述自己的境遇是「戰敗成為俘虜」[15]。對欲通過國際團結以實現世界革命的尾崎而言，「站在共產主義者的立場來看，眼下自己所屬的帝國主義國家，在階級上即是敵對勢力」[16]。尾崎認為自己與日本這個帝國主義國家的統治機構戰鬥卻敗北，被抓住後成為戰俘。

尾崎在獄中接受訊問時，一貫主張自己的諜報行動乃基於共產主義者的信念而執行的行動。接著他開始談起變革計畫，供述通過日本、中國、蘇聯的合作，打造以社會革命與民族解放為目標的「東亞新秩序社會」願景。計畫通過「蘇聯、脫離資本主義結構的日本，以及由中國共產黨完全掌握領導權的支那」緊密合作，推動日本轉型為社會主義國家，進而實現「東亞各民族的解放」[17]。

尾崎判斷，日本資本主義具有不均衡與脆弱的特性，因此有極高可能性會在世界大戰的混亂中發生社會革命。在對英美戰爭上，他假設「即便能暫時取得軍事上的成功，但國內終究會因疲弊而陷入困境，最終極有可能在內部發生社會革命」[18]。

在獄中的尾崎說明此前隱藏的共產主義者信念，但也因違反《治安維持法》、《國防保安法》、《軍機保護法》等嫌疑，於一九四三年九月被判處死刑，次年四月上訴遭駁回定讞。

這段期間，尾崎在獄中也寫信給家人。關於諜報活動，在他遭舉發之前完全對家人保密，未透露隻言片語。然而，通過獄中書信，他嘗試修復與妻子（英子）及女兒（楊子）的隔閡（這些書信戰後獲出版，書名為《愛情一如降星》，成為被廣泛閱讀的暢銷書）。

一九四四年十一月七日，尾崎秀實與理查．佐爾格於東京巢鴨拘留所執行絞刑，這天適逢俄國革命紀念日。因佐爾格事件遭連坐的相關人士中，河村好雄、宮城與德、布蘭克．武凱利奇、船越壽雄、水野成也都死於獄中，北林友（北林トモ）在獲假釋後旋即病逝。

尾崎在獄中面對檢察官的訊問，曾描述自己的心境如下。

> 身為一個生在人類歷史上劇烈時代，又背負著過度熱情的人，因學習馬克思主義，並親身接觸了支那革命的現場。從那時起，我好像幾乎未曾回首來時路，驀地一路奔馳至今。如今由鐵柵欄的一隅，窺看世界的現實動向，當四下安靜之際，也想回頭看看自己一路走來的痕跡[19]。

尾崎的生涯軌跡，始於與昭和天皇同日出生的天長節，終於俄國革命紀念日。他在帝國主義各種矛盾交錯的殖民地城市上海，積極參與萌芽期的中國革命，並在這個充滿苦痛與變革的時代，奮鬥到最後一刻。

理查・佐爾格（一八九五—一九四四年）

父親是德國人石油技師，母親是俄國人，生於俄羅斯帝國時期的高加索（今亞塞拜然共和國的巴庫），幼年時移居德國。高中在學期間第一次世界大戰爆發，志願加入陸軍出征，但在戰場上見證大量死傷者，自己也身負重傷，痛切感受到人類反覆戰爭的毫無意義。他開始思考如何打造一種能除去帝國主義戰爭根源的和平體制，於是佐爾格成為共產主義者。

一九一八年退役後，他進入基爾大學（Kiel University）就讀，加入獨立社會民主黨，隸屬社會主義學生團，為水兵與港口勞工進行祕密授課。次年轉學至漢堡大學（University of Hamburg）並取得博士學位，成為社會主義學生團書記，加入德國共產黨，潛入亞琛（Aachen）各地的礦坑，支援

理查・佐爾格

煤礦工人的勞工運動。一九二二年刊行《羅莎．盧森堡的資本積累論》。

同年遷居至美茵河畔法蘭克福（Frankfurt am Main），成為法蘭克福大學社會研究所的助理，開始參與以大學為據點的共黨活動。一九二四年以代議員資格參加德國共產黨大會，同年底前往莫斯科，次年初開始在第三國際（國際聯絡部等單位）工作，黨籍也由德國共產黨轉移至蘇聯共產黨。一九二八年，他以R．松塔的筆名出版了《新德意志帝國主義》。一九二九年加入蘇聯紅軍第四本部，正式展開諜報活動生涯。

同年底前往上海，開始關於遠東情勢的諜報活動。與艾格尼絲．史沫特萊建立聯繫，通過鬼頭銀一（美國共產黨員）的介紹認識尾崎秀實，獲得川合貞吉、水野成的協助進行諜報活動。他還在上海與統籌中國共產黨地下活動的周恩來會談，取得中國人的合作以維持聯絡，探查國共內戰中國民黨的軍事戰略，及日本政府與軍部的對蘇、對中政策，將這些情報通報給蘇聯、第三國際與中國共產黨。

一九三二年底返回莫斯科，次年被派往東京。一九三四年，通過帶著第三國際密令被派遣至東京的宮城與德（美國共產黨員）介紹，與尾崎秀實重逢，並組織日本的諜報團體，成員包括宮城與德、水野成、布蘭克．武凱利奇、馬克斯．克里斯汀森—克勞森等。

佐爾格偽裝成納粹黨員，以新聞工作者身分對遠東情勢進行調查、分析，向《地政學雜誌》、《法蘭克福匯報》（*Frankfurter Allgemeine Zeitung*）等投稿大量報導與論文。其中包含討論二二六事件的〈陸軍在東京的反叛〉、〈日本的農業問題〉、〈中日戰爭中的日本經濟〉等優秀論文。

之後以精通日本、中國、遠東的政治、經濟、社會、軍事之優秀新聞工作者，獲得德國駐日大使尤金・奧特（Eugen Ott）的信任，在德國大使館內設置一間辦公室，得以接觸德、日的各種機密情報，將日德義三國同盟交涉過程與德國對蘇聯開戰（一九四一年六月）等相關情報向莫斯科彙報。一九四一年九月，基於尾崎秀實的情報，向莫斯科通報日本不會北進、對蘇開戰，但這也成為他最後的諜報活動。太平洋戰爭開戰前夕的同年十月十八日，佐爾格遭舉發。

經獄中的訊問後，他被以違反《治安維持法》、《國際保安法》、《軍機保護法》等罪名起訴。一九四三年九月被判處死刑，次年一九四四年定讞，於十一月七日俄國革命紀念日在東京巢鴨拘留所遭處絞刑。

其他人物

一、尾崎、佐爾格事件的相關人士

艾格尼絲・史沫特萊

一八九二—一九五〇年。出身於美國密蘇里州的貧窮農家，經苦學後成為新聞工作者，對社會主義與印度獨立運動產生共鳴。一九二〇年起，在柏林與印度革命家維倫德拉納特・查特帕蒂亞伊（Virendranath Chattopadhyaya）同居，發行前半生的自傳《大地的女兒》（*Daughter of Earth*，一九二九年）。此書日後由尾崎秀實（筆名：白川次郎）翻譯為日文版。

一九二八年底，她以《法蘭克福匯報》特派員身分前往中國，在上海認識魯迅、茅盾、丁玲等文學家，也與理查·佐爾格、尾崎秀實交換情報，協助蘇聯、第三國際的諜報活動。另外她也獲得第三國際的資金援助，為發行英文報 *Voice of China* 盡力。中日戰爭期間，她進入延安等中國共產黨的根據地、解放區，以從軍記者身分報導八路軍的抗日戰爭，根據其採訪與口述紀錄，撰寫了《中國在反擊》（一九三八年）、《中國的歌聲》（一九四三年）、《偉大的道路——朱德的生平和時代》（一九五五年）等。

一九四一年回到美國後，也繼續支援抗日戰爭下的中國革命。戰後冷戰開始，她成為赤色恐怖（Red Scare）鎮壓的目標，並因協助佐爾格、尾崎，被認定是蘇聯特工而遭迫害。一九五〇年五月於英國病逝。依其遺言，她的遺骨被送往中國，葬於北京八寶山革命公墓。

宮城與德

一九〇三—一九四三年。生於沖繩縣國頭郡名護。一九一九年在已前往美國的父親與哥哥的幫助下前往加州，之後在舊金山、聖地牙哥的美術學校就學。一九二一年參加在洛杉磯的沖繩青年團體組成的「黎明會」，加深對社會問題的關注。一九二八年舉行首次個展，之後與伊波普猷與竹久夢二一同訪美。一九三一年加入美國共產黨。次年，發生周遭的沖繩青年遭大規模舉發的長灘事件（他們之後亡命到蘇聯，在大肅清中遇害）。

一九三三年，宮城與德帶著第三國際的密令被派往日本。次年，他安排理查·佐爾格與尾崎秀實重逢，自己也加入諜報集團，主要負責調查、蒐集軍部相關情報並進行英文翻譯。一九四一年十月遭舉發。一九四三年八月，在一審判決前，他因宿疾肺結核病重，病逝於東京巢鴨拘留所。

二、亞洲研究者們與思想鎮壓事件

細川嘉六

一八八八—一九六二年。生於富山縣。畢業於東京帝國大學法學部。一九二〇年成為大原社會問題研究所研究員，處理社會問題、帝國主義論、殖民地問題。視察德國、法國、英國、蘇聯，在莫斯科獲得片山潛的建議，開始蒐集日本「米騷動」的資料並展開研究。一九二七年，他與尾崎秀實一同發起中國革命的研究會，發行《殖民地政策批判》（一九二七年）、《支那革命與世界的明天》（一九二八年）。此外，他也積極翻譯、介紹馬克思主義相關文獻。

一九三九年獲得風見章的支援，他與尾崎秀實成立「支那研究室」。一九四〇年成為滿鐵東京支社調查室囑託，同年參加昭和研究會的東亞政治研究會，接替尾崎成為負責人。出版《亞洲民族政策論》（一九四〇年）、《殖民史》（一九四一年）等。他因發表論文〈世界史的動向與日本〉（《改造》一九四二年八、九月號）引發了「泊事件」、「橫濱事件」等思想鎮壓事件，結果細川嘉六及改造社、中央公論社等大量編輯者遭舉發。他在獄中遭嚴刑拷問，導致身體衰弱，有四人在橫濱的拘留所中死亡（其他尚有一人保釋後旋即死去）。《改造》與《中央公論》則被強制廢刊。

二戰結束後，他以日本共產黨候選人身分當選參議院議員，但一九五一年因違反占領政策遭「公職追放」（赤色清洗）。之後，他成立亞洲問題研究所，也積極推動中日友好運動。一九六二年十二月過世。

中西功

一九一〇—一九七三年。生於三重縣。一九二九年進入上海東亞同文書院就學，接受中國共產黨執行對日工作的成員王學文的指導，與水野成、西里龍夫、尾崎庄太郎等人共同批評日本帝國主義，推動與中國人相呼應的運動。他加入中國共產主義青年團，並認識赴任上海的尾崎秀實，開始與水野成等人合作諜報活動。

一九三二年回國後，在無產階級科學研究所鑽研中國研究，之後遭舉發。一九三四年進入滿鐵公司，以調查員身分前往大連、天津、上海工作。他與大上末廣展開滿洲經濟論爭與中國統一化論爭，主張共產黨將以農民、勞工為基礎，主導中國社會的發展與統一。

中日開戰後，他仍維持與中國共產黨的聯繫，與西里龍夫、尾崎庄太郎從事諜報活動。他還參加滿鐵調查部的「支那抗戰力調查」共同研究，論及以農村為基礎的共產黨抗日游擊隊擁有強韌的抗戰能力，日軍難以取勝。一九四二年六月，他因「中國共產黨諜報團事件」遭舉發，被判處無期徒刑。

戰後，他以日本共產黨候選人身分當選參議院議員，但在一九五〇年日本共產黨分裂時被開除黨籍（一九五五年恢復黨籍）。一九七三年八月過世。留下回憶錄《中國革命的暴風雨中》（一九七四年）。

大上末廣

一九〇三—一九四四年。生於石川縣。畢業於京都帝國大學經濟學部。就讀研究所時鑽研中國經濟，經留學上海後前往大連，一九三三年進入滿鐵公司。

成為滿鐵經濟調查會（日後改名產業部）的調查員後，他開始調查、研究中國與滿洲的經濟，統籌編輯《滿洲經濟年報》。在滿鐵確立以馬克思主義社會經濟調查的方法，討論中國、滿洲社會的半封建制、半殖民地性、停滯性與從屬性。這些觀點遭到中西功的批評，雙方發生滿洲經濟論爭與中國統一化論爭。一九三六年，他參與滿洲國產業開發計畫的草案制定。中日開戰後，開始研究中國占領地的經濟開發論。

此外，大上也參加以橘樸為核心的「滿洲評論」小組，討論藉由滿洲國的分權自治與合作社運動（協同組合運動）安定農民的生活，與佐藤大四郎等人支援合作社運動。

一九三八年擔任新成立的東亞研究所調查員，次年就任京都帝國大學人文科學研究所助教授。一九四二年九月因「滿鐵調查部事件」遭舉發，被移送新京（長春）。一九四四年三月因罹患斑疹傷寒而病死於獄中（在移送醫院後死於院中）。

佐藤大四郎

一九〇九—一九四三年。生於東京府。就讀第一高等學校時參加共產主義運動，因參與地下活動遭開除學籍。參加日本共產青年同盟活動但遭舉發。獲釋後於一九三四年前往滿洲，進入滿洲評論社，次年擔任《滿洲評論》總編輯，參加以橘樸為核心的「滿洲評論」小組，也積極推動合作社運動（協同組合運動）以救濟農民，使其自立。

一九三七年，他深入滿洲北部的濱江省綏化縣農村，正式參與合作社運動，目標是從地主、商人、高利貸等剝削者手中解放農民。他撰寫了《滿洲農村協同組合運動之建設》（一九三八年），並編輯《農事合作社報》。

一九四一年十一月因「合作社事件」遭舉發，被判處十二年徒刑。一九四三年五月死於奉天（瀋陽）獄中。

三、昭和研究會的知識分子們

三木清

一八九七—一九四五年。生於兵庫縣。在京都帝國大學文學部師從西田幾多郎、田邊元、波多野精一等人。畢業後留學德國，師從海因里希·李凱爾特（Heinrich John Rickert）、海德格（Martin Heidegger）。以《帕斯卡的人類研究》（一九二六年）受到矚目。之後在《唯物史觀與現代意識》（一九二八年）中提出以解釋學的現象學、存在哲學與馬克思主義為基礎的自身獨特理論。一九二八年，他與羽仁五郎、小林勇等共同創辦《在新興科學的旗幟下》雜誌，在哲學、文學、歷史、社會科學等領域提倡馬克思主義的知識運動。一九二七年成為法政大學文學部教授，一九三〇年遭舉發而辭職，出獄後創刊《歷史哲學》（一九三二年）。

一九三〇年代中期，為了抵抗瀧川事件、天皇機關說事件等一連串思想鎮壓而提倡「新人文主義」，期許重新啟動遭排斥的自由主義。中日戰爭期間，他試圖探求知識分子如何參與社會變革的方法，倡導「支那事變的世界史意義」，參加昭和研究會的文化問題研究會。三木構思跨越自由主義、法西斯主義、共產主義對立的「世界史哲學」，主張以中日合作形成「東亞協同體」，並在自由與統制之間實現新體制。他撰寫了《構想力的邏輯》，但未能完成。

太平洋戰爭期間，他被徵調為陸軍宣傳班成員，並前往菲律賓。戰爭末期再度被舉發，日本戰敗後的一九四五年九月死於豐多摩監獄。

蠟山政道

一八九五—一九八〇年。出生群馬縣。畢業於東京帝國大學法學部，就學期間受吉野作造影響，參加新人會。一九二二年起成為東京帝國大學法學部助教授，之後成為教授，講授政治學、行政學課程。一九三九年為抗議平賀肅學造成的河合榮治郎停職處分而辭職。曾出版《政治學的任務與對象》（一九二五年）、《國際政治與國際行政》（一九二八年）。

一九三〇年代，他提倡跨越民族主義的地區主義，九一八事變後發行《日滿關係研究》（一九三三年）。他成為昭和研究會常任委員，並參加各種研究會，主導戰爭期間的「革新」政策制定，加入近衛文麿首相的智庫「朝飯會」等。以〈東亞協同體之理論〉（《改造》一九三八年十一月號）一文，引發關於東亞協同體的論議，後續又出版《東亞與世界》（一九四一年）等。一九四二年在大政翼贊會推薦下成為候選人，之後當選眾議院議員。此外，還與東畑精一等人一同對日軍占領下的菲律賓進行社會調查。

戰後遭「公職追放」，解除後歷任御茶水女子大學校長、國際基督教大學教授等職。提倡民主社會主義，支援社會黨右派與民主社會黨，主張亞洲開發與現代化。一九八〇年五月過世。

東畑精一

一八九九—一九八三年。生於三重縣。畢業於東京帝國大學農學部。一九二四年起成為東京帝國大學農學部助教授，之後成為教授。留學美國、德國，師從熊彼得（Joseph Alois Schumpeter）。出版《日本農業的展開過程》（一九三六年）、《朝鮮米穀經濟論》（共著，一九三五年）等。

戰爭期間，他加入昭和研究會的農業問題研究會，成為農林省中央農林協議會與「日滿農政研究會」的委員，參與廣域農業政策的制定。當時農林省官僚東畑四郎（精一的弟弟）前往日軍占領下的北京，負責華北占領地的農業政策。

一九三九年起，他兼任東京帝國大學經濟學部的殖民政策講座教授，該講座原由矢內原忠雄擔任，但因其反對中日戰爭而遭筆禍，被迫辭職。戰時下的東畑論及東亞殖民地、占領地的農業政策時，指出因殖民地開發導致反向效果，給帝國日本的經濟帶來改革反作用力，他稱之為「逆殖民」（countercolonisation）並正式被採用。太平洋戰爭期間，他與蠟山政道一同前往日軍占領下的菲律賓進行社會調查。

戰後歷任米價審議會會長、農政審議會會長，成為農林省農業綜合研究所第一屆所長、亞洲經濟研究所第一屆所長，在農業政策、亞洲地區研究展現重要的影響力。一九八三年五月過世。

大河內一男

一九〇五—一九八四年。生於東京府。畢業於東京帝國大學經濟學部。師從河合榮治郎研究社會政策，之後成為東京帝大經濟學部的助理、講師。一九三九年因平賀肅學導致河合遭停職懲處，大河內曾一度提出辭職信，但後來又撤回，繼續留在經濟學部，之後成為助教授、教授。出版《德意志社會政策思想史》（一九三六年）、《社會政策的基本問題》（一九四〇年）。

中日戰爭期間，他參加昭和研究會的勞動問題研究會，在政府擴大生產力的要求下，為保全、培養勞動力，主張戰時體制反而會促進社會政策發展，這是一種反向性的進展，成為戰時革新政策的理論家。出版《戰時社會政策論》（一九四〇年）、《斯密與李斯特》（一九四三年）。此外，在太平洋戰爭期間，他參加由海軍省調查課高木惣吉主導的經濟研究會、綜合研究會等，參與撰寫調查課政策文件〈大東亞共榮圈論〉。

二戰之後主導社會政策學、勞動問題的研究，活躍於學術界並就任東京大學校長。但由於學生運動與大學紛爭，他於一九六八年辭職。一九八四年八月過世。

四、京都學派的哲學研究者們

西田幾多郎

一八七〇—一九四五年。生於加賀國（石川縣）。就讀東京帝國大學文科大學哲學科選科，之後任職第四高等學校教授，一九一〇年起擔任京都帝國大學文科大學助教授、教授。在《善之研究》（一九一一年）中論及未分主客的「純粹經驗」是唯一的存在，並以系統性討論其分化與發展，成為一本獨具創意的哲學著作，備受矚目。之後在論文〈場所〉（一九二六年）中，完成從主觀主義和主意主義的轉變，通過獨特的邏輯開拓超越西方近代哲學的新境界。之後他繼續發展自身理論，被稱為「西田哲學」並擁有莫大影響力。他過往所稱的「純粹經驗」的存在，逐步轉變為「辯證法的一般者」與「歷史性存在的世界」。

西田與田邊元等人共同影響了三木清、戶坂潤、高山岩男、高坂正顯、西谷啟治，形成京都學派。中日戰爭、太平洋戰爭時期，其演講《日本文化的問題》（一九四〇年）等內容中對時局的認知，給高山等人的「世界史的哲學」帶來影響，他自身也執筆〈世界新秩序的原理〉（一九四三年）。西田主張世界正處於歷史轉折點，應超越近代世界的矛盾。日本不該成為帝國主義的主體而去掌控他者，而應通過自我否定，不帶目的且具普世性地包容他者，並主導建立一個多元的、多中心的「世界性的世界」。西田在晚年致力於打造宗教哲學的基礎，在〈場所邏輯與宗教的世界觀〉完稿後，於日本戰敗前的一九四五年六月過世。

田邊元

一八八五—一九六二年。生於東京府。考進東京帝國大學理科大學數學科，但轉系至文科大學哲學科，學習科學論、數理哲學。經東北帝國大學理學部講師後，一九一九年起於京都帝國大學文學部擔任助教授，日後成為教授。留學德國，師從胡塞爾（Edmund Husserl）、海德格，從現象學與馬克思主義獲得啟發後，將關注重點轉移至歷史性社會性存在的理則學。在《黑格爾哲學與辯證法》（一九三二年）中，提出以絕對媒介的辯證法為基礎的獨特哲學。與西田幾多郎並肩發展京都學派。

之後田邊一方面抵抗日本主義的抬頭，另一方面重新論述處理民族與國家的「種之邏輯」，通過中日戰爭時期的演講《歷史性現實》（一九四〇年）等主張形成「東亞盟協體」。但太平洋戰爭期間，他的思想發生轉變，通過《作為懺悔道的哲學》（一九四六年）表現出倚靠絕對外力的宗教哲學傾向。此外，在《政治哲學的當務之急》（一九四六年）中，嘗試打造社會民主主義與文化國家的基礎論述。一九六二年四月過世。

和辻哲郎

一八八九—一九六〇年。生於兵庫縣。畢業於東京帝國大學文學部。出版《尼采研究》（一九一三年）後，轉而研究日本文化史，作品《古寺巡禮》（一九一九年）成為暢銷書。與阿部次郎一同成為大正教養主義、人格主義思潮的引領人。

經東洋大學文學部教授等職後，自一九二五年起擔任京都帝國大學文學部講師、助教授、教授。留學德國後回國，構思人與人之間的倫理學，出版《作為人類之學的倫理學》（一九三四年），同年轉任東京帝國大學文學部教授。批判近代個人主義倫理學的「和辻倫理學」，承擔了京都學派「克服近代論」、「世界史的哲學」潮流的一部分，之後於《倫理學》（全三卷，一九三七—一九四九年）、《日本倫理思想史》（全兩卷，一九五二年）中開花結果。

戰爭期間，他參加海軍省調查課高木惣吉領導的思想懇談會。戰後擁護象徵天皇制，出版《國民統合的象徵》（一九四八年）。在《鎖國——日本的悲劇》（一九五〇年）中，批評近世以後日本文化的閉鎖性，論及大航海時代的「世界性視野」。晚年出版《歌舞伎與操淨瑠璃》（一九五五年）、《桂離宮》（一九五五年）等著作。一九六〇年十二月過世。

高山岩男

一九〇五—一九九三年。生於山形縣。就讀京都帝國大學文學部，師從西田幾多郎、田邊元。一九三八年起擔任京都帝國大學文學部助教授，日後升任教授。與京都學派第二世代的高坂正顯、西谷啟治等人一同在學術研究上表現活躍。著作有《哲學的人類學》（一九三八年）、《文化類型學》（一九三九年）等。

中日戰爭、太平洋戰爭期間，他倡導「世界史的哲學」，主張以西方為中心的近現代世界將沒落，以及東方崛起所帶來的多元現代世界的形成。與高坂、西谷、鈴木成高等人舉辦座談會，並發表《世界史的立場與日本》（首次出版於《中央公論》，一九四三年）。從哲學角度解釋「大東亞戰爭」的世界史意義，這場討論讓高山獲得注目。當時的高山參加了海軍省調查課高木惣吉主導的綜合研究會，在陸、海軍的對抗中，成為戰爭理念思想戰的一部分。曾任海軍省囑託，參與總力戰研究所，擔任大東亞省囑託等職。出版《世界史的哲學》（一九四二年）、《日本的課題與世界史》（一九四三年）等。

戰後遭公職追放，之後歷任神奈川大學教授、日本大學教授、東海大學教授、秋田經濟大學校長等。出版了《場域邏輯與呼應的原理》（一九五一年）等書。一九九三年七月過世。

注釋

1. 書面報告，一九四三年六月，小尾俊人編，《現代史資料(2)佐爾格事件（二）》，みすず書房，一九六二年。
2. 小尾俊人編，同前。
3. 檢察官訊問筆錄，一九四二年四月一日，小尾俊人編，同前。
4. 尾崎秀實，〈張学良クーデターの意義——支那社会の内部的矛盾の爆発（張學良政變的意義——中國社會內部矛盾的爆發）〉（首次出版於《中央公論》一九三七年一月號）；米谷匡史編，《尾崎秀実時評集——日中戦争期の東アジア（尾崎秀實時評集——中日戰爭時期的東亞）》（以下簡稱《時評集》），東洋文庫，二〇〇四年。
5. 關於中國統一化論爭，參照西村成雄，〈日中戦争前夜の中国分析——「再認識論」と「統一化論争」（中日戰爭前夜的中國分析——「再認識論」與「統一化論爭」）〉，岸本美緒編，《岩波講座「帝国」日本の学知　第3巻　東洋学の磁場（岩波講座「帝國」日本的學知　第3卷　東洋學的磁場）》，岩波書店，二〇〇六年。米谷匡史，〈戦時期日本の社会思想——現代化と戦時変革（戰時期日本的社會思想——現代化與戰時變革）〉，《思想》No.八八二，一九九七年十二月等。

6. 尾崎秀實，〈西安事件以後の新情勢（西安事變後的新形勢）〉（首次出版於《社會及國家》一九三七年二月號），尾崎秀實，〈日支経済提携批判（批判中日經濟提攜）〉（首次出版於《改造》一九三七年五月號）。二者皆收錄於《時評集》。

7. 尾崎秀實，〈支那は果して赤化するか（中國究竟會赤化嗎）〉（首次出版於《實業之日本》一九三七年十月十五日號），收錄於《時評集》。

8. 尾崎秀實，〈敗北支那の進路（戰敗中國的前進道路）〉（首次出版於《改造》上海戰勝紀念、臨時增刊號，一九三七年十一月號），收錄於《時評集》。

9. 尾崎秀實，〈序論〉，《支那社會經濟論》，生活社，一九四〇年。

10. 同時代的朝鮮殖民地知識分子們（印貞植、金明植、徐寅植、朴致祐等），也以批判性的態度接受東亞協同體的言說，發表各式各樣的評論。參照「植民地／近代の超克〔殖民地／近代的超克〕」研究會編，戸邊秀明解題，崔真碩譯，〈日中戦争期・朝鮮知識人の東亜協同体論（中日戰爭時期・朝鮮知識分子的東亞協同體論）〉，《Quadrante: Areas, cultures and positions= 四分儀・地域・文化・位置のための総合雑誌（Quadrante: Areas, cultures and positions= 四分儀・地域・文化・位置的綜合雜誌）》六號，二〇〇四年。洪宗郁，《戦時期朝鮮の転向者たち——帝国／植民地の統合と亀裂（戰時期朝鮮的轉向者們——帝國／殖民地的統合與裂痕）》，有志舍，二〇一一年等。

11–13. 尾崎秀實，〈「東亜協同体」の理念とその成立の客観的基礎（「東亞協同體」的理念及其成立的客觀基礎）〉（首次出版於《中央公論》一九三九年一月號），收錄於《時評集》。

14. 尾崎秀實，〈大戰を最後まで戦ひ抜くために〉（首次出版於《改造》一九四一年十一月號），收錄於《時評集》。

15. 司法警察官訊問筆錄，一九四二年三月十一日。小尾俊人編，同前。

16. 司法警察官訊問筆錄，一九四二年二月十六日。小尾俊人編，同前。

17.－18. 司法警察官訊問筆錄，一九四二年二月十四日。小尾俊人編，同前。

19. 檢察官訊問筆錄，一九四二年四月十四日。小尾俊人編，同前。

參考文獻

伊藤隆，《近衛新体制——大政翼賛会への道（近衛新體制——通往大政翼贊會之路）》，中公新書，一九八三年

今井清一、藤井昇三編，《尾崎秀実の中国研究（尾崎秀實的中國研究）》，アジア經濟研究所，一九八三年

太田尚樹，《伝説の日中文化サロン 上海・內山書店（傳說中的中日文化沙龍 上海・內山書店）》，平凡社新書，二〇〇八年

尾崎秀樹，《ゾルゲ事件——尾崎秀実の理想と挫折（佐爾格事件——尾崎秀實的理想與挫折）》，中公新書，一九六三年

尾崎秀樹，《上海1930年》，岩波新書，一九八九年

尾崎秀實，《支那社會經濟論》，生活社，一九四〇年

尾崎秀實，《尾崎秀實著作集》全五卷，勁草書房，一九七七—一九七九年

尾崎秀實，《ゾルゲ事件　上申書（佐爾格事件　上申書）》，岩波現代文庫，二〇〇三年

尾崎秀實著，今井清一編，《新編　愛情はふる星のごとく（新編　愛情如流星）》，岩波現代文庫，二〇〇三年

尾崎秀實著，米谷匡史編，《尾崎秀実時評集——日中戦争期の東アジア（尾崎秀實時評集——中日戰爭時期的東亞）》，

東洋文庫，二〇〇四年

小尾俊人編，《現代史資料　ゾルゲ事件（現代史資料　佐爾格事件）》一—四（僅有四由石堂清倫編），みすず書房，一九六二年（四出版於一九七一年）

風間道太郎，《尾崎秀實傳》新装補訂版，法政大學出版局，一九七六年

加藤哲郎，《ゾルゲ事件——覆された神話（佐爾格事件——被推翻的神話）》，平凡社新書，二〇一四年

酒井三郎，《昭和研究会——ある知識人集団の軌跡（昭和研究會——一個知識分子團體的軌跡）》，ＴＢＳブリタニカ，一九七九年

「植民地／近代の超克〔殖民地／近代的超克〕」研究會編，戸邉秀明解題，崔真碩譯，〈日中戦争期・朝鮮知識人の東亜協同体論（中日戰爭時期・朝鮮知識分子的東亞協同體論）〉，《Quadrante: Areas, cultures and positions= 四分儀・地域・文化・位置のための総合雑誌（Quadrante: Areas, cultures and positions= 四分儀・地域・文化・位置的綜合雜誌）》六號，二〇〇四年

R・ゾルゲ（Richard Sorge）著，勝部元等譯，《二つの危機と政治——1930年代の日本と20年代のドイツ（兩個危機與政治——1930年代的日本與1920年代的德國）》，御茶の水書房，一九九四年

R・ゾルゲ（Richard Sorge）著，《ゾルゲ事件　獄中手記（佐爾格事件　獄中手記）》，岩波現代文庫，二〇〇三年

中西功，《中国革命の嵐の中で（中國革命的暴風雨中）》，青木書店，一九七四年

西村成雄，〈日中戦争前夜の中国分析——「再認識論」と「統一化論争」（中日戰爭前夜的中國分析——「再認識論」與「統一化論爭」）〉，岸本美緒編，《岩波講座「帝国」日本の学知　第3巻　東洋学の磁場（岩波講座「帝國」日本的學

知 第3巻 東洋學的磁場》，岩波書店，二〇〇六年

野本一平，《宮城与徳——移民青年画家の光と影（宮城與德——移民青年畫家的光與影）》，沖繩タイムス社，一九九七年

福本勝清解説，《中西功訊問調書——中国革命に捧げた情報活動（中西功訊問調書——投身中國革命的情報活動）》，亞紀書房，一九九六年

洪宗郁，《戦時期朝鮮の転向者たち——帝国／植民地の統合と亀裂（戰時期朝鮮的轉向者們——帝國／殖民地的統合與裂痕）》，有志舍，二〇一一年

J・R・マッキンノン（Janice R. MacKinnon）、S・R・マッキンノン（Stephen R. MacKinnon）著，石垣綾子、坂本ひとみ譯，《アグネス・スメドレー炎の生涯（艾格尼絲・史沫特萊：烈焰人生）》，筑摩書房，一九九三年

丸山昇，《ある中国特派員——山上正義と魯迅（一名中國特派員——山上正義與魯迅）》，中公新書，一九七六年

森川金壽編著，《細川嘉六獄中調書——横浜事件の証言（細川嘉六獄中調書——橫濱事件的證言）》，不二出版，一九八九年

山之内靖著，伊豫谷登士翁等編，《総力戦体制（總體戰體制）》，ちくま學藝文庫，二〇一五年

楊國光，《ゾルゲ、上海ニ潜入ス——日本の大陸侵略と国際情報戦（佐爾格潛入上海——日本的大陸侵略與國際情報戰）》，社會評論社，二〇〇九年

米谷匡史，〈戦時期日本の社会思想——現代化と戦時変革（戰時期日本的社會思想——現代化與戰時變革）〉，《思想》No・八八二，一九九七年十二月

米谷匡史，《アジア／日本（亞洲／日本）》，岩波書店，二〇〇六年
米谷匡史，〈尾崎秀実の「東亜協同体」批判——日中戦争期の「社会」問題（尾崎秀實的「東亞協同體」批判——中日戰爭時期的「社會」問題）〉，石井知章、小林英夫、米谷匡史編著，《一九三〇年代のアジア社会論——「東亜協同体」論を中心とする言説空間の諸相（一九三〇年代的亞洲社會論——以「東亞協同體」論為中心的言說空間諸相）》，社會評論社，二〇一〇年

第十三章 大轉換期下的「操觚者」
——以無產階級藝術運動為主

武藤武美

前言

自一九二三年關東大震災前後時期起的數年間，成為日本社會與精神史上的重大轉換期。大眾都市化的出現與確立天皇制社會二者疊加，給日本人的精神帶來決定性的轉變。日俄戰爭之後，日本斷續發生甚至延燒到米騷動的民眾起義與愈演愈烈的勞工鬥爭，天皇制社會即是為了遏制這些混亂而推出的政策。

例如為了截斷民眾起義的主力，也就是下層階級之間的聯繫，政府試圖把他們自發性、自我管理的互助關係與獨特的經濟活動納入官方體系中，實施諸如設立職業介紹所、公設市場與擴充公共旅館等社會政策。為了更進一步降低他們的反抗意識，採取讓警察親近民眾，整頓在鄉軍人會（退伍軍人會）與青年團等團體，藉此教導他們忠君愛國的思想。如此，將天皇制意識形態滲透到社會最基層，通過這種半強制、半教化的做法，使人被吸納進制度之中，形成一個全面控制的天皇制社會的統治系統。在這種閉塞的狀態中，批判體制的人們失去社會運動的方法與目標，在當時大眾都市化的浪潮中，他們變得居無定所且無事可做，其心中的憂鬱與憤怒只能化為虛無，別無他法。不過這群流浪都市的人群中，存在著一些順應這種都市的流離狀態，卻試圖通過詩歌從內部批判都市閉塞狀況的無政府主義者。他們藉由被疏離的自我意識與徹底改變舊時藝術形式，展開一場刺激人類潛意識的強烈前衛藝術運動。作為詩人，他們承繼大杉榮的無政府主義，在叛逆與破壞的「混亂調性」中追求「至高的美」，通過這種美的體驗撼動人類最根源的情感，引導民眾邁向社會革命。然而，大杉榮與前衛運動的主觀性極強，目標分散，最終僅成為單發的、瞬間的表現，欠缺組織動力與支撐長期抗爭的內在持續力。

因此，包括都市性精神狀態日益流離化的現象在內，迫切需要一種能夠客觀審視天皇制國家及其社會的思想。這種思想必須從根源上、整體性，以世界性的視野進行結構性掌握，並具備批判性考察的能力，此即日本的馬克思主義。藉由馬克思主義，日本人首度綜合性地掌握近近代西歐思想的精華——合理的科學精神與實踐性倫理，以及社會科學的歷史性思考。他們學會將人類與世界的理論性認知與現實改革聯繫起來。馬克思主義者與日本共產黨，及其領導的無產階級藝術運動團體，幾乎是當時唯一真正正面迎戰天皇制的組織性集團。

本章所探討的人物，幾乎都是在一九二〇年代這個轉換期中度過青春歲月的人們。其代表人物為無產階級藝術運動核心人物、馬克思主義者中野重治。文中將簡略記錄他與相關人士如何「回應」這個時代。關於中野重治，則通過其生涯與作品，探討他作為馬克思主義者的典型形象，以及他獨有的資質、感受性。此外，還將檢視他在運動過程中形成的政治及文學觀念、「轉向」等問題，希冀能闡明中野在這場精神史上的轉換期中肩負何種角色，並展現他直到晚年與天皇制的對決歷程，以及對「革命運動傳統的革命性批判」，宣示其對革命的志向。

中野重治（一九〇二－一九七九年）

一、詩人之魂

生於福井縣坂井郡高椋村（今坂井市丸岡町）一本田。父親中野藤作，母親中野寅（とら），重治為次男，有一個哥哥與三個妹妹。中野家是中等農家、小地主，父親為了給孩子們籌措教育費用，曾前往臺灣與朝鮮從事土地調查作業。值得注意的是，他父親是在臺灣、朝鮮的殖民地政策第一線工作。中野的少年時代詳細記錄於小說《梨之花》中。其中有一點值得特別指出，那就是他在五年級時因發生類似被朋友孤立的「災難」，而「開始孤單一人閱讀」。這使中野深刻體會了「閱讀誕生自孤獨」這種普遍且根本的經驗。一九一九年進入金澤第四高等學校時，中野被高度評價為優秀人才，頂著披肩長髮，熱中詩歌創作，很快地就在第二年被留級。一九二四年，他進入東京帝國大學德文學科就讀，次年一月創刊同人誌《裸像》並接連發表詩作。

中野開始創作詩的契機是什麼？他在〈鷗外論〉中寫道，「在沒有其他東西的情況下，只剩下唯一的某物，無論如何抵抗，只能含淚成為詩人，這種學者的靈魂、詩人的靈魂」，「一般的作家，是從人們大量指指點點中出發的」。前文提及，中野少年期接受的孤獨閱讀體驗是促使他走上文學的源頭。不過，一九二二年五月左右至一九二三年二月左右的戀愛與失戀體驗，才是引導他走上寫詩之道的重要契機。此段時間，中野似乎找到成為詩人的某些要素。實際上，一九二三年十二月他發表一組名為〈占〉的短歌作品，引用大津皇子的和歌，展現以情詩書寫「愛之不在」的萬葉集傳統，這組作品可謂精彩重現這一傳統。此外，這個時期他也認識了主張「把詩與人生、生活從本質上連結起來的」室生犀星。如同犀星、萩原朔太郎、佐藤春夫般，他們的人生中除了文學沒有任何其他去處，在被人百般指點之下，除了成為詩人沒有其他出路。正因為如此，詩人必須承擔起在詩與文學中探究人生所有問題的責任，這便是中野的獨特逆向思維。[1] 中野從犀星身上學到的重要事物之一，即是此事。這種「作為詩人的靈魂」，他才能夠發現「凝視到讓人眼睛宛如發疼般的……可憐之美」，並因此創作出〈白浪（しらなみ）〉、〈爽朗的女孩們（あかるい娘ら）〉、〈分手（わかれ）〉等充滿清新抒情氣息的早期詩作。

二、朝馬克思主義「轉向」

中野於一九二五年夏天加入東大新人會。次年一月展開在集體宿舍的生活，並被派去參加共同印刷爭議[2]。二月與林房雄等人組成「馬克思主義藝術研究會」，四月與堀辰雄、窪川鶴次郎等發行同人誌《驢馬》，發表無產階級詩作與評論。促成中野朝馬克思主義轉向（回心轉意）的決定性因素，是他於一九二六年閱讀了馬克思的《論猶太人問題》與《黑格爾法哲學批判序說》[3]。其中寫道，「所謂的理論，一旦以人為出發點（ad hominem）展開論證，即能掌握大眾；理論一旦變得激進〔根本性〕，就成為以人為出發點的論證。所謂的激進，就是從根本掌握事物。但對人而言，根本性就是人自身」[4]。中野對這段話產生共鳴，形容自己被這些文字以「藝術性」的方式吸引，並寫下「這種衝擊，就像閃電通過脊髓疾奔而過的感覺，絕非其他事物所能及」[5]。這裡存在著馬克思主義的「惡魔般（dämonisch）能量泉源」（丸山真男），試圖以理論驅動人們行動。此時期給中野的思考態度帶來決定性影響的，正是所謂的福本主義。一九二六年底共產黨重建之後，作為該黨公認的理論，福本和夫的理論獲得新人會學生知識分子的絕對支持。這一理論的特點，即是藉由徹底學習理論法則來改革自我意識的過程，將無產階級的階級意識內化為身體的一部分。此外，馬克思主義作為一種「理論」，具有超越狹隘經驗主義框架的超越性普遍性，以及絕對的「他者性」，由此人們可獲得「內在抵抗的正統信念」（松澤弘陽），並擁有切斷歷史、從中實現飛躍的觀念能量。恐怕沒有人能如中野這般，通過身體貫徹實踐階級意識的內化。他早期隨筆〈山貓及其他〉中寫道，「絕對不被人馴化」的「流浪漢」般的山貓，在「欄杆後的昏暗深處」

如「磷火」般燃起「深邃圓眼」，「絕不讓人見到在人前行走」的模樣。並在最後寫道，「帶著共同的目的出發……對方做出笨拙地模仿，我們便在心中準備好施以最深的侮蔑態度，狠狠叩彈對方眉心，與此同時，我們日以繼夜地構築我們堅固的階級友情」。此處看到了中野絕不追隨當下的具體處境，果斷地切離了與那種糾纏不清的社群式共鳴社會，將方向轉至普遍性領域且領會了階級意識的華麗身姿。中野體現的此種「斷絕」與「轉換」，正是日本近現代精神史上的重大劃時代表現。如此，中野通過將無產階級意識內化為身體的一部分，一度徹底與日本的精神環境切割，之後又透過文學的途徑，依循典型的福本主義路徑，再度與大眾結合，逕自往前邁步。

細翻《中野重治詩集》，可發現在《裸像》刊登的詩與在《驢馬》刊登的詩之間，出現改為書寫所謂無產階級詩的劇烈轉變。芥川龍之介評價其無產階級詩是「迄今為止罕見的、純粹的美」，其中最佳傑作便是〈雨中的品川車站〉的初次發表版。通過研究者還原的版本來看，這首詩前半呈現優美的抒情，到後半則驟然轉變為帶有殺氣與憤怒的激情，藉由這種激烈轉換，實現以理性折服抒情的效果，表現出一種逆說性的「叛逆抒情」。中野是唯一能將叛逆的理性以詩意地、抒情地方式加以形象化的無產階級詩人，而這正是因為他把階級意識徹底內化，領會馬克思主義後，方能達成的成就。

三、政治文學一元論 VS 藝術大眾化論

一九二六年十一月，中野等人的團體加入「日本無產階級藝術聯盟」，但由於他們試圖以馬克思主

義對聯盟進行思想純粹化，遭到反彈，導致聯盟之後反覆出現脫離、分裂的狀況。但為了對抗一九二八年三月十五日的共產黨大鎮壓事件，分裂的兩個團體在對文學、藝術上仍抱持對立意見的狀態下重新整併為一，各種藝術團體亦加入，組成「全日本無產者藝術聯盟」（NAPF）。接著理所當然發生內部爭論，其中最重要的便是中野與藏原惟人之間的「藝術大眾化論爭」。

隨著大眾都市化發展，通過媒體迅速傳播，促使文學與思想書籍的普及，無產階級文學也引發一陣熱潮。例如一九三〇年左右，全日本無產者藝術聯盟機構雜誌《戰旗》銷售量達兩萬六千冊，已超過商業性的綜合雜誌，單行本《蟹工船》即便遭禁止出版，也售出多達三萬五千冊[6]。在這樣的背景下，藏原提出了為大眾進行政治宣傳與鼓動（煽動、宣傳）的「藝術運動」。藏原認為與藝術運動同樣重要的，還必須直接對大眾進行煽動、宣傳，作為達成此目標的手段之一，力陳「即便是浪花曲（浪花節）或逸坊扇歌（都都逸），甚至是封建式的大眾文學形式，都必須加以利用」[7]。

與此相對，中野的文學觀與人與世界的全面考察緊密連結。此乃源自他對夏目漱石、二葉亭四迷、石川啄木與犀星的學習。他的文學思想與過往隔絕於政治、社會之外，將「文學」、「教養」自我封閉的「大正式」傳統完全決裂。換言之，這條道路是以石川啄木為榜樣，「將透谷當年錯誤地走向純粹觀念世界的道路，重新導回正確的軌道上」[8]。這條道路最終通向魯迅，即「通過對人性與人類情感的描寫，引導讀者進入政治性的感動」。文學描繪對人的愛或憎惡，但這種描繪並非停留在「作為人的態度決定」，而是進一步引出「政治態度的決定」，使人「以一種極具感官衝擊力的方式，在瞬間領悟到，真正的人類態度正存在於政治態度的決定之中」[9]。在中野看來，「所謂的文學與作家，就是通過文學自身、作家自身的活動，導引出其政治性」[10]。不應將政治規範強加於文學，也不應反過來將文學從「政治」中解放。這種做法無異於透谷在受挫後所產生的「政治與文學」二元論的倒退，中野毫不猶豫地拋棄這種做法。就這樣，中野鮮明地與「大正」以來的舊文學傳統告別。

四、煽動、宣傳與前衛藝術

對中野而言，藏原的「大眾化」論是一種政治與文學（藝術）的二元論，即由文學與藝術的外部導入革命意識形態與政治口號，利用大眾藝術向大眾滲透這些思想，這是藝術的卑俗化。中野對此的反駁，大概就是先前提及之《黑格爾法哲學批判序說》所說：「所謂的理論，一旦以人為出發點（ad hominem）展開論證，即能掌握大眾。」[11]中野認為大眾追求的「趣味」，「僅是剝去一切人為的表皮、浮皮，赤裸裸展現生活本質的模樣」，而「對藝術而言，其趣味就是藝術性價值的本身」[12]。換言之，根據人性本身，激進的表現人類生活，「讓人發現生存的喜悅，獲得不因痛苦而放棄的幽默感，通過努力在現實中達到美與正確的目的」[13]，這才是藝術性價值的「趣味」。這種激進的藝術，撼動大眾的心靈，使他們邁向行動，故從結果而言發揮了「煽動、宣傳」的效果。因此，中野認為「大眾追求的是作為藝術的藝術」，其觀點是正確的。但因牽涉黨的組織問題，論爭只能妥協，導致藝術大眾化的表現被曲解為「形式的單純程度與明朗程度」，並進一步使得藝術被誤用為黨的口號與宣傳工作，這是一個嚴重性的錯誤。優秀的藝術本身都帶有煽動、宣傳的效果，但煽動、宣傳並不必然是優秀的藝術，這是顯而易見的道理。通過「造假」進行煽動相當容易（造謠、蠱惑宣傳），「真實」本身卻不見得總能直接打動人心。這也是宣傳藝術的核心問題所在。應當解決的問題是，如何以人為出發點，通過激進的藝術性表達「生活的所有樣態」＝「真實」，以及尋找適當的方法與形式。

現實和人類「原本的樣子」，早已被主導的意識形態機制徹底控制並物化。因此，用傳統的現實主義技法來描繪「原本的樣子」，即便具備藏原所謂的「前衛之眼」，也無法剝離物質與精神的外皮，真正表現出中野所追求的「生活所有樣貌」與真實。重要的是，通過改變已被物化、異化的意識與感受，把被物象化的人及其現實，依其本質加以形象化，並創造出一種激進的表現方法。這正是藝術形式的革命，也才是前衛藝術。如欠缺此一部分，中野等人所追求的革命藝術，亦即宣傳（煽動、宣傳）藝術便無法成立。此點已被俄羅斯前衛藝術證明。馬克思主義藝術家學習前衛藝術的成果，致力於改變感官的質性與打磨藝術技法，將黨的宣傳視為表現的場域，以此鍛鍊、提升自身的「藝術」。然而，無產階級藝術運動中僅藏原曾籠統地從一般角度提出「藝術新形式的問題」，但對具體實踐卻未能付諸行動，這是此運動的重大失敗。

五、轉　向

一九三〇年中野與左翼劇場的團員原泉子結婚，次年加入共產黨。藏原等人不顧中野與窪川鶴次郎的反對，強行把「全日本無產者藝術聯盟」改組為「日本無產階級文化聯盟」（ＫＯＰＦ），對各種無產階級文化團體進行統一式的指導，這一中央部組織遭到早已埋伏的警察一網打盡的大規模鎮壓。一九三二年中野與藏原、窪川、宮本百合子等接連被捕。日本共產黨根據共產國際的「三二年綱領」，主張「推翻天皇制，實行無產階級專政」，結果遭徹底鎮壓。一九三三年小林多喜二遭虐殺，共產黨中央幹部表明「轉向」，日本共產黨走向瓦解。

一九三四年五月，中野「承認自己是日本共產黨員，並保證今後將退出共產主義運動，遭求刑四年，但獲得兩年徒刑、緩刑五年的判決，並當日出獄」[14]。「轉向」這個用詞，最初由思想史家藤田省三指出是福本和夫使用的概念，原指個人主動從「糾纏不清」的共同體情感中徹底擺脫，重新邁向自己應行之道。而共產主義者把這個詞轉用於表達「自願」走上符合當局要求的方向，實際上是被迫順從，這就是所謂的「轉向」。眾所周知，一九三三年佐野學、鍋山貞親轉向後，日本共產黨上層結構開始分崩離析，加上黨的核心中樞遭間諜滲透，黨員之間充滿著一股互不信任的氣氛，整個黨呈現毀滅狀態。在這種狀況下，一般黨員一旦被逮捕並遭到拷問，所謂的「轉向」正如石堂清倫所言，「不是個人心性的道德問題」，而是無法提出有效的、組織性的抵抗運動之「政治問題」[15]。對個別黨員而言，「除了散發機構報之外沒有其他能力」。借用松田道雄的說法，「轉向」對他們來說「甚至是肉體的問題，特別是神經的問題」[16]。在這種情況下，石堂認為「只要黨員被捕，幾乎所有人都只能發誓不再從事黨的運動，沒有其他選擇。這只是對不可能的事情說不可能而已」[17]，而這肯定也是他的實際體驗。現實狀況就是，到一九三四年左右為止，只要遵從檢察官的要求保證退出共產運動，就能獲得緩刑出獄。例如窪川鶴次郎便宣稱脫離共產黨，「不再從事政治運動，承認日本國體」，「打算僅在口頭……簡單做出約定就結束此事」[18]而「轉向」。窪川自身並不認為自己的政治立場有轉向（即偽裝轉向），組織也不會追究，出獄後繼續與黨的指導層接觸[19]。類似這樣的案例應該所在多有。中野的狀況也是接受當局的指示內容，在手續上被當作「轉向」即可出獄，但他並未供出任何同志的名字，也未放棄馬克思主義。在這層意義上，就像藏原那樣，他公開承認自己是黨員，宣言不贊同「日本國體的特殊性」，且繼續從事合法的著作活動，最後刑滿出獄，實際上中野並未轉向。

即便如此，中野仍寫下「我背叛了革命黨，背叛了人民的信任，這個事實將永遠不會消失」[20]。是什麼原因促成中野寫下這段文字？即便考慮中野此時害怕梅毒病情惡化，最沉重的應該還是屈服、遵從於當局的指示，對中野而言就是對黨的背叛，無異於「轉向」。之所以如此分析，係因對於徹底內化馬克思理論，甚至將其融入自身血肉的中野而言，黨是一個由信奉理論的人們所組成的團體，象徵真理與倫理的絕對性存在。因此，脫離這個黨，對他來說是一種「背叛」，甚至嚴重影響他的性欲，才會使中野如此深刻沉重地面對此事[21]。當時中野腦海中或許浮現那些把同志名字賣給當局的叛徒，以及始終沒有背叛同志，導致自己遭當局虐殺的小林多喜二的身影。但也正因為如此，他才能將這種「背叛的轉向」轉化為一股強大的動力，進而引出對「日本革命運動傳統的革命性批判」這種「身而為人與作家最重要之道義」[22]的能量。亦即，此論述說明了中野的轉向悖論，他真切地感受到背叛與失敗的痛苦，由這點重新邁向「最重要之道義」，貫徹行動證明自己實際上並未轉向。中野的這種姿態其實是日本共產主義者的一種典型。相較之下，宮本顯治與藏原堅持不轉向，卻充滿自信，缺乏反省意識，因此他們在二戰之後仍不斷重蹈覆轍，這便是中野與他們的根本性差異。

六、從「撤退戰」到窮途末路

中野決心追究自己的失敗經驗並進行「革命運動傳統的革命性批判」，發表代表作《村之家》及轉向五部曲、《歌之別離》、《空想家與劇本》等。之後更進一步通過對齋藤茂吉、志賀直哉、森鷗外的評論，著手對日本近現代文學進行批判性的檢討。另一方面，當時橫行將「文學性事物」絕對化的「文學主義」，開始配合軍國主義式的言說。此時中野藉由收錄在《議論與小品》、《歡樂雜談》中的「雜文」，以條理清晰且「糾纏不休」的筆鋒，尖銳批判此種文學的無邏輯性與反動性，並與小林秀雄發生論爭。中野的這些努力是在遭到保護觀察懲處或禁止撰稿等壓力，於身心俱疲之下展開的「撤退戰」，展現他在這種被動狀態下反而更毫無保留地發揮其「強韌」力量。

然而，在日益強化的言論壓抑中，一九四二年起，中野被要求定期到警察署報到並接受訊問，以及必須寫下自己的行動手記。此外，他擔心自己無法繼續創作活動，向菊池寬請求加入日本文學報國會，加入後得承擔、參與報國會主辦的活動，如在伊勢外宮的「思想鍊成會」的「禊」（清除不祥的儀式）上必須合唱《皇國臣民之信念》並唸誦「天皇陛下乃現人神也」，被迫做出許多相當屈辱的行為，已經被逼到幾乎就要真的開始「轉向」的窮途末路上。加上此時他的婚姻關係也出現問題，讓他甚至在日記上寫下自己有「人格風化的危險」（人格、信譽逐漸崩毀）。

早在這種狀況發生之前的一九三六年五月，中野就需出席保護觀察懲處的相關集會，當時他內心已經徹底萎靡，某次他去丸善書店看到歌川廣重的浮世繪，心中湧起一股「懷念之感」。他寫道「在廣重的畫作中存在著無奈、無論做什麼都中途而廢的日本人形象，我感到自己內心也存在著完全相同的形象，這讓我帶著一股自我悲憐的感受」。他覺得廣重畫中的人們那種貧困、老實、恐懼政治權力的模樣，「在那個時候起到安慰我心靈的作用」[23]。這段話是他在一九五四年時的回憶，不過也確切地陳述了他在一九四〇年前後走到窮途末路時的真實心境[24]。

七、二戰之後——從「失敗」重新起步

一九四五年六月，中野收到「防衛召集令」，在長野縣小縣郡東鹽田村（今上田市）迎來日本的戰敗。十一月中野重新加入共產黨，成立「新日本文學會」（新日文），並擔任「日本民主主義文化聯盟」（日文聯）的理事長。之後以共產黨參議員的身分活動，並為政治文化運動四處奔走。但共產黨與新日文的幹部都是由二戰結束前的「非轉向」集團與舊「全日本無產者藝術聯盟」核心成員所組成，日文聯則原封不動沿襲舊「日本無產階級文化聯盟」的組織形式，因此共產黨主導的各種運動，在開始之前便已埋下重蹈覆轍戰前「失敗」的種子。實際上，一九五〇年日共分裂時，中野本身也發生被開除黨籍與恢復黨籍的問題，之後擔任共產黨中央委員、新日文書記長與總編輯的中野，一直被捲入黨與文學團體之間錯綜複雜的路線問題之中。當時的日本共產黨影響力遠較今日更大，也正因為如此，該黨的失敗與過錯帶給社會、政治的打擊也就更加深刻。

八、文學家中野的重新出發

對中野而言，原本所謂的「政治」就是文學本身，他經歷多方面的「戰鬥」，最終都必須通過他的文學才能加以評價。從這層意義來看，戰後首先應注目的，是中野在戰時被逼入窮途末路時切身感受到的「日本人形象」，以及以此為問題意識提出之〈文學家作為國民的立場〉（一九四六年）。文中寫道「自主處理自身問題，對於踏入自我探索的領域感到遲疑，反而因『依從』不合理的權威而覺得安心……一般想到要從慣性與惰性中解放自己便感到極度恐慌。文學家必須揭示這種日本人特有的最大悲哀」。此種「日本人特有的最大悲哀」中，最有象徵性的便是「依從」天皇權威。中野在《五勺之酒》（一九四七年）中，讓登場人物談及「同情」「因天皇而窒息的他」，「應革命式地將天皇從引以為恥的天皇制頹廢中解放出來」，藉此發起問題意識。之後，這種「悲哀」與廣重的畫作相結合，深掘自己內心的脆弱，並將其作為一個核心問題探討，最終體現在作品《廣重》之中。

九、《梨之花》

一九五七年一月起，中野開始連載小說《梨之花》。中野深切自覺「廣重畫中的人性脆弱」也「存在自己心中」，於是在《梨之花》中，他試圖回溯培育他感性與資質、在冰天雪地故鄉的幼少年時期，探尋自己的根源，通過一個少年的眼光娓娓道來。

少年良平最喜歡阿婆（おばば）說的荒誕故事或傳說，而搓繩索則是他最擅長的工作。在房子內坐在鋪著蓆子的三合土地面（土間）上，周遭圍繞著清洗潔淨的鐵鍬、鐮刀、犁、石臼、畚箕，一個人盤坐著搓繩，這總讓良平心情愉快。他喜歡鑽過馬腹時的那股「溫暖」感受，觸摸馬鼻時可以感受到「有如純粹的柔軟」。當他嘗試要想起不小心遺忘的事情時，少年良平如此形容，「似乎終於來到了伸手可及的地方。……就像那編織『背籠』的細藤般，抓住後不能放手，但又不能施加過大力量，否則便會斷裂，必須掌握力道的分寸，緩慢地順勢牽引……藤蔓側邊還附著葉子，那茶黑色的果實進到手中……」。這段描寫中，蘊含了中野重治的資質、感受性、思考方法的「原始基礎」，以及他所謂的身體感受的根源。這種身體感受，建構了中野這位作家存在的厚度且帶有一定程度的晦澀難解。如同寺田透所言般，中野的「書寫」方法也與此種回憶方式有所相通。從與事物、自然、外界以及人的身心的微妙接觸中，宛如牽引背籠的藤蔓般，一個接著一個聯想，層層回溯記憶，這正是中野獨特的文體風格。在《梨之花》中，即透過村人聚會時「閒聊」（堀田善衛稱之為「日本北陸農民的『閒聊』（さべり〔喋り〕，或者孩童們的『閒聊』）這種形式來敘述。

十、「共同性之湖」

若如谷川雁所說，一般的幼年時期是「朦朧地個別接收生物遙遠記憶總體的終端機……比村莊更古老，即便村莊毀滅仍會繼續存活下去的共同性之湖」[25]，那麼在《梨之花》中，便連綴著那種幼年與自然、動植物、農具等生動交流產生的情感，展現出「如泛神論者般對萬物沒有差別意識、具冒險精神、擁有對美醜的原始識別能力、鍾愛美麗與厭惡醜惡之心」[26]等內容。在《五臟六腑》中，當主人公心想「我可是個泛神論者啊」時，描寫祖母繞著宅地中的果樹邊走邊說：「這傢伙，今年不結果的話，可別怪我啊！」邊以斧頭砍向樹幹；祖父在野草叢中對緊緊纏繞小腿肚的錦蛇，念著咒語將其驅離的場面；閃電亮起時「孩子們也祝願」道，「稻穀結實了，你看，又閃過一到閃電……」[27]。中野所謂的「往昔農民的意識形態」[28]的根基即在此處。這種信念，源於自古以來便建立在人與自然權共同生活的基礎上而孕育出來的精神。當然此種村落中，缺乏「大吃特吃牛肉，以及狼吞虎嚥咀嚼強烈氣味蔬菜後行動起來」（《廣重》）的積極性與反抗精神，欠缺征服自然的鬥爭意志，因此也成為日本人「柔弱」的根源。

《梨之花》中寫下了「日本的近現代」如何湧入這種自然村落的情景。與少年良平同齡的皇太子來訪丸岡、「伊藤博文」與「韓國併合」、「幸德傳次郎」[29]、「諒闇」[30]……。這些歷史事件交錯其中，展現了明治政府如何吸收利用自然村落中自古傳下的鄉土愛與互助精神，將其反過來加以利用，在此基礎上把忠君愛國信仰儀式化，作為習俗固定下來。將天皇制意識形態滲透進自發性與自治性的自然村落，在村落這個基礎上構築近現代國家的根基。伊藤與井上毅為了打造天皇制國家，而把中野終生熱愛的自然村落當作基礎，試圖在此發動強有力的國家意識形態機制。擔負這一國家角色最底層、最前線的即是中農地主階級，《村之家》中的孫藏便是其中一人。正如中野的父親藤作那樣，「即便是自己無法負荷的重擔，也依然甘之如飴」[31]，同時兼具人格、聲望、良知與包容力，如農本主義者小林杜人，才能從事、負責思想犯轉向者的更生保護工作。《村之家》中，當父親孫藏諄諄教誨、勸說主人公不要繼續寫作時，主人公會「感覺其中藏著什麼陷阱」，並回答道「雖然我非常明白您的意思，但還是想繼續寫下去」。這樣的回應也屬理所當然。孕育中野並培養其核心素質的自然村落與自然權，被天皇制國家剝奪後走向崩壞，中野之所以終身作為馬克思主義作家，對天皇制展開最尖銳的對抗，原因即在此處。中野珍視的並非《村之家》中的父親孫藏，而是母親九萬（クマ），他深愛那種「老派的農村女性，吸著鼻涕，如洞穴中的貉（狢）一般的生存模樣」[32]。他珍視流淌在民眾最底層的自然農村生活方式與情感，即便貧困也能認真生活、互相扶持的俠義心，並背負著這種「弱者的軟弱」，企圖尋找一條不依附國家、天皇制與權威的獨立道路，恢復並重建曾遭剝奪的「共有之物」（共識）。他選擇與民眾共同走這條極為艱辛的道路——這是中野心中哀傷的日本人革命之途。在中野的身體裡，一個遭剝奪與毀滅的自然村落中培養出來的平等意識的泛神論者，與馬克思主義出現石破天驚的相會[33]。在這個意義上說，可將中野視為日本馬克思主義者極為獨特卻又典型的形象。

十一、《甲乙丙丁》與之後的〈雜文〉

一九六四年，中野因反對《部分禁止核試驗條約》，批評共產黨中止四一七罷工的指令，以及不滿對神山茂夫的懲處等而批判黨的方針，導致遭到開除黨籍。之後他與神山共組「日本之聲」黨，但三年後脫黨。一九六八年，當蘇聯入侵捷克時，中野與神山共同發表擁護蘇聯的聲明，而這也是他誤判當時社會思想動向的一個例子。不過這段期間他也深化自己的文學觀，發行傳記式評論集《室生犀星》

（一九六八年）與小說《甲乙丙丁》（一九六九年）。

在《甲乙丙丁》中，中野以一九六四年東京奧運為轉折點，描寫都市景觀全面惡化，整個地域社會因結構性分裂導致不斷荒廢的景象，並把這一過程與二戰前共產黨累積的錯誤、持續走向衰敗的體質與路線交織在一起，通過自己的切身感受，以極具肉體性的筆觸加以呈現。面對在黨內抗爭中進退維艱的自身苦境，他冷靜地回顧道，「即便本人覺得宛如淌血般的感受，但社會上的人，或在具一般常識的人看來，這可能只是悲慘到近乎滑稽的事情」，而這種剖析式的自我批判，也包含他在戰時的屈辱言行，使得這種殘酷的自省方能成立。同時，中野面對黨內主流運作方式，採取「藉由通過不合理的事情，來暴露其荒謬」（武井昭夫）的思考，這種看似優柔寡斷的態度，實則是一種在黨內堅持留下，進行最後掙扎的極限抵抗。這種執拗的批判精神，也體現在《連續的問題》、《緊急順位不同》等文中開花結果。他重新審視沖繩、在日朝鮮人、被歧視部落等問題，將其視為迫使日本人從根柢反省其歧視性、封閉性意識的「他者」，並對戰後憲法與天皇制置於檢討的範疇，嚴厲批判日本在「戰後」持續承襲戰前未解決的課題，缺乏必要的「斷裂」與「飛躍」。這些作品中充分展現中野自稱「混雜型的操觚者（作者）」的「雜文家」本色。

在《梨之花》中，中野曾對革命烏托邦進行暗示。在《甲乙丙丁》中，則嘗試對共產黨的「革命運動傳統進行革命式批判」。晚年的〈雜文〉，更是追究歷史上的真實問題。在寫作途中的一九七九年八月，中野因膽囊癌過世，享年七十七歲。身後共留下二十八冊的《中野重治全集》，其中值得特別提及的代表作，還包括短篇小說〈萩鎮的紋樣師〉（一九五六年）與散文〈所謂的樸素〉（一九二八年）。

雖然經歷了幾次「失敗」與「弱點」，但仍有一群人「因俄國革命的急速發展而獲得勇氣，……因中國革命不斷萌芽而懷抱希望，在過去與未來的支撐下，抱著堅定心情，不斷走在自己的路上」。中野重治可視為這樣一位「感受到充滿活力的革命火炬」（花田清輝）的共產主義者代表。當然，鼓舞中野等人的「革命」，早已背叛了革命自身，此點已昭然若揭。但在米騷動、佃農爭議、工廠罷工等風暴中心，他們把革命時代的故事完全當作自身的故事，真切的活在其中，也是不爭的事實。

最後，為了展現中野藝術的本質，此處試引用兩位詩人的優美詞語如下。

中野重治的藝術之美……，與具備日本特色息息相關，血脈相通、精神相繫，無論何時總能激勵日本人，擁有讓人重新振作的力量。……這朵開在日本水土中的花朵，對於中野重治傾注熱情的世界與作品，我懷抱著無限的愛戴與欽羨。（金子光晴，〈新宿之頃〉，《中野重治全集》三，月報九，筑摩書房，一九六一年）

能夠與大眾感受相同的苦痛、喜悅與憤怒的同時，也清楚理解傷痛與痛哭的要害，而這些最終化為了他的詩歌。他並非獨自衝上前去當先驅，也不站在高處揮手叫喊，而是願意攙扶並鼓勵那些步履蹣跚的人，一同前進。正是這種貼近大地的革命式抒情，構成了中野詩歌的生命。（小野十三郎，〈解說〉，《中野重治詩集》，新潮文庫，一九五一年）

葉山嘉樹（一八九四—一九四五年）

出生於福岡縣京都郡豐津村（今宮古町）。自豐津中學校畢業後，進入早稻田大學預科就讀，但因學費用盡，只得在橫濱搭上加爾各答航線的貨船擔任實習水手賺錢。之後他輾轉擔任過運煤船的三等水手、名古屋水泥公司等職業，之後進入名古屋新聞社。在報社時涉入勞工爭議，一九二三年在名古屋共產黨事件中遭舉發，被關押在千種監獄，並在獄中開始撰寫《賣淫婦》、《生活在海上的人們》。十月獲得保釋，推估此時他對當局表示「改心」退出非法勞工運動。一九二五年在木曾路的水力發電廠「工人宿舍」中撰寫《水泥桶中的信》。十一月《賣淫婦》刊登於《文藝戰線》雜誌而一舉成名，加入該雜誌的同人圈。一九二六年出版《生活在海上的人們》，以勞農藝術家聯盟的核心成員身分展開活動。一九三二年「勞藝」解散後，他與里村欣三等人組成「無產階級作家俱樂部」，創刊《勞農文學》，這是最後一本公然高舉無產階級文學旗幟的雜誌。無產階級文學衰退的時期，能夠不淪為「虛偽左翼文人」，並堅持繼續寫文章相當不容易。葉山等勞藝派的勞工出身作家，認為不該迎合時代寫點餬口文章，也沒有可依賴的體制人脈，所以陷入極度貧困的狀態。一九三三年十月，他在《改造》上發表《今日樣》後，因財務上已油盡燈枯，遂前往長野縣下伊那的飯田線鐵路工程建設現場。此後從事建設工作與農業之餘，也參與東京同志們的合法運動，並在空餘時間發表《海與山》、《流離的人們》等作品。但隨著二戰的進行，幾乎沒有人來約稿，且他在山邊峽谷的村落中又被稱為「赤匪」或「非國民」，遭到警方的監視，甚至連家人也遭到歧視，束手無策下，只能逐漸迎合時代潮流，從事滿洲建國勤勞奉仕班的文化指導員工作，以及滿洲拓殖移民運動。一九四五年，他作為開拓團成員，帶著長女前往中國北安省德都縣。同年十月十八日，在回國的火車上，因感染阿米巴性痢疾，於德惠站附近病逝，並被埋葬在附近。

葉山從監獄與工寮展開自己的作家之路，與此前的日本文學有著截然不同的斷裂，此決定本身在文學上便是一件大事。他把自己的生活打造得如切爾喀什（高爾基）般的流浪人生，將自身經歷轉化為小說，最先寫出的作品即是《賣淫婦》。這部作品描繪了在港口城市中身患肺結核與癌症的賣淫婦與其朋友之間發生的悲慘且異常的事情，該悲慘程度宛如一道黑光，表現出極高的衝擊力。《水泥桶中的信》在一九七三年被高中國文教科書收錄而廣泛傳誦，是一篇毫無瑕疵的完美短篇。描述一位水泥廠的女工，因男友不慎被捲入水泥工廠的搗碎機而被搗碎、焚燒，最終「光榮地成為了水泥」。她寫了一封感人至深的信，以階級意識向男友致敬。這封信與一名勞動者所面臨的貧苦現實形成鮮明的對照。《生活在海上的人們》並非根據葉山經歷撰寫的自然主義式寫實主義小說。書中展現了底層船員勞工面臨的殘酷且野蠻實際狀況，並利用抽象的經濟學理論進行嶄新的比喻。船員們鄙俗的言語與領導罷工的核心人物進行高度抽象性的對答交錯，經由這種對立結合寓言方式發展成整篇故事。這種誇張變形、充滿張力與多義性的世界，產生出小說的動態力量。江口神崎描述從過往即從事「一夜妻」的港鎮陪酒女的陪睡故事，亦是貫徹階級觀點，結合對立的寓言達成故事表現。藉由把野性與知性進行悖論式結合，代表了葉山作為流氓般的底層勞工、世界主義船工的身分，在近現代日本文學史上達成劃時代的成就。通過這三篇作品，也把日本的無產階級文學確立為文學體系的一支。

一九三三年的《今日樣》則是一部以幽默筆調描繪庶民自私相爭的傑作，出場人物說道：「所謂活著的樂趣，只有重視今日樣的人才能擁有。」這種想法以與過往相反的立場，從保守角度支持葉山，使他能隱居山村，繼續作為作家生存。因此，當葉山面臨生存困境時，他將眼前新體制下的局勢視為「今日樣」並加以臣服，寫下了《小狐狸》等作品，以迅雷不及掩耳的速度完成思想「轉向」。在中野的小說《村之家》中，勉次出獄後，父親對他說：「像里見那樣的人，不是在做土木工程的工作嗎？……不管是做土木工還是做別的工作，如果發現有什麼可以寫的，到時候可以寫下來。……總之，這五年、八年先不要寫作了。」這段話讓勉次「感覺像是一個陷阱」，因此拒絕父親的想法。這裡提到的「里見」，也就是葉山。葉山似乎未能察覺，中野所感受到的「像是一個陷阱」，其實同樣存在「今日樣」之中。老實與利己主義並存的農村社會正是天皇制的基礎。葉山對港鎮的陪酒女或流氓般勞工的熱愛，原封不動地灌注給開拓團的農民們。然而，當葉山身陷困境時，他無法迅速從該處境中脫離，也無力通過理論重新掌握局面。當然，這種狀況並非只發生在葉山一人身上。

佐多稻子（一九〇四—一九九八年）

生於長崎市。她出生時父親僅十八歲，母親十五歲，因此被以在有錢人家幫傭的親戚的私生女身分登記戶口，五歲時才以父母的養女身分正式入籍。十一歲時，依靠父親弟弟舉家遷往東京，稻子無法繼續小學學業，進入一家焦糖工廠工作，之後輾轉擔任店員、女工、料亭的服務生等工作，這段期間她結婚產下一女，因精神不穩定與丈夫一同自殺，未遂後離婚，之後在本鄉動坂咖啡廳「紅綠」擔任侍應。通過這段異於尋常的曲折經歷後，她在咖啡廳結識了《驢馬》雜誌同人窪川鶴次郎，並與他展開實質上的婚姻生活，長女則被留在娘家撫養。一九二八年，在中野重治的建議下，她發表〈來自焦糖工廠〉與〈洛陽餐廳〉等作品，加入「全日本無產者藝術聯盟」，佐多稻子逐漸以無產階級作家的身分成名。一九三一年起，她發表以東京毛斯綸紡織工廠勞工爭議為題材的五部作品。一九三二年加入共產黨，揹著嬰兒參加非法勞工運動，並認識小林多喜二，但三天之後小林便遭虐殺。之後稻子也被逮捕、起訴，與丈夫窪川之間的關係也陷入重大危機。這段過程被記錄在《紅》（一九三八年）一書中。此後她開始順應時局，被戰時體制動員，前往中國東北、上海、新加坡、蘇門答臘等戰地進行慰問，並協助戰爭。一九四五年五月與窪川離婚，隨叔父改姓佐田，正式以佐多稻子為筆名。

一九四五年十二月「新日本文學會」創立之際，因被追究戰爭責任而被從發起人中除名。關於此事，她接受中野的指摘寫下《我的東京地圖》，回顧自己到協助戰爭為止的前半生。一九四六年重新加入共產黨，成為婦人民主俱樂部中央委員。一九四八年在《虛偽》、《泡沫的記錄》中，深刻反省自身的戰爭責任。之後因關於黨路線與組織問題遭開除黨籍，接著又恢復黨籍，如此循環（最終於一九四六年還是遭開除）。身為民主俱樂部領導人的她，一向反對黨介入大眾團體，也積極參與禁止原子彈氫彈運動、反對美軍基地運動、反對安保鬥爭、松川審判鬥爭、反對成田機場運動等，持續積極發言。這段期間也致力發表小說，如記錄批判共產黨與展現個體獨立性的《溪流》、《塑像》；刻劃女性生存方式的《女之宿》（一九六三年，獲女流文學賞）；通過華僑女性的愛情，探討原子彈爆炸與歧視意識的《樹影》（一九七二年，獲野間文藝賞）；深入挖掘自身七十一年生命軌跡的《於時光中佇立》（一九七五年，獲川端康成文學賞）等，留下大量傑作。

最適合用來理解佐多的作品就是《我的東京地圖》。佐多曾深受《驢馬》同人們「如水花噴濺般」的氣氛所感動，在「結婚就是兩個人一起生活」這一嶄新觀念影響下，她與窪川開始展開同居生活。在中野的啟發下，她發現自己內在的「傑出小說家」潛質，並開始撰寫小說。她看到日本無產階級藝術聯盟演劇部，一群留著短髮、活力四射的女性，直呼丈夫名字，她突然闖進與過往截然不同的新世界，後來她也開始揹著嬰兒，大膽地從事非法社會運動。如此描寫一名投身無產階級運動的女性前半生，其經歷被鮮明地刻畫在東京大震災前下町地區庶民俐落爽快的日常姿態、向島的貧民街，以及赤羽、十條、大塚一帶平民百姓的生活之中，這也成為佐多的重要代表作之一。

一九六〇年的《灰色的午後》，則描寫在社會運動衰退與活動家轉向加速的背景下，女主角陷入發現丈夫外遇決定分居的困境，此時卻又無法擺脫情欲而斷斷續續維持關係，形成一場悲喜劇的樣貌。由於逃避對抗、沉溺於習慣性的親密關係，這種精神上的軟弱，使得見到出征士兵便流下眼淚，而這種本來再正常不過的情感，卻在淚水沖刷下，直接導向對戰爭的支持，讓她自願墮落成為戰爭（與不倫）的共犯者。小說巧妙地交織出戰爭時期人們意識的崩壞，如何與情欲的貪求相互糾纏，生動地展現出戰時社會與人性頹廢的樣貌。

佐多稻子的一大魅力，即在其文體與筆法。她的語言風格「絕不流於輕浮」，能夠以「沉著冷靜的日語」（中野重治），精準且濃厚地表現女性情感的深度層次。即便以追求解放人類為目標的革命運動家之中，男性仍占據壓倒性的主導地位，而她筆下的男性形象，「心碎的方式」即便偶爾會充斥情欲或看似陳腐，但這也悲傷地反映出這個國家依然欠缺真正平等的愛欲關係與社會結構。佐多的寫作生涯充滿苦難與曲折，而支撐她走過這一切的人就是中野重治。只要想到「有中野重治」，佐多就能感受到自己有人支持。而對中野而言，佐多稻子是他發掘的女作家，最終不知不覺地佐多也成為中野心中的唯一，認為「這樣的人只有佐多，再也沒有他人」（《夏之栞》）。這兩位終其生涯都是文學上的「同行二人」（伴侶），共同奮鬥，共同書寫。

福本和夫（一八九四—一九八三年）

出身於鳥取縣久米郡下北條村（今東伯郡北榮町）的富豪之家。東京帝國大學畢業後，成為松江高等學校的教授。一九二二至一九二三年在德國師從卡爾·科爾施（Karl Korsch），以盧卡奇（György Lukács）理論為核心學習馬克思主義。之後前往巴黎，與中學同學、畫家前田寬治交流，並彙整自身的研究成果。一九二四年他對前田表示，「我來了，看了，做了，那麼，該回國了，回去繼續戰鬥」，之後回到日本。他在雜誌《馬克思主義》上發表〈「方向轉換」經歷了什麼樣的過程？如今我們正在經歷什麼樣的過程？〉等，接連發表研究成果。引用列寧的《怎麼辦？（我們運動中的迫切問題）》與盧卡奇《歷史和階級意識》，驅使自己以特殊的文體開拓嶄新的理論，迅速席捲馬克思主義論壇。一九二六年，日本共產黨重建時，福本和夫起草「立黨宣言」，並擔任黨的政治部長，成立「學生知識分子小組委員會」，水野成夫、門屋博、是枝恭二、淺野晃、中野重治、石田英一郎等優秀人才聚集於此，展開強力的理論鬥爭。然而從結果來看，這反而助長把理論變成信仰、派系分裂與權威主義等日共政黨體質上的缺陷。共產國際的「二七年綱領」批判福本理論是所謂的「福本主義」並將之揚棄。此舉確立了日本共產黨完全服從共產國際，也間接的與當時通過福本接觸的列寧、盧卡奇的理論以及優質的革命運動斷絕關係。

失去權威後的福本依舊以「一介兵卒」的身分繼續宣傳活動，直到一九二八年六月被捕，被判處十年徒刑。由於他堅持不轉向，因此即便刑期已過依舊遭到拘禁。為了避免拘禁時間更進一步被延長，會妨礙其學術研究，他對當局表示將「脫離」共產黨「專心研究」，以「不提及轉向聲明的形式」做出「轉向」，隨之於一九四二年四月出獄。在監獄中，福本的表現是連獄警都稱讚的「人格高尚者」。他想閱讀的書籍幾乎都能借閱，在這種每天讀書的日子中，他也開始發想日本文藝復興史論。一九四二年五月他前訪柳田國男，在其建議下開始在倉吉地方調查方言、稻作工具「稻扱千刃」（用於脫穀的鐵梳）等「手工技藝」，也對江戶近世的手工業生產、捕鯨業，甚至葛飾北齋的藝術進行研究，最後以彙整總結的形式於一九六七年出版《日本文藝復興史論》。通過備受讚譽的傑作《日本捕鯨史話》，以及對各種手工業生產與葛飾北齋的研究，福本試圖從技術史觀點探討「藝術」的多層次性——十七世紀後半至十九世紀中葉的近世時期，通過技術與藝術的結合發揮出了創造性，進而追尋日本的文藝復興，並企圖論證其中存在著內在的發展過程。他的文藝復興論貫穿著一個深切的母題，即「恢復遭嚴重蹂躪且完全喪失的自主性、人性，才是最根本最重要的課題」（《日本文藝復興史論》自序）。在研究、寫作之餘，他於一九五〇年恢復共產黨的黨籍，並不參與黨內的權力鬥爭，但在從事政治活動的過程中批判了史達林，最終於一九五八年遭開除黨籍。

「福本和夫」最具深遠意義的，在於一九二〇年代後半帶來的精神史上巨大衝擊。他引用列寧「在結合之前，首先必須要徹底的分離切割」，所謂的「分離、結合論」並不僅僅是藉馬克思主義淨化黨派組織的層次上，根據藤田省三的論述，此處最重要的是精神形態的變革，亦即從日本式共同體主義＝共感主義（強調共同感受、共鳴）；大正民主主義式的人格、教養主義；日本式人道主義與溫情主義等「前現代、大正式的思想」中「轉向」，做出「徹底的分離切割」，這是一場高度能動的主體變革。他那句「那麼，該回國了，回去繼續戰鬥」，本質上就是跨越自由主義、人道主義後所做出的堅決「轉向」宣言。他認為只有通過這種意識改革，確切掌握無產階級意識的主體，方能全面性理解社會的客觀過程，也才能擔任改革運動的推手。這種「轉向」，是從「情感」、「夥伴意識」到「理論法則」的絕對超越原則（他者性）的轉變。通過此理論，人們才可從上層結構的角度認識到「明治統治」的非倫理性（松田道雄），並可對學生知識分子明確指出「敵人」之所在。福本理論在日本近代精神史上提出具有決定性的「方向轉換」，亦即從日本傳統的前現代性中徹底「轉向」。而能正確回應這種思想者，最具代表性的便是通過「捨棄和歌」實踐福本理論的中野重治。當這種回應失敗時，佐野、鍋山等人提出的所謂「轉向」反而讓革命運動邁向毀滅。不過，在戰時「精神」幾乎瀕臨死亡的時期，這種從「前現代」徹底分離的精神，最終通過花田清輝的連續散文〈文藝復興的人類探究〉中獲得重生，這無疑是一件充滿象徵意義的事件。

小林多喜二（一九〇三—一九三三年）

生於秋田縣北秋田郡下川沿村（今大館市川口），為貧農的孩子。四歲時舉家搬至小樽，獲得經營麵包店的伯父資助，進入商業學校就讀，此時多喜二的文采已經為小樽中學校的伊藤整知道。進入小樽高等商業學校後，他開始在文壇雜誌上投稿，與志賀直哉通信。畢業後進入北海道拓殖銀行，工作之餘也創刊同人誌。此時他遇見命運中的人物，酒家的陪酒女田口多希（田口たき）。面對這位不知歷經多少苦難的女性，多喜二對她表達愛意，還把她接到家中共同生活，但最終未能結婚。之後因閱讀葉山嘉樹的《賣淫婦》而備受衝擊，開始學習社會科學，並參加佃農爭議與勞工運動。田口多希的經歷與葉山的作品給多喜二的文學創作與人生道路帶來重大影響。一九二七年加入勞農藝術家聯盟，次年認識藏原惟人，在其理論指導下發表《一九二八年三月十五日》，一舉成為無產階級文學旗手並倍受矚目。之後他調查關於蟹工船船難與虐待事件，在《戰旗》上發表《蟹工船》（一九二九年五、六月號）。單行本遭禁止發行，但該作品仍被廣泛閱讀，並被譽為傑作。在遭銀行解雇後，趁此機會前往東京，一九三〇年因違反《治安維持法》等罪名遭起訴，被關押於豐多摩監獄。次年一月獲保釋，繼續以作家同盟書記長的身分參與運動，發表《信件》與《轉型期的人們》。十月加入共產黨並轉入地下活動。他在此期間的行動方式，可從他於地下活動中撰寫的小說《黨生活者》中窺見一二。一九三三年二月二十日，他為與共產青年同盟負責人三船留吉見面，與黨員詩人今村恒夫一同前往聯絡場所，但遭到埋伏的特高警察襲擊，二人皆遭逮捕。在築地警署，他遭受長時間拷問，最終被折磨致死。當時他是日本無產階級文化聯盟的支派負責人，但他並未供出任何同志，一如字面意義般「拚命」守護組織。今村因拷問而導致重病，在朋友們的援助下得到療養，於一九三六年死於故鄉。後來證實，三船留吉其實是警視廳特高課的間諜。

小林多喜二最受歡迎的作品大概是《一九二八年三月十五日》、《蟹工船》、《黨生活者》。這些作品全都依照無產階級藝術運動領導者藏原惟人的理論書寫，因此被視為日本無產階級文學的代表作。《一九二八年三月十五日》「『靠著』無產階級前衛之『眼』」（藏原惟人），描繪小樽勞工運動指導者及其家屬的處境，徹底揭露殘虐拷問的真實樣態，給讀者帶來強烈衝擊。《蟹工船》描寫宛如「殖民地」的蟹工船內，無組織的勞工集團如何展開集體鬥爭，並與帝國軍隊、當時的國際情勢聯繫起來。由於訴求以「勞工性事物」來吸引大眾的理論要求，導致這種「勞工性」被強調得如同懲惡揚善的模式，結果反而「有如被當作《荒木又右衛門》或《鳴門秘帖》般被閱讀」（小林多喜二，《不在的地主》），還加上了一些「趣味」，因此受到讀者歡迎。在這層意義上，《蟹工船》可說是葉山嘉樹《生活在海上的人們》的「藝術大眾化」版本。《黨生活者》中被指摘存在男性共產黨員對女性同志的看法有所扭曲，例如將她們當作女管家。因此必須不帶先入為主成見，冷靜地閱讀這部作品。「我」（以多喜二為原型）這個人物完全投入黨員生活，幾乎沒有個人生活。他抱持堅強的意志，希望被徹底控制為黨的「工具」或「手段」。不僅是母親、戀人、朋友，甚至連大自然與四季的推移，都僅在與物化、工具化的自我之間的函數關係中被觀察與應對。在此意義上，他對外在對象與事物全部以「公平」且「平等」的態度對待。透過對自我的「物化」管理，以及對與自己相關的對象徹底物質化對待，這種精神與表現方式使得被物化的外界世界的矛盾得以反映並暴露出來。通過對工具化人類的徹底意識化表現，讓以克服物化世界為目標的前衛方法的萌芽成為可能。這種方法論傾向，也出現在他的「壁小說」《信件》中[34]。該作品張貼在牆壁上，以不特定多數匿名讀者為對象，讓所謂以集團創作一事成為可能。這種表現方式日後為日本文學報國會「建艦捐款運動」所利用，在商店街櫥窗上展示的「辻小說」或「辻詩」，或者滿洲開拓團的「壁新聞」等，也被轉化為政治宣傳的手段。在此意義上，這種方式變得具備所謂的普遍式宣傳性。

小林多喜二及其作品在他生前便獲得國際知名度，今日仍被翻譯成多國語言版本，通過從現代的角度重新閱讀，其知名度益發提高並獲得深化。

石堂清倫（一九〇四—二〇〇一年）

生於石川縣石川郡松任町（今白山市）。小學四年級左右，在明達寺住持曉烏敏的星期天學校習得自我解放。中學三年級時，於雨天體操場（體育館）寫出解放宣言。一九二一年進入第四高等學校就讀，認識中野重治。一九二四年進入東京帝國大學英文科就讀，負責東大「新人會」圖書部的工作，進行反對軍事教育運動與支援共同印刷爭議，在讀書會上閱讀了馬克思的《黑格爾法哲學批判序說》，以及列寧、史達林、盧卡奇、科爾施等人的原著。一九二七年畢業後，進入關東電器工會本部從事組織工作，加入日本共產黨，負責《無產者新聞》編輯工作。因涉入一九二八年的三一五鎮壓事件而被逮捕，在獄中自學俄語、中文、法語。一九三三年上訴審判中陳述「斷絕進行運動的想法」，表態「轉向」，獲得徒刑兩年、緩刑五年的判決，被共產黨開除黨籍。

之後石堂進入當時被視為「保守反動」的日本評論社工作，認識了室伏高信、尾崎秀實（→第十二章）等人，參與出版河合榮治郎《法西斯主義批判》、生田長江譯《尼采全集》等約兩百本著作。在遭出版社內向當局密報後離職。一九三八年進入滿鐵（南滿洲鐵道株式會社）調查部並前往大連，隸屬資料課第一編纂科及大連圖書館。因前日共幹部、轉向者佐野學警告「調查部內有赤色分子」後，在調查部第二次舉發事件（一九四三年七月）中遭拘捕，一九四五年五月被判決有罪並獲緩刑，之後被召集動員，在哈爾濱迎來日本的戰敗。返回大連後，組織日本人工會與消費合作社，從事救援貧困者與促進撤退歸國運動。這些活動日後被彙整在《大連日本人撤退紀錄》（一九九七年）中。一九四九年十月返國並重新加入共產黨，成為馬克思、列寧主義研究所書記，創立「社會思想研究所」，並與福本和夫等人交流。此外他也創立「國民文庫社」，與山邊健太郎等人以打造「無產階級的岩波文庫」為目標相互協助，出版馬克思、恩格斯、列寧、史達林的全集等大量書籍。此外他也擔任共產黨東京都委員，負責巡迴地區的工作。在史達林批判後，他重新審視過往的思考框架，展開「結構改良」論，但也因此於一九六一年八月提出退黨申請（次年十一月遭開除黨籍）。之後暫時加入春日庄次郎的社會主義革新運動，但因活用超群的語學能力，而把重心改至翻譯研究上。他翻譯了安東尼奧．葛蘭西（Marxist Antonio Gramsci）的《獄中札記》（*Quaderni del carcere*）、蘇聯反體制歷史學家羅伊．梅德維傑夫（Roy Aleksandrovich Medvedev）的《讓歷史來審判》（*Let History Judge*）等，組成「運動歷史研究會」與「東京葛蘭西研究會」，對日本的社會主義運動進行全面檢討。此外，他還深入研究尾崎秀實、理查・佐爾格。著作有《現代變革的理論》、《我的異端昭和史》、《中野重治與社會主義》等大量作品。

石堂多次指出共產黨主導的革命運動犯下幾個謬誤。例如關於天皇制，在對該意識形態功能與支持天皇制的民眾習俗與心理欠缺結構性分析，便實施「顛覆天皇制」的綱領，此種做法完全背離民眾。加上黨的幹部本身被過往的共同體意識所影響，輕易被排他性的國族主義所同化，轉向成為天皇制與侵略戰爭的支持者。對於無計可施的一般黨員的「轉向」，石堂認為此非心性、道德或思想問題，而是在共產黨活動已然不可行的狀況下，轉向者只是「單純地說出不可行」的必然過程，因此他從根本上重新審視過往的「轉向」概念。晚年的石堂認為，「自由且平等的生產者結合體」（association）是達成全球民眾運動的一條道路，決心通過馬克思與葛蘭西的協作論來進行「精神上的重新武裝」，以應對二十一世紀的挑戰。

在中野重治小說《五臟六腑》中，描述石堂是新人會中頭腦最聰敏最有禮貌的學生，「擁有非常敏銳的頭腦，穩穩的立身……，表面上極為沉靜，內在卻是非常激進的人物」。石堂始終堅持激進的原理與理論，在冷靜且靈活的思考中，面對被視為「反馬克思的」（河合榮治郎）、「反動右翼」（上杉慎吉）、「權威喪失者」（福本和夫）等人物時，仍能憑藉「對自由的敏感度」公平地審視他們，兼備此等精神與器量的石堂，在共產黨員時期與滿鐵工作時期，即便兩度入獄也絕不背叛、供出同志，堅守自己的節操與人品。「過著如同『清貧』一般的歲月」（澤地久枝），他也持續給高中時代以來的好友中野重治提供建議與支持。這兩個人之間，體現了馬克思主義在日本這個國家孕育出了中野所謂的「階級的友情」

（〈山貓及其他〉）的永恆姿態。

其他人物

藏原惟人

一九〇二—一九九一年。東京外國語學校俄語科畢業後，前往蘇聯學習馬克思主義藝術理論，回國後組織馬克思主義藝術運動，並成為理論領導者。在獄中自稱為共產黨員與馬克思主義者，堅持不轉向。二戰後，以共產黨中央委員身分主導文化部門的工作。這位二十五歲、自蘇聯歸國的青年，高舉最新理論颯爽登場，成為繼「福本理論」後黨內的一件大事。其理論乃根據唯一正確的唯物辯證法創作方式表現複雜的現實本質，把無產階級藝術作為階級鬥爭的武器。雖然太過理論、概念性，但其邏輯極為嚴密、結構完美，甚至可以視為一件「作品」，別有一番自身的情趣。因之對讀者而言，其絕對的原則性讓人覺得充滿魅力，也激勵著人心。但這種代價未免過大，讓藝術的多元可能性在萌芽階段即遭扼殺。藏原的理論雖然催生了小林多喜二的作品，但某種意義上也造成了他的「殉道」。

小林秀雄

一九〇二—一九八三年。東京帝國大學法文科畢業後，在《改造》上發表〈各式各樣的創意〉，於《文藝春秋》擔任文藝時事評論。一九三三年創刊《文學界》雜誌，組織同人，席捲文壇與評論界。中日戰爭期間，頻繁前往中國大陸撰寫報導文學，同時也把關注重心轉往杜斯妥也夫斯基與日本古典文學。一九四六年於《近代文學》雜誌上發表與戰後民主主義決裂的宣言，沉潛於音樂、繪畫、哲學的研究之中。小林唯一談到的是「自我」。那是被各種關係纏繞、左右的「宿命」，並認為可以在傑作中聽到「作者宿命的主調低音」，以其自身獨特的方式反向處理馬克思。此種「作者之宿命」，與中野認為「人們只能含淚成為詩人」的「詩人之魂」概念不謀而合。然而隨著中日戰爭的爆發，小林的「宿命」變得通俗化，認為「日本國民沉默面對擴大的事變」，將戰爭當作「不可避免的宿命」（「歷史的必然」）來接受。

室生犀星

一八八九—一九六二年。生於金澤市。父親是犀川附近雨寶院的住持室生真乘，其母為真乘情婦。犀星從高等小學校中輟，並於一九一〇年前往東京，在流浪漢般的生活中創作詩，認識萩原朔太郎。一九一八年出版《愛的詩集》後開始書寫小說，扶持中野重治等《驢馬》的作家們。作品有描繪底層社會人們的《兄妹》、自傳小說《杏子》、王朝故事之《蜻蛉的日記遺文》、評論傳記《我所愛的詩人的傳記》等，涵蓋多種題材。他的詩作特質是「通過鑽研也無法習得的」「野蠻」（中野重治）、「原始的心靈，或稱之為野蠻氣質」（佐藤春夫）。這種特質來自他從幼年時貧苦與頹廢的成長環境，以及在放浪與無賴的生活中，被近現代國家拋棄的淪落女性們所拯救的經歷。這些生命歷程在他內心醞釀出一種獨特的「野蠻氣質」，並透過直截了當的日常用語，以極具肉體性地的筆觸加以具體形象化。這是引起中野重治等人關注的犀星藝術，其真正的價值與現代性所在。

宮本百合子

一八九九—一九五一年。十七歲時發表小說〈貧困人們的群落〉。曾前往美國與蘇聯，返國後一九三一年加入共產黨，次年與宮本顯治結婚。在顯治被捕、自己遭拘留與禁止寫作的言論打壓中，即便健康出現狀況仍繼續發表作品，並透過寫信不斷鼓勵顯治。二戰之後，她成立新日本文學會，並推動戰後民主主義文學運動。然而，正當日共黨內鬥爭問題日益嚴重之際，她健康突然惡化並猝然過世。主要作品有小說《伸子》、《播州平野》、《道標》、評論〈越冬之蕾〉等。

其作品陳述了一位在戰爭與革命時代生活的女性，如何從中上層階級掙脫，追求成為一個獨立、真實的人，並將自己的成長與歷史進步相結合的歷程，貫穿其中的那種熱情洋溢的自我肯定力量。即便充滿紛爭，但在能談論日本共產黨運動的未來時，對投身其中的人們而言，宮本百合子就如同一道「掛在天空中的彩虹」（中野重治）。

原泉子

一九〇五—一九八九年。本名中野（舊姓原）政野。十歲時母親過世。小學校畢業後，一九二〇年前往東京，經模特兒等工作後，進入無產階級演劇研究所，於左翼劇場、新協劇團活動。與中野重治結婚後，從事非法社會活動，也曾親眼目睹小林多喜二的遺體。二戰之後，她將活動場域轉往電影、電視，一九五〇年改名原泉。因多喜二葬禮事件而遭拘留，獲釋後旋即剪了一頭短髮，彷彿一位颯爽的大姐頭女演員（窪川稻子，〈無產階級女優〉）。她與中野的相遇，就如同多喜二與田口多希、窪川鶴次郎與稻子的相識一樣，都是與傳統文士截然不同的結合，一位接受官方高等教育的知識分子作家，與一位僅受過小學校教育的貧苦女性，這兩個此前完全沒有交集的不同階級人士在此「相遇」。原泉子則是通過演劇運動而得到認識中野重治的機會。她與劇團男演員們在排演結束後一起喝酒、散步，這種帶點粗野氣息卻無階級歧視、互相尊重的藝術運動環境，孕育出一種新式的愛情形式。

千田是也

一九〇四—一九九四年。本名伊藤圀夫。一九二六年進入築地小劇場後，加入中野重治等人組織的「馬克思主義藝術研究會」，次年前往柏林學習無產階級演劇。一九三一年回國，活躍於日本無產階級演劇同盟與新築地劇團。一九四四年二戰末期創設俳優座（劇場），二戰之後成為新劇界的領導人物，積極推廣布萊希特（Eugen Berthold Friedrich Brecht）的戲劇與演劇論。

日本的無產階級藝術運動是一種以普及無產階級文化為目標的大眾文化運動，其主軸從一開始即放在演劇上。千田在柏林習得煽動、宣傳乃無產階級革命演劇的基本要素，組成注重煽動、宣傳的「覺醒隊」，因應勞工大眾的要求，前往集會、罷工、野餐、宴會等現場，透過生動的戲劇進行宣傳與動員。其演出不採取過往的演劇概念，大量納入極為解放的、娛樂性的要素，創造出一種帶有祭典氛圍的時空中，將觀眾捲入劇中，使演出成為一場真正的「事件」。

伊藤信吉

一九〇六—二〇〇二年。生於今日的前橋市，師事萩原朔太郎。當時許多無政府主義者詩人聚集在草野心平主辦的詩刊《學校》，伊藤參與編輯、發行他們的詩篇選集《學校詩集》。之後參加無產階級運動但遭逮捕，於是選擇退出並轉向。此後致力於透過詩史研究，讓詩作更廣泛地向公眾開放。著有詩集《故鄉》、《現代詩鑑賞》，以及關於朔太郎、犀星的多部評論作品。伊藤的詩追求一種「逆流」於時代的情操，在詩意無政府主義中探求自由的精神，懷著有如小地主對貧農般充滿悲哀的社會性感傷。他在朔太郎、犀星與中野重治等的詩作中，發現這種感傷的抒情與反叛性的美學，伊藤試圖繼承此種詩之精神。他以這些詩人的作品為核心，從社會、歷史的角度來定位現代詩，並專注於純粹的欣賞與鑑賞，寫下許多細膩且靈活批評的評論。然而他的評論中欠缺對感傷式抒情加以否定的強韌意志與嚴密邏輯，以及將該邏輯轉化為詩歌意象的能力。

注釋

1. 參照龜井秀雄，〈政治と文学（政治與文學）〉，大岡昇平等編，《全集・現代文学の発見（全集・現代文學的發現）》四（解說，學藝書林，一九六八年）。
2. 譯注：共同印刷公司（共同印刷株式會社）發生的大規模勞工爭議事件。
3. 參照中野重治，〈私の古典——マルクス「猶太人問題を論ず」（我的經典——馬克思「論猶太人問題」）〉，《中野重治全集》二五（筑摩書房，一九七八年）、石堂清倫，《わが友中野重治（我的朋友中野重治）》（平凡社，二〇〇二年）。

4. K・マルクス（Karl Marx）著，城塚登譯，〈ヘーゲル法哲学批判序説（黑格爾法哲學批判序言）〉，《ユダヤ人問題によせて・ヘーゲル法哲学批判序説（關於猶太人問題・黑格爾法哲學批判序說）》，岩波文庫，一九七四年。

5. 中野重治，同前〈私の古典（我的經典）〉。

6. 参照藏原惟人，〈解説《戦旗》創刊から文化連盟結成まで（解說《戰旗》創刊至文化聯盟成立）〉，野間宏等編，《日本プロレタリア文学大系（日本無產階級文學大系）》四（三一書房，一九五四年）。

7. 藏原惟人，〈芸術運動当面の緊急問題（當前藝術運動的緊急問題）〉，《戰旗》一九二八年八月號。

8. 中野重治，〈政治と文学（政治與文學）〉，《中野重治全集》一二，筑摩書房，一九七九年。

9. 中野重治，〈ある側面（某種側面）〉，《中野重治全集》定本版，二〇，筑摩書房，一九九七年。

10. 中野重治，〈批評の人間性　二——文学反動の問題など（批評的人性　二——關於文學反動問題等）〉，《中野重治全集》一二，筑摩書房，一九七九年。

11. K・マルクス（馬克思），同前。

12. 中野重治，〈いわゆる芸術の大衆化論の誤りについて（關於所謂藝術大眾化論的錯誤）〉，《中野重治全集》九，筑摩書房，一九七七年。

13. 中野重治，〈小説のおもじろさ——通俗性（小說的趣味——通俗性）〉，《中野重治全集》一〇，筑摩書房，一九七九年。

14. 参照松下裕編，《中野重治全集》定本版，別卷的「年譜」（筑摩書房，一九九八年）。

15. 石堂清倫，〈「転向」再論——中野重治の場合（再論「轉向」——以中野重治為例）〉，《言語文化》一六號，一九九九年。

16. 松田道雄，〈転向と肉体（轉向與身體）〉，思想の科学研究会（思想的科學研究會）編，《共同研究　轉向》上（通信第一號），平凡社，一九五九年。

17. 石堂清倫，同前一九九九年。

18. 窪川鶴次郎，〈プロレタリア文学を語る　その一（談無產階級文學　一）〉，《近代文學》一卷五號，一九四六年。

19. 參照佐多稲子，《夏の栞（夏之書籤）》（新潮社，一九八三年）。

20. 中野重治，〈「文学者に就て」について——貴司山治へ（關於「關於文學家」——致貴司山治）〉，《中野重治全集》一〇，筑摩書房，一九七九年。

21. 參照中野重治，〈貼り紙（貼紙）〉，《中野重治全集》四（筑摩書房，一九七七年）。

22. 中野重治，同前〈「文学者に就て」について（關於「關於文學家」）〉。

23. 中野重治，〈廣重〉，《中野重治全集》三，筑摩書房，一九七七年。

24. 參照山城むつみ，〈転形期と思考（轉型期與思考）〉（講談社，一九九九年）。

25. 谷川雁，《賢治初期童話考》，潮出版社，一九八五年。

26. 中野重治，〈子供の藝術と大人の指導（兒童藝術與成人指導）〉，《中野重治全集》定本版，二八，筑摩書房，一九九八年。

27. 譯注：日文稱閃電「稲妻」，古意實為「稲子的丈夫」，帶有閃電會讓稲子懷孕（結實）的想法。

28. 中野重治，〈嘘とまことと半々に（半真半假的謊言）〉，《中野重治全集》二六，筑摩書房，一九七八年。

29. 譯注：幸德傳次郎為幸德秋水本名。因計畫暗殺明治天皇的明科事件，導致日本全國的社會主義者與無政府主義者遭逮捕、起訴，並被判處死刑或徒刑的政治鎮壓、冤案事件，為「大逆事件」之一，一般又稱為「幸德秋水事件」。

30. 譯注：指天皇在父、母過世時的服喪期間，或者天皇、太皇太后、皇太后過世時的服喪期間。

31. 中野重治，〈蟹シャボテンの花——室生さんに（蟹仙人掌的花——給室生先生）〉，《中野重治全集》二六，筑摩書房，一九七八年。

32. 中野重治，〈続ちよつとの違い、それが困る（「一點點的差異，卻讓人困擾」續篇）〉，《中野重治全集》一五，筑摩書房，一九七七年。

33. 臼井吉見，〈中野重治における稲妻哲学（中野重治的閃電哲學）〉，《臼井吉見集》二，筑摩書房，一九八五年。

34. 參照栩澤健，〈壁小説の集団芸術性——「オペレーター」としてのプロレタリア作家（壁小說的集體藝術性——作為「操觚者」的無產階級作家）〉，荻野富士夫編，《多喜二の文学、世界へ（多喜二的文學，走向世界）》（小樽商科大學出版會，二〇一三年）。

參考文獻

伊藤信吉，《逆流の中の歌（逆流中的歌）》，七曜社，一九六三年

柄谷行人編著，《近代日本の批評　昭和篇（近代日本的批評　昭和篇）》上，福武書店，一九九〇年

川西政明，《新・日本文壇史4　プロレタリア文学の人々（新・日本文壇史4　無產階級文學的人們）》，岩波書店，二〇一〇年

鶴見俊輔，《戰後思想三話》，ミネルヴァ書房，一九八一年
鶴見俊輔，《鶴見俊輔集2　先行者たち（鶴見俊輔集2　先行者們）》，筑摩書房，一九九一年
藤田省三，《転向の思想史的研究（轉向的思想史研究）》，岩波書店，一九七五年
藤田省三著，飯田泰三、宮村治雄編，《天皇制国家の支配原理（天皇制國家的支配原理）》新編，影書房，一九九六年
松澤弘陽，《日本社会主義の思想（日本社會主義的思想）》，筑摩書房，一九七三年
松田道雄編，《現代日本思想大系16　アナーキズム（現代日本思想大系16　無政府主義）》，筑摩書房，一九六三年
松田道雄，《わが生活　わが思想（我的生活　我的思想）》，岩波書店，一九八八年
石堂清倫，《中野重治と社会主義（中野重治與社會主義）》，勁草書房，一九九一年
竹内榮美子，《戦後日本、中野重治という良心（戰後日本，中野重治這個良心）》，平凡社新書，二〇〇九年
松下裕，《評傳中野重治》，筑摩書房，一九九八年
山城むつみ，《連続する問題（連續的問題）》，幻戲書房，二〇一三年
林淑美編，《中野重治評論集》，平凡社文庫，一九九六年
石堂清倫，《わが異端の昭和史（我的異端昭和史）》上下，平凡社文庫，二〇〇一年
椡澤健等著，三人の会（三人會）編，《葉山嘉樹・真実を語る文学（葉山嘉樹・訴說真實的文學）》，花亂社，二〇一二年
小林裕子、長谷川啓編，《佐多稲子と戦後日本（佐多稲子與戰後日本）》，七つ森書館，二〇〇五年
千田是也，《もうひとつの新劇史——千田是也自伝（另一部新劇史——千田是也自傳）》，筑摩書房，一九七五年

中野重治，《室生犀星》，筑摩書房，一九六八年
藤森節子，《女優原泉子——中野重治と共に生きて（女演員原泉子——與中野重治共度人生）》，新潮社，一九九四年

第十四章 在抵抗與協力之間——「知識分子／編輯」與「另一個京都學派」

落合勝人

前言

日本的出版形式大概是在一九二〇年代後半至一九三〇年代後半的約十年間確立。如今二十一世紀日本書店林立，文庫本、新書、各種講座書籍、事典，以及廣播講座的教材等，這些都在天皇制法西斯主義強化過程中發展完善的。這類開發人文知識「載體」的集團，本章稱之為「知識分子／編輯」。他們與一九六〇年代隨著出版社「公司化」而出現的終身雇用制度編輯員工有所不同。

關東大震災（一九二三年）之後，日本迅速形成一種與歐美不同的獨特交易網絡，雜誌流通與書籍流通合而為一。這導致一九二六年出現前所未有的價格革命（「圓本」浪潮），不僅講談社《國王》（キング）這種大眾娛樂雜誌，連艱深的人文圖書系列也出現爆炸性熱銷。不過，傳統的出版組織（大商店、掌櫃、學徒等）僅靠單打獨鬥，難以推動需要高專業性的企劃。正好彼時具有馬克思主義思想傾向、但未能進入舊帝國大學精英族群的人們，紛紛湧入出版市場。他們在一九一八年《大學令》發布後剛獲官方承認的公立大學、私立大學、單科大學等擔任語言教師和講師之餘，也積極參與急速擴張的出版業界，從事著作、翻譯，甚至承接起編輯的工作。

本章的主人公有林達夫、三木清、戶坂潤、中井正一等人物，他們雖被視為京都學派的一員，但許多並非師事主流的西田幾多郎、田邊元，而是受到其他教授——宗教哲學者波多野精一[1]、美學者深田康算[2]——的強烈薰陶。若從師承關係來看，包含谷川徹三[3]與唐木順三[4]等許多脫離學派主流的人，多數擔任人文出版社的重要智囊。他們與日後備受爭議的「近代超克」座談會、「世界史的立場與日本」座談會上集結的同世代學者不同，代表「另一個京都學派」。

此外，本章中也出現多位因違反《治安維持法》遭逮捕，甚至死於獄中的人物。例如對二戰後學術帶來重大影響的《日本資本主義發達史講座》全七冊（以下簡稱《發達史講座》）的主導者野呂榮太郎，便是其中一人。三木過世，戶坂也過世，但林達夫生存了下來。而且，二戰後許多「知識分子／編輯」轉而成為大學教授、政治家、官僚時，林卻終身繼續待在出版界。他的後輩盟友花田清輝，也持續參與月曜書房和《新日本文學》等編輯工作，他們帶有強烈的書寫人（作家、評論家）的形象。

與正面對峙天皇制法西斯主義的尾崎秀實（↓第十二章），或因轉向創傷而自省沉潛的中野重治（↓第十三章）等文學家不同，許多「知識分子／編輯」持續與該時代的政治保持著微妙的距離。今日已然判明，即便以不再寫作為戰術、避免與戰爭合作的林達夫，之後也在陸軍參謀本部出資成立的國策會社（東方社）[5]主持宣傳出版工作。雖說如此，從圖像雜誌的創始期起，林達夫便把一流的攝影家、設計師們聚集一堂，通過《FRONT》雜誌等活動，在編輯技術的傳承與發展發揮了極為重要的作用。這種「兩義性」的曖昧狀況，也與花田清輝的情況相似，他在戰前擔任國家主義媒體的編輯，其以模糊的敘述手法巧妙迴避官方審查。

與作家不同，出版人無法以個人理念進行抵抗。林達夫作為「知識分子／編輯」的典型代表，力圖繼續保持人文知識得以誕生的場域。

林達夫（一八九六—一九八四年）

沒有故鄉

林達夫於一八九六年十一月二十日出生於東京。父親林曾登吉，母親小岩（こいわ），林達夫為他們的長男。但出生地並無法作為理解本章主人公的提示。其父林曾登吉從帝國大學文科大學（第五科，博言學科）畢業後，進入外務省擔任外交官。他曾翻譯吉賓斯（Henry de Beltgens Gibbins）的《萬國商業歷史》（一八九二年），著有《萬國地理指要》（一八九三年），以及個人編纂的辭典《新選和英辭書》（一八九三年）等。他與兒子林達夫一樣，在語言學的才能皆十分優異。

一八九八年，隨著父親的轉任，林達夫也前往美國。之後至一九〇二年為止居住於西雅圖，他最初的記憶很可能是北美大陸西岸的港都光景。此期間，他通過家庭教師學習英語，進入當地幼稚園，度過了四年時光，當六歲回國時，理所當然英語會話能力已相當流暢。

林曾登吉輾轉赴任中國（沙市）、墨西哥、溫哥華、西雅圖、塔科馬（Tacoma）等地。但一九〇二年回國之際，他把達夫寄放在東京麴町的兄弟家，兩年之後的一九〇四年，更把達夫託付給妻子么妹家（福井縣），帶著長女與次女前往孟買赴任。被獨自留在日本的少年，日語也不太流暢，因此較一般孩童晚了一年才進入福井縣立師範學校附屬小學校，但仍苦於在地方孩子圈中被視為異類。為此，他有意識地遺忘英語，並過度反應地加倍使用福井方言。

林達夫在近代日本是具代表性的西洋通，但從幼年旅美歸國後，直到一九七一年夏天他七十四歲時才再度前往海外，到義大利等歐洲各地旅行。這樣的人物或許也可歸類到幕府末期以來，僅憑書本來掌握、理解西方的「洋學者」系譜中。只是，他的視野是否植根於「大和魂」，則帶出了微妙的問題。他的母語雖是日語，但在認知的最底層，卻仍存在著幼少年期嘗試忘卻的英語影響。如同《百科全書》的讀者設定為法國人一般，作為《世界大百科事典》主編，他念頭中思考的讀者是日本人，而他的目標則是建構一個以日語為基礎的知識體系。被家人留置日本五年，少年林達夫的感受與其說是世界性（cosmopolitan）的，不如說更接近難民的心境。對他而言，能夠儘速適應在偶然間被拋擲進去的環境（milieu），才是他更加關心的事情。

為此，林摸索出一套獨特的應對策略。第一個策略是盡可能為自己設置通往多個小團體的窗口。這種做法後來也發展為他在人際網絡方面的敏感嗅覺。

　　達夫的父親從孟買回國後在翻譯局工作，此時因近視加劇而提早從外務省退休，移居京都的吉田山。一九〇七年達夫轉學至錦林尋常小學校。一九〇八年因學制變更的影響，重新進入京都市第一高等小學校就讀，此時他開始前往武德會柔道部，也曾在夏天的全國大賽出場。一九一〇年進入京都府立第一中學校，並於一九一一年深受第六任校長森外三郎的影響。一九一二年左右，他成為文藝部、辯論部、棒球部、學生委員等，成為一個活潑外向的學生。但與此同時，他十三歲至十四歲時，「因為走投無路而擁抱宗教」[6]，熱中前往教會。中學五年級時成為希臘正教會的助祭，負責教導英語，以此交換神學課。他也去敲過禪寺的門，但最後還是進入教會，這點也暗示了他往後的人生軌跡[7]。讓他內心掙扎的理由不明，不過隱約可以推測是他不顧家中反對報考第一高等學校卻失敗（之後於一九一六年合格），以及與父親的關係惡化等因素有關[8]。

　　第二個策略是學習多種外語。受惠於父親遺傳的語學能力，林達夫於一九一四年左右持續向《英語青年》日文英譯欄高等科投稿。他在幼年期學會英語又遺忘，在東京學會日語口語又遺忘，接著適應福井話又遺忘，最終又身處京都的語言環境中。隨著父親的視力惡化（一九一八年左右失明），他開始正式學習語文。之後彷彿要填補那些消失的語言記憶般，連續學習了數種外語。

　　他還翻譯出版了三種語言圈的重要著作，例如德語有布塞特（Wilhelm Bousset）的《耶穌》（*Was Wissen Wir Von Jesus*，一九二三年）、史特林堡的（August Strindberg）《狂人辯詞》（*Die Beichte eines Toren*，一九二四年），法語有法布爾（Jean-Henri Casimir Fabre）《昆蟲記》（*Souvenirs entomologiques*，

一九三〇—一九三四年）、柏格森（Henri Bergson）的《笑》（*Le Rire*，一九三八年）、伏爾泰（Voltaire）的《哲學通信》（*Lettres philosophiques*，一九五一年）；英語有荷格班（Lancelot Hogben）的《溝通的歷史》（*The Wonderful World of Communication*，一九五八年）等等。其他語言雖無譯書，但他也學習了義大利語、西班牙語、俄語，連荷蘭語也有所涉獵[9]。

尋找根據地

一九一六年，林達夫並未進入京都第三高等學校，而是前往東京的第一高等學校第一部丙科（德國法律）就學。即便在京都住了將近十年，他依舊無法抹去不安的感受，對於東京一高的課程也興趣缺缺，從第二年起便頻繁缺席，至一九一八年休學，一九一九年終於中輟。

雖說如此，他還是被推薦為校友會文藝部委員，擔任棒球部二壘手，熱中看歌舞伎演劇，成立美術研究會「白楊會」。他也經常造訪音樂評論家大田黑元雄位於大森的住宅[10]，向當時在舊制曉星中學夜校還默默無聞的岸田國士學習法語，且獨自繼續學習德語。亦即，他在別的領域（小集團）打開了幾扇窗，並保持勤學語文的態度。他還成為岩波書店忠實讀者，喜愛閱讀包含《思潮》在內的雜誌、書籍，經常前往圖書館自學。不過他並未依循典型文藝青年的路線。他在第一高等學校的《校友會雜誌》發表了堪稱早熟的第一篇論文〈關於歌舞伎的考察〉（一九一八年），但更重要的是，他因此能與當時第一流的知識分子有所聯繫。

自一九一七年秋天起至一九一九年夏天，林達夫屢屢造訪高瀨彌一位於神奈川縣鵠沼海岸附近的豪宅，介紹他去的是一高的英語講師，也是「白楊會」的顧問矢代幸雄。宅邸主人高瀨彌一當時剛繼承酒精貿易商父親的資產，在藤澤擔任町會議員。他與哲學家和辻哲郎是一高時代的同學，通過這個緣分，當時代表大正教養主義的各方高人都會來訪這個被稱為「鵠沼御殿」的豪宅，此處遂成為岩波文化人聚集的郊區沙龍。這座豪宅占地四萬坪，其一隅有棟小別邸，和辻曾在該處完成畢業論文，作家阿部次郎也在此地撰寫暢銷書《三太郎的日記》。哲學家安倍能成也曾長期居住於此別邸，林達夫即是繼他之後前來此處[11]。

特別值得一提的是，彌一的五個妹妹全部嫁給出身一高或東京帝大的人。長女高瀨照是和辻哲郎的夫人，四女高瀨松是矢代幸雄的夫人，五女高瀨芳即是林達夫的夫人。林達夫從一高退學看似脫離正軌，但實際上則是打入了人文知識圈的核心。

一九一九年九月，林達夫進入京都帝國大學文學部哲學科（選科）就讀，雖然不是正規課程，但他絲毫不在意。在這裡，他並未師從西田幾多郎、田邊元，而是跟隨旁系的教授群學習，如美學家深田康算、宗教哲學家波多野精一。一九二二年他修畢京都帝大文學部哲學科美學及美術史課程，畢業論文〈希臘悲劇的起源〉發表於《思想》（岩波書店）。同年九月與高瀨芳結婚，定居於鵠沼，之後即於此地生活，鵠沼可說是他最初的根據地，而讓他安定於此的則是「鵠沼御殿」的人際網絡。次年一九二三年六月，在波多野精一的推薦下，他翻譯的布塞特《耶穌》由岩波書店出版。身為「書寫人」的生涯，可謂一帆風順地啟航。

編輯的誕生——東京大震災後的鵠沼集團

一九二三年九月一日發生關東大震災。林的新宅與「鵠沼御殿」轉眼崩塌，岩波文化的贊助者一族——高瀨家就此沒落。與京都帝大的同學們不同，成為受災戶的林達夫因失去好不容易打造起來的根據地，對日常的乖離感更甚於他人。次年，林的一歲長女因流行病亡故，他與妻子芳的關係也出現問題。使得他除了與和辻共譯史特林堡（August Strindberg）的《狂人辯詞》（一九二四年）之外，在兩年之間處於停筆狀態。「書寫人」的航行，至此碰上暗礁。這段期間，他於一九二四年四月擔任東洋大學文化科教授（任職至一九三五年三月為止）、津田英學塾講師、法政大學預科英語講師（任職皆至一九三四年三月為止）。一九二五年五月，長男巳奈夫誕生。

震災三年後的一九二六年，因「圓本」（一日圓一冊）熱潮讓出版界狀況驟變。一九二五年十一月起至一九二七年三月為止，他發表了以「書籍的周圍」為主題的系列作品，提及「讀書人被書籍的洪水所淹沒，幾乎快讓人窒息」。林達夫把關東大震災的經驗視為現存書籍世界崩毀的過程。

「圓本」風潮之際，林達夫期待能透過深田康算的關係，在京都方面就職。一九二六年秋天，他在當地與三木清重逢，留下二人討論馬克思主義的紀錄。三木在第三高等學校任課之餘，也夢想進入京都帝大任職教授。但兩人的夢想都未能達成。次年一九二七年四月，三木清前往法政大學文學部哲學科擔任主任教授，這也拉近了與林達夫的距離。

一九二七年夏天，林達夫與三木清開始參與《思想》雜誌的編輯工作，不久後即著手準備岩波講座第一個系列叢書《世界思潮》（一九二八—一九二九年）。同年十月，林的次男杲之介出生。自一九二七年底開始，他與三木清、羽仁五郎[12]等在東京神田的如水會館，每月舉辦一次研究會。此時，林達夫迅速「赤化」，其背景原因除與這些人的來往外，震災之後鵠沼人脈的急遽變化也是主要原因。

開始參與《思想》雜誌工作的林達夫，成為負責野呂榮太郎的編輯[13]。野呂為了療養結核病而於一九二七年一月移居鵠沼，因為這層緣分讓兩人迅速親近。林達夫相當傾心這位裝著義足的革命家的人格魅力，日後他回憶道，「與他接觸的幾年期間……，是我最專心學習馬克思主義的時期」[14]。在《野呂榮太郎全集》（下，新日本出版社，一九九四年）收錄的書信中也可讀到，林達夫一手接下作為岩波書店與鐵塔書院溝通窗口的工作（轉交稿費與收取原稿）。

野呂周圍有一些異於震災前鵠沼沙龍的人，如羽仁五郎、山田盛太郎、平野義太郎等共產主義者，他們時常造訪野呂的住處。不過這個圈子所營造出的學術氣氛，絕非盲目信奉馬克思主義。

例如野呂的摯友、經濟學家逸見重雄，便住在離鵠沼並不遠的茅之崎。逸見之妻千鶴子的姊姊是翻譯涂爾幹（Émile Durkheim）與塔爾德（Gabriel Tarde）的田邊壽利之妻。逸見三高時代的同學、宗教社會學家古野清人也是鵠沼的居民，向林達夫介紹法國社會學與人類學的最新理論[15]。田邊壽利與經濟學家大塚金之助經營東京社會科學研究所，當時尚年輕的清水幾太郎便在此處工作。與林達夫共同翻譯法布爾《昆蟲記》的山田吉彥[16]（筆名「木田實」〔きだみのる〕）也於一九二六年至一九二九年定居鵠沼。

震災後於鵠沼萌芽的小社會中，林達夫透過野呂這扇「窗」，不得不走上驚險萬分的路途。一九二九年共產黨員遭集體檢舉之際（四一六事件），野呂也被逮捕。當時林達夫向他住宿的島田家傳達有關拘留的詳細資訊[17]。林達夫的妹妹壽惠子加入共產黨並開始潛伏。前述「書籍的周圍」系列作品之一〈「泰綺思」（Thaïs）的饗宴〉，最初在《東京朝日新聞》（一九二七年三月三十日）刊登，當時「學藝欄」的負責人就是尾崎秀實[18]。此外，與林達夫有關連的內外社社主小澤正元則是尾崎的好友[19]。

《思想》雜誌在一九二八年八月號後停刊，不過之後在和辻哲郎、林達夫與谷川徹三等三人共同擔任編輯主幹的體制下，於一九二九年四月號起復刊。往後三年，推測由林達夫在背後積極支持的作家有：野呂榮太郎、逸見重雄、平林初之輔、本多謙三、片山敏彥、羽仁五郎、鈴木安藏、古在由重、中野重治、唐木順三、戶坂潤、中井正一、服部之總、伊奈信男、藏原惟人、山田肇、田邊壽利、宮本顯治、古野清人、清水幾太郎等。從這個陣容可以看出，震災後的鵠沼集團中，馬克思主義與法國社會學這兩股思潮潮流交織並存。

一九二八年十一月十二日，林達夫的恩師深田康算突然過世。林與岩波茂雄前往京都商量遺稿出版事宜。兩年後，《深田康算全集》全四卷（一九三〇—一九三一年）出版，負責編輯校對實際業務的是中井正一，書店業務的聯絡窗口推估是林達夫。同時期，林與大宅壯一、服部之總等人企劃出版《綜合報導講座》全十二冊（一九三〇—一九三一年）。次年還擔任首本月刊俱樂部雜誌《蘇維埃之友》（一九三一—一九三二年）的出版部長。在這個過程中，林達夫結識了一批頂尖的設計師與攝影師，並於一九三三年成為攝影家集團日本工房的顧問，之後也進一步參與了東方社的相關工作。

此外，當野呂主導編纂的《發達史講座》全七冊（一九三二—一九三三年）第四卷遭禁止發行之際，有極高可能是由林達夫說服岩波茂雄繼續刊行[20]。林還被選為唯物論研究會幹事，也參與雜誌《唯物論研究》（一九三二年）的部分編輯工作[21]。若加上三木清的岩波文庫（一九二七年）與吉野源三郎的岩波新書（一九三八年），日本語圈的人文學書籍基本體系已大致完備。

宗教哲學之根基

這段期間，因林達夫的「赤化」引發和辻的反彈。一九三〇年八月一日（給岩波的信件）、一九三一年七月十一日（給谷川的信件）、一九三二年四月二十三日（給岩波的信件）、一九三三年三月一日（給谷川的信件）等書信中，和辻強烈批判林，「我終於確信，無法繼續與林（即便是間接的方式）共事」[22]。同一時期，清水幾太郎的單行本因田邊元的干涉而被擱置，林達夫痛斥岩波茂雄是「人前人後說話表裡不一的傢伙」[23]。

一九三二年布塞特《耶穌》再版時的凡例中，林寫下這樣一段文字，「譯者今日已是戰鬥無神論者陣營中的一名士兵，寫著反宗教的論文」。渡邊一民批評教條式接受馬克思主義的林達夫，認為他「在一九三〇年至一九三三、一九三四年這段時期……，只能說是無比悲慘的姿態」[24]。同時，久野收則評價林達夫的宗教批判是「站在馬克思主義的框架中，批判性地吸收涂爾幹、莫斯（Marcel Mauss）、列維—布留爾（Lucien Lévy-Bruhl）等法國社會學派的研究成果。而且在吸收過程中，對馬克思主義本身也進行內在性的批判」[25]。

實際上，林對馬克思主義與法國社會學的吸收，根源於京都大學時代習自波多野精一的宗教哲學基本態度。波多野在《宗教哲學的本質及其根本問題》（一九二〇年）中表示，自己的學問「並非對宗教對象的哲學性考察，而是以宗教本身為研究對象的哲學」[26]。若非站在神與超越者（transcender）立場，而是站在考察宗教本身的前提，那麼林的「戰鬥無神論」也可視為一種理解整體基督教文化的研究取徑。例如，此時期林達夫身為「書寫人」的最大成果為撰寫了〈社會史的思想史 中世紀〉（一九三二年），該研究先於年鑑學派，率先關注中世紀修道士（亦即以宗教本身為對象）。林達夫與同世代的京都學派不同，表面上似乎不太受新康德派的影響，但他看待西方的根本觀點，卻一貫展現出他透過康德研究權威（波多野）所習得的學術視野。林對知識探索並非隨波逐流，也不是不斷出現重大轉變，而是建立在穩固的學術視角之上。

一九三三年林達夫出版他第一本單書《文藝復興》。同年夏季，他潛伏的共產黨員妹妹壽惠子，在東京下谷某木屐店二樓的榻榻米房間，因衰弱而死。林達夫拒絕僧侶誦經，以全紅的絹布包裹妹妹遺骸，為她守靈[27]。同年十一月二十八日，野呂遭警視廳特高警察逮捕，次年一九三四年二月十九日死亡。之後林達夫便與馬克思主義運動圈保持距離。在《林達夫著作集》中，自一九三五年三月八日開始，至一九四五年三月十四日為止的十年期間，全未收錄任何書信。

「知識分子／編輯」時代的終焉

一九四〇年的一年期間，林達夫見證自己的世界發生堪比關東大震災的崩毀狀況。此年發表的幾篇文章遭到熱中近衛文麿新體制運動的人們激烈批判。「我喪失了社會關係……失去了我以為是自身所屬，並對之抱持期待的集團」[28]。同年十二月十九日，政府成立統一控管全國出版業者的一元化組織「日本出版文化協會」，之後政府主導的言論控制進一步加劇。一九四三年二月十八日頒布《出版事業令》，林的根據地遭統制團體「日本出版會」吞併。他寫下最後一篇作品〈拉芬陀〉（一九四二年）後，便結束了作為「書寫人」的工作，進入「關店歇業」的狀態。此外，在一九四〇年這年，根據文部省教學局企劃部思想課的「需注意」教員調查，其中小池行松製作的〈昭和十五年六月十四日調查〉「極秘：有共產主義傾向的直轄、私立學校教員一覽表（小池文書C）」中也列有林達夫的名字。備考欄寫著「舊日蘇文化協會會員／舊唯物論研究會會員」[29]。

一九四一年三月起至二戰結束為止，林達夫在陸軍參謀本部等單位出資成立之國策公司東方社負責社外理事（一九四三年起任理事長），主導對外宣傳雜誌《FRONT》。此處集結來自日本工房分裂出來的中央工房（一九三四年）設計師原弘、攝影家木村伊兵衛等技術人士。在言論管制的時代，他們仍持續出版優質圖畫雜誌。戰後，這批人才及其經驗流向平凡社，參與《兒童百科事典》（一九五一年）等出版項目[30]。可以說，林達夫通過東方社這個隱身處，保全了他們的力量[31]。

當對日空襲逐漸激烈之際，《思想》、《FRONT》自一九四四年底至大戰結束為止皆處於無法刊行的狀態。此時林對出馬競選貴族院議員的岩波茂雄感到幻滅，摸索如何轉任中央公論社。

二戰後，林達夫首次發表的文章是〈飄搖路邊攤上的一根鉚丁〉（一九四六年）[32]，內容批評了鵠沼沙龍的安倍能成，因其就任幣原喜重郎內閣的文部大臣。接著在《世界》一九四六年十一月號上發表〈對三木清的回憶〉，內容是關於死於獄中舊友的女性醜聞，目的在破壞三木清神話，但真正的攻擊對象應該是《世界》雜誌的監修、支持天皇制的安倍能成。

《思想》一九四六年三、四月合併號後，林與和辻、谷川一同辭去主編職務。此後，林輾轉任職中央公論社（一九四五年十一月—一九四八年六月）、角川書店（一九四七年秋—一九四九年八月）、新月社（一九四九年六—十月）等出版社。林也在《唯物論研究》編輯負責人三枝博音擔任第二屆校長的鎌倉大學校（日後的鎌倉學院）擔任文學科長。該校雖然擁有一流的講師陣容，卻因財務問題而破產了（一九五〇年）。這段時期，林似乎又回到定居鵠沼之前，失去穩定的根據地。

其中讓他期待落空的是中央公論社的工作。當時，中央公論社老闆嶋中雄作害怕遭ＧＨＱ正在進行的「公職追放」的波及，因此於一九四七年七月十四日在員工組合大會前，要求協助「製作反證」，導致勞方反彈，以《中央公論》雜誌核心成員為主，出現大量離職者。林達夫也用了快四十張稿紙的篇幅撰寫批評文〈關於中央公論社的現狀〉，並郵寄給相關人士。一九四八年六月四日，林被公司以「違反社規者」為由解雇[33]。然而，林達夫、谷川徹三、蠟山政道等人的主編體制，從一開始就在「職員編輯」之間被認為是「時代的產物」[34]，隨著出版社逐步引入「終身雇用制」，「知識分子／編輯」的時代也就此落幕。

信件人——與小型社會的連結

林達夫在戰後撰寫的評論與散文，許多都是帶著「收信人」的文章。〈飄搖路邊攤上的一根鉚丁〉（一九四六年）寫給安倍能成，〈反語的精神〉（一九四六年）寫給編輯Ｋ君（推測為河盛好藏），〈邪教問答〉（一九四七年）回應一位信奉基督教的女性讀者，〈馬克思主義與宗教理論〉（一九四八年）寫給中野重治，〈無人之境的世界公民〉（一九五〇年）寫給木田實。林被說是作品鮮少的人，但若將〈關於中央公論社的現狀〉等激憤書信一類的文章包括在內，其實也有相當分量[35]。這位不太願意談論自己的學者，卻不惜勞苦投注大量精力接觸通過書籍形成聯繫的小社會。

林達夫最後一本單著《共產主義之人》（一九五一年）的編輯是花田清輝。該書收錄的十一篇文章中有八篇陸續寫於一九四九年秋至一九五一年春。〈二十世紀政治的民俗傳說〉將政治家和人民視為民間故事中的人物，與同時期花田撰寫的文章形成強烈的對話關係[36]。此時期，東西德成立、中華人民共和國建國、麥卡錫旋風、沖繩開始建設永久基地、韓戰爆發、日本重整軍備（警察預備隊令）等狀況接連發生，這些事件讓人感受到冷戰可能擴大為第三次世界大戰。特別值得一提的是，林達夫作為批判史達林的世界先驅，雖然當時的文壇漠視了他的言論，但自一九五六年之後，便驗證了他對當時狀況的判斷有多麼迅速與正確。

林達夫公開刊行的最後一篇激憤書信是〈妄人妄語〉（一九五二年二月）。此文批評「和平問題談話會」在《世界》發表的三點聲明文[37]以及參與其中的知識分子，但主要「指名道姓」批判的對象並非丸山真男，而是震災後鵠沼集團的同伴清水幾太郎。

一九五一年四月，林達夫進入平凡社，且迅速著手《兒童百科事典》（一九五一年）、《哲學事典》（一九五四年）等編輯作業。因一九四〇年起的崩壞狀況而失去根據地的林，終於獲得喘息的機會。一九五八年，隨著《世界大百科事典》完成出版，林成為平凡社顧問。日後在〈總編的椅子〉（一九六四年）一文中，他引用下中彌三郎的話，評價這部百科全書乃「一國的文化指標」。

一九六〇年代以後，林達夫的主要活動仍然圍繞在「書籍的周圍」。例如高橋英夫翻譯出版赫伊津哈（Johan Huizinga）的《遊戲人》（*Homo Ludens*）時，林達夫參閱英、德、法、義大利文四種版本進行校閱[38]（一九六二—一九六三年）。他更進一步參與全二十二卷的《現代人的思想》（一九六七—一九六九年）企劃，在第十五卷《未開化與文明》（一九六九年）拔擢山口昌男擔任編輯與解說[39]。自一九七一年至一九七二年，出版全六卷的《林達夫著作集》，由花田清輝與久野收擔任編輯。最後一卷的解說對談，後來成為林與久野收共著的《思想的戲劇構成》（*Dramaturgie*）（一九七四年）。林在〈後記〉中，哀悼於同年過世的花田，寫道：「通過他的死讓我深刻意識到，他曾是支撐我『人生目標』內心深處某個部分的一根支柱。」

一九七八年左右，林達夫身體狀況開始惡化，最後長期臥病在床。他雖名列《花田清輝全集》全十五卷、別卷二（一九七七—一九八〇年）的編輯者之一，但無法在月報撰寫文章。即便如此，他仍未失去旺盛的求知心，因為想閱讀杜斯妥也夫斯基的原文作品，持續在病床上通過廣播講座學習俄語。在妻子芳的無微不至關照下，讓他生命獲得延續，直到一九八四年四月二十五日因衰老而永眠。享年八十七歲。

野呂榮太郎（一九〇〇—一九三四年）

一九〇〇年四月三十日，生於北海道夕張郡長沼。父親市太郎擔任朋友農場的管理員，以此維生。

一九〇八年，榮太郎於小學校運動時受傷，右腳踝傷勢惡化，一九一〇年不得不截去右腳自膝蓋以下的部分。一九二〇年進入慶應義塾大學就讀，但染上肺結核，轉移至神奈川縣七里之濱療養。野呂把說明肺結核的病理用語「癒著」（中文稱「黏連」）轉而用來表現國家資本與私人壟斷資本的關係（中文可理解為「勾結」），之後在日文中獲得廣泛使用[40]。

一九二二年暑假返鄉之際，聽了有島五郎的解放農場報告演講，深受感動。同年十月，創立「三田社會問題研究會」。一九二三年升學進入慶應義塾大學經濟學部本科一年級。之後再度返鄉時，發覺有特高警察尾隨。一九二四年認識野坂參三[41]，開始於產業勞動調查所（產勞）工作，同事中有日後在資本主義論爭敵手、勞農派代表人物猪俣津南雄。此時期，他在社會思想史的授課中，曾質問日後以共產主義批判三部曲而成名的小泉信三教授，站在馬克思勞動價值說的立場，與其針對價值論展開辯論。

一九二五年十月，野呂為了小樽高商軍教問題向文部省抗議，因而遭日比谷警察署舉報。一九二六年一月，警視廳搜查其家宅，沒收大量原稿，不過他仍靠剩下的文獻寫完畢業論文。同年四月，學生社會科學聯合會（學聯）的領導成員被政府以本土首次適用《治安維持法》加以鎮壓，野呂在此次所謂的學聯事件中遭牽連，在判決前拘留於京都監獄。雖然有人試圖推薦他留在慶應大學從事研究工作，但因部分人士的反對而未能實現，九月起成為產勞的常任理事。

一九二七年一月下旬，他遷居到神奈川縣藤澤町鵠沼海岸，三餐便在島田石（島田いし）家中解決。雖然未能如願在慶應就職，但小泉信三將野呂介紹至岩波書店。同年夏天前後，野呂偶然開始與住在附近的林達夫結成深交。日後林達夫曾評價野呂是「我發現一位從未見過的思想純淨的使徒」，「我們關心的方向過於偏向純粹主義，無法直視現實中的馬克思主義政治濁流」[42]。此外，野呂周遭的社交圈超越了馬克思主義者的範疇，這樣的多樣性也豐富了林達夫的學術事業。只是，與表面上穩定的療養生活相對照，政府對共產主義者的鎮壓日益嚴厲。一九二八年三一五事件中，產勞的所員大多被舉發，抱病的野呂也不得不為重建組織而四處奔走。

一九二九年，在林達夫主編的《思想》雜誌復刊號上，野呂發表了批評猪俣津南雄的文章[43]，建構講座派國家論的原型。埋首此作業時，卻因四一六事件被舉報，拘留於豐多摩監獄約一個月。林達夫向島田一家詳細報告野呂的近況。一九三〇年二月，野呂出版了自己生前唯一的著作《日本資本主義發展史》[44]，由鐵塔書院發行。最初，為了讓對出版作品抱持消極態度的野呂願意出版，林達夫建議負責編輯小林勇請求恩師小泉寫一封推薦信。

野呂於一九三一年四月為了《發達史講座》全七冊的出版計畫，與大塚金之助、羽仁五郎、平野義太郎、山田盛太郎等人協商。一九三二年五月《發達史講座》開始發行，但第四次配送書本時遭禁止發行（一九三三年八月結束）。十一月，岩田義道遭虐殺[45]。野呂是日本共產黨僅剩的五位中央委員之一（日後判明五人中的兩人是間諜），一邊過著潛逃生活，一邊與宮本顯治等人為黨的重建而奔走。此時因「苦於希望有一個安全的隱匿場所」[46]而前訪小泉家。二戰後寫下共產主義批判三部曲的小泉，即便與野呂的思想立場不同，仍始終關心他的安危。

一九三三年五月，野呂與黨員下田富美子結婚（日後隨養父家改姓塩澤）。一九三三年六月，潛伏中的野呂接到身處監獄的共產黨幹部佐野學、鍋山貞親發表轉向聲明的消息。十一月二十八日，野呂在押上站被特高警察逮捕，之後被輾轉送至數個警署，身體變得衰弱。一九三四年二月十九日，他被從品川警署用車送往北品川醫院後旋即死亡。七月二十九日長女美榮子出生，但一九三九年三月當母親富美子入獄時，美榮子因罹患與父親同樣的病症，年僅四歲即夭折。

花田清輝（一九〇九—一九七四年）

一九〇九年三月二十九日，出生於福岡縣福岡市。一九二六年進入鹿兒島第七高等學校就讀（因出席日數不足而於一九二八年被退學）。在宿舍新生歡迎會上，他自稱來自義大利佛羅倫斯，唬住了周圍的一幫學生。一九二九年進入京都大學文學部英文科的選科，但因父親經營的公司倒閉，無法提供金援，讓他一直處於饑餓狀態。一九三一年由於繳不出學費而被開除，暫時返回故鄉，後於一九三三年又前往東京。

一九三五年左右，他認識日後成為國家主義政黨東方會總裁中野正剛的祕書，也是《我觀》（日後的《東大陸》）發行人兼主編的進藤一馬。他在該雜誌撰文之餘，一九三六年起開始致力閱讀馬克思主義相關文獻，接替當時離去的林達夫的研究方向。一九三九年進入東大陸出版社。從《東大陸》六月號起成為實際負責編輯。一九四〇年創刊「文化再出發之會」的機構誌《文化組織》，但因中野正剛參加大政翼贊會，他決定離職。一九四三年他在《現代文學》九月號文壇時評中發表言論，被右翼團體「大東塾」的四名成員所襲擊，為此花田清輝還撰寫了道歉文。

二戰後的一九四五年十二月，他在《近代文學》創刊號投稿〈變形譚〉。一九四六年三月起加入《真善美》（《我觀》的後續雜誌）編輯。同年十月刊行《復興期的精神》，並收到林達夫表達讚賞的明信片。之後閱讀林達夫的〈三木清的回憶〉（《世界》一九四六年十一月號），深受感動，現代日語圈兩位代表性的修辭家就此開始深交。

一九四七年花田清輝就任「真善美社」的編輯顧問，開始企劃《1946——文學的考察》、《綜合文化》、《二十世紀的世界》等大量出版品。一九四八年夏天，因經營惡化而離開「真善美社」編輯顧問一職，轉而與「新日本文學會」的關係更加密切。一九四九年加入共產黨。同年就任「月曜書房」編輯顧問，發行《戰後主要作品全集》、《田中英光選集》、林達夫《共產主義之人》等書籍。一九五二年被選任為《新日本文學》編輯部負責人，但一九五四年因拒刊宮本顯治論文問題而遭免職。一九六一年七月與「新日本文學會」的二十名黨員同志發表聲明文，批評破壞黨內民主主義的黨領導層。同年十二月遭開除黨籍。之後仍繼續參與《新日本文學》的編輯工作，一九七一年至一九七二年擔任《林達夫著作集》全六卷的編輯。一九七四年九月二十三日因腦溢血過世。

花田清輝是位跨領域作家，寫作領域涵蓋小說、評論、電影理論、戲劇等，數量龐大的作品群泰半收錄於《花田清輝全集》全十五卷、別卷二（一九七七—一九八〇年）。其「彎撓、扭曲又纏繞的文體」[47]持續解放同時代僵固化的用語。花田本人厭惡被稱為「文學家」、「文人」等，自稱為「按摩師」[48]（取給人做精神按摩之意）。

應當注意的是他於一九五六年投稿《文學》十月號的短文《故事新篇》。花田著眼於魯迅[49]試圖透過

「重重纏繞束縛落後國家人民的傳統桎梏，反而轉化為一種屏障」，以神話與傳說為創作題材。之後他深入研究「通過否定前近代的事物，以此作為負面媒介來超越近代事物的方法」[50]，陸續寫下《鳥獸戲畫》（一九六二年）、《俳優修業》（一九六四年）、《小說平家》（一九六七年）、《室町小說集》（一九七三年）等根據古典文學創作的小說。不過花田更堅持的是如《小偷論語》（一九五八年上演）、《爆裂彈記》（一九六三年上演）、《一切都在歌中結束》（一九六三年上演）等必然具備集體創作要素的戲劇創作。他的真正意圖在《關於政治性動物》（一九五六年）一文中有清楚闡述：「如果日本知識分子維持當前這種孤立狀態，再次走向戰爭，他們肯定會再度陷入手足無措的境地。」[51]

這句話與他過世前五個月的散文〈金色之雲〉中一段話相互呼應。「個人置身於集團之中可能會被簡化。然而，這種簡化卻蘊含著無限的豐富性。因為當個人被孤立時，他們幾乎不去察覺，甚至不願去察覺的真實自我就被集中表現出來了」[52]。隨後，花田以魯迅的小說《故事新篇》為素材，時隔十年再度創作戲曲《即便戮首——眉間尺》（一九七四年，與小澤信男、長谷川四郎、佐佐木基一等共同創作），但不久後遽然而逝。此劇一九七四年十一月的首演也成為他的追悼公演。花田的許多集體創作的夢想未能實現，但回顧他的人生軌跡，可以發現他始終投入於編輯這個共同創作的場域中，可以看出他獨樂樂不如眾樂樂的態度。

其他人物

一、「知識分子／編輯」們

戶坂潤

一九〇〇—一九四五年。生於東京市神田區。在京都帝國大學哲學科主修數理哲學，也是以批判角度給京大學閥命名「京都學派」的人。一九二九年左右，他開始參加馬克思主義的研究會，一九三〇年因在自家留宿逃亡中的共產黨員而遭舉發。一九三一年接手盟友三木清擔任法政大學講師。一九三二年創立唯物論研究會，次年就任該會事務長。一九三四年法政大學發生爭議事件，不久便被以「思想危險」之罪舉報，並被免去他在法政大學的教職。從當時的文章中可以看出戶坂對編輯工作的想法。「支配文筆的是編輯」[53]。「各大學把某些教授、助教授從校園驅逐到街頭，這樣的做法在不知不覺地……形塑出一股與學院對立的理論性實際勢力，即理論新聞主義」[54]。之後，除了參與「唯研」機構誌《唯物論研究》外，他投身於編輯全六十六冊的《唯物論全書》（一九三五—一九三七年），目標為打造一部堪比狄德羅夢想的「唯物論百科全書式體系」。一九三七年十二月他被處以禁止執筆的懲處，但仍以編輯身分繼續活動。一九三八年「唯研」解散，他隨後創刊《學藝》。但十一月二十九日黎明，因被警方全數舉報（唯物論研究會事件）而不得不停刊。至一九四〇年五月為止約一年半期間，他被拘留在杉並警察署。保釋出獄後，他在上智大學天主教大辭典編纂所任職，同時也擔任白揚社、伊藤書店的企劃顧問。戶坂是個說話愛夾雜笑話的歡快人物，審判期間甚至有餘力前往長野滑雪。一九四四年九月一日下獄，關押於東京拘留所（二審結審，判處三年徒刑）。預期日本即將戰敗的戶坂，入獄前還先以樂觀的語調對哲學家古在由重說「一年後再見」。但一九四五年八月九日，他卻因營養失調與疥癬引發急性腎臟病，逝世於長野監獄。

中井正一

一九〇〇—一九五二年。是日本首位通過剖腹手術出生的嬰兒，執行手術的醫院為大阪市東區緒方醫院。他在京都帝國大學文學部研讀美學，一九二五年進入研究所，並擔任京大文學部哲學會委員，從事《哲學研究》的編輯工作，也擔任驟逝的恩師深田康算的全集（岩波書店，一九三〇年）的主編。此時他與志同道合者創刊《美・批評》。一九三三年瀧川事件時，中井成為文學部抵抗組織的核心人物。隨後，真下信一、新村猛、久野收、武谷三男加入，他們共同推出第二期《美・批評》。一九三五年創刊《世界文化》，一九三六年創刊以勞工為目標讀者的小型報紙《星期六》，指導反戰、反法西斯的文化人民戰線運動。他的代表作〈委員會的邏輯〉發表於《世界文化》上，提出了與花田清輝共通的集團思考路徑。一九三七年因違反《治安維持法》遭舉報，一九四〇年被判決兩年徒刑，緩刑兩年。戰爭結束之際回老家尾道「疏開」（疏散），就任尾道市立圖書館館長。一九四七年以民主統一候選人出馬競選廣島縣知事，但最後落選。一九四八年，即便其戰前經歷受到質疑，但在羽仁五郎的大力支持下，他被任命為國立國會圖書館副館長。中井早在網際網路出現前，便設想將不只是國會圖書館，甚至全國各地的圖書館藏書都應製作藏書目錄卡，把圖書館當作訊息中心來活用。一九四九年就任日本圖書館協會理事長，致力於推動《圖書館法》（法律一一八號）的制定。一九五〇年通過提倡「良書普及運動」等，走出與其他「知識分子／編輯」不同的道路，有志於資訊、知識的民主化。此外，他也會提出如「出版界忘了把圖書館界作為一個採購組織考慮在內」[55]這種基於現實的判斷，也可一窺他身為務實者的想法。一九五二年因胃癌過世。

三木清

一八九七—一九四五年。在京都帝國大學文學部與林達夫一同接受波多野精一與深田康算的薰陶。三木負責整理波多野的夏季授課講義，最終出版為《宗教哲學之本質及其根本問題》（一九二〇年）。在波多野的推薦下，三木獲得岩波書店出資，前往德國向新康德派哲學權威李凱爾特（Heinrich Rickert）、海德格（Martin Heidegger）學習。三木等留學生雇用第一次世界大戰後當地的窮困知識分子擔任家教，並介紹他們向日本出版社投稿，藉此支援他們生活，其中甚至包含洛維特（Karl Löwith）、曼海姆（Karl Mannheim）等知名學者。[56]正是由於這種經濟背景，日本才能源源不絕「輸入」德國的學術成果。回國後他未能進入京都帝國大學任職，而是成為法政大學文學部教授，並與岩波書店等出版社建立深厚關係。一九二七年，他參照雷克拉姆（Reclam）文庫的模式，建議創刊岩波文庫。他與林達夫共同參與《思想》雜誌的編輯，並協助策劃岩波講座《世界思潮》以及該講座的《哲學》之編輯。一九二八年與小林勇、羽仁五郎等人創刊《在新興科學的旗幟下》。三木的編輯理念可見於〈出版文化中雜誌的特殊性〉（《日本讀書新聞》一九三七年九月十五日）中，他認為雜誌媒體的明顯特徵在於「時事性」與「評論性」，主張刊登的各種報導與論文皆應以「綜合性」為目標，此方為理想[57]。此外，三木也積極參加「無產階級科學研究所」與「昭和研究會」等知識分子社團。對於人際網絡的敏銳嗅覺，正是他最優秀的才能。

吉野源三郎

一八九九—一九八一年。生於東京市牛込區。一九二五年從東京帝國大學哲學科畢業。歷任東京大學圖書館員、明治大學講師等職。一九三一年服兵役時，因違反《治安維持法》遭逮捕，經軍法會議審判後，之後收監於代代木陸軍監獄，直至一九三二年獲釋。一九三五年，在作家山本有三的介紹下，吉野成為新潮社「日本少國民文庫」的編輯主任。他為該叢書撰寫的《你們如何生存》（一九三七年）成為暢銷書。一九三七年起，他開始在明治大學文藝科執教（一九三九年就任教授）。中日戰爭爆發後，以英國的鵜鶘鳥叢書（Pelican Books）為範本，向岩波書店提案企劃「岩波新書」。二戰之後，成為岩波書店新雜誌《世界》的首任主編（一九四五—一九六五年），由安倍能成監修。吉野以此雜誌為舞臺，組織「和平問題談話會」，展開全面講和論，使雜誌銷售量大增。一九四九年起就任董事，一九六五年退休，之後擔任編輯顧問。全共鬥運動的領導者山本義隆曾擔任吉野女兒的（數學）家教[58]。一九八一年，吉野因肺氣腫過世。此外，林達夫晚年回憶錄《思想的戲劇構成》中，完全沒有提及吉野。

二、創業者們

岩波茂雄

一八八一—一九四六年。生於長野縣。一九〇八年自東京帝國大學文學部哲學科選科畢業。曾在神田高等女學校工作後，一九一三年起於神田區南神保町開設舊書店。憑藉其熱情與人格魅力，受到許多作家與學者喜歡。在書店草創期，他出版許多關於大正時期教養主義的書籍，如夏目漱石的《心》（一九一四年）、《哲學叢書》（一九一五年）、《思潮》（一九一七年）、西田幾多郎《自覺中的直覺與反省》（一九一七年）、《漱石全集》全十二卷（一九一七年）、阿部次郎《合本三太郎日記》（一九一八年）、和辻哲郎《古寺巡禮》（一九一九年）、《思想》第一期（一九二一年）等。關東大震災後，因太慢加入「圓本」的熱潮，被對手改造社遠拋在後。不過，從此時起他重用三木清、林達夫，以及稍後的吉野源三郎等「知識分子／編輯」，靈活地改變方向，創辦岩波文庫（一九二七年）、岩波講座（一九二八年）、《思想》第二期（一九二九年）、岩波新書（一九三八年）、《世界》（一九四六年）等，打造了延續至二十一世紀的人文出版平臺。岩波茂雄從不掩飾自己涉足政界的夢想，一九四五年成為貴族院議員。一九四六年因腦溢血過世。他是一位尊崇〈五箇條之御誓文〉的愛國者，也是一位公然批評中日戰爭的亞細亞主義者。

下中彌三郎

一八七八—一九六一年。生於兵庫縣。經歷陶器工人與小學校代課教員後前往東京。一九〇二年創刊《兒童新聞》，同時兼任《婦女新聞》記者。一九一一年成為埼玉縣師範學校教諭。一九一四年創立平凡社，出版《口袋顧問　唷！這個很方便》。一九一九年組成日本最初的教員工會「啟明會」，創刊機構誌《啟明》。一九二三年將平凡社改為株式會社（股份公司），但關東大震災時公司房舍全毀，等於公司改制後旋即遭遇困境。之後在「圓本」熱潮最興盛期，出版《現代大眾文學全集》（一九二七年）、《世界美術全集》（一九二八年），一九三一年起開始出版《大百科事典》，一九三四年起又推出《大辭典》，終於打下平凡社作為百科全書出版社的地位。之後至二戰結束為止，下中積極參與「新日本國民同盟」、「大亞細亞協會」、「東亞建設國民聯盟」、「大政翼贊會」等國家主義與亞細亞主義運動。一九四八年確定遭公職追放。不過他仍繼續主導出版日本戰後第一部系統化的百科全書《社會科事典》，並延攬林達夫擔任主編，發行《世界大百科事典》。一九五一年公職追放解除，他回任平凡社社長。他的活動範疇遠超出版框架，如擔任「世界聯邦建設同盟」理事長（一九四九年）、「世界和平訴求七人委員會」（一九五五年）委員等，以解放亞洲民族與促進世界和平為目標。一九五九年因健康惡化離開社長職位，改就任會長。一九六一年過世。

山本實彥

一八八五—一九五二年。生於鹿兒島縣。以代用教員身分前往沖繩赴任。一九〇四年在同鄉的政治家引薦下前往東京。一九〇八年進入桂太郎內閣御用報《大和新聞》任職。一九一三年當選東京市會議員。後來就任東京每日新聞社社長。一九一五年第十二屆大選中代表憲政會出馬競選，但因收賄嫌疑遭臺灣總督府傳喚，被監禁半年。出獄後，他在久原礦業的委託下前往西伯利亞，回國後以調查獲取的報酬作為創業金，於一九一九年創刊《改造》雜誌，第四號「勞工問題、社會主義」專題銷量好轉，至次年一九二〇年賀川豐彥《越過死線》銷售更突破一百萬冊，為改造社確立了左派導向。關東大地震之際，公司受損金額高達一百二十萬日圓，但仍決定改變策略，將當時市價高達十日圓的書改以定價一日圓的策略行銷，並於一九二六年十一月於報紙上刊登《現代日本文學全集》廣告，掀起「圓本」熱潮。一九三〇年第十七屆大選中，代表與黨民政黨出馬競選並勝選（一九三二年落選）。一九三八年火野葦平的《麥田與士兵》，暢銷超過一百二十萬冊，但《改造》的左翼論調已經消失。山本對中國抱持強烈關心，屢次前往當地訪查，他從上海帶回的抗日資料〈論持久戰〉（《改造》一九三八年十月號）、〈抗日游擊戰論〉（《改造》一九三八年十一月號），很可能是毛澤東作品首次被譯介到日本。一九四二年橫濱事件中，改造社的數名編輯遭到牽連，一九四四年被下令停業。日本戰敗後，一九四六年一月號《改造》復刊。同年四月，他當選協和黨（協同民主黨）黨魁但遭公職追放。一九五二年因胃潰瘍惡化而過世。在他的一生中，他不斷將透過出版獲得的財富大多投入選舉資金使用。

三、馬克思主義與人文出版

小泉信三

一八八八—一九六六年。生於東京市芝區三田。父親小泉信吉是舊和歌山藩士，就教於福澤諭吉，亦曾任慶應義塾塾長。一九一〇年，小泉信三自慶應義塾大學部政治科畢業，一九一三年至一九一六年前往倫敦大學經濟科、柏林大學、劍橋大學留學。這段期間曾聆聽桑巴特（Werner Sombart）、凱因斯（John Maynard Keynes）等人的課程。一九二〇年就任慶應義塾大學經濟學部教授。同年出版首部著作《社會問題研究》。他是戰前岩波書店最重要的智囊，也是在《思想》雜誌上首位登場的經濟學者。他在二戰後的共產主義批判三部曲《共產主義批判的常識》、《我與馬克思主義》、《共產主義與尊重人類》讓人印象深刻。然而，早在岩波講座《世界思潮》第一期（一九二八年）中，小泉撰寫了〈馬克思主義〉條目（第十二冊）。此外，他在該講座第九冊發表〈現代經濟思潮〉一文，曾評價道，「《資本論》是基於無與倫比的文獻考察而寫成的著作，可以被視為對十九世紀經濟學的最重大貢獻」[59]，強調不應將馬克思神格化，而應以一個經濟理論家來看待。這展現出日本人文出版與馬克思主義的一種關係「形態」。小泉的這種態度，直到晚年都未曾改變[60]。他是野呂榮太郎的恩師，即使思想立場相異，但依然敬重並深愛其人格。一九三三年獲選慶應義塾塾長（一九四七年退任）。一九三四年，亦即野呂過世這年，他以《李嘉圖（David Ricardo）研究》相關論文獲得經濟學博士學位。一九四二年他的長男信吉在南太平洋地區戰死。一九四五年他的家宅因空襲燒毀殆盡，且臉部與雙手遭燒傷進入慶應醫院治療。當時，野呂的太太、在傳染病研究所擔任研究員的塩澤富美子協助提煉的盤尼西林，被用在小泉的治療上。[61]一九四九年，小泉就任「東宮教育常時參與」，這位曾是講座派馬克思主義領導者的恩師，也成為了明仁上皇的皇家教師。一九五二年受洗，教名拿但業（Nathanael）。一九六六年因心肌梗塞過世。

注釋

1. 宗教哲學者。一八七七—一九五〇年。一八九九年畢業於東京帝國大學文科大學哲學科（師從R．庫伯［Raphael von Koeber］）。一九〇二年於一番町教會由植村正久受洗。一九一七年成為京都帝國大學教授，擔任宗教學講座的基督教教學，以基於人格主義將宗教哲學體系化為目標。
2. 美學家。一八七八—一九二八年。一九〇二年畢業於東京帝國大學文科大學哲學科。（師從R．庫伯）。一九一〇年成為京都帝國大學文科大學教授。創設美學、美術史講座。
3. 哲學家。一八九五—一九八九年。一九二二年畢業於京都帝國大學哲學科。與林達夫、三木清一同接受深田康算的薰陶。一九二八年成為法政大學文學部哲學科教授，一九六三年成為該大學校長。參與過世界聯邦政府運動。此外歷任《思想》第二期核心編輯、中央公論社編輯顧問等。
4. 評論家。一九〇四—一九八〇年。京都帝國大學哲學科畢業。制度上他師事田邊元，但他的畢業論文〈柏格森的時間與永遠〉受到深田康算的推薦，刊登於《哲學研究》。二戰之後參與筑摩書房《展望》的創刊工作。
5. 這個組織的幹部除首屆理事長岡田桑三外，尚有民族學者岡正雄、東洋史學者岩村忍等人聯名。
6. 林達夫，〈邪教問答〉，《共產主義的人間（共產主義之人）》，中公文庫，一九七三年。

7. 最初的翻譯書是耶穌的評傳，內在的守護聖人為聖方濟各。

8. 鷲巣力，〈林達夫への精神史的逍遥（林達夫的精神史漫遊）〉，《イタリア図書（義大利圖書）》五三（二〇一五年）、五五（二〇一六年）。

9. 山口昌男編，《林達夫座談集　世界は舞台（林達夫座談集　世界是舞臺）》，岩波書店，一九八六年。

10. 林達夫，〈一冊の本（一本書）〉，林達夫等編著，《第一書房　長谷川巳之吉》，日本エディタースクール出版部（日本編輯者學校出版部），一九八四年。

11. 高瀬笑子，《ゆく河の流れ（流逝的河流）》，武藏野書房，二〇〇二年。高三啓輔，《鵠沼・東屋旅館物語》，博文館新社，一九九七年。

12. 歷史學者。一九〇一—一九八三年。於海德堡大學師從歷史學者李凱爾特，學習歷史哲學。一九二六年與羽仁說子結婚（舊姓森）。一九二八年就任日本大學教授，一九二九年與三木清創立無產階級科學研究所。與野呂榮太郎一同參與《發達史講座》全七冊的編輯。一九三三年因違反《治安維持法》嫌疑遭舉發。一九四五年因違反《治安維持法》嫌疑在北京被捕。一九四七年競選參議院議員並當選。

13.-14. 林達夫，〈《思想》の思い出（《思想》的回憶）〉，《林達夫著作集》六，平凡社，一九七二年。首次刊登於《思想》一九五七年十月號。

15. 林達夫、久野收，《思想のドラマトゥルギー（思想的戲劇性）》，平凡社ライブラリー（平凡社圖書館），一九九三年。

16. 作家、翻譯家。筆名為木田實（きだみのる）。一八九五—一九七五年。慶應義塾大學預科中輟。一九三三年在巴黎大學師從莫斯（Marcel Mauss）。一九四八年以《気違い部落周游紀行（瘋人部落遊歷記）》獲頒每日出版文化賞。譯作有涂爾幹《社会学と哲学（社會學與哲學）》（一九二五年）、拉馬克（Chevalier de Lamarck）《動物哲學》（一九二七年）、法布爾《昆蟲記》（一九三〇—一九三四年）、列維—布留爾《未開社会の思惟（原始社會的思維）》（一九三五年）、莫斯《太平洋民族の原始経済（太平洋民族的原始經濟）》（一九四三年）等。

17. 「鵠沼時代的野呂榮太郎」刊行委員會編，《鵠沼時代の野呂栄太郎（鵠沼時代的野呂榮太郎）》，「鵠沼時代的野呂榮太郎」刊行委員會，一九八四年。

18. 林達夫，〈オベリスク（方尖碑）〉，《林達夫著作集》六，平凡社，一九七二年。最初刊登於《週刊朝日》二〇〇〇號突破紀念特刊，朝日新聞社，一九五八年五月。

19. 林達夫、久野收，同前。

20. 落合勝人，〈小さな社会（小小的社會）〉，《林達夫　編集の精神（林達夫 編輯的精神）》，岩波書店，二〇二一年。

21. 林達夫、久野收，同前。

22. 致谷川徹三，一九三一年七月十一日書信。《和辻哲郎全集》二五，岩波書店，一九九二年。

23. 林達夫、久野收，同前。

24. 渡邊一民，《林達夫とその時代（林達夫與那個時代）》，岩波書店，一九八八年。

25. 久野收，〈解説〉，《林達夫著作集》三，平凡社，一九七一年。

26. 波多野精一，〈宗教哲学の本質及其根本問題（宗教哲學的本質及其根本問題）〉，《波多野精一全集》三，岩波書店，一九四九年。初版發行於一九二〇年。

27. 致中野重治（封口信件），一九七一年六月三十日。《林達夫著作集》別卷一，平凡社，一九八七年。

28. 林達夫，〈歴史の暮方（歷史的黃昏）〉，《林達夫著作集》五，平凡社，一九七一年。首次刊登於《帝國大學新聞》一九四〇年六月三日號。

29. 駒込武等編，《戦時下学問の統制と動員——日本諸学振興委員会の研究（戰時學術的統制與動員——日本諸學振興委員會的研究）》，東京大學出版會，二〇一一年。

30. 石塚純一，〈戦時《FRONT》の東方社と戦後の平凡社（戰時《FRONT》的東方社與戰後的平凡社）〉，《エディターシップ（Editorship）》Vol．3，二〇一四年。

31. 在一九四三年九月九日的信件中，林達夫向岩波索求東方社的經營資金（飯田泰三監修，《岩波茂雄への手紙（致岩波茂雄的信）》，岩波書店，二〇〇三年）。

32. 最初刊登於《東京新聞》一九四六年一月二十日。

33. 《毎日新聞》一九四八年六月六日。此時讓林達夫憤怒的原因是嶋中讀了〈與高松宮談話——關於皇室的家族制度〉後斥責記者，結果對宮家（皇室家族）賠罪的事件。

34. 《圖書新聞》一九五八年一月十八日號。

35. 清水幾太郎，〈林さんの手紙（林先生的信）〉，《林達夫著作集》五（附錄「研究筆記5」），平凡社，一九七一年。

36. 林達夫，〈無人境のコスモポリタン（無人境的世界公民）〉（《人間》一九五〇年四月號）、花田清輝，〈ガラスの動物園（玻璃動物園）〉（《群像》一九五〇年六月號）、林達夫，〈旅順陥落〉（《圖書》一九五〇年七月號）、花田清輝，〈フロンティア・ライン（邊界線）〉（《東京大學學生新聞》一九五〇年七月二十七日號）、林達夫，〈新しき幕明き（新的開幕）〉（《群像》一九五〇年八月號）等。依照發表順序將各篇加以排列後，即可看出作品之間有緊密的呼應關係。

37. 〈戦争と平和に関する日本の科学者の声明（關於戰爭與和平的日本科學家聲明）〉（《世界》一九四九年三月號）、〈講和問題についての平和問題談話会声明（關於和約問題的和平問題座談會聲明）〉（《世界》一九五〇年三月號）、〈三たび平和について（第三次關於和平的問題）〉（《世界》一九五〇年十二月號）。

38. 高橋英夫，《わが林達夫（我的林達夫）》，小澤書店，一九九八年。

39. 以山口昌男為核心，磯崎新、大江健三郎、大岡信、武滿徹、中村雄二郎成為編輯成員，一九八四年創刊《へるめす（荷米斯）》季刊。一九七〇年代設置瓦薩里研究會，一九八〇年發行辻茂、高階秀爾、佐佐木英也、若桑綠（若桑みどり）、生田圓等人編著的《瓦薩里藝術論》。譯者為摩壽意善郎。林也以監修者身分參與其中。

40. 平野義太郎，〈講座派のリーダー（講座派的領袖）〉，大學新聞聯盟編，《野呂栄太郎の回想（野呂榮太郎的回憶）》，大學新聞聯盟出版部，一九四八年。

41. 「野坂参三」請參照第十二卷第十五章。

42. 林達夫，〈《思想》の思い出（《思想》的回憶）〉，《林達夫著作集》六，平凡社，一九七二年。首次刊登於《思想》一九五七年十月號。

43. 野呂榮太郎，〈猪俣津南雄氏著《現代日本ブルジョアジーの政治的地位》を評す（評猪俣津南雄先生所著《現代日本資產階級的政治地位》）〉，《日本資本主義發達史》，鐵塔書院，一九三〇年。

44. 編輯、隨筆家。一九〇三—一九八一年。赤穗公民實業學校商業部畢業，曾做過住家職員，後來成為與林達夫齊名的出版人。他與岩波茂雄次女結婚。一九二八年創刊《新興科学の旗のもとに（在新興科學的旗幟下）》。創立鐵塔書院，但一九三四年又回歸岩波。一九四五年因橫濱事件的牽連而被捕。一九六二年成為岩波書店會長。

45. 社會運動家。一八九八—一九三二年。在京都帝國大學經濟學部師從河上肇，成為社會科學研究會主要成員。一九二七年因學聯事件牽連遭拘禁十個月。之後前往東京成為產勞調查員，一九二八年二月左右加入日本共產黨。

46. 小泉信三，《私とマルクシズム（我與馬克思主義）》角川文庫，一九五七年。

47. 多田道太郎，〈日本の自由主義（日本的自由主義）〉，多田道太郎編，《現代日本思想大系18　自由主義》，筑摩書房，一九六五年。

48. 花田清輝，《亂世今昔談》，講談社，一九七〇年。

49. 「魯迅」請參照第十卷第四章。

50. 《花田清輝全集》六，講談社，一九七八年。

51. 花田清輝，《政治的動物について（論政治動物）》，青木書店，一九五六年。

52. 花田清輝，《日本のルネッサンス人（日本的文藝復興人）》，講談社文藝文庫，一九九二年。首次刊登於《文藝》一九七四年四月號。

53. 戸坂潤，〈新聞の問題（新聞的問題）〉，《戸坂潤全集》三，勁草書房，一九六六年。首次刊登於《現代哲學講話》，白揚社，一九三四年。

54. 戸坂潤，同前一九六六年。

55. 中井正一，〈図書館法と出版界（圖書館法與出版界）〉，《中井正一全集》四，美術出版社，一九八一年。首次刊登於《圖書》一九五一年十月號。

56. 三木清，〈讀書遍歷〉，《読書と人生（讀書與人生）》，小山書店，一九四二年。首次刊登於《文藝》一九四一年六月號—

一九四二年一月號。

57. 三木清，〈出版文化に於ける雑誌の特殊性（出版文化中的雜誌特殊性）〉，《三木清全集》一九，岩波書店，一九六八年。首次刊登於《日本讀書新聞》一九三七年九月十五日。

58. 小熊英二，《1968》上，新曜社，二〇〇九年。

59. 《世界思潮》九，岩波書店，一九二八年。

60. 小泉信三，《小泉信三 私の履歷書（小泉信三 我的履歷書）》，日本經濟新聞社，一九六六年。

61. 塩澤富美子，《野呂栄太郎とともに（與野呂榮太郎同行）》，未來社，一九八六年。

參考文獻

林達夫

落合勝人，《林達夫 編集の精神（林達夫 編輯的精神）》，岩波書店，二〇二一年

久野收編，《回想の林達夫（回憶林達夫）》，日本エディタースクール出版部（日本編輯者學校出版部），一九九二年

高橋英夫，《わが林達夫（我的林達夫）》，小澤書店，一九九八年

林達夫，《林達夫著作集》全六卷，平凡社，一九七一年—一九七二年（別卷一，一九八七年）

林達夫、久野收，《思想のドラマトゥルギー（思想的戲劇性）》，平凡社ライブラリー（平凡社圖書館），一九九三年

山口昌男編，《近代日本思想大系26　林達夫集》，筑摩書房，一九七四年

鷲巣力，〈林達夫への精神史的逍遥（林達夫的精神史漫遊）〉，《イタリア図書（義大利圖書）》五二—五八，二〇一五—

二〇一八年
渡邊一民，《林達夫とその時代（林達夫與那個時代）》，岩波書店，一九八八年

林達夫以外的人物

安倍能成，《岩波茂雄傳》，岩波書店，一九五七年
岩倉博，《ある哲学者の軌跡（一位哲學家的軌跡）》，花傳社，二〇一二年
岩倉博，《ある戦時下の抵抗（戰時的一種抵抗）》，花傳社，二〇一五年
岩倉博，《吉野源三郎の生涯（吉野源三郎的一生）》，花傳社，二〇二二年
岩波茂雄著，植田康夫等編，《岩波茂雄文集》全三卷，岩波書店，二〇一七年
小澤信男，《捨身なひと（捨身之人）》，晶文社，二〇一三年
苅部直，《秩序の夢　政治思想論集（秩序之夢　政治思想論集）》，筑摩書房，二〇一三年
神吉創二，《傳記　小泉信三》，慶應義塾大學出版會，二〇一四年
久野收編，《中井正一全集》全四卷，美術出版社，一九八一年
小林勇，《惜櫟莊主人》，講談社文藝文庫，一九九三年
佐藤晉一，《中井正一・「図書館」の論理学（中井正一與「圖書館」的邏輯學）》，近代文藝社，一九九二年
三一書房編輯部編，《回想の三木清（回憶三木清）》，三一書房，一九四八年
塩澤富美子，《野呂栄太郎の想い出（野呂榮太郎的回憶）》，新日本出版社，一九七六年
塩澤富美子，《野呂栄太郎とともに（與野呂榮太郎同行）》，未來社，一九八六年

下中彌三郎傳刊行會編，《下中彌三郎事典》，平凡社，一九六五年
田邊元等編，《回想の戸坂潤（回憶戶坂潤）》，勁草書房，一九七六年
戸坂潤，《戸坂潤全集》全五卷，勁草書房，一九六六—一九六七年
野呂榮太郎，《野呂榮太郎全集》上下，新日本出版社，一九九四年
花田清輝，《花田清輝全集》全一五卷，別卷二，講談社，一九七七—一九八〇年
松原一枝，《改造社と山本実彥（改造社與山本實彥）》，南方新社，二〇〇〇年
三木清，《三木清全集》全一九卷，岩波書店，一九六六—一九六八年
吉野源三郎，《職業としての編集者（作為職業的編輯者）》，岩波新書，一九八九年

第十五章 帝國主義的膨脹、侵略及失敗

——帝國的文化

晏妮

前言

被滿洲電影協會（日文稱滿洲映畫協會，以下簡稱滿映）發掘，李香蘭在十五歲之後成功以滿映女演員出道。之後從戰爭期間到二戰結束後持續巡迴亞洲，在滿洲電影、日本電影、上海電影、朝鮮半島電影，以及戰後好萊塢電影中主演，始終活躍於國際影壇。此外，伴隨電影活動，她也以歌手身分舉辦演唱會等許多活動。在不同時代使用不同名字的她，退出電影界後也擔任電視節目的主持人，並曾前往越南、巴勒斯坦進行實地採訪。之後她將豐富的人生經驗化為動力，出馬競選參議院議員並成功當選，投身政治，直到過世為止都關注著世界情勢，並為和平活動盡心盡力。李香蘭的人生可謂波瀾萬丈，不只在中、日兩國，還橫跨戰爭期間到二戰之後。她曾是戰爭期間帝國文化的寵兒，被追捧為國策文化的

明星。戰後，她反省自己被日本的戰時政策所利用，特別是主演呼應國策而製作的電影等過往。從中國回到日本後，她摘下李香蘭這個面具，拚命回到山口淑子的身分，終於順利回歸日本電影界，並接演描寫日本女性與美國男性戀愛、結婚的作品，進軍好萊塢。一九五八年她從電影界引退，回歸家庭。一九六九年她重返大眾傳媒，並於一九七一年遠赴中東，採訪包括巴勒斯坦人在內的各國人士。一九七四年獲選參議院議員，連任三屆，擔任議員長達十八年。一九九二年結束議員任期後，李香蘭再度踏上她的第二故鄉——中國的土地，反省戰爭期間的經歷，並誓言奉獻餘生反對戰爭、實現世界和平。在此過程中，與其說她捨棄李香蘭的身分，不如說她通過李香蘭的身分，汲取教訓，以山口淑子的身分開啟與女明星、歌手不同的世界，可說在後半生也過著發光發熱的人生。回顧李香蘭，也就是山口淑子在不同時代的真實樣貌，不僅能揭示她所經歷的歷史變遷，還能呈現她在戰時中日文化交流史的重要作用，同時反映日本戰後社會的變遷軌跡。

本章的組成如下。首先簡單介紹李香蘭的幼少時期與家庭組成，說明山口淑子如何轉變成為李香蘭。第二節將回顧李香蘭被滿映發掘，演出滿洲女孩而成為明星的經過，分析她演出過的滿映作品。接著，討論李香蘭因主演日本製作的大陸戀愛三部曲而在日本大受歡迎，離開滿映之後，不僅在日本電影中繼續飾演中國女孩，也在東京演唱會出場，以女明星兼歌姬身分獲得日本社會認可，這部分原委將在第三節論述。第四節說明在太平洋戰爭爆發前後，因應時代的要求，李香蘭如何從大陸電影女王被塑造成大東亞共榮圈電影女王，且在亞洲各國參與電影、音樂活動。第五節則剖析日本戰敗後，李香蘭不得不告別「李香蘭」的真相。回到日本後，她以山口淑子的身分回歸日本電影界，繼續演員生涯十年，直到一九五八年引退為止。第六節講述她引退十年後，以山口淑子身分進入電視界，深入中東採訪，並關注巴勒斯坦問題的經歷。最後一節將詳細描述她進入政界後，繼續投身社會活動的山口淑子晚年足跡。

李香蘭（一九二〇—二〇一四年）

女明星、歌手、政治家。本名山口淑子（戶籍名字：大鷹淑子）。別名潘淑華、莎莉・山口（Shirley Yamaguchi）。

一、從山口淑子變身為李香蘭

李香蘭，亦即山口淑子，一九二〇年二月十二日出生於中國奉天省（今中國東北部遼寧省）瀋陽近郊的北煙台。出生後不久，舉家即遷往煤礦都市撫順。父親山口文雄在滿鐵工作，除了教導公司員工中文，也因精通中國事務而擔任撫順縣的顧問。在父親的影響下，生於中國的淑子從小便學習中文。山口文雄進入滿鐵之前，在大日本支那語同學會、北京同學會語學校的前身北京興亞學院學習中文，在那裡認識了日後在財經界與政治界的重要人物李際春與潘毓桂，他們二人與文雄結為義兄弟，淑子也依照中國的慣例，成為李與潘的乾女兒。

在撫順度過少女時代的淑子，經歷過中國抗日游擊隊襲擊日軍，之後日軍報復殘殺大量當地居民的「平頂山事件」[1]。此事件後，她十二歲時舉家從撫順遷往奉天居住。

一九三二年移居奉天後，文雄便參與北京的門頭溝煤炭採礦，頻繁往來於奉天與北京。一九三四年在父親的安排下，淑子一個人前往北京旅行，寄居在乾爹潘毓桂家，以潘淑華的名字進入北京教會學校翊教女學校就讀。四年後的一九三八年春天，她自該校畢業。潘淑華是淑子的第二個名字。

居住奉天的時期，她的另一位乾爹李際春給了她一個新的名字，這個名字便是日後風靡一世的李香蘭。自此，淑子開始了作為李香蘭的日子。

二、飾演滿洲女孩——成為女演員的第一步

在奉天和北京生活期間，李香蘭接受了義大利歌手波德列索夫女士（Madame Podresov）的聲樂特訓，學習古典歌曲。之後，被奉天廣播局發掘的她，憑藉演唱〈滿洲新歌曲〉，成功以歌手身分出道。這段經歷也成為日後將她推上明星李香蘭的契機。

一九三八年，李香蘭就讀的女子學校遭人爆破。關於她畢業後的去向，給她建議的人是「北支派遣軍司令部」陸軍少佐山家亨，他精通中國事務，自她少女時代就常進出其家宅，也曾造訪北京潘家。

一九三七年新京（今長春）成立滿洲電影協會株式會社，由日本人擔任主要製作團隊，當時計畫採用中國演員製作娛民電影（劇情電影），山家與滿映的山梨稔一同說服李香蘭，希望她能為滿映新作品演唱

主題曲。據說當時山梨已經知道使用李香蘭名號者並非中國人，而是日本人山口淑子。從十四歲起前往北京的李香蘭，此時亦想回到故鄉滿洲，遂順勢前往滿映，但回到滿洲後，並非讓她擔任歌手，而是將她帶往攝影現場，化妝後便投入電影拍攝。

如此，淑子的名字被抹去，在滿映娛民電影《蜜月快車》中飾演新婚妻子淑琴，名為李香蘭的女演員正式在滿映出道。

滿洲雖有電影院，但原本並非電影製作基地。滿洲最初的電影製作始於日俄戰爭後，日本從俄國手中接收土地並成立南滿洲鐵道株式會社。日後在滿映打造啟民電影或稱文化電影基礎的，正是滿鐵設立的宣傳課（弘報係）轄下之「電影班」。電影班成員約有二十餘人，以滿洲為主要對象製作文化電影，其作品不僅在滿洲地區，在日本國內也有發行。滿鐵電影班的芥川光藏是其中的代表性人物，曾拍攝過《娘娘廟會》等作品，後來在戰爭期間過世。

李香蘭

雖說如此，當時滿洲電影院上檔的日本國產劇情電影，幾乎都是上海製作的作品。為了改變這種狀況，滿映決定開始拍攝娛民電影，亦即劇情電影。一九三七年十月，滿洲各家大型報社刊登招募演員練習生的廣告，開始廣泛籌集電影人才。新京與哈爾濱兩市參與並通過演員測試的男性有二十二人、女性有二十一人。他們成為滿映演員訓練所第一期學生，也是滿映最早的演員。之後滿映也繼續招募第二期、第三期學生。

一九三八年的一年期間，滿映共拍攝了九部劇情電影。如上所述，從北京被挖角過來的李香蘭主演了《蜜月快車》。她與出身滿洲地區的演員們不同，並未受過演技訓練，而是直接以女主角出道，身分相當特殊。因日本的劇作家沒有能力書寫滿洲的故事，因此這部作品其實是翻拍自一九三五年日活（日本活動寫真株式會社）電影《被偷窺的新娘》（のぞかれた花嫁），內容描寫新婚夫妻搭乘從新京前往北京的臥鋪火車引發一連串騷動，是一部以搞笑方式敘事的喜劇電影。

次年對李香蘭而言是相當忙碌的一年，因為她被滿映提拔為四部娛民電影的主角。一九三八年在東和商事的川喜多長政的主導下，第一部中日合作電影《東洋和平之道》上映，執導本片的鈴木重吉終於來到滿映，與上野真嗣一同拍攝由五個故事組成的短篇合集作品。鈴木負責第五集，也就是收尾之作，而李香蘭即主演了第五集。接著李香蘭還演出帶著詼諧的恐怖片《冤魂復仇》，並演唱了插曲。此電影在日本也曾上映並出現評論，雖然評論家們對作品沒有給予好評，但也有評論家高度評價，表示「李香蘭的歌聲雖不及廣播時的程度，但依舊非常優秀」。這部在電影史上甚至連名稱都未留下的初期滿映作品，可說比日後東寶製作的大陸戀愛三部曲通俗電影更早讓日本觀眾了解李香蘭的優秀演技與歌聲。順帶一提，《冤魂復仇》於一九三九年在新京上映，作為日本、滿洲、朝鮮三地電影的聯合放映企劃中，被選為滿映的代表作品。

同年，李香蘭主演的《鐵血慧心》成為將她正式進入日本電影界的作品。日文將片名翻譯為《絕美的犧牲》（美しき犠牲）。由滿映製作首次進軍日本的這部電影，在東京的十家電影院、關西的十一家電影院公開上映。電影宣傳口號是「滿洲女孩豔麗李香蘭演唱之憂恨曲調」，由此可知，此時日本民眾對李香蘭的印象依舊停留在滿洲。

順利在日本電影界不斷提升知名度的李香蘭，成為東寶、松竹、日活等大型電影公司競相爭奪的明日之星。東寶打算向滿洲人民展示日本現代化景象，決定向日本國內宣傳李香蘭，與滿映合作拍攝《東遊記》。在東京拍攝的《東遊記》大致劇情如下，生活在滿洲鄉下的一對拍檔，收到一封住在東京的同鄉來信，得知他的老鄉在東京經營中餐館大獲成功，現在成了有錢人。這對拍檔為了過上更好的生活，果敢踏上前往東京之旅。兩人乘坐蒸汽火車抵達靜岡後，下車徒步前往東京，卻得知同鄉說自己發達了只是在吹牛。不過他們結識了同鄉的妻妹麗琴，並對她抱有好感。之後兩人在電影公司當行動看板廣告人（Sandwich man），並在舞臺上表演有關滿洲橋段的「漫才」（對口相聲）而大受歡迎。在東京經歷各種各樣體驗後，他們決定回到滿洲，而他們心儀的麗琴也帶著男朋友前赴滿洲。儘管這是一部相當刻意添加事件、充滿巧合以推動故事的電影，不過通過展現東京的繁華街道、富士山等景點，更像是一部面向滿洲觀眾的日本旅行紀實類的觀光電影。由李香蘭飾演出身滿洲的打字小姐麗琴，穿著摩登洋裝，在員工面前說著流暢的日語，還有在辦公室屋頂上唱〈陽春小曲〉的場面。這首插曲日後也成為流行歌，不過為了配合「五族協和」的國家政策，數處歌詞被加以修改。

這一年李香蘭擔綱演出東寶製作的大陸戀愛三部曲之第一部《白蘭之歌》，正式在日本電影界出道。原著小說由久米正雄所寫，曾於《東京日日新聞》與《大阪每日新聞》連載。決定拍攝成電影後，久米為了進行當地採訪，與劇作家木村千依男一同在滿洲逗留兩個月，並於滿映主辦的宴會席上首次與李香蘭見面，久米得以與李香蘭對談。李香蘭飾演的女主角在原著中的設定僅是主角康吉身邊眾多的女性之一，但在電影改編時，決定讓演藝經歷尚淺，但不僅在滿洲，甚至在日本也大獲矚目的李香蘭，與日本時代劇的大明星長谷川一夫擔任男女主角後，使得電影劇情故事與原著出現相當大的出入。為了強調日本、滿洲戀愛故事的主題，滿映把電影內容改編如下。在滿鐵工作的技師康吉與富豪的女兒李雪香成為一對戀人，但因共產黨系的雪香哥哥強烈反對，二人被迫分開。之後康吉因家庭經濟的關係，隨弟弟夫妻一同遷往開拓村生活。而雪香則在哥哥勸導下加入抗日游擊隊，最終她領悟了真愛，回到康吉身邊。盧溝橋事變後，康吉回到滿鐵，與雪香為了保護鐵道而抵抗抗日軍隊的攻擊，最後兩人一同殞命。書寫時設定的觀眾為日本人，因此把日本侵略滿洲正當化，同時也把原著中圍繞康吉的複雜男女關係單純化，情結更符合戀愛通俗劇的模式，並將焦點放在李香蘭飾演的李雪香上。結局中兩人的戀情雖然成功卻死於戰火的悲劇情節，可說在同時代的大陸愛情故事中屬於較少見的發展。

在《東遊記》中，李香蘭飾演的女主角出身滿洲但卻居住於東京，最後回到能實現「理想」的故鄉。然而，在《白蘭之歌》中，原著中多位女主角被改編為李香蘭飾演的唯一一個滿洲女孩。女主角與前往開拓村的日本技師男子相戀，歷經重重掙扎後，兩人成功重逢，卻因國策而獻出生命。如此一來，一九三八年首次在電影出道的李香蘭，於國策文化、中日合作的推動下，在一年之後，她的真實形象便成功地以虛實交織的方式進入電影文本中。由於李香蘭飾演的角色部分彷彿反映了她的實際人生，從此時期起，她開始被國策文化賦予了「能說日語的中國人女性」這樣的角色定位。然而，雖然她主演滿映製作的作品，飾演多部以滿洲為背景的電影女主角，但此時李香蘭尚未遇到真正優秀的電影作品，仍帶著強烈的滿洲女孩形象，與日本電影界或上海電影界並無太多交集。不過正因為演出《白蘭之歌》的機會，讓她獲得來自日本電影界的演出請求，李香蘭的活動場域開始迅速從滿映移往日本電影界。此後她不僅是滿映明星，也開始走上跨越中、日乃至整個亞洲的跨國明星之路。當然，以李香蘭的形象為原型的故事，也衍生出各種不同的電影套路，不斷被反覆搬演。

三、大陸戀愛三部曲與歌姬的誕生

如上所述，以《白蘭之歌》為始，東寶把李香蘭與長谷川一夫這對搭檔打造成熱賣明星，接著拍攝以北京、上海為舞臺的中日男女愛情故事《熱砂之誓》、《支那之夜》。與李香蘭為《白蘭之歌》唱插曲一樣，她也在《熱砂之誓》中演唱〈紅睡蓮〉。李香蘭日後雖也演唱《支那之夜》的插曲〈蘇州夜曲〉，但當時電影中是由渡邊濱子（渡辺はま子）主唱。通過此三部曲，這位充滿謎團、精通日語的「中國女演員」，不僅以其美貌與演技征服觀眾，更成功在日本確立了她作為歌姬的形象。

為讚頌中日合作而拍攝的大陸戀愛三部曲，是李香蘭從滿映走向更廣闊舞臺的關鍵之作，奠定其以女演員、歌手身分在亞洲成名的重要基礎。但同時也有另一個不容忽視的事實，即李香蘭通過三部曲與歌聲在日本社會引起一股支那文化熱潮，甚至在一段時間裡，中國的旋律與日本軍歌並列流行，其中包括日後成為李香蘭代表曲的〈何日君再來〉、《支那之夜》插曲〈蘇州夜曲〉，以及日後創作的〈夜來香〉等。

太平洋戰爭開戰後，居住於中國的李香蘭屢屢以歌手身分進行巡迴演出與戰地慰問。此時歌唱工作的繁忙程度，已不遜於她的電影工作日程，而在日本發生轟動社會的「日本劇場七圈半事件」，即發生於此背景下。

一九四一年李香蘭受命以「日滿親善，歌唱特使」身分前往東京，訂於「紀元節」一週後，在東京丸之內的日本劇場以「高歌的李香蘭」為題進行歌唱秀。雖然此前她曾在日本劇場的舞臺上以客串身分演出過，但這是她首次以李香蘭之名舉辦演唱會。

堪稱李香蘭首次演唱會的這場表演，由東寶擅自決定辦理，並未與滿映商量，結果引起滿映東京支社長茂木久平震怒，打算向滿映理事長甘粕正彥報告此事，意圖破壞這場演出。但李香蘭卻敢於反抗茂木，以辦理此演唱會乃來自甘粕的命令之由，壓下茂木的怒火。大陸戀愛三部曲在日本國內的反響褒貶不一，觀眾們看得開心並接受支那女孩李香蘭的愛情故事，與此相對，評論家則多給予嚴厲批評，其中也有大罵《支那之夜》是「日本男人之恥」、「國恥」之人。這些消息茂木自然得知，且憤怒地決定不再將李香蘭出借給東寶。只是，不理會圍繞著李香蘭的東寶與滿映爭奪戰，她照樣演出東寶電影《孫悟空》（一九四〇年），褪去支那女孩的外裝，扮演一位國籍不明的歌姬。從此事例可以看出，李香蘭早已跨出滿洲，被迫成為之後「大東亞共榮圈」看板女演員。

受一九二〇年代流行的「連鎖劇」[2]影響，演唱秀也採取類似手法，操刀者則是當時熱門的舞臺導演白井鐵造。編排方式是在播映長篇紀錄片電影《蘭印探訪記》與中篇劇情電影《夕陽之島》（島は夕やけ）後，由李香蘭登臺歌唱，一天輪替三場。第一次的演唱秀為二月十一日，適逢休假日，前來看秀的觀眾人數眾多，群眾圍繞著劇場排隊而無法入場，最終演變成暴力行為，甚至出動警方鎮壓暴動的狀況，此即所謂「日本劇場七圈半事件」。當時李香蘭本人因專注在秀場內表演，對場外混亂狀況毫不知情。若要舉一個當天發生的軼事，即《朝日新聞》的記者因幾輛車遭化為暴徒的群眾毀壞，想把憤怒發洩到被宣傳為滿洲女孩的李香蘭身上，加上欲一探她是否真的出身滿洲，因此提出單獨採訪的申請。但主辦方的東寶對此抱持戒心。在三部曲之後，李香蘭剛以歌姬形象舉行了演唱秀，為了隱藏李香蘭身世之謎，東寶的文藝部人員兒玉英水自始至終都陪伴在李香蘭身旁。

一九四一年以後，李香蘭在日本電影中更加頻繁出現的同時，老東家滿映卻幾乎沒有提供她任何演出電影的機會。這個時期她經常回到北京的老家，因此與她學生時代認識且經常出入他家的山家亨又有更多機會見面，據說偶爾山家也會與她討論自身戀情的煩惱。捲入與山家的醜聞之中，李香蘭因而得知川島芳子的名字，並從山家口中聽到有關川島芳子的消息。

李香蘭在自己的回憶錄中提及，川島芳子曾企劃一部講述自身故事的電影，並希望李香蘭飾演自己。但川島因與日本軍部關係匪淺，戰後於一九四五年十月十日被捕，並被判處漢奸之罪，於一九四八年遭處死。

四、橫跨滿洲、上海、臺灣、朝鮮半島的亞洲電影大明星李香蘭

李香蘭首次在朝鮮電影演出，是在日本陸軍省報導部與朝鮮總督府全力支持下，由朝鮮軍報導部製作的電影《你與我》。導演為生於咸鏡南道並留學日本，在日本以日本名字日夏英太郎而聞名的朝鮮導演許泳，此部作品為許泳的電影導演出道之作。一九四〇年代前半的朝鮮半島上，有兩位人氣明星，分別是女性舞蹈家崔承喜與女演員文藝峰。在《你與我》中，文藝峰成功獲得與李香蘭一同演出的機會。李香蘭第一次飾演朝鮮女孩（名字亦為李香蘭이향난），但她在此部作品中戲分不多，僅出現少許畫面。

同一年，在模仿大陸戀愛三部曲的《蘇州之夜》中，李香蘭首次與佐野周二共演。這部作品幾乎原樣承續三部曲敘事模式，由松竹公司出品。此時，李香蘭主演東寶電影且舉辦演唱會，已成為日本影壇的焦點明星，電影大廠松竹與東寶競爭邀請李香蘭參演影片，也可說是情理之中。

李香蘭因日本的工作邀約機會增加，而與滿映漸行漸遠。至一九四二年，滿映又再度召回李香蘭。與此同時，因反對《電影法》、參加唯物論研究會而遭警察逮捕的岩崎昶，於一九四一年二月獲釋，回到滿映東京支社繼續擔任囑託職位（一般認為他從一九三八年起接受此工作）。李香蘭因而與這位戰爭期間電影界的叛逆人士相識，岩崎此時擔任李香蘭主演的音樂電影《吾之鶯》的製作業務，不過因拍攝進度大幅落後，此作品至一九四三年才完成。

此時，甘粕正彥取代金璧東成為第二任滿映理事長，對滿映進行大規模的行政改革，其中一項即是

培養中國導演，並給予他們拍攝首部電影的機會。在這批新進導演中，迅速拍攝作品的是周曉波。一九四二年首次執導農民電影《黃河》，並邀請李香蘭飾演主角的妹妹。李香蘭為此前往拍攝地河南省開封，在前往的火車上，偶然遇見數年前曾在滿洲見過的作家田村泰次郎，得知在上次見面後，田村便從軍，一直困守鄭州，為了鼓勵田村，她特意送他幾張自己的明星照。

電影《黃河》的故事背景取材自一九三八年黃河決堤事件。當時國民黨軍隊為阻止日軍推進，破壞數處黃河堤防，導致河南省、安徽省、江蘇省多處平原地帶遭受重大水患，出現大量受災民眾。拍攝地開封一帶，為國民黨軍、共產黨軍與日本軍反覆激戰的攻防重鎮，李香蘭回憶，這是她初次遇到屢屢冒著生命危險的現地拍攝經驗。

隨著太平洋戰爭的推進，李香蘭益發被大量要求參與跨境的活動。一九四三年在臺灣總督府與滿映的大力支援下，參與了松竹電影拍攝的《莎韻之鐘》，李香蘭飾演一位臺灣原住民泰雅族少女。電影根據真實故事改編，描述原住民學生們接受好不容易來到村落的日本巡查兼教師的教導，當該巡查即將回國之際，為老師背行李送行的少女莎韻卻在途中失足墜溪殞命。此片導演為清水宏。臺灣總督府企圖將這位因失足而喪命的少女塑造成愛國美談進行宣傳，因此相當重視這部電影。飾演原住民少女的李香蘭，在繁忙的行程中完成拍攝，旋即前往被上海「中華電影股份有限公司」（簡稱中華電影）納入旗下的「中華聯合製片股份有限公司」（簡稱中聯）拍攝與滿映合作的大型作品《萬世流芳》，這是她首次參與上海電影的拍攝工作。

太平洋戰爭爆發後，李香蘭在電影上飾演的角色與過往大陸電影大為不同，已難以同一而論。《萬世流芳》是紀念鴉片戰爭百年而企劃的電影，雖然它迎合了日本在太平洋戰爭中「亞洲對抗英美」的宣傳口號，但同時也表達了中國人民因英國輸入鴉片而深受其害，不甘接受英國侵略進而迸發憤怒的主旨。與過往在大陸電影中，李香蘭往往飾演最初不喜歡日本男性，但最終仍一步步落入戀愛關係的角色，或者在作品中飾演臺灣的愛國少女，這些形象都在《萬世流芳》中被徹底反轉了。中聯方面讓李香蘭飾演第二女主角——一位賣糖的女孩，說服鴉片中毒的戀人協助第一女主角反英女戰士。第一女主角對斷然取締、禁止鴉片的林則徐心生愛慕，她自身則因婚姻失敗而遁入空門，躲入深山中埋首開發鴉片解毒劑，之後她成為反英游擊隊領袖並在戰鬥中犧牲。能飾演如此女主角的只有陳雲裳，她在一九三九年上海電影《木蘭從軍》中擔綱飾演花木蘭，一躍成為上海電影界的大明星。

李香蘭在大陸電影中，常扮演被日本男性征服的「支那女孩」，而中聯在《萬世流芳》試圖讓她飾演一名站在反英立場的少女，李香蘭也因為這部作品的成功，使她在上海電影界與樂壇正式確立了電影明星與歌姬的地位。

值得一提的是，當時上海知名作家張愛玲看過《萬世流芳》後表示，「這部電影充滿戲劇性」，認為這個虛構愛情故事的支線故事之所以能吸引觀眾興趣，「恐怕是因滿洲國明星李香蘭賦予該角色光芒」[3]，與主角陳雲裳過度的演技相較，張愛玲更讚賞李香蘭與其他演員樸實的演技。通過中華電影公司的川喜多長政等人的安排下，經常刊登張愛玲作品的綜合雜誌《雜誌》舉行了一場茶會。會上，李香蘭與張愛玲見面，兩人圍繞電影、女性、戀愛等話題進行對談。

自此，李香蘭也在上海文藝界成為一位知名人物。

五、告別李香蘭

岩崎昶製作的《吾之鶯》，其靈感來自一九三七年美國電影《丹鳳還陽》（*One Hundred Men and a Girl*）。但其背後的創作基礎，是哈爾濱有一個以俄國人為主創立的哈爾濱交響樂團，一九三九年樂團赴日本演出，大佛次郎觀看後印象深刻。一九四一年前往滿洲時，與李香蘭一同在哈爾濱觀賞該樂團伴奏的歌劇《黑桃皇后》（*The Queen of Spades*），他基於此次體驗寫下此部電影的原著。

在日本即將戰敗之前，這部電影才開始進入拍攝。李香蘭在演員生涯中首次飾演日本人滿里子。內容描述滿里子自幼與父母失散，被俄國音樂家養育成為一位傑出的歌手，是一個成長勵志的故事。不過滿里子身上仍帶著李香蘭的影子揮之不去。其中有一個場景，滿里子周圍的對話交織著俄語與日語，但她卻在大街上不經意說出中文。即便如此，《吾之鶯》在角色設定上脫離李香蘭這個虛像的角色，可說是一部告別李香蘭並預告二戰後以山口淑子身分重新出發的作品。

然而，因為《吾之鶯》以「敵性音樂」（屬於敵人的音樂）為主軸，且有許多俄國人演出，關東軍司令部認為應當發揚國民戰爭意識，判斷其不符合戰時宣傳方針，最終取消公開上映，不過該片仍在上海的日本電影專門影院中播映。一九四四年以後，華影因電影製作困難，隸屬上海報導部的作曲家服部良一思索讓《吾之鶯》在上海的舞臺上重現，對川喜多長政提議企劃李香蘭的獨唱會，華影的相關人士野口久光、辻久一、小出孝，負責芭蕾舞編導的小牧正英也聯名作為音樂會工作人員。此外，也委託上海的作詞作曲家黎錦光譜寫〈夜來香〉，黎以筆名金玉谷作曲，並填上中文歌詞。為了讓李香蘭的「夜來香幻想曲」成功，組建出前所未有的最強陣容。當時日本國內已禁止歐美音樂，但在上海日本軍部的負責人仍容許李香蘭演唱如爵士樂等之「敵性音樂」。橫寫標題上以漢字「幻想曲」取代「rhapsody」。一九四五年日本戰敗前夕，李香蘭獨唱會於上海開唱，被譽為上海摩登文化的象徵。第一幕為歐美與日本民謠薈萃的「東西歌曲集」，第二幕由中國最流行的〈四季歌〉、〈木蘭從軍〉、〈賣糖歌〉等中國歌曲組成，擔任此二幕指揮者為上海作曲家陳歌辛。第三幕即為「夜來香幻想曲」，由服部良一親自指揮，並在最後特意嘗試使用布吉伍吉（Boogie-woogie）的節奏融入〈夜來香〉的旋律，這在當時的日本社會簡直可說是天方夜譚。

李香蘭因唱了〈夜來香〉，而與主演中國電影《馬路天使》（一九三七年）、被譽為「金嗓子」的上海歌星周璇相識。此外，李香蘭還在北京主演由東和商事製作的中日合作電影《東洋和平之道》，接著在滿洲逗留一段期間後重新前往上海，與女明星兼歌手的白光相識。此時，日軍在中國及東南亞戰場已無法挽回頹勢，中日文化界人士通過李香蘭，在上海聯手舉行華麗的演唱會。

一九四〇年以後，李香蘭的演藝事業相當繁忙，除增加在日本的工作外，也頻繁前往上海、臺灣、朝鮮，忙碌程度甚至讓本人也自覺到「我已經失去主演滿映作品的資格」。至此，李香蘭已名符其實地脫離滿映，成為戰爭期間亞洲的大明星。許多企劃都針對她而設計，例如上海電影界企劃拍攝歷史劇《王昭君》，企圖邀請李香蘭擔綱主演，但這部電影最終未能拍攝，若成功拍攝，李香蘭將首次在上海拍攝的歷史劇中擔任主角。《萬世流芳》雖然也算是歷史劇，但她並未能超越陳雲裳，而僅擔任第二女主角。戰爭期間無法一圓主演中國歷史劇的夢想，得等到戰後香港電影重新請來李香蘭才得以實現。

時序進入一九四五年後，隨著日本戰敗的氣氛益發濃厚，「華影」也開始計畫將業務遷移北京。逗留上海的李香蘭雖然失去電影工作，但仍有收到工部局的演唱會邀請。某天，正當她在上海和平飯店演出時，美軍展開空襲，在川喜多長政的安排下，李香蘭搬入舊共同租界內的川喜多公寓，就此在上海迎來日本戰敗。

日本戰敗後不久，上海電影界與其他各種領域一樣，都對協助日本者展開清算。這些人陸續被命令前往法院報到，其中也包含與李香蘭合作演出的陳雲裳，且理所當然地，李香蘭的名字也被列在前頭。實際上，在一九四四年與一九四五年上海的大眾傳媒上曾兩度出現「李香蘭死亡說」的報導。其中還有饒富趣味的一則假新聞聳人聽聞地指稱，「這三年期間，一直由敵方偽稱來自『偽滿洲國』的東北籍知名女明星李香蘭，因暗中協助我方相關人士，遭敵方發覺，在接受殘暴拷問後，始終不鬆口，最終遭分屍處死」[4]，此則假新聞中，李香蘭不但不是漢奸，反倒成了中國的民族英雄，此例亦可佐證國民黨政府與民間人士對李香蘭看法的歧異。這種對李香蘭抱持的好感，很大程度源自於她在《萬世流芳》的演出，尤其電影中她唱的〈賣糖歌〉也成為流行曲，讓她因此風靡一時。

六、李香蘭的重生

一九四八年，川島芳子因漢奸罪名遭處決。同時也被當作漢奸的李香蘭卻因出示原本的真實國籍而獲釋回國。從那一刻起，她便決心告別李香蘭，要以山口淑子的身分重新展開人生。

回國後的兩年期間，山口淑子居住在川喜多長政位於鎌倉的住宅，並在川喜多的提議下接受歌唱課程訓練。一九四六年十月，她以山口淑子的名義在帝國劇場舉行獨唱會，節目內容中也包含她在李香蘭時代演唱過的歌曲。緊接著，她復活的作品是舞臺劇《復活》，這是繼《吾之鶯》之後，她再次出演俄羅斯題材作品。回歸電影界則是通過松竹電影出品之《我生涯中的光輝之日》（わが生涯のかゞやける日，一九四八年），她在片中飾演一名舞廳的舞者。藉由這次機會，重生的山口淑子陸續接到主演電影的邀約。

在戰時認識的田村泰次郎原作《春婦傳》改編的電影《曉之脫走》（暁の脱走，一九五〇年）中，山口淑子飾演的女主角是一位隨軍歌手，原著中的女主角原是朝鮮慰安婦，但在美軍占領期，這樣的角色顯然無法通過審查制度，因而更改設定為日本歌手。但在電影中仍然出現一些耐人尋味的細節，例如某場景中她與男友一同被共產黨軍俘虜時，不知為何她竟能以流暢的中文與八路軍醫生對話。雖說已經回到山口淑子的身分，但李香蘭的影子卻依舊纏繞不去。接著在稻垣浩導演的《上海之女》中，山口淑子飾演的女主角幾乎可說就是李香蘭的分身。她的身分是一名日本人，卻在汪兆銘（汪精衛）的友人、日後負責與重慶政府進行和平談判工作的中國人李克明乾爹照顧下成長，在上海廣播局擔任播音員之餘，也在歌廳擔任歌手。她精通中文，並協助一位重慶政府的特務從事情報工作。愛上她的人是負責蒐集重慶政府情報，隸屬日本特務機構的真鍋中尉，而另一位對她一廂情願的是南京政府特務機構的丁姓長官。電影中有一場戲是女主角聆聽唱片，播放的正是李香蘭的歌曲，整部電影的情節設定都充滿讓人聯想起李香蘭的元素。最終，真鍋受命處死女主角，但他選擇反抗，與女主角一同遭射殺。最後結局與

《曉之脫走》的劇情極為相似。

山口淑子戰後成功回歸日本電影後，原本她打算永遠告別的李香蘭，卻被當作反戰的象徵重新被人們接受。在東南亞與香港上映電影《曉之脫走》時，電影海報上的演員名字印著李香蘭，與日本國內印著山口淑子有所不同，這種現象也饒富趣味。從過往在《萬世流芳》中飾演反侵略的女性開始，李香蘭的形象即已發生變化。通過戰後作品在香港或東南亞各國上映，人們對她產生文化上的懷舊情感。當她出演反戰電影時，使得她在過往《支那之夜》中的「親日」形象逐漸被淡化，甚至完全消解。

之後香港邵氏兄弟有限公司的邵逸夫邀請山口淑子以李香蘭的名義，主演《金瓶梅》、《神秘美人》、《一夜風流》等電影，從上述一系列背景來思考，會出現這種情況也相當自然。

同時期，山口淑子以莎莉．山口（Shirley Yamaguchi）之名演出美國電影，也與李香蘭的過往經歷大有關係。

一九五八年，在女演員原節子的提議下，山口淑子在主演電影《東京的假日》（東京の休日）後宣布引退，離開女演員的身分。山口淑子飾演住在美國的時尚設計師瑪麗．川口，故事描述她回東京老家時發生的事情。電影中有一個場景，女主角在朋友提議舉辦的時裝秀中親自上場，還身穿旗袍，在舞臺上高歌〈夜來香〉。由此可見，即使恢復了山口淑子的身分，李香蘭的形象卻沒有消失，直到她電影生涯的最後階段，仍隱約浮現，成為她螢幕形象的一部分。

七、從電影界引退後的山口淑子

在從女演員退休之前，一九五〇年山口淑子在紐約認識伊森．野口，兩人於一九五一年結婚，後於一九五六年離婚。一九五八年趁引退的機會與外交官大鷹弘再婚。之後她從公眾視線中消失一段時間，至一九六九年擔任《三點的你》節目主持人才再度回歸演藝界。擔任節目主持人的這段期間，她前往越南、柬埔寨、中東等戰亂地區進行採訪，並特別關注巴勒斯坦問題，前往黎巴嫩、以色列，採訪當地居民、游擊隊戰士與居住當地的日本人。特別值得一提的，一九七三年她成功採訪了日本赤軍領導人重信房子，也訪問過北朝鮮，與金日成國家主席進行會談。

一九七四年，山口出馬競選參議院議員，首次參選便當選。至一九九二年從政界退休為止，曾歷任環境政務次官（福田內閣）、參議院關於沖繩及北方問題的特別委員長、參議院外務委員長、自民黨婦人局長等。退出政界後，山口成為「有關女性的亞洲和平國民基金」發起人，並擔任該基金會的副理事長。晚年也接受電影史研究者的採訪，其存在感從未消失。山口於二〇一四年過世，享年九十四歲。

岩崎昶（一九〇三—一九八一年）

電影評論家、製作人、電影活動家。從二戰前到戰後皆站在左翼立場評論電影，活躍於電影界的代表性影評人。

投身無產階級電影運動

生於東京。就讀東京帝國大學（今東京大學）德文科。在學期間即開始撰寫電影劇本與影評。畢業後，醉心於德國的絕對電影，並進入進口西方電影的公司田口商店工作，在這個時期認識了川喜多長政。

之後岩崎在佐佐元十的建議下，與製片廠以外的年輕電影活動家接觸，擔任雜誌《電影往來》的編輯，也參與日本無產階級電影同盟前身的全日本無產者藝術聯盟（NAPF）電影部活動。在一九二九年成立的「日本無產階級電影同盟」（Japana Prolet-Kino Unio, Prokino）中被選為專任委員。「日本無產階級電影同盟」派出勞工節的紀錄攝影小組時，岩崎攜帶十六釐米的攝影機，親自拍攝從芝公園到上野的勞工遊行活動，畫面收錄於《第十一屆東京國際勞動節》（一九三〇年）。此外，作為新成立的「日本無產階級電影同盟」最初活動，拍攝了三部關於被右翼團體暗殺的眾議院議員、社會運動家山本宣治的紀錄片，其中一部至今仍保有完整的版本。

進入一九三〇年代後，馬克思《資本論》的翻譯書在日本熱賣，大眾之間廣泛流傳唯物辯證法的解說書籍，愈來愈多人在談論「資本主義」的終結。甚至有人公開發表文章討論天皇戰爭的責任，革命氣焰高漲。在此狀況下，「日本無產階級電影同盟」逐漸活躍起來，名聲大漲，並得到各領域的名人支持，發起「日本無產階級電影同盟之友會」。岩崎在本身擔任編輯的電影旬報社（キネマ旬報社）《電影往來》雜誌上發表關於「日本無產階級電影同盟」的評論，此外也把蘇聯提摩申科（Semyon Timoshenko）的蒙太奇理論論文〈電影藝術與剪輯〉從德文譯成日文，並連載於《Cinema旬報》。這是日本最早介紹蒙太奇理論的文章。至一九三二年為止，岩崎每年的拍攝現場工作不僅止於「國際勞動節」的剪輯，還將片岡鐵兵的隨筆拍成電影《柏油馬路》（アスファルトの道），親自擔任剪輯師，橫跨電影製作與評論兩個領域。

然而，隨著日本帝國主義侵略中國，日本國內對左翼思想的取締漸趨嚴厲，一九三三年小林多喜二遭舉發並在獄中被虐殺，自此對無產階級運動的鎮壓益發兇狠。一九三四年在當局的壓力下，「日本無產階級電影同盟」被迫解散，部分核心人物遭逮捕。失去電影製作場域的岩崎加入唯物論研究會，繼續向各種雜誌投稿，不放棄陳述自身的主張。

上海之旅與發現中國電影

因「日本無產階級電影同盟」解散而心情鬱悶之際，岩崎收到有日本留學經驗的中國電影導演瀋西苓的來信，他得知自己二十七歲時在《新興藝術》上連載的論文〈作為宣傳、煽動手段的電影〉被魯迅翻譯，按捺不住內心的激動，岩崎為了與魯迅見面，於一九三五年出發前往上海。

然而當他抵達上海後，得知魯迅因健康問題避居地下，無法見面。岩崎在朋友的介紹下參觀上海片廠，觀看了包含《漁光曲》在內的三部中國電影。回國後，以〈中國電影印象記〉為題向《Cinema旬刊》投稿連載文章，這也是日本首次對中國電影進行正式議論的論考。

一九三九年日本模仿納粹德國的《電影法》，制訂、實施日本《映畫法》。當提出要制訂《映畫法》時，日本電影界只有一人表明反對的意思，這個人便是岩崎昶。一九四〇年一月二十四日，岩崎突遭特高警察逮捕，以參加唯物論研究會、反對《映畫法》及逗留中國期間與電影界的中國共產黨員見面為由，岩崎被判犯有多項罪行並入獄。然而實際上，岩崎逗留上海期間，既沒見到魯迅，也未曾與田漢等任何一名共產黨員見面。

經過八個月牢獄生活後出獄，岩崎昶為了生計，在根岸寬一與甘粕正彥的籌劃下，擔任滿映東京支社的囑託一職。因為與滿映的這層關係而認識李香蘭，也參與了她主演松竹、滿映合作電影《迎春花》的製作。之後李香蘭演出上海電影《萬世流芳》時，岩崎也以製作人身分參與其中。一九四三年岩崎擔任島津保次郎導演的東寶、滿映合作音樂電影《吾之鶯》的製作人。李香蘭也曾表示，岩崎是她打從心底尊敬的一位人物，對他寄予相當的信任。

二戰後的電影活動與中日電影交流體驗

一九四六年，岩崎昶成為新聞電影製作公司日本映畫社的製作局長，因製作龜井文夫的《日本的悲劇》，與GHQ處於對立的立場，因而成為「赤色清洗」的對象。同一年還遭黑道組織的一名男子持日本刀襲擊，岩崎身負重傷。一九五〇年，他與今井正、山本薩夫、山形雄策等人成立獨立製作的新星映畫社，推出《喂！我們還活著》（どっこい生きてる）、《真空地帶》、《此處有泉》（ここに泉あり）等作品。後二部作品的製作人即為岩崎昶。日本戰敗後，岩崎與滿映中滯留中國的日本電影人取得緊密聯繫，積極關注新中國的電影情報。他在《映畫新潮》、《蘇聯映畫》上發表文章，介紹中國電影動向與作品，表現出憧憬社會主義中國與中國新電影的態度。

一九六〇年代，岩崎昶通過中日人文交流協會，實現觀摩中國電影界的旅行。以日本電影人代表團團長訪中的岩崎，回國後在《映畫評論》上以〈中國電影之旅〉為題，發表六篇連載文章。根據其敘述，包括訪中期間實際見聞的電影製作，每天的體驗都讓岩崎與其他代表團成員不斷感到驚奇。他們得知當時中國正展開一場批判中國電影的運動後，觀看了有爭議的作品《早春二月》，代表團一致同意這是一部好作品。他們也看了拍攝中遭到討論的《烈火中永生》，其中有一幕，一位女革命家看到被害丈夫的頭顱被高高掛起，留下了眼淚。這場戲讓代表團深受感動，但在與中國電影人的座談會上，中方卻認為作為革命家的女性此時不該流淚，這種觀點讓代表團表示十分難以理解。中方也讓代表團觀看中國核爆試驗成功的紀錄片，且逗留北京期間，適逢中國第二次成功試爆核彈。岩崎來到憧憬已久的鄰國，中日兩國電影人在友好的氣氛中進行交流，但岩崎對中國現實的某些部分卻產生了違和感。特別是聽聞中國政府主張核爆試驗是為了自衛的說法，岩崎與其他成員無法接受這樣的主張。

二戰之後，岩崎曾在中央大學講授電影課程，但似乎從未提及自己支援李香蘭製作的《吾之鶯》。或許可以推測，接受滿映的工作與負責製作李香蘭電影的經歷，對他而言可能是一種「汙點」吧。

晚年的岩崎通過協助岩波禮堂（Iwanami Hall）進行企劃等活動，努力推動電影上映、觀賞運動。此外，作為電影評論家，岩崎自一九三〇年起出版第一本著作後，一直熱情地持續撰寫，留下大量電影研究著作、電影評論與報導。文革前，他的著作《電影理論》與《日本電影史》曾被翻譯成中文，在中國發行。

戰爭期間，儘管岩崎與川喜多長政有不錯交情，但針對《映畫法》，兩人卻站在對立的立場。

一九八一年川喜多長政過世四個月後，岩崎昶也隨之過世，享年七十七歲。

川喜多長政（一九〇三－一九八一年）

電影製作人、電影發行公司董事。他從二戰前到二戰後一直活躍於世界舞臺上，是日本電影界最具國際化的人物。

繼承父親遺志出國留學與成立東和商事

川喜多長政的父親川喜多大治郎，在長政四歲時獲清朝招聘，以日本軍官身分前往中國，於河北省的保定陸軍軍官學校指導中國陸軍。幼兒時期的長政，通過在保定的生活，自然而然學會中文日常會話。一九〇八年，也就是與母親一同回到東京的次年，父親大治郎因洩漏機密文件之嫌遭日本憲兵殺害。

身為次男的長政，一心一意想繼承父親的遺志，中學校三年級時便獨自前往中國大陸旅行。之後為了正式學習中文與中國文化，通過胡適面試，進入北京大學文學部哲學科留學。但因北京的排日運動情勢與日遽增，感到煩惱的川喜多與友人商量之後，決定改往德國留學。

從德國回到日本後，川喜多經歷了四年的軍人生活。二十五歲時設立進口西洋電影為主要業務的「東和商事合資會社」。當時日本國內大多進口美國電影，川喜多則企圖引進優秀的歐洲電影。之後他與在公司工作的竹內賀志子（竹内かしこ）結婚，成為終身合作夥伴。川喜多夫婦齊心協力奔走世界各地，將德國與歐洲電影引進日本，也將日本電影介紹到德國。例如將溝口健二導演的《狂戀的女師匠》介紹至德國，把在德國本土大受歡迎的《柏油路》（*Asphalt*）引進日本，受到文化界與知識分子的相當好評。

另外，一直抱持著中國夢的川喜多，認為應把東和商事的工作向海外拓展。一九三〇年成立上海支社，打算把進口到日本的歐洲電影經典也介紹給上海觀眾。但次年因發生九一八事變，導致上海出現強烈排日運動，公司業務難以推展，支社在經營一年十個月後不得不撤出。

製作日德合作電影與中日合作電影

一九三七年七月七日，盧溝橋事件引爆中日戰火，川喜多兩年前企劃的日德合作電影《新土》（新しき土）於這一年開始拍攝，最初預定的日方導演伊丹萬作與德國導演阿諾・法蘭克（Arnold Fanck）在拍攝過程發生歧見，因未能解決彼此間的矛盾，最終《新土》分別拍出法蘭克版與伊丹版兩種版本。故事描述從德國回國的日本男子與未婚妻之間的矛盾，結局是兩人於婚後前往滿洲開拓，並在日軍的保護下耕作滿洲土地。這部作品在上海租界的日本常設電影院上映後，立刻遭到上海影視界與文化界人士的抗議，因而停止上映。川喜多在上海嘗到第二次失敗的滋味。

次年，戰火尚未完全平息，川喜多便開始企劃日本首次的中日合作電影《東洋和平之道》，在北京公開招募中國人的主演演員及臨時演員，果敢進行拍攝。此前在日本拍攝的大陸電影中，中國人角色幾乎都由日本人演員飾演，但川喜多計畫起用中國演員，打造新式的大陸電影。電影完成後，雖在中、日兩國上映，但日本觀眾反應欠佳，而在中國，該片雖以中國農民為主角，卻也未能迎合習慣看上海摩登電影的中國觀眾。

如前所述，一九三九年日本制訂、實施《映畫法》。川喜多作為電影人，公開表示支持政府的姿態。這種順應時局的態度，與其友岩崎昶的反對立場完全相反。

在日本占領下的上海第三度追求上海夢

一九三九年日本軍部決定在上海成立國策電影公司「中華電影股份有限公司」，要求中國通川喜多擔任董事。在上海經歷過兩次失敗的川喜多，對軍部提出不干涉自己工作的條件，見軍部同意後，他接受「中華電影」的要職，再度前往上海。

川喜多拉攏當時在孤島狀態的上海租界繼續拍攝電影的中國電影人，特別是「新華影業公司」製作人張善琨與出身臺灣的劉吶鷗，公司承諾將在孤島上海大受歡迎的古裝電影《木蘭從軍》，不做任何修剪出品給上海以外的地區，因此獲得張善琨等人的信任。他特意把辦公室設置在租界而非日本人居住區，「中華電影」在政策上也不干涉上海電影人的電影製作，只專注於拍攝文化電影。

一九四一年十二月八日，日軍占領租界，川喜多全面接管上海電影業，為了統一管理上海電影業之大小電影公司、發行部門及電影院，於一九四二年成立「中華聯合製片股份有限公司」，他也是該公司唯一的一位日本人高層。次年，「中華電影」與「中聯」合併，改名「中華電影聯合股份有限公司」，川喜多被選為副董事長。身為核心人物的川喜多，為上海電影體系的管控做出了貢獻，且即便將上海電影人置於「華影」的管理下，直至日本戰敗為止，皆未改變由中國電影人製作戲劇電影的方針。

於公於私皆支援李香蘭

一九四〇年以後，李香蘭因主演《支那之夜》而經常進出上海，川喜多開始於公於私皆對她提供支援。中聯在群星匯聚的《萬世流芳》中讓李香蘭飾演第二女主角，川喜多思考要讓以歌聲在上海大受歡迎的李香蘭繼續演出兩部上海電影。然而在一九四五年這個時間點上，華影實際上已經不可能進行拍攝，計畫隨之流產。此時川喜多找來音樂導演服部良一，與華影的辻久一、野口久光一同企劃李香蘭的獨唱會「夜來香幻想曲」，自己則擔任製作人。此獨唱會在日本即將戰敗之前的五月，於上海進行三天共六場的公演，這也是李香蘭在戰爭期間最後的演藝活動。

一九四五年日本戰敗前後，川喜多讓李香蘭住在自己上海的住宅，之後根據中方規定的日僑政策，李香蘭進入虹口的收容所。為了向中國法庭證明李香蘭是日本人，川喜多想辦法透過她在北京的雙親，從山口縣送來李香蘭的戶籍謄本，成功幫助她在中國法庭洗清漢奸罪嫌。一九四六年三月底，川喜多與李香蘭搭乘遣返船隻返回日本。

將戰後日本電影連結世界的頭號國際電影人

一九四七年十一月，川喜多被指定為《追放令》G項適用者，而被處「公職追放」懲處。三年後的一九五〇年十月，《追放令》解除，他也回歸電影界。次年三月，川喜多成立東寶東和株式會社，取代原本的東和商事，任職社長。除了重新開啟電影進口業務外，川喜多也前往歐美考察，首次出席坎城國際影展。

之後，川喜多讓美國的國際合作電影《安納塔漢》（*Anatahan*）在日本公開上映，另與義大利合作拍攝電影《蝴蝶夫人》等，積極促進日本電影與國際影壇的交流，因此他也頻繁奔走世界各地，行程繁忙。一九五八年川喜多就任新成立的外國電影發行業者協會的會長，並擔任威尼斯國際影展的日本代表團團長，之後也以日本代表相繼出席世界三大國際影展。川喜多為了將優秀的日本電影推向國際而四處奔走，逐漸成為名符其實的日本電影代表人物。一九七四年十二月在中國人民對外友好協會的邀請下，時隔三十年重新造訪中國。

一九八一年五月二十四日川喜多因病過世，享年七十八歲。生前獲頒許多來自日本國內外的獎項，而作為川喜多的得力助手，與他齊心協力奔波世界各地的夫人賀志子，在他過世後繼承他的遺志，日後成立公益財團法人川喜多紀念電影文化財團。該財團的業務和東寶東和不同，以保存電影資料與電影的國際交流為核心工作，今日除了盡力保存膠卷與資料外，也舉辦各種電影相關活動。

此外，戰爭期間通過中華電影而認識的張善琨，於一九四九年共產黨政權成立前，帶著部分上海電影人前往香港。一九五七年，他因香港電影進行日本外景拍攝，在造訪日本之際因病突然過世。最後附加一提，張在東京的葬禮，即是由川喜多張羅主辦。

其他人物

甘粕正彥

一八九一—一九四五年。生於仙台。日本陸軍軍人，滿洲電影協會株式會社第二任理事長。就讀培養陸軍軍官的陸軍幼年學校後，一九一二年從陸軍士官學校畢業。一九二三年關東大震災發生後，擔任憲兵隊分隊長的甘粕立即逮捕無政府主義者的大杉榮、伊藤野枝及其七歲外甥，對他們加以嚴刑拷問，最終造成三人死亡。甘粕因此被問責而下獄兩年十個月。一九二六年甘粕出獄後前往法國留學，一九二九年回國後立即前往滿洲，在奉天的特務機構負責情報、謀略工作。一九三九年接替滿洲電影協會第一任理事長金璧東成為第二任理事長。在滿映實施大幅度的人事改革，把中國演員的薪資提升到與日本人相同的程度。隸屬滿映的李香蘭獲得東京與上海提供的許多工作機會，當她想向「滿映」提出辭職申請時，據說甘粕優先考量李香蘭的意願，立即批准並當場毀去滿映與她的合約。日本戰敗後的八月二十日，甘粕自飲氰酸鉀自殺。

張善琨

一九〇五—一九五七年。生於中國浙江省。電影製作人。上海南洋公學畢業後，進入香菸工廠工作，且成為上海黑道組織「青幫」的成員。一九三四年創立電影公司「新華影業公司」，在二、三年之間藉由廣泛的交友關係與宣傳手腕，讓新華在已有許多大型電影公司的上海也成長為一家大公司。

一九三七年第二次上海事變爆發後，許多電影人離開上海，製片廠也因戰火而半毀或全毀。張善琨組織留在上海租界避難的電影人，一九三八年起迅速重新開始製作電影。新華製作的歷史電影大片《貂蟬》在孤島化的租界大獲成功，張善琨趁機繼續製作歷史電影，其中一九三九年的《木蘭從軍》更被讚為通過「借古諷今」的手法表達民眾的抗日意識，在上海掀起一陣熱潮。太平洋戰爭爆發後，張善琨擔任由日本與傀儡政權合資成立的電影公司「中華聯合製片股份有限公司」負責人。他製作與執導的《萬世流芳》，提拔李香蘭擔任第二女主角，對日後李香蘭在上海以歌姬身分大受歡迎，也起到一定幫助。在日本占領之下，張善琨與川喜多長政建立起不錯的私人關係，但日本戰敗的次年，張就被指責為漢奸，因而前往香港。之後他在香港經營永華公司，後成立長城影業公司。一九五二年讓新華影業公司老店重開，製作香港第一部彩色電影《海棠紅》。一九五七年在日本拍攝外景時突然過世，盟友川喜多長政為張善琨辦理了葬儀。

卜萬蒼

一九〇三—一九七四年。生於中國安徽省。中國的電影導演。一九二四年進入電影界，之後成功在大電影廠民新影片公司成功出道成為導演。在默片時期，拍攝了當時大明星阮玲玉代表作，如《一剪梅》與《三個摩登女性》。第二次上海事變後，卜萬蒼留在上海，在張善琨領導的新華影業公司繼續擔任電影導演。一九三九年卜萬蒼執導的歷史電影《木蘭從軍》在日本占領下的上海大放異彩，掀起一陣古裝電影的拍攝熱潮。太平洋戰爭爆發後，日本與傀儡政權合資成立電影公司「中華電影」，他在合併的公司中工作。一九四三年執導的《萬世流芳》，由李香蘭飾演賣糖女孩，電影大獲成功，在日本與中國引發不同的社會反應。一九四八年前往香港，在永華影業公司拍攝以歷史人物文天祥為主角的古裝大劇《國魂》，並因此獲得矚目。之後成立獨立製片的泰山影業公司，並繼續拍攝國語電影。其中，卜萬蒼受邵逸夫委託，一九五八年執導讓山口淑子以李香蘭之名主演的《一夜風流》，這是他與李香蘭的第二次合作。一九六四年拍完《趙五娘》後從電影界引退，投注心力培養新人。一九七四年過世。

劉吶鷗

一九〇五—一九四〇年。出生臺灣臺南。作家、劇作家、電影導演。本名劉燦波，筆名洛生、鷗外鷗。在東京青山學院留學，畢業後前往上海。進入中國的震旦大學與杜衡、施蟄存等人於法語特別班就學。之後與施蟄存一同開設第一線書店，但因營業許可文件不完備而被迫關閉。次年開設水沫書店，創刊由該書店發行之《科學的藝術論叢書》與文藝雜誌《新文藝》。參與叢書企劃與翻譯的人物中包含魯迅。一九三二年以後，重心從文學轉換到電影，撰寫的電影論被左翼電影人批評為「軟性電影理論」。之後劉接近國民黨，一九三六年成為國民黨的中央電影攝影所劇本部門的負責人，除執筆劇本《永遠的微笑》外，也擔任藝華影業公司製作的電影《初戀》之編劇兼導演。一九三九年就任「中華電影股份有限公司」製作部次長，在製作由東寶製作、中華電影支持的《支那之夜》時認識李香蘭。一九四〇年九月三日，劉吶鷗參加中華電影事前會議，早早離開會場，不久後於旅館遭暗殺，享年三十五歲。一九四三年李香蘭拍攝《莎韻之鐘》前往臺灣時，曾赴劉家與其家人見面，表達哀悼之意。

服部良一

一九〇七—一九九三年。作曲家、編曲家。也以村雨正男（村雨まさを）之名作詞。生於大阪土偶師之家，年少時期起即自學音樂，一九二六年加入大阪愛樂管弦樂團，接受烏克蘭人指揮家艾曼紐·梅特（Emmanuel Leonievich Metter）指導學習作曲與指揮。一九三三年前往東京，三年後成為日本哥倫比亞唱片公司的專屬作曲家，因其融合搖擺爵士的嶄新作曲方式而獲得眾人矚目，也向大眾提供以黑人藍調為基礎的作品與帶有日式風格的藍調探戈等流行音樂。他與李香蘭的熟識始於大陸戀愛三部曲的《白蘭之歌》，並為以中國為背景的《蘇州夜曲》作曲，該曲成為李香蘭主演之《支那之夜》的插曲。日本戰敗之前，他擔任由上海交響樂團伴奏的李香蘭獨唱會「夜來香幻想曲」編曲，協助歌姬李香蘭為上海人所熟知。他還擔任李香蘭主演的音樂劇電影《吾之鶯》的作曲，並在戰時的上海及哈爾濱持續從事音樂活動。二戰之後，他採用戰時在上海使用，被指責為「敵性音樂」（敵方音樂）的布吉伍吉（Boogie-Woogie）旋律作曲。其中，〈東京布吉伍吉〉與〈銀座康康女孩〉皆成為知名電影的插曲。此外也創作〈青色山脈〉等許多電影音樂。他也與古賀政男一同為成立日本作曲家協會、日本唱片大賞盡力，獲頒國民榮譽賞。八十五歲時去世。

長谷川一夫

一九〇八—一九八四年。演員。原藝名為林長丸、林長二郎。由歌舞伎界跨入電影界，演出過大量電影與戲劇，特別是作為古裝劇明星，被譽為日本古裝電影代表演員之一。一九二七年進入松竹，以林長二郎的藝名從古裝電影出道，之後接連主演多部電影。一九三五年因主演一人分飾三角的《雪之丞變化》，讓長谷川的人氣衝至頂點。一九三七年從松竹轉至東寶後，遭不良少年割傷臉部與手腕，身受重傷，但次年改名為長谷川一夫，重返銀幕。與山田五十鈴合演的《鶴八鶴次郎》大受歡迎，奠定長谷川不動如山的大明星地位。之後與李香蘭搭檔主演大陸戀愛三部曲《白蘭之歌》、《熱砂之誓》、《支那之夜》，這是他首次擔綱現代劇。戰後，與東寶發生爭議時，他與其他演員們組成「十人旗之會」，脫離東寶支部，參與成立新東寶。一九五三年接受大映的高層職位，改換公司後首部主演《地獄門》，獲得坎城國際影展的大獎。一九五五年回歸歌舞伎界，一九六三年從電影界引退後，直到去世之前仍活躍於歌舞伎舞臺上。此外，他也因演出寶塚歌劇《凡爾賽玫瑰》的首次公演而知名。演員生涯中主演過高達三百部電影。七十六歲時過世。

邵逸夫

一九〇七—二〇一四年。生於中國浙江省寧波。企業家、電影製作人、慈善事業家。是十個兄弟姊妹中的老么。學生時代在大哥、二哥、三哥創立的「天一影片公司」擔任演員及攝影師。中日戰爭爆發後，天一公司將製作據點轉移至香港，並改名為「邵氏父子公司」。為了振興香港沉寂的電影產業，邵逸夫打算開拓新天地，與三哥一同在新加坡創立電影公司。之後邵逸夫擁有多家電影院，在東南亞一躍成為電影事業的大亨。一九五四年，呼應大映的永田雅一所提倡之「東南亞電影製作人協會」，與永田舉辦東南亞電影節，隨之也把戰後日本電影的新技術與人才導入香港。他邀請回歸山口淑子的李香蘭前來主演香港電影，觀眾因懷念過往李香蘭的人氣，讓電影大獲成功。他也聘請日本電影導演與攝影師，並於一九五七年在香港創立邵氏兄弟電影公司，在香港拍攝電影。除了製作來自地方戲曲「黃梅戲」的「黃梅調」古裝電影外，也聘請來自臺灣的張徹導演拍攝功夫動作電影，大受歡迎。一九七五年創立「邵氏基金」，晚年在香港、中國以及各個國家、地區為教育與醫療事業進行募款。二〇一四年過世。享年一百零六歲。

田村泰次郎

一九一一—一九八三年。出生三重縣。作家。一九三一年進入早稻田大學文學部文學科法蘭西文學專攻，一九三四年畢業後立志成為小說家，通過在學期間參與的同人誌，拓展文壇上的交友關係。以小說《選手》成功在文壇出道，之後埋首於創作活動。一九三九年六月，以大陸開拓文藝懇話會成員身分，與伊藤整、福田清人、久米正雄等人一同前往中國。逗留滿洲期間，在滿映主辦的晚餐會上首次與李香蘭見面。一九四〇年接到徵兵令入伍，被派至華北戰場。一九四一年以慰勞團成員身分，駐紮山西省陽泉。一九四二年在火車上與前往河南省拍攝滿映作品《黃河》的李香蘭不期而遇。之後數年，長期駐留山西省，唯出差時也會前往李香蘭位於北京的家宅拜訪。一九四六年回到日本後，根據自己在山西省軍旅生涯的經驗，發表《肉體的惡魔》、《春婦傳》等所謂的戰後肉體文學，成為知名作家。之後也涉足美術相關工作，經營畫廊。並擔任日本筆會理事，致力於與世界各國文學家的文化交流。一九八三年過世，山口淑子也參加了他的告別式。

陳雲裳

一九一九—二〇一六年。生於香港，在廣州成長。女演員。本名陳民強。十六歲時從香港電影出道，接連主演粵語電影而大受歡迎。一九三九年獲上海新華影業公司的張善琨的提拔，在《木蘭從軍》中擔綱女主角，該作品大獲成功後，陳雲裳也一躍成為上海電影界的頭號明星。隱含抗日寓意的《木蘭從軍》，在上海掀起一陣古裝電影風潮。她隨後主演《秦良玉》等古裝電影，同時也主演現代電影。太平洋戰爭爆發後，上海電影界受到日本與傀儡政權合資成立的「中華電影」管控，即便如此，陳雲裳仍舊繼續女演員工作。主演作品中，一九四三年的《萬世流芳》演出一位反英的女英雄，上海的製作方讓李香蘭飾演第二女主角賣糖少女，陳雲裳因此認識李香蘭。之後《木蘭從軍》被引進日本，並在當地獲得大力宣傳，陳雲裳成為少數幾位在戰時日本知名的中國女演員。一九四五年陳雲裳因結婚而退出電影界。二戰後雖在香港電影中露面，但直到過世為止幾乎都不再出席公共場合。九十六歲時過世。

張愛玲

一九二〇—一九九五年。生於上海。中國小說家。祖父是清朝大臣，祖母是主導洋務運動的李鴻章之長女。幼年起便就讀教會學校，中學校時代於學校雜誌上發表短篇小說，一九三九年進入香港大學就讀，原有機會前往倫敦大學留學，卻因戰爭未能實現，一九四二年返回上海。一九四三年以弱冠的二十三之齡發表《沉香屑——第一爐香》，在上海文壇華麗出道。其小說以華麗的文筆與細膩的心理描寫，獲得文壇的高度讚賞。次年與汪兆銘政權的文官胡蘭成戀愛並結婚，但因胡的女性問題，兩人最終於一九四七年離婚。一九四五年七月，在川喜多長政與《雜誌》的促成下，張愛玲與李香蘭進行了一場茶敘。觀賞過《萬世流芳》的張愛玲，對李香蘭自然的演技表達讚賞。一九五二年張愛玲移居香港，執筆小說與電影劇本。一九五五年前往美國，與美國劇作家賴雅（Ferdinand Reyher）結婚，以撰寫電影劇本與翻譯維持生計。一九六七年丈夫因病過世後，一九七二年她遷居洛杉磯，至一九九五年過世為止皆獨居於洛杉磯。享年七十四歲。（↓第十卷第四章）

注釋

1. 一九三二年九月十六日，在今中國遼寧省北部，巡防撫順礦場的日軍撫順守備隊（川上大尉），進行討伐游擊隊作戰時，殺害、傷害楊柏堡村附近平頂山聚落的大量居民，指控他們協助游擊隊。
2. 譯注：把電影與舞臺劇兩種形式在舞臺上混合演出的形式。
3. 參照〈納涼會見記〉對談紀錄與張愛玲〈《萬世流芳》評〉。首次刊登於《雜誌》復刊三七號（一九四五年八月號）。皆刊載於四方田犬彥編，《李香蘭と東アジア（李香蘭與東亞）》（東京大學出版會，二〇〇一年，一六七—一八三頁）。
4. 王騰飛著，田中雄大譯，〈身体的越境と異国情緒——李香蘭の死亡という暗号（身體的越境與異國情調——李香蘭的死亡作為一種暗號）〉，《Intelligence》一八號「特集『貫戦期』の日中映画（特輯「戰爭時期」的中日電影）」（20世紀メディア研究所，二〇一八年三月）。
5. 「魯迅」請參照第十卷第四章。

參考文獻

晏妮，《戦時日中映画交渉史（戰時中日電影交涉史）》，岩波書店，二〇一〇年
晏妮，〈川喜多長政と戦時上海・中国（川喜多長政與戰時上海、中國）〉，堀井弘一郎、木田隆文編，《アジア遊学205　戦時上海グレーゾーン――溶融する「抵抗」と「協力」（亞洲遊學205　戰時上海灰色地帶――融合的「抵抗」與「合作」）》，勉誠出版，二〇一七年
池上貞子，《張愛玲――愛と生と文学（張愛玲――愛與生命與文學）》，東方書店，二〇一一年
岩崎昶，《日本映画私史（日本電影私史）》，朝日新聞社，一九七七年
岩崎昶著，岩崎昶遺稿集刊行委員會編，《映画は救えるか――岩崎昶遺稿集（電影能拯救世界嗎――岩崎昶遺稿集）》，作品社，二〇〇三年
岩野裕一，《王道楽土の交響楽――満洲　知られざる音楽史（王道樂土的交響樂――滿洲　不為人知的音樂史）》，音樂之友社，一九九九年
上田賢一，《上海ブギウギ1945――服部良一の冒険（上海布吉烏吉1945――服部良一的冒險）》，音樂之友社，二〇〇三年
尾西康充，《田村泰次郎の戦争文学――中国山西省での従軍体験から（田村泰次郎的戰爭文學――中國山西省的從軍經歷）》，笠間書院，二〇〇八年
川崎賢子，《もう一人の彼女――李香蘭／山口淑子／シャーリー・ヤマグチ（另一個她――李香蘭／山口淑子／莎莉・山口）》，岩波書店，二〇一九年

胡昶、古泉著，横地剛、間ふさ子譯，《満映——国策映画の諸相（滿映——國策電影的諸相）》，パンドラ，一九九九年
五味渕典嗣，〈久米正雄《白蘭の歌》と断片の政治学——メロドラマの（不）可能性をめぐって（久米正雄《白蘭之歌》與碎片的政治學——關於通俗劇的（不）可能性）〉，《Intelligence》二〇，20世紀メディア研究所，二〇二〇年
張新民，〈劉吶鴎の《永遠的微笑》について（關於劉吶鷗的《永遠的微笑》）〉，《人文研究　大阪市立大學大學院文學研究科紀要》五四—四，二〇〇二年
藤元直樹，〈投獄前から働いていましたが何か　満映。をプロヂュース——岩崎昶（入獄前我就開始工作了，有什麼問題嗎？滿映的製作人——岩崎昶）〉，《映畫論叢》五七，二〇二一年
三澤真美恵，《「帝国」と「祖国」のはざま——植民地期台湾映画人の交渉と越境（「帝國」與「祖國」的夾縫——殖民地時期臺灣電影人的交涉與跨越）》，岩波書店，二〇一〇年
山口猛，《哀愁の満州映画——満州国に咲いた活動屋たちの世界（哀愁的滿洲電影——滿洲國電影人的世界）》，三天書房，二〇〇〇年
山口淑子，《誰も書かなかったアラブ——「ゲリラの民」の詩と真実（無人書寫的阿拉伯——「游擊民」的詩與真相）》，サンケイ新聞社出版局，一九七四年
山口淑子、藤原作彌，《李香蘭　私の半生（李香蘭　我的半生）》，新潮社，一九八七年
四方田犬彦，《日本の女優（日本的女演員）》，岩波書店，二〇〇〇年
四方田犬彦編，《李香蘭と東アジア（李香蘭與東亞）》，東京大學出版會，二〇〇一年
李道明著，蔡宜靜譯，岩本憲兒、晏妮監譯，《映画と台湾総督府の南進政策（電影與臺灣總督府的南進政策）》，岩本憲

兒、晏妮編，《戦時下の映画——日本・東アジア・ドイツ（戰時下的電影——日本、東亞、德國）》，森話社，二〇一九年
《東和商事合資社社史》，東和商事合資會社，一九四二年
《東和の60年抄（東和的60年抄）》，東寶東和株式會社，一九八八年
邵迎建，《張愛玲的傳奇文學與流言人生》增訂本，生活・讀書・新知三聯書店，二〇一八年
蘇濤，《浮城北望——重繪戰後香港電影》，北京大學出版社，二〇一四年

第十六章
抵抗帝國日本的女性們

長志珠繪

前言

近代日本，也就是帝國日本，根據宗主國與殖民地的屬性左右著人們的生活方式。然而，出生於此框架下並在其中生存的女性們的二十世紀經驗，在二戰後的社會中卻無法獲得正視。出身宗主國的女性們如何表達自身的經驗？本章將通過紀錄、文學與新的媒體表現等途徑，思考她們表現的獨特性。

她們生活的近代是一個非凡的時代，性別差異對一個人的人生具有決定性的意義。例如「賢妻良母」形象或「男尊女卑」等觀念，與傳統社會中的性別秩序相異。近來的歷史學研究普遍認為，這些概念是近代社會所創造的。女性專職「賢妻良母」的角色，其前提必須有「賺錢」的丈夫角色，但二戰前的日本社會並不具備這樣的前提條件，即便有也僅限於城市居民的中間階層。特別是，所有人都只由性別差異來做區分，形成將男性置於女性之上的秩序法則，在身分制度的社會中僅呈現出相對性的關係。

基於性別差異進行區別的方式，乃是以近代化為目標的明治政府模仿歐洲近代模式，才打造出基於性別差異的社會秩序原理。明治二〇年代制訂的《明治憲法》與「民法」，把性別當作絕對的差異，建構一種與傳統社會不同的新框架。不只皇位繼承權，包含國政、縣府選舉權等政治權利，還有財產、親權等家族關係的法律制度，女性都被視為「無能力者」而被排除。近代的職業領域也是如此，在所需的學歷上，於報考資格階段即原則上排除女性。近代社會雖然引入了自由、政治權利乃至人權等新思想，但其中的「人」卻存在根據性別與其他條件的限制。其中的性別差異在十八至十九世紀的西方模式政治制度中，將人們依據性別區分為兩種屬性。女性運動試圖對抗這種規定，以爭取和「男性」具備相同權利為目標，其論述與行動能發生影響力，從世界史的觀點來看也可說是一種歷史的必然。同時，當普遍性的人權意識獲得深化與推廣之際，對眼前的差異、歧視表達必須改革的社會主義、共產主義思想，作為改變社會現狀的新思想，即便帶有性別偏見，仍在第一次世界大戰後的世界逐漸發揮思想影響力，且這種影響力不僅在中央，也擴及地方社會。

生涯短暫的金子文子，與從沖繩首里前往東京一圓接受高等教育夢想的新垣美登子，在第一次世界大戰後的首都東京不斷接受新思想潮流的薰陶，通過多樣的人際交流與自身文化資本，將新式思想重新解讀詮釋後，當作自身的精神糧食，並將這種態度與方法展示於眾，可稱她們為一種「表達者」。十九世紀的「人權」除排除女性外，對殖民地主義也相當遲鈍，此二者都在她們這些「表達者」的意識深處直接或間接留下課題。在她們各自的成長過程中背負者社會強加給她們的「身為女人」的汙名。例如金子文子的狀況是在家族中屬於「無籍者」（沒有戶籍）的年輕女性，前往東京的新垣則是必須花費精力去抵抗被視為非我族類的民族重擔。

金子直接承受當時社會對言論的暴力鎮壓，通過把自我表現昇華的獄中記，以靜謐的文筆留下重新發掘自身成長過程並將其記錄下來。戰前的民法制度賦予戶主（丈夫、父親）對家庭成員握有生殺大權，文子的父親因蔑視文子的母親而不與她登記結婚，因此文子也無法提出出生登記，近代國家的法律制度下，她的身分是「無籍者」。幼年的她被接到殖民地朝鮮由祖母、親戚撫養，但他們因她是「無籍者」而歧視虐待正值學齡期的文子。但成為「無籍者」並非「我」的錯，文子通過思索如何對抗國家與父親強加給她的社會地位，痛斥社會結構本身的不合理。

然而，通過性別差異形成的社會秩序，往往伴隨著結構性的女性貶抑（misogyny）深植於人們意識中。一九二五年《治安維持法》象徵著對言論的鎮壓，特別是在一九三〇年代，這種權力對不得不潛入地下活動的「共產主義者」造成的慘烈恐懼遠超乎人們的想像。[1]

前衛的「表達者」投身政治運動時遭到權力封殺，因而形成封閉性的前衛集團，此處將試著觀察其內部狀況。藉此也可釐清山代巴與她周圍的女性，所背負之身為女性的不合理重擔。戰後，山代的活動與思索，對包含二戰結束前「女管家」[2]問題在內的運動方針，質疑其性別偏差與暴力性，認為須由內部批判並凸顯運動內部的問題。森崎和江也在《戰鬥與愛欲》[3]（闘いとエロス，一九七〇年）中，以一九六〇年代抵抗運動內部的家父長制（Paternalism）為主題進行深入探討與質疑。倉橋由美子的《黨派》（*Partei*，德語，一九六〇年）也提及男性活動家集團的女性貶抑如何帶給女性挫折，使女性被運動方封鎖或者遭排擠，甚至成為被攻擊的對象。而二戰後日本所謂的先驅女性主義思想「表達者」，才終於對這種狀況提出質疑。

若把二十世紀的「表達者」視為戰後思想系譜中的一環，可以得出如下兩個共通點。一是她們面對國族主義的方式，二是她們作為帝國一方的女性，經歷了漫長的戰爭時代。她們以帝國的宗主國女性身分度過戰爭時期，但作為國家的棄民，有人或者入獄，或者暴露在生存危機中苟延殘喘。澤地久枝親身經歷過逃出舊滿洲撤退回日本的過程，在外國軍隊進駐的城市中逃亡。戰後，澤地憑藉自身才華開拓人生，在其創作生涯的後半，充滿自覺地寫下許多過往遭國家拋棄，以難民身分求生的經驗。新垣在沖繩島戰役期間，被迫離開美軍統治下的首里，疏散到島根縣日原村，並在該地迎來日本戰敗。森崎和江則無法回到舊殖民地的出生故鄉，只能留在日本內地迎來戰敗，她通過語言的摸索表現自身複雜的處境，其中交織著對故鄉的望鄉之情、「家族」之死，以及身為宗主國一方的原罪意識。與此同時，這些「表達者」們也共同經歷了其至親或子女中，曾有十幾歲的男性選擇自殺或失蹤的苦痛，她們選擇通過「書寫」來延續「生命」。

此外，她們「書寫」的對象也具有共通性。那與由一般詞彙構成的世界不同，是她們自身「經驗」的再發現，也是她們尋找接近他者的方法。作為書寫者，她們通過「書寫」這種實踐行為，重新定位自己在歷史結構中的生命歷史，或者將其投射為虛構的作品，反照出他者的經驗。經由此種稱為報導文學的新手法，傾聽被歷史埋沒的人們，特別是未能留下紀錄的女性們的生命故事，並持續將她們的聲音寫成文字。「聲音」如何汲取？這是一種敘述者與讀者之間聯繫的新敘事方法，針對圍繞著過去的，或者被隱匿的經驗所進行的探索。山代巴通過與戰爭期間的共產黨員女性相談來發現問題，有意識地使用共享討論的方法。包含澤地在內，許多作家採取報導文學的方式發表作品，也是這一時期的一大特色。在高度經濟成長期，森崎對女性們採取的接觸、研究方式是以聆聽者的他者性為前提，通過互異的語言往返，創作共享的溝通空間。有意識傾聽他者聲音的「聆聽與書寫」方法為其特色。透過聆聽與書寫的內容，成功的挖掘出在開發時代遭邊緣化的人們及其處境的多重層面。不過，她們所發現的問題並不僅限於當時代，例如她們在表現方式的各種方法論的嘗試與探索，今日可重新視為理解戰後思想史中「女性史」敘述的一部分，我們應從中發掘出其普遍性與可能性。加上當今社會對於性別議題的關注日益擴展，她們的作品也包含了許多值得應當加以討論的新議題。

無論是非虛構作品、散文、報導文學、廣播劇，還是顧慮當事者而改以虛構形式書寫的文學，以及作為審判證詞的獄中日記、作為自我表現手段的詩詞體裁等，這些創作方法超越國境，圍繞戰爭與戰後的生命歷程進行的思索與嘗試，都是經過深思熟慮後有意識地選擇的表現方法。這些作品究竟在向我們提出什麼樣的問題呢?帝國與戰爭的時代已然不再是烙印在人們記憶與身體的個別經驗，而成為了歷史的議論對象。通過這種現象，它們作為與過往主流歷史敘述不同的另類樣貌、經驗，再次獲得人們的關注。今日她們的作品集與評論集獲得重新編纂或被製作成文庫本，甚至被改編為電影，邁向與作品發表時代不同的、吸引全新讀者群的階段。

山代巴（一九一二—二〇〇四年）

山代巴，戰後初期原子彈爆炸受害者運動的推手，發表自傳式的作品。戰後地方發起的文化運動關鍵人物，以書寫者、思想家的身分，重新獲得人們關注。在山代生前與之交流的歷史學家牧原憲夫，為她編有《山代巴文庫第二期》（全八卷，徑書房，一九九〇—一九九六年）附加解說、《山代巴獄中手記書簡集——摸索的軌跡》（平凡社，二〇〇三年）、《山代巴獄中手記書簡集》（增補版，而立書房，二〇一三年）等。通過這些作品，終於讓人們得以有系統地全面了解從戰前至今日的山代巴。

戰前的山代巴

一九一二年，山代巴生於廣島縣東部的蘆品郡栗生村（今府中市）。家族居住於栗柄、登呂茂谷的舊宅，在七名兄弟姊妹中排行老四。老家的德毛家擔負類似村公所的職位，是收取佃農租金的地主階層。她進入鎮上的府中高等女學校後，在美術上展現天賦才能。當她為了成為女學校的圖畫老師立志升學時，卻家道中落成為小佃農。但因其他兄弟姊妹們已進入中等教育，加上在當地小學校任教的姊姊與親戚給予經濟上的支援，一九二九年四月山代巴終於也成功進入東京的私立女子美術學校（西畫師範科）。年輕時的山代巴，成長於一個允許女性將高等女學校乃至女子高等教育機構作為人生選擇的文化與教育環境之中。

然而，她所就讀學校的教育方針並不符合那些為了取得教育資格並進入職場的女性。另一方面，她在府中女學校時代的朋友圈，充滿關於自由畫、民藝運動、無產階級藝術的討論，也接觸倍倍爾（August Bebel）的《女性與社會主義》，在大正民主的氣氛中，社會主義思想的氣息深深影響了她。此時她的身邊還發生二姊綾女希望進入二戰前日本女性最高學府之一的奈良女子高等師範學校就讀，但卻在雙親的要求下被迫走進婚姻。三姊文枝發生因在夫家被迫超量勞動而早逝的憾事。在支援佃農爭議與自身生活經驗的影響下，山代開始體驗到社會矛盾，並對社會主義產生強烈共鳴，最終決定休學，於一九三二年四月將滿二十歲生日時加入日本共產黨，立志成為大企業的革命勞工。[4]

但該時期日本共產黨高舉打倒天皇制的「三二年綱領」指令與強迫黨員實踐教條主義的方針，未經準備便將年輕女性支持者投入組織工作，導致她們陷入孤立的境地。實際上，戰前民法下的單身女性們，一如日後山代所指摘的，往往面臨婚姻問題與親屬關係的困擾，加上即便當時普遍認為在工廠現場進行的不過是社團活動，但戰前的《治安維持法》仍對參與者施以殘酷的刑罰。因《治安維持法》而轉入地下化的運動，該環境對女性參與者而言尤為嚴苛。

山代也在毫無準備的狀況下，被捲入左翼文化運動的鎮壓，首次遭特高警察拘留。日本共產黨內部視為絕對真理的活動方針，實際上卻給那些新加入且充滿批判知性與感性的女性黨員帶來沉重的壓力，將她們逼入困境。山代巴日後一連串的經濟窮困、同居後生產卻死產、選擇分手等困頓的過程，可說就是這種方針的受害者。一九三七年，山代巴與同為共產黨員的山代吉宗結婚。吉宗在京濱地區的大工廠組織工作表現出色，深獲黨信賴且品行高潔。吉宗與巴致力於啟發與組織勞工，特別是巴在「兼顧家事與活動」的困境中努力前行，並發起野呂榮太郎讀書會與創立女性史社團等，持續穩健推動活動。一九四〇年五月十一日，在日本共產黨力圖重建而展開的活動中，她與許多同志遭警方大規模逮捕。被起訴的山代巴於一九四二年八月因被控違反《治安維持法》遭判處四年徒刑，於廣島縣三次監獄服刑，一九四四年三月轉移至和歌山監獄。在服刑期間，深受山代感動的三次監獄看守者，建議山代執筆《獄中記》。被判處七年徒刑的吉宗於一九四五年一月死於獄中。日本敗戰前不久的八月初，山代巴因病獲得假釋。返鄉途中，她感受到暴露在空襲警報下的恐懼以及人心荒廢的社會鉅變。

二戰結束後的再出發

因為在慘酷的獄中生活導致山代巴健康惡化，出獄後必須過靜養生活。從她在《荷車之歌》等作品中的自述可以看出，戰後初期返回廣島故鄉的山代，她在村裡並非體力充沛的農婦，甚至根本沒有務農的經驗。加上在狹小的村落中，周圍都是過往的舊識，她身為沒落世家的女兒，且背負著「紅色／共產」的負面印象。山代成為在多重劣勢掙扎求生的「村落弱者」的女性，每天都為了讓自己與母親能吃上一口飯而奮鬥，艱難度過戰後初期的生活。雖說如此，她此時期的人生也並非全花費在思索與生計上。日本戰敗後不久的九月，她發起作為文化團體的府中文化聯盟。包含她弟弟在內與她相關的府中人士，在日本接近戰敗的一九四五年四月左右已開始聚集德毛家，舉辦文化史學習會。山代表示「當有人想向世人訴說生活中的真實狀態時，我的話語也隨之豐富起來」（《創生民間傳說的人們——在廣島村落中勞作的女人們》），於是過著每天傾聽人們訴說的日子。同時，她還認識了美學家、戰前即為社會活動家、戰後成為尾道圖書館館長的中井正一，透過與中井的交流，山代也重新面對「民眾」。山代指摘，當時許多人未將加害者意識銘刻於歷史上，也不願加以面對，欠缺主體性的沉溺於被害者意識，她決心將此作為自己終生的課題。戰敗後，山代時常因農村習俗和環境與自己的理想之間相互衝突而感到挫折，但在社會黨、共產黨系的「日本農民組合廣島縣聯合會」成立之際，提出「給農村婦女每月休假一天」等具體的女性解放口號。

山代在廣島農村的社會活動，促成她與廣島青年文化聯盟的結識，並在「廣島研究之會」的文化活動中結成果實，其核心人物包含了川手健。他們特別關注戰後初期居住在「川手通」的原子彈轟炸受害者，探討他們面臨的歧視結構。「廣島研究之會」採取的方法是與受害者共同生活的參與式觀察，以及記錄其生活的運動。山代編纂的藍版岩波新書《在這世界的一隅》中，在序文內說明了該書的編輯原委，且對一九五〇年代以後為重整廣島運動而選擇自殺的川手健致以深切的敬意。

牧原將山代巴在戰後的書寫與相關活動分為四類。一、以農村女性為主角進行創作的《荷車之歌》等；二、除訴求原子彈轟炸被害者實際狀況的《在這世界的一隅》外，還編纂農村女性的生活紀錄《叢書　創生民間傳說的人們》；三、總結戰後自身活動的著作《創生民間傳說的人們》；四、自傳式的長篇小說《被囚困的女人們》與關於戰前革命運動的作品《丹野節——活在革命運動中》等。

摸索的軌跡與女性們

牧原指出山代活動的四個分類，與「女性史」的敘述有所關聯。這是一項富含創造性的新研究方法。山代在戰後的活動中，對於在戰前《治安維持法》下參與共產黨運動的女性，展開獨特的關注與研究，這些內容在今日仍值得重新一讀。

戰敗後不久，負責重建共產黨的德田球一將山代找來東京，但日本共產黨中央執行部卻以山代丈夫吉宗遭舉發為由，拒絕讓她入黨，並命令她在故鄉廣島進行政治活動。山代表示「自己被誤解成出賣同志給敵人，導致我親愛的同志們死於獄中」的人，對此感到絕望，也與該時期共產黨中央的行動保持距離。牧原指出山代「即便下獄也未曾放棄的信念與希望，到了疾呼和平與民主主義的時代卻遭同志——而非權力一方所剝奪」（〈序言〉，《山代巴——摸索的軌跡》）。通過山代巴的經歷，可見到戰後日本共產黨的重建運動及其方針，仍延續戰前非合法活動歷史極度偏向男性主導的性別特徵。關於戰前女性黨員被要求必須與入黨資歷豐富的男性結婚，成為被稱為「管家」的假妻子，還得負責募集資金支撐黨員地下活動等後勤工作，針對這些狀況皆有必要進行批判式的檢驗辯證。此外，對於思想「轉向」的評價基準，也應該加以檢討。

牧原憲夫在《山代巴——摸索的軌跡》中指出，當初特高警察把山代巴當作主犯，但那不過是預判，此外加諸她身上的「與吉宗競爭之『惡妻』」形象，也成為戰後不久對她的人物評價。又因山代的《獄中記》、書信，以及在《被囚困的女人們》中「不被當作對等的同志，也不被允許參加重要會議」的描寫，這些戰前的批評讓山代在日共重建時無法擔任重要的職位。山代巴關於戰前共產黨活動的寫作，包含其自傳在內，終於在一九八六年完成。書寫進度不易推進的理由之一是，即便到了戰後，當時的共產黨領導部依舊會插手介入。一九三〇年代後半日共幾乎陷於毀滅，在《治安維持法》下的地下活動中，「有太太」是個重要的戰略。而這樣的戰略又是以參與非合法活動的男性黨員們為主體，對這些擔任男性黨員「妻子」角色的女性，毫無自覺地基於性別偏見做出評價，在戰後仍舊折磨著這些女性。

山代巴作為思想家，其真正價值在於她以「聆聽與書寫」（聞き書き）作為解決問題的切入口並將之推展。她尤其重視當事者之間的對話開展，之後發展彼此間的來往，將其當作記錄的對象。「聆聽與書寫」這種方法從一九五〇年代社團活動中即已出現，特別被用於對那些不被看見的工廠女性勞工進行生活記錄運動，而作為此先驅的女性知識分子如鶴見和子等，也因此新打造出一種文化實踐。受到鶴見的影響，牧瀨菊枝等人開始對戰前共產黨活動的「無名」女性們進行「聆聽與書寫」，除發掘獄中通信之外，也對戰後被黨中央開除黨籍伴隨而來的「評價」進行反向對抗。山代巴、牧瀨菊枝合編《丹野節——活在革命運動中》及牧瀨菊枝編《田中多宇——某無名戰士的墓碑》即是此種「聆聽與書寫」的成果。山代創造了一股對戰前社會主義運動過程中遭遺忘的女性實踐者致敬的潮流，而這個思考過程同時也揭示了前衛黨活動內部根深柢固的性別偏見。對於山代的批判，時至今日仍是一個值得持續探討的課題。

森崎和江（一九二七—二〇二二年）

詩人、作家。生於日本殖民統治時期的大邱府，屬於「殖民二代」。森崎和江的作品在二〇〇〇年代後重新獲得整理出版，如新選集《森崎和江集選——精神史之旅》（全五卷，藤原書店，二〇〇八—二〇〇九年）、《森崎和江詩集》（思潮社，二〇一五年）。她在一九六〇—一九七〇年代的作品被製作成文庫本（《唐行小姐——被賣給異國的少女們》〔朝日文庫，二〇一六年〕、《第三性——遙遠的愛欲》〔河出書房新社，二〇一七年〕、《漆黑——女礦工的口述紀錄》〔岩波文庫，二〇二一年〕）。最近的文學研究主要聚焦、深化在兩個方面：一、重新詮釋一九五〇—一九六〇年代的社團運動；二、作為「殖民二代」的思想性。

關於第一點，詩人谷川雁等人離開福岡縣筑豐礦坑的社團運動後，森崎仍以筑豐為地點，持續進行表達活動。在聆聽與書寫上，為未曾留下歷史痕跡的女性，記錄其人生與話語，這點帶來了一種新的方法論。關於第二點，包含生活方式在內，作為女性主義思想的先驅者及表達者，森崎的魅力深深擄獲讀者。她把自己定位為「殖民者」，並從殖民地主義交錯的歷史位置出發，重新摸索新的表現。這種嘗試跨越國界，促使人們重新審視森崎的形象與提供戰後思想史的論點。

作為殖民二代的成長經歷

森崎出生於日本殖民地時代的大邱，是日本帝國陸軍步兵第八十聯隊的駐紮地。森崎家是朝鮮人中學教師的宿舍，比鄰陸軍將校官舍。她的父親森崎庫次是當地朝鮮人中學的教師，時常教導孩子們朝鮮人是優秀的人。後來因調任為校長，一九三八年森崎遷至慶州成長。父親庫次曾就讀於大正時代的早稻田大學，受社會主義運動家安部磯雄的影響，但因老家破產而放棄去德國留學或前往大原社會問題研究所工作的計畫，選擇背負借款之途。在北關東就任中等教育教職後，因「當時公務員的薪水比日本高六成」（〈研討會紀錄　與作家森崎和江的談話〉，《九州歷史科學》四〇，二〇一二年）而轉任朝鮮，母親則在未獲家長許可的情況下追隨父親前往朝鮮，因此森崎的戶籍在參加女學校時仍被注記為「長庶子女」。父母的青春被家父長制度所壓抑，但森崎卻在遠離內地舊習的自由小家庭中成長，以及受惠於身為殖民者的優勢與富裕的生活世界。一九四〇年進入大邱高等女學校就讀，四年級時母親過世，一九四四年為進入福岡縣立女子專門學校而返回日本內地。到了太平洋戰爭末期，雖說是女性最高學府，卻也淪為總體戰下的學徒動員機構。無處可去的森崎打算返回朝鮮，當她好不容易來到下關時，據說海岸邊岩壁旁漂浮著死屍。之後一直到一九六八年為止，她一直未能返回「故鄉」朝鮮。

戰後的自我摸索

戰後，森崎被暴力地從童年記憶中切斷，與故鄉失去聯繫，曾有一段摸索與思索建立新的親密關係的時期。在日本戰敗前不久，森崎所在的工廠爆發結核病，她也遭受感染。一九四七年女子專門學校畢業後，戰後仍花了三年時間在療養所度過。在療養所，她透過「傾聽」垂死女性的心聲，獲得將別人的感受化為語言表達出來並被託付的經歷。之後森崎的表現活動，有在全九州阿羅羅木（アララギ）會的機構誌《和魂》（にぎたま）六、七月號與八月號發表短歌（和歌），並在丸山豐主導的《母音》上以詩歌創作嶄露頭角。她在療養所結識後來的丈夫，她的丈夫願意傾聽她的想法，接受她「雖然是（嫁給）長男，卻不願成為傳統『媳婦』」的主張。她生產時採用當時極為先進的拉梅茲呼吸法，據稱丈夫也在一旁陪同。二戰時期返回家鄉的家人，戰後過著與殖民地時代大相逕庭的生活。父親過世後，接著小她五歲，成為早稻田大學生的弟弟自殺。之後，即使生了兩個孩子，一九五八年森崎還是選擇離開丈夫的家，移居遠賀郡中間町的筑豐礦區，與詩人谷川雁等人共同生活。該處的中小型礦坑被迫關閉，當時全國各地針對礦坑封鎖的抗爭運動已進入最終階段。即使谷川最後離開了運動與筑豐，森崎仍留在中間町與九州，一邊撫養與前夫所生的兩個孩子，一邊持續生活並開始寫作。森崎長期居住於筑豐，早在一九七〇年代女性解放運動全盛期之前，她的作品、生活方式已經不僅影響年輕世代，也給同年代的讀者留下強烈的印象與影響。

重新被詮釋的森崎作品與煤礦女工們

森崎獨特的活動也不斷被重新評價。她的伴侶谷川雁與上野英信等人共創文藝雜誌《社團村》，除以三井三池的大正礦坑為據點，組織勞工抵抗運動外，森崎從一九五九年起的兩年時間編輯、發行女性交流雜誌《無名通信》。倉敷伸子關注森崎的實踐行動，將其視為女性史的開創性方法論，認為「她拒絕被歸納進母親與主婦這種強加的社會地位，宣言擁抱個人經驗的個別性與多樣性」。發行《無名通信》的時期，她即疾呼「女人手中既無文學也無言語」。水溜真由美研究森崎在《社團村》上刊載，對年老女性的礦坑經驗的聆聽與書寫，發現「大正鬥爭」之後，森崎已經發展出不同於谷川等人的思考軌跡。近年重新審視社團運動的研究，也關注森崎的活動與作品的獨特性與質性的擴散。

森崎在左翼鬥爭運動的日常生活中，仍前往礦坑住宅訪問曾參與「後山」（「後山」指夫婦搭檔進入礦坑採礦，妻子擔負搬運責任）的中高年女性並進行聆聽與書寫。一九六〇年的這段時期，即便女性已經捲入「家族全體鬥爭」（家族ぐるみ闘争）[5]且「山區」持續現代化，但社會上完全不關注在地底拉礦車（帶木撬的木箱）的女礦工（不可視化）。進入能源革命的時代後，礦場經營者推動礦場的合理化改革，以夫婦為一組的「後山」採礦方式而在地下礦井工作的婦女，最早成為裁員的對象。森崎發掘出女礦工們「要論認真工作，她們每個人都不輸任何其他礦工」的經驗記憶。在此過程中，為了讓她們的語言成為主體，利用礦坑的地區婦人會聚會，筑豐中高年女性七嘴八舌聊天，將她們原本難以表述的心聲文字化。其出道作品《漆黑》（一九六一年）的最後一個場景，描寫在三池進行的反裁員鬥爭中，有「後山」經驗的女性們站著聊天，在她們「爆出自由豪邁又帶著辛酸」的笑聲中結束。之後森崎還記錄基礎產業衰退後，筑豐地區年輕世代的身姿，以〈發自筑豐——能否超越勞工的身分制度〉[6]的角度關注「年輕勞工的流民傾向」。

「聆聽與書寫」方式

森崎的聆聽與書寫益發高明，這個趨勢在她不斷修訂的《漆黑》中尤其明顯。她的出道作品描述了年長女性們的「無產運動」精神，讓讀者感受到壓倒性的強大力量。與之相比，三一書房版的《漆黑》（一九七七年）採用寬十三公分高十九公分的較小版型，封面採黑白色調，呈現繪本風格；除了現代思潮社一九七〇年版本中出現的山本作兵衛插圖外，還收錄《奈落的諸神——礦坑勞工精神史》中作為「前言風格的附錄」的震撼作品〈赤不淨〉。此作品大概反映了森崎在《唐行小姐》（朝日新聞社，一九七六年）中的觀點。〈赤不淨〉是以幼年時期便離家擔任幫傭的女性為主展開描述。在礦工工作上終於被認可時，父親卻因欠債而強迫她嫁給某鰥夫，女性的陳述還包含婚後悲慘的生活。結婚後她依舊從事礦坑極度耗費體力的工作，還要負擔沉重的家務。但最讓人感到震撼的是，她居住在狹窄又都是男人（包含公公在內）的住處，只要十九歲的女主人公身體一有空檔，男人們就爭奪著與之性交。不過描述不僅止於此，女主人公在「極度貧困家庭」中成長，即使生理期也得工作無法休息，她面對月經中不得進入礦坑的忌諱，甚至說出「這是由決心來決定的事情吧。……人這種東西，就是靠一股意志」。森崎數度聆聽年長女性伴隨著淚水講述這些生命中每日的糾葛，進行「聆聽與書寫」。森崎的做法為日後地方的聆聽與書寫帶來重大的影響，也與今日成立「現場保存型」町立博物館有所相關。[7] 另外，森崎也進行「邊境之民」的個別史記述，以揭示日本近代結構為目標，她的研究範圍向南延伸至《與論島民的歷史》（一九七一年）、向北拓展至《異族的原基》（一九七一年），並涵蓋至《唐行小姐》（一九七六年）等多元主題，透過其獨特的表現方式持續創作。另一方面，在《漆黑》與一九七〇年代的著作群中，也可見到其他活動，例如一九六五年十一月獲廣播劇獎，[8] 展現作為廣播劇作家的另一面。

但為何選擇礦坑小鎮？近年的研究顯示這與森崎身為殖民二代的想法有所關聯。一九七〇年代的著作群中已有《與母親之國的幻想婚姻——森崎和江評論集》（一九七〇年）及《故鄉與幻想》（一九七七年）等作品，而轉捩點作品則是《慶州是母親的呼喚——我的原鄉》（一九八四年），在此作品中徹底將這種思索轉換為文字。把身為殖民宗主國的「殖民二代」當作自身「原罪」，森崎苦於自身認同的同時，其作品主題的多樣性與表達方式也獲得讀者的矚目。森崎開始投入聆聽與書寫後，便抱持著「從根本開始擴大母國的母親世代與祖母世代的心靈與生活」的想法，還展現出「我已經受夠了日本人活在文字文化中的方式」[9]與方法論的相關觀點。佐藤泉認為，身為表達者的森崎，缺乏內地的當地語言，而是以「標準語日語」，亦即被抽離地域性與地方集體性的標準日語來進行表達。這一語言經驗被她有意識地認知到，因此森崎通過詩的語言嘗試深化這種表達方式。

森崎的方法是以筑豐的生活與人們的存在感為前提，與作為故鄉喪失者、殖民者而成長的「原罪意識」進行對話與鬥爭，將此狀況轉化為語言的一種做法。礦坑始於囚犯勞工的開採，特別是地下的勞動總遭人歧視，而女礦工則成了更邊緣的一群人。但長年在地底求生的「山區」人們，特別是老年女性的話語，讓作者倍感震撼。森崎不僅留心女性們的生活，也留意她們語言的重現，根據十位筑豐女礦工的聆聽與書寫之《漆黑》的開頭〈序言〉裡，她描繪了一個場景。在雪花紛飛中，女兒說：「媽媽，回家吧？」母親牽著女兒的手問：「回家嗎？想回哪裡去呢？」故事便從作者的內心風景發出疑問開始。另一方面，在她探訪各地的過程中，遇到曾從事礦坑工作的年長女性們，「像是把輕如蟻蛉的我震飛般，沉穩地坐在我的面前」。這些年長女性的「話語」，是森崎以生命投入的相互交流與獲得回應的禮物。

澤地久枝（一九三〇年—）

生於東京都，四十歲時出道成為作家。戰後作為非虛構作品的作家先驅，寫下大量作品，長年保持作家的寫作活動。十四歲就讀舊滿洲吉林省高等女學校三年級時，迎來日本「戰敗」，經歷難民生活後撤退回到日本。一九八〇年為了反抗日本政府露骨的憲改行動，成立「不允許走上戰爭道路的女性聯絡會」，此外也積極參與反戰活動並發表言論，始終維持著以個人身分發言的作家的自豪感。她也是「九條之會」（二〇〇四年成立）的發起人之一，坐著輪椅手持批評政權的標語海報，令人印象深刻，積極參與活動訴求自身的主張。

非虛構作家應當何為

她曾在《婦人公論》擔任近九年的編輯後，轉任作家五味川純平的資料助手，負責長篇作品《戰爭與人》的注腳工作長達十年。出道作品《妻子們的二二六事件》（一九七二年）與接下來的兩本作品都入選大壯宅一非虛構作品賞，之後以《火於吾胸——被人遺忘的近衛士兵叛亂．竹橋事件》（角川書店，一九七八年）獲得第五屆日本非虛構作品賞（一九七八年度），《昭和史的女性》獲得第四十一屆文藝春秋讀者賞（一九七九年）等，在廣義的文學領域上獲獎甚多。對於戰後的「非虛構作家」的固定評價就是需要接觸龐大的資料與調查，而澤地則是奠定這種作家形象的代表者之一。一九八六年獲得菊池寬賞，評選理由是她發現了與中途島海戰相關的新史料，「全憑一己之努力發掘原本狀況不明的三千四百一十九名陣亡者的紀錄」。

澤地表示，擔任五味川助理時，她學會徹底涉獵資料及製作年表的研究方法。在新聞書評上也使用如此作風，她認為「通過當下可以處理的線索」，「與其說是人物評傳，不如說是近年來以獨特史論建構太平洋戰爭責任論」，確實地將作者在歷史責任的探討上拓展到極限（〈獨特的戰爭責任論　《黑暗之曆——二二六事件以後與武藤章》書評〉，《朝日新聞》一九七五年十二月二十二日）。

澤地身為非虛構作家的自負相當明確暢快。她以「歷史的發掘者」的精緻手法，描繪出「時代中的人物像」，而作為一個「敘述者」，除了「為日後重新踏尋該時代的人提供有幫助的資料」外，還強調可以透過觀察日常生活來擴展我們感知事物的方式。特別是這樣的觀點立足於戰爭責任論立場，認為「〈戰後的日本憲法〉日本人作為贖罪的約定」，其作品《昭和史的女性》、《烙印的女人們》被稱為「刻畫『女性怨念』」，從男女關係史的角度書寫女性史。她表示「身為作家，能在貧困中成長是種深切的幸福」，顯示其視野的重心放在以民眾的個人經驗來反照主流歷史事件。她對歷史敘述的熱情是顯而易見的[10]。

「難民」的視角

以下將先確認澤地的「難民」視角與棄民經驗，她曾表示「缺乏故鄉，是我一切的出發點」，「成為作家後，我的主題始終是名不見經傳的人物的人生」（〈我與故鄉〉，《日本經濟新聞》一九八八年六月九日晚報）。

澤地的父親是名匠人，一九三〇年代後半，在苦學之後，於「滿洲」國策會社的南滿洲鐵道株式會社擔任下層職員的職位，藉此提升自身的社會階層。他們舉家移居「滿洲」，四歲的澤地在吉林的滿鐵職員住宅度過了求學時光，直至進入高等女學校。居住於殖民地的城市地區，孩提時代的生活享受過身為殖民宗主國子民的好處，但也處於統治者「日本人社會」「不太好的一方」的地位。戰前的社會，即便在同一間公司組織內，白領、工人與殖民地人民之間的待遇和意識也存在明顯差異。澤地身為宗主國的女兒，與同時代十四歲少女相較，是受過更高教育的文學少女，憧憬著「預科練」（海軍飛行預科練習生），是位希望駕駛戰鬥機奔赴「決戰」戰場，以身殉國的「軍國少女」。她即便在滿洲成長，決戰對手是英美，對於日本對中國的侵略戰爭缺乏具體的認知。她就讀舊滿洲國吉林高等女學校（校名雖有「高等」字樣，但在二戰結束前的日本教育體系中，其學歷只相當於男子的「中學校」）。一九四五年六月至七月她就讀三年級時，全數男性皆遭動員，澤地則前往北滿哈爾濱附近的水曲柳開拓團接受學徒動員，學校也成為野戰醫院。八月九日黎明，蘇軍進攻滿洲各地進行轟炸，此事澤地日後才得知，當時吉林也有蘇軍進駐。澤地差點遭軍官強暴，拚命抵抗後逃過一劫。她曾表示那份恐懼一直延續到日後。身為孩童時代在滿洲土地上生活的「日本人」，擁有殖民者經驗的澤地，在《成為成人之旅》（一九八一年）等作品上主要採取散文的文體寫作。在遭遇軍隊性暴力的題材上，對當場見聞事件的當事者而言，更須慎重選擇描述方式，隨著年歲漸增，她在《14歲（Fourteen）——從滿洲開拓村回國》（集英社新書，二〇一五年）中認為，時至今日這是一個必須傳達給後世的議題。

「八一五」[11]之後，「滿洲」的日本民間人士成為難民，被遷往葫蘆島。澤地回憶，當時她曾遇到一位開拓團的少年，由於營養失調和患上斑疹傷寒，他的身體散發著惡臭（《被遺棄的民眾》）。澤地全家於一九四六年秋從博多港登陸，成功回到日本，但與過往相較，生活發生一百八十度的變化。一九四七年夏天前往東京，在東京的生活並不輕鬆，身為長女的澤地，進入出版社的會計部門工作，一邊支援家中經濟，一邊就讀定時制高中，一年後進入早稻田大學夜間部的第二文學部就讀。畢業後在職場獲得提拔，改進入同一家出版社的編輯部，一九六三年辭職時已擔任《婦人公論》編輯部次長，這一職位在戰後雜誌界女性職涯發中極具代表性。

澤地作為作家也是一位觀察細微的人。當「滿洲」進入嚴格配給制度後，舊制女學校的中國人舊友能領取的「配給」較日本人女學生更為稀少。「即便生活在被稱為穀倉地帶的祖國」，便當盒中卻僅有粟粉做的烤餅。澤地沒有漏看當時舊友的表情（《14歲（Fourteen）》）。這類「無法忘卻的記憶」，後來也收錄在《被遺忘的事物的日曆》這類回憶散文集中，顯示澤地也是一位具備「傾聽」能力的作家。她通過短期參與觀察寫下的聆聽與書寫紀錄，亦具有重要的歷史意義。例如在《蟹田婦人之村》（かにた婦人の村）[12]，她記錄了曾是日本從軍慰安婦的城田鈴子（城田すず子）的經歷，以及其他日本女性在《賣春防止法》實施前的處境（《蟹田婦人之村》，一九七五年）。此外，她還蒐集了有空襲經驗特別是戰爭傷患的聆聽與書寫紀錄，這些人的戰爭記憶往往遭受冷落。澤地無疑是一位值得進一步進行傳記和研究的重要作家。

金子文子（一九〇四？—一九二六年）

生於橫濱。大正時期的無政府主義者。關東大震災後不久的一九二三年九月三日，警方根據《治安警察法》進行預防拘禁，她與朴烈一同被捕，兩人因有計畫暗殺皇太子之嫌，被以大逆罪起訴，確定判處死刑（一九二六年三月二十五日），後獲得「恩赦」（四月五日），改為無期徒刑。在監獄中留下手記

《是什麼讓我這麼做的》(何が私をかうさせたか)後選擇自殺,享年二十三歲。

金子文子時常被提及的身分是朝鮮獨立運動家朴烈之妻,但在戰後公開的預審(初步聆訊)口供中顯示,她在審訊過程中展開嚴密的理論思維,還是位撕毀特赦狀的孤傲「反逆者」,對抗大正時期的天皇制度。她唯一留下的手記中展現了她的文學才華,以其敏銳的感受與嚴謹的邏輯,把自身壯烈而真實的人生經驗化為文字。她通過以手記形式書寫,將她的生命永存於世。特別的是,她以自身經驗出發,對朝鮮殖民地產生同情與共鳴,進一步發展出共同戰鬥的思想,這在當時知識界較少被關注,因此有必要重新加以注目[13]。

手記中描述了她的幼少時期充滿貧困與被父母遺棄的經歷,在這種困頓生活中,使她無法持續就讀小學校。青春期住在朝鮮忠清北道芙江,卻遭富裕的祖母、叔叔夫妻虐待。此外,家族禁止她與非屬富裕階層的日本孩子接觸,更別說是朝鮮人了,因此她幼年時期的生活每天都飽受壓迫。高傲的父親不願與母親辦理結婚手續,讓文子成為「無戶籍的孩子」,這一身分讓親戚對她的殘酷霸凌更顯得正當化。對於總處於饑餓的她,關心她、詢問她是否吃飽並對她表達溫暖的,卻是素不相識的朝鮮母親(어머니)與朝鮮傭人。殖民地統治下的成功者之家,「日本人」之間嚴格區分等級,而站在勝利者一方的日本人則歧視朝鮮人。金子文子的手記極具描寫力,將她充滿貧困與精神腐敗的成長經歷,以及如何掙脫這種生活的過程,編織為質樸、普遍的文學語言。手記的大半篇幅都在描寫她悲慘的兒時生活,在親戚之間輾轉流落,長大之後為了抵抗作為「女兒」卻如物品般被當作交易籌碼的生活環境,她展現強大的獨立精神,前往東京自立,摸索學習生存的方法。她做過報童、賣洗衣粉的攤商、女幫傭等工作,白天

辛苦工作，晚上則到學校苦讀，雖然這條「勤苦學生」的道路最終受挫，但在大正末期的東京，她也見識到社會主義者與無政府主義者的活動，甚至還與朝鮮青年結識。特別是她之所以會對朴烈感興趣，是因為朴烈的詩，她通過詩意的表現，感受其中思想深度的魅力，這或許也正體現了金子文子理想主義的特質。

新垣美登子（一九〇一—一九九六年）

近現代沖繩的報紙、雜誌投稿作家先驅。她作家生活長達六十三年，其中包含了沖繩島戰役與戰後失明的十三年期間。她在日本女子大學就讀期間，往返於那霸與東京之間，受到沖繩縣立圖書館館長伊波普猷主辦的讀書會沙龍的薰陶，對沖繩的大正民主有所覺醒，成為摸索新生活方式的沖繩新時代女性之一。

新垣生於那霸市上之藏，父親是婦產科醫生。她從沖繩高等女學校畢業後，並不想習醫而想學習文學，卻不被家中所允許。日後才獲准前往東京，並進入日本女子大學國文科，但卻在往來那霸與東京的過程中，最終選擇輟學，與「放浪詩人」池宮城積寶在東京的婚姻生活也破裂。新垣回故鄉後，在沖繩縣廳統計課謀得最底層行政人員的職位，即便如此，她仍為了逃離池宮城而尋求新的美容師職業，因此進入東京丸之內的美容學校就讀，並在福岡取得美容師執照。這段期間，她獨自撫養兩個孩子，承擔育兒責任。她不僅從事寫作，還通過受教育取得執業資格，成為當時沖繩新女性形象的代表之一。她在那霸開業的美容院則成為文人社團的聚會場所，談及新垣人物形象時也經常提及此點。

另外，同時代對新垣的評價多停留於「女流作家」、「通俗讀物」[14]，但她戰前的大量投稿作品並未被彙整收錄，許多作品未曾收錄進作品集、隨筆集。如今，學界對新垣在沖繩文學史中的地位重新進行定位，並持續進行書籍雜誌的蒐集整理作業，有些研究也提及，從戰前到戰後，「未亡人」始終是新垣作品的核心主題。

新垣的作品多以報紙或雜誌的投稿為起點，其寫作特色為基於自身的實際體驗和漫長作家生活的觀察與描寫。例如一九二四年《沖繩教育》上刊登的〈寮舍之秋〉，描寫在東京的女子高等學校的宿舍生活，著眼於古板老派的舍監及其追隨者、個人戀愛與煩悶，明顯描繪出女學生與能自由選擇自己人生道路的男學生不同。在她的隨筆中，提到曾擔任兼任講師的橋本進吉在課堂上說明琉球語時，那種吞吞吐吐而讓她忍不住心想，「如果讓我說的話」（〈年老的軌跡〉，三木健編，《新垣美登子作品集》，仁禮社，一九八八年）。這一小故事反映她對「近代」普遍性的理解，以及展現其身為沖繩女性的自豪感，這種精神貫穿了她從大正末期到昭和初期的思想與作品。

另一方面，她在《琉球新報》上刊登的連載小說《花園地獄》（一九三五年），以那霸紅燈區的女子「尾類」（娼妓）為主題。這部作品之所以獲得矚目，大概也與沖繩社會的變遷密切相關。一九二八年國際婦女節時，由勞農黨那霸支部主辦的「婦人解放大會」於那霸市公會堂舉辦之際，人們公開議論公娼制度下的紅燈區問題，並聽取當事人的聲音。此作品未留下全文，不過新垣在戰後有以紅燈區女性尾類與她的男性客人之妻的關係為主題的作品，從中可以推想，她的作品並未涉及類似廢止公娼的社會運動觀點。但她出生在婦產科之家，從小便熟悉尾類這些人的歌聲，這樣的成長背景讓她能站在與廢止公娼運動論的不同視角，觀察、描寫沖繩的生活史與時代樣貌，此種書寫能力值得關注。新垣在戰後發表的報紙連載小說《黃色百合》，以大正、昭和時期為背景，描寫那霸庶民的生活。她所經營的美容院，到她晚年成為女性交流與建立社會網絡的場地，以《那霸女子一代記》（一九七七年）聞名的金城芳子（一九〇一—一九九一年）便是新垣的親密友人。

注釋

1. 包含山代巴在內，日本全國共產黨員在一九二九年「四一六」事件中被警方一同舉發，共產黨領導人市川正一在獄中度過十年的悲慘生活。日本戰敗前五個月，市川因營養失調而死於宮城監獄，直至二戰結束後，其遺體一直為解剖檢驗用而被棄置在福馬林中。
2. 譯注：照顧日本共產黨男性黨員或活動家的生活起居，也陪同「生活」的女性。基本上是由傾心於共產黨的女性，或者黨員、活動家所組成。
3. 此書總結從谷川雁、森崎等人的《社團村》至大正鬥爭的鬥爭活動。礦工運動的「大正行動隊」在礦坑內靜坐抗議，警方機動隊則包圍礦工住宅區。在此緊急狀態下，勞工運動內部發生男性勞工姦殺年輕女性的事件。谷川的政治判斷讓森崎深陷苦惱。
4. 譯注：大正時期山本鼎所提倡，尊重兒童個性與創造性，任其隨意塗鴉的繪畫。
5. 譯注：指在勞工運動中不僅工會成員，連妻子、孩子等家人也都捲入的「家族全體鬥爭」。

6. 《月刊　たいまつ（月刊 火炬之光）》一九七〇年二月號主題與《奈落的諸神——礦坑勞動精神史》（平凡社Library，一九九六年）相關。

7. 井手川泰子《生產火的母親們——來自女礦工的聆聽與書寫》（葦書房，一九八四年），記錄了女性礦工的聆聽與書寫，並透過錄音保存她們的聲音。關於此一整理與紀錄，NHK製播了「地底之聲——在筑豐礦坑生存的女人們」（二〇二〇年五月二十一日首播）。鞍手町的民俗資料館附設煤炭資料展示場，構思進一步打造成歷史民俗博物館。

8. 一九六五年十月二十四日播放了〈歌よ生まれよ（歌誕生吧）〉（森崎和江作）；一九六五年十一月十日《讀賣新聞》在廣播、電視記者會對NHK第二放送的「藝術劇場」進行審查；一九六一年十二月十五日的《讀賣新聞》廣播評論，指出森崎的作品《まっくら（漆黑）》（TBS於十二月十二日晚間九點十分播放）「帶有強烈的氣息與獨創性」，不過也論及「詞彙的意義較難理解，大概是因為忠於地方口音吧」。

9. 〈聞き書きの記憶の中を流れるもの（流淌於聆聽與書寫記憶中的東西）〉，《思想の科学（思想科學）》一九九二年十二月號。

10. 取自〈ノンフィクションの可能性3（非虛構文學的可能性3）〉，《朝日新聞》一九八四年五月二十一日晚報，以及〈人物拝見　沢地久枝氏（人物專訪 澤地久枝）〉，《朝日新聞》一九八一年五月十一日。

11. 譯注：指一九四五年八月十五日，日本宣布投降之日。

12. 譯注：位於千葉縣館山的女性保護設施。

13. 手記在出版階段時，林芙美子著眼於她的文采，特別是她對孩提時期的描寫能力，高度評價其作品為「土生土長的無產階級小說」（《讀賣新聞》一九三一年七月三十一日）。與她同世代的無政府主義者秋山清，則將她的《獄中記》形容為

「恐怖主義文學」，「思想反抗力量源於殖民地社會中所承受的雙重壓迫」，鼓勵人們關注殖民地經驗，認為這是她思想動力的來源（《ニヒルとテロル（虛無與恐怖）》，川島書店，一九六八年）。鶴見俊輔在手記的書評中提出，金子文子的一生橫跨韓國併合時期，對同時代「日本國民遵守的道路，金子文子走了另一條不同的途徑」，正因如此，他強調她精神世界的獨特性（首次刊登於〈余白を読む（閱讀留白）〉，《山梨日日新聞》二〇〇二年六月二十九日，後收錄於《鶴見俊輔書評集成》三，みすず書房，二〇〇七年所收）。

14. 仲村渠麻美，〈コラム⑤　新垣美登子論（專欄⑤　新垣美登子論）〉，沖繩縣教育廳文化財課史料編輯班編，《沖繩縣史　各論編　8——女性史》，沖繩縣教育委員會，二〇一六年。

參考文獻

岩崎稔等編，《戦後思想の名著50（戰後思想的名著50）》，平凡社，二〇〇六年

沖繩縣教育廳文化財課史料編輯班編，《沖繩縣史　各論編　8——女性史》，沖繩縣教育委員會，二〇一六年

沖縄タイムス（沖繩時報社）編，《私の戦後史　第1集（我的戰後史　第1集）》，沖縄タイムス社（沖繩時報社），一九八〇年

倉敷伸子，〈女性史研究とオーラル・ヒストリー（女性史研究與口述歷史）〉，《大原社會問題研究所雜誌》五八八，二〇〇七年

國立歷史民俗博物館監修，〈性差の日本史（性別差異的日本史）〉，展示プロジェクト（展示項目）編，《新書版　性差の日本史（新書版　性別差異的日本史）》，インターナショナル新書（國際新書），二〇二一年

小坂裕子，《山代巴——中国山地に女の沈黙を破って（山代巴——打破中國山地女性的沉默）》，家族社，二〇〇四年
佐藤泉，〈いかんともしがたい植民地の経験（無法擺脫的殖民地經驗）〉，青山學院大學文學部日本文學科編，《異郷の日本語（異鄉的日本語）》，社會評論社，二〇〇九年
佐藤泉，〈《半日本人》を繋ぐ——森崎和江の詩学（連結《半日本人》——森崎和江的詩學）〉，《昭和文學研究》七八，二〇一九年
鈴木裕子編，《金子文子　わたしはわたし自身を生きる——手記・調書・歌・年譜（金子文子　我要活出真正的自己——手記・預審調書・詩歌・年譜）》增補新版，梨の木舍（梨之木舍），二〇一三年
瀬戸内晴美，《余白の春（餘白之春）》，中央公論社，一九七二年
「戦後50年おきなわ女性のあゆみ（戰後50年沖繩女性的足跡）」編輯委員會編，《戦後50年おきなわ女性のあゆみ（戰後50年沖繩女性的足跡）》，沖繩縣，一九九六年
鶴見俊輔，〈金子ふみ子の生きかた（金子文子的生存方式）〉（對談者，井上光晴），《鶴見俊輔座談　日本人とは何だろうか（鶴見俊輔座談　日本人是什麼？）》，晶文社，一九九六年
仲村渠麻美，〈新垣美登子「未亡人論」——1950年代沖縄の新聞における「戦争未亡人」表象をめぐる抗争（新垣美登子的「未亡人論」——關於1950年代沖繩報刊中的「戰爭未亡人」形象之抗爭）〉，《琉球アジア社会文化研究（琉球亞洲社會文化研究）》一四，二〇一一年
野依智子，《近代筑豊炭鉱における女性労働と家族——「家族賃金」観念と「家庭イデオロギー」の形成過程（近代筑豐煤礦中的女性勞動與家庭——「家庭工資」觀念與「家庭意識形態」的形成過程）》，明石書店，二〇一〇年

埴谷雄高，〈跋文〉，《何が私をかうさせたか——金子ふみ子獄中手記（是什麼讓我變成這樣——金子文子獄中手記）》，黑色戰線社，一九七二年
玄武岩，〈森崎和江の「原罪を葬る旅」——植民者二世がたどるアジア・女性・交流の歴史（森崎和江的「埋葬原罪之旅」——殖民者二世所走過的亞洲・女性・交流歷史）〉，《同時代史研究》一一，二〇一八年
牧原憲夫編，《山代巴獄中手記書簡集》增補，而立書房，二〇一三年
牧原憲夫，《山代巴——模索の軌跡（山代巴——摸索的軌跡）》，而立書房，二〇一五年
三木健編，《那覇女の軌跡——新垣美登子85歳紀念出版（那霸女性的軌跡——新垣美登子85歲紀念出版）》，潮の会（潮之會），一九八五年
三木健編，《新垣美登子作品集》，ニライ社，一九八八年
水溜真由美，《「サークル村」と森崎和江——交流と連帯のヴィジョン（「圈子村」與森崎和江——交流與團結的願景）》，ナカニシヤ出版，二〇一三年
水溜真由美，〈《まっくら》再考（特集　森崎和江の詩と思想）〔重探《漆黑》（特集　森崎和江的詩與思想）〕〉，《現代詩手帖》六一—九，二〇一八年九月號
山代巴、牧瀬菊枝編，《丹野セツ——革命運動に生きる（丹野節——活在革命運動中）》，勁草書房，一九六九年
琉球新報社編，《時代を彩った女たち——近代沖縄女性史（時代光輝下的女性們——近代沖繩女性史）》，ニライ社，一九九六年
《琉球文化圏とは何か（琉球文化圈是什麼）》（別冊《環》6），藤原書店，二〇〇三年

作者簡介

重松伸司

一九四二年生。追手門學院大學名譽教授。京都大學大學院文學研究科博士課程輟、博士（文學）。專攻東南亞近代史。主要著作有《國際移動的歷史社會學——近代泰米爾移民研究》（名古屋大學出版會）等。

永野慎一郎

一九三九年生。大東文化大學名譽教授、ＮＰＯ法人東亞政經學術代表。早稻田大學大學院政治學研究科碩士課程學分修畢、英國謝菲爾德大學大學Ph.D.。專攻國際政治、東亞國際關係論。主要著作有《相互依存的日韓經濟關係》（勁草書房）等。

水野直樹

一九五〇年生。京都大學名譽教授。京都大學大學院文學研究科博士課程單位取得肄、博士（文學）。專攻朝鮮近代史。主要著作有《創氏改名——日本對朝鮮的統治》（岩波書店）等。

樋口雄一

一九四〇年生。中央大學政策文化綜合研究所客座研究員。明治學院大學畢業。專攻在日朝鮮人史、朝鮮近現代史。主要著作有《殖民統治下的朝鮮農民——以江原道為例》（社會評論社）等。

布袋敏博

一九五二年生。早稻田大學名譽教授。首爾大學大學院國語國文學科博士課程修畢、博士（文學）。專攻朝鮮近現代文學。主要論文有〈解放後的金史良筆記〉（《青丘学術論集》一九，二〇〇一年）等。

林慶澤

一九六〇年生。全北大學考古文化人類學科教授。東京大學大學院博士後期課程修畢。專攻文化人類學、日本文化、日韓文化比較。主要著作有《近代日本國民心性的形成》（新亞出版社）等。

周婉窈

一九五六年生。國立臺灣大學歷史學系教授。國立臺灣大學歷史學研究所碩士課程修畢、耶魯大學博士。專攻臺灣史。主要著作有《臺灣歷史圖說》（聯經出版公司）等。

土田哲夫

一九五九年生。中央大學教授。東京大學大學院綜合文化研究科博士課程單位取得肄。專攻中國現代史、國際關係史。主要編著作品有《近現代東亞的文化與政治》（中央大學出版部）等。

緒形康

一九五九年生。神戶大學大學院人文學研究科教授。東京大學大學院人文科學研究科博士課程單位取得肄、博士（文學）。專攻中國近現代思想史、中日思想交流史。主要著作有《危機的論述——中國革命 1926-1929》（新評論）等。

石川禎浩

一九六三年生。京都大學人文科學研究所教授。京都大學大學院文學研究科史學科碩士課程修畢、博士（文學）。專攻中國近代現代史，特別是中國共產黨史。主要著作有《中國共產黨　百年歷程》（筑摩書房）等。

伊東利勝

一九四九年生。愛知大學名譽教授。成城大學大學院經濟學研究科博士課程單位取得肄。專攻緬甸社會經濟史。主要編著作品有《緬甸概論》（めこん）等。

中野聰

一九五九年生。一橋大學校長。一橋大學大學院社會學研究科博士後期課程修畢、博士（社會學）。專攻國際關係史（美國、菲律賓、日本關係史）。主要著作有《作為歷史經驗的美帝國——美菲關係史群像》（岩波書店）等。

菅原由美

一九六九年生。大阪大學教授。東京外國語大學大學院地域文化研究科博士後期課程單位取得肄、博士（學術）。專攻印尼近代史。主要著作有《荷蘭殖民統治下爪哇的宗教運動》（大阪大學出版會）等。

玉田芳史

一九五八年生。京都大學大學院亞洲、非洲地域研究研究科教授。京都大學大學院法學研究科博士後期課程輟、博士（法學）。專攻泰國地域研究、比較政治學。主要著作有《民主化的虛像與實像——泰國現代政治變動的機制》（京都大學學術出版會）等。

小泉順子

京都大學東南亞地域研究研究所教授。東京大學大學院農學系研究科博士課程修畢、博士（農學）。專攻泰國近代史。主要著作有《歷史敘述與民族主義——泰國近代史批判序说》（東京大學出版會）等。

菊池陽子

東京外國語大學大學院綜合國際學研究院教授。早稻田大學大學院文學研究科單位取得肄。專攻寮國近現代史。主要共同編著作品有《了解寮國的60章》（明石書店）等。

新谷春乃

一九八五年生。日本貿易振興機構亞洲經濟研究所地域研究中心研究員。東京大學大學院綜合文化研究科修畢、博士（學術）。專攻柬埔寨地域研究。主要論文有〈獨立後柬埔寨的本國史敘述發展（1953-2018年）〉等。

左右田直規

東京外國語大學大學院綜合國際學研究院教授。京都大學大學院人間、環境學研究科博士後期課程研究指導認定肄、博士（地域研究）。專攻東南亞近現代史、馬來西亞政治社會史。主要著作有*Conceptualizing the Malay World: Colonialism and Pan-Malay Identity in Malaya*, Kyoto University Press & Trans Pacific Press, 2020.等。

今井昭夫

一九五六年生。東京外國語大學名譽教授。東京外國語大學大學院地域研究研究科碩士課程修畢。專攻越南地域研究、越南近現代史。主要著作有《潘佩珠——追求民族獨立的開明志士》（山川出版社）等。

臼田雅之

一九四四年生。東海大學名譽教授。慶應義塾大學大學院博士課程修畢。專攻孟加拉近代史。主要著作有《近代孟加拉的民族主義與聖性》（東海大學出版會）等。

貫井萬里

一九七三年生。文京學院大學人間學部溝通社會學科副教授。慶應義塾大學大學院文學研究科博士課程單位取得肄、博士（史學）。專攻伊朗近現代史、中東地域研究。主要編著有《伊朗革命後的電影與社會》（早稻田大學伊斯蘭地域研究機構）等。

吉田裕

一九五四年生。一橋大學名譽教授。一橋大學大學院社會學研究科博士課程單位取得肄、碩士（社會學）。專攻日本近現代史。主要著作有《現代歷史學與軍事史研究——新的可能性》（校倉書房）等。

茶谷誠一

一九七一年生。志學館大學教授。立教大學大學院文學研究科博士後期課程修畢、博士（文學）。專攻日本近現代史。主要著作有《象徵天皇制的成立——昭和天皇與宮中的「衝突」》（NHK出版）等。

手嶋泰伸

一九八三年生。龍谷大學文學部講師。東北大學大學院文學研究科博士課程後期修畢、博士（文學）。專攻日本近現代史。主要著作有《昭和戰時期的海軍與政治》（吉川弘文館）等。

源川真希

一九六一年生。東京都立大學人文社會學部教授。東京都立大學大學院人文科學研究科博士課程滿期肄、博士（史學）。專攻日本近現代史、都市史。主要著作有《近衛新體制的思想與政治——克服自由主義的時代》（有志舍）等。

古川隆久

一九六二年生。日本大學文理學部教授。東京大學大學院人文科學研究科國史學專攻博士課程修畢、博士（文學）。專攻日本近現代史。主要著作有《昭和天皇——「理性君主」的孤獨》（中央公論新社）等。

瀨畑源

一九七六年生。龍谷大學副教授。一橋大學大學院社會學研究科博士後期課程修畢、一橋大學博士（社會學）。專攻日本近現代史。主要編著有《平成的天皇制是什麼——制度與個人之間》（岩波書店）等。

米谷匡史

一九六七年生。東京外國語大學綜合國際學研究院教授。東京大學大學院綜合文化研究科博士課程輟。專攻社會思想史、日本思想史。主要著作有《亞洲／日本》（岩波書店）等。

武藤武美

一九四七年生。法政大學大學院日本文學研究科碩士課程修畢。專攻日本近代文學。主要著作有《閱讀無產階級文學的經驗——流浪虛無主義的時代與其精神史》（影書房）等。

落合勝人

一九六九年生。編輯。早稻田大學教育學部國語國文學科畢業，之後進入集英社。工作之餘，法政大學大學院政治學研究科博士後期課程修畢、博士（政治學）。專攻日本近現代思想史。主要著作有《林達夫——編輯的精神》（岩波書店）等。

晏　妮

日本映畫大學特任教授。一橋大學大學院社會學研究科博士後期課程修畢、博士（社會學）。專攻映畫（電影）史、映像學、表象文化論。主要著作有《戰時中日電影交涉史》（岩波書店）等。

長志珠繪

一九六二年生。神戶大學大學院國際文化學研究科教授。立命館大學大學院文學研究科博士後期課程單位取得肄、博士（文學）。專攻日本近現代社會文化史、思想史、性別史。主要共著有《探問「母親」——母親的比較文化史）》（神戶大學出版會）等。

*總監修

姜尚中

一九五〇年生。東京大學名譽教授。主要著作有《馬克斯韋伯與近代》、《邁向東方主義的彼方》（以上皆為岩波書店）、《煩惱的力量》（集英社）等。

圖片出處

照片皆出自UNIPHOTO PRESS

p.691　參照古川隆久等編，《「昭和天皇實錄」講義》（吉川弘文館，二〇一五年）繪製

p.692　參照茶谷誠一，《昭和天皇近臣們的戰爭》（吉川弘文館，二〇一〇年）繪製

p.695　同右

亞洲人物史11

走出世界大戰的慘禍：19—20世紀

2025年9月初版　　定價：新臺幣1300元

總監修	姜尚中
著者	重松伸司等
譯者	黃耀進
叢書主編	王盈婷
特約主編	黃毓芳
副總編輯	蕭遠芬
內文排版	菩薩蠻
封面設計	許晉維

編輯委員
三浦徹、小松久男、古井龍介、伊東利勝、成田龍一、李成市、村田雄二郎、妹尾達彥、青山亨、重松伸司

出版者	聯經出版事業股份有限公司
地址	新北市汐止區大同路一段369號1樓
叢書主編電話	(02)86925588轉5316
台北聯經書房	台北市新生南路三段94號
電話	(02)23620308
郵政劃撥	帳戶第0100559-3號
郵撥電話	(02)23620308
印刷者	文聯彩色製版印刷有限公司
總經銷	聯合發行股份有限公司
發行所	新北市新店區寶橋路235巷6弄6號2樓
電話	(02)29178022

編務總監	陳逸華
副總經理	王聰威
總經理	陳芝宇
社長	羅國俊
發行人	林載爵

行政院新聞局出版事業登記證局版臺業字第0130號

本書如有缺頁，破損，倒裝請寄回台北聯經書房更換。　ISBN 978-957-08-7768-7 (平裝)
聯經網址：www.linkingbooks.com.tw
電子信箱：linking@udngroup.com

Supervised by Kang Sang Jung,
Edited by Toru Aoyama, Toshikatsu Ito, Hisao Komatsu,
Shinji Shigematsu, Tatsuhiko Seo, Ryuichi Narita, Ryosuke Furui, Toru Miura,
Yujiro Murata, Lee Sungsi

ASIA JINBUTSU SHI GREAT FIGURES IN THE HISTORY OF ASIA
DAIJUUIKKAN SEKAISENSOU NO SANKA WO KOETE

Edited and first published in Japan in 2023 by SHUEISHA Inc., Tokyo.

This Traditional Chinese edition published by arrangement with Shueisha Inc., Tokyo in care of Tuttle Mori Agency, Inc., Tokyo through Keio Cultural Enterprise Co., Ltd. New Taipei City.

國家圖書館出版品預行編目資料

走出世界大戰的慘禍：19—20世紀/姜尚中總監修．重松伸司等著．黃耀進譯．初版．新北市．聯經．2025年9月．992面．15.5×22公分
（亞洲人物史11）
ISBN 978-957-08-7768-7（平裝）

1.CST：傳記　2.CST：亞洲

783　　114010550